UNIVERSITY OF NORTH CAROLINA
STUDIES IN THE ROMANCE LANGUAGES AND LITERATURES
Number 71

THE PORTUGUESE
BOOK OF JOSEPH OF ARIMATHEA

THE PORTUGUESE BOOK OF JOSEPH OF ARIMATHEA

PALEOGRAPHICAL EDITION

WITH

INTRODUCTION, LINGUISTIC STUDY,
NOTES, PLATES, & GLOSSARY

BY

HENRY HARE CARTER
Professor of Modern Languages
University of Notre Dame

CHAPEL HILL

THE UNIVERSITY OF NORTH CAROLINA PRESS

DEPÓSITO LEGAL: V. 3.536-1967

ARTES GRÁFICAS SOLER, S. A. — JÁVEA, 30. — VALENCIA (8). — 1967

DEDICATION

TO
EDWIN B. WILLIAMS
LO MIO MAESTRO E 'L MIO AUTORE

TABLE OF CONTENTS

	Pages
DEDICATION ...	7
PREFACE ...	11
I. Development of the Arthur-Grail Theme ...	15
II. "Matière de Bretagne" ...	16
III. Classification of Grail Texts ...	18
IV. Legend of Joseph and the Grail ...	21
V. Boron's "Joseph d'Arimathie" ...	23
VI. The Vulgate Cycle of the Prose Romances ...	25
VII. The Vulgate "Estoire del Saint Graal" ...	26
VIII. The Pseudo-Robert de Boron Cycle ...	27
IX. Portuguese and Spanish Versions ...	28
X. "Liuro de Josep Abaramatia" ...	31
1. Description ...	33
2. The Sixteenth-Century Copyist ...	35
3. Date of Inditement ...	38
XI. Résumé of the "Liuro de Josep Abaramatia" ...	41
XII. "Linguistic Study" ...	53
1. Orthography ...	55
a) Confusion of Graphs ...	56
b) Use of h ...	57
c) Intrusive Orthographic p ...	57
d) Double Vowels ...	57
e) Double Consonants ...	58
2. Phonology ...	58
a) Vocalic Assimilation ...	58
b) Vocalic Dissimilation ...	59
c) Consonantal Assimilation ...	59
d) Consonantal Dissimilation ...	59
e) Metathesis ...	59
f) Lack of Prosthetic e ...	60
g) Sandhi ...	60

		Pages
	3. Morphology	60
	a) *The Final* -ão	60
	b) *2d Plural in* -des	61
XIII.	PALEOGRAPHICAL PROCEDURE	63
XIV.	PALEOGRAPHICAL ABBREVIATIONS	67
XV.	TEXT	73
XVI.	PALEOGRAPHICAL NOTES	381
XVII.	PLATES	401
XVIII.	GLOSSARY	443
XIX.	BIBLIOGRAPHY	459

PREFACE

For many years scholars have given much attention to the origins, development, spread, influence, and meaning of Arthurian literature in Europe.

One unsatisfactory aspect of such investigations has always been the inaccessibility of much manuscript material in libraries, museums, and archives. An example of a hitherto unedited Grail treasure is the subject of the present study. It is Codex 643 of the Portuguese National Archives of the Torre do Tombo, Lisbon, entitled *Book of Joseph of Arimathea ... The First Part of the Quest of the Holy Grail*.

The manuscript is a sixteenth-century apograph of an original codex presumed lost, dated 1314, consisting of 311 *recto-verso* folios, which recounts the early history of the Grail to the death of Joseph of Arimathea in Great Britain.

It is hoped that the present paleographical edition and the study based on it may serve as a modest contribution to the study of Old Portuguese and to the extension of our knowledge of European Arthurian literature.

It is the editor's pleasant duty to record anew his deep obligation to Dr. Edwin B. Williams, former Provost of the University of Pennsylvania and distinguished lexicographer and dean of Portuguese scholars in the United States, to whose kindly encouragement and untiring assistance the present volume chiefly owes its existence. It was he who suggested the need for a paleographical edition of the *Liuro de Josep Abaramatia*. He gave much vigilant guidance and criticism, read the proofs, and allowed the editor to draw continuously on his careful scholarship. It is an honor to dedicate this edition to Edwin B. Williams as a token of admiration and affectionate esteem.

The editor desires to express his gratitude to His Excellency, Dr. Pedro Theotónio Pereira, former Portuguese Ambassador to the United States, for constant cooperation; to Dr. João Martins da Silva Marques, eminent Director of the National Archives of the Torre do Tombo, whose gracious authorization made possible a first-hand study of the medieval codex; and to Father Mário Martins, S. J., who permitted him to consult his own modernized transcription of the codex which was of help on many points of interpretation.

Thanks are also extended to Professors Manoel Lopes d'Almeida, Marques Braga, Fidelino de Figueiredo, and Hernani Cidade for their kindness and hospitality in Lisbon, Coimbra and Parede; to Professor William Roach of the University of Pennsylvania for his enthusiastic and continued support; to his colleagues at the University of Notre Dame, Professors Walter M. Langford and Robert D. Nuner, who were most generous with their time, patience, and wisdom; and to Professor Urban Tigner Holmes of the University of North Carolina for guidance in the preparation of the manuscript.

The editor is grateful to the Faculty Research Committee of the University of Pennsylvania for the acquisition of the photostats, to the American Philosophical Society for a generous research grant, to the University of Notre Dame for supplementary funds for a prolonged stay in Lisbon in 1959, and to the American Council of Learned Societies and the United States Steel Foundation for a Grant-in-Aid of Publication to the University of North Carolina Press.

INTRODUCTION

    I. Development of the Arthur-Grail Theme
   II. *Matière de Bretagne*
  III. Classification of Grail Texts
  IV. Legend of Joseph and the Grail
   V. Boron's *Joseph d'Arimathie*
  VI. The Vulgate Cycle of the Prose Romances
 VII. The Vulgate *Estoire del Saint Graal*
VIII. The Pseudo-Robert de Boron Cycle
  IX. Portuguese & Spanish Versions

DEVELOPMENT OF THE ARTHUR-GRAIL THEME

No legend of the Middle Ages, except those endorsed by the Church, has had so strong an evocative power as the strange fictions which grew up about the Grail, the famous talisman of Arthurian romance, the object of quest on the part of the knights of the Round Table. Thanks to Tennyson and Wagner, Galahad and Parsifal have become types of chastity, and the quest of the mysterious vessel has come to mean "the arduous search for supreme mystical experience." [1]

It is generally agreed that the word *grail* is derived ultimately from the Greek *krater* (bowl) through the Low Latin *cratalis* or *gradalis* and Old French *graal* to the English word meaning a cup or dish. In the legends of the Grail, the cup is variously identified with that of the Last Supper either as a chalice in which later the Saviour's blood was caught as it flowed from the sacred wounds or a ciborium containing the sacred host, the dish from which the paschal lamb was served, a crystal vase filled with blood from which the Fisher King drank, through a golden reed, and in *Parzival*, a stone — the philosopher's stone, the source of life. It may be a cup or dish, accompanied by a lance, which bleeds into it. In most versions the Grail has the miraculous power of sustaining life, either through the self-renewal of food or through spiritual nourishment. It is sometimes a holy object of gold and precious stones, emitting a brilliant light. What the object actually was is of minor importance for "the ineffable sanctity that pertained to

---

[1] Roger Sherman Loomis, *The Grail. From Celtic Myth to Christian Symbol*, New York: Columbia University Press, 1963, p. 1. In its final form, the result of the Quest is the attainment of spiritual enlightenment by the Quester who, beholding the deeper things of God, passes, at the moment of vision, from this world.

the Grail was due to the Holy Blood itself, and not to the containing vessel." [2]

The first mention of the Grail occurs in the *Perceval* or *Conte du Graal*, of Chrétien de Troyes, the most famous of Northern French poets of the twelfth century. A writer of great facility and considerable power, Chrétien was the author of a group of narrative poems dealing with the heroes of Arthurian tradition. It is to him that we owe the development of a new literary cycle:

THE MATIÈRE DE BRETAGNE [3]

By the *matière de Bretagne* is meant the subject matter of that body of literature which centers around the picturesque

---

[2] James Douglas Bruce, *The Evolution of Arthurian Romance from the Beginnings down to the Year 1300*, Baltimore, Göttingen, 2d ed., 1928, I, pp. 380-81. Interest in the container itself was awakened by an announcement in 1950 that permanent sanctuary had been provided at the Cloisters of the New York Metropolitan Museum of Art for the so-called Great Chalice of Antioch, an enigmatic, inscrutable treasure, which many scholars believe to have been the cup from which Christ and His Disciples drank at the Last Supper, the Holy Grail for which knights and heroes hunted through centuries of story and verse. Brought up from the bottom of a Syrian stone-lined pit in 1910, the Antioch Grail has two parts: a simple, inner cup of metal and an elaborately carved, goblet-shaped, outer shell, also of metal, designed to protect it. It is seven and one-half inches high, measures six inches in diameter at the top, and would hold about two and one-half quarts. Worked in relief on the repoussé outer cup are more than 240 objects, including twelve seated figures surrounded by entwined grape vines, birds, food, fruit, and other symbolic devices. The central figure on opposite sides of the bowl is identified with Christ, one during his youth and the other after maturity. The fitting of a repoussé outer cup to an inner lining was a common practice in the fabrication of Roman vessels, such as the Boscoreale cups and the silver chalices in Madrid. Cf. Don José Ramón Mélida y Alinari, *Museo Arqueológico Nacional, Adquisiciones en 1917*, Madrid, 1918, pl. V.

[3] Bruce, *op. cit.*, I, p. 17, says: "This term, in general use for Arthurian traditions, is taken from the famous lines of Jean Bodel, *La Chanson des Saxons* (written in the middle of the 13th century), 11.6ff.:

> "Ne sont que. iii. matieres a nul home antandant:
> De France et de Bretaigne et de Rome la grant;
> Et de ces. iij. matieres n'i a nule samblant.
> Li conte de Bretaigne sont si vain et plaisant;
> Cil de Rome sont sage et de san aprenant;
> Cil de France de voir chascun jor apparant."

figure of the British hero, Arthur. The figure of King Arthur probably rests on a British historical personage of the early sixth century who led Romanized Celts against the Anglo-Saxons; but accretions of mythology, legend, and romance have quite transformed it. In the Latin *Historia Britonum* compiled by the Welsh writer Nennius (9th century), Arthur is described as a *dux bellorum*. During the twelfth century two traditions of Arthur appear in written texts. The first is the pseudohistorical one, initiated by Geoffrey of Monmouth in his *Historia Regum Britanniae* (c. 1136). Here the slight hints offered by Nennius are elaborated into a complete portrait. Emphasis is placed upon military prowess. Arthur not only routs the invading Saxons, like Celidoine in our text, but also subdues all of Europe. In the midst of his last foreign campaign he learns of the infidelity of his wife Guanhumara and the treason of his nephew Modred. Hurriedly returning he defeats Modred but himself receives a mortal wound and is borne to Avalon to be healed. It is known that Geoffrey drew on classical sources. The author claimed that he merely put into Latin a "very ancient book" [4] in a Celtic language, but its existence is doubted by most scholars.

The second tradition about Arthur is the romantic-fictitious one, initiated by Chrétien, who in his series of four long poems deals with prominent knights of Arthur's court: Erec, Lancelot, Yvain, and Perceval. It is almost certain that Chrétien relied mainly on written texts for the plots of his four traditional poems, and in fact he referred to the book which Count Philip of Flanders gave him as the basis for his *Conte del Graal*. The Norman Wace speaks of the *conteurs* who have told ever so often the adventures which befell in the reign of Arthur and have so embellished them that they seem to be fictitious. Wace's poem, the *Roman de Brut*, completed in 1155, reveals that the author knew of an oral tradition of Arthur independent of Geoffrey although he followed the latter closely. Wace is an important factor in the development of the Arthurian romances. He influenced Arthurian literature also in

---

[4] Dr. Manuel Álvarez, the "transcriber" of our Portuguese manuscript states that he found it in the possession of an old lady of advanced years and that it was written on illuminated parchment and was more than two hundred years old, with archaic spellings and wording, so difficult to understand because they are *"na antiguidade Daquelle tĕpo."* (f. 1v).

the *genre* of the *Brut* — the chronicle of British history which follows the Geoffreyan tradition and makes a fabulous Brutus the founder of the kingdom.[5]

Chrétien carried farther the romantic treatment of love, already perceptible in medieval adaptations of the classical stories. Many situations in his plots are contrived in order to test his heroes' behavior. The French writers who were active shortly after Chrétien's death did not continue his interest in courtly love but turned their attention to adventures and marvels, enlarging the material of the Arthurian legend until it evolved into a cycle, the framework of which was formed by the histories of the Grail and of Arthur himself.

CLASSIFICATION OF GRAIL TEXTS

The principal texts concerned with the Grail fall, therefore, into two classes:

1) Those which relate the adventures of the knights of King Arthur's time who visit by chance or by design the castle in Britain where the vessel is kept; and

2) those which relate the history of the vessel from the time of Christ to the time of Merlin and which account for its removal from the Holy Land to Britain.[6]

There are eight important texts in the first group and two in the second.[7] The romances of the first group are:

1. The *Conte del Graal* or *Perceval*,[8] composed by Chrétien de Troyes.

---

[5] At ff. 292v-293r of the present manuscript there is an interesting scribal interpolation concerning Wace. He is named *Mestre Baqua* who transcribed the story of Brutus into French from the Latin (*mestre baqua que traladou / a estorea de brutos ẽ framces de latỹ*). Since he knew nothing about the Holy Grail story it is not surprising that he fails to mention Peron in his book (*nom sabya na / da da estorea do samto greal e por yso nom / foy maravylha nõ nomear ẽ seu lyvro perõ*).

[6] The present text falls into this second category, inasmuch as it is an account of the adventures of the Holy Grail from its finding by Joseph of Arimathea in the Cenacle in Jerusalem to its enthronement on a silver table, as on an altar, in Orberique Castle in Great Britain. Orberique Castle thus becomes the permanent House of the Holy Grail.

[7] I follow Loomis, *op. cit.*, p. 3ff., and Appendix I.

[8] The *Conte del Graal* or *Perceval*. Edited by A. Hilka as *Des Perceval-*

2. Four long continuations of the same, two anonymous, one by Manessier and one by Gerbert de Montreuil.[9]

3. The *Parzival*[10] of Wolfram von Eschenbach, a Bavarian knight, which was the main inspiration of Wagner's *Parsifal*.

4. The Welsh prose romance, *Peredur*,[11] included in Lady Guest's collection called the *Mabinogion*.

5. The Didot *Perceval*,[12] a French prose romance, so called from the name of a former owner of a manuscript.

6. *Perlesvaus*,[13] a prose romance from northern France or Belgium.

7. The Prose *Lancelot*,[14] which forms the third member of a vast compilation, known as the Vulgate Cycle.

---

roman (Li Contes del Graal), Halle, 1932; by William Roach as *Le Roman de Perceval ou Le Conte du Graal*, 2d ed., Geneva, Paris, 1959. For other studies see R. S. Loomis, *Arthurian Tradition and Chrétien de Troyes*, New York, 1949; J. Frappier, *Perceval ou le Conte du Graal*, Cours de Sorbonne, Paris, 1953; W. A. Nitze, "Perceval and the Holy Grail, An Essay on the Romance of Chrétien de Troyes," *University of California Publications in Modern Philology*, XXVIII (1949), No. 5; J. Frappier, *Chrétien de Troyes, L'Homme et l'Œuvre*, Paris, 1957; Helen Adolf, *Visio Pacis. Holy City and Grail. An Attempt at an Inner History of the Grail Legend*. The Pennsylvania State University Press, 1960. For its interpretation as a Christian allegory, cf. Urban T. Holmes, Jr., and Sister M. Amelia Klenke, O. P., *Chrétien, Troyes, and the Grail*, Chapel Hill, 1959; Edward B. Ham, *Perceval Marginalia*, California State College Publications, 1964.

[9] The various versions of the First Continuation have been edited by William Roach as vols., i, ii, iii of *Continuations of the Old French 'Perceval'*, Philadelphia, 1949, 1950, 1952. The other Continuations may be found in C. Potvin, *Perceval le Gallois*, Mons, 1866-71, vols. iii-vi.

[10] The best editions of *Parzival* are those of E. Martin, Halle, 1900-3 and of K. Bartsch, 4th ed., revised by M. Marti, 1927-9. The most significant parts have been translated by Richey in *The Story of Parzival and the Graal*, Oxford, 1935, and the whole by H. M. Mustard and C. E. Passage, New York, 1961.

[11] The texts of *Peredur* have been edited by J. Rhŷs and J. G. Evans, *Text of the Mabinogion and Other Welsh Tales from the Red Book of Hergest*, Oxford, 1887, and by J. G. Evans, *The White Book Mabinogion*, Pwllheli, 1907.

[12] The *Didot Perceval* was edited by William Roach, Philadelphia, 1941.

[13] *Perlesvaus* was edited by W. A. Nitze and others as *Le Haut Livre du Graal, Perlesvaus*, Chicago, 1932-7, with full introduction and notes. A translation by Sebastian Evans was published in Everyman's Library as *The High History of the Holy Grail*, 1917.

[14] The Grail episodes in the Prose *Lancelot* may be found in H. Oskar Sommer, *Vulgate Version of the Arthurian Romances*, Washington, D. C.: The Carnegie Institution of Washington, 1911-12, IV, V.

8. The *Queste del Saint Graal*,[15] the fourth member of the same cycle. Malory has made us familiar with most of the Grail material in the *Lancelot* and with the *Queste* by his abridged version in Books XI to XVII of the *Book of King Arthur*.

The two romances dealing with the early history of the Grail are:

9. *Joseph d'Arimathie*,[16] by the Burgundian poet, Robert de Boron.[17]

10. The *Estoire del Saint Graal*,[18] the first member of the Vulgate cycle,[19] but probably composed after the *Lancelot* and the *Queste*.[20]

It is noteworthy that all the basic versions were composed within a period of about fifty years.

---

[15] The *Queste del Saint Graal* has been edited by H. Oskar Sommer, *op. cit.*, VI, pp. 3-199, and by A. Pauphilet, Paris, 1923. For commentary see Pauphilet, *Études sur la 'Queste del Saint Graal'*, Paris, 1921, and J. Frappier in *Arthurian Literature in the Middle Ages*, Oxford, 1959, ed. Loomis, pp. 302-7. Translated by W. W. Comfort, *Quest of the Holy Grail*, London, 1926.

[16] *Joseph d'Arimathie* was edited by W. A. Nitze as *Roman de l'Estoire dou Graal*, Paris, 1927. For commentary see P. Le Gentil in *Arthurian Literature in the Middle Ages*, ed. Loomis, pp. 251-6. Translated by M. Schlauch, *Medieval Narrative*, New York, 1928, pp. 179-95.

[17] In the present manuscript (f. 199r), Robert de Boron is named Ruber de Burbom, and is referred to as the transcriber into French of an old Latin text. It is his French version which is serving the Portuguese scribe, João Biuas, as a guide for the lineage of Celidoine's wife: "asym como joão biuas volo deuysara nes / ta estorea e por esta linhajem a tirou / de framçes e a treladou Ruber de bur / bom de latim..."

[18] There are several manuscripts, among which may be mentioned that of the *Bibliothèque de la Ville de Mans*, which is referred to the middle of the thirteenth century. Other manuscripts are at Cambridge and at the British Museum. The *Estoire* was first edited by F. J. Furnivall, London: Roxburghe Club, 2 vols., 1861-63, from the MSS. preserved in England, and subsequently by Eugène Hucher (*Le Saint Graal*, Le Mans, 3 vols., 1874-78). At the instance of Hucher it is often referred to as *Le Grand Saint Graal*, in order to distinguish it from Robert de Boron's *Joseph d'Arimathie*, or *Le Petit Saint Graal;* finally, *Lestoire del Saint Graal* was edited by H. Oskar Sommer at Washington in 1909, under the auspices of the Carnegie Institution, as Volume I of the *Vulgate Version of the Arthurian Romances*. Hucher's proposition that the prose version which he edited is earlier than the metrical version of the *Joseph*, has found little acceptance. Cf. Arthur Edward Waite, *The Holy Grail. The Galahad Quest in the Arthurian Literature*, New Hyde Park, N. Y.: University Books, 1961, pp. 26, 596-7. For further light see Frappier, in *Arthurian Literature in the Middle Ages*, ed. Loomis, pp. 313-15; and Bruce, *Evolution*, I, pp. 350-3.

In these texts the Grail is seen in many settings, performing varied functions, conceived in strangely different ways. As to the origin of the Grail legend, there are three major theories: the Celtic, the ritual, and the Christian. In the first the Grail is the vessel of abundance and rejuvenation. In the second the Grail is traced to the fertility rites of ancient religions.[21] In the third the Grail is identified with the chalice or ciborium containing the sacred host.

LEGEND OF JOSEPH AND THE GRAIL

According to a legend which appears in literature as early as the twelfth century, the Chalice, after the Last Supper, came into the possession of Joseph of Arimathea, who received in it some of the precious blood that flowed from the wounds of the Crucified Redeemer. It was said that Joseph, with his son Josephes, was transported to Britain to escape persecution, whither he took the sacred Grail, that throughout his life this Grail furnished him with food and drink, and that at his death he charged his disciples to guard it faithfully.

Neither Joseph or Josephes was mentioned in Chrétien's poem nor in the original form of the First Continuation; but an interpolator of the First Continuation and the author of the *Perlesvaus*

---

[19] According to one authority, the *matière de Bretagne*, though undoubtedly the fountain-head of many incidents, episodes, and adventures in Arthurian romance, has exerted little influence on the several branches of the Vulgate cycle, which is "an entirely French production which originated in the north of France." There, the *trouvères* and compilers, or *assembleurs*, dealt with material that had already become completely acclimatized in France. In brief: "The French prose-romances, forming together the Vulgate cycle, are the fruit into which the *matière de Bretagne* ripened on French soil." Cf. H. Oskar Sommer, *op. cit.*, I (*Lestoire del Saint Graal*), pp. vii-viii.

[20] Cf. Loomis, *op. cit.*, p. 4.

[21] It has been argued that the machinery of the earlier romances — the Fisher King, sick, wounded or in extreme old age, whose incapacity entails disastrous consequences upon his land and folk, both alike ceasing to be fruitful; the quester, whose task is to heal the king, and restore fruitfulness to the land — bears resemblance to the cults associated with such deities as Tammuz, Adonis and Attis, the object of which was the renewal of vegetation and the preservation of life. Cf. Waite, *op. cit.*, pp. 413ff.

knew of an account of the coming of Joseph of Arimathea to Britain.

Both Joseph and his son Josephes were introduced in the *Queste del Saint Graal* and Joseph's story forms the bulk of Robert de Boron's *Joseph d'Arimathie*. A greatly extended version in prose, *L'Estoire del Saint Graal*, constitutes the first member of the Vulgate cycle, and brings the history of the vessel down to the time of Merlin.

The legend of Joseph of Arimathea started with the historic fact, vouched for by the four Gospels, that after Christ died on the Cross, a rich disciple of Arimathea named Joseph begged Pilate for the Holy Body, wrapped it in a linen cloth, and placed it in a new tomb. The Gospel of St. John adds that Nicodemus brought spices for the burial, and that is all we learn from the Scriptures.

But one of the most widely known of the large body of New Testament apocrypha was the *Evangelium Nicodemi*. Here we read that during the trial of Christ before Pilate, Nicodemus, a ruler of the Jews, testified in his favor, infuriating the accusers. After Joseph had deposited the body of the Crucified Saviour in the sepulcher, the Jews imprisoned him, but when on Easter Day the door was opened, he was not to be found. A search was made on the advice of Nicodemus and Joseph was discovered at his home in Arimathea. Brought to Jerusalem he stated that at midnight of the Sabbath day, the prison in which he was confined rose in the air and fell to the earth. The resurrected Christ appeared to him, lifted him up, and brought him to his house.

It is this apocryphal text, not earlier than the fourth century, which lies at the base of the Interpolation in the First Continuation of Chrétien's *Perceval*. In this Interpolation we have the shortest and simplest account of Joseph's connection with the Grail and his voyage to Britain (the White Isle). It represents the first step in bridging the gap between the Biblical history of Joseph of Arimathea and the British tradition of the miraculous vessel.

BORON'S JOSEPH D'ARIMATHIE

One of the most puzzling and important texts about Joseph is the Robert de Boron poem, *Joseph d'Arimathie*. Most scholars are inclined to accept Robert's claim to originality, in the sense that he was the first to combine the already existing apocryphal legends of Joseph of Arimathea, St. Veronica, and the destruction of Jerusalem with elements of the literary tradition of the Grail. [22]

In Boron's *Joseph,* a soldier of Pilate's, Joseph of Arimathea, loved Christ, but dared not show it for fear of the Jews. After the Crucifixion he asked Pilate, as compensation for his services, for the body of the Saviour. Pilate not only assigned Nicodemus to accompany Joseph but also gave the latter the vessel which Christ, on the night of His betrayal, had used to make His sacrament, for Pilate did not wish to have anything pertaining to Jesus about him, in fear of accusation. Accompanied by Nicodemus, Joseph was able to take the body of Christ down from the Cross. Then he washed the body and this made the blood flow afresh. He collected the blood in the vessel which Pilate had given him and placed the body in the tomb. When on the third day the Jews discovered that the body was missing, they accused Joseph of stealing it and threw him into a dungeon. The Crucified Christ appeared to the prisoner in a blaze of light and presented him with the same vessel in which he had collected the holy blood. Joseph was to have the guardianship of the precious vessel and in this would have only three successors, in token of the Trinity. Christ also instructed Joseph in the symbolism of the Mass and informed him that the vessel containing the divine blood was to be called a *calice.*

Joseph remained in prison until his deliverance in A. D. 70 by Vespasian. According to the *Vindicta Salvatoris,* Vespasian had

---

[22] In Boron's brilliant trilogy (*Joseph d'Arimathie, Merlin,* and *Perceval*) we find the Christian character of the Grail fully developed. Brought to Britain by Joseph, the Grail acts as an oracle, elects its own guardian, and foretells the future course of events. At Joseph's death, the Grail is committed to the care of his brother-in-law, Bron, and will eventually pass into the care of his grandson, Perceval. The whole story is closely connected with Arthur's court through the agency of Merlin, whose story forms the second stage of the trilogy. It is Merlin who constructs the Round Table after the model of its predecessors and Merlin who reveals to the knights of Arthur's court the presence of the Grail in Britain and the necessity of the Quest. In Boron's trilogy we have all the material for the later cyclic elaboration of the theme, and the starting point and model for the development of the combined Grail and Arthur themes. Cf. Waite, *op. cit.,* Book IV.

been converted as a result of a miraculous cure of his leprosy effected by the sight of Veronica's veil, on which was imprinted the face of Christ. Thus the *Evangelium Nicodemi* and the *Vindicta Salvatoris* have been drawn on to form a background for the legend of Joseph of Arimathea.

At this point, two kinsfolk of Joseph, hitherto quite unknown to the Apocrypha, made their appearance: Joseph's sister Enygeus and her husband, Bron (also called Hebron), who with a company of Jews joined Joseph and went into exile. A long time passed and they were threatened with starvation. Joseph knelt before the Grail and the voice of the Holy Spirit announced that certain members of the company were guilty of lust and commanded Joseph to prepare a table and place thereon a fish and the Grail. When summoned to the table only a part of the company were able to take their seats. The lustful ones, left standing, departed in shame. Thus was the discerning power of the vessel tested. Moyses, one of those who had failed the test, begged to be admitted to the table. But when he sat in the empty seat corresponding to that of Judas, the earth swallowed him up.

Years slipped by in which Enygeus bore twelve sons to Bron. When they were grown up an angel directed that they be given the choice between the wedded and the single state. Only one, who is at first anonymous, vowed celibacy. It is he who is to rule over his eleven brothers and their wives and to proceed with them to the extreme Occident, there to exalt the name of Christ. The angel also foretold that a great light was to descend on the assembly and bring a letter, to be read to one named Petrus. He is to carry the letter with him and await the coming of the son of Alein. As predicted, a great light shone and brought a letter, which Joseph then handed to Petrus. Petrus, when asked, declared his intention to go to the vales of Avaron (i. e., Avalon), a savage land in the Occident.

Bron assembled his sons and daughters and instructed them to obey their brother Alein; whereupon they departed under Alein's leadership. Our Lord then bade Joseph to give over the vessel to the guardianship of Bron and to teach him its secrets. Bron is to be called the Rich Fisher and to proceed with his people to the Occident and there await the coming of his grandson, to whom he will transfer the custody of the Grail.

Obeying the divine command, Joseph delivered the Grail to Bron and taught him the holy words which God had imparted to him in prison, which were sweet and gracious and merciful, and properly called the Secrets of the Grail. After three days Bron and his company set forth on their mysterious journey, leaving Joseph behind. In conclusion, the author alludes to the many tales told of the Rich Fisher and announces his intention of relating the adventures of Alein, Petrus, Moyses, and the Rich Fisher, if he can find the account in a book.

The Grail, in Boron's poem, is not a vessel with marvelous powers of supplying food and drink, youth, health, and strength. It is a vessel of grace in whose service only the good and pure in heart can remain. When Joseph founds the Grail table it is modeled after the table of the Last Supper except that the Fish, the symbol of Christ, takes the place of Christ. It was the invention of Robert de Boron that the dish of the Last Supper became connected with Joseph of Arimathea. We also have an undeniable parallelism with the history of Christ in his closing days. The Grail is the symbol of Christ's body.

THE VULGATE CYCLE OF THE PROSE ROMANCES

There are two great cycles of Arthurian romances in prose: 1) The one known as the Vulgate or Walter Map Cycle, and 2) the other known as the Pseudo-Robert-de-Boron Cycle. The Vulgate Cycle is so-called because it became the most popular redaction of the romances in the Middle Ages, almost completely displacing all other versions. It is made up of the five great romances, *Lestoire del Saint Graal* (or *Grand Saint Graal*), *Lestoire de Merlin*, *Li Livres de Lancelot*, *La Queste del Saint Graal*, and *La Mort Artu*, and it exists either in part or complete in a large number of MSS. The name of Map is also given to this cycle because the MSS. regularly ascribe to him the composition of the last three members of the cycle.

THE VULGATE *ESTOIRE DEL SAINT GRAAL*

L'Estoire del Saint Graal, the long prose romance which constitutes the first member of the Vulgate cycle has often been considered an elaboration of Robert de Boron's poem, since it was composed at a later date and some manuscripts attribute it to him. The general lines which he established in his poem are followed in the *Estoire* as regards the imprisonment of Joseph, the circumstances under which he was released by a grateful Vespasian, and the vengeance wreaked upon the Jews.

The fact that Joseph is married and has a son in his infancy at the time of the Passion of Christ may be taken as the first important point of difference. The lapse of years notwithstanding, Joseph is reunited to his wife and son, is baptized with a great number of his relatives, and is directed by Christ to go with those who will follow him into distant countries, carrying neither gold nor silver, no material possession except the Holy Grail. It is at this point that the prototype of Robert de Boron is abandoned once and for all. England is the Promised Land and the good Christians are transported there on a garment belonging to Josephes, but those who are imperfect come by ship. A few of the chief heroes arrive independently. Joseph of Arimathea reaches the general goal; and though the superior importance of his son causes him to be almost effaced, we hear of him from time to time during long years of continued existence. He was buried at the Abbey of the Cross in Scotland, for which one codex substitutes Glastonbury.

Since there is no clear division of episodes in the *Estoire*, one section can not be separated definitely from another. "The Master-Branch of the whole prodigal romance is that which embraces the mission of Josephes: this is the essence, and all else is, in comparison, of an incidental order." [23] There are striking divergences which compel one to assume a common source for the *Joseph d'Arimathie* and the *Estoire del Saint Graal*. Moreover, the *Estoire* provides a version of the establishment of the Grail Table, the fate of Moyses and his father Simeon, the marriage of Bron's eleven sons, and Alein's choice of celibacy, which differs in several respects from Robert's version. The tone of Robert's *Joseph* is profoundly religious, but there was a flaw: Joseph of Arimathea did not fulfill the condition of celibacy which was required by the medieval church of the ministers of its sacraments (symbolized by the Grail). Thus in the *Estoire del Saint Graal* Robert's Joseph

---

[23] Cf. Waite, *op. cit.*, p. 171ff.

had to yield first place to a new creation, Josephes, who fulfilled this necessary condition.

THE PSEUDO-ROBERT DE BORON CYCLE OF THE PROSE ROMANCES

The second of the prose cycles, as far as it has been preserved, is ascribed in the MSS. to Robert de Boron. The feature of this second cycle which distinguishes it essentially from the Vulgate (Walter Map) cycle is the fact that the characters of the Tristan story play a part in it. [24] Of the Pseudo-Robert cycle mere fragments have survived. The division of the Pseudo-Robert cycle may have been conceived as follows:

1. *Estoire* (or *Livre*) *del Saint Graal*, 2. *Merlin* (prose rendering of Robert's *Merlin*), 3. *Merlin*-continuation, 4. *Lancelot*, 5. *Queste del Saint Graal*, 6. *Mort Arthur*.

The first of these branches has not come down to us, perhaps because it differed so slightly, if at all, from the Vulgate *Estoire* "that the few copyists who ever occupied themselves with the Pseudo-Robert cycle rarely considered it worth their while to transcribe for the new series a romance that was already so widely diffused in the Vulgate form." [25]

---

[24] At ff. 263r-263v of our manuscript it is stated that Josephes promises the guardianship of the Grail, after his death, to the twelfth son of Bron who has declined to wed and elected to serve God. Josephes keeps that promise (*e josefos ho emtregou do samto vaso depois de / sua morte*). A subsidiary object in dwelling on the marriages of the sons of Bron may have been to show that Tristan descends lineally from one of the twelve sons of Bron, being he who, in the Portuguese text, is called sador (*deste sador / saio Apollo ho bem avemturado...E de ellible abel yrmã de el Rey m[a]res saio tristão / o namorado e fermoso e bom caualeiro*). Tristan's story is already minutely narrated elsewhere (*asy co / mo a gram estorea o devisara*) but is not added here because it will make the present story very long (*que se aquella isto / rea for a esta ajumtada sera noso llivro / muy gramde*). Tristan will be spoken of later because he was a knight of the Round Table (*E quamdo for llugar falare / mos nele que depois foi Companheiro da tauola / Redomda*).

[25] Cf. Bruce, *op. cit.*, I, pp. 458-479. Eduard Wechssler, in his Habilitationsschrift, *Über die verschiedenen Redaktionen des Robert de Borron zugeschriebenen Graal-Lancelot-Cyklus*, Halle, 1895, p. 14, conjectured that the *Estoire* of the cycle might be preserved in the Portuguese form in a certain Torre do Tombo (Lisbon) MS.

The divergence between the Vulgate and Pseudo-Robert cycles is greatest in their *Merlin*-continuations. There is no reason to believe that a re-cast *Lancelot* ever formed a part of the Pseudo-Robert cycle. This cycle presupposes merely the Vulgate form of that branch. Only fragments of the *Queste* of the Pseudo-Robert cycle have come down to us in the original French, although the whole branch has been preserved in the Portuguese *Demanda* and, much more condensed, in the Spanish *Demanda*. The *Mort Arthur* of this cycle was not treated as a separate branch, but rather as a mere epilogue to the *Queste*.

Curiously it seems that the Pseudo-Robert cycle was more popular abroad than in the country of its origin, so that for important portions of it we have only versions in foreign languages —especially Portuguese and Spanish— the French originals having been lost.

PORTUGUESE AND SPANISH VERSIONS OF ARTHURIAN ROMANCES

The following versions (all in prose) of French romances of the Arthurian cycle have been preserved in Portuguese and Spanish:

I. *History of Joseph of Arimathea*

    1. MS. 643, Torre do Tombo, Lisbon.
    2. MS. 2-G-5, Biblioteca de Palacio, Madrid.

II. *History of Merlin*

    3. Fragment of MS. 2-G-5, Biblioteca de Palacio, Madrid.
    4. *Baladro del Sabio Merlín*. Ed. Burgos, 1498.
    5. *Baladro del Sabio Merlín*, Ed. Sevilla, 1535.

III. *Demanda* and *Mort Arthur*

    6. Portuguese MS. 2594, Vienna National Library.
    7. Fragment of MS 2-G-5, Biblioteca de Palacio, Madrid.

8. Second Part of the Spanish *Demanda*, Ed. Toledo, 1515 and Sevilla, 1535.

The Portuguese Grail MSS. are complete texts while the Spanish MSS. are fragments.[26]
There can be little doubt that the Portuguese Grail story was complete under the title of *História da Demanda do Santo Graal* with the following divisions:

I. *Liuro de Josep Abaramatia*
II. *História do sábio Merlim* or *Conto do Brado*
III. *Demanda do Santo Graal*

To attest the existence of the lost *Merlim* or *Conto do Brado* there are two eloquent references.

One is from the *Demanda*, stating that many things not mentioned in "this last part" may be found in the *Conto do Brado*:

"Galaaz, pois se partiu do cavaleiro, andou muitas jornadas e per muitos logares que vos eu nom conto, ca sobejo haveria eu que fazer, se vos contasse tôdalas maravilhas de Galaaz, e demais a postomeira parte do meu livro seeria maior ca as duas primeiras.

---

[26] Editions of the Iberian MSS.: Portuguese: Karl von Reinhardstoettner, *A Historia dos cavalleiros da Mesa Redonda e da Demanda do Santo Graall*, Berlin, 1887 (The first seventy folios only); Augusto Magne, *A Demanda do Santo Graal*, 3 vols., Rio de Janeiro: Instituto Nacional do Livro, 1944. Spanish: Karl Pietsch, *Spanish Grail Fragments*, 2 vols., Chicago: Modern Philology Monographs of the University of Chicago, 1924. (Folios 252v-300v of MS. 2-G-5 in the Biblioteca de Palacio, Madrid). Catalan: Vincenzo Crescini and Venanzio Todesco, *La Versione catalana della Inchiesta del San Graal*, Barcelona: Biblioteca Filològica de l'Institut de la Llengua catalana, X, 1917. An incunabular edition containing Merlin material is: *El Baladro del sabio Merlín con sus Profecías* (Burgos, 1498). Extracts from this printed edition are available in the SATF Huth edition, pp. LXXXI-XCL. A new edition by Pere Bohigas has appeared as follows: Vol. I *El Baladro del sabio Merlín según el texto de la edición de Burgos de 1498* (Selecciones Bibliófilas, 2d ser.; Barcelona, 1957. Text of ch. I-XXII. Vol. II: *Baladro del Sabio Merlín* (Selecciones Bibliófilas, 2d ser.; Madrid, 1961. Text of ch. XXIII-XXXIII. Vol. III (1962) contains the text of chaps. XXXIV-XXXVIII, with introduction, notes, and index).

Mas, sem falha, o que eu leixo em esta postumeira parte jaz no conto do Braado." [27]

The other is from the *Liuro de Josep Abaramatia*, stating that the *Merlim* deserves inclusion in the Grail story because it is one of the branches, and treats of the Round Table and the birth of Arthur; and that the *Josep* was joined to the *Merlim* but later was separated because of length and for the sake of convenience:

"e agora / se cala a estorea de todas estas linãges que de / çelidones sairão e torna Aos Outros Ramos // [311v] que chama estorea demerlim que Comvem por toda / ma neyra Jumtar Com a estorea do greal por / que he dos Ramos e lhe pertemç[e] E saibaõ / todos A queles que esta Estorea Ouuyrem que / esta Estorea Era jumtada Com A demerlim na / qual he Começa me mto da mesa Redomda E / A naçem ça de ar tur E com em ça m em to das / avemturas mas por noso liuro uom ser muy grã / de Repartimo lo Cada hũu Em sua parte / que cada hũu por sy serão milhores de trazer /" [28]

---

[27] Magne, *op. cit.*, II, p. 271.
[28] ff. 311r-311v. See also fn. 24 for another reference. The whole question of the relationship of the Spanish and Portuguese *Demandas* has caused much controversy. Bohigas maintained the theory of Spanish priority (cf. fn. 47), but in *RFE*, XX (1933), 180-5, in his review of Rodrigues Lapa's scholarly *A Demanda do Santo Graal, Prioridade do texto português*, Lisbon, 1930, he accepted the theory of Portuguese priority. In *1498 Baladro*, III (1962), 189-93, however, he suggests that the question be examined afresh. For additional information see C. E. Pickford, "La priorité de la version portugaise de la *Demanda do Santo Graal*," *Bulletin Hispanique*, LXIII (1961), 211-16; Roger J. Steiner, "*Domaa/Demanda* and the Priority of the Portuguese *Demanda*," *Modern Philology*, 64 (1966), 64-67; and Fanni Bogdanow's *The Romance of the Grail*, New York: Barnes & Noble, 1966, ch. II, wherein Dr. Bogdanow, from her own comparison of the Spanish and Portuguese versions with the French texts, suggests that "it is clear that the Portuguese is on the whole closer to the French than is the Spanish, but there are cases where the Spanish is closer to the French. This means that the Spanish and Portuguese versions are both derived from a text which was nearer to the French than either of them is." For the relationship of the *Liuro de josep abaramatia* to some fifty manuscripts of the Vulgate *Estoire del Saint Graal*, see Dr. Bogdanow's "The Relationship of the Portuguese *Josep Abarimatia* to the extant French MSS. of the *Estoire del Saint Graal*," *ZRPh.*, 76 (1960), 343-75, and her *The Romance of the Grail*, ch. VII.

X. LIURO DE JOSEP ABARAMATIA

    1. Description
    2. The Sixteenth-Century Copyist
    3. Date of Inditement

LIURO DE JOSEP ABARAMATIA

1. Description

The Joseph of Arimathea part of the Grail story was made accessible to Spanish and Portuguese readers by two manuscripts, the one in Portuguese, and the other in Spanish that is highly infused with Leonese or even Galician-Portuguese elements. [29] These manuscripts are:

1. The Spanish *Libro de Josep Abarimatia* (Bibl. Particular de S. M., Madrid, MS. 2-G-5, parchment, 1469-70, by Pedro Ortiz, 302 fols., 240 x 140 mm.; (fols. 251-282: "Esta parte se llama el libro de josep abarimatia e otrosi libro del sancto Grial que es el escodilla en que comeo Jesu Christo"). [30]

2. The Portuguese *Liuro de josep abaramatia* (Arquivo Nacional da Torre do Tombo, Lisbon, MS. Alcobaça 643, sixteenth century, 311 fols., 118 * chaps., 250 x 190 mm.: Liuro de josep abaramatia / Intetulado aprimeira parte Da. / demãda dosãto grial ata apre / sẽte idade nũca vista.treladado / Dopropio original por ho doutor / Manuel alu*a*rez.Corregedor Da / Ilha desã

---

[29] Cf. William James Entwistle, *The Arthurian Legend in the Literatures of the Spanish Peninsula*. London & Toronto: J. M. Dent; New York: E. P. Dutton, 1925, p. 138.
[30] The Arthurian portion of MS. 2-G-5 has been reprinted in full by K. Pietsch, *The Spanish Grail Fragments*, I, Chicago: Modern Philology Monographs of the University of Chicago, 1924.
* See *Paleographical Notes*, f. 23v.

miguel.Deregido ao / muy alto 7poderoso principe el /Rei Dom Joãho. 3 . Deste nome / Elrrey nosso Senhor. //) [31]

Though consulted by Varnhagen,[32] and mentioned by Reinhardstoettner,[33] Menéndez y Pelayo,[34] and Dona Carolina Michaëlis de Vasconcellos,[35] the *Liuro de Josep Abaramatia* was lamented as lost until its rediscovery by Cornu and its description by Otto Klob in 1902:

"...so kommt für uns zunächst eine Geschichte Josephs von Arimathia in Betracht, die, aus den Schätzen der Bibliothek von Alcobaça stammend, gegenwärtig im portugiesischen Staatsarchive der Torre do Tombo aufbewahrt wird.

Die Handschrift trägt die Nummer 643, ist ziemlich gut erhalten und enthält 311 einspaltige, etwa 2.5 dm und 1.9 breite Blätter, die Seite zu etwa 30 Zeilen von annähernd 1.6 dm Länge. Sie ist auf Papier geschrieben und gehört dem 16. Jahrhundert an. Es ist dieselbe Handschrift, die schon Varnhagen in Lissabon benutzte (vgl. *Cancioneirinho*, S. 165 ff., Reinhardst. *Dem.* Einl. IX f.) und die Reinhardstoettner (Einl. S. X) als „leider verloren gegangen" beklagt. Cornu gebührt das Verdienst, sie bei seinem letzten Aufenthalte in Portugal wieder ans Licht gezogen zu haben, und er machte Wechssler auf diese Entdeckung aufmerk-

---

[31] The binding is in brown sheep-leather with reliefs, in bad condition. The back of the book is patched with a piece of plain brown leather. Measurements by Torre do Tombo staff member: 28,5 cms x 20 cms. Number of leaves: four unnumbered + 311 numbered + one unnumbered. Handwriting is of the sixteenth century, of alternating cursive and imitation Gothic lettering. Alterations are visible at ff. 17r, 129r, 138r, 192r, 234r, 269r. Faulty binding dislocated the story sequence and correct order was restored as follows: 138v to 140r-143v to 139r-139v to 144r-157v to 162r-162v to 158r-161v to 163r-end.

At the foot of the title page there is a notation in handwriting of a much later period (17th century?) that reads as follows: "liuro da carthuxa de Scala coeli de que o ill.mo e R.mo s.or P. Theotonio de / Bargança Arcebispo de Euora fundador da mesma lhe fes doação." Such a gift to the *Cartuxa de Scala Coeli* by the founding Archbishop is of great interest. The Torre do Tombo authorities have recently stated to the editor that they do not know where the *Liuro de Josep Abaramatia* came from or how the Torre do Tombo acquired it. It is thought, however, that the volume may have come from the *Cartuxa de Evora* at the time of the extinction of convents (1834), although "there is no register of this fact."

[32] *Cancioneirinho de Trovas Antigas*, Vienna, 1872, p. 165ff.
[33] *Op. cit.*, Introduction, pp. ix-x.
[34] *Orígenes de la Novela*, I, p. clxxvi.
[35] *Grundriss der rom. Phil.*, II, ii, p. 215.

sam. Was die Frage nach Inhalt, Sprache, Alter und Vorlage betrifft, so führe ich vor allem im Zusammenhange sämtliche Stellen aus der Handschrift selbst an, die uns Aufschluss über diese Punkte geben." [36]

Heretofore, edited portions of the *Liuro de Josep Abaramatia* have been accessible only in fragmentary form. [37]

Nunes, in his excellent study of chapters 65-66, calls the text ancient but modernized, has no hesitation in including it among other ancient documents in his series (although it appears in a sixteenth-century apograph by Dr. Manuel Alvarez), and urges its publication:

"Embora não seja rigorosamente um texto archaico o que se segue, pois pertence ao seculo xvi, não duvidei inseri-lo entre os que tenho trazido a lume, sob o titulo de *Textos archaicos portugueses*, pelas razões que adiante dou e que, a meu ver, provam ser elle realmente um texto antigo, mas modernizado.

Extrahi-o de um manuscrito que muito seria para desejar visse a luz da publicidade, o *Josep ab arimatia*, cujo assunto são as lendas britannicas conhecidas pelo nome de cyclo arturiano ou do Rei Artur." [38]

2. The Sixteenth-Century Copyist

According to the superscription, the book is the first part of the *Demanda do Santo Grial* [39] and had not been seen prior to

---

[36] "Beiträge zur Span. und Portug. Gral-Litteratur," in *Zeitschrift für rom. Phil.*, XXVI (1902), p. 170.

[37] P. Bohigas Balaguer, *Los textos españoles y gallego-portugueses de la Demanda del Santo Grial*, Madrid, 1925: pp. 105-7 (ff. 1r-2r), pp. 113-7 (ff. 8v-9r), pp. 107-9 (ff. 262r-263v), pp. 109-110 (ff. 304r-305r); Kimberley S. Roberts, *An Anthology of Old Portuguese*, Lisbon, n.d.: pp. 47-9 (ff. 57v-58v); José Joaquim Nunes, "Uma Amostra do Livro de Josep Ab Arimatia," in *Revista Lusitana*, XI (1908), pp. 229-237 (ff. 100v-110r); José Joaquim Nunes, *Crestomatia Arcaica*, 3d ed., Lisbon, 1943, pp. 108-115 (ff. 105r-110r).

[38] "Uma Amostra do Livro de Josep Ab Arimatia," *RL*, XI (1908), p. 223.

[39] The *Liuro de Josep Abaramatia* occupies (in the words of W. J. Entwistle, *op. cit.*), "a somewhat lonely position in Spanish-Portuguese Arthurianism." Giving itself out as the first part of a Grail trilogy, it is not actually followed by the other two parts, but ends in a colophon.

its *tresladação* (i.e., transcription or transference) from the *"propio original"* [40] by Dr. Manuel Alvarez, [41] Chief Magistrate (*corregedor*) of the Island of S. Miguel (Açores), who dedicates it to King John III. [42]

The *"propio original"* was an illuminated parchment of some two hundred years of age, found in the possession of a woman of advanced age (huã *velha De muy antiga idade*), in the parish of Riba d'Ancora. [43] The time of the discovery of the parchment is stated to have been while Dr. Alvarez's father was acting as Chief Magistrate of the king in Entre Douro e Minho. The transcriber begs the king to excuse the "knotty" language (the archaic spellings and phrasings so difficult to understand) and to appoint some competent person to amend and improve the style. The "translation" amounted to little more than the alteration of unintelligible words and the substitution of readings for what was illegible, for he has changed only the unintelligible words, passing over those of that ancient time which can now be understood:

> nõ mudei senã / hos vocabulos
> inẽteligiueis.que hos que se
> podem ẽtender na an / tiguidade
> Daquelle tempo os leixei hir. (f. 1v)

---

[40] It would appear, however, that Dr. Alvarez's *"propio original"* was already in circulation among the poets of the *Cancioneiro Geral* (1516) where it is cited by Pero de Moura; cf. the Archer Huntington Facsimile edition, fl. XXXI v.: "copase com carmynhola / do comprido mestrescola / ou josep baramatya;" and the *Cancioneiro Geral Altportugiesische Liedersammlung des Edeln Garcia de Rezende neu herausgegeben von Dr. E. H. Kausler*, Stuttgart (Vol. 1 - 1948; Vol. 2 - 1948; Vol. 3 - 1952), Vol. 1, p. 278: "copa-se com carminhola / do comprido mestr'escola, / ou Josep Baramatya."

[41] Mário Martins, S. J., in *Estudos de literatura medieval*, Braga: Livraria Cruz, 1956, pp. 50-51, quoting from Gaspar Frutuoso, *Saudades da Terra* (Ilha de S. Miguel), t. 1, Ponta Delgada, 1924, p. 329, and t. 2, *ibid*, 1926, p. 185ff., says: "Manuel Álvares chegara à Ilha de S. Miguel, pelos fins de Dezembro de 1552. Para lá partira com o capitão D. Manuel da Câmara e com ele desembarcou no lugar dos Mosteiros. Viveu muito tempo na ilha, não sabemos se para sempre. Pelo menos, criou raízes nos Açores. De facto, Gaspar Frutuoso fala-nos da *lomba d'El-Rei*, perto da vila do Nordeste, que agora é dos herdeiros de Manuel Alvres, corregedor que foi da Côrte."

[42] King John III reigned from 1521 to 1557.

[43] At this point there is a marginal note which reads: Hé hu = / ma fre / guezia. Klob (*op. cit.*, p. 172) explains: "Einen Ort dieses Namens giebt es auf der Halbinsel gegenwärtig nur einen. Es ist ein kleines Dörfchen, wenige Kilometer südlich von der Mündung des Minho am Meeresstrande gelegen."

Nunes [44] is of the opinion that the sixteenth-century copyist was a native of one of the northern provinces of Portugal, where *v* is replaced by *b* in popular speech:

"Passando agora a analysar a linguagem empregada, parece-me deprehender d'ella que o copista do seculo xvi pertencia a alguma das provincias da Beira, Entre-Douro-e-Minho ou Trás-os-Montes (sul), onde predomina a troca do *v* pelo *b;* pelo menos assim o attestam, parece-me, os descuidos graficos *embiar, besporas,* e *boar* (a par de *voar*) por *enviar, vesperas* e *voar*." [45]

He calls attention to the copyist's undistinguished educational background by the following examples of plebeian usage:

"e que a sua instrucção não era muita demonstram-no os plebeismos por elle ás vezes introduzidos, taes como *somana, chomava, besporas, abaxar, menham, cudes* (mas tambem *cuidou*)."

and points to Dr. Alvarez's use of archaic and popular expressions:

"Emprega tambem as formas archaicas e populares *sondes, piqueno, milhor* e a contracta do imperativo do verbo *guardar,* ainda usada na locução: *sem tirte nem guarte*. Diz tambem *divera* por *devera* e usa *oulhar* por *olhar*..."

---

[44] *Op. cit.,* p. 228 for this and the next two quotations.

[45] Some other examples from the text: *bem* 43v, *bisaõ* 47v, *boluessem* 58v, *estrobarya* 91v, *bycos* 96r, *habiuado* 101v, *bicos* 102v, *boar* 108v, *embiou* 109r, 197r, *brabura* 113v, *bolve* 121v, *boavam* 122r, *boa* 122v, *boz* 133v, *teribell* 141r, *byua* 141v, *bozes* 148v, *boaua* 152r, *biue* 153v, *byuos* 150r, *boaras* 152v, *abiuada* 159v, *abesa* 162r, *embiarja* 240v.

But in view of Dr. Alvarez's distinguished family background, his own high office as king's magistrate in S. Miguel (Açores), his exemplary Dedication to his sovereign, his own statement that his editorial procedure was little more than the alteration of unintelligible words (nõ mudei senã / hos vocabulos inēteligiueis), is it appropriate to label as his those archaisms and plebeianisms which he passed over (que hos que se podem ētender na an / tiguidade Daquelle tempo os leixei hir) in his *tresladação?* Are such expressions, on the contrary, not deeply imbedded in the "propio original," as the personal signature of its mysterious fourteenth-century friar-scribe, Joam Vivas? A Joam Vivas who calls himself João Biuas? Cf. fn. 53.

That Dr. Alvarez performed a careless piece of transcription of the "propio original" is attested to by the many inaccuracies listed in the *Notes*.

Nevertheless, Dr. Alvarez, like a true *quinhentista* in a Portugal aglow with the wealth of the Indies, is quite capable of an entrancing interpolation redolent with the spicy odors of balsam, cinnamon, and carnation:

> e depois que amdaram Çimquo
> legoas / emtraram em huã ter[r]a
> que dizem colonya he / muy abomdad[a]
> decravo e de canela e balça / mo (f. 119r)

3. Date of Inditement

The date given by Dr. Alvarez to his "original" is 1321, i.e., two hundred years before the beginning of the reign of King John III:

O qual liuro segundo por elle parece he / sprito em porgaminho 2 iluminado Eacaise De dozentos annõs / que foi sprito (f. 1v)

In the colophon, a João Samches, schoolmaster [46] of Astorga (León), states that he "caused the book to be made [47] five years after the establishment of the University of Coimbra, during the papacy of Pope Clement who destroyed the Order of the Temple,

---

[46] Cf. G. Baist, "Der portugiesische Josef von Arimathia," in *Zeitschrift für rom. Phil.*, XXXI (1907), p. 605: *"mestre escolla,* d.h. nicht „ein Schullehrer", sondern der Scholaster von Astorga Juan Sanchez."

[47] Klob (*op. cit.*, p. 173) had asked himself a question about the Astorgan "schoolmaster": "Was könnte der spanische mestre escola spanischen Namens für eine Veranlassung gehabt haben, in einer spanischen Stadt die Anfertigung einer portugiesischen Bearbeitung der Josephsgeschichte anzuordnen?"
For a full examination of Spanish priority over the Portuguese, cf. Pietsch (*op. cit.*), and especially Bohigas (*op. cit.*, pp. 84-90 & Appendix IV). Klob (*op. cit.*, p. 173) had opposite information: "...einer Bemerkung Perez Guzmans im *Mar de Historias* (Kap. 96), worin der Verfasser ausdrücklich betont, dass zur Zeit, wo er dieses Werk geschrieben habe (2. Hälfte des XV. Jhdts.) eine kastilianische Uebersetzung des Joseph von Arimathia noch nicht bestanden habe." Baist (*op. cit.*, p. 606) adds cautiously: "Wäre das richtig, so bliebe immer noch die Möglichkeit, dass Fernan Perez das vorhandene Buch nicht gekannt hätte, oder dass die alte Übersetzung verschollen war, so gut wie z. B. der Sindibad."

convened the Council of Vienne, and placed the interdict on Castile; and in that same year Queen Constance died in São Fagumdo and the Infante Felipe married the daughter of D. Affomso in the year 13lij:"

Este liuro [m]amdou fazer João samches mestre / esco lla dastorga no quimto ano que o est[u]do de / coimbra foy feito e no tempo do papa clememte / que destroio aordem del temple e fez O comçilio / geral Em viana e posho emtredito Em castela / e neste ano se finou a Rainha doua Costamça / em são fagumdo Ecasou o y m famte dom felipe / com a filha de dom afomso ano de 13lij Anos / (f. 311v) [48]

The establishment of the University of Coimbra took place in the year 1308; the fifth year then becomes 1312-1313. Pope Clement V reigned from 1305 to 1314, summoned the Council of Vienne which was sitting in the year 1311, and pronounced sentence on the Order of the Temple in the year 1312. An interdict was laid by Clement V on Castile in 1310;[49] and it was raised towards the end of 1313. Some months previous to the repeal of the interdict, Queen Costanza of Castile, daughter of King Diniz of Portugal, had died at Sahagún;[50] the Infante Felipe married before 1322.[51]

The year defined in the colophon with such five-fold precision is 1313 or 1314. In accordance with the historical facts adduced, the date cannot be before 1312 (the pronouncement of the sentence by Pope Clement on the Order of the Temple) or after 1314 (death of Pope Clement). The lifting of the interdict against Castile in the year 1313 coincides with the death of Queen Costanza of Castile. The date is then 1313 or 1314. It becomes 1314 if the

---

[48] Baist (*op. cit.*, p. 606) noted the inadmissible formula *ano ... anos* in the date: "Selbst die Form der Jahreszahl sagt uns etwas: im Anfang des 14. Jahrh. überwiegt noch die Rechnung nach der era Caesaris, die christliche steht oft daneben, ist aber für sich allein ganz unwahrscheinlich; es ist jene ausgefallen, wie auch die unzulässige Formel *ano de* 131[3] *anos* eine Korrektur fordert."

[49] *Crón. de D. Fernando IV.*, cap. XV. (1310); and *Crón. de D. Alfonso XI.*, cap. vi. (1313).

[50] *Crón. de Alfonso XI*, cap. vi. (1313).

[51] *Portugaliae Monumenta Historica - Scriptores*, i, p. 277.

thirty-eight year difference between the *Era de Cristo* and the Augustan year or *Año de Cristo* is subtracted from 1352.[52]

---

[52] The Spanish *Era de Cristo* makes its appearance among the orthodox Christians in Spain soon after the middle of the fifth century; from them it was adopted by the Arian Visigoths. At that time the old-established Easter table used at Rome was a Cycle of 84 years (or three Solar Cycles) beginning on 1 Jan 298. It was just about to be revised, but it is unlikely that the change became known in Spain immediately. In that country, it seems, a chronologer drew up a series of cycles to precede that of 298 and to include the presumed date of the Resurrection; and calculating thus backwards, he made his first cycle begin on 1 Jan 38 B.C. The Spanish *Era* is peculiar to the Peninsula and to the southwest parts of Gaul (Acquitaine & Languedoc), which were for a time subject to the Visigoths. It continued in use until the fourteenth, and in Portugal even until the fifteenth century. No reckoning is easier to distinguish from all others, for the date is always given, not as *anno* MCIII., but as *Era* MCIII. (which is equivalent to A.D. 1065), and it is free from the confusion which is found elsewhere, since the year is invariably taken to begin with 1 Jan. Cf. Reginald L. Poole, *Medieval Reckonings of Time*, London: Society for Promoting Christian Knowledge; New York: The Macmillan Company, 1935, pp. 37-9. The *Espasa* encyclopedia states: "Era hispánica. Es la que se llama también era del César, y comenzó 38 años antes de la cristiana. España no aceptó la era común hasta el siglo xiv; Aragón, en 1350; Castilla, en 1383."

XI. Résumé of the *LIURO DE JOSEP ABARAMATIA*

RÉSUMÉ OF *THE LIURO DE JOSEP ABARAMATIA*

The opening chapters (I-XIV) relate in detail the heavenly vision granted the author and his reception of a booklet little larger than a man's hand:

> 2 deume hũ li / vro que era
> mayor que hũa maão dehomẽ (f. 3r)

The ancient manuscript has a mysterious and sacred origin. He reads in the little volume an account of his own lineage and of the Holy Grail and of certain fearful things left undefined. The author is a priest: [53]

> Eeu me leuantey 2 cantey minha
> mi / ssa 2 dipois comy 2 saime (f. 5v)

---

[53] His name is given as *Joam Vivas* (f. 123v) and as *João Biuas* (f. 199r). To establish the reliability of the description of the Turning Isle, he states (f. 123v) that the story does not lie (nem por yso / memte), that no man can know the adventures of the Grail (que nenhũ homem podera saber as avem /turas do greall), rather is it proper to transcribe them fully (amte comvem trespasalas / muyto). Our story was sent to earth by divine utterance (an osa estorea que por abocade / Jhesu cristo foy na terra em viada); it cannot lead Joam Vivas into one iota of falsity (nom metera / em Joam vivas hũ pomto de falsydade). At f. 124v he again reminds the reader that it would be foolish to add lies to his story (pois se eu quysese ajumtar memtira na / estorya eu serya samdeu); besides it is not fitting for a friar to lie (ede / mais frade que em nenhuã guysa deue memtir /). At f. 199r he refers to Robert de Boron (cf. fn. 17) as the transcriber into French of an old Latin text. It is this French version which is serving João Biuas as source material for his account of the lineage of Celidoine's wife (e foy molher de çelidones / asym como joão biuas volo deuysara nes / ta estorea e por esta linhajem a tirou / de framçes e a treladou Ruber de bur / bom de latim ẽ que a primeiro e [s] tpreveo / aquele yrmitão a que noso senhor mostrou /).

He places the little book with the *Corpus Domini* but it disappears. Later he discovers it on the altar of a forest chapel:

> entrei em meu caminho 2 achei hũ
> atalho amão direita / por amais
> fermosa mõtanha que nũca vi Efuy
> ahuã cape / la que vi em huã pena
> ...2 entrei...2 fui ao al / tar
> 2 vi homeu liuro   (f. 6v-7r)

Christ commands him to copy down the contents of the book:

> 2 veyo amim ho grande mestre
> asi como viera Jaa outra / vez
> 2 disseme espriue este liuro
> em outro   (f. 7v)

And on the Monday following Easter Sunday the priest begins his task:

> Edeixei passar ho domingo 2 a /
> segunda feira começey de spriuer
> 2ho começo foi deJhesu cristo./   (f. 7v)

When the Saviour suffers death for mankind, few believe in Him except His disciples. One of the believers is Joseph of Arimathea.

Joseph comes to Jerusalem seven years before Christ's Crucifixion. Although baptized, he does not confess his faith for fear of the Jews. He deeply mourns the death of Jesus and awaits His resurrection. Joseph goes to the house of the Last Supper, sees there the bowl (*escudela*) in which the Son of God had eaten with the Twelve, takes the bowl home, and places it carefully away. As a reward for his seven years of service, Joseph asks Pilate for the body of Christ and places the body in his own tomb. He returns home for the vessel, collects in it much of the sacred blood, and once again takes the bowl home. He returns to the tomb and reverently buries the body in costly cloths. When the Jews hear what Joseph has done they imprison him in a house belonging to Caiaphas.

Joseph, freed by Vespasian, does not recognize his own wife Elyap or his son Josephes, although his own appearance remains unchanged. He is greatly surprised to learn that he has been in prison for thirty-six years. A voice tells him to go forth and preach in foreign lands, taking with him nothing but the Holy Grail which he will find in his house where he left it.

Joseph converts sixty-five of his relatives, after which they all leave Jerusalem. When they reach a wood beyond Bethany, a voice tells Joseph that he is to make a small ark for the holy vessel. Only Joseph and his son can touch the Grail and communicate with God through it.

A week later they stand before a beautiful temple in the city of Sarras, in a country of the same name on the confines of Egypt. At Sarras Joseph finds its aged King Evalac in great trouble through an invasion of his lands by the Egyptians under young Tholomer. Joseph promises victory to the harried monarch if he will accept Christianity. He must first destroy his heathen idols and believe in Him who suffered death on the Cross.

Evalac does not understand how Mary can be the Mother of God and does not consider Joseph learned enough to prove a thing that is against nature and custom. Joseph explains to Evalac that there is but one God, the Father; that the Son was not born carnally but spiritually; that the Holy Ghost comes from the Father and the Son. The Virgin's conception of Christ is a miracle beyond human understanding. In a vision, Evalac sees a beautiful child enter the room without opening the door. A voice says: "Evalac, just as the child entered your room the Son of God passed into the Virgin Mary."

While Joseph, Josephes, and company are praying before the ark, a voice directs Joseph to open it. He sees within the ark the Saviour, surrounded by angels. The Holy Ghost descends in the semblance of fire. Christ takes Josephes by the hand and anoints him bishop.

Josephes fixes a red cross on Evalac's shield and then covers both the cross and the shield with a cloth. Only when in great fear of death is Evalac to look at the cross; then he will realize its power.

A messenger informs Evalac that Tholomer has laid siege to his castle of Valacin, with 30,000 knights and 350,000 foot soldiers.

Valacin, built of high marble walls, with lofty towers, is situated on a cliff, in full view of the River Nile. In the fight which ensues, occupying a substantial part of the narrative, Evalac's brother-in-law, Seraphe, distinguishes himself, but it is Christ who, in answer to Evalac's prayer and in the guise of a white knight, finally turns defeat into victory. Seraphe is then baptized under the name of Nascien, Evalac under the name of Mordain. On the same day, Josephes baptizes more than 5,000 people, destroys their idols and raises new altars. Before Joseph continues his journey westward the whole population of the country appears to have embraced Christianity. Josephes selects and ordains fifty-five bishops. In each town a church is established, for each church twelve priests are appointed, and masses are celebrated therein.

From curiosity, Nascien uncovers the Grail and is stricken with blindness, but he is healed with drops from a bleeding lance. The lance will not bleed again until the adventures of the Grail take place. Only the last of Nascien's line [i.e., Galahad] will ever behold the marvels of that holy vessel.

Mordain has a strange dream concerning Nascien's descendants, and is then borne away by the Holy Ghost a distance of seventeen days' journey from his kingdom to an isle in the sea. Past this rock one sails to the West, to Ireland and Scotland, and from it one sees the Seville Straits. It was formerly the stronghold of Forcaire, a pirate, who was hunted down by Pompey the Great. Here Mordain is tempted by the devil and comforted by the Saviour, both in disguise.

All the king's barons agree that Nascien should be held prisoner until the king's disappearance is explained. Sagracinte, the queen, is distraught with grief at her double loss. A knight named Calafer holds Nascien and Nascien's son Celidoine in prison with hands and feet enchained. On the seventeenth night of his imprisonment, Nascien feels a hand touch him three times. His chains fall to the ground and he is free. Enveloped in a fiery cloud, he is miraculously snatched from prison and set down on an island in the sea, the Turning Island. Celidoine is to be thrown down from the tower by Calafer but the boy is carried away by nine hands. Sagracinte is much relieved when she learns of the escape of her brother and nephew. Nascien's wife, Fragantine, deprived of her land and expelled from the country, secretly departs in search of her husband and son. She enters a place called Colonia, redolent with the odor of carnation, cinnamon, and balsam. *

On the Turning Isle, so called because it floats over a large quantity of submerged loadstone, Nascien remains steadfast to his new faith. A beautiful ship arrives. On this ship Nascien finds a rich bed with a golden crown at its head and a partially unsheathed sword of fabulous workmanship (it had been King David's) but with cheap hangings of burlap and hemp. On the blade Nascien reads: "Let no man draw me unless he be the boldest or he shall die." On the scabbard he sees the words: "Only the bravest of the brave can carry me." On the rich bed there are three spindles —red, white and green— made from scions (planted by Eve) of the Tree of Life.

Having had a vision of the last of his line, King Solomon, on his wife's advice, has had this ship built and the objects within it, including a letter, placed on board. These objects are intended for the descendant in question. Solomon's wife put the hangings on the sword and a damsel was destined to replace them with costlier ones. Nascien, being sinful, was unworthy of entering the ship and is cast into the water. Later on, an old man interprets to Nascien the allegorical meaning of the ship (Holy Church), the bed (Eucharistic table), and the spindles (Christ's virginity, love, and patience).

The nine hands that held Nascien's son Celidoine when he was thrown from the tower carry him to another island in the ocean, the ruler of which is the Persian King Label. The young boy predicts the king's impending death and converts him. The people seize the young prophet and set him adrift in an oarless boat with a lion as his only companion. Four days later, unharmed, Celidoine reaches Solomon's ship. In the latter he carries his father away from the Turning Isle. For three days they are tossed about but reach another island, where they are threatened by a giant for trespassing. As he has no weapon, Nascien seizes

---

* England is the Promised Land. After the departure from Sarras, the sole concern of all the marvelous and complicated adventures is, separately or collectively, to bring all the various characters to that country and to reunite them therein with one purpose, namely, the evangelization of the existing inhabitants of Great Britain.

the beautiful sword in Solomon's ship. The blade falls to the ground and he holds the handle in his hand. With another sword he kills the giant.

In another ship Nascien recognizes Mordain. Of all Nascien's adventures the breaking of King David's sword seems to Mordain the most extravagant. When he takes up the handle and blade and brings them toward each other they join again. By divine command all now transfer to Mordain's ship and later come to a castle belonging to Mordain. Here the wives of Nascien and Mordain are awaiting them —also King Melian's daughter whose visit to the ruins of Hippocrates' palace occupies a considerable space in the narrative. This is an amusing *fabliau* concerning "the greatest of all physicians" who is suspended from a high tower in a basket by a guileful lady from Gaul. And then, less amusing experiences in the company of a child wife of royal blood who finally succeeds in poisoning him are narrated in detail.

Celidoine now, on the warning of a hermit, embarks on a vessel, which takes him to Great Britain, whither Joseph and his company have just gone. Nascien, in search of Celidoine, comes to Solomon's ship, after exhausting struggles with a giant. He learns in a dream about his own future and also that his son is in the Promised Land, surrounded by a great people. He is told that Joseph and his company have crossed the sea without a ship, and that while he himself will never return to his native land, King Solomon's ship will take the last of his line (Galahad) back to Sarras.

In the meantime, Joseph's company have crossed the sea to Great Britain. A voice commands Josephes what to do. He lets the Grail-bearers go first; they walk on the water's surface as on dry land. Then Josephes takes off his shirt and spreads it on the water. One hundred and fifty find ample room on the shirt. Josephes takes hold of the sleeve and marching forward over the water drags the shirt after him. Before daybreak they all reach Great Britain, the Promised Land. But many sinners in the company have been left behind.

The ship to which Nascien has been miraculously transferred from Solomon's ship drifts finally to the port of embarcation of these sinners. A voice commands them to enter this craft and be carried to the Promised Land. On their arrival in Britain they are welcomed by Josephes and his companions. All these Christians, to the number of five hundred, are fed in a marvelous manner by the Grail and soon begin the conversion of Britain. The first convert is Duke Ganor who recognizes that what Josephes tells him is true and that his own advisors are ignorant and false. The duke banishes all of his own people who refuse baptism. At Galafort, Ganor's castle, Galahad (not the Grail knight) is born. Ganor's pagan liege lord, the king of Northumberland, wages war on him and is slain by Nascien. The Christians have gained their first victory in Great Britain.

Josephes and his father leave for Norgales with the Grail and 150 ministers but in trying to convert King Crudel they are thrown into prison. That very night King Mordain in Sarras is informed by a voice of Josephes' imprisonment and is directed to start for Britain at once and release him. Upon Mordain's arrival, Nascien, Ganor, and others join him in battle against Crudel, who is killed. The next day Mordain is punished with blindness and paralysis for endeavoring to see the Grail. A voice proclaims that he will be cured only when the good knight (Galahad) visits him. He retires to a hermitage, transforms it into an abbey, and endows it. Nascien makes Galafort his own residence. Josephes leaves with his relatives to preach the Gospel, finally reaching Camalot, the richest city of the Saracens in Great Britain.

The ruler of Camalot, the cruel and base King Agrestes, is displeased at the conversion of fully 1500 of his subjects and plans by treachery to make them renounce their new faith. He pretends to accept Christianity and when Josephes leaves for Scotland the wily monarch slays twelve of Josephes' relatives near a cross (thereafter called the Black Cross). Josephes later destroys the heathen temples and erects a church.

Josephes continues his mission through Britain. In the desert and barren land the Grail nourishes those who lead saintly lives while the others have to shift for themselves. They perform their daily ritual. Peron carries the Grail through their ranks and they are fed with the costliest foods while the sinners starve. Josephes sends Alain, the twelfth son of Bron, to catch fish to feed these sinners. He feeds them miraculously with a single fish — hence the title of "Rich Fisher" is conferred on him and all subsequent Grail-keepers. Alain is consecrated by Josephes to succeed him.

Joseph then expresses a wish to leave Josephes and starts alone to evangelize Saracens. He performs supernatural wonders, baptizes many, and later rejoins his son. They have an allegorical vision of a stag (Christ) and four lions (the four evangelists), and finally arrive in Scotland. There follows a narrative of the crimes of Symeu and Chanaan, two sinners of the Grail company, and of the miraculous signs at the tombs of the latter's victims and his own tomb, a fire which will not be extinguished until Lancelot visits it.

Peron, of the Grail company, ancestor of Gawain and his brothers, has his wound (received from Chanaan) healed on the isle of King Orcaus, whose daughter he weds.

After missionary work lasting fifteen years, Josephes dies, shortly after Joseph. Joseph is buried in an abbey in Scotland. Josephes is first buried at Mordain's abbey but the corpse is later borne to Scotland to allay a famine and is reinterred there.

Alain succeeds Josephes as Grail-keeper and goes to the Terre Foraine, whose ruler, a leper, he heals and converts. This ruler, whose baptismal name is Arfasan, requests Alain to let the Holy Grail remain in his country and promises to build a strong castle to protect it. The name Orberique is found miraculously written over the doors of the completed castle. The Grail is deposited within it in an upper room on a silver table.

Alain and Arfasan soon die and Josues becomes the next "Rich Fisher." Then Aminadab, Cartoluis, Manuel, and Lambor, are all called "Rich Fisher." Lambor is eventually succeeded by Galahad who accomplishes all the adventures in which the other knights have failed.

Nascien does not long survive Josephes and is buried in another distant abbey. Thither Mordain orders his shield to be carried and there it is found by Galahad. After his father's demise, Celidoine knights his son Narpos and protects his people against famine and the Saxon invaders. After his death Celidoine is buried in Camalot and is succeeded by Narpos.

The throne ultimately descends to the older Lancelot (grandfather of Lancelot, the lover of Guinevere), and then to Ban (father of the younger Lancelot).

King Lancelot, Sir Lancelot's grandfather, is a good and pious man who has an affection for the wife of his cousin, both for her beauty and the saintly life she leads. Their relations are honorable but evil tongues impute bad motives to them. The duke, the lady's husband, vows vengeance. One day, when the king returns from service at a hermitage in the perilous forest, the duke follows him and, as the king stoops to drink at a fountain, the duke strikes off his head so that it falls into the water. By a miracle the water boils and scalds the duke's hands as he tries to take the king's head out of it. The duke buries the remains of the king near the fountain. A child informs him that darkness has settled over the castle and when the duke returns there he is killed by a falling stone.

The fountain continues to boil until the arrival of Galahad. When a tomb is erected over King Lancelot's grave another miracle takes place. Drops of blood issue from the tomb and have the power of healing wounds. One day a lion is about to devour a stag near the tomb, when another lion strives to take his prey away from him. The two lions fight fiercely and wound each other terribly, but both are healed by contact with the drops of blood on the tomb. They remain near the tomb and let nobody approach it by day or by night. One of them keeps watch while the other goes in search of food.

The miracle lasts until Sir Lancelot comes to the tomb and kills the lions.

XII. *LINGUISTIC STUDY*

1) ORTHOGRAPHY

       a) Confusion of Graphs
       b) Use of *h*
       c) Intrusive Orthographic *p*
       d) Double Vowels
       e) Double Consonants

2) PHONOLOGY

       a) Vocalic Assimilation
       b) Vocalic Dissimilation
       c) Consonantal Assimilation
       d) Consonantal Dissimilation
       e) Metathesis
       f) Lack of Prosthetic *e*
       g) Sandhi

3) MORPHOLOGY

       a) The Final *-ão*
       b) 2d Plural in *-des*

1. ORTHOGRAPHY

The earliest documents in Portuguese appeared at the end of the twelfth century.[54] For four hundred years the language underwent numerous changes. The most important of these was the marked intensification of stress accent which occurred in the sixteenth century. Toward the end of that century nearly all the distinctive features of Old Portuguese disappeared: the texts showed in all essentials the language of today.[55]

In the medieval period of Portuguese orthography, scribes represented phonetically the new sounds in the words they were recording, sounds for which no orthographic tradition had yet developed. The scribes were grappling with sound, adapting old graphs, inventing new ones. Many orthographic confusions arose from the use of Latin and Greek spellings and particularly from the dialectal peculiarities of individual scribes. This variety of practices among scribes was undoubtedly the most important single factor in Old Portuguese orthography.

In the present manuscript, which is a sixteenth-century apograph of a lost original dated 1314, it is clear that the sixteenth-century scribe left intact many examples of the language and style of the ancient manuscript he was copying. Nunes is conscious of the presence of the old "*exemplar:*"

"Uma leitura attenta faz-nos ver a grande semelhança que a sua lingua apresenta com a dos trovadores; a collocação das

---

[54] In the eleventh century, Portuguese words appear as isolated cases in Latin documents, cf. N. P. Sacks, *The Latinity of Dated Documents in the Portuguese Territory*, Philadelphia, 1941.
[55] Cf. Edwin B. Williams, *From Latin to Portuguese*, 2d ed., Philadelphia, 1962, § 17.

palavras, as formas d'estas e até alguns archaismos estão-nos a dizer que o copista do seculo xvi, embora procurasse pôr-lhe o estilo e dição ao corrente da epoca, deixou vestigios bem visiveis do exemplar que tinha ante os olhos, quiçá copia tambem de outro mais antigo." [56]

Orthographically, there is no rational or coherent system of procedure in the *Liuro de Josep Abaramatia*. For example, the scribe assumes that g is hard in all words and writes *ergia* 111v and *erguya* 111v; *giza* 223r and *gujsados* 241v. Disregarding this conclusion and aware also that g is soft in some words, he assumes that it can be soft in all words, and writes *chegey* 249r and *goelhos* 219v. Often the same word appears under three or even four different variants, e.g.: *lyuydaõ* 120v, *levidam* 121r, *lyvidam* 121r; *grã* 71v, *graãm* 111v, *gram* 78r, *grão* 71v. Many inconsistencies develop:

a) *Confusion of Graphs*

1. Use of *qu* for *c*: *numqua* 230r, *quada* 132v, *pequados* 146v
2. Use of *q* for *qu*: *duqe* 224v, *peqena* 142v, *qãdo* 162v
3. Use of *q* for *c*: *numqa* 145v, *nũqa* 152r
4. Use of *c* for *qu*: *caise* 1v, *case* 60r, *cayse* 95v
5. Confusion of *g* and *gu*: *agia* 103v, *ergia* 111v, *erguya* 111v

---

[56] *Op. cit.*, p. 226. With scholarly restraint, Nunes offers a few examples of what he charmingly calls the "aftertaste of antiquity" in the sixteenth-century apograph: "Cito algumas das expressões que mais ressaibos de antiguidade apresentam: *ouvides*, quando já então a 2.ª pessoa do plural era em *es* ou *is; espir*, que depois mudou para *despir; atá*, que é mais frequente do que *até; sam*, 1.ª pessoa do singular do indicativo presente do verbo *ser; britar*, na accepção de *partir; fame*, já então *fome; esto*, ainda que o mais geral é *isto;* ante ao lado de *antes; cheo, creo, meo, veo* (a par de *veio*), formas estas que, como outras apontadas, ainda perduravam naquella epoca e apparecem em outros escritos do tempo; *fincar-se de giolhos; comprido* na significação de *dotado* em grande quantidade *(comprido de todas as bondades);* a omissão por vezes do artigo com o pronome todo *(de todas partes, limpa de toda sogidade);* a repetição da negativa, como na frase: *nem a tua alma non será perdida;* a repetição do *que* em: *dizem os doctores que, quando esta ave voa, que todas,* etc.; a concordancia do participio com o complemento directo que o precede ou segue, como em: *averás passadas as grandes tribulações; duvidar* no sentido de *temer;* o imperfeito de conjuntivo em vez do condicional hoje usado *(pôs em seu coração que non se partisse,* etc.)."

6. Confusion of g and j: amgo 33v, amjo 78r, fuga 114v, Rigo 104r
7. Confusion of i, y, and j: jnteiro 9r, ymteira 24r, veJo 14v [57]
8. Confusion of u and v: deue 224v, vllmidade 261r, vmyda 120r
9. Confusion of c, ch, s, ss: çequa 281r, çoça 16r, comechou 167v, fasades 134r, grasa 277r, seçasem 115r.

b) Use of h

The letter h is used to show hiatus between unlike vowels, e.g.: a ho homẽ 7r, cahyaõ 226v, nohe 132r; before initial vowels, e.g.: hao 229v, henemiguo 278v, hisso 13r, hobras 257r; between like vowels, e.g.: por eheso 230r; and by false regression, e.g.: prhofetas 72r and semthyo 217v.

c) Intrusive Orthographic p

The practice in Vulgar Latin and Medieval Latin of inserting a p between m and n for the purpose of preserving the sound of both nasal consonants was continued in Old Portuguese merely by orthographic tradition, as the group was probably pronounced [n] with nasalization of the preceding vowel;[58] e.g.: dap̃no 59r, dapno 100r.

A p was likewise inserted in forms of the verb escrever, e.g.: estpreveram 280v, perhaps through reminiscence of the Latin forms scrīpsī and scrīptus. This p sometimes took the place of c, e.g.: espritura 1r, espreueo 134v, esprito 73v, espritura 133r.

d) Double Vowels

Double vowels first developed through the fall of an intervocalic consonant, e.g.: coor 258v, degraaos 103r, doo 25r, paao 81r, pees 68v. Later they were used in place of single vowels to indicate nasalization. In many of these cases, the nasalizing consonant (intervocalic n) had fallen, e.g.: hermitaão 244r, jrmãa 255v, maaõs 241r, paão 220v, Rezaão 268r. It is thought that double vowels were also used to indicate stress, e.g.: averaa 16r, estaa

---

[57]. But cf. Notes, 14v, s.v.
[58] Williams, op. cit., § 28.

248r, *estee* 1v, *seraa* 3r, *veraas* 16r. Early in the sixteenth century they came to be used to indicate the open sound of the vowel, e.g.: *profeeta* 230r, *vooz* 62r.

e) Double Consonants

All double consonants which existed in Classical Latin may be found in Old Portuguese. Intervocalic *rr* and *ss* are the only double intervocalic letters which represent sounds different from the single intervocalic letter. Where the scribe in our text used intervocalic *ss* for *s*, e.g.: *fermosso* 145r, *messa* 285v, intervocalic *s* for *ss.*, e.g.: *cresem* 7v, *desem* 113v, *dise* 227v, *posa* 253r, and intervocalic *r* for *rr*, e.g.: *Çerado* 96r, *coreas* 238r, *coregeremos* 243r, *coremdo* 237v, *mora* 14r, he simply failed to recognize the difference in sound. "Such spellings may have resulted from imitation of the indiscriminate use of other single and double intervocalic consonants where there was no difference in pronunciation," [59] e.g.: *castello* 236v, *cauallo* 238r, *epistolla* 1r, *fallarão* 261v. Initial *ff* may have developed in imitation of the use of *ff* in the intervocalic position, e.g.: *ffee* 138v, *ffez* 52v, *ffexe* 272r, *ffoy* 140r. Initial *ll* may indicate a longer sound than modern initial *l*; it is possible that this long sound saved initial *l* from falling when the word in which it stood was joined in close syntactical union with a preceding word ending in a vowel, [60] e.g.: *o mais fermozo llugar* 17r, *começoulhe aller* 65v, *e o llevarão* 261v, *de nosa llinagem* 265r, *vay aquele llaguo* 265r.

2. Phonology

a) *Vocalic Assimilation*

1. a-i > a-a: *sacrafiçio* 130v
2. e-a > a-a: *avamgelho* 65v, *pyadade* 23v
3. e-i > e-e: *edeficar* 258v, *edeficios* 1r
4. e-i > i-i: *criçimemto* 132r, *hirmytão* 66r, *mimtira* 225r
5. i-e > e-e: *emçemçairo* 34r, *mesericordia* 280r

---

[59] Williams, *op. cit.*, § 30.
[60] Williams, *op. cit.*, § 30.

6. *i-e* > *i-i*: *Jmtigra* 141r
7. *i-u* > *o-o*: *solorgiaõ* 267r
8. *o-a* > *o-o*: *couodos* 272r
9. *o-i* > *o-o*: *croçofixo* 114v

b) Vocalic Dissimilation

1. *a-a* > *a-o*: *barboras* 1r
2. *a-a* > *e-a*: *despleza* 100r, *menham* 219v, *Rezam* 2r
3. *e-e* > *e-os bespora* 6r
4. *o-o* > *a-o*: *despauoou* 185v, *pauoado* 15v, *pauoar* 183r
5. *o-u* > *a-u*: *argulho* 286v, *argulhosamẽte* 154v

c) Consonantal Assimilation

1. *Craridade* 141v
2. *creriguo* 154r
3. *decrarastes* 154r
4. *depola* 256r *(depos)*
5. *deytamolo* 70v
6. *fello* 12r *(fêz)*
7. *filo* 74v *(fiz)*
8. *groria* 34r
9. *grorioza* 129r
10. *pola* 241v *(por)*
11. *polla* 46v *(pôr)*
12. *polla* 78v *(pos)*
13. *pulo* 7r *(pus)*
14. *vollo* 12v *(vos)*

d) Consonantal Dissimilation

1. *creliguo* 281v, *crelygo* 117r
2. *propio* 1v, *propias* 258r
3. *pruujco* 150v
4. *solorgiaõ* 267r

e) Metathesis

Two adjacent sounds were sometimes reversed, e.g.:
1. Two consonants: *bulra* 240r, *frol* 92v, *Jerulasem* 101r
2. Two vowels: *doestaste* 44r
3. Vowel-Consonant: *emburilhou* 11v, *estrobarya* 91v, *estormẽtos* 136r, *estrogido* 202v, *outrogo* 154r, *proue* 155v, *tõrxera* 137v
4. Consonant shift: *catredaes* 42r, *probeza* 268v, *vllmidade* 261r

f) Lack of Prosthetic e

Forms with and without prosthetic *e* are found in the text, e.g.: *spreuer* 7v, *escryto* 207v. Cornu [61] cites its loss not only after vowels (e.g.: *o staballeçeo* 42r), but after consonants (e.g. *sa beres spreuer* 7v). Other examples are: *hũ spesso mōte* 6r, *logo spreueras* 7v, *de spriuer* 7v, *em spirito* 4r, *em sprito* 4v

g) Sandhi

The initial or final sound of a word often developed as in the medial position because of the juxtaposition of the word with the preceding or following word, e.g.:

1. 3d sg. pret. + object pronoun: *colheo* 139v, *deitolhe* 158r, *destroy os* 185v, *emvy os* 229r, *ergoa* 40v, *pedilhe* 8v, *saudo os* 197r
2. 3d sg. pret. + reflex. pronoun *se*: *bemzese* 205r, *erguese* 158r, *leixo se* 227v, *metese* 143v, *partise* 201r, *saise* 29v, *somise* 198r
3. Preposition + following word: *amtrada* 213v, *aste* 78v, *ata ora* 6v, *ate guora* 211v, *atequele* 206r, *dabobada* 171r, *doutre* 7v, *na ba* 215r, *sobreles* 223v

3. Morphology

a) The Final *-ão*

That Old Portuguese finals *-am*, *-om* and *-ão* had all become identical by the second half of the fifteenth century is proved by the fact that they rime with each other in the "Cancioneiro Geral." [62] The interchange of spellings was undoubtedly due to complete identity in sound, e.g.:

Estar
3d pl. pres. ind.: *estam* 259r, *estão* 79r
3d pl. impf. ind.: *estaũaom* 52v

---

[61] J. Cornu, "Die portugiesische Sprache," in Gröber's *Grundriss der romanischen Philologie*, 2d ed., 2 vols., Strassburg, 1897-1914, § 103.
[62] Williams, *op. cit.*, § 157.

LINGUISTIC STUDY 61

Haver
3d pl. pres. ind.: *ham* 221r, *am* 221r, *ão* 307r

Ir
3d pl. pres. ind.: *vam* 256v
3d pl. pres. subj.: *vão* 222v

Ser
1st sg. pres. ind.: *sam* 2v, *são* 270r
3d pl. pres. ind.: *sã* 245v, *sam* 2v

Other Examples
1. *mão*: *mam* 131r, *mão* 216v.
2. *não*: *nãa* 247v, *nã* 60r, *nam* 221v, *nõ* 45r
3. *pão*: *pãao* 103v, *pam* 103v, *paõ* 104v
4. *pagão*: *pagam* 230r, *pagano* 267r, *paguaõs* 239r, *pagão* 267r
5. *pendão*: *pemdã* 62r, *pemdão* 63r
6. *razão*: *Razam* 13r, *Rezaão* 268r
7. *senão*: *senã* 70v, *senaam* 259v, *senõ* 75r, *se nom* 38r
8. *trovão*: *toruão* 82v, *torvam* 4v

The above examples probably do not reflect changes in pronunciation but rather betray the confusion of the scribe in his effort to use purposively three familiar spellings to represent one and the same sound.

b) 2d Plural in -*des*

There was an intervocalic *t* in the ending of the second plural of all Classical Latin tenses of the active voice except the perfect. This *t* became and remained *d* for several centuries in Old Portuguese, except in the future subjunctive and personal infinitive where it ceased to be intervocalic because of the syncope of the posttonic penult.

It seems from available dated examples that *d* fell in the sixteen years between 1418 and 1434, midpoint between the present MS. colophon date (1314) and that of Dr. Alvarez's transcription (1521).[63]

---

[63] Cf. Dr. Alvarez's Dedication to King John III who reigned from 1521 to 1557.

In the *Liuro de Josep Abaramatia*, both forms occur in a ratio of well over three to one in favor of the old. Both forms, the old (with *d*), and the new (without *d*), stand side by side, sometimes the words of the same speaker, e.g.:

	Old	New
1.	*ajades* 234r	*ajais* 1r, *ajaes* 192v
2.	*avedes* 291v	*aveys* 76v
3.	*cuydades* 231r	*cuidais* 14r
4.	*deuedes* 225r	*deueis* 225r
5.	*dezedes* 226r	*dizeis* 138r
6.	*faredes* 234v	*fareis* 30v
7.	*fazedes* 221r	*fazeys* 85v
8.	*podedes* 12v	*podeis* 11r
9.	*queredes* 12v	*quereis* 118v
10.	*sabedes* 94v	*sabeis* 6r
11.	*sejades* 219v	*sejaes* 53v
12.	*sodes* 3r	*sois* 93r
13.	*soubesedes* 268v	*soubeseis* 268v
14.	*veredes* 231r	*vereis* 231r

There can be only one explanation of this, namely that *d* became silent long before it was dropped in spelling.[64]

---

[64] Cf. Williams, *op. cit.*, § 155. Dr. Williams also mentions that Coelho and Reinhardstoettner regard the existence of both forms in the *Leal Conselheiro* of King Edward (Dom Duarte) as indicating the simultaneous use of these forms at the time this work was written, namely between 1428 and 1438, while Leite de Vasconcellos argues that this apparent simultaneity was due to the fact that King Edward retained the *d* only in passages quoted from older texts, either through fondness of these texts for their quaintness or through disinclination to take the trouble to adapt their orthography, supporting his contention by the identification of quoted passages and the observation that in official royal documents King Edward (reigned 1433-1438) always used forms without *d*.

XIII. *PALEOGRAPHICAL PROCEDURE*

PALEOGRAPHICAL PROCEDURE

In the reproduction of the manuscript, the following editorial procedure has been observed:

1. All abbreviations have been resolved in italics except roman numerals and the til with nasal value. The til with nasal value has been left unresolved because of the textual oscillation between the *m* and the *n*. In the early folios *n* appears almost exclusively (e.g.: *cortaran* 12v, *mancebo* 13v, *disseranlhe* 14r, *foransse* 15r); but at folio 17, *m* gradually takes precedence (e.g.: *quamdo* 17r, *samto* 17r, *espamtes* 17r). [65]

2. Medieval orthographical practice has been respected, e.g., the distinction between *u* and *v* (*luua* 285v, *vmyda* 120r), and between *i* and *j* (*cōprjo* 245r, *vmjldosos* 239v).

3. Capital letters, however irregularly used, have been preserved (*aVamjelistas* 274r, *geReauão* 17v).

4. The original punctuation has been maintained.

5. All long S's are printed *s*.

6. The figures 2 and 7 for modern *e* have been retained.

7. Line ends are indicated by a diagonal bar / ; folio endings by two diagonal bars // .

8. Spacings between letters or words have generally been given consideration.

9. Deletions by horizontal or vertical strokes are listed in the *Notes*.

---

[65] However *n* frequently appears in the later folios, e.g.: *mandou* 234r, *quando* 235v, *grande* 239v, *abondou* 241r, *andar* 242v, *tanto* 244v, *preguntou* 250r, *ferirano* 251r, *vingou* 258r, *hun* 259r, *nunqua* 255v.

10. Italicized letters enclosed within brackets indicate that the symbol of abbreviation is missing (e.g.: Cap[*itulo*] 2r, d[*eo*]s 33r).

11. Roman letters enclosed within brackets indicate that a letter or word is of doubtful legibility but acceptable (e.g.: [o]bra 2r, [b]em 2v, [ar]ca 33r, [margaua] 6r). Normally, such cases are the result of a smudge, a blot, or of a scribal superimposition of a letter or letters upon others only partially erased or deleted.

12. Superposed letters without paleographical value (e.g.: *cama*^{ra} *(camara)*, *comt*^{ra} *(comtra)*, *demtr*^{o} *(demtro)*, *doutr*^{a} *(doutra)*, *muy*^{tos} *(muytos)*, *neg*^{ra} *(negra)*, *outr*^{a} *(outra)*, *outr*^{o} *(outro)*, *p*^{ar}*te (parte)*), frequently seen at line ends, have in general not been listed in the *Notes*.

13. Superfluous superposed bars (often mere scribal flourishes or curved extensions of a dot over the letters *i* and *j*, without paleographical significance), or superior dots over the letter *y* (e.g.: *dalẏ* 122r, *ouvẏo* 197r, *Ribeẏra* 303v) have not been reproduced.

14. Numerous manuscript peculiarities, frequently involving scribal carelessness in the handling of the til or cedilla, or scribal repetitions (e.g.: *na na* 108r, *te te* 110r, *que que* 130r, *como como* 132v), are listed in the *Notes*.

15. Words in the Text appearing with an asterisk are explained in the *Notes*.

XIV. PALEOGRAPHICAL ABBREVIATIONS

PALEOGRAPHICAL ABBREVIATIONS

Abbreviations in the text are frequent and may be given the following classification:

A. Til (or Bar)
B. Superposed Letters
C. Superposed S, viz.: ˢ
D. Modification of Letters
E. Miscellaneous

A. Til (or Bar)

Aside from its use as a symbol of nasalization,[66] the til serves as a symbol of the following letters or combinations of letters:

1. *ar:* alu*ar*ez [Title Page], p*ar*te 49r
2. *e:* p*e*la 51v, p*e*na 274v, t*e*rra 8v, sobr*e* 20r
3. *eit:* f*eit*ça 187v
4. *eh:* sen*h*or 3r, sen*h*orio 4v, senn*h*or 59v
5. *ẽ:* tẽpo[67] 5v
6. *enh:* sen*h*or 2v, sen*h*orjo 235r
7. *eo:* d*eo*s[68] 129r
8. *er:* m*er*ce 65r

---

[66] In the text, the til with nasal value has been preserved; cf. *Paleographical Procedure*, 1.
[67] Cf. *Paleographical Procedure*, 1.
[68] In the *Liuro de Josep Abaramatia*, the word God is invariably written d̃s and is never unabbreviated; it has been resolved *deos*. The plural form, *deoses*, invariably unabbreviated, refers to the pagan gods Jupiter, Saturn, Mercury and Apollo (cf. 45r, 267r), and occurs frequently, e.g.: 18v, 22v, 29v, 43r, 45r, 45v, 54v, 75r, 181v, 257v, 267r, 269r, 300v.

9. *es:* ihesu 2v
10. *eusae:* Jherusalem 9r
11. *eusale:* Jherusalem 149r
12. *hes:* Jhesus 131r
13. *is:* bispo 259v
14. *ist:* cristo 1r
15. *it:* feita 139r
16. *itulo:* Capitulo 2r
17. *o:* manipolo 38v
18. *or:* porto 121r
19. *r:* mortos 10v, creres 97v, parte 237v
20. *ra:* praz 93r
21. *re:* ygreja 39r
22. *ri:* esprito 41v, primeyros 76v
23. *u:* aquella 164v, aquy 167r
24. *ua:* quall 6r
25. *uai:* luairas 111r
26. *ue:* aquella 6r, domdequer 41v

B. Superposed Letters

1. $^a = ari$ (maria 19v); $= e$ (pera 35v); $= ei$ (verdadeira 19v); $= eir$ (ligeira 273v); $=$ esso (pessoa 1v, 149r); $= iç$ justiça 44r, 222r); $=$ ilh (filha 252v); $= r$ (palaura 28v)
2. $^{da} = \tilde{e}$ (fazẽda 219r)
3. $^{do} = ua$ (quamdo 248v)
4. $^e = u$ (orberyque 111r); $= ui$ (Reliquias 134v)
5. $^i = r$ (estpritura 3r, espriue 7v); $= u$ (aquillo 11r)
6. $^o = ei$ (meio 111r, verdadeiro 21r); $=$ ilh (filho 219r); inhi (dinheiro 117v); $=$ ist (cristo 2v); $=$ itul (Capitulo 171v) $=$ oni (amtonio 182v); $= r$ (por 56r, prouar 19v); $=$ rist (cristo 65v); $=$ ul (Capitulo 23v); $= \tilde{e}t$ (defendimẽto 234v; $=$ mi (prymeiro 282v)
7. $^{or} = orreged$ (Corregedor 1v)
8. $^{ra} = ai$ (caualaria 55v); $= ei$ (oulyveira 201r, maneira 5r, Ribeira 272v)
9. $^{ro} = ei$ (caualeiro 47r)
10. $^{ta} = iei$ (direita 6v); $= is$ (vista 98r)
11. $^{te} = \tilde{e}$ (carnalmẽte 22r); $= esr$ (mestre 138v)

PALEOGRAPHICAL ABBREVIATIONS 71

12. ᵗᵒ = ẽ (pemsamẽto 20r); = iei (direito 21v) = er (perto 49r); = ri (esprito 41v); ui (muito 18v)
13. ᵗ⁹ = iei (direitos 26v)

C. Superposed S, viz.: ˢ

This symbol is equivalent to:
1. ostolo (apostolos 274r)
2. r (premderaõ 20v)
3. re (spreto 3v, spretura 3v)
4. ri (cõprido 136v, criador 47v, espritual 31v)

D. Modification of Letters

1. ∫ = ser (seruo 71r, seruydes 70v, servises 272v)

2. ꜩ = te (comtinemte 18r)

3. 9 = cõ (cõpridos 265r); = os (direitos 26r, trabalhos 19r, vos 277r); = us (meus 7r)

4. ℘ = per (perdemos 129r)

5. ℘ = per (perdera 23r, perto 261v); = pre (sempre 21v); pri (prisaõ 29v)

6. ⱴ = ver (vergonha 59r, vermelha 221v, vertudes 70v)

7. ℘ = par (parte 121r); = por (porto 121r)

8. ℺ = qua (qual 288r, quatro 293r)

E. Miscellaneous

1. ჟ = e (1r)
2. 7 = e (preserved in the transcription)
3. 2 = e (preserved in the transcription)

XV. *TEXT*

Liuro dejosep abaramatia | Intetulado aprimeira parte Da. | demãda dosãto grial ata apre | sĕte idade nūca vista.treladado | Dopropio original por ho doutor | Manuel aluarez.Corregedor Da | Ilha desã miguel. Deregido ao | muy alto 7poderoso principe el | Rei Dom Joãho. 3. Deste nome | Elrrey nosso Senhor. || **[1r]** Muy poderoso 2 cristianissimo principe 2 inuitissimo cesar: | Sediz aristotelles no prhoemio Dametafisica que todos hos hoēs | naturalmēte Desejam Saber. Com quãta mais prefeição se deua este | Desejo Vereficar nos principes estaa manifesto E propoendo huã | Das muytas Rezoēs que pera iso ha. he que como antre as criatu | ras Racionais sam Imediatus ministros Daprimeira causa que he | Deos pera gouernarem ho homẽ que tanto amou. Sempre ou as mais | vezes tem delle inclinação 2 speciaes graças pera cousas Dignas | Delonga 2 louuada memoria. Estas sam muy Diuersas segundo Ajnclinação natural Decada hū. ou pera mjlhor Dizer Segundo | por Deos sam tocados Como se diz na espritura (Referida ajusti | niano na epistolla inter claras) Ho coração do principe na mão | Dedeos he. onde quer ho inclina . por honde antre hos principes | Ouue 2 ha muytos que aarte militar se inclinarão Desejando | Alargar seus Reinos 2 acquerir gloria temporal . Outros nõ | Desprezando ho que digo procurarão tambem no mũdo foturo | perdurauel gloria Como Deos louuado Sempre acõteçeo aos Reis | vossos proginitores Em especial aelRei vosso padre que em gloria | estaa. 2 a V. a . em as continuas guerras que tem em africa E ẽ | asia contra barboras naçois.*. Ganhando Delles Reinos Senhorios | conquirindo 2 conquistando muyto grandes cidades que nos an | tigos tempos erã por inexpunhaueis Reputadas Eajnda as ta | is naçoēs Dos Ritos gentilicos apartando. ssometēdoas acristãa | Religiam 2ao suaue jugo Decristo. E v.a. Decõtino abraçado cõ | este trabalho nõ leixa ajnda detomar outro Aoqual muytos prĩ | cipes tiuerã 2tem muyta inclinação que he fazer muytos 2 grã | Des 2 suntuosos edeficios com Que vosa vniuerssal Republica ca | da dia florece . Edequãtos musteiros 2 casas piadosas pera vossa | gloriosa memoria aJais edeficado nõ Referirei mais Da vniuerssi | Dade DecoJmbra per. v.a. principiada 2 acabada 2com vosos | nestoreos Annõs sera muy acrecentada.E. quãto proueito Della || **[1v]** Sesegue a estes vossos Regnos 2 a vossos vassallos .amesma cousa | per si homostra por honde tambem secolige aparticular inclina | çaão que.v.a.tem aesta arte militar Dos letrados . ho que por | mim conssiderado fora muy estranha cousa 2 por certo Dina | Degrande castigo ser ho presente liuro em vossos Reinos achado | 2 darsse aprincipe estranho EaJnda que nõ menos De estra | nhar pareça em mim esta ousadia E de emprender atreslada | ção Dapresente obra . Abeninidade 2 clemēcia De vossa Real | 2 clemētissima [pessoa] que perdoara aos muytos erros Deminha | nudosa lingoa me faz perder ho temor E doutras Reprenssoēs | stranhas nõ ter Reçeo . Ecom esta ousadia comecey atresla | Dação Do presente liuro que a v.a. hofereço. Oqual eu achey | em* Riba Damcora em poder Dehuā velha Demuy antiga idade | no tempo que meu paay *Correged*or De vossa corte seruia v. a. De *Correged*or | Dantre Douro 2 minho. O qual liuro segundo por elle parece he | sprito em porgaminho 2 iluminado Eacaise De dozentos annõs | que foi sprito trata muitas antiguidades 2 materias boas 2 | sabrosas Como v. a. por elle veraa E com oferecer a V. a. ho | propio me quisera tirar De trabalho 2 Da Repressaõ que me De | ve daar Decom isto Descuidar Dos cargos* que encarregados me | tem Eporem por aletra cõ amuyta antiguidade nõ ser tam legi | vel 2asi por muitos bocabulos irem na antiguidade Daquelle tē | po que agora inēteligiueis* nos parecē. tomei Disto por escudo vossa | muita clemēcia 2 beninidade que Deste temor me Defenderaõ | Edo que tenho Dealgūs Dizerē esta minha ousadia.ser temera | ria. Receba. v. a. este pequeno seruiço 2 eliga * pessoa que ho emēde | 2ponha em milhor estilo por que como Dise Delle nõ mudei senã | hos vocabulos inēteligiueis.que hos que se podem ētender na an | tiguidade Daquelle tempo os leixei hir. E nõ premita.v.a | que este autor estee mais tempo em treuas do que esteue 2 aJa || **[2r]** por bem que nos gloriosos dias de.v.a.as antiguidades 2 sabro | sas materias que tem sejam trazidas aluz 2 atodos manifestas | pera que ho autor tenha fama neste mūdo 2 como se cre gloria | no outro que he sem fim | CAPITOLO.PRIMERO. 2 INTROITO DA OBRA. | Aquelle que se tem 2 nomea por menor 2 por mais pecador Em | começo Desta istoria encomendo saude atodos aquelles que crem | 2 tem fee na santa trindade no padre 2 filho 2 no sprito. | Santo. No padre por quem todas as cousas sam Postas 2 partidas | 2 por quem todos hos homeĩs Recebem começo Davida. E no fi | lho por quem sam liures Das penas Do inferno 2 per quẽ vam a | alegria que dura sem fim. E no sprito Santo per quem sam apar | tados Do maao sprito 2 compridos Degloria por alumiamẽto | Do verdadeiro alumiador 2 confortador Dos pecadores. | CAP[ITULO]. ij. COMO SE NÕ QUER NOMEAR HO QUE ES | ta [o]bra * estoria fez em latim | Ho nome daquelle que esta estoria espriueo em latim nõ he nome | ado no começo mas por palauras que depois dira podereis con | hecer seu nome 2 aterra Donde he 2 grã parte de sua linagẽ. mas | nõ se curou de ho espreuer 2 aRezam porque . primeiramẽte se | se elle nom[e]asse 2 disesse seu nome nom ousaria descobrir tã alta | estoria como ado greal. que he de todas as estorias amais alta | 2 amelhor.hos profaçadores 2 os enueJosos ho averiam 2 teriã | em pouco E aoutra Rezão que tal poderia ouuir seu nome que sa | bido por elles teriam em muy menos aestoria porque tal aespriue | ra 2 nõ averia culpa em que se espreuese na estoria algũa cou | sa que nã deuese ou que se nom ẽtendese Ou fosse mal posta dehũ || **[2v]** lugar em outro Etoda culpa se poria sobre aquelle que aespreuera | E mais agora em nosso tempo que amais De bocas que Dizem mal | que [b]em. Emais quero nõ ser culpado Dehũ mal que louuado | Decem beis *. por isto nõ ousou logo Descobrir seu nome. Mas por | mais que elle queira encobrirse nõ podera. mas elle ho Dira que | todos ho entendam Eesta estoria que elle fez foi feita saber | atodos por apaixaõ Deihesu cristo | CAPITULO. iij. COMO OUUIO HŨA VOZ. | Estando eu homais pecador Dos pecadores huã noite Estaua | em lugar muy hermo 2 muy alongado Degentes que me nõ que | ria fazer conhecer a ninguẽ Eho lugar era muy sabroso 2 muito | ameu prazer caao homẽ em todo bem posto todas as cousas | seculares lhe sam cõtrairas. Aquella noite que eu asi estaua que | foi antre quinta feira 2 sesta feira mayor Eavia Ja feito adeos ho | oficio que chamã treuas. tomoume sono 2 deiteime adormir 2 nõ | Jouue muito que hũa voz me chamou tres vezes

2 disseme acorda | Eentendi Dehũa cousa tres 2 detres huã *
Eoutro tanto pode a huã | como aoutra Eentão acordeime 2 vi tam
grande claridade que | nũca vi tal 2 dahi vi ante mỹ hũ homẽ
homais fermoso que serpo | deria Equãdo ovi fui tam espantado
que nõ soube que fizese nẽ que | Dissese E Disseme entendes
apalaura que te disse Eeu lhe Respõdi | todo tremẽdo.Senhor
aJnda nõ sam bem certo Eelle me disse esta he | aconheceça
Datrindade 2 disse por que cuidaua que Duuidauas | que na
trindade avia tres pessoas 2 nõ avia hi senão huã * soo Dei |
dade 2 hũ soo poder Eeu lhe dise que nõ Douidei Senão em
aque | lle soo ponto. Depois disseme podes conhecer quẽ sam 2
eu lhe Di | se meus olhos sam mortaes 2 nõ podem ver tam grã
claridade nẽ | eu nõ poso Dizer no que todas as lingoas mortais
seriã nada falar | Eelle se chegou entã pera mim mui perto 2
pareceome que vi os olhos | claros cento tanto como ante Esenti
na minha boca huãs grãdes || [3r] Marauilhas Delingoas E disseme
então podes aJnda conheçer quẽ | São Equando eu quis falar
vi que hũ bafo como eu Saio por ami | nha boca 2 ouue tam
grande medo que cousa nhũa nõ pude falar | E disseme entã
nõ aJas medo qua afonte De todo saber Dedeos esta | he antre
ti Esabete que eu vim ate inssinar as Duuidas qua eu sã | ver-
dadeiro em todas as Duuidas Eeu sam fonte Desaber Eeu sam
a | quelle aque [sic] disse nicodemus mestre nõ conhecemos quẽ
vos sodes | Eu sam aquelle Dequẽ aestpritura diz todo saber
vem de noso senhor | 2 eu sam ho prefeito mestre 2 por isso
vim ati qua eu quero que tu | Recebas enssinamẽto detodas
aquellas cousas deque seras em Du | vida Eeu te farei certo
detal cousa deque nhũ homẽ mortal nũ | qua foi certo 2 perti
Sera aberta 2 conheçida atodos aquelles que | A ouuirem
Contar . | Capitulo. iiij DAS VERTUDES DESTE LIURO. |
Depois que me isto dixe tomoume por a mão 2 deume hũ li |
vro que era mayor que hũa mão dehomẽ 2 dixeme quando | mo
daua que me daua tam grandes marauilhas quais nhũ ho | mẽ
mortal nõ poderia saber 2 que eu decousa que quisese saber |
nõ seria em duuida 2 tais poridades sam hi quais nhũ homẽ
de | ve ler Seante per verdadeira confisão de seus pecados nõ
for lĩ | po. por que eu mesmo por minha mão as spriuy Eem tal
maneira | as deue ho homẽ leer que as Diga por alingoa Do cora-
ção. Asi que | hi estão nõ as fale por alingoa por que se fossem |

nomeadas todos hos meus alemẽtos Se moueriã 2 ho çeo por ello |
choraria 2 ho ar tremeria 2 a terra se abalaria 2 aaguaa* mudaria |
Sua cor.Tudo isto he neste liuro Emais nhũ homẽ ho oulhara | em
direita fee que aalma 2 ho corpo lhe nõ valha 2 tam triste nõ |
Seraa que tanto que aeste liuro oulhar logo nõ cobre amayor
ale | gria que homẽ pode cuidar nem Ja por pecado que aJa feito
no | mũdo nom morrera morte Sopitanea e este liuro tẽ
caminho || [3v] Devida.Edepois que isto dixe veyo hũa voz asi
como debozina | 2 depois veyo hũ som do ceo tam grãde que me
pareceo que ho | firmamẽto cahia 2 que aterra se somia Ese
aclaridade era ãte | grãde cento tanto foi mayor então. Asique
eu cuidei que ho lu | me dos olhos perdera. Ecay em terra esmo-
recido 2 quando acor | dei abry os olhos mas nõ vi deRador
demim cousa dequanto | ante vira ante tiue que todo era sono.
Senã foi que achei namão | ho liuro asicomo ho grãde mestre
mo metera. | CAPITULO.V. COMO LEO HO LIURO. |
Então me aleuantei muy ledo 2 com grande prazer 2 deiteime |
a Rogos 2 orei 2 muito deseJei que viese ho dia Equãdo
veyo | comecei ale[r] oliuro 2 achei ho começo deminha lina-
gem Ely por | elle ata ora deprima 2 pareceome que nõ tinha
nada lido tãta | era aspretura E me marauilhei como ho liuro
era tam pequeno 2 | tinha tanta leitura. Dali ly ata ora deterça
2 achei a vida de | muitos deminha linagem 2 seus nomes 2
detais homẽs que apenas | ho ousaua dizer que de tal linagẽ
vinha E quãdo eu vi quã bem | elles viuerã 2 hos trabalhos que
por seu saluador Sofrerã nõ ou | sei pensar que tãto na minha
alma pudese emendar que cõ elles | me ygualasse E nã me pare-
ceo que fose homẽ como elles mas fei | tura de homẽ Edepois
que estiue longamẽte nisto cuidando ou | lhei adiante 2 vi spreto
que dizia aqui secomeça ho santo greall | Equãdo ly que pasaua
ho meo dia achei.aqui começa hos grãdes | pauores 2 ly tanto
adiante que ly cousas muy espantosas E sabe | deos que agrande
medo has lia 2 nã as ousaua ver semo nõ mãda | ra aquelle per
quem todas as cousas sam guardadas Equãdo eu | tudo isto vi
comecey acuidar muyto. | CAPITULO. VJ. COMO LIA SEU
LIURO. || [4r] Asicomo eu isto penssaua eis hũ Rayo asicomo
de fogo ardente decen | deo do çeo 2 asi como corisco veyo
perante mim 2 parecia que era de | trouão afora tanto que era
mayor 2 que durou mais Eveyo perante | mim tã direito que hos

olhos me Deitaram chamas 2 cahi esmor[e]cido | Equãdo prouue
adeus aleuãteime Edepois veyo huã tam grande es | curidade que
nhuã cousa podia ver 2 durou tanto que bẽ se po | deria andar
cem pasos Eentaõ começou aesclarecer pouco apouco. | Asi que
hosol veyo em asua primeira claridade Edepois veyo. | hũ cheiro
que todos hos boos cheiros passaua E depois ouuy ho | mais
sabroso canto que homẽ ouuyo 2aquelles que cantauã estauã |
tam perto demĩ que me parecia que se hos homẽ podera ver que
hos | alcançara com amaão. Mas eu nõ podia nhũ ver.mas tanto
en | tendi eubem que louuauã anosso senhor Ediziam no fim
deseu cãto | honrra gloria seJa dada ao cobrador da vida 2 ao
destruidor | damorte Este cant[ar] entendi [eu] bem mas de todo
ho outro nõ en | tendi eu nada Edepois desto soauã sinos 2 depois
cessauã 2 co | meçauã seu canto as vozes cantarã bem sete vezes
nesta maneira | Eao outauo canto deixaranse cair asi que me
pareceo que erã nos | abismos Eentão me pareçeo que todas as
asaas 2 todas as aves | domundo hiam perãte my Ecõ ho bater
que faziam ficou huũ | cheiro deque me muyto aprazia 2 fiquey
asi 2 comecey muyto | acuidar naquesta marauylha 2 nisto me
disse huã voz deixa de | cuidar 2da ao teu saluador ho que lhe
deues Eentão me aleuan | tey 2 vi que anona era passada 2 ma-
rauilhei me muyto por que | cuidei que era aJnda muyto por
amanha * por ho grãde sabor que | tinha do liuro per que lia
Então comecei meu oficio tal quall a | quelle dia conuynha 2 isto
foy naquelle dia. em que deos Recebeo | morte por nos Equando
eu quis Receber meu saluador vi huã | grande mão ante mym
que me tomou por ãbas as maõs 2 me | dixe estas tres pessoas
tesam vedadas Receber ata que te faça cer | to de todas tuas
duuydas. | CAPITULO. VIJ COMO FOI LEUADO EM SPIRI-
TO. || [4v] Depois que me isto dise ergueome em alto nã em
corpo mas em | sprito 2 entaõ me leuou ahuũ lugar que se todas
as lingoas mor | taes falassem 2 as orelhas ouuisem nõ poderiam
cuidar tã grande | sabor 2 alegria que nõ fose aly muyto mais
E se eu dissese que | isto foi no terceiro çeo em que Sam paulo
foi leuado nõ deria | mẽtira. mas diso me nõ quero louuar. mas
tanto poso bem di | zer que aly me foi mostrado 2 descuberto ho
senhorio honde | Sam paulo disse que nhuã lingoa mortal nõ
avia hi de sobir | 2 depois que vi todas estas marauylhas cha-
moume ho anjo 2di | seme viste tu aquy grandes marauylhas Eu

lhe disse eu cuido | que nõ podem ser mayores 2 ho anjo me disse ajnda mayores te | mostrarey das que tu viste . | CAPITULO. VIIJ. COMO VIO HO PADRE 2 OFILHO 2 | ho sprito sancto em huã semelhança. | Entaão me tomou 2 leuoume aoutro muy estranho lugar que cem | tanto era mais claro 2 mais branco que marfim 2 mais avia | hi degloria do que meu coração podia cuidar Ealy me mostrou | elle muyto mais aforçã da trindade.ca eu vi cada hũ por si ho | padre 2 ho filho 2 ho sprito sancto 2 asy vi tres pessoas que era | huã semelhança 2 huã deidade 2 hũ padre Eem quanto eu oulha | va aquella marauylha grande 2 isnos * donde vem hũ som de tor | vam 2 depois vinham tantas cousas celestiaes perante ha ma | gestade que marauylha era 2 deixauãsse cair como esmoreci | dos 2 tiue eu todo por tam grande marauylha que nõ pude | falar Eentaõ me tomou ho anJo no ar 2leuoume aly donde pri | meiro me achara 2 ante que metesse ho meu sprito em mỹ me di | se viste asaz demarauylhas Eeu lhe dixe eu vi ahi tantas que | nõ ha homẽ que as ouuisse contar que nõ dissese que era mentira | | [5r] Eelle me disse es tu Ja certo daquilo em que eras em duuida Eeu lhe | Respondi que nõ averia homẽ tam descrido 2 duuidoso que tãto | que me quiser ouuyr que lhe eu nõ fizese entender como sam tres | pessoas da trindade por isto que eu vi. Edepois que meteo meu | sprito em my disseme deoJe mais nõ ha em que duuydar 2 erguy | me asi como quem acorda 2 cuidei que vise ho anJo mas forasse | Ja Eeu oulhey 2 vi meu saluador ante mỹ em tal maneira como | era quando me leuou ho anJo 2 eu oulheo * em boa sinificãça 2 de | pois tomey ho liuro 2 guardeyo aly donde tinha ho corpo do | senhor ca muyto avia hi de boo lugar 2 muy limpo 2 quãdo say | dacapella era Ja meya noite Eentrey na casinha 2 comy daquilo | que deos me dera. | CAPITULO. IX. COMO PERDEO OLIURO 2DO QUE LHE | Dise a voz. | Asi passou aquelle dia. Equando veyo ho dia da Ressurreição em | que fiz meu oficio de tam alta festa bem vos digo que ante que come | se fui ao meu liuro por que nelle tinha mais sabor que de comer | caa as boas palauras que nelle achaua me faziam perder afame | 2 quando oulhei nõ ho achei 2 ouue grã pesar tam grãde que nom | sabia ho que fazia Etiue por grande marauylha como poderia sa | ir dali fora por que asi achei aporta cerrada . como antes Eeu | asi estando espantado disse huã voz deque te espãtas em tal maneira | say eu

do sepulcro mas ora te con forta 2 vai comer 2 antes te | conuyra sofrer trabalhos que ho aches. Equando ouuy que ho | averia tiueme por saão entaõ fui comer 2 dipois que comy. | Roguey anosso se*nh*or que me comprysse hoque deseJaua Então me | disse huã voz. mandate ogrande mestre que depois que amenhã | cantares missa que comas 2 depois eu te leuarey honde veras | ho que te he mister deJ*h*esu *cristo* Equando daquy saires ẽtraras ||
[5v] No atalho que te leuara ao gram caminho Eaquelle caminho te leua | ra ao padrão da pressa Eentão leixaras aquelle caminho 2 acha | ras hũ careiro amaão direita que te leuara as encruzilhadas das | sete carreiras no chão de vales bom Equando fores afonte do cho | ro ali donde foi agrande morte tẽpo hi foy aly acharas huã besta | qual nũca viste 2 oulha como vas apos ella bem por honde ella | for 2 quando aperderes perdelaas acabo do In ferno 2 aly a | cabaras teu feito 2 saberas por que ho grande mestre te man | da laa. | CAP*I*TULO. X. COMO ACHOU ABESTA QUE AVOZ | lhe disera. | Nisto leixou avoz de falar Eeu me leuantey 2 cantey minha mi | ssa 2 dipois comy 2 saime asi como avoz me mandou 2 quando | passei hopadrão entrei no vale dos mortos 2 aquelle valle conhe | ço eu bem que huã vez fui nelle 2 vi huã batalha de dous caua | leiros hos milhores que homẽ sabia 2 depois tanto que * andei que | vi aencruzilhada 2 oulhei ante my 2 vi huã cruz so Riba de hũa | fonte 2 so aquella cruz Jazia abesta que me avoz disera Equãdo | me vio ergueo acabeça 2 oulhoume muyto 2 eu aella mas quanto | mais aoulhaua tanto menos sabia que besta era. mas sabey | bem que ella era amais desemelhada dequantas bestas no mũ | do sam. porque ella avia acabeça 2 ho pescoço dovelha brã | co como aneue 2 hos pees 2 as queixadas de caão 2 negras co | mo coruo 2 tinha opeito 2 ho corpo como de Raposo. | CAP*I*TULO.XJ. COMO FOI DEPOS ABESTA. | Tal era abesta qual vos eu conto Edepois que aeu muito ou | lhei fiz lhe sinal que fosse adiante 2 ella foi aencruzilhada. || **[6r]** E entrou na primeira que achou amão direita 2 andamos | ata bespora Eentão entrou por hũ spesso mõte 2 eu depos ella 2 an | damos tanto ata que foi noite 2 então saimos fora do monte 2 | entramos em hũ valle fundo 2 espesso de aruores 2 quãdo eu | fui no fundo do valle vi huã choça 2 entaõ fui muy ledo 2 vi | hũ homẽ que vestia panos dordem. Etanto que me vio tirou ho | capello 2 fincou hos giolhos ante mỹ 2 disseme que

ho benzese | Eeu abaixei acabeça contra elle 2 disselhe que era pecador | como elle 2 nõ lhe podia daar benção . que vos direi nõ se quis | mais aleuãtar ate que lhe ouue de dar abenção Edepois leuou | me a sua choça 2 disse comamos 2 depois pergũtoume muito | deminha fazenda que bem cuidaua elle que mais avia debem | em mỹ doque avia. por amenhã Rogoume que cantasse misa | Eeu ho fiz 2 depois tomei meu caminho 2 achei minha besta | que nõ vira desque vi ho homẽ bom 2 elle foi comigo hũ pou | quo 2 ao partir que nos partimos Rogoume que Rogase ad*eos* | por elle 2 eu outrosi aelle. asi partiosse demĩ 2 eu fui apos abes | ta por amõtanha.Etanto que entramos em hũ chaão muy fer | moso 2 era Jabem dedia 2 tanto andei q*ue* vi hũ muy fermoso | prado no qual avia amais fermosa fonte do mũdo em aq*ua*ll | fonte avia huã mancha asi como vermelha. 2 asi ardia co | mo fogo mas aaguoa era asi feia como geada 2 tres vezes mu | daua sua cor 2 sabor 2 tornaua verde 2 [margaua] * asi como | agua do maar E tanto que fui na quelle prado deitousse abes | ta 2 eu tiue mẽtes 2 vi vir hũ moço em hũ cauallo muy Ri | Jo 2quando chegou amĩ deceo 2 fincou os giolhos 2 tirou huãs | toalhas 2 disseme se*nh*or minha se*n*hora vos manda saudar aquella | que ho cauallo doc[ĩ]to * doro Recebeo hodia que agrã marauilha | foi soada daquelle que vos sabeis 2 mandauos que comais 2 | eu tomey as toalhas 2 achei huã boa empada 2 deume || **[6v]** hũ pichel cheio de cerueJa 2 hũ vaso 2 comy 2 bebi quãto me | aprouue que avia fame E dipois que comy disse ao moço que | adona saude d*eos* ho verdadeiro saluador. | *CAPITULO*.XIJ.COMO ACHOU HUÃS LETRAS EM | hũu padrão. | Então se foi homoço Eeu 2 minha besta andamos ata bespora | 2 achamos ahuã encruzi lhada huã cruz 2 abesta esteue queda | aly Eeu vi hũ caualeiro que trazia boa companhia consigo | Equando vio que eu era dordem deceosse 2 os outros 2 salua | rãme 2eu aelles 2 depois Rogoume que fosse seu ospede de | pois leuome pera sua casa 2 fuy muy bem Recebido mas | detanto me pesou quedisse que d * me conheçia que me vira ou | tra vez mas eu nõ melhequis dar aconheçer. por amenhãa | aleuanteime 2 tomei meu caminho 2 vi aminha besta 2 fuy | muy ledo Eencomendei meu ospede ad*eos* 2amỹ 2 andamos ata | ora deterça 2 achamos em hũ valle hũ moesteiro de donas 2 | Rogarãme que lhes cantasse missa 2 canteilha 2 depois derã | me

decomer 2 depois encomendarãme ad*eos* 2 tomey meu ca | minho
2 andei tanto con minha besta que achei hũ padrã | grande 2
achei letras que diziam que aly seacabaria amỹ | nha obra Eentão
oulhei severia aminha besta 2 nõ a vi E | então torney ao padrão
2 achei esprito quanto avia de fazer. | CA*PITULO*.XIIJ.COMO
ACHOU HO SEU LIURO. | Então entrei em meu caminho 2
achei hũ atalho amão d*ire*ita | por amais fermosa mõtanha que
nũca vi Efuy ahuã cape | la que vi em huã pena 2 ouuy dentro
hũs brados muy estra | nhos 2 espanteime 2 entrei 2 vi Jazer
hũ homẽ que tomara | ho demonyo 2 fiz ho sinal da cruz sobre
elle 2 ergueosse || **[7r]** asentado 2disse ao demonio que saisse
delle 2 ho demonyo disse que | ho n[õ] faria por elle Eeu bem
sabia que dizia verdade 2 fui ao al | tar 2 vi homeu liuro 2
tomeyo 2 agradeçio ad*eos* 2 torneime a ho | homẽ 2 ho diabo
começou abradar 2 assomarãsse hi tantos de dia | bos que eu
cuidei que nom avia hi tantos no mũdo Etodos fogirã | quando
virã ho liuro 2 aquelle que Jazia em ho homẽ fogio ẽ guy | sa
que semelhaua que fondia as aruores. depois tomeyo em m*eus* |
braços 2 leueyo 2 pulo ante ho altar 2 disselhe se comeria 2 elle |
me disse que vinte 2 tres anõs avia que fora hermitão 2Ja avia |
noue anõs que nõ comera senaão eruas ou se d*eos* enuiara.
Entaõ | se deixou Jazer hi 2 eu Rezey minhas oras 2 cantey
minha my | sa depois dormy hũ pouco caa nõ dormira ante toda
anoite 2 | dormindo sonhei como estaua acabo de huã fonte 2
que hũ ho | mẽ me daua fruita 2 acordei 2 fui afonte 2 achei
hũ homẽ q*ue* | me encheo aba de fruita 2 disseme que viesse
cada dia aquella fõ | te por minha Reção que asi ho mandaua
ho grande mestre.ẽtaaõ | leuey aquella fruita aquelle homẽ que
Jazia na capella 2 deilhe | decomer que avia grande fame 2 estiue
com elle ata que foi saõ | 2 disseme como lhe acontecera aquillo
por huũ pecado que fizera | E nõ seacordaua que nũca fizera
pecado honde se homẽ pudesse | guardar a fora aquelle depois
que tomara ho abito Epor ende | semanifestou ERogoume que
Rogasse anosso s*enh*or que elle por a | sua piadade ho guardasse
de fazer pecado por que elle ouuesse sa | nha. | CA*PITULO*:
XIIIJ. COMO TORNOU ACHAR ABESTA | Então nos partimos
muito chorando 2 nõ poderia homẽ dizer por | vida nẽ por cuido
que se pudesse achar homẽ milhor que aquelle 2 | depois foi
comigo ata sua porta 2 achei minha besta 2 ho homem | bom

me perguntou que era 2 disselhe que deos me dera aquella que | me guiasse Eelle me disse que bem deuya homẽ seruir adeos que asy || **[7v]** guarda aos que ho seruẽ mas eu creyo que nhũ homẽ vio a besta em | todo aquelle caminho se aquelle naão E depois tornei muito acui | dar no pecado que me dissera caa deos asi Julga que se ho homẽ fizer | todos hos bẽs do mundo 2 em huã vez mal todo perde 2 se fizer | quãto mal puder fazer 2 pedir misericordia a deos logo lhe deos perdoara 2 | mais lhe apraz delle ca doutre Enesto partimonos 2 sabado fui | em minha casa 2 fiz minha oração 2 comy 2 dipois deiteime A | dormir 2 veyo amim ho grande mestre asi como viera Jaa outra | vez 2 disseme espriue este liuro em outro 2 nõ te espãtes por nõ sa | beres spreuer que logo spreueras por amenhã 2 leuãteime 2 a | chei quanto avia mister espriuão Edeixei passar ho domingo 2 a | segunda feira começey de spriuer 2ho começo foi deJhesu cristo. | CAPITULO.XV. EM QUE COMEÇA AOBRA. | O dia que ho saluador do mundo tomou morte foi morte des | troida. Enossa vida cobrada 2 pouquos foram entaõ hi que cresem | nelle a fora seus decipulos Quando nosso senhor foi na cruz 2 duui | dou amorte como homẽ mortal Edisse padre se pode ser nõ sofrer | esta paixaõ. porẽ nom ouue elle tam grande dor por que cobra | va nossa vida por sua morte 2 muitos estauã hi queaviam co | meço Ja de fee mas sobre todos diz ho conto de hũ caualeiro que | avia nome Joseph abarimatia arimatia he huũa çidade que he | na terra de Remata. | CAPITULO.XVJ.COMO JOSEPH VEYO AJERU | salem 2 como amaua aJhesuu cristo. | Naquella cidade naceo Joseph.mas elle viera aJerusalem sete anõs | antes que deos fosse posto na cruz 2 Recebeo afee mas nõ se ousaua | mostrar por cristão com medo dos Judeus que eram brauos 2 elle || **[8r]** era fora desoberua 2 de enveJa 2 de horgulho 2 muito sofrido 2 de | boa mẽte Socorria aos pobres.todas estas bondades tinha 2 detal | cousa fala ho prhofeta no salmo.bento he ho homẽ que se nõ ata ao | consselho dos maos. Este Joseph era em Jerusalẽ com sua molher 2 cõ | seu filho que avia nome josafes. Aquelle josafes passou ho linagem | deseu paay alem mar honde ora anome Jngaraterra que en taão | lhe chomauã agrã bretanha 2 passou os na aba de sua camisa. muyto ouue gram doo Joseph damorte deJhesu cristo 2 cuidou como a | veria mais seu amor que elle ho nõ amara tanto senão fora leal | christão por que nhũa ma adverssidade * pode apartar leal amor | Quãdo Joseph vio aquelle na cruz que elle cria que era filho dedeos | 2 saluador do mundo nõ se espantou nẽ por iso creo menos 2 po | rem ouue de sofrer.ante entendeo sua santa Ressurreição 2 por que | ho nõ podia a ver muito penssou que veria da quellas cousas que lhe | vira em sua vida. | CAPITULO. XVIJ. COMOJOSEPH.PEDIO A | pillatus ocorpo deJhesuu cristo. | Então foi acasa honde elle comera ho anho com seus decipulos | em dia depascoa 2 pergũtou por ho lugar honde comera 2 mos | trarãlhe ho lugar que fora feito pera comer 2 era amais alta ca | deira dacasa 2 aly era aescudela honde ho filho dedeos comera | com hos doze apostollos ante que lhe * desse sua carne 2 seu sangue | Edipois que joseph teue aescudella foi muy ledo 2 leuoua pera sua | casa 2 guardoua em muy limpo 2 fermoso lugar Equãdo soube | que ho saluador do mundo era morto 2 queaquelles que ho matarã | lhe queriã britar as pernas 2 hos braços asi como soiam afazer a | hos ladroẽs nõ quis tanto aguardar que aquelles que ho na cruz pu | serã que ho elles decessem com suas maõs maas 2 çujas ante veyo || [8v] Apilatus cujo vassalo era que Ja avia sete annõs que delle Recebia | soldada 2 pedilhe * em galardão dequanto seruiço lhe tinha feito | que lhe desse huũ dom que muyto pouco lhe custaua 2 pilatos que. | muito amaua 2 prezaua seu seruiço disse que lhe prazia 2 que bẽ | ho deuia aver mais Riquo do que ho pedisse 2 joseph lhe pedio | ho corpo deJhesuu cristo 2 pilatus lho deu como aquelle que nõ sa | bia hoque daua que elle cuidaua dar huũ pobre pecador mas | elle daua ho dom detodos hos doẽs o pão dos pecadores 2 o pão | da vida 2 elle cuidaua que lhe daua hũ mesquinho corpo mas | daualhe o dom detodos os doẽs 2 Ressucitador detodos hos cor | pos 2este foi homais Rico dom que nũca no mũdo foi dado E | pois ho entendimẽto depilatos foi tal que nõ sabia ho que da | va por isso se deue dizer mais despeito que dom . que se elle sou | bera agram alteza 2 ho grã poder daquelle cuJo corpo daua | elle nõ comparara aelle toda a Riqueza 2 todo ho tisouro 2 se | nhoria do mundo. mas joseph queagram alteza delle conheçia | foi muy ledo quando lhe ho dom foi otorgado 2 por milhor pa | gado se teue que pilatus tinha que ho pagaua.2 quando veyo | acruz honde deos pendia começou achorar muy agramẽte por as | muy grandes dores que sofrera 2 quando ho deçeo com muy | grandes sospiros 2 chorando muyto deitouo

em hũ moimẽto | que fizera pera sy.Depois foi asua casa por aes-
cudella 2 tor | nou aelle 2 colheo em ella tanto daquelle sangue
quanto elle | mais pode Edepois tornouo aguardar asua casa . por
este sã | gue mostrou deos depois muytas vertudes em terra depro-
misão | Eem outras muytas terras Equando elle ho ouue guardado
no | milhor lugar que elle pode tomou deseus panos muy Riquos |
2 tornouse ao moimento 2 so terrou ho corpo de seu senhor omais
| honrradamẽte que elle pode E depois que ho meteo no muimẽto
|| **[9r]** fez em çima por huã pedra grande 2 pesada que nõ queria
que nin | guem chegasse honde tam alta cousa estaua como era ho
filho de deos. | CAP*ITULO*.XVIIJ.COMO OS JUDEUS PRẼ |
deram ajoseph. | Depois que os Judeus viram que Joseph decera
dacruz aque | lle que elles Julgaraão que morresse 2 queho
soterrara tam hõ | Radamente foram por iso muy asanhados
2 tiuerão por grande | soberba 2 todos Juntos tomarã consselho 2
disserã que era grã | direito que Joseph comprasse caramente
aquella ousadia que fi | zera contra deos 2 contra aley 2 falarão
que ho prendessem aq*ue* | lla primeira noite no primeiro sono
2 queho metessem em tal | lugar honde senaão pudesse achar
sinal delle 2 aeste consselho | se atiuerã 2 foram aelle 2 acharão
dormindo 2 leuarão lõge | de Jher*us*alem bem çinco legoas a huã
muy forte casa que estaua em hũ | forte paul 2 avia nella hũ piar
que parecia jnteiro * 2 dentro | na quelle piar avia ho mais espan-
toso caçere que nunca homẽ | vio nẽ homẽ ho poderia esmar nem
entender selho ante nõ di | sesse tanto era sotilmente laurado
(. | CAP*ITULO*. XIX COMO DEOS VISITOU |Joseph. no cacere.
| Depois que elles tirarã Joseph deJherusalem porque nhũ nom |
soubesse nouas meterão no carece * 2 ficarã dous com elle 2 |
defendeolhes caifas que era ho terceiro que lhe nõ dessem aco
| mer mais que huũ pedaço depaão por ho dia 2 hũ Jarro dagoa |
2 loguo caifas setornou ajherusalẽ 2 ouuyo avolta 2 o choro || **[9v]**
que faziam por Joseph que era perdido Equando pilatus ho soube
| foi muy asanhado mas nõ soube que lhe fizesse qua bem sabia |
que hos Judeus ho fizerã por consselho do mestre da ley Equã | do
veyo ao domingo que Jhesuũ cr*ist*o Ressucitou 2 as guardas |
disserã aos Judeus como perderã aJhesu cr*ist*o enuyarã ao caçerei
| ro decaifas que nõ desse decomer aJoseph ante ho deixasem |
na prisão morrer de fome mas aquelle senhor por quẽ hos Judeus
| lhe buscauã amorte nõ ho quis deixar na quella sua maa andã |

ça antes lhe agalardoou em cem dobro seu seruiço . por que | tanto que Ressucitou do moimēto veyo loguo aelle ao cacere | 2 trouxelhe por companhia 2 por conforto asanta escudella | que elle guardara em sua casa como todo sangue que lhe colhe | ra 2 quando Joseph esto vio foi muy ledo Eentão soube bē | que elle era deos verdadeiro 2 nõ seachou mal do seruiço que | lhe fizera antes ouue tam gram prazer que nõ teue em na | da aprisaõ pois que tinha companhia 2 con forto de seu sal | vador. | CAPITULO. XX. COMO AMOLHER 2 FILHO | Dejoseph prometerã castidade 2 do que deos disse ajo | seph no cacere. | Asiapareceo ho saluador do mūdo ajoseph ante que aoutrē | E confortouo muyto 2 segurouo que nom morreria em prisão | ante são 2 saluo sairia della 2 nõ averia mal nē dor ante | seria elle na sua companhia Equando daly saisse seria mara | vilha que ho mundo por elle averia por que por elle 2 seus | herdeiros seria seu nome dito 2 nomeado por estranhos || [10r] lugares mas aJnda oprazo pera daly sair nõ era chegado an | tes estarja * hi tanto que bem cuidariam hos homēs que era mor | to Equando daly saisse todas as Jentes louuariã seu nome 2 | muytas Jentes nelle creriam Easi ficou Joseph na prisam tā | to que esqueceo atodos que Jaa não falauão cousa nenhūa de | lle Eamolher deJoseph foi de muitos pedida porque ficou asaz | moça 2 ficou com ella seu filho Josefos que aJnda nõ avia hū | año 2 meyo quando seu paay foi metido na prisão 2 adona | foi Requerida muito que tomasse marido mas ella disse que Jaa | mais ho tomaria ataque nõ soubesse certo de seu marido caella | ho amaua sobre todas as cousas Equando ho menino foi de | ydade que poderia casar seus parentes ho apressauão muito | que casasse mas elle amaua tanto aJhesu cristo por Rogo de sua may | que elle disse que elle Jamais se casaria senaõ com asanta Jgre | ja . asy se escusaraõ ambos de casa[m]emto por o * amor que tinhão | em deos . EJaambos tinham Recebido bautismo por maaõ de sā | tiago ho menor que foi bispo deJherusalem gram tempo depois | da morte deJhesuu cristo 2Joseph foi preso asi como vos eu di | se tanto tempo como vos disse 2 esteue hi trinta 2seis años | 2 vespesiano o tirou que então era emperador de Roma 2 | bem ouuireis como ho tirou. | CAPITULO.XXJ. COMO VESPISIANO | Emperador de Roma foi guafo. | Naquelle tempo que nosso senhor foi posto na cruz era titus | cesar emperador de Roma 2 Reinou dezaseis annõs 2 depois || [10v] foi gayo seu sobrinho emperador mas nõ viueo mais dehuũ anño de | pois foi claudus emperador quatro anõs depois Reinou nero ho | mayor doze annõs depois Reinou titus dez anõs depos este Rei | nou seu filho mas ao terceiro annõ que foi titus emperador | sayo Joseph fora daprisaão ho primeiro anño que titus foy | emperador aconteceo que vespesiano seu filho foi tam gafo que nhuũ homẽ nõ ho podia sofrer 2 disto ouue titus tam gram pe | sar que cousa ho nom podia con fortar 2 fez dar pregão por | toda sua terra que qual quer que pudese dar saude aseu filho | que lhe daria qual quer dom que lhe pedisse mas nõ pode a | char quem lhe desse saude Entam veyo huũ caualeiro de ca | farna[õ] a Roma 2 ouuyo [n]isto falar 2 foisse ao emperador | 2 diselhe que falaria com seu filho por seu proueito 2 ho | Emperador ho fez leuar ajanela honde seu filho soo Jazia | 2 falou com elle por aquella Janella qua em outra maneira | nõ podia homem sofrer ho maao 2 forte fedor que delle sai | ya 2 ho caualleiro meteo acabeça pella Janela 2 oulhouo | 2 vio bem que era homais gafo que numca vira Entam per | guntou vespesiano se sabia alguã cousa que lhe pudesse apro | veitar 2 ho caualeiro lhe dise. senhor eu vos vim ver por que | fui eu Jaa gafo quando era menino. ay amigo disse vespe | siano 2 como sarastes vos. por deos dise elle por huũ pro | feta que crucificaram os Judeus agram sem Razão E | por que vos deu saude dise vespesiano. Certo disse ho caua | leiro elle nõ fez cousa nenhuũa senaão que me tocou 2 logo | fui saão. como disse vespesiano tam grande era ho poder | que ella tinha que podia sarar hos gafos. certo disse ho | caualeiro aJnda mais fazia que fazia Ressucitar os mortos || [11r] E vespesiano lheperguntou por que ho matarão 2 ho caualeyro | lhe Respondeo por que pregaua verdade 2 mostraua aos Ju | deus sua maldade 2 se vos ouuesses * alguã das suas cousas eu | creyo bem que loguo series saom. | CAPITULO. XXIJ. COMO VESPESIANO | 2 titus Rogaram ao caualeiro que fosse aJherusalem | embusca dalguũa cousa denoso senhor 2 como | trouxe a veronica a Roma 2 ho sonho que sonhou | vespesiano | Quando vespesiano isto ouuyo foi muy ledo 2 mandou dizer | a seu pay ho que lhe dissera ho caualeiro 2 titus disse que man | daria saber se poderia aver alguũ de seus panos ou outr a | cousa sua. senhor disse vespesiano si podeis Rogay aeste caua | leiro que he da terra 2 darlhe tanto do vosso que vos va laa | E ho coração me diz que sararey E se eu posso sarar eu prome | to que eu tome vingança domal que hos Judeus fizerão ao | profeta . tanto Rogou titus ao caualeiro que lhe disse que | faria aquelle [sic] viagem Etitus ho aparelhou muy bem 2 deu | lhe suas letras seladas de seu sello 2 as letras foram tais | que todos aquelles que aquellas letras vissem que fizessem aq*ui* | llo que mandasse aquelle caualeiro 2 deuas letras a felix | que era se*nho*r d[a] Ju[u]dea Equando felix le[o] as letras dise lhe | dizei o que quiserdes que todo sera feito 2 ho caualeiro disse | lhe que fizesse daar pregois * que qual quer que tiuesse alguã | cousa que J*he*suu c*ri*sto tiuese que atrouxesse ante elle 2 quem | anegasse que morreria por ello. Asi como elle mandou foi | por Jherusalem apregoado 2 por toda ha terra mas nom || **[11v]** veyo ninguem que alguã cousa trouxesse a fora huã molher | que era de muy grande ydade que avia nome maria do egij | to aquella veyo a felix 2 trouxelhe huuã peça detoalhas | que muy longamente guardara 2 muy honrradamente de | pois que c*ri*sto fora posto na cruz 2 disselhe se*nho*r ho dia que | J*he*suu c*ri*sto foy posto n*a* cruz passaua eu por diante delle | 2 trazia huã peça de toalhas 2 elle me Rogou que lhas empre | stasse pera alimpar ho suor do Rosto que lhe corria muyto 2 | depois que alimpou seu Rosto muy bem emburilhouas todas 2 deumas 2 leueias pera minha casa quando as desemborilhei | achei a figura deJ*he*su c*ri*sto asy como se fora pintada em hũa | parede 2 desentão aguardei 2 numqua vi en fermo que tãto | que lha pusese logo nõ fosse saão Eelle desemborilhou ho | pano 2 pareceolhe que a fegura era hi nouamente debuxa | da ou tam bem como se fosse hi metida com enprhensa * aq*ue*le | pano leuou ho caualeiro a Roma. Eaquella noite antes q*ue* | elle chegasse sonhou vespesiano que huũ l[i]ão * vinha do ceo | 2 com suas vnhas ho tomaua 2 ho despedaçaua Edepois q*ue* | ho despedaçaua oulhauase em huũ espelho 2 nõ se podia | conhecer 2 todo ho mundo corria depos elle 2 diziam | vinde ver ho homem morto que tornou aviuer. | CAP*ITULO*.XXIIJ. COMO AVERONICA | veyo a Roma 2 como vespesiano foi saão | 2 passou em Jher*usa*lem por vingar amorte de | J*he*suu c*ri*sto 2 do que passou com hamolher | deJoseph. || **[12r]** Por a menhã seu paay que ho amaua mais que outra nenhũa cousa | se veo pera elle 2 vaspesiano tanto que ho vio lhe disse se*nho*r se | de ledo que eu sei bem de verdade que sararey Eentão lhe contou | ho seu sono 2 elle isto dizendo chegou ho caualeiro 2 quãdo | ho vio vespesiano que ajnda estaua aJanella sentio que todos | hos membros se lhe aliuarã 2 começou abradar de tam longe | como ho vio vos seJades ho b[e]m vindo que vos trazeis amy | nha saude Eho caualeiro sem mais dizer desplegou as toa | lhas 2 tam presto que vespesiano vio a fegura foi tam fermo | so 2 tam saão como nunca mas fora E quando seu pay 2 as | outras Jentes viram tal foi a legria 2 ho prazer tam grãde | qual em Roma nunca foi nem ho homẽ ho vio mayor Então | tomou vespesiano as toalhas 2 guardouas ho mais honrra | damente que elle pode 2 disse que nõ duraria Jaa mais ata | que nõ vingasse aviltaçam 2 morte do saluador que lhe dera | saude Eloguo aparelhou sua fazenda 2 moueo pera hir | aJndea * 2 leuou consiguo ho caualeiro 2 fello *senhor* de toda | sua fazenda Etanto que foi em Jerusalem fez perante si vir | maria do egipto e ella lhe contou todos aquelles que viuos | eram per cujo comsselho 2 por cujo poder Jh*es*uu cr*i*sto fora pre | so 2 tomara morte 2 vespesiano hos fez todos prender 2 di | se que hos queimaria todos Equando amolher deJoseph ou | vio estas nouas ella 2 seu filho se vieram ante elle 2 querelou | selhe daquelles que lhe prenderão seu *senhor* que nunca depo | is delle podera aver sinal 2 elle lhe perguntou porque ho | leuaram 2 adona lhe disse por que tirara Jh*es*uu cr*i*sto da cruz | 2 ho metera no seu mumento Equando vespesiano isto vio | Jurou que hos queimaria todos se lhe não mostrassem donde | era 2 elles disserão queimar nos podeis vos mas dar nõ volo | podemos que nom sabemos delle nada 2 verdade diziam q*ue* || [12v] nom sabiam nada delle.que huũ daquelles que ho guardauam | aquella somana que joseph foi preso cortaran lhe acabeça por | erros que fez 2 ho outro cayo decima de huã torre aquelle | dia que tirou de comer ajoseph 2 nõ avia hi senaão huũ ve | lho que deziam caifas que era *senhor* daquella torre donde | Jazia joseph. Asi nom ficou viuo senão caifas que era bis | po em aquelle a[nñ]o que Jh*es*uu cr*i*sto foi morto E elles diserão | *senhor* de nos podedes fazer vosso prazer que verdade he que | nos ho prendemos 2 demolo em guarda atres Judeus que nõ quisemos que todos soubessem delle parte E destes tres foy | caifas huũ 2 se aquelle nom ho sabe nos nõ ho sabemos.entaõ | mandou por caifas 2 fello bem guardar 2 atodos hos ou | tros fez queimar 2 de pois que foram queimados disse a ca | ifas que se nõ desse ajoseph que faria delle amayor

Justiça | que nunca fora feita dehomem no mundo E caifas disse | vos queredes fazer vossa Justiça qual quiserdes que todo mũ | do nom vollo podera dar viuo se vollo d*eos* nom desse.mas ho lu | guar honde elle foi metido em prisão vos posso eu bem mos | trar E vespesiano lhe disse nom vos demando eu mais que | me amostreis Ecaifas lhe disse eu vollo mostrarei com condi | çam que me nõ queimeis nem me enforqueis E vespesiano lhe | disse eu asi ho conçedo então leuou caifas atorre ao piar | donde Joseph fora metido 2 disse sen*h*or em este piar foi Jo | seph metido des que deçeo Jh*esu*u c*ris*to na cruz Eentão nom | avia eu mais que vinte cinquo años 2 sam ora velho asi co | mo vedes E vespesiano dixe nõ t[e]marauilhes porque ho sen*h*or | por quem elle hi foi metido he poderoso d*e*ho guardar saõ | 2 ledo 2 pesame muyto que nunca ho eu s[e]ruy que elle me | sarou da mais vil enfermidade que pode ser 2 bem pode || [13r] guardar este que bem ho a seruido Eentão mandou a caifas que en | trase no cacere 2 se ho nom achasse viuo que tirase hos ossos 2 ca | ifas disse que nom entraria hi aJnda que soubesse que por hisso ho | desmembrassem. Evespesiano disse que nõ era sem Razam homẽ | tam desleal entrar honde tam sancto homem entrara como fora | aquelle que decera da cruz ho saluador do mundo então disse | vespesiano que elle entraria aly Eentaão fez decer abaixo aque | lles em quem elle mais se fiaua 2 quando abaixo decenderam | vio tam grande claridade como semil candeias hi fossem acesas | 2 tirousse ahuũa parte 2esteue muy quedo 2 oulhou muyto aca | da parte. | CAP*ITULO*. XXIIIJ. COMO JOSEPH SAIO | daprisam 2 doque lhe disse huã voz. | Quando ouue muyto oulhado chamou aJoseph Eelle Res | pondeo ay d*eos* quem me chama disse vespesiano ho filho do em | perador de Roma 2 Joseph começou acuidar quem era aque | lle vespesiano que elle nom cuidaua que fora na prisam senam | des sesta feira ata ho dominguo primeiro que se achou na pri | sam Eapareceolhe Jh*esu*ũ c*ris*to aquelle dia 2 deixou com elle | tam gram claridade quando se ouue de partir que nunca lhe | mais faltou 2 nam cuidou que aly fora depois noite 2 por | isto nom cuidaua que em tam pouco tempo fosse trocado ho | emperador de Roma En tam perguntou a vespesiano que lhe | queria fazer 2 vespesiano disse que elle viera aly pera ho ly | urar 2 pera vingar seu saluador dos grandes tortos que lhe | fizeram E quando

Joseph isto ouuyo ouue gram alegria E | entam se fez vespesiano tirar açima por dizer nouas das || **[13v]** grandes marauylhas que vira no cacere Eēmentes isto foi veyo | huuã voz ajoseph que lhe disse nom te espantes mas confortate | que ho terreal vingador veyo 2 aquelle te vingara deteus imy | guos aquy. mas avingança dequa seramais graue . Equando | tu vires agram vingança então saberaas quam gram traba | lho te comuira sofrer por pregar ho meu nome por estra | nhas terras EJoseph Respondeo ho vosso seruo he aparelha | do pera fazer toda vossa vontade . mas se*nh*or que farey eu | davossa escudella santa eu queria que fosse guardada em guy | sa que nen huũ nõ avisse 2 avoz lhe disse nom ten has cuida | do daescudella quequando tu fores em tua casa tu acharas a | ly honde atu meteste quando ta eu dela aquy trouxe.ora | [te vaay] que eu te tom[o] [em] minha guarda contra todas as | gentes do mundo | *CAPITULO*.XXV. HO QUE JOSEPH PASSOU | com vespesiano 2 sua molher 2 filho depois qu[e] saio | daprisam 2 como caifas foi metido em huuã barqua | Entam calousse avoz 2 vespesiano que era Jaa em çima | fez tirar Joseph 2 quando caifas o vio bem lhe pare | ceo que huũ ponto nom enuelhecera antes disse que nũca | ho vira tam fermoso nem tam mancebo 2 quando Joseph. | vio acaifas nom ho pode conhecer que tanto era velho | nem menos seu filho quando ho quis beiJar antes pregũ | tou quem era 2 disseramlhe que era seu filho 2 nom ho | pode crer depois correo sua molher por ho beiJar 2 elle | começou deaoulhar 2 conheceoa no Rosto que era sua | molher mas muyto lhe pareçeo trocada E ellalhe disse || **[14r]** Se*nh*or nom me conheceis eu sam elyap vossa molher 2 este he | ho vosso filho josefes Eelle disse queho nom creria selhenõ | dessem verdadeiros sinaes por honde hos pudesse conhecer | E vespesiano lhe disse joseph quanto cuidais vos que jouuestes | nesta prisaão Ejoseph lhe disse se*nh*or eu cuido que jouue hy. | desta sesta feira ata oJe Eentaaõ começarão todos aRir que | cuidaram que era estroido da prisam ou samdeu . mas mais | que elles semarauylhaua caifas porque Jouuera tam longo tẽ | po sem comer . vespesiano disse por boa fee Joseph fazeme | entender que trinta 2 seis annõs ha que vos fostes metido | em prisaão. quando Joseph isto ouuyo marauylhouse muito | 2 vespesiano fez vir ante si caifas 2 disse se ho conheçia 2 | joseph perguntou quem era 2 disseranlhe que era caifas

aque | lle que ho metera na prisão 2conheceo por huũa ferida
que | tinha na testa Equando veyo ajherusalem Receberãno
hy | muy bem mas conheçia elle hi muy poucos dos huũs 2
dos ou | tros Evespesiano fez prender todos aquelles que elle
conhe | cia 2 tiueram depois comsselho com caifas 2 vespesiano
cha | mou ajoseph 2 hos dacasa 2 perguntoulhes que faria decai |
fas porque lhe prometera que ho nom queimasse nem enfor |
casse 2 huũs deziam que hometessem na prisaão honde Joseph |
Jouuera 2 que ho fizessem hi morrer de fome 2 outros diziã | que
ho fariam morrer sem faltar sua promessa ancorado | 2assy nom
seria queimado nem en forcado . Se*n*hor disse. | joseph em vossa
vontade he fazerdes delle vosso pareçer | mas por d*e*os nom ho
façais asy . Epode ser que elle ẽmenda | ra em sua vida 2 se
ho elle asi fizer nom querera d*e*os que elle | mora em tal tempo 2
vespesiano disse todo seja como vos | mandardes que eu lhe pro-
mety que nom seria queimado nẽ | enforcado em tall que me
enssinasse ho lugar honde vos || **[14v]** Jazies em prisaão mas
ora eu seu * jaa bem ho que farei Então fez | aparelhar huũ
batel 2 fez hi meter caifas 2 fello bem alongar | por ho maar 2
que fosse honde aventura ho leuasse . asy | vingou vespesiano
jh*e*suu c*risto* por elle 2 isto foi por mostrar | enxemplo aos Judeus
2 por isso ho sarou d*e*os detam vil enfer | midade Eaquelles que
elle chamaua enteados tais hi avia | que lhe faziam mais hon-
rra que aquelles que elle chamaua | filhos 2estes foram hos Judeus
que ho puseram na cruz 2os | pagaõs ho vingaram asi como
ouui stes | *CAPITULO. XXVJ.* COMO HUA VOZ DISSE |
ajoseph que fosse preguar. | A noite ante aquella que vespesiano
sequeria hir aconteceo. | quejoseph dormia 2 ouuyo huũa voz
que lhe disse joseph ora | veJo * que tu iras pregar 2 mostrar
omeu nome 2 yras em | estranhas terras 2 leixaras todas as tuas
Riquezas 2 leua | ras contiguo de teus parentes aquelles que
crerem o meu | nome 2 leuaras ho teu filho josefes 2 nõ se fara
disto fora | antes me guardara sua virgindade toda via . Eoulha
disse | avoz que amenhã te faras bautizar 2 depois sairas de-
Jh*e*r*u*s*a*lem | tu 2 teu filho 2 Jamais hi nom tornaras ante seras
noite he | dia em meu seruiço 2 vos partireis sem ouro 2sem
prata | 2 sem çapatos 2 todos aquelles que com tiguo y ram
do aver | do mundo nõ leuaram nada senaão tu que leuaras
aminha | escudella Eem tua companhia Receberas todos aquelles

que | contiguo quiserem hir 2 Receber bautismo 2 nom quero que |
com vosquo leueys cousa alguũa por que todos aquelles que | con-
tiguo yram 2 que lealmente me seruyrem como filhos || [15r]
leais seruem apaay averam tudo quanto quiserẽ 2 quãto dese |
jaram Equando saires de jerusalem tomaras ho caminho cõ | tra
eufrates Eentaão eu te enssinarey como as de fazer 2 | loguo as
de andar. | CAP*ITULO*.XXVIJ. COMO JOSEPH FOI BAU |
tizado por mão de sam felipe 2 como vespesiano se bau | tizou. |
Depois que avoz isto disse calouse 2Joseph se leuantou loguo | com
toda sua companhia da sua casa 2 foransse bautizar afora | sua
molher 2 seu filho que eram ja bautizados 2 bautizou os sam | fe-
lipe que era ent[a]ão [b]ispo de*j*h*erusa*lem Equando vespesiano
ho | vio perguntou ajoseph que era aquillo que fizera 2 joseph lhe |
disse isto he ho saluamento de*j*h*esu*u c*ri*sto 2 sem isto nenhũ ho |
mem pode ser saluo E vespesiano dixe que aquella fee queria |
elle Reçeber de boamente Eentaão se fez bautizar 2 joseph
foi | seu padrinho. mas elle fez Jurar atodos seus criados que seu |
paay ho nom soubesse que nõ queria que elle ho soubesse ata
que | elle lhe nom perguntasse selhe aprazia 2 todos seus criados |
foram c*ri*staãos Easi foi que nunca ho seu paay soube ata que | nõ
vieram destruir Jh*e*r*usa*lem dagram destruyçam que foi ãte | que
hos c*ri*staãos fogissem dacidade ag*ri*pa do filho de he | rodes
que então foi ho gram destruimento que titus 2 ves | pesiano
fizeram Equando chegaram aJh*erusa*lem havia hũu anno * que |
foi joseph fora da prisam . Eaveio asy hũu dia que vespesia | no
cometia hos davilla que era muy es forçado 2 muy boõ | caualey
ro darmas Eaconteçeo que hũu seu clerigo hoquall | clerigo fora
com elle bautizado 2 começou adar muy gran | des vozes a si
que muyta Jente da hoste ho ouuyram ahy. || [15v] vespesiano
des leal pagão como oJe tu guerreas aquelle que te deu | saude
quando tu eras gafo 2 Recebeste oseu glorioso bautismo | por
quem as almas sam saluas. Depois que vespesiano ouuio | ho que
ho clerigo dizia cuidou que nom fazia bem 2 deixou | dehos
combater 2 seu paay que bem ouuyo ho que ho cleri | guo dissera.
partiosse da hi hũu pedaço 2 ouue muy grã | pesar 2 chamou
vespesiano 2 Referiolhe todo ho que ho | cleriguo disera. mas
ora deixaho conto vespesiano que se partio deJh*e*r*usa*lem honde
vingara amorte deJh*esu*u c*ri*sto 2 honde | Recebera a sancta fee
2 torna ajoseph. | CAP*ITULO*.XXVIIJ. COMO JOSEPH CHA |

mou seus parentes 2 separtio deJher*u*s*a*lem 2 do que lhe di | se
d*e*os 2 como lhe mandou fazer arqua pera aescudella. | Joseph
enuiou por seus parentes 2 inssinoulhes a fee do ver | Dadeiro
crocifixo asi como lho elle mandaua 2 tanto lhes | pregou que
conuerteo lxv. 2 tais hi avia queforam Ja bau | tizados mas esque-
ceransse da fee Equando estes foram Re | conciliados 2 bautizados
2 os outros. Sairam todos deJhe | rusalem 2 depois que todos
foram fora da villa Joseph foi se | caminho direito deufrautes asi
como lhe d*e*os mandara 2quã | do chegarã abetania começou
aennouteçer 2 disserã ajoseph | que Repousassem aly por que se
aly nom Repousassem na | quella villa ja naquelle dia nom pode-
riam chegar apauoado 2 joseph lhes Respondeo muy graciosa-
mente se*n*h*o*res 2 Jrma | aõs nom vos aqueixeis por que aquelle
por quem nos saimos | denossa terra nos dara quanto nos for
mister 2 senos ho | seruirmos como leais elle nos dara mais do
que deu anossos | padres no deserto. mas se ho nos seruirmos
como elles elle nõ || **[16r]** nos sera padre mas padrasto por
que honde ho mais ouuermos | mister aly nos falecera . Depois que
joseph isto disse calouse | 2 tanto andarão que chegaram ahuũa
mata que era huã | leguoa debetania . aquella mata avia nome
do tempo anti | guo mata dasçiados Enaquella mata foi preso
herodes quã | do ho deram aReste Rey dedamasco Equando aly
chegarã | Joseph 2 sua companh[y]a chamou nosso se*n*h*o*r 2 disse
ajoseph | Eu sam teu se*n*h*o*r 2 teu d*e*os aquelle que tu deceste
da cruz aque | lle por quem tu foste metido em pri saão aquelle
por quem sais | te fora acabo de trinta2seis años. aquelle que
liurou | vossos padres no deserto 2 do poder de far[e]o que eu
ajudey | mas elles me des seruiram atodo seu poder mas por me
hos | padres mal seruyrem nom quero que lazer[e]m hos filhos |
Epor tanto te escolho eu pera pregares omeu nome 2amy | nha
santa fee 2 bem sabe que tu seras guardador demayor po | vo do
que tu cuidas 2 por ty 2 por tua pregação averam | elles minha
vida 2 meu acorro se elles me quiserem seruyr | como aleal padre
2 como aleal se*n*h*o*r. Ora vay ateu pouo | 2 faz que Repousem
naquella mata 2 cada huũ averaa | ho que quyser em sua çoça
Eantes que te partas da | quy faras huuã arca pequena pera
aminhaescudella | 2 depois que for feita tralaedes * antre vos 2
fareis | cada dia ante ella vossas orações deboõs corações. | que
nom esqueçades amym que vos formey Equando | Comyguo

quyserdes fallar abrireis haarqua hom | dequer que tu fores 2 tu soo veraas aescudella qua | eu nom quero que aoutrem to que * senam tu 2 teu | filho josefes . hora tevaay 2 hordena ateu pouo co | mo pouse 2 faz asi como eu temandey . Entam || [16v] Se partio Joseph daly 2 foi a seu pouo 2 fello pousar | 2 d*eos* por a sua graça lhes enuyou acada huũ o que dese | jaua 2 foram tam viçosas que numqua des que na | dos foram ho foram tamto . | CAPITOLLO. XXIX. COMO JO | seph 2 sua companhia foram açidade desa | rras 2 doque lhe disse d*eos*. | ASi foram aly 2 por amenham Joseph fez fazer | Aarqua como lhed[*eo*]s mandara E meteo demtro | asancta escudella E fizeram suas orações 2 de | pois ao septimo dia sairam daly E foram a huũa | cidade que avia nome sarras . Daquella cida de | Sarras foram chamados Saracinos 2 nom cre | aes que foram chamados de sarra amolher da | braaõ nem pareçe que he ver-dade.por que sa | Ra foi Judia E seu filho isac foy Judeu 2 to | dos aquelles que delle descenderam E por tam | to deuem de ser chamados mays desarras . | que de sarra E este foi ho primeiro posto que | puseram Amtre avida do ma famede aquella | cidade se foi joseph com sua Companhia Equamdo | foi aemtrada da villa chamouo nosso s*enhor* 2 diselhe || [17r] Joseph tu Emtraras na villa e pregaras omeu no | me e bautizaras todos aqueles que quiserõ crer | no meu nome E bautizalos as asy no nome do | padre e do filho e do esprito samto e jo | seph lhe dise ay s*enhor* e como lhe trabalharia | eu de tal Cousa e d*eos* lhe dise nom te espamtes | ja mais por que nõ as de fazer outra Cousa se | não fa llar com a bo ca E eu te mostrarey gram parte | das minhas palavras que jamais nõ acharas omẽ | tão se sudo que posa Emtemder o que tedirey | eu e farey dizer e nõ te espamtes que Eu te | guardarey Emtodo depois que a voz isto dise par | tiose * daly Joseph. com toda sua Companhia E | emtrarão na vila e quamdo os Çidadoes * os virão | maravilharõse muito e joseph . deu a amdar ata | que chegou ao templo que aly era o mais fermozo | llugar detoda avilla e tinhano * os saRaçi nos | muy homRado ena Emtrada do templo aviahũ * | allpemderes muy Ricos e fizerã nos hy por | que vinhaõ hy os s*enhores* e os homẽs bõs daçidade | ter as demamdas e dar osjuizos ou tomar seus | com[s]e lhos Em este tẽpo Reinava hy huũ Rey que | deziaõ eue[llac] * o nõ conheçido por que nõ sabia | se era natural e era senhor da quela teRa ealy | na quele llugar tinha elRey huuã demamda || **[17v]** hy foy joseph.com os bes *. seus Companheiros e com muytos saRaçi nos que os seguião por que nũ | ca virão aymda homẽs amdar em tal abito e | emtrarão ally amte elRey e el Rey tinha mam | dado por todos seushomes se sudos que ade | mamda era muy gramde eos do egipto os gue | rreavã e lhes fazião quamto mal podiaõ | ca era ja velho tamto que ho nõ temiaõ seus | ymigos como amtes que amtes ele era taõ | temido que nõ avia vezinho tão ardido quue | ousase prouar deemtrar Em sua teRa mas | eles geReauão no tamto que lhe tomavão | quamta teRa comar caua com eles eouue | com eles batalha nõ avia mas deoito dias | e na batalha fora vem çido e por isto | tinha ele mamdado por tamto comse lho | quamto ele mais poder avia e por hos | mais sesudos homes que sabia p*era* aver cõ | eles comselho e como sepo deria vimgar de | seus ymigos mas nõ achava nhũu omem que com | selho lhe pudese dar amtes lhe dezião que | deixase perder tudo e que se nõ cõbatese | com eles que nõ avia hy tal deles que cõ || **[18r]** Elle Emtrase amtes perderião quamto tiue sẽ | e disto era ellRey em gram pesar e nom sabia q*ue* | fizese | CApitollo XXX do que Josep | pasou cõ elRei euallac | Estamdo eles nesta comtemda Emtrou Joseph * | amtre eles eemtemdeo que fallauão em | seu desbarato e teve diso gram prazer | por que bem sabia que aguora serião suaspa | llavras Ouuidas bem e bem sabia que balac * avia | mister Ajuda de jhesuu cristo e isto agradeçeo ele muito | a deos em tal guisa como ouves fallarão seus ca | Valeiros abalac e dirão lhe quue fizese paãz que | em feuza delles nom gue Rease do que elRey foi muy | asanhado e com gram pesar quamdo ho josep o vio tão | asanhado dise lhe Rey ebalac por que fazes tão |m̃ao comtinem*te* e nõ te espamtes que se tu quiseres | eu te emsynarey como tu ajas direito de teus [j]migos * || **[18v]** E como ajas allegria perdurauel que nõ aja fim quã | do elRey ebalac o ouuyo asy falar ou lhou o | m*ui*to e diselhe lloguo quem es tu que me prometes de | britar meus ymiguos e me daras allegria quue | nõ tem fim e joseph * lhe Respomdeo Eu te nõ diguo | que eu britarey teus ymiguos mas digo te que se quise | res crer meu com se lho que a veras huũ e ou[t]ro por agraça da quele que hepo dero so e elRey lhe dise saboro sa cousa | hetal cousa ouuir masporem tal cousa po deriaser | asinha q ue nõ seria mister por todo ho ouro domũ | do e joseph * lhe dise isto sera homRa deteu corpo | e salua memto detua Allma E allegria sem fim | p or bõa fee dise elRey saborosas Cousas serião | estas pera ouuir e isto he Cousa que te eu muy | bem escutarey e nom quero Outro Comselho se | não ho teu qual mo tu quiseres dar Em tão lhe | dise joseph ora escuta e Emtemde como tu pode | ras aver comselho e com virte a primeira memte | lleixar tuas ymagẽs que tu dizes e cres quue | saõ teus deo ses e demandas lhe comse lho e | ajuda mas nõ aõ poder dajudar nem deacomse | lhar e sabe bem que que [sic] os que amte ty foram | que [p]or yso são perdidos pera sempre e nenhũ | homem neles nõ deue por sua Cremça que bem | ves tu que saõ huũ pedaço depao feito Em for || **[19r]** ma de homem nõ te podem dar nem tirar Cousa all | gũa nem saluar aty nem aoutrem mas a quele deue | omem de omRar que so freo cuyta de morte na cruz | por sua vomtade por saluar o mumdo dostrabalhos | do ym ferno Como dise elRey pois dizes me tu que | aquele mepode saluar depois deminha morte e po | derão oshomẽs matar muito me maravilho comopo | de outrem ajudar quem asy nõ pode ajudar Eem | tão Respomdeo joseph * e dise Rey ebalac ho | saluador do mundo Reçebeo tão presto morte que | poucosho souberaõ e osbrauos judeus ho aCu. | saraõ amtepilatos por que dezia que Era seu Rey | e pilatos ho pregumtou se Era verdade e ele secalou . | CAPITU-LO. XXXI COMO ELREI | e Josep desputarã sobre a fe. | A esto Respomdeo elRey ora me di amiguo elepois | he deos por que so freo morte nõ dise Joseph * mas | por que amte to das as Cousas era deos nem [ja] | seu Reino nõ perdera fim que nele nõ ouue começo nem || **[19v]** avera fim e elRey ebalac dise como queres me tu prouar | que O mundo sera saluo por sua morte ysto temos | trarey dise joseph amte que me parta deti e nom | te direy Eu cousa que por ver dadeira ta nõ faça Em | temder e que a nom faça certa Ca nõ ha no mumdo | cousa tão saborosa deouuir Como a pallaura | d[e] Jhesuu cristo e eu te farey Emtemder como ysto | he e como a comteçeo | CAPITULO. XXXIJ COMO DEOS | mamdou o aJmJo [sic] asamta maria | No tempo do Emperador augusto çesar que teue | o ymperio de Roma doze anos em firme pãaz | aos noue Anos do tempo que foi coroado a | veio asy que deos mamdou o seu amgo ahũa çidade de | galilea que avia nome nazaret e em biou ho a hũa dom | zela que avia nome maria e desy dise lhe o amgo | deos te salue maria cheia degraça deos seJa Em tua com || [20r] panha tu es bemta sobre todas as outras molheres e o fruto | do teu vemtre he bemto quamdo adomzela ouuio estas | palavras foi muy espamtada e começou a cuidar | dequal guisa aquela saudação podia ser e ho | amgo lhe dise maria nõ te Espamtes que o senhor | doçeo te ou lhou e te deu da sua graça e sabe por | verdade que tu seras prenhe e far as hũu filho | que sera chamado Jhesuu A quele menino sera degram | poder e adomzela Respomdeo senhor como podera | isto ser que Eu nõ sey que he omem Em tal guisa | e o amgo lhe dise maria o samto esprito deçera em | ty e avertude do alto senhor te A sombrara Eela | dise deos onoso faça de mi m como da sua serua que | aparelhada são pera fazer sua vomtade Emtaõ | emtrou o samto esprito Em ela e fez hũu menyno | que foy chamado Jhesuu o que os tres Reis deoriemte | vierão adoraraos treze dias depois que naçeo e | trouxerão lhe huã muy Rica oferta e nõ tiveraõ ou | tra guia se naõ hũa estrela que pareçeo tão azinha | como ele naçeo Enumca amte homem vira E quãdo | erodes que Era Rey dejudea ouue medo deo desher | dar fez matar quamtos me[n]jnos achou Em | judea e forõ cº xlª iiijº * vezes mil nesta guisa cuidou | herodes de sevimgar do menjno mas o gram mestre | que he poderoso em todo sou be * seu mao pemsamẽto || [20v] guardou se de seu mao po der e sua may vir gem dom | zela Oleuou Aegipto e quamdo Começou emtrar * na teRa fez | gramdes demostramças de sua vimda que nõ ouue tem | plo em todo egipto | em quue nom caise algũa ymagem | e em taes hy ouue que forõ todas britadas e taes | sinaes fazia Overdadeiro deos Em sua meneniçe e de | pois que veio do egipto Creçeo tamto que veio aidade | de trimta anos e emtaõ Reçebeo bautismo e come | çou fazer gramdes maravilhas e gramdes milla | gres que ele fazia ver os çeguos e Re suçitava | os mor tos e taes maraujlhas fazia o filho de | deos amte todas asgemtes e quamdo os judeus lhe | virão fazer taes maravilhas ouuerão lhe gramde | emveja e fallarão tamto Com hũu seu deçipolo | que ele o traĩo por trimta dinheiros e elesho prem | derão e cruçificarõ em hũu pao e quamdo aalma | saio delle foy ao ymferno e tirou delle todos | Os seus que lhe tinhão feito ser uiço e quamdo veio | ao terçeiro dia que ele foy metido no mumemto | Om deo eu mety com as minhas mãos depois que ho | deçy da cruz Resuçitou dele ao terçeiro dia asy | que ja mais os guardadores que ho guardauão | numca delle souberaõ

parte e ficou ho munymẽto | asy çeRado como os Judeus o
deixarão e quamdo || [21r] Elle Resuçitou aos seus amigos apa-
reçeo muy tas vezes | que avião gramde pesar do tormemto que
tinha pasado | e depois fez amte eles muyto fermozo milagro por
| que eles souberão deverdade que Era verdadeiro deos e de | pois
que ele esteueCoremta dias Em teRa depois | da Reso Reição damte todos seus deçipolos sobio aos | çeos e quamdo veio aos noue
dias depois que Aos | çeos sobio Emviou lhes o seu samto esprito a esto Res | pomdeo ebalac E dise como das tu testemunho |
que Aquele deos que tu dizes ouue padre e madre ver | da deira
memte dise Joseph * sy por bõa fee pois dise | ebalac nõ naçeo ele
sem ajumtamemto dehomem e | demolher ca demolher nõ pode
naçer menjno sem | ajumtamemto dehomem que seria comtra natura Rey | dise Joseph * Eu te mostrarey bem e farey conheçer
como | ele foy comçebido sem ajumtamemto dehomem e como |
ele naçeo da virgem sem perda de sua virgimdade esta | Palaura
dise elRey ouuyrey Eu de bõa memte asy foi | dise joseph * que
o saluador do mumdo vio que os maos | creção na teRa e que os
bõs e os mãos tinhão huũ | galardão que asy hia ao ymferno a
quele que fa | zia todo bem Como Aquele quefazia todo ho
mal | do mumdo o piado so senhor Cuidou e vio que nõ Era | bem
que os mãos fosem y guaes aos boõs Edise Eu | to lherey os
boõs das dores do ym fer no e tomou | seu filho e emviou ho
Em teRa por comprir || [21v] todas As cousas que Com uem a
natùra dehomem a fora | somemte pecar E aymda que foy vestido
Em | Carne mortal nõ deixou deser deos asy como sempre |
era mas ele tomou o que Amtes nõ tinha e isto foy | moRer como
homem e por que ho padre vio que nom | podia Remir o mumdo
por homem que fose nado | em pecado omde todos asy estavaõ
que nõ era direito | nem Rezão que huũ pecador Remise outro
mas por | que o filho naçeo limpo de todos pecados por yso
ouue | ele po der detirar a morte perdurauel dohomem e de |
a comprar por seu glorioso Corpo. por peças dise | ebalac te
nom tenho por prejurado ca pois me huũa | cousa mom * conheçes
e des conheçes me loguo Ea | ymda me dizes de teu deos que a
padre mas que nõ foy | feito de Companha de homem e isto nõ
podeser nẽ | pareçe Rezão nem verdade | CAPITULO.XXXIIJ
COMO JOSEP | mostrou a el Rei euallac a em | Carnacão * de
noso senhor e a | trimdade | R ey disejoseph * tu me prometeste

que me escutarias | ate prouar como ele naçeo sem ajumtamem-
to de | homem e sem sua madre perder sua virgimdade
|| [22r] que sempre foi virgem Emostrarteey Como ele pode
aver | padre sem ser homem sem homem * tudo iso dise el Rey eu |
sem falta quero escutar se mo tu podes fazer emtemder | mas
tu nõ me pareces homemde tão alta fee que cousa | tão alta e
taõ forte posas prouar por que he Comtra | natura e comtra Cos-
tume e que Eu depois que naçy | numca vy nem ouvy Rey dise
Joseph * ora escuta e | eu te mostrarey Como naçeo da virgem
sem Companhia | de homem mas primeiro ouuyras Como Ouue
padre E | cujo filho foy mas não Como de homem verdade he |
que nõ a hy se não huũ soo deos que todas as Cousas de | nada
Criou E este foy sempre deos e sera deos ca nele nõ | pode aver
fim Em nenhuũ tempo e ele he chamado | padre E os que asy o nõ
crem nõ são boõs Cremtes | padre he chamado por que Aquele
de que Eu fallo | he seu filho que ele gerou amte todas as cousas |
no Começo de todas as ydades e nõ no gerou carnalmẽte | mas ger-
nalmemte nẽ no padre nõ foy mais Criado nem | feito nem gerado
asy Como vos dise do espritual gera | memto depois naçeo da
sempre virgem maria aqual naçem | ça nõ foy segumdo deos mas
segumdo homem asy podeis | emtemder que na naçemça de sua
madre foy mortal | ca por yso moReo por quamto tomou de
sua madre mas ho que ouue do padre foy perdurauel agora Ou |
vistes Como naçeo do padre espritualmemte e da | madre carnal
memte depois Ouujreis Como suamadre || [22v] depois que ouue
seu filho ficou virgem mas dirvosey | de hũa pesoa que hey guoal
as outras duas que das | duas saio E esta he a pessoa do esprito
samto que numca | foy gerado nem Criado por padre nem por o
filho | mais saio dehuũ e do outro o qual esprito samto | he com-
fortador E alumiador E comselheiro dos | coraçoes * e dos pemsa-
memtos aquele esprito sãto | fazia aos apostoles E aos profetas
fallar | de deos e nõ sabião ho que hi dezião quamto hũus | sam-
deos todas estas Cousas fazia o esprito | samto ficar Em aqueles
que fee tinhão Em | deos E asy deue homem Crer no padre e no
filho | como no esprito samto o padre he per feito deos Emsy |
mesmo e persy e a pre feita deidade Em trimdade | que durara
sem fim e sem Com eço e detodo esto | heoutro sy poderoso o
filho he perdurauel Em | todas as Cousas segumdo a deidade
mas segumdo | homem he mais baixo que opadre ca opadre de

todo | em todo he perdurauel mas ho filho segumdo | que he
omem foy mortal ho esprito samto he per | feito deos Em sy
mes mo e segumdo adeidade | hey guoal ao padre e ao filho asy he
o padre | deos e o filho deos e o esprito samto deos mas nõ | são
tres deo ses e aymda que eles são trees | cousas em pesoas nom
são por yso tres deoses || **[23r]** mas hũu so deos ca por que eles
sejão tres Cousas em | pesoas nõ são senão huũa emdeidade e a
quelas | trespesoas chamão os que bem Creem trimdade e so |
deos [vni]dade Crerão atres pesoas asy Como huũ so | deos e
hũu so deos asy Como A trespesoas e as tres | pesoas forão bem
ememtadas no Começo do mumdo | quamdo o padre Criou todas
as Cousas do mumdo | que dise façamos homem A nosa ymagem
esta palavra | dise ho padre a seu muito amado filho que bem
sabia | ele Como aquele que todas As cousas tem amtesy | que
ho filho sofreria Cuita de morte por liurar | ao omem daspenas
do ymferno e por ysto chamou | a pesoa do filho e pera fazer
tao * alta Cousa co | mo devia deser ho omem que ele nõ formara
senão somẽte | pera cobrar a dizima legyom dos amgos que
Cairão | do çeo por A sua so berba e ho omem outro sy pa | sou
ho mamdamemto de seu Cryador do fruto que | começou a Comer
por ho Rogo da molher que Emganou | ho diabo e foy o senhor
que o fizera a sua semelhãça | e Referyo lhe ho gram viço que
perdera por seu eRo | e nomeou lhe o gram dano que lhe veria
por quue | lhe dise por que tu obedeçeste mais Atua molher |
que A mim que te fiz so freras Em todoshos | dias detua vida
trabalho tu e todos teus her | deiros por que Em trabalho Come-
reys || **[23v]** Voso pãao e em lazeira e tu e tua molher fareys
| vosos filhos Em dor e em trysteza esta promesa | foy acabada
Em todos aqueles que depois do homem | sairão que nhuũ neste
mumdo sera tão poderoso que | detrabalho seja livre nem detor
memto neste mumdo | Ata que dele saia nem ja a molher nõ fara
filho | com tam pequena dor que nõ sofra mais do quue | nhuũ
coração Cuidar e tamto mereçeo [Coy]dar hũu | por seu mão feito
que tamto bem não fazia Em sua | vida que sua alma nom fose
ao ymferno tão pres | to que dele saia e isto durou tamto ata que |
o filho de deos nõ quys mais sofrer esta gram | coita e deçeo Em
teRa por deitar ho omem fo | ra da ma vemtura que sofrya por
seu mão feito | e vio que ho avia ja asaz Compremdido e quue |
era tempo de ho acolher a sua merçe * e a sua py | adade e

quamdo deçeo Em teRa nõ ho quis logo | hir abuscar nem tiralo
fora do ymferno sẽ | Rezão amtes Emtrou Em huã [sic] Caçere
muy estreito | e este caçere foy o vemtre da virgem marya |
Capitulo xxxb * de como joseph mostrou aelRey | ebalac [a] na-
çemça de cristo como el Rey | ho comtra dezia || **[24r]** Esta
guisa porem nõ foy ele Compridamemte homem | ca nom foy
comçebido de homem e de molher mas | por o asombramemto
do esprito samto que deçeo no | vemtre da virgem pela orelha
se alvergou Em aquele | vaso o filho dedeos e naçeo Em teRa
sam memte quue | a virgem nom foi mal treita nem ao Emtrar
nem | ao sair mas bem asy como ho Raio do sol pasa por | meio
da aguoa clara bem asy que ho ve homem ata | fumdo e nom
torna porem a aguoa amtes he clara | asy Como amtes asy o
filho de deos emtrou no vem | tre da virgem sem perda e sem
pigoramemto de sua | virgimdade E em seu Comcebimemto a
Comteçerão | duas Cousas que numca homem vio a molher quue |
ele foy comçebido sem pecado e esta hea primeira | cousa e aou-
tra he que sua madre era virgem e numca | por yso perdeo sua
virgimdade nem ao gerar nem | ao naçer E asy a deixou ymteira
Como achou no Co | meço nesta naçemça foy quebrada A pri-
meira mal | dição que deos deu a molher quamdo lhe dise tu
faras | filho em dor por que ele naçeo tão mamsamemte que |
numca ouue dor nem Cuita estas maneyras de ma | ravilhas fez
ho verdadeiro deos Em seu comçebimemto | e em sua naçemça e
pero por tudo isto aymda | nõ liurou ho omem amte foy ele xxxiij
anos amte | o pouo teReal e quamdo veio a trimta Reçebeo |
bautismo do homem milhor que numca demo lher || **[24v]** Na-
çeo afora ele e este foy são João bautista e quãdo | veio ao ter-
çeiro ano depois que sebautizou Reçebeo | a coita da morte por
que ele quis Comprir todas | as Cousas que pertemção ao homem
a fora pecar | e Reçebeo morte que ho matarão na Cruz depois
que | Reçebeo morte por amor do homem foy ao ymfer | no e
tirou d[e]le todos aqueles que ememtes viuerão | fizerão sua vom-
tade tão g[r]amde amor mostrou | deos ao homem que ho nõ quis
liurar por outro homem | se não por sy aguora podedes Emtemder
como | ele pode aver padre sem geramemto decarne e como | pode
naçer sem companhia de homem Emtaõ fa | llou ebalac E dise
tu me fazes Emtemder | hũas Cousas que nõ podem ser verdade
nem pareçem | Rezão por que tu dizes que nõ foy gerado naquela |

molher domde naçeo depois dixeste me que o padre | e o filho
e o esprito samto nõ são hu * so | deos e cada hũu dos tres he
deos por sy Rei dise | joseph tu te acordaste bem Como to eu
dise | e eu todo asy outorgo por boã fee dise el Rey | tu outorgas
o que queres mas tu nom dizes cousa | que por aparemçia po sa
ser verdade || [25r] Capitulo xxxbj Como ellRey ebelac fez
chamar | seus saçerdotes E como joseph foi aposemtado | Emtão
falou elRey E mamdou por todos os clerigos | da çidade e depois
que hy forom Começou Joseph a | falar taõ ascomdida memte E
mostrar os fortes | pomtos da fee e das escreturas que todos sema-
ravi | lhavão e por fim diserão que no poderiaõ Respõ | der ata
ho outro dia E emtão se forão E el Rey chamou | joseph e pre-
gumtou lhe Como avia nome josep lhe | dise que avia nome
joseph abaramatia e emtão lhe | oulhou elRey os pees quue tinha
todos escalavrados | e ele era muy fermozo e muy bramco e pa-
reçeo lhe | que estivera ja Em algũu lugar agram viço e cuy |
dou Em seu coração que era degram guisa e ouue | d[e]le muy
gram doo e diselhe Joseph tu pousaras | aquy E averas ho que
ouveres m[i]ster E amenham | fallaras Comiguo que bem viste
que te es cutey de | boã vomtade e de milhor te ouuyrey A menhã
por | que averey maior vaguar que oje senhor dise Joseph | eu nõ
estou aquy soo amtes saõ Comigo lxb. omẽs || [25v] E mo lheres
e sabede por verdade que são sem ouro e sem | prata e tão pobre
memte como vos vedes amdar amim | e por que tão pobres sejão
nõ mo Rem porem de fame | amtes são taõ Ricos da Riqueza de
Jhesuu cristo que nõ | pe dem Cou sa que nõ ajam Emtão dise
elRey quue | os queria ver e joseph chamous * de fora e forão |
amte el Rey e quamdo el Rey os vio com seus pees | descalços e
tão pobre memte vestidos ouue gram | piadade e pregumtou lhes
por que so frião taõ | gram penitemçia de amdarem descalços e
tão | mal vestidos e taõ vill memte a isto Respomdeo | o filho de
joseph Rey nos so fremos esta pyny | temçia por ho saluador do
mumdo que sofreo | tam gram dor por nos eu vy ospees E as
maos fu | rados com gramdes clauos e grosos pregos eRe | çebeo
gram dor Como aquele que foy amte açoutado | cruçyficado Em
meio de dous ladroes * tudo isto | ele so freo por nos de sua bõa
vomtade E qual | [ser]uiço lhepo demos nos fazer que valese
este | senos nõ so fremos outro sy marteiros por ele | como ele
fez por nos E aymda lhe nõ po deriamos | dar galardão por que

ele começou de mais alto | a mais baixo por que se abaixou de
d*e*os ahomem || **[26r]** E por isto seria direito de lheho omem dar
graças | dobradas E asy nos Com veria moRer duas vezes | se
nos lhe quisesemos galardoar abomdade quue | sobr*e* nos fez çerto
em bõo dia seria nado ho que | por ele podese çem vezes moRer
tamto que a ele | lhe aprouuese quamdo elRey ouuio asy falar |
pregumtou que quem Era e diserom lhe que Era | filho dejoseph
e josep lhe dise que Era seu filho | e elRey lhepregumtou se sabia
algũa Cousa | deler e joseph lhedise que sabia tamto como ho |
clerigo que mais sabia Emtaõ chamou elRey huũ | seu seruidor
E mamdou lhe que desem a Joseph | as milhores pousadas que
ouuese na villa e ou | lhase que lhe nõ fizesem nada nem a ele
nem A sua | companhia Easy separ tirão aquele dia ejosep | e
sua Companhia forão llevados a huũa | boã pousada omde Ouue-
rão quamto quyseraõ | Capitulo xxxbij davisaõ que vio | el Rey
ebalac | Aquy vos deixaremos ⁕ de Comtar dejoseph e da su[a] |
companhia e fallar vos emos de elRey || **[26v]** ebalac que Jazia
mu*i*to pemsamdo Em duas cousas | ahũa era em defemder sua
teRa dos do egipto ⁕ | que lha avião Ja tomada e o vemçerão
Em | campo e neste Cuidado tinha ele seu coração | muy afim-
cado que avia pauor deperder sua teRa | e cuidava Em seus Ricos
homes ⁕ e no que lhe fazião | a segumda era por que joseph lhe
disera que lhe fa | ria vemçer seus ymigos se ho quisese crer e que
lhe | faria ganhar alegria sem fim mastamto nõ pode | cuidar
que vise como podia ser E memtes que ele | asy cuidaua vio hũa
tal visaõ via Em sua camara | huã Cama e da quela Cama saião
t[r]es madeiros | muy gramdes Emuy direitos e muy altos erão |
todos tres yguoal memt*e* gramdes E muy d*i*re*i*tos | e muy altos e
erão todos tres yguoal memt*e* | gramdes e yguoal memte grosos
e dehũa ma | neyra mas ho do meiõ avia a cortiça muy fea | e os
outros dous avião a tão clara como cristal | e debaixo do prim*e*iro
madeiro avia gemtes de to | das maneyras e desta gemt*e* hião se
dous da | companhia a hũa Coua que Era lomge de ahy | a quela
Coua era tão negra e tão feia que era | marauilha E quamdo a
queles dous forão || **[27r]** todos hos outros vierão depois E huũ
apos ho outro | emtrarão nela E quamdo forão demtro tamtos
deles | que a menor parte ficou fora tornaraõse os que | ficarão
a arvore que tinha feia Cortiça e compeçarão na a talhar toda
adeRedor e depois que isto | tiverão feito nom Çesarão aymda

amtes lhe britarõ | todos hos Ramos que tinha E depois que tiverão | asy ferida e britada e chagada saio della | huũ Rio de samge e depois que saio Cousa nenhũa | nom ficou no lugar salvo a Cortiça de fora q*ue* | ficou ahũa bamda mas o pao de demtro era mays | fermoso que homem podera Comtar e lamçauase | na Coua e tirava della hũa gram Companha | degem*te* depois ou lhou elRey e vio que hũa pouca | degemte que ficara fora da Coua tomava | o samge que se escoara Elauavão nele seus corpos | e tamto que Erão lauadas mudavão toda sua | semelhamça E aoutra par*te* tomauão as filhas | e os Ramos das arvores e hũa par*te* talha | vão e outra queimavão e nesta maravilha asem | tou muito elRey e foy muy espamtado e nõ | soube o que fizese E cuidou que dormia mas | depois que soube que nõ dor mia E que ysto nom ||**[27v]** Eera [sic] sonho foy mais espamtado que amtes e mais | se marauilhou que maravilhas estas podião ser | e depois que esteue asy huũ grão pedaço acordou | hũu seu Reposteiro em que se muito fiaua aque | queria mostrar isto e depois que ho acordou asy | que os outr*os* * ho nõ souberão tirou o ahũa parte ele | uouo p*er*to dealy dom de vira as maravilhas e | qua mdo as ho Repost*ei*ro vio espamtouse muy | fera mem*te* asy que gram pedaço nõ pode falar | e quamdo o el Rey vio asy espamtado tomouo | por a mão E com fortouo e dise lhe que nõ ouuese | medo que disto lhe nõ podia vir nhuũ mal e ẽ | taõ se chegou a cama e tomou duas camdeas | que ardião diamte della e leuouas as tres | arvores por as ou lhar e por Conheçer de que | guisa erão E emtão conheçeo bem que erão tres | e que a do meio que tinha a cortiça feia naçia | da prim*ei*ra e a terçeira naçia dehũa e doutra e | el Rey ou lhou p*er*a Çima e vio que Em cada | huã das aruores avia letras douro e de azul | e de vermelho e dezião as letras da primeira | esta forma e as outras dezião esta salua | e as outras dezião esta alimpa e qu amdo || **[28r]** el Rey ou lhou que huã aruore naçia da outra asy | jumta que nhũu nõ po dia Conheçer omde se ajum | tavão evio Em Çima da aruore que era tão | alta que nhũ nom podia ver omde chegava mas | tamto era sotil o lamçamemto das tres aruores | q*ue* pareçia aelRey que as vezes cada hũa era a par | tada doutro e depois lhe pareçia que nõ avia | se não huã ma[n]eyra de folhas e de fruto ede | paõ e que as tres arvores que amte via | em tres a partes que lloguo era huã soo asy | se lhe fazião detres hũa edehũa tres e

foi | disto tão Espamtado que nõ soube aqual se ter | se as tres
se ahuũa E quamdo ele estaua Asy | espamtado oulhou Comtra
huã sua Camara omde | asportas Eraõ feitas por tal maneira q*ue* |
no mumdo avia homem que podese saber por omde | erão ajum-
tadas e vio que huũ menyno muy fer | moso emtrava demtro e
saia Em tal forma | como amte Era e quamdo el Rey isto vio
foi | muy mais espamtado que amte que ele bem cuy | dava que
nem d*e*os por nhuã Cousa po deria em | trar em aquela casa
tamto era bem çe Rada eẽ | tão começou a cuidar e o seu Repos-
t*ei*ro foy tão || **[28v]** tão * espamtado que nõ po dia fallar hũa
pala*u*ra | amte caio Em teRa como esmoreçido e ellRey ho | ergeo
por a mão e pregumtou lhe se vira todas | aquelas maravilhas e que
lhe diso pareçia | e ele oulhou el Rey e dise lhe por d*e*os nõ me
pre | gumteys nada por que nõ ha se não moRer | emtão ho to-
mou elRey por a maõ e foy o | deitar Em hũa Ca mara e todavia
cuidava | que podia ser a quela maravilha e em taõ lhe | dise huã
voz Rey ebalar [sic] que te espamtas | asy como ho menyno Em-
trou na tua Camara sẽ | abrir porta asy Emtrou o filho de d*e*os
na vir | gem sem dano de sua virgimdade e outro sy saio | della
e quamdo o Repost*ei*ro ouujo a voz cayo | [e]smoreçido loguo
em teRa tamto fez gram | som e espamtoso a voz quamdo falou e |
elRey foy asy tão sem acordo que nõ soube | q*ue* fizese e nõ ouue
Em todo ho paço caual*ei*ro | nem es cu deiro nem homem
que se nõ espamtase | e pregumtarõ ael Rey quamdo ho viraõ que
era | aquilo e elRey lhes dise que fora som de | torvão e torna-
rão todos a dormir mas elRey || **[29r]** nõ dormia mas dezejaua
muyto que viese ho dia | por que ele de boõa mem*te* fallaria
com Joseph | o q*ue* vira | Cap*itulo* XXXbiij Em que leixa de
falar | delRey ebalac e torna a fallar | dejoseph e daoração que
fazia a d*e*os | por elRey | Ora vos d[ei]xaremos defalar del Rey
e tor nar nos he | mos ajoseph que jazia Em sua Cama muito
cuy | damdo como poderia tornar elRey a fee | de jh*es*uu cr*i*sto
por que se emtão nõ fose comvertido | numca ho seria por que
numca tamto Como agora | averia mister ajuda de d*e*os por que to-
dos seus | Ricos homẽs lhe falleçerão na maior presa que | pode-
ria ser nysto era Joseph tão Acupado * | que outra Cousa nom
fazia se não Cuidar e | depois que ouue Asy gram pedaço que
nem || **[29v]** dormir nem follgar podia sais*e* * de cama e
| fimcou os jiolhos e os Cotouelos nus Em teRa | e começou A

sospirar muy decoração e fazer | sua oração Em tal guisa
sen*h*or d*e*os fomte | de mysyricordia e de com forto que diseste
ao | pouo por aboca demouses teu samto ser uo | esta pallavra
ysRael se tu quiseres fazer | o que te eu mamdar tu nõ faras nouo
d*e*os | nem achegaras A ty os deoses estranhos C[a] | eu são teu
d*e*os que tu deves homRar que te ty | rey do senhorio deelRey
farão que te tinha | em seruidão e aviltado sen*h*or deos asy como
es | soo d*e*os o que ho omẽ deve asy crer mostra aelRey | ebalac
tua mysericordia e teu poder e aos | outros que saõ [n]esta teRa
e a deRedor dela por *que* | eles saõ tão duros que tenom querem
crer | por Criador sen*h*or Rey sobre todos os Reis | que por nos
quiseste moRer Aly omde te Eu | vy Cruçy ficado sen*h*or que por
ho teu gramde | poder me tiraste da p*r*isaõ omde jouue xxxbj
anos | omde numca gostey nenhuũ teReal mãjar | sen*h*or d*e*os
perdurauel sem Começo e sem fim || **[30r]** que gareçeste daniel
teu profeta na Coua domde foi | metido com os lioes * e que
perdoast*e* a maria mada | nella seus pecados sen*h*or glorioso padre
espritual | q*ue* tiraste o pouo deisRael depoder de farão e pa |
sasteos alem do mar Ruivo e os trouxeste por ho | deserto omde
fizeste mais por eles do que eles num | ca te mereçerão que tu
lhes dauas quamto eles que | rião e eles nõ se quiserom guardar
de fazer diãte | ty maldade Amte te asanhauão muitas vezes e |
por os tu Livrares de todas suas trebullaçoes [sic] e me | tias todos
seus ymiguos debaixo de seus pẽes sen*h*or | demysiricordia asy
como Eu creo que tu todas estas | cousas fizeste e que nõ ha
outro d*e*os senão tu so | asy sen*h*or verdadeira mem*t*e tu acom-
selha elRey | ebalar [sic] que he tão desacomselhado pecador que
nõ | quer emtrar na CaReira daverdade se tu por teu | gramde
poder nõ lho metes no Coração sen*h*or d*e*os nom | me diseste tu
que eu Era teu servo quamdo Eu say | da minha teRa por teu mam-
dado e me diseste q*ue* | te nõ demamdaria cousa debom coração
'que ma tu | nõ deses asy como me ouuyste * asy ouue | oje a
minha oração por tua mysyricordia e por | teu gram poder e por
mim nõ no faças tu sen*h*or | mas por exaltar E aleuamtar ho teu
nome || **[30v]** e por mostrar que tu es soo d*e*os e que tẽs pode-
rio | e senhorio sobre todas as Cousas glorioso d*e*os | ora he direito
que d[ẽ]s * asamta ygreja o que lhe | prometeste que a devias
acreçemtar e emxaltar | por todo ho mundo e aguora heluguar
e tempo | que seja acreçemtada e alevamtada e que teu | samto

nome seja Emxalçado e louuado asy | foy joseph gram pedaço da
noite Em choro e em | lagrimas e em oraçoes * Em cotovelos e
emgio | lhos nus e quamdo ouue acabado ouuyo hua voz | que
lhe dise Joseph alevamtate que teu Criador | ouuyo teu Roguo e
bem sabe que elRey ebala[c] | Reçebera muy çedo bautismo por
que ele vio esta | noite muytos de meus synaes e deminhas ma |
rauilhas e ele mamdara por ty amenhã por ouuir | e por saber o
que esta noite vio e ouvio e como | a luz vier tu hiras diamte
darca e tu e tua | companhia fareis hy oraçoes * e dar vos ey
huũ | novo estabaleçimemto que aymda vos numca | dey ca eu
sagrarey teu filho e faloey de | mysa ca eu lhe darey minha carne
e meu sam | gue aguoardar e dar lheey outro tamto como | tu
viste quamdo me deçeste da cruz e me levaste || **[31r]** ao muy-
memto e todos a queles que esta ordem tive | rem terão isto dele
Emtão deixou avoz de falar | e joseph ficou muy ledo e com gram
prazer do | que ouuyra e foise deitar com sua molher e | liap.
mas nõ fazião como homẽs luxiryosos | que depois que desua
teRa partirão numca mais | ouuerão aJumtamemto da quela parte
que tãto | erão presos do amor de jhesuu cristo que nõ podião |
ter aquele coração nem aymda Em todo nõ ty | verão coração
quamdo gerarão galat ho deRadeiro | filho que ouuerão quamdo
por mamdado dejhesuu | cristo lhes mamdou que fizesem huũ
novo fruto | de que ele comprise AteRa omde os queria mamdar |
polo mamdado de deos foy gerado galat e quã | do naçeo nõ se
a jumtarão eles por cobiça dellu | xuria mas por Comprir ho
mamdado de jhesuu | cristo que lhes demamdou fruto deste gaalat
deçem | deo ho muy alto linagem que prezarõ e omRarom | ho
nome de jhesuu cristo em todo seu poder na teRa | da gram
bretanha que ora he chamada ymgrate | Ra mas ora deixaremos
de gaalat e dos que | dele deçemderaõ ata que seja tempo e
luguar | de o comtar || **[31v]** Capitulo xxxix. do que joseph
e seus com | panheiros fize raõ e como ho paço | em que arca
estava tremeo e do que lhes | dise deos | POR A menhã tamto
que joseph. se aleuamtou e | sua companhia foram orar a arca
e quãdo | foraõ em giolhos ouujraõ huũ gram som | vir do çeo e
semtirão que o paço que tremia sobre eles | este paço era o
que daniel pro feta chamara paço espritual quamdo foy partido
dabatalha denabuco | donosor Rey que opremdeo com outros
muitos e | os leuou ababilonia e quamdo chegou a esta çidade |

escre[v]eo letras em ebraico na porta do paço e de | ziaõ as
letras que a quele paço seria chamad[o] espri | tual e este nome
lhe durou em quamto aquele paço | esteue mas Amte que joseph
hy viese nõ sabião os | daçidade por que era chamado espritual
mas em | tão o souberão e ouuires [sic] como quamdo a teRa | tre-
meo sobre os cristaõs que demtro estauaõ asy como | ouvistes veio
logo o esprito samto sobre eles em se || **[32r]** melhamça de fogo
e huũ oulhava ao outro e via emtrar nele A | cha ma de fogo por
meio daboca e nõ fallavaõ cousa | nhuã amtes cuidauão que
era[ã] * paremçia e asy forão huũ | gram pedaço que nhuũ deles
nom falou ata que ouuerão | huũ sopro de vemto sabroso e
mamso que dava tão bomcheiro | que lhespareçia que todas as
espeçerias do mumdo hy erão | mas depos aquele bõo vemto veio
hũa voz aeles que lhe dise | escutay meus novos filhos eu são deos
voso padre espritual | que vos emcomemdey ao mumdo por minha
Carne queleixey | penar e que vos ouue taõ gram amor qual nhũ
padre | pode ter a filhos por tamto me deveis vos amar mais que |
nhũ filho a padre pois ora escutay o que vos voso padre * | e em-
temde tu novo cristão tu que es pouo do verdadeiro | cruxifiçio eu
te amey tamto e te vy em carne que mety em | ty o meu samto
esprito que eu mamdei em teRa por amor de | ty deçima domde
era na gloria do meu amado padre em ty | o mety em maior
homRa que teus amteçesores nõ forom | no deserto omde lhes
eu dey o que quiserão coremta anos | mais porem fiz eu a ty
que te dey o meu esprito samto que | eles numca poderão
aver pois ora vos olhay que nõ ty | reis as suas samdiçes nem
as suas brauuras que Eu | fiz aeles todo bem e eles a mim todo
o mal e seme fa | ziaõ homRa de obra numca me Amarõ decora-
çaõ e por | deRadeiro bem mo mostrarão que eu os vinha Roguar |
e chamar pera a festa gramde das minhas bodas | que Eu queria
fazer de mim e da minha samta | ygreja mas eles numca me
quiserõ ver nem me || **[32v]** quiserõ conheçer que todo bem
lhestinha feito e por isto | vim eu pobre memte em teRa amtre
eles e dixerõ me que se | era * e partirõ me os membros e o
corpo por gramdesbẽs | que lhe eu fizera me derõ eles tal galardaõ
e cospirã | me em o Rosto e derõ me gramdes palmadas e polo
mais | bõ viuer que lhes eu dera no deserto derão me eles ho | mais
vil e o mais amarg[o]so que poderão achar e por | a vida terreal que
lhes eu dava e lhes prometia aperdu | rauel me derão eles a morte

asy achey aqueles crus | emteados a que eu era piadoso padre e
guardadcvos | depareçerdes aquela brava lina gem que bem deveis
| trocar os coraçoes * de que trocastes avida e mamtẽ | devos comtra mim como lleais filhos que eu me mam | terey comtra vos como
padre debom talam*t*e e mais | farey por vos do que fiz pelos meus
profetas que | amte me seruirão debom coração e deboã vomtade |
que se eles ouuerão ho esp*r*ito samto asy ho avereis vos | e de
mais avereis outra Cousa ca avereis o meu corpo | em vosa
companhia asy como ho * amtes tinheis corporal | memte em teRa
mas agora tamto avera deapartamẽto | q*ue* me vies na teRa mas
agora nõ me veredes hy em aq*ue*la | semelhamça josefos ho meu
leal servo ora vẽ A | mim que tu bem deves deser mereçedor daver
tão | alta cousa em poder como a carne e o samge deteu sal | vador
ca eu teprovey e conheçy e acheite limpo de | todos ospecados
naturaes tãto q*ue* nhũ omẽ o poderia | cuidar e por q*ue* eu
conheço quẽ tu es mais q*ue* tu ca es fora || **[33r]** de orgulho e
limpo de em veja e decobiçã e debrauura por | esto quero eu que
tu Reçebas da minha mao * a mais allta | ordem que homem mor
tal posa aver nem Reçeber nem | nhũu dos outros nõ na Reçebera
de mim se não tu somẽte | amte a Receberão dety os que A Reçeber quiserem em tão | se cheguou O menyno a ele e começou a
chorar muy de | coração e deu graças aseu saluador que ho chamara | a tão alta e taõ gramde hom Ra Reçeber de que nhũu |
homem mortal podia ser dino por seruiço que numca | podese
fazer aseu parecer se d*e*os por sua graça somẽte | lho nõ outorgase e quamdo chegou a [ar]ca * dise lhe | noso se*n*hor abre a
arca E nom ajas medo do que vires | CAP*[ITULO]* XXXX COMO
JOSEFES | abrio a arca por mamdado | de d[*eo*]s e das gramdes
mara | uilhas q*ue* nella vio. | E mtomçes abrio jose fes a arca com
muy gramde | duuyda e medo e vio demtro huũ omem vestido
dehũs | panos espamtosos que pareçiaõ foguo que ardia e | seu
Rosto e suas maos * e seus pees outro que tal e daRedor | dele
estauão Çimco amgos vestidos doutros taes panos | erão doutra
tal semelhamça e cada huũ deles tinha seis | asas que pareçião
foguo que ardia e hũu deles tinha na | sua maõ hũa cruz vermelha
mas graue cousa serya || **[33v]** deconheçer de que pao Era e o
segumdo amgo tinha emsua | mão tres clavos todos samgoemtos
que pareçião que ho | samgue caia aymda deles todo fresco e o

terçeiro amgo | tinha em sua maõ hũa lamça omde o feRo era
samgoemto | e alamça outro sy era samgoemta ata aquele luguar |
per que ao amgo tinha na mao * e o quarto Amgo tinha | daRedor
do homem huã cobertoira que era outro sy toda | samguoemta
dehũu cabo a tao outro e o quymto a[n]go ty | nha em sua maõ
hũa manada de coReias todas samgoem | tas que pareçião feitas
de vergas cor tediças e cada | hũu destes çimco amgos tinha na
sua mão huũ Rolo de | por gaminho omde aviaõ letras escritas
que dezião estas | são as armas per que ho vemçedor que a quy
he vemçeo e | destroio a morte e a quele omem que deRedor desy
tinha | os amgos tinha letras no meio do Rosto bramcas que de-
zião em ebraico nesta guysa virey eu todas as cousas julgar | na
quele dia pauorosoasy dezião as letras e parecia quue | das suas
maos * e dos seus pees coRia samgue asy que ha | teRa pareçia
que era em toda vermelha e bem pareceo a jose | fes que a arca
era çemto tamto mais larga do que soya | por que ho omem que
ele vio demtro e os çimco amgos nom | lhe pareçeo que podesem
caber na arca asy como damtes | era e foy muy fera memte espam-
tado asy quue | nõ soube que fizese nem que disese amtes se
abaixo a | teRa E começou muy feramemte acuidar e avoz ho
chamou e ele ou lhou e vio aquele homem açoutar com a | quelas
coReas que o quimto amgo tinha depois vio cro | çeficar na
cruz.que o primeiro amgo tinha e os preguos | que o segumdo
amgo tinha vio lhos chamtados por as | palmas e nos pees e aco-
bertura do quarto amgo de || [34r] deRedor * desy e pareçia
homem que sofria coita de morte | depois oulhou josefes e vio que
alamça que vira ao terçeiro | amgo que a tinha o croçeficado por
meio do costado | e deçia por alamça que era de samgue e de agoa
e vio | debaixo dospees do croçeficado aquela escudela quue | seu
paay metera na arca. E pareçeo lhe que o samgue dospes | caia na
escudela E que era ja tão cheia que se queria Ja verter | depois
lhepareçeo que ho omem caira em teRa e que os braços | ambos
se lhe partirão por os ombros asy que o corpo caira | em teRa e a
cabeça ficara em Çima como josefes vio isto | coReo a ele por
o erguer E quamdo quis em trar na Arca vio | os çimco amgos
estar a emtrada com suas espadas nuas | e os tres lhe tiverão as
pomtas direitas e os dous ergerão | as Em alto e fizerão seme-
lhamç[a] deo ferir E eleporẽ | nõ leixou que nom quisese Emtrar
tamto dezejava aerger | aquele que bem Cuidava que Era seu deos

eseu saluador | e quis meter opee demtro mas nom pode por que
o tinhão dous | amgos por osbraços ambos muy Rijo e oulhou de-
tras | desy e vio os amgos que tinhas * senhas maos * Em ele e
hũ | tinha na outra mão hũa aRedoma e outro na outra hũu
| Emçemçairo e hũa cousela e Jose fes seu padre oulhou | e mara-
vilhouse por que estaua tamto a emtrada da | arca sem mais fazer
nem dizer o que Era emtão se ergeo | Joseph domde orava. e foi
comtra seu filho e quamdo | josefes o vio vir estemdeo a mão com-
tra ele e começou | abradar ay bom padre nom vos cheguedes
a mim quue | me tolheredes agroria Em que Eu são Alumiado |
das espretuais demostraçoes * que eu não são na teRa || [34v]
Capitolo Rj como josefes foi por | deos or denado Em bispo e
v[e]r * que sene | fica a agoa bemta e os capatos * que lhecalção
| Quamdo joseph vio isto ouue tão gramde coita e tão | gram sabor
dever a quelas maravilhas que nõ oulhou | ode femdimemto amtes
se deixou cair Em giolhos | diamte darca e oulhou e vio demtro da
arca hũ alltar | pequeno cuberto de panos bramcos e vio hi hũ
muy Rico | xamete e sobre ele estauão tres clauos de feRo que
todos | deitauaõ samgue e huũ feRo delamça todo samgoemto | e
isto vio a huũ cabo do altar e aoutro cabo vio a es[c]u | dela que
hi trouxera e no meio do altar vio huũ mui Rico | vaso douro e
huũ muy Rico cobertouro douro mas ho co | bertouro nõ po dia
ele deui sar nem que so ele Jazia por | que era cuberto de huũ
pano bramco asy que ho nõ podia | ver se não por diamte e sobre
o altar vio huã muy | fermoza maõ e tinha huã cruz vermelha
mas nõ vio aque | lle de quem a maõ era e vio amte o altar duas
maaos * | que tinhaõ dous çirios mas nom vio aqueles de quem
as | ma[o]s * eraõ e vemdo isto ouuio soar de huã camara e | vio
della sair [h]uũ aceitre cheo deagoa e outro tinha na sua mao *
direita | hũu ysopo e depois destes dous vinhão outros dous
|| [35r] que trazião Em suas mãos dous baçios douro e huu trazia
ao | colo duas toalhas tão Ricas como aquelas que homem nom |
fizera depois que aqueles dous forom fora sairão tres que | trazião
tres emçemsairos douro alumiados de Ricas pe | dras preçiosas
asy que pareçião que ardião e cada hum tinhão * na outra mão
huã cousela cheia deemçeso e demiRa | e de muitas espeçias que
dauão bom cheiro que pareçia quetoda | a casa era cheia delle
depois vio sair outro que tinha na | testa letras escritas que dezião
Eu são chomado força | do alto senhor E este trazia nas suas mãos

hũa pedra asy | verde como esmeralda e Em a quela pedra Era
metida | a samta escu dela e a cabo daquele a mão direita estaua
| hũu que trazia hũa pertiga e numca homem vio taõ Rica | nem
tão boã nem tão fermoza E a mão esquerda avia | outro que trazia
hũa espada que tinha a maçam douro e | ho punho deprata E o
feRo era asy vermelho como chama | de foguo E aqueles tres
sairão fora e loguo vierão | outros tres que tr[a]zião tres camdeias
ardemdo Eaquelas Camdeas erão detamtas cores que homem nom
podia cuy | dar depois vio joseph vir a noso senhor Em outra tal
seme | lhamça como lhe ele apareçera no caçere quamdo Era | na
prisão Em corpo e em esprito no dia da ResoReição | em tal
semelhamça o vio josefe sair fora tamto que | vestia aguora vesti-
memta qual opreste veste quamdo | quer camtar misa e o primeiro
amgo que trazia o ysopo | tomava da agoa com ele e amdava dei-
tamdo sobre | os cristãos que estavaõ na casa mas nenhũ deles via
aquele | amgo que deitava a agoa saluo Joseph e seu filho | emtaõ
tomou joseph seu filho por a mão e dise lhe filho | conheçes tu a
quele homem que traz taõ fermoza com || **[35v]** panha E amda
tão fermoza memte e Jose fes lhe dise | padre eu sey por boã fee
e por verdade que este he a quele | que Dauid dise no sal teiro que
deos mamdou a seus amgos * que ho guar dasem Em todos hos
lugares omde | ele fose e nenhũu omem podia ser seruido [n]em
homRado | por amgos senao * este Emtão pasou toda a quela *
compa | nha per amte eles çercaraõ por ded[em]tro todo opaço
e o A | mgo * deitava agoa por domde hia E quamdo vinham |
amte a arca nõ avia hi tal quue nom abaixase a cabeça comtra
Jhesuu cristo e depois comtra a arca e depois quue | amdaraõ toda
a casa adeRedor por demtro torna[r]õse | pera diamte darca Em-
tão chamou noso senhor ajosefes | e ele dise senhor vedes a qui ho
voso seruo aparelhado | pera fazer voso mamdado e noso senhor
lhedise sabes | tu que senyfica esta agoa que aquy viste deitar |
aguora deca de demtro isto he alimpamemto do lugar | omde
os maos espritos moraõ qua Es[t]a casa foi sempre | morada dos
diabos e deue aguora ser limpa pera que | meu seruiço seja feito
pero ja ella foy toda lly | mpa des de que ho esprito samto hi
deçemdeo que Eu | aquy Emviey mas Eu a fiz Rosar pera tal que |
tu faças outro tamto per todos os lugares omde | ho meu nome
sera chamado e o meu seruiço for | feito e joseph lhe dise senhor
como e em qual guisa | pode a agoa alimpar se amte nom for

limpa | outra tal bemção dise noso sen*h*or faras na agoa | do alimpa mcmto como na do bautismo ca tu | faras o sinal do gram Redimemto este ho sinal * || **[36r]** da verdad*e*ira Cruz no nome do padre e do filho e do sãto | es*p*rito e quem ouuer direita fee em esta bemçaõ jamais | mão [sic] esprito nõ Emtrara na quele llugar omde aq*u*ela | agoa for deitada ca todo ho medo do diabo he ouuir | O comjuramemto da santa trimdade e de ver o sinal | da samta Cruz.por que seu padre fo[i] abaixado | e destroido de oje mais quero Eu que tu Reçebas a omRa | que te prometi dar e saberas que he o sacramemto | da minha carne e do meu samgue e velo a todo meu | povo verdad*e*iramemte ca Eu quero que eles seJão teste | munhas amte Reis e amte comdes que Eu mety em | ty o samto vmgimemto por te fazer o meu pastor | maior das minhas ovelhas novas e tu seras apos mim | o maior b*i*spo de meus novos Cr*ist*ãos e outrosy como ho | meu seruo moises Era aguardador e trazedor dos | filhos de ysRael por o poder que lhe eu dera bem outro | sy seras guardador deste novo pouo Ca eles aprẽ | derão de ti e da tua boca como me deuem seruir | e como deuem guardar A nova ley e como deuem crer | a nova fee quamdo noso sen*h*or dise ysto tomou josefes | pela mão direita e tirou o apos sy asy que todos os | cr*ist*ãos o virão tirar e virão a ele e aos amgos * | que estavaõ deRedor e virão todos como josefes | estava amte ele e como ele fazia sob*r*e ele o sinal | da cruz e quamdo ele esteue asy amte ele hũu gram | pedaço aquy vem hũ omem que saio fora darca todo | cão e trazia aseu collo huã muy Rica vistimemta | a mais fermoza que numca homem teReal vestio || **[36v]** [n]em ouue em poder E. depos aquelle saio outro muy fer | moso a marauilha e de muy fermosa idade e trazia | em sua mão hũu bago e na outra hũa mitra muy brã | ca e vermelha quamdo a queles dous forão fora | vestirão da vestimemta que trazião a josefes asy | como comvinha a b*i*spo e depois que o vest[i]rão asemta | rõ no na cadeira que hi estava aparelhada por mã | dado de noso sen*h*or que o qu[e]ria ordenar de todas as | cousas aquela [c]adeira era tão Rica e em tall guy | sa que nõ a homẽ que a vise que pudese dizer de quue | era e todos aquelles que fazião obras Ricas ha | hião aver e muitos avia que dezião que no mumdo nõ | avia pedra preçiosa que hi nom fose e esta cadeira | numca depois foy deitada da çidade amte foy | sem*p*re por Reliquias e numca se hi omem asemtou | que ho nõ alevamtasem dela mor to ou to lheito e

a | comteçeo depois huã gram maravilha quam do A | çidade foi
tomada por huũ Rey de egipto que Ge | Reava ateRa e achou hi
aquela cadeira e quamdo | a vio taõ Rica dise que aprizava mais
que toda | a çidade e dise que alevaria a egipto domde era | Rey e
estaria nela quamdo fizese cortes e mãdou | que alevasem e nom
a poderaõ mouer em nenhuũa | guisa e ele dise pois asy he que a
nõ poso leuar quero | a quy fazer minha corte e estar nela e
asy | ho fez e asemtouse nela e taõ azinha que se nela || **[37r]**
Asemtou tomou noso *senhor* tal vimgamça que ambos | os olhos
lhe Cairão da cabeça asy mostrou noso *senhor* | que esta cadeira
nõ Era p*er*a omem mortal se não p*er*a | aquele a quem ele dava
e mais outras vertudes amostrou | hy omde ora nom fallaremos
se não quamdo for tempo | e luguar quamdo asemtaraõ Josefes
vierão todos hos | amgos * amte ele e noso *senhor* ho vmgio e sa-
grou asy | como a b*is*po comvinha ser sagrado e vmgido asy quue
| todo ho povo vio muy bem E a quele vmgimemto foy muy | to-
mado da Redoma que ho amgo tinha que tirara quãdo | quis
Emtrar Josefes na arca asy como vos Ja dise | e da quele vmgi-
memto foraõ vmtados todos os Reis | des que agram bretanha foi
de *crist*ãos ate vter padragã | que foi padre de artur mas aqueles
que nõ sabem as a | vemturas nom sabem por que ele foi asy
chamado co | mo aquele vmgimemto padragão ca esto sabe homem
| bem que ele ouue nome vter Em bautismo mas A istorea | deste
liuro dira Adiam*te* por que ele asy foi chamado | e como aquele
vmgimemto seperdeo quamdo ouue deser | Rey prim*ei*ramemte
coroado quamdo Jose fes foy vmtado | asy com Ja vos dise noso
senhor lhe meteo o bago na mão | e depois meteo lhe A mitra na
Cabeça e meteo lhe ho | anel no dedo que nhuũ omem nõ ho
poderia fazer tal | nem conheçer a força da pedra e depois que o
asy guy | sou dise lhe Jose fes Eu te fiz b*is*po asy homRada | mem-
te como tu e meu pouo vedes ora Eu te direi que | senifica este
adubo que nhũu nõ no deue trazer se não || **[37v]** Aquele que a
senificamça sabe *tr*azer * a queles çapatos | que tu calças mostrao *
que nõ deues fazer nhũ paso | em mal amte deuem teuspees deser
tão limpos que | se nõ deuem çujar em nhũa maldade mas estarem
Em | oração e em pregação E em comfisão e dar aos de | sacom-
selhados Em tal guisa deues trabalhar teus | pees ca eu quero que
tu ajas parte na escretura que diz | bemto he ho omem que nõ
quer ser comsemtidor no com | selho dos mãos nem seus pees meter

Em caReira q*ue* | os desleaes pecadores a mão nem ser na CaReira do | destruymemto mas na quele meter sua vomtade eseu | poder que quer guardar os meus mamdamemtos e | isto he seu cuidar de noite e de dia . | CAP*ITULO*. XXXXIJ QVE SINIFIQVA | a sobre peliz e o amito e o pano | verde e o baguo e a mitra e o anel | Emtal guisa deuem teus pees de amdar ca eles nõ | deuem mouerse hũu paso sem Rezão depois te | direy das outras vestimemtas asobrepelis | q*ue* vistes mostra castidade ca esta he hũa vertude por ‖ **[38r]** que a allma quamdo se aparta do corpo se vai limpa e | bramca e asy se acorda de todas has [b]eis * dalma e a todas | as vertudes asy deues tu prim*e*ira memte Em ti aver cas | tidade pera fazer dela fumdamemto p*e*ra ajudar | as outras vertudes a alva que de Çima vestes que | he outro sy bramca mostra vergimdade e bem asy como | vergimdade nõ * pode ser castidade outro sy | nõ pode opreste nem deue vestir a alva se nõ vestir | asobrepeliz debaixo della ho amito com que Cobres | a cabeça se[n]efica vmildade que he Comtraira aso berba ca a soberba quer amdar a cabeça aleuãtada | e a vymildade mamsa E baxa não asy como fazia o fa | riseo que orava no templo que dezia graças ajas | s*en*h*or* d*e*os e mereço * por que nõ são desleal como hy ha | outros mas tal deves deser como ho poblicano q*ue* | nõ ousava ou lhar o altar tamto avia gram pauor | de se lhe asanhar d*e*os por que Era pecador amtes | estaua lomge do altar E com seu punho feria seu peito | e dezia s*en*h*or* d*e*os ave piadade deste pecador em tal | guisa se deue mamter quem q*uer* Comprir as obras | de vmildade ora te direy que senefica aquele pano | verde nenhũu prest[e] o nõ * deue vestir nem a q*ue*le de sobre ele se não b*i*spo a quele que he verde mostra a paçemçia q*ue* ja | nõ sera seca amtes sera sempre verde Em hũa força | e ja nenhuũ nõ no tera Com paçemçia que nom aja vy | torea e homRa ca nenhuũ nom pode vemçer seu | ymiguo se nom por [s]ofrer Esta vestedura q*ue* trazes ‖ **[38v]** deçima que he bramca mostra direitura direitura he hũa ver | tude tão gramde que por ela são todas as cousas tidas | a seu direito direitura nõ dara a nymguem por ho | amor nem tolhera a nenhuũ por desamor as[y] se deue | trazer quem direito quer mamter aquele manipolo | que tepemde do braço esquerdo mostra estemdimemto | e esta he hũa gramde vertude e auela mujto bem e | este he hũu membro de dire[i]to e se tu queres saber | por que o manjpolo he mais na maõ Esquerda

quue | na direita he por que a esquerda nõ deue fazer | se não
despemder e a direita Reter ora te dise do | manjpolo ora te direy
daistola a estola mostra obidiem | çia ca asy como o boy tras ho
jugo ao laurador asy | deue o homem ser obidiemte comtra todas
as gemtes | e a casulha que vestes sobre todas as outras vesteduras
| mostra caridade ca ela he toda vermelha e a caridade | he em sy
toda vermelha e quemte como foguo e a | vomtade e cobiça deter
o que deue a deos seu senhor | que o deue damar detodo seu
coração e detoda sua | alma e detodo seu poder depois deue damar
to | do seu proximo asy como asy mesmo que acaridade | mete
todas as cousas em hũu preço E ama todas | as cousas decoração
e ama o de seu vezinho como | o seu asy viue quem quer guardar
caridade o bago | que tu trazes na maõ esquerda mostra duas
cousas | vimgamça e misyricordia vimgamça por que he | agudo
Em Çima mjsyricordia por que he curvo || **[39r]** pera baixo ca
acabeça de Çima pareçe que chama E | nesto mostra que ho
bispo deue chamar E amoes | tar o pecador de com fisaõ e pre-
garlhe tã | to que se aRepemda deseu pecado ahomRa | dedeos
e adesomRa do diabo E por prometer | esta misyricordia pemde
isto do bago e tamto | quer dizer como que o preste adeafagar
ho | pecador por boã pallavra e traz elo [sic] apiny | temçia que
lazere ẽ tristeza o que fez em prazer | asy a cabeça do bago mos-
tra mysericordia e a | pomta vimgamça ora te direy que senefica |
o anel que amda no dedo o nel [sic] mostra casamẽto | ca o bispo
que he sagrado he ajumtado asãta | ygreja e dahy Emdiamte deue
guardar fee | ymteira como A sua leal esposa nem depois | por
boã nem ma amdamça a nõ deue dedeixar | e se asamta ygreja
sofre coitas e trebulla | çoes * ele lhe deue ser parçeiro ca diz o
avam | gelho a queles saõ bem avemturados que | sofrem trabalhos
e pesares com Justiça | Em tal guisa se deue mamter quem quer |
ser leal esposo dasamta ygreja Em | outra guisa he desleall que
fallsa [sic] seu Ca | samemto que leal memte deuja guardar
|| **[39v]** Ora deues saber que sene fica ho ca pelo curuudo *
| comfisaõ e por erost⁰ * e bramco ca a com fisao * he | a mais
bramca cousa que seja e a mais limpa | do que nen hũu o
mem sera depois lhe dise | deos que comsagrase E ele vio diamte
desy | huũ meny[n]o e quamdo ho vio so be ja | memte foy
espamtado que nõ soube | que fizese fora que se calou e come-
çou | mujto achorar e asospirar que avya | muy grão pauor

| CAP[ITULO]. XXXXIIJ COMO D[EO]S | dise aJosefes que comumgase do | minino | Emtão lhe dise no so senhor josefes ora te | comvem de despedaçar ese que tems asy | que aja hy tres partes e josefes Respom | deo ay senhor avede de mim voso servo merçe || [40r] que meu Coração nom podera sofrer despedaçar | tão fermoza Criatura e noso senhor lhe dise | se tu nom fazes meu mamdado nom averas | parte na minha herdade Em tão tomou jose | fes o corpo e pos a cabeça ahũa parte asy | como se fose Carne cozida e depois chorãdo | e sospiramdo mujto fez duas partes do cor | po tão asynha Como josefes começou a | desfazer o me nyno todos hos amgos que | demtro estavaõ deitaraõse Em teRa amte | o altar Em cotovelos e em gio lhos tamto | que no so senhor lhedise josefes que estas fazem | do Reçebe ysto que he amte ty que esto he | teu saluador e josefes muy azinha fimcou | os giolhos e ferio seu peito E choramdo pe | dio adeos merçe de seuspecados e quamdo se er | geo nõ vio amtesy sobre a pamcha se não huũ | pedaço depaão e tomoua e ergeoa Em allto | e deu graças a deos seu Criador depois abaixou | aboca e quamdo a quis meter demtro vio | o corpo ymteiro e quis ho tirar fora mas | nom pode amtes lhe pareçeo que ho meteo dem | tro na boca amte que ho quisese ÇeRar e | pareçeo lhe que todas as doÇidoes * do mumdo || [40v] e os milhores sabores que homẽ podese cuidar | que os metia Emsy depois bebeo huũ pouco | desamgue e depois que ysto ouue feito | vio estar o amgo que tomou a patena e co | brio ho cal[i]z e ergoa * Em alto e sobre aquela | patena vio muy tas peças que pareçião pãao | e huũ amgo tomou ho cal[i]z e outro ergeo apa | tena allto com a quylo que Era de çima e | llevou o Em suas maos * fora da camara e | ho outro amgo tomou em huãs to alhas a[e]s | cudella e leuoua depois asy que ele for ho | deRadeiro e quamdo todos tres forã | fora da arca asy que todo ho povo o vio | dise hũa voz meu povo pequeno nova memte | nado desprituall naçemça Em ty emvyo | meu salvamemto sabe que este he meu corpo | que por ty so freo natural memte naçemça | e corporall memte morte ora pois tu oulha | que ajas verda deira Cremça e como Reçebas | tão alta Cousa e que auses bem quue | se tu nom creres verdadeira memte que estehe | o teu saluador tu Reçeberas perduall cõ | denamemto dallma e do corpo ca ho || [41r] que Comer meu corpo e beber meu samge se bem | nom crer ele comera e bebera seu dana-

memto | mortal e nenhũu nom pode ser dino deo to | mar se o
verdadeira memte nom crer Ora pois | oulha que tu ho creas
Emtão vio ho amgo que | tinha a patena amte joseph * e joseph
fimcou | os giolhos e Reçebeo seu saluador e todos | os outros
outrosy e cada huũ pareçia quamdo | Reçebia o pedaço do pão
na boca que via Emtrar | por hy huũ menyno todo feito E depois
todos | os tres amgos se vierão a arca E puserão sobre | o altar
quamto trazião Emtaõ chamou no | so senhor a josefes e dise lhe
este seruiço faras | da quy adiamte Cadadia tu e todos hos |
outros que depos ty vierem que tu ordenaras | por bispos ou por
prestes e quamdo ordenares | preste por lhe as a mão sobre A
cabeça e faras | o synal da cruz no nome dasamta trimdad[e] | mas
sagrar bispo comvirtea fazer todas as | cousas que Eu Em ty fiz
e todos a queles | que em esta homRa sejaõ averão tal poder de
lliar | e soltar como ouuerão os meus apostollos E | tambem faras
bispo Em cada çidade omde o meu | nome for Reçebido per tua
pregação e sagra | los as e vmgilos as e outro sy faras || **[41v]** Aos
Reis que per ty Ouuerem fee aguora chega | aora que el Rey
ebalac mudara O cora çam que | tem com os ydolos e tornarse
a a fee dasam | ta trimdade que os Caualleiros que vem chamar |
joseph bem perto e venno chamar demamda | do de eballac que
esta noite vio huã grãde | visaõ que lhe Eu mostrey ora tira tu esta
| vestimemta e vay te com joseph a ele e Am | [b]os o faredes
çerto do que vos ele demãdar | e nõ vos espamtedes por verdes
vir todos | os sacerdotes desua lley Comtra vos ca todos | os
[vos] * vemçeredes * e eu vos darey tam boã | graça ãte * as-
gemtes de ell Rey eballac que | todo lhe daredes huũa cousa que
a de vir por | força de meu samto esprito e todos a queles | que meu
esprito Reçeberão e Reçeberem averã | poder detirar os maos espri-
tos domdequer | que forem | Capitolo. Riiij de como el Rey eballac
mãdou | por joseph e da desputa que teue cõ os saçer | dotes de sua
lley e da maravilha | que hy a com teçeo || **[42r]** Emtão foi jose-
fes desvestir e polla vesti | memta sobre o alltar Echamou hum |
seu primo com yrmão que avia nome llu | chaõ a quele fez josefes
tisoureiro da Arca | que aguardase de dia e denoite E aymda
agora | este costume he mamtido nas Catredaes ygre | jas que a
quele que guarda As cousas da ygre | Ja chamão tisoureiro ysto
nõ soya ser amte | mas josefes o staballeçeo primeyra memte | e
meteo hy a quele que ele emtemdeo que era hum | dos milhores

Cristaos * e não por que Era seu | paremte e nisto vierão os mesageiros dellRey | que mamdou a joseph que fose fallar cõ elle | emtaõ se foy josefes com seu padre pera elRey | e quamdo emtraraõ no paço cada huũ se bemzeo | e mamdaraõ aos outros que fizesem ora çam | por elRey eballac que d*eo*s que he caReira dos | eRados o fizese vir ao Caminho daverdade | e quamdo eles forão amte ellRey felo asẽ | tar e dise ajoseph que provase ho que Amtes | disera do padre e do filho e do esprito samto | como podia ser tres pesoas e huã so deiidade | e como ouvera a virgem filho sem perder | sua vergimdade E como ho filho podera ser cõ | çebido sem companhia de homem e de mo lher || [42v] E quamdo el Rey isto dise Ergeose joseph e dise | aquelas mesmas pallavras que outra vez dy | sera e em a quela pallavra que outra vez disera | e em a quela mesma guisa lho prouou e depois | que ysto dise ergeose hũu clerigo que era tido | por mais se sudo e mais fumdado na sua ley | detodos osdo pouo e dise a joseph que nom dezia | cousa ca se opadre e o filho nõ avião se nam | soo deidade nõ era cada hũu delles d*eo*s nem per | feito Emsy e se queria dizer que o padre era | per feito d*eo*s e ymteiro ergo nõ perderião cou | sa as pesoas do filho e do esp*ri*to samto e | se avião ambas cada huuã sua deidade ergo | serião tres deidades isto nõ poderia nenhũ com | tradizer por Rezão ca nhũu omem que ysto | comtradisese nõ poderia abertamemt*e* pro | uar nem fazer verdade que huũa das tres | pesoas ouuese ymteira deiidade hũu nem huũa | das outras fose mamteuda ca huũ tu dizes | q*ue* ho esp*ri*to samto . heper feito d*eo*s e ymteiro | e os tres que nõ aõ se não huã soo deiidade | per esto te mostro Eu que huũ vale outro | tamto como ostres pois verdade he que osdous | nõ são nada Em l[u]guar o ter çeiro he mãteudo || [43r] E por ysto que as duas pesoas per dem Asy s[u]a | força por O terçeiro todo ho mumdo pode ver e co | nheçer que cada huũa das tres pesoas nõ a ymt*ei*ra | deiidade quamdo joseph ouujo a quele fallar taõ | forte memte comtra Atrimdade foy muy espamtado | da quela falsa prova que disera E nom soube lloguo | q*ue* Respomdese p*er*a prouar A quelo que Aquele disera ca | bem sabia que pe[s]aua aih*es*uu cr*is*to Emtaõ se ergueo | Josefes e fallou tão allto que todos o ouujrão | e tiuerão por falso o que ho saçerdote disera e de | pois dise prim*ei*ra memte aelRey Rey Escuta o quue | tedirey ysto te mamda o d*eo*s de ysRael que he criador | de todas as Cousas por que tu trouxeste Aquy | teus deoses falsos e Razioiros e es comtra minha | fee por yso tomarey de ty tall vimgamça que este ter | çeiro te vira tal ma amdamça que tu Cuidaras | que Cousa nhũa tepo dera guardar deperderes toda teReal homRa e depois ho corpo deos tomara esta vimgamça deti por que nom podes conheçer a fee do ver | dadeiro croxifixo amtes o desprezas e escomdes as | mostras que te ele mostrou Em esta noite das suas | maravilhas que te descobrio Em visão por ysto | mamda o deos doscristãos por a boca deste teu seruo | que comtigo falla e diz que dara a teu Real | ymiguo homRa e poder sobre ti quamto he tres | oras do dia e tua força nõ lhe podera com || [43v] trastar nem tu nõ ho ousaras Esperar aquelo | que numca pode aver Co mtra ti poder nem força | senão estavez que te desbaratou por teus Com | se lheiros que se Com formarão Com ele por as | gramdes dadiuas que lhes ele deu asy te mostra | deos doscristãos que nhũa cousa nõ pode durar senõ | he aseu Emcomemdamemto nem Jamais nõ Reçebe | ras alteza que tu que[r]es começar se não por | ajuda da quele e se me disto tes * por memtira tu | ouujras çedo taes novas per que poderas saber que | deos me mostrou allgũa[s] Cousas destas que aõ | de vir e sabe bem que tolomer o Rey debabilonya | com todo seu poder se gisa e bem * sobre ty muy | ardida memte e diz elRey doscristãos | o Rey desemtemdido por que foge amte | mim e nõ me querer Conheçer a quele que sempre | fogia coRera com a quele que o fazia fogir e me | telo a Em pauor de morte Ca eu quero mostrar que | Eu são so deos e fortaleza detodos oscristãos depois | disto se tornou josefes Comtra a quele que tão | mall fallara da trimdade e dise lhe escuta tu que | fallas Comtra atrimdade e comtra a fee dos cristão[s] ora | Emtemde o que te deos diz por a boca deste teu seruo que | comtiguo falla oradiz o deos dos cristãos que es mem | tira e que Emtodos hos lugares diueras obedeçer || [44r] aos meus mamdamemtos tu doestaste aminha cremça | e desomRaste meu corpo e fallaste Comtra a quele | que a poder sobre ti e sobre todas as Cousas por esto te | desomRarey e farey semtir hũa ferida deminha | justiça teReal asy que tu o lazeraras e os outros | secastigarão por ty Ca tu ouujste sempre as teReais | sabedorias E numca quyseste a esprituall E | sempre foste çego e sempre de oje seras e fallar | nom saberas senaõ memtira E por que tu es | çego e mudo na Cremça Espritual que tu deveras |

clara memte ver E que nõ diveras de fallar all | e eu te mostrarey
porẽ que a terreal homRa nõ he na | da Comtra a espr*i*tuall Eu
te tirarey agora lloguo | vemdo quamtos aq*u*y são o fallar e ouuir
e | o ver ca meu espr*i*to he detal força que faz os que | bem
fallão mudeçer e os que vem çegar e faz os | mudos bem fallar
e aos çegos bem ver tão azy | nha que josefes ysto dise p*e*rdeo
o saçerdote ha | falla Ca omde quis fallar semtio na boca huũa
| mão que lhetinha alimgoa Emtaõ Começeo a ulhar | e abradar
por se esforçar de fallar e ergeose | mas tão azinha Como se ergeo
Começou abradar | tão allto que ho podia omem ouujr degrado
ehia | como podia hir huã seta e a quamtos hy estavã | pareçiaõ
que era touro que [vll]ava* e quamdo hos | outros virão estas
maravilhas fo[r]ão muy asa | nhados e leixarãose coRer a josefes
e quiserão || **[44v]** delle fazer pedaços se não fora ellRey
ebala[c] | q*u*e se ergeo e tinha huũã espada nua na mao* e
jurou | por ho poder de jupiter que os mataria todos | se Em ele
mão metesem ca seria grão traição | fazelo amte sy vir e nõ o de
femder asy | seleuamtou a volta por a casa e elRey pre | gumtou
quẽ Era aquele que tão bem fallara | da tr*i*mdade e joseph lhe
dise que Era seu | filho e elRey lhe dise que fallara muy bem | e
q*u*e era muy verdad*e*iro e muitas Cousas e em | tão pregumtou
a josefes por que tirara ha | falla aseu mestre e josefes lhe dise
que ele lha | nom tirara mas a quele d*e*os comtra quem Elle |
disera o q*u*e nõ devia a quele lhe tirara a falla | e o ver ca este
he o d*e*os cuja pallavra num ca | jamais sera desmemtida e asy
a de ser com o | ele mamdar Em todas as cousas | CAP[*ITULO*].
XXXXV DO QUE ELREI | pasou cõ jofes* sobre o q*u*e lhe
disera. | de tolomer e como Josefes foi ao | templo e das marauilhas
q*u*e hi acom | teceram e como elRei soube nouas q*u*e | tolomer
vinha sobre [e]lle* | Como dise ebalac pois he verdade que
tolomer | me metera em pauor de morte e tera sobre | mim poder
tres oras çerto dise josefes | quamto te Eu dise he verdade todo
q*u*e jamais || **[45r]** hy all nõ avera EelRey pregumtou como
podia ele isto saber emtão lhe dise josefes não ouujste tu dizer
que | ho d*e*os dos cr*i*stãos he detão gram poder que faz hos
| mudos fallar e os çegos ver e que os que não sabem | nada da
ygr*e*ja sabem todas as forças das escreturas | por a gr*a*ça gramde
do espr*i*to samto çerto dise el Rey | Eu to nõ poso crer Rey dise
Josefes por huã causa mo | creras p*er* q*u*a*l* dise elRey Eu to direy

dise josefes se tu | queres Reçeber a fee dejhesuu cristo averas
socoRo e seras | livre de seu poder mas porem sabe que aymda
que aboca | diga sy se ho coração com ela nõ tyveres nõ seras
liure | ca deos he homem que nhũu nom pode emganar nem
Reçeber | per semelhamça amte he detão per feita sabedoria
que | conheçe todos os pemsamemtos das gemtes e ve todos | hos
seus coraçoes * Emtão lhe pergumtou elRey como | avia nome
e ele dise Josefes e el Rey lhe dise ora me | dize josefes aquele
que perdeo a vista e a falla po | dera jamais cobralla e josefes
lhe dise ora ho | faze lleuar ao templo amte os deoses que
adoras | e ouuyras ho que te dirão e da Razão dabatalha | que te
eu dise emtão o fez elRey lla leuar e foy | elRey com ele e quamdo
os saçerdotes da sua lley | ofreçerão sobre ho altar dapolo que
chamavão | ho deos da sabedoria pregumtavão aymaje * que estava
| sobre ho alltar se a quele homemsararya ou nam | daquela em-
fyrmydade e numca Jamais aquela yma | Jem poderaõ tamto
pregumtar que lhepodesem tirar | palavra e hũa das ymajes que
chamauaõ jgagẽ * de | mais * o deos das batalhas começou abradar
e dise Jẽtes | samdias que amdades demamdamdo aquy amda
huũ || **[45v]** cristão em vosa Companhia que ho legou asy por
comemdamẽto | de jhesuu cristo seu deos que nom pode hũa
pallavra falar | nem ja em llugar homde ele for nõ pode falar
nẽ dizer | nada des que ho ele comjurar e tão azinha como
ysto | dise começou abradar tão forte memte como se esty | vese
em foguo e dezia ay Josefes bispo dejhesuu cristo dey | xate de
dizer ysto que dizes que me fazes arder que eu | fugirey pera omde
me mamdares asy bradava ho diabo que | estava na ymajem de-
mares pelo comjuramemto de josefes | que o apertou asy que ele
[d]eixou aymajem em a metade do | templo e quebroua em
pedaços muy meudos e depois que | ysto fez tomou huã agulha
que estava sobre o altar | e ferio com ela aymajem da polo taõ
Riga memte no | Rosto que lhe britou os narizes e o braço direito
depo | ys disto foy por todas as outras ymages que nom | ficou
nenhũa que nõ despedaçase com a quela agulha | disto foraõ
todos espamtados que virão as mara | vilhas que fazia e nom
virom quẽ as fazião emtão | pregumtou el Rey a josefes que era
a quyllo que des | pedaçava aquelas ymages * e josefes dise
aymagẽ | desmares e elRey foy a ela e quis lhe sacreficar mas
| jose fes nom na lleixou amte lhe dise que se o fazia que | mo

Reria demorte sopitanya e elRey pergumtou ayma | gem e o
diabo lhe dise que nom ousaua fallar amte | josefes e elRey
lhepergumtou se asy farião todos | os outros deoses e ele lhe dise
que nhũ deos nõ poderia | fallar amte ele se o ele nõ mamdase
e josefes lhe | mamdou que fallase e o diabo lhe dise Emtão
Rey | queres tu saber por que ele tẽ tão gramde poder ele | tem
comsyguo dous amgos que ho guardaõ e o gião | por todos os
lugares por omde ele vay e huũ tem || **[46r]** hũa espada nua e
outro hũa cruz. e jamais homde elle | for poder nõ ave remos .
tall poder lhe deu o seu deos emtão | lhepergumtou elRey que
Çima averia sua batalha se | se combatese cõ os de egipto e o
diabo lhe dise qu[e] | não tinha poder delhe dizer nada Em
quamto ally | fose aquele homẽ de deos e josefes lhe dise que
nõ | sabia nada das cousas que avião de vyr e eles isto | fallamdo
chegou huũ memsajeiro e fĩcou os gyo | lhos Em teRa amte elRey
e diselhe eu vos trag[u]o | mas e perigrosas novas que tolomer
emtrou em vosa | teRa com todo seu poder e tomou a vosa
forte | çidade e toda a teRa adeRedor ateho castelo | deballagão
que çercou com trimta mill caualeiros | e com trezemtos e çimco-
emta mill hõmes a pee e se | aquele toma nõ ficara çidade nem
castelo e [sic] toda | vosa teRa que se lheposa ter porque esta he
ami lhor | fortaleza que vos temdes e jurou amte seus ca | valeiros
que a sua teRa nõ tornaria jamais ate | que nõ tomase Coroa em
saraz quamdo elRei isto | ouujo foy muy espamtado e maispor
o que lhe | disera jose fes que seria tres oras do dia Em | pauor
de morte mas ele era detal coração que nõ | quis fazer comti-
nemte que lhepe sava nada amte | dise que yria ao çerco e que
Amte queria mo Rer | que o nõ fazer delle partir mal e escar-
nidamente | CAP[*ITULO*]. XXXXVI Como ElRei. fez aJumtar
| suas gemtes e Como Josefes lhe dise cuyo | filho era e Como
viera a ser Rei e elle dise | q*ue* seria cris*t*ão e como Josefez fez
a cruz no | escudo. || **[46v]** Vallac fez ajumtar todo seu poder
Emtão em ca | rabez. hũu castelo. que Era seis legoas dali | e
seis debalachim e mamdou por seu selo | que nhuũ que sepudese
defemder nõ ficase que se | ficase e fose caualeiro numca mais
dele teria terra | e se fose villão o faria traidor diamte toda sua
| linhajem quamdo foy manhã quis elRey mouer | e josefes foy
a ele e dise lhe Rey tu queres yr | abatalha e nõ sabes como te
nella avira que nom | sabes se della viras ou não mas eu te direy

como | faras e isto te mamda dizer o deos dos cristãos que | telembres quem es e como ate quy ouuiste gram | omRa e cuidas tu que nymguem nõ sabe quem tu | es nem de qual linhajem Eu o sey muy bem por ha | vertude e polla graça do alto senhor a quem se nom | pode escomder nada o esprito samto me mostrou co | mo tu foste nado em co sine hũa muy amtiguoa | çidade que he muy nomeada em framça e foste | filho de hũu omem pobre que fazia çapatos asy | como tu mesmo o sabes muy bem mas aveio Asy | que no tempo que augusto çesar Era emperador | de Roma que coRerão novas por a teRa que hũu | Rey naçera que sobrepujaria todo ho mumdo e | quamdo o Emperador isto ouujo espamtouse muito | e mamdou por todas as teRas que cada huũu por | sua cabeça lhe dese hũa mas Em framça por que | erão mais brauas gemtes mamdou que lhe mamdasem | çem domzelas filhas de cavaleiros e çem menynos | deydade desete anos ou de menos quamdo este mam || [47r] dado foy a framça escolherão decada çidade asy como | era [sic] menynos acomteçeo em ma[u]z avia duas menjnas | filhas do comde senim aquele sevim era comde de mauz | e da teRa adeRedor e quamdo deitarão sortes caio | asorte sobre ty que avias perto deçimco anos e aquelas | domzelas teleuarão comsyguo e prezauam te muito e quã | do foste em Roma hus e outros te catavão e cuidavão | que eras mais fidalguo do que tu eras por que eras | muy fermozo e quamdo vieste a idade de xx anos fo | rão ambas as domzelas mortas asy que a hũa nom | viueo depos a outra mais de dous meses depois Rei nou | tibereo çesar em Roma depois Reinou çesar galius | em Roma e deu te Ao * comde feliz de [s]uria e o comde | leuoute comsyguo e sobejamemte te prezava e a | mava e a comteçeo que tu e hũu seu filho pele | jastes e o mataste e fogiste pera tolomer que em | tão era. Rey debabilonya e a quele Rey avia gueRa | com olifernes que a quele tempo era Rey de aquele | Reino e quamdo tu foste a ele diseste que eras caualeiro | e ele te amou tamto e com amor tão creçido que toda | a gueRa leixou Em ty por a gramde pro eza que em | ty emtemdeo e por tua bomdade e tu fizeste tão | bem que Comquistaste toda a teRa dos seus ymy | guos e delles lhelevaste e deles lhe mataste e ele por | yso te deu toda a teRa e foste della seu vasalo | ora podes bem ver dise josefes se eu sey bem da | tua fazemda e bem deves oulhar de como de gram | pobreza vieste a gram homRa e por yso temamda

| o deos dos cristãos que telembres dety e por que tu cres
|| **[47v]** tes * gramde avomdamemto deteRa nõ tomes por iso
| orgulho que asy liure nõ he tua e por yso deues tu deser | mais
vmildoso e mais piadoso e conheçer teu criador | sem cujo querer
viuer nõ podes e nõ te deues de ter | por Rey que nõ teras sempre
Reino Amtes ho dei | xaras mais çedo do que tu cuidas mas a
quele deue | ser chamado Rei que todo tẽpo Reina e este he
Jhesu | cristo filho da bemta virgem maria a quele temam | da
dizer por mim por que ele quer que tu saibas que ele | conheçe
todas as cousas | escomdidas do [sic] coraçãos que ele te metera
em mão | de teu ymiguo m[o]tal [sic] e asy saberas e conheçeras |
que nõ a hy senão huũ so deos que homẽ deue decrer e | homRar e
este he Jhesuu cristo somemte e este te ator | memtara em tal guisa
por que nõ creste [n]a sua lley | depois que o el Rey ouujo bem
pregumtou lhe mestre | ora me dize da abisaõ que foy ou
que quis mostrar | çerto dise Jose fes tu ho nõ saberas ata que
nõ | brites as ymages * que adoras e que tu sejas tor | nado a
fee do bom senhor per cujo mamdamẽto saõ feitas | todas as
cousas por boã fee dise el Rey eu temo | mujto esta batalha e
vos e voso padre me disestes | que me daries tall comselho per
que Eu vemçeria | e averia alegria sem fim por boã fee dise Jo |
sefes ese comselho te darey eu muy bem se me | quiseres crer
mas se o nõ quiseres crer como bom | cristão guarda te que ho
nom prometas que seras | destruido do corpo e dalma por boã
fee || **[48r]** dise elRey se me vos dades comselho per que Eu
vemça | estabata lha eu nõ me terey mais nesta cremça [a]mte
me | tornarey lloguo a vosa fee Rey dise Josefes fazme | trazer
hũu escudo e hũ pano vermelho e loguo | lho trouxerã[o] e fez
do pano hũa cruz e pregoua | no escudo e dise aelRey nom ha
omẽ no mumdo que | este synal debom coração veja que jamais
nenhuũ | mal lhe posa vir e quamtas vezes o tu vires | diras
deos que por este sinal vemçeste a morte trazeme | saõ e homRado
a Reçeber a tua fee e sey bem que | se o Rogares debom coração
que averas Alegria | e omRa na batalha e eu te direy como este
sinal | te guareçera de morte e tedara homRa e alegria | emtaõ
cobrio a cruz e o escudo de hũ pano e dise | verdade he prouada
e nom pode ser e[st]oruada quue | tolomer teu ymiguo avera
sobre ty poder tres | oras que a quele to mamda por mim dizer
que nu[mca] | memtio nem jamais memtira ora tu olha que nõ

vejas | este synal ate que nõ ajas muy gram pauor de | morte e que
jamais nõ Cuides escapar Emtão | descubre a cruz ora teapare
lha oje mais dam | dares E elRey lhedise ora Rogua a teu d*e*os
que | me guie | CAP[ITULO]. XXXXvij De COMO | o castello
de Valachim era | forte e de como elRey evallac | foi ferir na oste
e do q*ue* | mais pasou || **[48v]** Emtã se foy elRey com muy
gramde companha a calaber | e aly esperou sua gemte e quamdo
forão aosse | te dias que forão Jumtos for[õ]se a grã ãdar | direi-
tamemte a evalachim q*ue* tolomer tinha çercado e | aquele castelo
era taõ forte que nom podia mais ser | que adeRedor dello coRia
hũa das gramdes e das | Rigas agoas que homẽ vio e avia diam-
te hũa porta | que [nã]o podia ser defemdida que os de demtro nõ |
emtrasem e saisem a sua vomtad[e] aquele castelo | era todo taõ
çercado depenas que aporta nõ tinha | demtrada se naõ quamto
dous homes podião yr | a par e vimte pees em lomgo e nõ podia
hi durar | nenhũa oste tamto era p*e*rto da porta e o campo era |
muy pequeno e o castelo deçima era muy bem lavrado | de Ricas
toRes demarmor verde e bramco e se os | muros erão muy altos
mais altas erã astoRes | e estava o castelo sobre hũa pe[n]a e
[nu]mca omem | vio cousa tão fermoza nem tão aparelhada p*e*ra
| se de fem der e em çima da pena estaua hũa | toRe de marmor
e era taõ allta que della se | podia ver a a guoa do Rio nilo que
coRepor o egipto | taõ forte e tão fermozo era o castelo e a guoa
| nõ lha tolheria nenhũu omem do mumdo por que | Ao pee da
torre naçia hũa muy gramde fomte e fer | mosa e coRia por hum
p*r*ado que avia demtro no | castelo e dell[e] saia fora a teRa chã
por hum | cano de cobre asy tal e tão forte era o castelo | como
vos eu comto e por yso era chamado olago | debalachim e por
que o fiz era el Rey ebalac || **[49r]** E quamdo EllRey ebalac
chegou a quela aguoa p*e*rto | do castelo emtrou Em hũa mata e
fez hy ar mar | suas gemtes e mamdou ao este huũ escud*e*iro a
ver | o que fazião quamdo o escud*e*iro tornou dise aelRey | que
Comião os daoste eel Rey meteose ao caminho | e quamdo se saio
da mata Emtrou em hũ valle e | depois sobio ahũa por tela e vio
ho castelo e aoste | toda e quamdo os daoste os virão começarão
a | bradar traidos somos traidos somos e coRerão | as armas a
queles que estavão desarmados | mas poucos erão a queles que es-
tavão desarmados | q*ue* bem cuidauão que elRey ebalac nõ sofre-
ria q*ue* | o castelo foselomga memte çer cado emtão el Rey | ebalac

com sua companhia forão feryr naoste | e matarom lhe muy tos caualeiros que hião de | saramgados mas muy gram peça dos pioes moRerão | aly ouue muy gram mortamdade dehomes e caualeiros | que bem moRerão hi dehuã parte e da outra çimco | millhõmes aly perdeo elRey ebalac gram parte | de sua gemte tamto que nõ pode mais so frer a | batalha e leixou ho campo e os outros forom | quamto puderão apos eles e ememtes forom | no alcamço sairão os do castelo e combaterõse | com aqueles que guardauão as temdas e desbarata | rão os e leuarão quamto quyserão e quebrarõ as | temdas e tolomer segujo tamto o alcamço ate | que foy noite e Recolheo sua jemte e tornouse ao | castelo e achou suas temdas todas deRibadas | e desbaratadas e tamto lhe pesou que nõ soube || [49v] que fizese e jurou que jamais se nõ parteria do castelo | ou leixaria nele tamta desua gemte ate que ho es | faimase asy ficou a quela noite o preito e acabo | dehu[ũ] pouco veio a el[e] hũa escuta que lhe dise senhor | vos temdes A milhor amdamça que numca teue | homẽ se a por pregiça nõ perdeis como dise to[l]omer | por boã fee dise aescuta elRey ebalac Emtrou | na coina aly [o]podes tomar com muy pouca davosa | gemte que leveis e asy acabares a vosa gueRa | como ho sabes tu dise tolomer seio bem dise ele | que ho vy hi emtrar oulha dise el Rey tolomer nõ | me mimtas que te farey Em forcar Eu asy ho | quero dise aescuta em tão chamo[u] tolomer seus | Caualeiros e comtou lhes as novas e dise que a me | tade da sua gemte levaria comsyguo sobre ebalac | e aoutra metade deixaria sobre o castelo e asy lho | louvarão todos seus Caualeiros Emtaõ chamou | tolomer seu mordomo que avia nome menhu e | mamdou lhe que guardase ho castelo cõ a metade | da gemte E ele fez como lhe seu senhor mamdou | e tolomer amte muito que fose dia se ergueo | por que queria ser amteho castelo da coina amte | que amanheçese mas ora vos deixaremos de cõtar | de tolomer e comtar vos emos de ebalac | CAP[ITULO]. xxxxviij do queacomteceo | a vallac de pois que saio da | batalha || [50r] A guora diz ho comto que quamdo ElRey ebalac | emtrou no castelo da coina pera hi guareçer chamou | hũu seu seruidor e dise lhe que fose [v]er se era | dahy perto tolomer ou se se tornara abalachĩ eomẽ | sajeiro amdou tamto que vio tolomer partirse e tor | nou [o] dizer abalac e comtoulhe o gram ganho que ou | verão os do castelo dos que guardauão astemdas | e quamdo el Rey ebalac o ouujo ouue diso gram

| prazer e jurou que se Combate ria com tolomer A | ymda que cuidase deser morto Emtão se partio do | castelo com bem mil duzemtos Caualeiros e com | tres mil homes depee e quamdo Ja erão huã legoa | do castelo a comteçeo lhes que himdo asy chegou | huũ omem sobre hũ cavalo e dise AelRey senhor A | Rainha vos sauda e vos mamda esas letras E | elRey as leo e as * vio que sua molher o saudava | e lhe Rogava por a fee que lhe deuja que se saise | de lla coina que tolomer o hia hy çercar e quamdo | elRey isto vio maravilhouse e chamou ho memsajeiro | e dise deos como soube aRainha tao [sic] azinha que eu era | [n]a coina senhor dise ele ella vio maravilhas a | noite sabes quaes dise ebalao çerto não dise elle | mas Eu avy fallar com ho mestre dos cristãos | e depois que com ele se acomselhou chorou muito | emtaõ chamou EllRey seus caualeiros e comtou lhes | as maravilhas dejose fes como comtara a Rainha | que forão desbaratados eles nisto fallamdo che | gou hũ memsageiro em huũ cavalo por meio do Rasto | e hia quamto o caualo o podia leuar e trazia || **[50v]** na mão hũa carta e tamto que A elRey chegou diselhe | o alcaide da coina vos sauda e vos mamda dizer que | vos [b]im[g]edes devos [v]imgar que tolomer çercou | a coina e cuida de vos nella tomar e uão traz | se não ametade de sua jemte Eaoutra ficou em | balechĩ quamdo elRey isto ouujo dise aseus Ca | valeiros ora vejo Eu que o cristão he verdadeiro Em | quamto diz ora podedes bem saber que tolomer | tem çercada a Coina asy como ele o dise A minha | molher Emtão tomou el Rey o caminho pera saraz | e quamdo Ja teria amdadas duas leguoas os quue | hião [n]a diamteira virão hũa gram companha degēte | que se saião de hũa mata pequena e todos armados | e ao mais poderião ser quatro mill homes e tão | azinha que os virão diserõ aelRey e mamdou | el Rey armar toda sua gemte e eles armados hũ dos outros se apartou o elmo posto e o escudo | lamçado ao collo e alamça na mao e vinha | a gramde amdar comtra el Rey e el Rey que | Ja era armado foy comtra ele e quamdo forõ | chegados ho outro tirou ho elmo e dise aelRey | vos sejades o bem vimdo a elRey ou lhoù e | vio que Era hũ seu cunhado que se dezia sa | rafes que era huũ dos homes * do mumdo que | ele cuidava que lhe pior queria e maravilho * | se e sarafes lhe dise senhor Eu ouuy dizer | que vos erades desbaratado e que tolomer || **[51r]** vos çerara na Coina e A Rainha minha yrmã me | mamdou dizer isto omtem a me ia

noite e que vos | acoRese cõ o maior poder mas pareçeme | a
de*os* merçes que he milhor do que ela mamdou | dizer e elRey
lho agradeçeo muito e diselhe | Amiguo e cunhado pois que vos
ysto começastes | a fazer com vẽ que me façaes ajuda ata çima |
dabatalha que nõ pode omẽ bem prouar seu A | miguo se não na
ad versidade ora vos Roguo que me | Ajudeis a esta gueRa Cuita
que nõ pode maior | ser como ser Ja duas vezes aRimcado em
campo | porem vos Roguo que me queirades defemder a | teRa
devosa yrmã Eeu vos coRegerey ho torto | q*ue* vos f[i]z todo Em
q*ua*l guisa quiserdes tamto | que tornaremos A saRaz ou Em vosa
casa Amte | vosos vasalos sen*h*or dise sarafes todo se*r*a | a
vo sa mẽrçe * se me quiserdes crer amte que se | debatalha nos
yremos todos a vosa çidade de | orcauz. e descams[a]ra hy avo
sa gemte tres ou quatro | dias a este comselho se outorgarão todos
etor | naram se aorcaux e chagarão hi aora da noa e | mamdarão
por toda a teRa deRedor que quem | ho quisese ajudar que lhe-
darião teRa.e que lhe | farião m*ui*ta mẽrçe * e os que forão fizerão
no | tambem que por a menhã ouue elRey dezasete | mill homẽs de-
pee e decaualo sem a queles que | Ja trazia tamto que foy ora de-
bespora saise * || **[51v]** EllRey da çidade e hiase p*er*a la coina com
sua | companha e seus vasalos e amiguos lhe diserão | que se nom
ajumtase tão azinha com tolomer | q*ue* nõ seria mal se mais espe-
rase tres dias ou | quatro e el Rey os creo e tornou se e outro dia
| p*e*la menhã começarão os da çida de dizer valia | valia e em
tão sobio el Rey Em huã toRe e | vio que era tolomer E em tão
fez elRey armar | sua gemte e mamdoulhes que ho fosem ferir o
mais | Rigamente que podesem e mamdou Ao alcaide que çeRase
| muy bem as portas todas da Çidade que nhũ nom | emtrase hy
se não por seu mamdado e depois forão se fora todos e tolomer o
bom caualeiro dar mas | q*ue* hi diamte tinha a prim*e*ira faz. e de-
pois que forom | perto huũ dos outros nõ ouue hi quem tovese Re-
dea | amtes se ferirão todos de cada parte e quamdo | as jemtes de
tolomer os virão hir forão espã | tados ca cuidauão que nõ fosẽ
a quarta parte | dos que erão porem os acolherão bem e muy
ardide * | memte que erão Comtra eles muy avamtajad*os* * | que
os vemçerão Ja duas vezes as primeiras feridas | o fizerão muy bem
as gemtes dellRey ebalac | que erão follguados e dormirão toda
a noite e | balac o fazia sobejamemte bem e seu cunhado | sarafes
que depo is Emtoda sua vida e depois | de sua[s] mortes fallarão

neles a suas gemtes || **[52r]** O fizerão tão bem que por força deixou
tolomer h[o] | campo e começarão a fogir e el Rey ebalac e sua
| gemte os segujão muy Riga memte ata que vierão | ahuũ * perto
dehũa pena que era o mais peligroso | luguar da pasagem de toda
ateRa a quela pena era | tão alta quamto homem podia oulhar e
damao *direi*ta | durava ata hua * aguoa que CoRia por orcaux eem
| toda aquela pena nõ avia senõ aquela pasajem que | era tão es-
treita que dous homes * a par nõ poderião | hir por ela a quele
paso forom as gemtes debalac | depos asgemtes detolomer e
quamdo cheguarõ | ally foy a morte tão gramde que numca ho-
mem | vio maior a quele paso se de femderão as gemtes | detolomer
o mais que puderão que hũs mamtinhão | abatalha e outros pa-
sauão e memtes tamtos | moRerão aly dahũa parte e daoutra que
depois | ouue a quela pena nome Apena do samgue por om*ui*to |
samgue que por tempos ahi Jouue da quela grãde | morte e depois
que forão hũa meia legoa apos eles ou lharão | os que tinhão
çercado abalachĩe virão vir seu *senh*or | q*ue* des que deles se
partira numca mais tornara | a eles e armarõse e forão comtra
ele e pregũ | tarão lhe que fora aquilo e ele lhes dise quue |
ebalac os vemçera e que des orcaux ata lly | os seguira e matara
tamtos dos seus ahũ mao | paso que era maravilha e depois que
lhes isto | dise Aprouve[l]he com eles e em es forço destes || **[52v]**
ffez estar toda sua companha A quela que escapara e | dise aos
seus Cavalleiros que nenhũu nom movese ata | que os visem a ele
mouer EelRey tolomer era muy | bom cavale*iro* pero nõ avia mais
detrimta e seis | anos e quamdo os ebalac vioasy estar como omem
| que ja vira muitas cousas Cuidou que pois estaũaom | que dos *
que nõ era sem alguũ gramde esforço Emtão | chamou ebalac suas
gemtes e dise lhes que se a | Jumtasem que tolomer estaua Apare-
lhado e eles | se ajumtarão e forão muy paso ata que forão p*er*to |
de seus ymiguos E quamdo erão dous tiros debesta | ou menos
estiuerão que dos * | CAP*[ITULO]*. IL COMO OS Reis | ordena-
ram suas batalhas e das | fallas q*ue* aos seus fizerã e | como as ba-
talhas Romperã | E mtão fez el Rei ebalac da sua gemte quatro |
batalhas e a primeira deu asarafes seu cu | nhado que o fez na ba-
talha muy bem Como | adiamte ouujres e a segumdabatalha deu
a.seu mor |domo. e [a] huũ seu sobrinho deu A terçeira e ele ouue
| A qua[r]ta que muy bem A soube guiar e depois quue || **[53r]**
asy aspartio chamou h[u]ũ cavale*iro* que avia nome geçoi | nes

e mamdou lhe que tornase Aguardar o paso da pena | asy que a gemte de tolomer nom podese por hy pasar | se por avemtura hy se quise[s]em acolher E mamdou | que os daçidade todos fosem com ele emtão se foi | geçoines e fez como lhe EllRey mamdou e quamdo | el Rey tolomer vio queebalac partira suasbatalhas | part[i]o * ele as suas e fez oito batalhas emãdou | que as duas primeiras se ajumtasem com abatalha | desarafes e as outras duas se ajumtasem com ado sobrinho debalac asy ordenou que duas ba | talhas das suas fosem comtra cada bata.lhade | elRey ebalac que bem tinha dobrada gemte e cada | hũa dasbatalhas de tolomer tinha Çimco mill | homes * ou mais Aymda que perdera muitos ao paso | dapena como ja ouujstes emtão chamou ebalac seus | Caualeiros E dise lhes senhores vos bem vedes | como vosha mister deserdes boõs que por hũ quue | nos temos tem eles tres mas tamto e que vos | deveis de comfortar e dar muy gram ardimẽto | que temos direito e eles agram torto bem sobre | nos e fazei como. bõs e sera avitorea e ha | OmRa dabatalha vosa e os do egipto nos nõ | Esperarão Em campo senos ysto fazemos eu | vos Roguo e peço que vos no começo sofraes mujto | e se os vos sofrerdes achalos eys mujto em outra | ma[n]eira que eles nom são se não no começo | e se [n]ele ospodemos desbaratar vede que grãde | omRa vos diso vira e eles ão bem duastamta || [53v] gemte que nos asy como vedes [n]om sey que vos mais | digua todos deve[i]s desaber que cousa he omRa | e amtesvos guarday de fazerdes tal cousa nem | por pauor demorte nem prisaõ por homde sejaes | escarnidos por todo tempo e que Em toda sazão | seja Re ferido a vos e avosos filhos depois devo | sa morte e nõ a no mumdo cousa tão vill asy aho | pobre como Ao Rico como desomRa e depois que isto | dise vio duas batalhas das outras vir pois quã | do sarafes vio vir asbatalhas que vinhaõ | comtra a sua e querião Ja cheguar moveo emtão | comtra eles com viuo coraçam e taõ sem pauor e | taõ sem medo como se sem falta Cuidase que to | [d]os os achase nus e desarmados e quamdo as | azes sehião cheguamdo pera se ajumtar quamdo | forão hũ [t]iro dearco quamto os Caualos ospo | dião leuar se forão ferir pois quamdo ebalac | vio seu cunhado tão esforçado E tão ardido e | cometer tao * esquiva memte por seu amor del[e] | e por leuar sua teRa vemdo sua gram bomdade | começou a chorar e muito lhe pesaua que sempre em | quamto podera lhe fizera mal e pos Em seu coração |

deem todavegada lhe f[a]zer bem a t[o]do seu poder | e taõ
gramde amor lhe tomou que dezia ay de mim mes | quinho cativo
ño divera deser viuo como fuy desẽ | temdido e asy como morto
e com fomdido e veuy nõ | como homem pois tal amiguo perdi
tão lomgamẽte por | crer ay meu amiguo sarafes pois tu oje me
es tão | bom amiguo nõ moura eu ata que venha tempo quue
|| **[54r]** Reçebas gualardaõ por que [p]or mim fazes mais do que
de | vias que numca ho eu mereçy ma[s] gram verdade he que |
ho omem de bom talamte sempre oulha sua mesura e nõ | cura
decrueza e depois que dise esta Rezão tornou | Em sy e dise ora
yde meus bos * amiguos comtra vosos | ymiguos e aguardae
o poderda quele cujo sinal | Eu traguo no meu escudo que he o
de que foy pemdurado | d[eo]s verdadeiro como minha cremça he
e f[ee] como me fez crer | josefes e se guarde oje o corpo aserafes
meu Amiguo | deperiguo e de morte ese faça em guysa que oje nos
em | gramde omRa pogemos e ja meus amiguos escutar * | como
deos he de piadade e quaõ gramde he a sua merçe que | vemdo
que o pecador ho chama debom coração loguo | lheoutor gua sua
pitição que vos direy tão azinha como | elRey isto adeos pedio
loguo noso senhor asy lho outor | gou como lho ele ouue Roguado
ca todo a quele dia a | guardou deo[s] sarafes que nom Emtrou
Em poder de | seus ymiguos mortaes nem jamais chaga mortal nom
| Reçebeo mas ganhou e com qujrio tamta omRa e tã | ta prez e
fez. tamto dar mas que sem falta quãtos | na batalha o viraõ Em-
trar e ferir e Reuoluer | diserão que era o mi lhor caualeiro do
mumdo eelRey | ebalar [sic] aquele dia perdera sua homRa se
nõ fora agrãde | ajuda que por seu corpo lhe fez. ma[s] quãdo as
| batalhas forão Jumtas e depois que quebrarão as | lamças lam-
çaraõ maos * as espadas e tomarao [sic] poRas | cutelos e achas
da[n]esas que nos chamamos cunhes | outros que chamã framçes
depois que estas armas | tomarão muy brava memte se combatiaõ
ca sobre os | elmos e [so] bre os escudos e lorigas gramdes gol
|| **[54v]** pes se dauão e por omde se podiaõ ferir se ferião esẽ | falta
aly foy huã [m]uy gram batalha e era forte e | braua e muitos
trouxe a morte e tamtos forõ hi mortos | e tamtos braços e pernas
e costas quebradas quãtos | vos eu nõ sey dizer e tamtos forõ
hi mal treitos quã | tos eu nõ saberia dizer se deos por seu poder
me nom | dese peraiso poder e a gemte deçarafes o fez maravy |
lhosamemte no começo mas nõ avia hi tal deles que cõ elese |

podese ygualar nem achava por domde hia quem com | armas lhe
ouzase esperar que trazia Em ambas as maos * | huã acha danesa
que nõ a[t]razia nenhũ tão forte nẽ taõ | aguda e talhadora e [o]
caualeiro agrã maravilha era bom | groso e membrudo e bem feito
em todos hos membros e tra | zia bom caualo e ele estava muy
asanhado e deitou o es | cudo detras e omde era a presa loguo
hi era e sacudimdo | os braços a quẽ alcamçava pee e a quẽ braço
a quem costado | a quem coxa a quẽ lado a quẽ ho corpo todo
deRibava | e o caualo quamtos alcamçava feria e nõ faziase | rafes
se não maravilhas e todos ho damtes nom | tinhaõ por tal caualeiro
dar mas todos se maravilha | uão e ele outro sy desy mesmo se
maravilhava quue | nõ cria que era tal nem que tamto valia e
cria que por | oraçoes * era o que fazia mas ele cuidava que poros
seus | deoses lhe vinha tal poder e lhe fazião fazer o que | na quele
dia fez. mais hos seus deoses não tinhaõ | tal poder nem numca
ho tiverão sua gemte o fazia | muy bem detal maneira se ouue
serafes cõ seus ymy | guos que por força dar mas os aRimcou do
campo || **[55r]** * A mal de seu grado ata domde estaua tolomer que
quãdo | os asy vio hir e seus ymiguos Recobrar o campo ouue | taõ
gram pez[a]r que nom podia maior ser e por pouco | nõ em
samdeçeo mas ebalac por ho comtrairo aviaho | maior prazer que
podia ser e os seus todos fazião | maravilhas e o bom sera fes
amdava na maior presa | e os deto lomer deziaõ quem he omem
Cuja Caualaria | amtes querião ter que todo ho mumdo e elRei-
tolomer | quamdo asy vio os seus foguir fez as outras duas | ba-
talhas yr comtra os desarafes o qual quamdo os asy | vio vyr
Recolheo os seus e jumtos os A caudilhou | Amo estamdo lhes
que Asy Os esperasem e huũ | pouco os so ffresem e nõ se desa-
ramgasem por quã | to seus ymiguos dezejauam de sevimgar deles
e os | outros que muito dezejauão de se ajumtar desaram | gados
quamto os Caualos os poderaõ lleuar os vierão | ferir os deçara
fes nõ se mudaraõ mas Asy quedos | como estauaõ os aco lheraõ
e neles despedaçaram || **[56r]** as lamças 2 depois deitamdo mãos
as espa | das espedaçauã he[ll]mos e quãto achavão | 2 os de
sarafes cubertos de seus escudos hos | ferĩa o milhor que podiã mas
semdo Ja todos | no campo nõ os poderã sofrer e começarão | a
leixar o campo mas depois que sarafes vio que | os seus leixaũa
abatalha começouos a esforçar | e felos voluer e muy ardida mẽte
posto sobre as estribeiras e huũa acha na mão se leyxou | hyr por

meyo das batalhas damdo muy desmesu | rados golpes talhamdo helmos e lorygas | 2 escudos que nõ prestava arma por omde quer | que alcãçava e quãdo ho senescal delRey ebalac | ho vyo a sy tornar abatalha pareceolhe que nhũa | de suas forças avia perdido mas que ẽtão de | fresco a ella viera e marauilhouse muito por que | elle nõ esperava outra cousa senã.que sarafes | cãsase e por as marauylhas que lhe vyo fazer | dyse ho senescall nũca oJe por boõa fe sera | sarafes cãsado aJmda que todo mũdo sobre | elle vyesse e nũca tã grão maravylha vy | 2 se eu esperasse que elle cãsasse nõ ferirya | oJe golpe mas mal me venha se mays esperar | nẽ espero ẽtão foy ho mordomo ferir e os | da sua batalha se Jumtarão cõ ho sobrynho | delRey ebalac que muy asynha aelles se | leyxou hyr e as outras batalhas tratavão | muy mal as gemtes de sarafes.ho mordomo || [56v] prymeiro que Rompesse chamou suas gemtes e | Castygouos e esforçouos muy bem amoestã | dolhes que Jumtos se mãtyvessem na batalha e | trabalhassem por os Romper que des que fossem | Rotos numca mais se poderiã aJumtar e fe | ryssem RiJamẽte ata que elle ferysse aelRey to | lomer amtre quãta gemte tinha e os seus | fizerã muy bem seu mãdado e RiJamẽte fery | rão ẽ seus cõtrairos que vynhã desarrãJados | que ajmda que herã muitos mays nõ peleJauã todos. | e os do maiordomo passarã por todas as azes | 2 foysse aJumtar cõ a batalha delRey tolomer | e nõ passarã cõ elle mays detrezẽtos dos seus | 2 tolomer tyhna cymco myll de pee e de | Cavallo e depois que amtre elles se meterã | aquelle bõo vassallo delRey evalac deu hũ | golpe atolomer que a ele e ao cavalo deytou ẽ terra e estãdo sobre ele pera ho premder ou | matar hũ cavaleiro de tolomer lhe deu hũa | lãçada por as espadoas e quãdo os de tolomer | vyrã seu Rey ẽ tal perygo logo ho forã soco | rrer muy prestes mẽte EelRey evalac quãdo vyo | suas batalhas asy feridas ẽ dyversos luga | res pesoulhe e vyo que os sseus ho faziã muy | bẽ os trezẽtos cõ tolomer e no cãpo sarafes | e mãdou aseu sobrynho que cõ muita presteza | fosse socorrer ao mordomo e ẽ tão archimedes | que asy avya nome seu sobrynho moveo cõ sua || [57r] az e foysse ajumtar cõ as azes que vyo estar | pelejamdo cõ ho mordomo e neste tẽpo elRey | evallac que tã bem foy ferir nos de tolomer vio | hyr seu mordomo preso e mal ferido detres | setadas e tã grã pesar ouue que por poucas nõ | perdeo ho syso e leyxouse hir quãto ho cavalo | ho podia levar 2 cõ elle seus cavaleiros e vyo | elRey

evallac seu mordomo deRibado e o elmo | desemlaçado e que el-
Rey tolomer tynha ha | espada alevamtada pera lhe talhar acabeça |
por que este era ho homẽ do mũdo que elle pyor | queria mas
quãdo tolomer vio chegar aelRey | evallac bẽ cuydou que nom
teria vagar delhe | cortar ha cabeça Eemtão por baixo da lo-
ryga | ẽ dereyto do coração lhe meteo ha espada e ysto | feyto
se volueo comtra vallac cõ hũa lamça na | mão que lhe derã e
derãsse tã grãdes gollpes | que as lamças fizerã pedaços e nõ se
moverã | das selas e ẽtam sem falta se começou hy a batalha muy
grãde e forte dambas as partes | e foy ahy grã morte dos Cava-
leiros dehũa | 2 outra parte elRey evallac se esforçava quãto | podia
por vemcer seus ymigos e por chegar omde | seu mordomo Jazia
mas hos outros se defẽdiã tã | bem que ho nõ podiã fazer nẽ
ganhar nada do | cãpo e tamto nysto estyvera ata que hos
delRey | tolomer se começarã a Retyrar ata domde || [57v] elle
estava quãdo tolomer vyo fogir os seus | mãdou mover sua bam-
deyra e depoys que estes | vyrã seu Rey que hos vynha socorr[e]r
voluerã | abatalha como boõs cavaleiros E el Rey leva | va muitos
besteyros que feyrã e matarão muytos | cavalos muy grãde foy
abatalha aquele dia | e muy grãde perda dambas as partes e
os | delRey evallac Receberã aquela vez muit[o] dano | EelRey
tolomer vemdo ho estado da batalha | mãdou dizer a sua oytava
az que nõ Rompesse | e que sem seu mãdado nõ fossem ousados
dese | mover. | CAP[ITULO]. L.ᵗᵃ DO ESTADO.EM. | que as ba-
talhas estauã 2 das grã | des maravilhas que sarafes fazia. | Ora
diz ho comt[o] que sarafes que com muy pou | ca gemte da sua
secombatia fazia mara | vilhas e sofria muy vyuamẽte ho estado
da | batalha comtra tamta gemte e os se[u]s ho faziã muy mara-
vylhosamẽte mas todo | nõ valera nada senõ fora agrã de
bõda | de desarafes que nõ avia cavaleiro tã ardido | que ho
Rosto lhe ousasse voluer e por omde | queria hir ño avia quẽ lho
comtradysesse | Rompia por as batalhas e amuitos por suas
mãos || [58r] tirava as vidas e por omde quer que com sua
espada alcamçava nõ aproveytava nhuũa | arma que todo nõ
Rompesse.amdava por as ba | talhas cortamdo muytas cabeças
braços pernas | e amdava todo banhado ẽ samgue e por as | gram-
des maravylhas que fazia sarafes hos | seus se esforçauã e sem
duvida ẽ elle era | toda sua esperamça por que numca de sua
força | lhe vyrã perder amtes ho vyã amdar como quãdo | na

batalha ẽ trara e omesmo serafes se es | pamtaua de sy mesmo
que elle nõ cuydaua que | tamto podesse sofrer abatalha sem
camssar | e domde vya as mayores pressas ahy se metya | 2
quãdo via que hos seus querĩa fogir elle | so os fazia tã byuamẽte
mãter como se elle | soo ouuesse a força de quamtos no campo
esta | vam e asy estyueřa as batalhas ata ora da | nona e ẽtão
chegou hũu messageyro aelRey | tolomer nas batalhas homde
secõbatia e lhe | dysse senhor.eu vy hũu cavaleiro que so faz
mara | vylhas por que com hũua so batalha aquatro das | vossas
mã tem campo oJe todo dia e sabede que | se elle nom fosse que
ha pedaço que sua gemte | fora desbaratada por que comtra nos
nõ sam | nada mas elle soo he todo seu.bem e os sos | tem e
nũca se vyo tal cousa que nhũ dos vossos | ño ousa deho esperar
qũado elRey tolomer ouujo || [58v] ho que lhe ho caualeiro dezia
das marauilhas que | aquelle bõo cavaleiro fazia d[y]selhe vay
llogo | amãter* meu Jrmão e dizelhe que mova cõ sua | az
comtra esses e que faça de maneyra que nhũ | nom fique e
ma[u]ter desque vyo ho mãdado | delRey ouue grão prazer e foy
fe[r]ylos tã | brauamẽte que hos fez sair do campo quãto hũ | tyro
debesta e sabey que desta vez foy agẽte | de sarafes muy mal
tratada por que estes | erã mays de x̄x̄* e aymda que muy bem
ho | fazĩa nom podeřa tamto durar que de todo | nom boluessem
as espadoas e deyxasse ho | campo quãdo sarafes asy vio sua
gemte | fogir ouue tã grã pesar que as lagrymas | lhe saltarão por
hos olhos e sospiramdo disse | ay deos que gřa destroição eu nõ
me defemde | rey fora deste campo e sem falta a morte | que
tamto me ta[r]da me faz mall por que Ja nesta | batalha nom ha
outra cousa e depois que ysto | dysse vyo sepodia cobrar sua
gemte mas eles | fogĩa tã desmesuradamẽte que hos nõ pode
ha | Jumtar e quãdo sarafes vyo que hos nõ podia | Cobrar tornou
acabeça aseu cavallo e nõ | vyo dos seus mays que sos dez cava-
leiros e a | comteceo que topou cõ ma[u]ter e cõ acha [o] ferio
| detamta força que ata hos peytos o femdeo* e | despoys passou
por elle e quãtos diamte de || [59r] sy achaua mortos ou mal
feridos hos deRibava | por terra morto mauter hos seus por elle
fize | rã muy grãde pramto damdo muy gramdes | vozes asy que
por as batalhas seouuya mas | sarafes nõ sabya ho por que asy
fazĩa ho tal | pramto e volueo sobre elles tã bravamẽte que | todos
delle ouuẽra tã grão pavor que leyxa | rão ho campo e cõ muy

poucos dos seus quãdo | hos outros * vyrão que por tã pouca
gemte deixarã | ho campo ouuera muy grã vergonha e muy a |
sanhadamēte tornarã aelles e desta tornada | Recebeo sarafes
muy grã dap̃no por que lhe ma | tarã ho cavalo e tres dos que
com ele estaũa | que nom ficou senã elle soo com sete e apee | e
seus comtrairos serīa mays dedous mjl e | todos se deyxařa aelle
ẽtão era grã | maravylha ver ho que dearmas fazia sarafes | que
elle cavallos matava cavaleiros deRibaua hos | muy argulhosos
amāsaua quebraua escudos | hos elmos daço femdia lorygas espe-
daçava | tamto secombateo que lhe matařa cymquo dos seus | com-
panheyros e ficařa somēte dous e esta mor | te lhe foy muy cara
por que de coração por suas | bõdades os amaua ẽ tam matou
sarafes muitos | que de cavalos e cavaleiros aderador desy tynha
| grãdes momtes de maneyra que aelle Ja nõ po | diã chegar e
quãdo sarafes ysto vyo sayo | fora e asy ferio ahũu cavaleiro que
majs || **[59v]** noJo fazia que ho braço direyto lhe deRibou ẽ
| terra e deceo a acha com tamta força que ata | hos lombos ho
talhou que com muyta lygeyreza | ẽ cyma de seu cavalo saltou
quãdo hos outros | vyrã tã desmesurado golpe logo fogyrã e | asy
sayo sarafes de muy grã perigo e depois | que se vyo acavalo se
foy meter por a mayor pressa | das batalhas ferimdo quãtos alcam-
çava e nõ | avya quẽ em hũu lugar muito ho vysse estar e | hos
de tolomer asy ydenotadamēte * acomet[e]rão | a sarafes que
a ẽpuxões dos cavalos ho levařa | quãto hũu tyro dearco e lhe
matařa ho cava | lo e ho deRibařa e amtes que se levamtasse | bem
trezẽtos cavalos sobre ele passařa asy que | ho quebrãtařa detal
maneyra que Jouue esmore | cydo quãto hũu.homẽ podya amdar
hũ tyro | depedra e todos cuydaũa que hera morto de | poys
que sarafes cobrou alemto trabalhou | por se levamtar e ergueosse
ẽ pee e tomou | na mãao aacha que lhe no campo cayo e ferio
| hũu cavaleyro cõ tal poder que lhe talhou | ha coxa e ho arção
dyamteyro e ho bardã * e | tomou ho cavalo por ho freyo e sobyo
ẽ cyma | delle e aymda que estava muy mal tratado dey | xousse
hir a ferir aqueles que no campo ho virã | como morto Jazer e
começou os de ferir cõ sua | acha de gramdes e duros golpes ẽ
tão foy | sarafes ferido por ha espadoa esquerda dehũu || **[60r]**
dardo quadrado do quall bem ametade lhe sayo | da outra parte
depois que sarafes sevyo asy | mortalmēte ferido quys vemder
cara sua morte | e deyxousse hir aos que ho feryrão hos quaeslhe

| lamçaũa muytos dardos e setas e ho feryrão de | muitas ferydas quãdo sarafes vio que hos nã podia | sofrer e que nã avya ferida que nã fosse mor | tal vyrou as Redeas ao cavalo que a maravilha | era bõo 2 foy se por as batalhas ẽ busca delRey | evallac que amaravilha delle lhe pesaua e todos | hos seus ymygos posẽra as esporas aos cavalos | e ho seguyr̃a mas nõ ho podeŕa alcamçar e sara | fes quãdo chegou as batalhas achou as gemtes | delRey evallac muy coytadas por que nom vyam | seu sennhor e queriã leyxar abatalha e yrse ẽ | tão sarafes as aJumtou e esforçou e foy ferir | cõ grão anymo como se ferido nõ estivesse nas | gemtes delRey tolomer e cõ ho que sarafes fa | zia as suas gemtes cobrarão campo e porem | muyto esmayava por nõ saberẽ delRey evallac | ho qual elRey tolomer tinha da maneira que vos eu | dyrey que estava amtre agemte delRey tolomer | Ja case como preso fora detoda sua gemte qũa | do sarafes ouuyo avolta llogo Cuydou ho | que poderia ser e acodio aly e vio elRey no chão | cõ sua espada na mão e defemdiase bra | vamẽte e nõ tynha dos seus mays des[o]mẽte | doze cavaleiros e com estes se defemdia de | mays de quynhemtos cavaleyros que como morta | ys || [60v] ymygos hos perseguyã amtre elles se lamçou sa | rafes com aqueles queho seguyã aesta pressa | acodio muita gemte delRey tolomer que de muy | duros golpes̃ ferir̃a sarafes ho qual vymdo | agramde pressa tomou sua acha cõ ham[b]as | as mãos e tornou sobre hos queho feryrã e | derrybou e matou quãtos amte sy alcãçou | e quãdo quys tornar sobre el Rey evallac nõ | ho pode fazer por que amtre elle evallac avya | mays dedous mjl cavaleiros asy que nõ soube | ho que el Rey se fizera do que sarafes ouue muy | grã pesar e Jurou deamtes no campo morrer | que perder elRey e ẽ tão foy ferir nos del Rey | tolomer trabalhãdo quãto podia por hos Rõ | per e se aJumtar cõ elRey evallac mas esto | nõ podia ele fazer por a muita gemte que lho estro | vava aly foy amayor pressa da batalha e | muytos hi perderã as vidas sarafes por se Jũtar | cõ elRey evallac e os outros por lho defẽder | e elRey evallac era ferido detres lamçadas | e veyo aele tolomer e tomoulhe ho cavalo | por ho freyo e premdeo cõ xxv. seus cavaleiros | que nhũa força tynha Ja de se defemder tam | cãssados erã da batalha e elRey evallac ty | nha perdido tamto samgue das feridas que | Recebera que nõ cuydava Ja numca poder | guarecer e tamto hos apartar̃a el Rey | tolomer e os seus da batalha que seriã bem

|| **[61r]** mea legoa domde hos premderã e trabalha | vam por hos levar ahũ mato pera hy hos | desarmarẽ quamdo el Rey evallac vyo ho ma | to Cuydou que se nele ẽ trasse que nõ pode | ryã escapar por que dos seus nõ poderyã aver | nhũ socorro e que nom podia escapar de | morte ẽ tam sem mays detemça tyrou | ho pano de sobre ho escudo homde era ho sy | nal da cruz que Josefes lhe fizera e vyo nela | hũu homẽ crucyficado que parecya que por hospes | e mãos deytaua samgue ẽ tão elRey chorãdo | dysse meu senhor espritual de cuJa morte eu tra | go synal leuame da quy são pera que eu seja | cristão e pera que toda mynha terra meta na | tua samta fee pera que aos outros mostres por | mỹ que hes deos verdadeyro e de todo poderoso a | sy como me dyse Josefes e depois que isto disse | vio do mato comtra sy vir hũu cavaleiro todo | armado ho elmo ẽlazado e o escudo como | hũ cristal e nele devermelho hũu synal | de hũa cruz e ẽdereçou ho cavalo comtra | el Rey tolomer e tomou ho por ho freyo do | seu cavalo e tornou ho comtra acydade e outro | tamto fizerã hos seus e tamto amdarão | que se chegara as batalhas tamto que bẽ ouuja | hos golpes que nellas se daua domde sarafes | fazia maravylhas tamto que todos se espã | tavã quãdo el Rey evallac ouuyo as bata | lhas foy comtra ellas damdo muy grãdes || **[61v]** brados tamto que hos ouuyo sarafes domde | se combatia ẽ tam el Rey tolomer dysse | comtra hos seus eu creyo que estes sã sa | bedores que levamos seu Rey preso e por | ysso ẽ tremos no mato amtes que ho socorrã | ysto dezia el Rey por que cuydaua que hia ao | mato domde queria meter evallac mas dou | tra maneyra lhea cõteceo por que ele hia pre | so por outrẽ do que elle Cuydava e tamto a | sy amdarã que chegarã ao passo da pena | do samgue e nhũ nõ via ho cavaleiro que tra | zia preso tolomer senã el Rey evallac | e asy passara daoutra parte do passo sẽ | serem vistos nẽ semtydos dos que ho passo | guardavã e ẽ tão ho cavaleiro bramco dey | xou tolomer e começou adizer ferideos fe | ryde e ẽ tam ho cavaleiro foy ferir a tolomer | por cyma do escudo que ho deytou no cãpo quã | do evallac ho vio asy deyxou se correr aele | e osdo passo quãdo asy vyra hir seu senhor | forã apos ele e asy ferira hos del Rey | tolomer que todos posera por terra hos quaes | forã muy espamtados quãdo assy se vyrã | presos e desbaratados tolomer quãdo vio | sobre sy elRey evallac deusse por vemcydo | e ẽtregoulhe assua espada ha qual evallac | tomou [ẽ]

amenagẽ de preso a tolomer e de | poys chamou aelRey [sic]
evallac gascoines || **[62r]** aquelle a quẽ mamdara guardar ho
passo ao | tẽpo que as batalhas querỹa Romper e dyselhe | levay
[e]l Rey tolomer acydade e seJa homrra | damẽte guardado asy
como a Rey comvem de | ser ẽ tam.gascoines com cem cavaleiros
tomou | el Rey tolomer e fez quamto seu senhor lhe mã | dou el
Rey evallac depois que premdeo hos que | cõ tolomer vynhã
com todos hos que ho passo | guardaũa a fora cem cavaleiros
que nele ley | xou se foy as batalhas omde sarafes ãda | va homde
vyo ho cavaleiro bramco cõ hũ pemdã | e huũa lamça e vyo que
sete caualeiros trata | vam muy mal a sarafes com out[r]a gemte
e | tynhã lhe ho cavalo por ho freyo damdolhe muy gramdes
golpes por cyma da loryga tra | balhãdo por ho chegar a morte
ẽ tão ho cavaleiro | brãco foy ferir no prymeiro que alcamça lhe
me | teo por ho coração e quebrou ha lamça e pos | mãao aespada
e de huũ golpe cortou aoutro | acabeça e aoutro talhou por ho
meyo e os | outros quãdo ysto vyrã ho leyxarã e se fo | rã por
outra parte dabatalha e sarafes ficou | muy quebramtado e fraco
do muito samgue | que perdera e cayo no chaão quãdo elRey
evallac | ho asy vio cayr deu huũa gramde * vooz dizemdo
deoJe | mays sã comfomdido e cõho grã pesar que ouve | esmo-
receo e cayra do cavalo seho brãco cavaleiro || **[62v]** ho nõ tyvera
e quamdo evallac tornou ẽ sy | vyo que sarafes se levamtaua mas
muy fraco | ẽ tão elRey se foy a huũ cavaleiro e deRibou | do
cavalo a terra e tomou ho cavalo e trouxeo | a sarafes e dyselhe
amygo meu tomade este | cavalo quãdo sarafes vio elRey cõ
prazer | todo trabalho passado esqueceo e cavalgou | no cavalo
quelhe elRey deu e dyse se tyvera | a mynha acha nõ ha cousa
por que deyxasse de | ẽ trar nas batalhas e depois que ysto dysse |
Respomdeo ho Cavaleiro bramco sarafes toma | esta acha que
Jhesuu cristo te mãda e sarafes | a tomou e era mjlhor queha sua
e ẽ tão | se forã todos abatalha elRey evallac ãda | va sobre hũ
cauallo que tomara aelRey | tolomer do que agemte d[e]
tollomer * se es | pamtarã muy gravemẽte por que vyra que leva-
va | tolomer elRey evallac preso e agora vyã | ho preso no cavalo
do que ho levava ẽ tã na | bor * senescal del Rey tomou hũu
corno e | começou deho tocar e fez a Jumtar todas | has gemtes
de evallac e depoys que forão | Jumtas partio as evallac ẽ duas
batalhas | e a huũa deu a sarafes e aoutra tomou | pera sy e dyse

sarafes * que ño feryse se nam | depoys que hos vysse ẽ voltos
cõhos cõtrayros | e que feryse por outra parte pera que hos
tomassẽ || **[63r]** no meyo e asy foy evallac comtra seus Jmygos
| e ho bramco cavaleiro diamte e na lamça hũu | pemdão e todos
deziã a gramdes vozes mor | tos somdes que nom pode de vos
nhũ escapar | que vosso Rey tolomer he perdido todos se espã
| tara e bem cuydaũa que deziã verdade delRey | tolomer por ho
cavalo que evallac trazia e asy | forã hos del Rey evallac ferir ẽ
seus ymjgos | que muy bem os acolherã e com gramde anymo | mas
como estaũa desacaudylhados e nõ tynhã | capytão que hos esfor-
çasse estaũa muy espãtados | ẽ tão sarafes foy ferir por o outro
cabo aly | foy huũa muy gramde e perigosa batalha | e muy
mortal agonya e os del Rey tolomer | aymda que sem seu senhor
estaũa cõsyderamdo | estarẽ ẽ terra estranha e domde nõ espe-
ravã | sayrse de femdiã muy brauamẽte estamdo todos | cercados
dos delRey evallac e ẽ verdade que nũca | gemte ẽ trou ẽ batalha
que tam bem começase | e tam maa fym ouuesse como foy adel
Rey | tolomer depois que ha batalha durou grã pe | daço hos
delRey tolomer nõ sepoderã mays de femder e começara a fogir
cada hũ como | mjlhor podia sarafes feria tamtos que cousa | grave
seria deho comtar e evallac perahomem | de sua ydade se cõbatya
muy bem mas ho brã | co cavaleiro tays cousas fazia que nhũ
homẽ | por poder que tyvesse ho poderia fazer [e]lle || **[63v]** abra-
ços hos mays ardydos de Ribaua dos cavalos | aoutros tyrava hos
escudos dos colos e elmos | e cabeças despedaçaua e tays cava-
laryas fazia | quaes nhũ homẽ mortal poderia fazer as gẽ | tes
de tolomer asy como hyã ẽ fogyda se a | colhiã apena do samgue
que era como vos dyse | hũu lugar muy forte e estreyto e aly
cuyda | vam escapar por que no sabyã aguarda que el Rey | evallac
tynha posta no passo da pẽna e muito | folgaũa com ha noute
que sevynha mas elles | chegamdo a pena hos cem cavaleyros que
ho passo | guardaũa hos ferirã muy duramẽte damdo muy | gram-
des vozes e eles cuydamdo que mays demjl | Cavaleyros volueřã
as costas pera fogirẽ e | el Rey evallac que no alcamce hia hos
acolhia | cõ muy duros golpes asy que hos que * del Rey escapa
| vam hiã as mãos dos que guardaũa ho passo | e os que do passo
escapaũa cayam nas mãaos das | gemtes del Rey aly foy grã
mortymdade qual se | nũca vyo e matarã e premderã quamtos |
quy serã e nom parecya por ho campo se nam | samgue e ño se

conhecỹa as armas dos *que* has | trazĩa asy amdaũa tymtas de samgue aly | acharã nabor * ho senescal del Rey tolomer | *que* Jazia ẽ tẽrra mal treito e ferido e el Rey | evallac se pos sobre elle e nabor dava ha | espada ael Rey *pe*ra *que* ho tomasse aprysão e out*r*o | mal nõ lhe fizesse e el Rey querẽdo tomar | aprysão lembrou lhe como seu mordomo era || **[64r]** morto e dyse *que* nom era sẽ Razão *que* senescal | *por* senescal morresse e quamdo nabor ysto ou | vyo dizer aelRey deytousselhe aos pees mas | pouco lhe aproveytou *que* elRey ho fez llogo to | mar e desarmar elhe quysera logo *por* sua | mão cortar ha cabeça se hy nõ a certara de | chegar sarafes seu cunhado *que* lhe dyse ay sen*h*or | meu *que* he ysto *que* queredes fazer qua *por* voso | mordomo morrer nõ he bem *que* façays cousa | *que* nom vos este bem e mays se vos *per* destes | vosso mordomo tolomer *pe*rdeo seu Jrmaão | *que* mays amava do *que* vos podeys amar a esse | asy *por* ho *que* sarafes dysse amãsou ael Rey | *que* deyxou de matar a nabor gramde foy ho | desbarato e morte *que* se fez na*que*le passo | da pena do samgue e m*ui*tos catyvos tomados | e el Rey e sarafes e outros muytos * mal ferido*s* | e anoute hos estrouou *que* aymda m*ui*tos mays | nõ fossem mortos e de quaremta mjl cavale*i*ros | *que* elRey tolomer trouxe ño escapařa dous mjl | e asy foy elRey do egipto desbaratado e todo | ysto foy *por* ve*r*tude do grão senn*h*or Jh*es*u c*ris*to e | elRey evallac se tornou *pe*ra orcauz cõ sua | gemte cõ muy grã despoJo dabatalha *que* | ño foy nela pessoa *que* depoys pobre morresse | e depoys *que* ha cydade chegařa acharã tamtas | gemtes e tamtos presos dos *que* da batalha fo | gyrã *que* nõ cabỹa demtro na cydade e *por* fora | armaũa muytas temdas *pe*ra se aposemta[r]ẽ || **[64v]** E elRey no campo ẽ suas temdas ficou *que* | nom quys ẽ trar demtro da cydade | CAP*[ITULO]*. Lj^{ta} *EM QUE LEIXA OCOMTO* | de falar delRey evallac e dos *que* cõ elle | erã e torna afallar dos c*ri*stãos que | ficarã na cydade de sarrat | O comto diz e dyvisa da molher de vallac q*ue*hera | muy fermosa e avia nome sargocimta e | quãdo elRey evallac foy abatalha ouue a Ra | ynha muy grã pauor deho *pe*rder como da cou | sa do mũdo *que* mays ho amava e mamdou *por* | Josefes *por* *que* dysera *que* evallac seria tres horas | do dia ẽ poder detolomer E em pauor de morte | e Josefes e seu padre vieram e adona lhes p*r*e | gumtou como seu sen*h*or farya na batalha e Jo | sefes Respomdeo a sargocymta

ysto te mamda | dizer ho deos dos cristãos começo e fym de
todas | as cousas e aJudador e saluador detodos he | detodas por
que hos Reys terreais nõ me quyse | rão conhecer por ysso dey
eu seus corpos ẽ poder | de seus ymigos e partyrey suas terras
por estra | nhos pouos qua eu quero que eles conheçã que eu | sã
ho muy grã Rey verdadeyro deos comtra quẽ | nhũ Reyno sepode
ter que eu hos brauos e hos | soberbos amamsso e bryto e a[s]
carnes dos Reys || **[65r]** seram dadas acomer as bestas e as aves
e as | carnes dos pobres seram soterradas homrrada | mẽte por
que amam hos bõs ẽ synamẽtos quãdo | ysto disse Josefes disse a
Rainha que crerya ẽ deos | se evallac escapasse e farya que
outrosy elle | cresse e Josefes lhe dysse que ho fizesse disso se
| guro e ella Respomdeo queho seguraria e elle | dysse que
seguramça depagã nõ vallia nada e | ella per | gumtou que cousa
era ser cristão e hos põtos | da fee e Josefes lhos diuysou e ella
lhe pergũtou | como avia nome e elle lhe Respomdeo que Josefes
| e ella começou a Rir e fez apartar todos | hos que hy eram e
ficou soo cõ elle Eemtã co | meçou adeclarar a Josefes os pomtos
da fee | bẽ asy como elle e comtoulhe sua vida ẽ tal | guysa
acomteceo dyse ela a vera bem trimta | e sete annos e mays que
hũ homẽ bõo veyo a | esta terra por quẽ deos fazia muitas vertudes
e my | nha may avya hũ g̃ra mal de que ño podia sa | rar e
quãdo ouuyo falar dos mylagres da | quele homẽ bõo foysse a
elle e levou me la cõsy | guo e caiolhe aos pees e pediolhe
choramdo | merce e que ouuesse della piedade e da grã peña
| que sofria e elle oulhoua e dyselhe dona que de | mãdas tu da
tua ẽfermydade certo se tu | es molher mortal e pecadora outro
sy sam | eu homẽ mortal e pecador e ño tenho eu poder
|| **[65v]** de dar saude anymguẽ mas Jhesu cristo verdadeiro
| Rey ada * aquẽ quer e ela disse que lhe Rogasse | que lhe
desse saude que bem sey de verdade disse | ela que selho vos
Rogardes que ele ho fara | e elle disse dona quẽ tal cousa Roga
nom | ha de vyr cõ ha mão vazia senhor dysselhe ella | eu ño
venho cõ ha mão vazia ca trago muy | g̃ra tysouro que eu darey
ao vosso deos e elle | dysse que muyto mays vallia bõo coracão *
e | verdadeyro e ella disse senhor nõ ha cousa no | mũdo que me
vos mãdades fazer que eu nom | faça pera cobrar saude e elle
disse setu quy | seres crer ẽ Jhesuu cristo * eu te prometo que
ele te | de saude amte que te partas da quy E ela ẽ | tão caiolhe

aos pees e começoulhos debeiJar | e dyse sen*h*or seme ele desse saude eu p*er*a sẽ | pre ho crerey e ho bõo homẽ lhe dysse por | bõoa fee setu creres naq*ue*le d*e*os tu averas | logo saude q*ue* áelle nhũa cousa lhe he grave | p*er*a aquele q*ue* ho cree sen*h*or dyse ela eu creyo bem | q*ue* ele tem poder de me lyvrar desta ẽfer | mydade e ho homẽ bõo tomou hũ lyvro | e começoulhe aller sobre acabeça do samto | avamgelho omde esta qũado cri*s*to sarou ha | molher q*ue* avia dezoito annõs q*ue* tynha aquela | ẽfermydade mesma e tã asynha como ouve | lydo dyselhe alevamtate no nome do padre || **[66r]** e do filho e do esprito samto ẽtão se semtyo | mynha may q*ue* era tãb[e]m sãa como numca | amtes fora e logo cobrou toda sua força | e quãdo se vyo tã bem sam dyse n[õ]ha hy | d*e*os senam ho q*ue* me sarou q*ue* eu dey a mestres | mays de mjl marcos e nhũ proveyto me ty | verã este quero eu homrrar todos hos dias | da mynha vida ẽtam lhe dyse ho homem | bõo q*ue* lhe cõvynha Receber bautys[m]o e ẽ sy | noulhe q*ue* era bautysmo e bautyzoua no nome | do padre e do filho e do esprito samto e depois | q*ue* a ouue bautyzada saio ela e buscou me fo | ra da casa omde eu esperava e tomou me pe | la mão e levou me d[i]amte ho hirmytão e | dyseme filha eu sam bem sam da mynha | ẽ fermydade q*ue* tamto tẽpo me teve como | tu vyste ẽ tão me dyse mynha * may filha | eu quero q*ue* tu faças ho q*ue* te eu mamdar | eu lhe Respomdy choramdo q*ue* farya quãto | ella quysesse como p*or* madre pero maravy | lhoume q*ue* queria q*ue* lhe fizesse ella me | dysse filha eu quero q*ue* tu creas ẽ aqu*e*lle | q*ue* me deu saude eu q*ue* aymda era muy mã | ceba e muy samdia e cuydey q*ue* mo dezia | p*or* ho homẽ bõo dyselhe q*ue* nom ousa[r]ya | aymda fazer seu mãdado ẽ tão p*er*gum | tou mynha maay p*or* q*ue* nõ ousaua e eu || **[66v]** lhe dyse sospyramdo p*or* que avya abarba | muy gramde ẽ tão ho hermytão e mjnha | madre começarão a Rir p*or* q*ue* lhes aprouve | muyto do q*ue* eu dyse e dyse ho homẽ bõo que | nom era elle ã tes era outro ẽ quẽ erã todas | as beldades e bomdades do mũdo E eu lhe dy | se logo q*ue* mo mostrasẽ q*ue* se elle fose majs | fermosso q*ue* meu Jrmão q*ue* de bõamẽte creria nele | e aquelle meu Jrmão era ho majs fermoso q*ue* | podia ser e ho hyrmytão me dyse filha fermo | sa logo veras a q*ue*le q*ue* eu te dysse mas ho ou | tro nõ ho veras Jamajs tam presto como me | ysto dysse vy huã grã clarydade demtro na | sua capela e

pareceome que todos os bõos chey | ros hy erã depoys vy huũa
fegura de homem | na capela tã fermosa e tã clara que nõ ha |
homẽ do mũdo que abem podesse oulhar a quelle | homẽ tynha
na sua mão [h]uũa cruz vermelha | e depois que sayo fora esteue
E eu fuy tã | espãtada que nom pude ver majs e depoys | que
esteve asy huũ grã pedaço tomou me ho | hermytão por ho queixo
e ergueo me o Rosto | ẽ alto E eu oulhey e nõ vy ho homẽ bõo e
| somẽte vy mynha maay e elle me chamou | filha filha fermosa
que vos parece E eu lhe | dysse que na quele queria Eu crer a
seu prazer | E elle me bautyzou no nome da samta || [67r] trim-
dade e depoys mostrou nos a fee como Jhesu | cristo ẽ carnou na
vyrgem e naceo dela sem | corrompymẽto de sua vyrgimdade ẽ
tam sofre | ra morte por nos lyvrar das penas perduraves | e como
Resçucytou ao terceyro dia e tyrou seus | amygos do ymferno
como sobyo aos ceos aos | quaremta dias e como ẽ vyou ho seu
esprito sã | to aos xj. dias aos seus decypolos e depoys | que nos
ysto dise * fez amte nos ho grã sacramẽto e deu | dele a mynha
madre e depoys amỹ que me meteo | naboca e dysseme que
aquelle sãmto | sacramẽto era ho samto corpo que eu vyra na ca |
pela e que aquelle era meu saluador sẽ nhũa | duvida e que cresse
que a quelle era ho seu sãto | Corpo que na vyrgem tomara Carne
e disto | fuy eu ẽ duvida hũu pouco e tomeio e logo | me pareceo
que aquella era a fegura que vyra | sair da capela e llogo disse
que aquyllo cre | ria eu como quẽ ho vyra muy bem E emtam | nos
partymos delle e prymeiro nos castygou muito | que nos tornasse-
mos a esta cremça que nõ era | senã destroymẽto e dys[sen]os
que bem soubesemos | que nos nã esquecerya deos amte nos mã-
daria | muy cedo comforto e que tyrasse ho pouo assua | sã ta
fee asy nos ẽ synou a fee de Jhesu cristo | quãdo fomos tornados
ẽ orberyque ouuymos | huũ muy grãde brado de huũa besta
aquella | besta era tall que Ja delomge nõ apoderia ho | mem
|| [67v] ver que dyssesse que Jamda * era e ela fazia muyta | per-
da na terrã asy veyo hũ dia que hos mora | dores da terra forã
por a mata[r] e meu Jrmão | que era muy bõo cavaleiro darmas
e muy ardy | do foy amtre hos outros apos ella e hia muy | beẽ
armado sobre hũu grã cavallo que nhũu | homẽ desarmado ño
se ousava dechegar | aella que ella tynha tres cornos no meyo
| da testa tam agudos e tam talha dores | que nhũa armadura lhe
podia aproveytar | asy foy meu Jrmão apos ha besta e ferira | Ja

ẽ dous lugares e ella lhe matara | Ja tres cavalos e fogyalhe ahũua mata | e meu Jrmão quãto ho cavalho ho podia | levar foy apos ela e Ja majs depoys | nẽ por homẽ nẽ por molher foy vysto e | nõ podemos Ja saber cousa nhũa nẽ de | sua morte nẽ de sua vyda asy ẽtẽdemos | eu e mynha may que ho hermytão era homẽ | samto por que nos adevynhara ho que avya | de vyr por que me dysera que veria eu deos mas | que nom veria meu Jrmão e dysse verdade | ca depois numca ho vymos e ouuemos | muy grã sabor no amor de Jhesu cristo e | na ssua samta fe[e] que Recebemos asy creo | mynha may ẽ toda sua vyda nẽ eu gra | ças adeos nõ torney depois aley pagam || **[68r]** e quamdo acomteceo que ella seouue defynar | mamdou que todos se sayssem da camara | homde ella Jazia | CAP*[ITULO]*. Lij^{ta} COMO AMAI DA.RA | ynha faleceo e das marauylhas que ha | Raynha na ssua morte vyo | Depoys que todos foram fora mamdou me que | cerrasse aporta e depois que cerrey dyseme | filha yde as mynhas arcas e trazeyme hũua | boceta que hy acharedes E eu asy ho fiz e de | poys que lha trouxe ergueosse e estemdeo as | mãos ho mays que pode e depois fymcou os gy | olhos no chão e começou muito a sospirar e cho | rar e esteve asy hũ grã pedaço e mãdoume | que posesse aboceta ẽ terra e que lhe desse agoa | pera lavar as maãos e abryo aboceta e tyrou | della fora nosso saluador ẽ semelhamça | depão cõ lagrymas e cõ sospyros e depoys | que ho Recebeo dysse que deoJe mays era segura | que nã temesse ho diabo ca ella Recebeo sa | ude detodas ẽfermydades e de todos ẽga | nos do ymigo depoys desto dyseme filha | eu vos deyxo ẽ guarda da quelle que todo | ho mũ do mãtem e governa filha este he | a quele deque nos Recebemos bautysmo e a || **[68v]** samta fee catolyca e catade como ha mãte | nhades asy como vos foy mãdado guardade | vos ẽ toda guysa do mumdo de fazer pe | sar adeos e nõ no assanhedes crede ẽ hũ soo | deos e ẽ tres pessoas e hũu soo deos sede ẽ | todas as oras a elle ẽ comẽdada e a pare | lhada pera compryr sua vomtade todos hos dias | vos lembre como quys nascer da vyrgem e | vyuer nos trabalhos do mũdo e como ele qujs | provar e sofrer todas as cousas que comuem | a terreal natura afora pecado domde foy | sempre quyte este seu bõo tal[a]mte nos * de | veys sempre ter diamte nossos [sic] olhos e agrã | coyta que sofreo qũado por suas mãos e seus | pees lhe forã metydos grossos clauos por | sua vomtade todo esto vos deve

filha de | lembrar que ẽ todo tempo que vos ysto acordar | vosso
coração sera apartado detoda maldade | e avedeo cõ vosquo ẽ todo
tẽpo que asy ho ty | ve eu comygo desaquela hora que Reçeby
| sua fee que depois que eu e vos Recebemos bau | tysmo por
mão do samto homẽ numca majs | passou hora que eu nõ ouuesse
ẽ mynha cõ | panha a quelle que seu corpo quys dar amorte | por
nos e cada dia amtes que comesse ho avya | aymda que eu era tal
que nom merecya deho | ver e numca vos eu quys dizer que ho
tynha | e cria que fazia grã pecado ẽho ver eu | qũato majs deho
mostrar aoutrẽ asy || **[69r]** filha· dysse ella eu vos leyxo agora e
vos | Rogo e mamdo que tam asynha como eu| morrer que vades
ao samto homem e dyzey | lhe que me queyra Receber ẽ suas
orações | que elle fizer anosso senhor e que vos de da quele | sam-
to corpo que morte por nos Recebeo na | cruz pera que vos ño
passedes deste mumdo | sem ho Receber e eu sey bem que ele
volo | dara deboãmẽte e guardadevos filha asy | como amades
avossa alma queho nõponhades | ẽ lugar omde homẽ ou molher
more mas | tomade esta cousela bramca que me ele deu | mete-
deo demtro e bebedeo cada dia com | sospyros e cõ lagrymas e
Rogadeho que ele | por sua pyedade vos defemda que ho coração
| nõ se vos mude pera crer nẽ homrrar aoutrem | que nom ha
outro sennhor ẽ que se deva crer | senã este nesta guysa me casty-
gou my | nha madre e ẽ synou me todas aquellas | cousas que
soube que erã bõas ao corpo e alma | e apartar todas as cousas
que me podĩa ẽ | pemcer pera que delas me guardasse e depois |
que ysto dyse mamdoume abrir aporta e depois | que abry ẽ trarã
as donas e as domzelas que | erã muitas e depoys que ẽ trar[ã]
demtro chamou | me aorelha e dyseme se vya algũa cabeça | e eu
oulhey e vy hũu homẽ que estemdia sua | mão e era tal como
aquele que eu vyra na | capela e quãdo ho vy tyveo por grã ma-
ravy | lha || **[69v]** e ouue muy grã medo e ela me pergumtou
que | vyra e eu lhe dysse que vyra nosso saluador | e ella dysse que
graças ouuesse por que se quysera | a mỹ mostrar qua agora
sabya ela bem que | algũa merce queria ela aver dela e depoys |
dysseme filha agora vos ẽ comẽdo adeos e | beyJademe ca a
quele senhor que vos vystes me quer | levar e depoys dysto vy ẽ
casa cousas de | grã maravylha e que nymguẽ podia pẽssar | e
tam asynha como me ysto dysse partiose | alma do corpo Eeu por
amerce dedeos fiz como me | ela mãdou ca logo fuy ao samto homẽ

e | ele me deu ho samto corpo de nosso senhor e de | poys que me ẽ synou como ho esquyuasse as | cousas do mumdo ẽ comẽdoume adeos e dyse | me que fose que nõ podia comygo majs fa | lar e depoys que me eu dele party e fuy fora | da sua cella cõ ha mynha boceta na mão | ouuy hũ gramde e saboroso camto ho mjlhor | que numca h[o]uuy e aquele camto hia direyto | da capella as nuues e tamto que ouue ãda | do huũa mea legoa achey huũ homẽ vesty | do dehuũ pano negro e era muyto magro | e muito amarello e tynha hos cabellos lõgos | 2 cãos e apressauasse tamto por amdar que | era todo cuberto dagoa e nõ sey que se vy | nha amtre sy dizemdo amtre demtes e tam | asynha como me vyo começou asospyrar | muy feramẽte e dyseme ay cristãa muyto || [70r] erraste que nom estyveste com teu hermytão ata | que seu oficio fosse todo dĩto ca seu esprito he sa | ydo de seu glorioso corpo e quãdo eu ouuy que me | chamara cristãa decy de meu palafrem e pergũ | teylhe que homẽ era e elle me dysse que hera seruo | de Jhesu cristo e que deseJaua muito falar comygo e que | de muy lomge vyera por mãdado do esprito samto | por soterrar aquele homem bõo E eu lhe dyse senhor | agora me party eu dele filha dysse elle nom | ouuyste tu hos amJos camtar cõ sua alma que | levauã aglorya celestrial do paraiso e quãdo | eu ysto ouuy fuy toda espamtada e comecey | a cuydar e chamey duas criadas que herã comjgo | e ahuã mynha Jrmãa domzela que numca quys a | ver marido e dezia que Jamays numca ho averia | e aymda agora aquy he comygo e esta cõ pa | nhia tynha eu ẽ tam hy que nom era mays de | mynhas domzelas asy tornamos quatro com | ho homẽ bõo que a nos vyera ahermyta e a chamos | ho samto homẽ morto e quãdo ho eu vy fiz muy | gramde pramto e fuy comtra ho altar e a chey | todas as cousas que comvyñha pera soterrar homẽ | e fez ho homẽ huã Cova diamte ho altar e depois | que ha teve feyta veyo ao corpo e fez sobre ele ho | synal da cruz e tomouh[o] por acabeça e diseme | que machegasse aelle e o tomasse por os pes e eu | lhe dysse asy sennhor como me chegarey eu atã sãta | cousa que eu sam muy pecadora e ele me dysse || [70v] aJmda a mays samta cousa [te]chegas que tu tra | zes comtygo ho saluador do mumdo quãdo lhe | eu ysto ouuy soube bem que hera debõa vyda | que ele dezia as cousas ẽ cubertas e ẽtão to | mamos ho corpo e deytamolo na cova ca el[e] | nõ quys que outrẽ ho tomasse e quãdo

foy cu | berto de terra e ele dysse ho que avya de dizer | ẽtão
elle oulhou mynha companhia e dyselhes | que amdades demam-
dãdo por os samtos lugares | de nosso senhor que nom somdes
vos tays que devays | deouujr suas samtas palavras e somdes tam
| ousadas que ẽtrades nos lugares samtos ca vos | somdes na com-
fusão do pecado do mumdo e do dy | abo aquẽ homrrades e
seruydes tamto lhes pre | gou que lhes cayra aos pees e pedyra
lhe merçẽ. | e que lhes desse bautysmo e ele foy muy ledo | 2 foy
corrẽ do tomar dagoa bemta e bautyzou | hos no nome do padre
e do filho e do esprito sãto | e dyselhe Rogovos que homrredes
bẽe ho saluador | do mũdo e esqueçades as homagẽs que nõ tem
| pod[e]r de aJudar amtes ho tem de ẽpemcer e | Rogou me por
deos que eu lhes ẽ synasse quamto | amy me ẽ synarã e ẽtão nos
ẽcomẽdou adeos | e dysenos que Jamays se nõ parteria daly
emẽtes | vyuesse asy ficou aly e fez deos por elle muytas | vertudes
e ño vyueo depoys senã pouco e fez me | deos tamto bem que
fuy ẽ seu ẽ terramẽto asy como | fuy no ẽ terramẽto do outro e
depoys que Josefes || [71r] escutou todo quãto lhe ella dysse
dysselhe como | dona asy Recebestes vos a ley dos cristãos e nõ | a
mãtemdes como cristãa certo dysse ela eu guar | dava ata que
deos hordenasse como ho podesse | fazer e que metesse hy meu
senhor mas nõ se me | aparelhou que meu senhor he hũu homẽ
muy cru e muj | brauo e muy asynha me leyxarya ou me ma | tarya
se dysto algũa cousa sospeytasse mas | agora que por prazer de
deos he ẽ tẽpo que podera | tornar da maa vyda ẽ boõa e Receber
dyrey | ta fee eu te Rogo glorioso seruo de Jhesu cristo | que tu
lho Rogues que ele por a sua merce ho de | femda de mortall peri-
go e que ho traga são | e homrrado e que ho faça aver sua fee
que se ele | foy tornado muyto avera Jhesu cristo nelle leal | seruy-
dor por que avera ganhado todos hos da terra | Eeu seho vysse
crer seria tã leda que Ja mays | pesar nõ averia nẽ me daria nada
por mynha | morte mas dysto sã espamtada que vos me dy | sestes
que seria ẽ prysão de seu ymjgo quãto | he tres horas do dia e
Josefes lhe dyse que asy | seria verdade e Ja nõ poderia por nhũa
maneira ser | ẽ outra guysa mas nõ aJades nhũ pesar que ele |
vemcera seus ymygos e a Raynha lhe dysse | Josefes tamto me
dyzede por deos senosso sennhor | vos amostrou como lhe averia
nesta batalha tamto lheRogou ata que lhe dysse todas || [71v]
as cousas como averya asy esta Josefes e os | cristãos ẽ sarrat

muy homrradamẽte e serujdos | de sargomcỹta a Raynha e de todos hos de | casa | CAP*[ITULO]*. Liij. DO QUE ELREY EBA | llac fez ẽ orcauz depoys q*ue* saio da | batalha e como separtio p*e*ra sarrat | e se tornou cr*ist*ão sarafes EelRey | 2 das maravylhas q*ue* ẽ seu bautys | mo acomtecerão | ElRey evallac era ẽ orcauz muy ledo e cõ muy | grã prazer po*r* a grão vytoria q*ue* ouuera e per | gumt[a]va m*ui*to quẽ era ho bramco caval*ei*ro mas nhũ | lho sabya dizer e muyto avya grão sabor deho | sabe*r* e marauylhouse m*ui*to de q*ue* nom pode saber | nada e elle e seu cunhado sarafes nõ comera | aq*u*ela noute amtes cuydarão tamto no brãco | cava-leiro q*u*elhes nõ alembrou decomer nem | doutra cousa ata saberẽ novas delle e toda | aq*u*ela noute falarão nele e dezia elRey que | ho devya damar q*ue* po*r* ele ouuera ganhada a | homrra da batalha e tamto falara ata que | elRey e os outros se forão deytar e po*r* ama | nha [sic] foy elRey ver aelRey tolomer e quamdo | ho tolomer vyo caiolhe aos pees cavya muy grã | pauor deho matar EelRey ho ergueo po*r* q*ue* hera || **[72r]** Rey e tolomer Rogou aos vassalos de ballac que | falassem de paaz e a posessẽ amtre elles ambos | e elles ho Rogarã eballac lhes dysse q*ue* lho nom | dyssessẽ q*ue* nom farya cõ elle paaz asy ficou | ẽ tão ho preyto eballac se foy de orcauz p*e*ra sarrat | e levou comsyguo serafes muy mal chegado e | sarafes lhe dysse q*ue* sequeria hyr p*e*ra sua terra | q*ue* mays asynha sa[ra]ria la EelRey lhe dysse q*ue* | queria q*ue* fosse cõ elle asarrat e mostrarlhehia | as mayores maravylhas q*ue* numca vyra de hũu | homẽ q*ue* lhe dysera quão vyera p*e*ra a batalha | todas as cousas q*ue* lhe avyeřa ca muyto avya ha | graça de seus deoses e sarafes dysse q*ue* m*ui*to ho que | rya ver de grado asy forã ambos p*e*ra sarrat e | os outros separtyrã e forã cada hũu p*e*ra sua | terra depoys q*ue* se despedyrã e quão el Rey che | gou a sarrat m*ui*ta foy alegria e prazer q*ue* ha Ra | ynha ouue cõ seu sen*h*or e cõ seu Jrmão q*ue* comele | veyo e outro sy todos hos da terra q*ue* numca cuy | daŕa q*ue* amtre elles ouuesse paaz nẽ amor qu[a] | sobeJamẽte se querīa avia m*ui*to mal e tamto que | el Rey deceo loguo p*e*rgumtou po*r* os cr*ist*ãos e ha | Raynha lhe p*e*rgumtou q*ue* lhe parecya de suas pa | lavras Eel Rey lhe dysse q*ue* quãto dysera Jose | fes todo fora verdade dysto foy ha Raynha leda | e mamdou por Josefes e quamdo elRey ho vyo | vyr ergueo se comtra ele e dyselhe q*ue* fose bem | vymdo como ho mays alto homẽ dos p*r*hofetas | e felo asemtar acabo de sy e dysseasarafes |

que Jazia ẽ huã cama como homẽ ferido sara | fez || **[72v]** tamto
quero que todo ho meu pouo saiba que por | este homem hey
ganhada homrra ẽ tam dyse | Josefes nẽ eu nem tua cavalarya nõ
te acorre | rão nẽ te deram homrra mas aquele senhor CuJo | synal
tu trazes no escudo e sarafes lhe pergũtou | que senhor era aquele
de que falava que tã gr̃a poder | avya e Josefes lhe dysse hora ouue
que eu te | dyrey quem he e que te mamda por mym dizer | a
quele senhor que sennhor he dos cristãos diz por a sua bo | ca tu
Josefes que hes meu mãdadeyro tu dyras | que eu sã começo e fym
e sam aquele que lyvrey | a sarafes de sete cavaleyros quãdo tu
estavas | ẽ pomto d[e] morte e qũado tu cuydavas que as | mara-
vylhas que tu fazias que has fazias por | teu poder Cuydavas
famtasia mas tã asynha | que vallac teu cunhado dysse ay sarafes
a quelle | senhor te guarde CuJo synal Eu trago no meu | escudo a
quele te guardou que mal te nõ veyo | na batalha nẽ depreso nẽ
de feridas quãdo | Josefes ysto disse foy sarafes muy maravy |
lhado como dezia as cousas que nhũ homẽ po | dia saber e elRey
dysse que dezia verdade e ẽ | tam dyse Josefes que lhe trouxesse
ho escudo | homde fizera ho synal da cruz e vallac fez | trazer ho
seu escudo e quãdo ho descubrio vyo | huã cruz vermelha e hũ
croçofixo nela que lhe | pareceo novamẽte crocificado Eestamdo
ho ou | lhãdo acomteceo que huũ homẽ tynha hũ braço || **[73r]**
cortado ẽ trou na casa e chamou a Josefes edy | selhe se teu deos
he poderoso mostre ẽ mỹ seu | poder logo e deme meu braço
que he cortado que | seJa tã são como estoutro ẽ tam fez Josefes
| chegar a cruz ho homẽ e tyrou se afora que | nõ cuydasse que
hera ẽcamtador e tamto que hy | chegou foy logo tã são do braço
cortado como | do outro e acomteceo que logo ho croçofixo se
| despegou do escudo e numca majs nele apare | ceo muy mara-
vylhados forã todos hos que ho | vyrã e quãdo sarafes ysto vyo
disse que nom | esperaria mays mas logo sequeria fazer cristão |
que bem devya ho homẽ crer este que tal poder avia | E emtão
asy doemte como estava sealevãtou | e cayo aos pees de Josefes e
dyselhe que ho fy | zesse cristão no nome do padre e do filho e do |
esprito samtoe Josefes asy ho fez e foy cha | mado ẽ bautysmo
nascyão e tã asynha | como foy bautyzado deceo sobre elle hũa
grã | clarydade que bem avyr̃a quãtos hy estavão | e parecialhes
que toda sua vestydura era chea | de fogo e que huũ Rayo de fogo
lhe ẽtrava | pella boca e depois ouuirã huũa voz muy | alta e muy

espãtosa que dysse hos derradeyros | hã tirada homrra aos primey-
ros por aligeyreza | da fee e tamto que avoz ysto dysse sẽtyose |
nascião são das feridas e tã asynha foy | cõprydo do esprito samto
e dyse nosso sennhor || **[73v]** que me mostra todas as cousas es-
comdydas dise | ho esprito samto que esperades vos que posestes
has | mesas que nom lavades vossas mãos e que nom | ydes comer
e sabede que ho preguyçoso pecador | preguyçosamẽte Recebera
galardão e sabede | vos evallac que tolomer morreo asy como
mo | mostra ho esprito samto que ẽ mym he tamto | falou nosso
senhor de nascião que eballac se foy | bautyzar e aquelle que
sarara do braço e tã | asynha como forã no bautysmo cada hũu |
ouue seu nome esprito na testa e ho nome | de ballac foy mordaim
e tamto quer dizer | ẽ latym como tardynheyro ẽ fee e o nome |
do outro que a cruz sarou foy clamacides e | tamto quer dizer
clamcides [sic] como alferez de | nosso senhor ẽ tão chamou el
Rey a Raynha | sargacymta e diselhe que se bautyzasse e ella |
dysse que nom era direyto de se bautyzar duas | vezes EelRey
lhe disse como e ella lhe cõtou | todo como comtara a Josefes
e ho samto homẽ | que ha bautyzara nõ quys que ouuesse outro
nome | ca sagracimta tamto quer dizer como chea de | fee quãdo
estes forã bautyzados hos outros | vyerã e bautyzarão se ho mays
espessamẽte | que podião e Josefes tynha hũu bacyo cheyo |
dagoa e deytavao sobre acabeça no nome | da samta trỹdade e
na quelle dia forã bauty | zados || **[74r]** mays de cymco mjl
homẽs e molheres por a manhã | se partyo nascyão de sarrat
e levou comsygo a Jo | sefes pera bautyzar algũs de ssua terra e
por exal | çar a fee e Josefes se foy cõ elle e leyxou seu pa | dre
pera derribar hos ydolos e pera fazer novos alta | res e fez hy
hũu templo e de pois que hos de sarrat | forão cristãos Josefes
se foy por todo ho Reyno e mã | dou todos hos seus cristãos
pregar a fora tres que | guardaũa aarcha homde a samta escudela
era | e hũ era anac[o]r e outro manates e outro elucão | a quele
fez Josefes ho mayor guardador darcha asy | ficarão a queles tres
e outros se forão bautyzã | do e pregamdo por aterra ho nome do
verdadeyro | deos e nõ avia hy tal deles homde ho verdadeyro |
esprito samto nõ fosse tã verdadeiro que falaũa todas | as lym-
guoagẽs e erã elles lxxj sẽ Josefes e sẽ | Josep e quãdo Josefes
chegou a orcauz ẽ trou | Josefes prymeira mẽte no templo e
começou muyto | acuydar e depoys tomou a sua cymta e foy a |

hũa ymagẽ que estava sobre ho altar mayor e | começou deha
comJurar tamto que ho diabo sayo fora | asy que tod[o]s ho
vyrão e Josefes lhe deytou acỹta | no pescoço e tyrou ho fora do
templo aRastãdo | ãte elRey e amte nascyão e amte ho povo que |
hy estaua e ho diabo bradaua tã RyJamẽte que ho | ouuya toda
acydade asy que ha majs da gemte hy | veyo | CAP[ITULO].
Llllj^ta DE COMO HO DIABO. | dysse por qual Rezão matara
tolomer e || [74v] decomo elRey evallac mamdou que todos | se
bautyzassem e como Josefes foy | ferido da lamca * | Emtão per-
gumtarão el Rey e nascyão a Jose | fes por que ho Justyçaua e
que lhe tynha feyto | e Josefes lhes dysse que bem ho sabya
e emtão per | gumtou ao diabo por que matara tolomer e o
diabo | lhe dysse Josefes tu que hes seruo de Jhesu cristo leyxa |
me hũu pouquo e dyreyte como e Josefes lhe ty | rou acymta e
tomouo por hos cabelos e mãdoulhe | que lho dysesse asynha ay
Josefes disse ho diabo | eu vya as maravylhas que deos por ty
fazia quã | do saraste ho homẽ do braço que fizeste chegar |
acruz e que fizeste bautyzar elRey e cuydey que | fizesses outro
tamto a tolomer e por ysto ẽ seme | lhãça de homẽ lhe levey
novas e dyselhe que | evallac mãdaua que amanha * fose aRastado
e de | poys que ysto lhe dysse dysele que ho saluarya que | bem
sabya como daly ho poderia lamçar fora | e que nõ a vya homẽ
no mũdo queho mays asynha | saluasse e elle me dysse que seeu
ho posesse fora | que seria meu ẽ tão me mudey ẽ forma degryfo |
amte elle e filo sobyr sobre mỹ e depoys erguy | me muy alto
e deyxeyo cayr e quebreylhe hũ pee | e hũu braço e tomeyo
outra vez e de Ribeyo de | tã alto que ho matey e Josefes lhe
deytou outra || [75r] vez acorreya na gargamta e trouxeo por
todas as | Ruas da vylla que todas as gemtes ho vyã e de | zia
ay pouo catyvo de samdeu coração e maldy | tos de syso e de
fee vedes a figura dos deoses | que adorays e credes e por quẽ
cuydays que vyveys | sobre ha terra depoys pergumtou ao diabo
como a | vya nome e dyselhe que a vya nome asolafas e que |
avya poder demeter as gemtes ẽ medo por mas no | vas que lhes
trazia de falsydade quãdo as gemtes | ysto ouuyrã tornarã ao
bautysmo e Josefes | hos bautyzava e deyxou hir ho diabo e
mãdou | lhe que numca ẽ ganasse nhũ homẽ queho synal | da
cruz trouxesse ẽ tão fez elRey dar preg[ã]o | que todos se bauty-
zasẽ e que hos que senõ quysesẽ | bautyzar que hoslamcaria *

fora da terra ẽ tão fo | rão ao bautysmo muy grã peç[a] de gemte e m*uitos* | quyserã amtes leyxar a teỹa q*ue* aley e dos q*ue* se * nõ | quyserã bautyzar delles cayã mortos e deles tor | navão samdeus e deles ficavão chagados e nõ | sabyã domde nẽ como tã tos ouue hy de mortos | e de samdeus e de tolheytos q*ue* a nova vey[o] a Jose | fes homde bautyzaua os outros e foy la corrẽdo | e vyo ho diabo sobre hos corpos dos mortos e quãdo | [e]lle vyo Josefes deu vozes e dyse ora oulha Jose | fes como eu to mey vymgamça d[o]s ymyg[o]s do teu || [75v] d*eo*s e Josefes lhe p*er*gumtou por cuJo mãdado ho fa | zia e elle [d]yse q*ue*ho fazia por mamdado de Jh*es*u | cr*ist*o e Josefes dyse deyxaos mao ca nũca ele to | mãdou e foy p*er*a elle p*er*a ho atar como damtes | e elle hymdo comtra elle vyo diamte sy hũu | amJo q*ue* avya ho Rosto como de fogo quãdo ar | de e quãdo Josefes ho vyo ẽ tal guysa foy | muy espamtado e ẽ quãto estava pemssamdofoy | ho amJo comtra elle e meteolhe hũa lamça p*or* ha | coxa ata ho osso e leyxoua ẽ elle e dyselhe | ysto he ẽ Remembrãça p*or* q*ue* tu leyxas debauty | zar mynha gemte p*or* acorreres aos desprezadores | da mynha ley e ẽ ty te parecera todos hos dias | de tua vyda ẽ tão se foy ho amJo e Josefes tirou | a lamça da coxa pero ficou hy ho ferro mas nõ | lhe fez outro mal e bem ẽtemdeo q*ue* ho amJo dysera | verdade q*ue* sempre delle coxeou ẽ memtes vyveo | e sempre achaga deytou samgue emẽtes hy foy | ho ferro e aymda ho mays lazerou ẽ outro lugar | e esto comtara a estoria adiamte mas aquy se | cala ho comto da chaga e da lamça fora q*ue* diz | que Josefes levou a lamça ao paço asy foy Josefes | muy espamtado nã da chaga mas de seu s*en*hor e | curou sua chaga mas nõ lhe aproveytou nada | e el Rey se maravylhou q*ue* podia ser e elle dyse | q*ue* nõ se maravylhase q*ue* d*eo*s lhe fizera ysto p*or* q*ue* || [76r] tolheria hos descridos da mão do diabo e quãdo as | gemtes ysto ouuyrã forã muy ledos hos q*ue* herã | bautyzados e os q*ue* nõ erã correrã muy presto ao | Receber asy Receberã a fee e agoa do bautysmo | e Josefes foy na cydade de orcauz tres dias e | tamto fez d*eo*s q*ue* nestes tres dias bautizou quã | to erã na cydade q*ue* nom ficou gramde nem | pequeno e os outros q*ue* amdaũa por aterra tamto | fizerã q*ue* todo ho pouo da qu*e*le Reyno foy tor | nado a ley de d*eo*s e hos ydolos forã todos queyma |dos e de Ribados e Josefes fez tamto q*ue* toda | a gemte da terra de Jascyão [sic] tornou cr*ist*ãos | CAP[ITULO].

L.^{ta}B. DO QUE JOSEFES. FEZ. | depoys do bautysmo das gemtes del Rey | vallae e nascyão | Depoys desto asy feyto Josefes muy ledo por ho | que avya feyto se tornou a sarrat cuydamdo | que ho que ficava feyto ficava a ser*u*yço ded*e*os e nas | cyão veyo com elle do q*u*e foy muy ledo e seus | companheyros q*u*e forã pregar tornarã aly e | elle tomou delles e mãdou delles a terra de | mordão e a terra de nascyão q*u*e hera Rey de muy grã | senhorio asy q*u*e cada cydade ouue hũu c[ll]erigo de | myssa asy hos mã dou Josefes e nõ leyxou ẽ || [76v] sua companhia senã dezaseys e os cymquoẽta | e cymquo ẽ vyou por a terra mas amtes q*u*e della | se partyssẽ hos hordenou todos dordem deb*i*spos | asy como nosso sen*h*or fizera aelle asy como Ja a | veys ouuydo e os dezasseys q*u*e nom forã ordenou | hos de myssa e quãdo ha terra foy tornada toda | a samta fee e os b*i*spos forã ẽ cada cydade ele | foy ẽ busca dos samt*o*s hermytães ajmda homde | Jaziã e elle e sua comp[a]nhia Rogarã a nosso sen*h*or | que lhes mostrasse seus nomes e suas vidas e | desoterrouos e achou dous lyvros e ẽ hũ lyvro | Jazia ho nome dehũu home bõo escrito e sua vida | e dezia aquy Jaz salu[s]tres ho leal ser*u*o de jhe*s*u | cr*i*sto e sua vida devisaua q*u*e fora trimta e sete | annõs hermytão e numca ẽ todo aquele tempo | comera pão q*u*e por mão lhe fosse dadoe no outro | dezia aquy Jaz ermeines e dezia sua vyda que | avya trimta annõs e sete meses q*u*e fora her mytão | e q*u*e nũca fora despydo nẽ descalçado des q*u*e lhe | Romperã hos prymeyros panos e os pr*i*meyros | çapatos senão asy como lhe nosso sen*h*or ẽ vyua [sic] | e aymda deziã suas vidas q*u*e hũa era natural | de tarsia e o outro era natural deb[e]lem quãdo | Josefes ysto vio leuouos a sarrat e nascyão Ro | gou a Josefes q*u*e lhe desse ho samto hermogenes e | deulho e elle ho fez levar a orberique e fello | meter ẽ hũu muy Rico moymẽto e fez hy huũa || [77r] muy Rica ygreJa ẽ q*u*e ho meterã. houtrossy fizerã | ẽ sarrat omde meterã salustres ẽ estas duas y | grejas meteo Jo[s]efes doze clerigos de myssa que | hos b*i*spos nõ podiã sofrer tã gramde carrega de | gemte e tam nova e ho b*i*spo de sarrat avya | nome aRistes e ho de orberique Juuenal asy | homrrou Josefes estas duas cydades destes dous | samtos corpos e ho ver-dadeyro d*e*os fazia e fez | hy gramdes mylagres | CAP[ITULO]. Lbj. DE COMO ELREI.E NASCI | ão vy[r]rã * ho samto greal | Em tal guysa como vos eu digo foy ho Reyno | de sarrat e o ducado deorberique tornado ao serujço | de Jhesu cristo depoy[s] dysse elRey a nascyão que queria | ver as Relyquyas que Josefes trazia e ẽ qual llu | gar fazia sua horação e ele hos levou a arq[u]a | e mostr[o]u lhes quamto demtro avya e quãdo el | Rey vyo avestymẽta cõ que Jhesu cristo sagrara Jose |fes e asy a cadeyra prezou todo muito e dyse que ha | cadeyra era amays fermosa seda ẽ que homẽ nũca | se vera * mas quãdo vyo ha samta escudela dyse | que nom era nada ho all tamto ouue sabor dea ver | e depoys que a olhou muito como aquele que a olhava de | bõo coração dysse que numca vyra cousa ẽ que nom || [77v] achasẽ que falar senã ella e muyto lh[e] prazia | quamto hy vira agora dyse nascyão que todos | meus pemssamẽtos sam cõ prydos que hũu dia quãdo | eu era escudeyro cavalgava por huũa montanha | depos huũ ceruo e aveyo asy que perdy meus cria | dos e mynhas gemtes e comecey muito a cuydar | E estamdo asy cuydamdo ouuy falar e nõ sey | quẽ que nõ vy ma[s] * ẽtemdy muy bem que ha | voz me dyse sarafes que cuydas tu este cuydar | nom compryras ata que nõ vejas as maravylhas | do samto greal e por ysto sey eu bem que este he | ho samto greal e que hos meus cuydares sã compry | dos por que me apraz sobre todas as cousas do mũdo | de ho ver mas ysto que vejo nõ he bem ver e soergueo | a patena cõ que ho groryoso corpo do * era cuberto | e depoys que oulhou demtro tyrouse a fora e começou | muy feramẽte a tremer e asemtousse por que nom vya | nada e quãd[o] elRey ho vyo maravylhouse e per | gumtoulhe que vyra e nascyão lhe dyse certo sennhor | eu vos digo que aquelle que muyto quer saber as cou | sas de seu saluador he samdeu que bem merecy eu seu desamor por que dysse el Rey e vystes vos cousa | por que nosso senhor seasanhasse por bõo * fee dyse nas | cyão eu sey verdadeyramẽte que elle me he a sanhado | por que vy por mynha samdyce ho que nhũ homẽ mortal | devya de ver ẽ tam pergumtou el Rey a Josefes | que podia aquyllo ser e Josefes quys oulhar ho | que era e nascyão lhe dysse nõ catedes qua Jamajs || [78r] nom sararedes do ferro da lamça que vos ficou na | coxa quamdo vos ferio ho amjo vermelho por | esso nom catedes hy qua por que eu hy catey perdy | ho lume dos olhos e ja mays nom ho cobrarey | ata que ho ferro vos nom seja saido da coxa por | aquelle mesmo amjo que ho hy meteo e emtão este | ve Josefes muy quedo E elRey começou muyto | a

Rogar e pergumtar a nascyão que lhe dysesse | que vyra e nascyão lhe dyse eu vy ho grã [ar]dy mēto e ho começo das gramdes bomdades e a | demamda de gram som e ho fumdamēto * des | cymtado e a fym das bomdades e das gēty | lezas e a maravylha detodas as maravylhas | e quãdo ysto ouuyo [e]l Rey foy muy espamtado | e pergumtoulhe se dezia verdade que perdera ha | vysta e ele lhe dysse que verdade era e que nom | quysera deyxar dev[er] ho que avya vyst[o] por ysso | Eemtão a parte lhe começou a pergumtar que | maravylha podia ser e nascyão lhe dysse que | deballde ho demamdava e asy estava amte | aarcha e Josefes cuydava ē a quela maravy[lha] | e nest[o] dysse huũa vooz de demtro da archa asy | que todos a[o]uuyrã depos mynha vymgāça meu corregymēto e tamt[o] que ysto dysse sayo hũ amjo | da archa vestydo de huũ pano e tynha ē sua | mão aaste domde Josefes fora ferido e a | quela aste tomou ho amjo asy que elRey e a | Raynha ho vyrã e quamtos hy estauã e veyo || [78v] comtra Josefes e ferio na quele mesmo lugar | homde ho ferira quãdo ho ferro lhe ficara | e quãdo tyrou aste sayo ho ferro com ella | e ho amJo tomou huũa boceta que trazia na | mão esquerda e polla no chão e pos ho | ferro da lamça sobre ella e começarão a cayr | muy gramdes gotas de samgue na boceta | ata que a boceta foy chea e depoys que foy cheya | foy pera Josefes e vmtoulhe a chaga e a nascy | ão hos olhos cõ ho samgue e logo vyo como | numca mjlhorvyra e depoys dysse a Josefes | que senyficava a quella lamça e Josefes lhe | dysse que nom sabya e ho amJolhe dysse que se | neficava as gramdes maravylhas que veriã | na terra homde hos deos ē vyara asy seram | as gramdes maravylhas e as gramdes avem | turas e as gramdes bomdades demostradas | e aly serã as gramdes cavalaryas de Jhesu cristo | descubertas e as cousas terreays tornarão | celestriays e nhũ dos que aquy estays sera | no tēpo que ysto sera e amtes que aJam de vyr | esta lamça deytara samgue aquella hora que | as avemturas ouuerē de vyr e vyrã por toda | ha terra homde esta lamça sera tã espã | tosas que todas as gemtes dellas averã ma | ravylha e nõ ha averã senam por ho conhecymēto | do samto greal e da lamça e emtã seram | as gramdes maravy lhas e a queles que verdadeyra || [79r] mēte forem ardydos avemturarã seus corpos e por | ysto hos que as gramdes bomdades ouuerã ē sy | serã conhecydos e sabey bem que as maravylhas | que estaõ demtro

do greal nom serã vystas por | nhũ homẽ mortal senõ por huũ
soo e aquelle | sera comprydo detodas as bomdades que corpo
de | homẽ possa ter ca elle sera bõo a deos e sobeJo | bõo ao
mũdo como aquele sera cõ prydo detodas | as bomdades e de
todas as beldades e de todos | hos hordenamẽtos e sera bõo
adeos que* sera cõpry | do decastydade e de samtydade e sera
amor dos | castos e desta lamça de que tu es ferido nõ sera |
homẽ tocado senã huũ soo e este sera Rey | e decera de tua
lynhagẽ e aquelle sera fery | do por ambas as coxas e Ja mays
nom sarara | ata que has maravylhas do greal seJam des | cubertas
por a quele que sera comprydo detodas | bomdades asy como eu
Ja dysse e a quele que | detodas estas bomdades sera comprydo
e que | esta maravylha vera sera ho mays derradeiro | homẽ
dalynhagẽ de nascyão e bem asy como | nascyão he ho prjmeyro
homẽ que as maravilhas | do greal vyo asy sera a quele ho derra-
deyro que | as vera e asy ho diz ho glorio so croçofixo ao |
prymeiro e ao derradeyro do precioso lynhagẽ mos | trarey eu
as mynhas maravylhas e aymda | diz sobre ho prymeyro e sobre
ho derradeyro | dos meus novos seruos que sam vmgidos e || [79v]
comsagrados d[e]ytarey a vymgamça a vemtura por | que eu
quero que eles me sejã testemunho que por ho | golpe da lamça
foy a mynha morte catada e pro | vada na cruz por os maos
Judeus e sabe tu bem | Josefes que outros tamtos dias quamtos
tu trou | xeste ho ferro outros tamtos anños durarã as | vemturas
e as maravylhas na terra hom[d]e te | deos quera [sic] mãdar e
deoJe mays he ho* tempo que | me va ẽtão se foy ho amJo e aque-
les que ouuyrã | ho que dyser[a] forã muy espamtados mas
ouuerã grã | prazer de que nascyão cobrara sua vysta e Josefes |
começou acomtar quãto trouxera ho ferro na co | xa e achou que
nom avya mays de vymte e dous | dias e ẽtão se forã e elRey
levou os cristãos | com sygo a seu paço afora tres que ficarão
pera | guardar archa | CAP[ITULO]. L.tabij DE COMO ELLRREY
| evallac pergumtou a Josefes por ha | vysão que vyra amtes que
fose ha | batalha | Ao outro dia dia* chamou elRey Josefes e
dyse | lhe que ho fizesse certo da vysão que vyra ãte | que se
fose aoste e porẽ dyse elRey eu sey bem | huã parte do que
senyfica mas quero que nascyão || [80r] ho say ba por vos ẽtam
começou Josefes afalar | e dysse Rey tu vyas tres arvores ẽ tua
ca | mara e ysto foy ẽ este paço domde ora estas | e aqueles*

tres arvores erã de hũa grossura e | de huã alteza e a do meyo
tynha feya cortyça | e as houtras duas bramcas como ho cristal
aquele * | que tynha acortyça feya era ẽ senefycamça do | filho
de deos que na terra se cobryo decarne mortal | e as outras duas
synyficam ho padre e ho esprito | samto e as manadas das gemtes
que estauã so | ho prymeiro * aruore synyficava ho padre que
he começo | do mũdo e os dous que se partyã da cõpanhia dos |
outros estes forã ho prymeiro homẽ e sua molher | que forã ao
ymferno tamto que morrerã e depoys | elle e os outros todos que
Ja tambem nõ poderão | obrar ẽ suas vidas que la nõ fossem e
esto foy | por ho pecado dadão e de heva que forã nossos pry |
meyros padres e tamto Jouuerã todos no ỹfer |no que ho saluador
do mũdo vyo que ho negocio nõ hya abem e tomou carne ẽ
samta maria e morte | por nos e a queles que ac[o]rtiça e os
Ramos ta | lhauã seneficauã os Judeus que ho filho de deos |
açoutarã e lhe furarã hospes e as mãos e | os peytos depos ysto
vyste que da arvore saya | Ryo de samgue e que nele se lavavã
e que | pelo samgue erã saluos hos que por elles des | ally
crerã e se mudarã da maa fee que tynhã || **[80v]** a bõa a sy
vyste que da aruore nõ ficava senã | acortyça e o que era de
demtro da cortyça era | claro e lamçauasse na coua homde damtes
| todas as gemtes saltauã e depoys que demtro | esteve tyrou dela
hũa grã companha degẽ | tes e depoys tornouse a seu lugar e
mete | o se na sua cortyça feya e depoys que a hy | foy se
mudou e se fez tam b[r]amca como | as outras ambas ysto senefica
ho filho de | deos que depoys que sayo delle a alma e ho corpo |
foy metydo ẽ huũ moymẽto domde meu pay | ho meteo foy ao
ymferno e tyrou dele aqueles | que ho avyã seruydo e quãdo
tornou do Jmferno | tomou seu corpo e emtã[o] foy muy mays
claro | que hũu cristal e este foy por que leyxou toda | mortaly-
dade e os Ramos que as gemtes to | mavã synyficã os membros
de cristo que cada | hũu por sy Recebeo martyrio asy podes
ẽ | temder por as tres aruores atrimdade e as | tres pes[s]oas e
huã deydade a huũa nẽ mayor | da outra nẽ menor por boã fe
dyse elRey | esto ẽtemdo eu muy bem mas ora me faze | de
ẽtemder as letras que as hũas dezjã for | ma e as outras salua
e as outras alympa | debõa mẽte dyse Josefes aque dezia forma
| e o padre que elle de nada formou todo mũdo | e por que a
pessoa do filho veyo ao mũdo por sal | var ho homẽ por ysso

lhe per temce as letras || [81r] que deziam salua e por que ho
esprito samto veyo | ẽ t[e]ra * ẽ dia depemtecoste por alympar
e pur | gar seus decypulos e nã tam sõmẽte elles | mas outros
muytos e por ysto lhe pertemce ho alỹ | pamẽto dos corpos e
dos coraçoẽs ao esprito samto | agora vos dysse as letras destas
tres pessoas | que nom tem senã huã soo deydade e hũ soo | poder
agora ẽtemdy eu todo dyse elRey mas fa | zedeme ẽtemder
quẽ era ho menyno que ẽtrava | e saya por aporta cerrada aymda
dyse Josefes | vejo eu bem que vos nõ somdes perfeyto na fee |
aquele menyno que ẽ trava e saya por a porta | cerrada synyfica
ho filho de deos que ẽtra na vyr | gem sẽ corrompymẽto de sua
vyrgymdade poys | ora me dyzede dysse el Rey do menyno que
queria | na mynha camara que a seneficamça eu ha ẽtẽ | do
beem ẽ meu coração aesto dysse Josefes te | Respomderey eu
ora ẽtemde bem que aquelle | mynyno que ẽtrava na camara
este foy ho es | prito samto que dysse esta palavra nhuũa cousa |
nõ he tã escomdida que nom seJa descuberta pois | esto vos
mãda deos por mỹ dizer que vades tirar | a desleal ymagẽ que
todo ho dia oulhades e se | ha não tolherdes e destroyrdes ho
esprito sãto | me mãda que eu faça saber e conhecer tã grã |
deslealdade a todo ho mũdo ẽ que guysa e tra | yção vos tamto
ha tyvestes diz a estoria que | aquela ymagẽ que elRey aly tynha
na quela cama | ra era de paao e a mays fermosa que numca ||
[81v] fora per homẽ vysta feyta ẽ forma de homem | e Jazia
el Rey com ela carnallmẽte e vestia | muy Ricamẽte e fez lhe
huũa camara por tal | sotyleza que bem cuydava que nhũa
cousa te | rreal lhe pudesse achar paar quãdo el Rey | ysto ouuyo
mãdou fazer huũa grã fugueyra | no paço por que lhe prazia
destroyr a trayção | que tamto tẽpo sostyvera e quãdo ho fogo
foy | feyto mãdou que nhũ nõ fosse com elle senã | nascyão
e a Raynha e levou hos todos tres | e levouos a porta e aquela
porta se cerraua so | tylmẽte que quãdo aele cerrava caya hũ
ẽgenho | por dedemtro que a cerrava e quãdo aqueria abrir |
metya hũ prego delgado por amtre as cores por | que as paredes
e as portas Jumtamẽte erã pỹtadas | e por esto nõ se podia ẽtemder
por omde se | fechaua e depoys dava cõ huũ malho no cra | vo
e erguyase ho ẽgenho dedemtro e abria | se e depoys que abrio
ẽtrou demtro e elle | mesmo as suas costas tomou ha ymagem |
e diamte todos a deytou no fogo e depoys | que foy queymada

dysse el Rey que verdadeyramẽte | deos era de grã poder poys
tal vomtade lhe | dera que ele nõ cuydaua que Ja mays ẽ seu
coraçã | podesse ẽtrar e depoys diamte de todos hos | que hy
estaũa conheceo seu pecado e todos se | maravylharã que numca
de tã estranha cousa | ouuyra falar asy tornou Josefes el Rey e |
toda sua terra a samta fee de Jhesu cristo e || **[82r]** quamdo foy
ao outro dia depoys que a ymagẽ se | queymou despediose Josefes
del Rey e da Ra | ynha e de nascyão e partiose de sarrat E elRey |
cõ toda sua companh[y]a * sayo cõ elle hũu pedaço | e quãdo
se ouuerã de partyr ouue amtre elles muitos | sospyros e choros
e muy grã pesar e muitos lhe Ro | gavã que hos levasse ẽ sua
companhia que nom | deseJauã outra cousa e ele Recebeo deles
dozẽ | tos e sete e despediose del Rey e da sua cõpa | nhya e
Rogou lhes que exaltasẽ a samta ygreJa | e que tyvesem ha samta
ley de Jhesu cristo ẽtam | se partyo deles e eles se tornarã muito
chorãdo | e sospyrãdo como aqueles quelhesparecya que pera |
s[e]mpre ho vyã perdido asy se foy Josefes e sua | c[o]mpanhia
por ho mãdamẽto de Jhesu cristo mas hora | ho comto nõ comta
desuas Jornadas amtes tor | n[a] a falar del Rey e da sua cõpanha
| CAP[ITULO]. L^{ta}biij DA VISAÕ QUE ELREY. | mordaõ vyo
e do que passou cõ nascyão | Ora diz aestor[e]a que aquella noute
depoys que | el Rey mordão Jouue ẽ sua cama cayo ẽ ele | muy
grã cuydar asy que nymguẽ podia dele ty | rar fala e na quele
cuydar durou muito e sospy |rou e chorou de sorte que ha Raynha
que acab[o] | dele Jazia foy muy maravylhada e nõ lhe | pode
tamto pergumtar por que chorava que elle | lho quysese dyzer
nẽ ella nõ ousaua deho muito || **[82v]** forçar que elle era ho
homẽ do mũdo que ela mays | duuydava por que sempre fora
cruel asy esteve el | Rey ata a meya noute ẽ seu pemsamẽto
ẽtão | adormeceo cõ camsacyo de seu cuydar e vyo hũa | mara-
vylhosa vysão por que lhe pareceo que estaba | ẽ seu paço e
que tynha hũa gramde corte ha | que vynhão todos hos da
terra e que saya de | hũu Ryco cadafal[so] E emtrava ẽ seu paço
e a | semtavase acomer e tamto que queria tomar | ho prymeiro
bocado pera meter naboca vynha hũ corisco | e deribavao na
Mesa eele ho tomava e ho | queria meter na boqua e vynha hũ
toruão | sopramdo tam RiJo que ho tomava e ho levava | ahuũ
muy estranho lugar homde numca nhũ | morava nẽ vyvera e hy
vynha aele cada d[y]a hũ cordeyro que lhe trazia todos hos

boõs mã | Jares que seu coração podia Cuydar depoys | vynha
hũu lobo e por força tyrava todo quã | to lhe ho Agnho * trazia
asy que lhe nõ ficava se | nã ho ẽ que [s]e * mãtynha e nã bem asy
que as vezes | avya fame e quãdo elle vya que ho lobo lhe
ty | rava todo asy cuydou que era mao por que ho so | fria e
dyse· que secombat[ery]a cõ ele e tamto | fez que se combateu
com elle hũu dia e vẽceo | grão trabalho asy fogio ho lobo que
depoys | nõ lhe tyrou cousa de seu mamJar depoys desto | lhe
pareceo que achaua sua coroa mas que era | trocada e que a
metya na cabeç[a] e vya se | sobyr no ar e que huã ave que lhe
parecya aguya || **[83r]** ho levava alem mar ahũa momtanhosa
terra e | estranha e a ave ho punha aly e vynha a gẽte | da terra
e homylhauase e avya cõ ele grã pra | zer e depos esto vya seu
sobrynho celydones | e vya que lhe saya do vemtre hũu muy grãde
| lago e deste lago sayã nove Rios domde ·hos | oyto erã dũma
alteza e dehũa gramdeza e de | hũa semelhamça mas ho nono
era mays fumdo | e mays grãde e corria tã de RiJo que nõ avyam
| cousa que ho pudese sofrer e ˙aquele Rio era asy tur | vo e asy
espesso como lama e no meyo asy cla | ro como cristal e no
começo çento * tamt[o] mays claro | e corria tã passo que nõ
podia ẽpeçer * a nỹguẽ de | poys vynha huũ homẽ descomtra ho
ceo que trazia | ho testemunho do verdadeiro crucyfixo e veyo
ao | lago e levou * hy seus pes e suas mãos e o[u]tro | sy nos oyto
Rios e no noveno meteose todo e | lavou todo seu corpo e sabede
que mordão cha | mava sobrynho acelydones por amor de sua
molher | cuJo sobrynho ele era e por amor de nacyão seu | paay
que ho amava muito e esta vysão vyo elRey | domde dormya e
tamto lhe durou que foy per | todo dia e quãdo acordou muito se
maravy | lhou da quela maravylha que vyra e a Raynha | Cuy[d]ou
por que el Rey asy cuydara e por a manhã | alevamtouse e foy
choramdo pera acama dõde | nascyão Jazia que por mãdado del
Rey hy vyera | e quãdo nascyão asy avyo chorar ouue dyso grã |
pesar que muyto amava e tom[a]va ẽ seus braços || **[83v]** e per-
gumtou lhe que avya e ella lhe [c]omtou todo | e dyse Jrmão eu
ey grão medo da quele cuydar | delRey hyrmão por deos vos Rogo
que vos lhe vades | per gumtar que he que grã sabor hey deho
saber e | ẽ tão se ergueo nascyão e foyse a el Rey que Ja | sele-
vamtara e pemsaua muito ẽ sua vysão que | nhũ homẽ tamto ẽ
sono duuydou como elle | e quãdo nascyão foy aele saluouo de

bõa mẽte | e pergumtou lhe como cuydara tamto ao serão | e
elRey llogo cuydou que ha Raynha ho descobry | ra e ẽtão [c]om-
tou a nascyão toda sua vysão | de seu sobrynho e dyselhe aymda
nõ vos dyse | a Rezão ẽ que eu estava cuydamdo eu faria | muy
grã deslealdade sevolo nõ dysesse e mẽ | tres eu Jazia cõha
Raynha cuydey ẽ meu | pecado e meu coração me dezia que
tynha aymda | hũa deslealdade mas nõ sabya ẽ qual nẽ ẽ que |
era desleal senã comtra vos e esta hea cousa | d[o] mũdo d[e]
que me mays pesa ca vos sodes ho | homẽ do mũdo a que eu
menos dyvera de herrar | E eu vos dyrey esta deslealdade verdade
he que | quãdo eu f[u]y desbaratado ẽ carabeler que vos me
vyestes a Judar qũado eu vynha da conna | e nos nos perdoamos
ẽtão toda ha ma võtade | que nos tynhamos eu vos promety que
vos faria | dyreyto e vossa casa diamte vossos vassalos | e meus
ouue dias ẽ que la tornasse e mẽtyvos | ca nõ ouue tamto bem
nẽ tamta lealdade | ẽ mỹ que la fose nẽ mãdasse e este mal nõ ||
[84r] se torna avos mas a mỹ e nysto c[u]ydava e cuy | damdo
adormecy e s[o]nhey este sonho que me espã | ta feramẽte e
tamto que ysto dyse comecou * ha | cuydar muyto e nascyão lhe
dysse senhor deyxayvos | dysto ca nos somos ẽ outro senhoryo e
ẽ outro | poder do que amte eramos ca asy como ha vyda | he
cãbada asy as vomtades deuẽ ser ẽ outra | guysa senam seriamos
herrados comtra nosso | saluador mas do sono que me dysestes
queria | saber degrado algũa cousa que segũdo meu saber | nele
nõ ha nhũa esperãça demal [e]u vos Rogo | que aJad[e]s sobre
ysso comselho cõ ho bispo que Josefes | meteo ẽ seu lugar pera
guardar e acomselhar | as almas EelRey se otorgou nysso e foram
| seambos ao musteyro por ouuyrẽ myssa e suas | oras e depoys
que a ouuyrã comũgarãse asy como | Josefes lhes mãdara que
lhes mãdou que cada dia | comũgasse e depoys que ouuerã comũ-
gado chamarã | ho bispo e os clerigos e comtou lhes el Rey seu
sonho | asy como ho sonhara mas nõ ouue hy tal que nada | lhe
dysesse amtes lhe dyserã que nom podiã saber | nada senã per
deos | CAP[ITULO] ljx DECOMO ELLEREY MORDÃI | foy
por deos levado fora da sua terra e das | cousas que depoys acom-
tecerã | Emtão se foy * el Rey e nascyão mas el Rey nom | cuydou
menos que amtes e dyse que nom seria || [84v] ledo ata que
nom soubesse dele a verdade que deos | lha mostrasse asy se
tornarã ao paço cuydã | do e quãdo seasemta[r]ã ambos ẽ hũa

camara | sẽtyrã ho paço so sy tremer e depoys começou | ho soll
tã feramẽte de esclarecer que lhes pareceo | que ho ceo era todo
foguo e depoys começou a | fazer tã grã som que parecya que
ha terra se | queria hyr ao abysmo cõ eles e depos esto | veyo
huũ vemto tã RyJo e tã forte que todas | as Janelas * do paço
espadaçou e todas has |cerraduras brytou asy que lhes parecya
que ho | paço sequeria fumdyr e depoys veyo hũa tã | gramde
escurydade que nom avya demtre homẽ | que vysse cousa algũa
e nhũ homẽ da cydade nõ | vya nada detodas estas maravylhas
senam | aqueles que estauã no paço e estes nõ vyam | senõ ho
som dos trouães e hos Relãpados | que do ceo vynhã ẽ tal dor e
pressa foram | huũ pedaço e ouuyrã depoys soar asy como |
h[u]ũa bozyna tã altamẽte que bem cuydou | el Rey que a ouuyrã
ẽ todo ho mũdo e depois | que soou dyse hũa vooz aquy começarã
hos grã | des pauores e quãdo eles ouuyrã ha voz dey | xarã se
cayr todos esmorecydos e Jouueram | ambos na camara * asy como
mortos ẽtão se | compryo ho que ho profeta dyse senã dous ẽ hũ
| leyto e huũ deles sera levado e o outro ficara || **[85r]** que el Rey
tã asynha como cayo foy por ho esprito sãto | levado lomge de sua
terra a deza [s]ete Jornadas | e quãdo foy tomado era horas de
terça e quãdo | la foy posto era horas de nona mas del Rey nom |
fala agora ho comto e fala de nascyão que elle | e a Raynha fica-
rão ẽ sarrat e diz a estorea | que quãdo el Rey foy levado que
nascyão ficou | tã esmorecydo como se fose morto mas aquela | ma-
ravylha nõ foy vysta nẽ ouuyda senam | no paço e porẽ ouuyrã
ho som da bozyna e a | Rayhna vynha ẽ tão dehuã ygreJa que
fazia | fazer ẽ homrra desamta maria e tamto que por ho | paço
ẽtrou achou hos seruydores por terra Jazer | esmorecydos e cuydou
que dormyã e foy mas adiamte e achou outro sy os cavaleyros
Jazer | e maravylhouse muito e felos chamar mas nõ ha | proveyta-
va nada que tynhã perdida avysta| e ho ouuyr e a memorya e
erã asy como se | fosem mortos e quãdo ysto vyo a Raynha foy |
tã espamtada que por pouco nõ cayo ẽ terra es | morecyda e
foyse a huã camara mayor e | quãdo ẽtrou demtro achou seu
Jrmão nascyão | choramdo e parecya diamte dele hũa mão de |
homẽ e ho que dezia ouuyã no mas nõ podiã ẽ | temder nẽ sabyã
ho que dezia mas a voz bem a | ouuyã e nom vyã domde saya
a fora somẽte | nascyão e quãdo a Raynha ouuyo a voz e nom |
vyo a nỹguẽ foy muy espamtada e cuydou que | era algũ esprito

mao que aqueria temtar e pergũ | tou || [85v] aseu Jrmão por
que chorava e quãdo aele ouuyo | começou a chorar mays e ela
deu hũa voz e | cayo esmorecyda e ele a tomou nos braços | e
ergueo a e começou de abeyJar e ela abrio | hos olhos e sospyrou
e pergumtou a nascyão | que fora delRey e nascyão nõ pode
Respõ der | e qũado a Raynha ysto vyo tornou aesmore | cer ẽtão
ouuerã todos dela grã pauor e | qũado acordou começou abradar
como molher | samdya e dyse Jrmão nascyão por que fazeys tã |
mao comtynẽte e ele lhe dyse toda a verdade | ẽ qual guysa fora
levado el Rey aestas palavras | foy a volta no paço muy grãde e
todos ãda | vam como pasmados deca pera la mas ha Ra | ynha
ño tynha nhũ Refregereo e nascyão ha | tynha ẽ seus braços e
com fortavaha e dezia | que bem certa fose e nom duuydase que
el Rey | era são e saluo la homde era e ela lhe pergũ | tou como
ho sabya elle e nascyão lhe dyse | que huũ seruo de Jhesu cristo
que falara cõ ele e | lho dysera | CAP[ITULO] LX.COMO HOS
DO REI | no tratarã amtre sy depremderẽ | nascyão e como foy
preso | Muyto foy a Raynha ẽ grã pesar por el Rey | mordão seu
senhor e numca pode ser cõfortada || [86r] amtes cada dia fazia
muy gramde pramto e tãto | foy anova por ho Reyno que todos
souberã como el Rey | seu senhor era perdido e hos Ricos homẽs
vyerã hy e | tomarã com selho e deziã que bem era verdade que |
aly homde se el Rey perdera que nom era senã nascyã | e ele e
diserã que poys nom hera hy senã eles ãbos | e nem achauã el
Rey e achauã nascyão que era | dyreyto que guardassẽ nascyão
huũ tẽpo ata que sou | bessem como fora ho feyto del Rey e que
dysesse | se sabya novas de sua vida ou morte aeste cõ | selho se
outorgarã todos hos cavaleyros e Ricos | homẽs do Reyno e nhũ
nõ d[i]scordou e todos | Jurarã sobre hos samtos avãgelhos que
nhũ nom | metesse mão ẽ nascyão ata saber certo del Rey | e esto
foy ao terceyro dia que el Rey foy perdido | e forã a Raynha e
pergũtarãlhe como fora este | feyto que asy avyã perdido seu
senhor e ela lhes dyse | que ho nõ sabya e nascyão lhes comtou
ho feyto todo | que nom ficou nada do que ele sabya e asy ho so |
nho que lhe el Rey mordão comtara que ẽ nada lhe | mẽ tyo
muito pergumtarã e de muitas cousas e elle | lhes dyse toda a
verdade que pode saber e lhes dyse | que qũado se el Rey perdera
nõ avya outro na camar[a] | seel Rey e ele nã ẽ tão todos ho prẽ
derã asy | como calafer ẽ synara este cala fer era hũ | cavaleiro

grãde que Ja cõ el Rey estyvera muito tẽpo | ẽ sua casa e que
fazia amostra que hera cristão mas | nõ no era amtes sobre todas
as gemtes do mũdo hos desamaua e nascyão lhes pergumtou por
que || [86v] ho premderã e ho levavã asy sem ho merecer e sẽ |
Rezão e eles lhe dyserã que as gemtes da terra | tynhã nele sos-
peyta da morte del Rey e dezião | que ele por sua brauura * o
fizera muito se escusou nascyão | como aquele que nõ tynha culpa
e prometeo de | fazer nysso todo que fose dyreyto sobre tal de |
mãda que ele nẽ na morte nẽ na prysão del | Rey nõ fora culpado
mas todo nõ lhe valeo | nada que nom fosse metydo ẽ prysão e ele
lhes |dyse que tomassẽ sua terra ẽ penhor e eles ha | tomarã mas
calaf[e]r nõ pod[e] sofrer que nascyão | saysse fora da prysão
amtes lhes dyse que sou | besem por verdade se nascyão fora
culpado no | feyto del Rey por que se ho sotauã * numca lhes
| faltarya guerra por que nascyão nõ cessarya ata | cobrar sua
terra e emtão todos hos que comtra | [e]le erã seriã destroydos
polo comsselho daquele | foy nascyão Reteudo ẽ prysão asy que
o uuerã | dele a terrã e ho corpo quãdo a Raynha sagra | cymta
vyo que perdera seu senhor e seu Jrmão era | preso ouue dysso
grã pesar no seu coração ca | estas herã as duas cousas do mũdo
que ela maJs | amava muyto grãde pramto fez e deboa võta | de
lyvrara seu Jrmão mas ela era hũa dona | soo e nõ podia hyr
comtra todos seus vassa | los asy foy nascyão ẽ prysão mas ho
diabo | ho nõ pode tamto temtar que ho asanhase ãtes | toda vya
seu coração era ẽ seu senhor Jhesu cristo | nẽ Jamajs nõ desesperou
amtes lhe pedya || [87r] merce todas as oras do dia e dezia ay
deos louvado | seJas tu que te aproune de me a mỹ vyr ysto ca |
bem to merecy que fuy ousado de ver as tuas | purydades que
nhũ homẽ mortal nõ hera dyno | deas ver senõ fosse lympo e
quyte detodo pecado | e de toda maldade do mũdo asy sofreo
nascyão | gramdes noJos na prysão | CAP[ITULO] LXJ. DE
COMO SE CHA | mava a pena homde el Rey mor | dão foy levado
por deos e do que | nela a Comteceo a pompeio * | A estorya cõta
que el Rey mordão foy levado | lomge da sua terra bem por
dezoyto Jorna | das e a ora da nona depoys que vyo todas | as Ri-
quezas da terra asy como ho esprito sã | to lhas amostrava foy
posto ẽ terra e pero | nõ foy bem seguro amtes muy espamtado |
das maravylhas que ẽ seu paço vyra e de | se ver ẽ tal lugar e
nom saber quẽ hy | ho trouxera depoys que muyto ouue oulhado |

derrador desy foy muyto mays espamtado | que amte que nom vyo de nhũa parte se agoa | nã senã huã muy pequena pena domde ele | estava aquela pena era no mar oceano e || **[87v]** sabede que hoceano he mar que cerca a terra | toda aRedor aquela pena estava na quela | parte por homde passã de babylonya pera es | cocya e pera yrlamda e pera as outras ym | solas de hocydemte aly estava aquela | pena que era tam alta que hera maravylha | e de huũa parte do mar docydemte domde | nom pode homem achar terrã que nhuũa | nao nom ousa de passar la e da outra | parte podia bem ver ho majs do mar do | estreyto de sevylha aquella pena era tã | alta como vos ouuydes e era ho mays | esquyuo lugar detodo ho mar ẽ toda | ela nom podia homẽ achar erua qua | era toda pedra vyua e por esto estava | ẽ lugar tam perigoso ally ẽ a quella | pena avya huũa casa forte que fizera | hũu ladrão por grão argulho e ho ladrão | avya nome focaries aquelle focaries | era tam cruu que ho nom podia homem so | frer afora hos seus e morava na quella | pena e fizera aquella casa e cabyam | nela nove homẽs aly estava com toda | sua companha mas todos nom cabyão na | pena e tynha sasemta companheyros e | mays de cemto Jaziã fora nas galles | e quãdo de n[o]ute fazia escuro faziã | ẽ cyma da pẽna huũa gramde fugueyra **[88r]** pera que has naaos que no maar amdauão | Cuydassem que hera terra e vyessem hy | ẽ tall maneyra cayam ẽ dous perigos | que huũs quebrauam na pena e outros | tomauam elles com ssuas galles e | matauam hos ẽ tall maneyra vyuya | aquelle lladrão mas quamdo pompeyo | que hera sennhor dos Romanos ouuyo no | vas da quelle lladrão que era tam | maao e fazia tamto dano dysse que | ẽ quamto fizera senam teria por Justy | çoso se por sy ho nom premdesse ẽ tã | fez aparelhar huũa naao muy Rica | memte e ha carregou devyamdas e | boõs cavaleyros e fez fazer muytos | cambos de ferro com cadeyas pera ter | as galles e tamto amdarão que | chegaram perto da quella pena e | vyram na muy allta e maravylho | samemte E emtam deytaram has | amcoras pera esperar a noute e | quamdo foy grão pedaço da noute | amdada chegaramsse a pena e quã | do hos lladroẽs hos ouuyram ẽtra | ram nas galles mas hos da naao || **[88v]** nom se ousaram de chegar ha pena por que allgũs da naao sabyam os | lugares perigosos della e passarã | delomgo e colheram huũa gallee | amtre elles e apena e fizeram | na hyr tam RiJo apena que que | brou e quamdo hos que estauam na |

pena ho vyram cuydarã que eram | hos da naao e deyxaramse hyr | aella e hos que estauam na naao | deytaram amcoras nas galles e | tyveram nas E emtraram nellas | e mataram quamtos alcamçarão | e quamdo hos das galles vyram | que heram traydos defemderamse | quamto puderam como aquelles | ha que hya mall e quamdo vyram | que nom podiam escapar tyraramse | Comtra apena pouquo a pouquo e | ẽ traram nella quãdo pompeyo deu | vozes aos seus que por quall delles | escaparyão delles nhuũs e emtam | ẽ traram apos elles bem trimta ca | valeyros dos mylhores que trazia || [89r] Mas nom Lhe aproveytou nada por que Jaa | hos ladroes * eram em Çyma da pena muy | gram pedaço sedefemderaõ hos ladroẽs | e nam eram mais de dezanove que os outros | eram Ja mortos mas eles tomarão hũ graõ | madeyro que era dos lyames dehũa não | que fora na pena despedaçada e leyxa | ram ho yr aqueles que ha pos eles hyam | e daquele golpe matou todos quãtos | alcamçou e emtam perde o pompeyo omze | dos seus Caualeyros e ouve dyso gram | pezar emtaõ pompeio Jurou de amte morrer | que hos nom vymgar e foy em pesoa he | quamdo hũ seu caualeiro vio que ele | ya Cuydou que se punha em gram pe | rygo por que nenhũ Combatymemto de gem | te hy nom valya nada e se por tall ma | neyra hy morrese pompeio serya gram | maa vemtura e mao syso e de mays | materem no ladroes * e emtam chamou | pompeio e dyselhe que os leyxase de | Combater ata por ha menham e que ele | lhe emsynarya Como os tomase e tamto | lho Roguo que asy ho fez asy ficou ho | Combate ata por ha menham e quamdo | ho dia foy claro oulhou pompeio apena | e vio que era muy forte amaravilha e | que nom tynha nenhũ Combate e dise | que se maravilhava Como todos os que ha | Combatiam nom morreram emtam chamou | todos seus caualeiros e pregumtoulhes como | a pena poderya ser tomada sem ha ter por tempo Çercada e nom ouve hy tal que || [89v] lhe soubese dar Comselho emtam ele come | Çou a cuydar e dyse eu tenho Cudado | Como a poderey tomar e seja por fogo que | lhes farey fazer ao pee da pena asy que | a chama lhes emtre por a boca da Covaa | e emtam Comvira que moura que nom | poderam so frer o fogo e nos defem | der noshemos qua debaxo com setas e | Com pedras ea queles que estam em | aquela sobida com lamças e espadas | lhesde femderam que nam deçam ha | este comselho tyveram todos e puse | ram fogo e na sobida e tomaram le | nha das naõs que hy

na pena quebrarão | e quamdo o fogo foy bem asemdido | feryo
a chama na boca da cova e quam | do os ladroes * ysto viram *
agoa doçe que | na pena naçia e deytaram muita no fogo | dema-
neyra que foy todo tornado em | fumo em tamta camtidade que
todos | ouveram deser afogados e os de baxo | lhes deytavam
muytas setas e pedras |asy que muy mall feryram quatro e | quam-
do osla droes * ysto viram torna | ramse acova mas ho fumo era
tamto | que nom viam nada e quamdo viram | que ho nom podiam
sofrer sayram fora e | Com os de põmpeio se combateram muy |
forte memte domde hũs e outros Re[çee] | beram muitas ferydas
lomga memte durou | a peleJa e quamdo ysto vio pompeio foy | ao
fogo domde hos ladroes * deçeram e || **[90r]** asy os escaramemtou
que nem ousaram mais | esperar e foromse ha cova que nom
tynhaõ | outro lugar pera fogir e acova tynha | huũ Camynho tam
estreyto como aquele | que fora feyto aos pycoes * com malhos
| e nom avia outra sobida senam aquela | que asy era na pena
talhada e a cova | nom era no mais alto lugar da pena | mas era
ahuã ylharga domde apena | era mais larga e a emtrada era tam |
estreyta que nam podia por ela caber senam | hũ homem e avia
dehyr de ylharga asy | semeteo pompeo por aquele camynho depos
| eles e tynha huã engue na maõ com que | dava muy gramdes gol-
pẽs aos que all | camçava e quamdo chegou ha emtrada | da Cova
foy muy gramde apeleJa com eles | que nom podiam tam az[i]nha
emtrar e os | debaxo os feryam muy mall as setas e as | pedras e
asy feryam a põmpeo como ha | eles e amtes que emtrasem matou
pompeo | tres e lamçou dous [n]o mar asy que ma | tou Çimco
com aquela acha e nom fy | Caram mais de quatorze e deles eram
| os sete ferydos e os caualeiros depõmpeo | quamdo asy viram
foram de pos eles | mas amtes que chegasem. Ja eles eram dem | tro
na Cova afora ho alcayde da | pena e quamdo ho alcayde vio que
to | dos eram por hũ so homẽm mal tratados teue o | por muy
gram desomrra e ouve muito despeito | e ele emtam nom quys
emtrar na covaa | e pompeo ergeo acha e cuydou de ho || **[90v]**
feryr por acabeça mas ele furtou ho cor | po e o golpe feryo na
pena e ya com | tamta força que ha acha quebrou em | muytos
pedaços emtam focaryas ho | alcayde veo pera pompeio e abra-
couho * | por açymta e cuydou deho botar na fu | geyra que estava
em baxo mas hos | cavaleyros eram Ja tam perto que huũ | deles
feryo a focaryas tam dura mẽte | que lhe fez perder ho lume dos

olhos e a | ele selhe foram os pes e deu nos de pom | peo e como
era gramde e forte asy q*ue* | ele e pompeyo cayram no fogo e pom
| peio ouvera nele de moȓrer emtam seus | caualeyros derãm muy
gramdes vozes | p*er*a aJudarem aseu senhor os das naos | os quaes
Ja eram fora e ouvymdo as | vozes com muyta presa tiramdo fogo
| a pompeyo que Jazia no fogo esmoreçido | e desem[l]azaramlhe °
ho elmo e acharam | no asy amarelo ° Como se fose morto e | ouve-
ram gram medo de sua morte e toma | ram no emtam em hũ
escudo e levaramno | a nao e tirarão tambem focaryas ho | ladram
p*er*a que poɱpeo fizese dele o q*ue* | quysese emtam fizeram mayor
fogo | e botaramlhe m*ui*ta agoa p*er*a que dele sayse | mayor fumo
o q*ua*l foy tamto que por | pouquas os ladroes ° da Coũa nam fo
| ram todos mortos mas por m*ui*ta pena | que semtiram nõm
quyseram yr fora || **[91r]** Asy que os de fora semaravilhavam
como | ho podiam so frer emtre tamto acordou | pompeio e abryo
os olhos e viose em sua | cama e maravilhou se como aly viera |
q*ue* bem se acordava que estivera na pena | e sayo fora e pedio
sua acha e quam | do os seus o viram herger ouveram gram |
p*r*azer e dyseramlhe como era q*ue*brada e | Comtaramlhe tudo
depois trouxeram | lhe diamte focaryas e ele pregũtou | Como
ho premderam e dyseram lho e a | mostraramlhe obraço d*ireit*o
q*ue* lhe q*ue*brara | quamdo Cayo no fogo pompeio mãdou | bem
guardar ho ladram e sayose da | não e pregumtou aos que guar-
davam | ho fogo domde eram os outros ladroes ° | eles lhe Com-
taram as maravilhas que | so fryam q*ue* depois numqua sayram fora
| mamdou emtam pompeio matar o fogo | sobio Com seus Cauale*i*-
ros e aemtra | da da cova escutaram e nam lhes ouvirã | dizer nada
emtam fez pompeio muy gram | ardymemto que emtrou demtro
e com | hũ venablo feryo hũ no meyo dos pey | tos mas nom selhe
moveo e pasou adiãte | Comtra os outros e achou os todos mor |
tos e hũ ahũ os deytou todos fora | da cova e este foy ho mayor
ardymem | to que pompeo fez quamdo deçeo da | pena fez los
todos deytar no maar | asy lyvrou pompeio aquela terra daq*ue*les
|| **[91v]** Ladroes ° este foy huũ dos mais omrrados feytos que
numqua fez mas direy vos | Como foy m[e]nos Comtado p*or* ho
que | fez no templo de Jh*er*usalem asy aveo que | quamdo se
tornou a Roma que seouve | d[e] yr p*er*a Jerusalem e la mamdou
meter | seus cavalos no templo quamdo ysto | viram os Judeus ouve-
rãm dyso gram pe | zar e na vila avia hũ homem bom de | gramde

ydade e era homem de boa vida | e este foy o padrre de sam
symeom ha | quem deos foy o fereçido no templo em dia | desamta
marya e quamdo vio tam gram | de crueza e tam gramde desomrrã
de deos | ouve em seu Coraçam gram pezaȓ e dise | serto eu vevy
Ja muyto quamdo veJo | que hos filhos de deos sam deytados fora
| desua Casa e os Caeẽs sam demtro | e os filhos pryvados do lugar
de deos | e emtam foy a pompeio Como que fora | em outra
maneyra e dyselhe ay pom | peio bem pareçe que te combateste
com foca | ryas ho ladram por que tu apremdeste | dele seus
Custumes e serto que pompeo | he morto e focaryas matou pom-
peyo | que se focaryas ouvese esta Çidade | em poder Como
tu as ele nom farya | mayor Cruezã do que tu fizeste que |
meteste os Cavalos no templo e fizeste | estrobarya da mylhor
Casa do mumdo | sabe que fizeste desomrraste aquele || **[92r]**
que ho mumdo homrra e que he poderroso em | todas as cousas
ysto dyseho homem | bom a põmpeo Com sanha e com despeito |
mas nom vyse cousa que depois asy | nom acomteçese que põmpeo
fora sem | pre ho mais omrrado Caualeiro da terra | e omylhor
Caualeiro darmas e de mylhor doayro e que levava pera bem
quamto | fazia mas numca depois foy em lugar | em que nom
fose mall avemturado e | nũca emtrou em batalha de que senom |
partise desomrrada memte e quamdo | se partio de Jherusalem
defemdeo asua gẽte | que nom falase mais de focaryas por | que
tynha por piqueno feyto vemçer hũ ladrão | homem que Ja acabara
tam gramdes fey | tos nem querya que lhe Re ferysem que |
pusera toda sua força sobre hũ ladrão | asy foy esta bomdade de
pompeo calada | que nũca foy escryta asy Como as | outras e
certo que foy hũ dos bõs feytos | que fez | CAP[ITULO]. LXIJ
DE COMO ELREI | mordaym estamdo na pena | vio huã nao
domde sayo hũ | homem bom e dos [Comçelhos] * que lhe
deu | Diz o comto que el Rey mordaym oulhou de | rredor desy
e nom vio de nenhuã par te || **[92v]** do mumdo omde ouvese que
comese que | a pena era muy esquyvo lugar el Rey am | dou
por aderrador da pena em quamto | por ela pode amdar e achou
hũ camynho | que hya direyto acova e quamdo veo ha emtrada
vioa tam escura que nom avia | Cousa per que hy emtrase e quam-
do | vio que nom achava com que lhe aprouve | se asemtouse e co-
meçou acudar e cuy | dou em seu Coraçam que hagora avia | todo
perdido se esqueçese a deos e asy | Como Cuydava começou

aescutar e | ouvio as omdas do mar feryr e ale | vamtou ha
cabeça e vio huã barca que hũ | homem trazia aquela barca era
muy py | quena e era de prata e a vela asy bram | qua Como a
frol do bramco lyryo e na | vela tynha huã muy fermosa Cruz
ver | melha aquela barca aportou na pena | e pareçeolhe ael Rey
que todos hos boš chey | ros do mumdo hy chegaram e quamdo
na | vela vio ho synall da Cruz foy Jaa | alguũ tamto Comfortado
emtam sayo | da barqua hũ homeɱ tam fermoso qual | homem
nũca vio e quamdo elRey ho vio | homylhouselhe ho homem bom
lhe pregum | tou que viera aly buscar elRey lhe dise | que nom
sabia como aly viera mas que | seachara aly el Rey pregumtou
emtam | ao homem que selhe prouvese lhe dysese | quem era
e ele lhe dyse eu sam hũ homeɱ | que saberya hũ feo homẽm e
huã fea mo | lher tornar fermosos o que ora nymgem || [93r]
Nom sabera fazer selho eu nam emsynase | e que saberya fazer
do pobre Rico e do samdeu sesudo e do alto baxo e do baxo |
alto serto dyse elRey mestrya pa | sa todas as mestryas que os
homeš sabem | mas se vos praz dizeyme Como avedes no | me e
ele dise que avia nome de todo | em todo bem el Rey dise que
era bom | nome senhor dyse el Rey por ho synall | da cruz que em
vosa vela trazeis me pa | reçe que sois da fe de Jhesuu cristo por
yso | dise ele atrago comygo por que nymgem | pode fazer boa
obra sem ele e em quam | to tuu o tyveres comtygo nenhuã cousa |
te pode ẽpeçer se fores per feyto em | fee guarte nam tenhas
companhya com | homeš que este synall nam tragam que | quem
ho nam traz nam he de deos muyto | falou Com el Rey ho homem
bom da nao | e tamtas de boas palavras lhe dyse | que lhe fez
esqueçer todo seu Cudar | e que nenenhuã * fame non fycou | e
elRey lhe pregumtou sequerya ha | ly ficarse * sequerya yr Como
dise ho | homem bom dana[o] nam as tu toda tua | forca [sic] em
Jhesuu cristo e ele dise serto verda | deyra memte eu hey hy
todo meu bem | ora sabe tu bem dise ho homem que lhe | nom
esqueçeras que lhe nom esqueçem quem | seaele chega e quamdo
ho homem de | sespera emtam he fora de fe e quam | do deos
amaa o homem que se aele chẽga || [93v] De todo coraçam
emtam he direyto e Rezão | que homem nam aJa Cudado de
outra | Cousa que mais ho ama deos do que ele | sepode amar asy
e quem faz asy como | aquele que diz tireyme eu a deos e ato |
das as cousas que ouver myster ala | fe nom farey nada que tenho

muyto | em que emtemder este cay em desespe | ramça que tem
adeydade por mortal | aly omde diz que em outra parte tem | em
que emtemder e ysto tamto quer | dizer como sedysese sedeos
quysese | em mym emtemder e em todos hos | outros nom poderya
eu ver amuyto | e por ysto podes tu saber que aquele | que ysto
Cuida nom tem hũ pomto de | fee por esto te mamdo que todo
teu cora | çam seja em deos e ele pemsara de ty e | detodas tuas
cousas e de al nom | te trabalhesquamdo ho homem bom | da
nao dezia ysto a elRey aele lhe | pareçia que de sy se esqueçia
escutam | do e nom Cudava em sy nada mas | Cuydava as vezes
em maneyra como | dormya e quamdo tornou em sua me | morya
começou aoulhar darrador | de sy e nom vio a barca nem ho
omẽm | bom e começou a oulhar a todas as | partes da pena e de-
pois que ha nam pode | ver asemtouse e começou a cuydar | e
maravilhouse quem era aquele || [94r] que tamt[o] com ele falara
que muito lhe | dera gramde com forto mas tamto | que emtemdia
bem que nam podia ser se | nam por deos | CAP[ITULO]. LXIIJ.
DE COMO HVMA DONA | veio ael Rey mordaym a pena |
domde estava e do que com ela pasou | Muyto esteve el Rey em
seu Cudar | e tamto a ta que oulhou comtra | salerna amaõ es-
querda e vio vir | huã nao muy Rica memte gizada | Cuberta
dehuã Cortina e a vela da | nao e a cortyna eram negras e nom |
pareçia homem nem molher que a guy | ase e veo direyta apena
e quamdo | ha el Rey vio hy aRibar maravilhou | se muyto e
ergeose e esteve oulhamdo | ha nao e vio de la sa yr hua molher |
amais fermosa que numca vira e | quamdo avio espamtouse empero
dy | selhe que fose bem vimda e ela dise | que asy era pois ho
a chava Rey ebala[c] | dise ela sempre tive sabor de falar | com
tygo e se por ty nom ficar eu te leva | rey a mais fermosa Casa
em que | numca emtraste e ele dyse serto dona | eu vim aquy e
nom sey como e Ja mais | daquy nom sayrey senam por quem
aquy | me meteo pois sayras por mym dise adona || [94v] Que
eu por meu gram saber te trouxe qua | eu querya a ver tempo e
lugar de | falar com tygo e deser em tua compa | nhya e seha
tuu nom quyseres Reçear | eu te farey senhor de quamto tenho |
dona dyse elRey somdes vos de tam | gram poder que poçaes asy
levar os | que vos quyserdes de tam gram poder | sam dise ela
podeser dise el Rey mas | nom ho temdes tall como hũ homem |
que se ora da quy foy que sabe fa | zer dos maaos bos * e dos

pobres Ricos | e dos samdeos sesudos e dyseme que | nenhũ
homem ho poderya fazer sem | ho verdadeyro synall da Cruz
emtam | dise adona Rey ebalac tu es emgana | do e dyreyte como
tu leyxaste a fee | por que eras omrrado e mais memtes que |
esta ley e esta fe tyveres que Reçebes | te nom teras paz nem
alegrya e bem | ves ho começo que des que a Reçebeste | nam
ouveste senam trebulaçam olha | as maravilhas que em teu paço
te ha | vieram omde teu cunhado sera fes | he tal que nam podera
escusar ha | morte ay dona dise el Rey como sa | bedes vos que
ele he tam mall treyto | eu ho sey dise ela verdadeyra mẽte |
como aquela que ho vy depois que ho her | geram da Cama omde
ambos estyvestes | muyto foy el Rey asanhado e torvado || **[95r]**
e cuydou bem que aqueles synaes que | eram verdadeiros e foy
tam torvado em | seu coraçam que por poucas nam deses | perou
e adona dyse Rey ebalac se | me tu quyseres crer eu te farey
cobrar | toda tua terra e sabe que nem por | homem nem por
molher se por mỹ nam ha | poderas Cobrar nem por mais pode |
rosos nem duvidados que sejam e sa | be que tamto moraras
nesta pena que | nela morreras de fome e sabes quem | he aquele
que te dise que faryaa | do mao bom he hũ emcamtador que |
nam amda senam por te matar esabe | bem que ele ha tempo que
me quer muy | gramde bem mas eu numca ho quys | amar e se
ele souber que tu me queres | bem ele te matara nysto começou
el Rey | acudar que farya se se yrya com ha | dona que era tam
sesuda que sabia | o que lhe avia de vir e o que lhe aviera |
senam e depois que muito Cuydou diseha | dona quãto avya *
daly asua terra | sabe bem dise ela que tu estas no porto | da pena
do perygo e sabe que este he | ho lugar domar omde mais trayçam
foy | feyta e sabe que daquy a tua terra | ha dezasete Jornadas
e Ja mais laa | nam podes yr se por mỹ nam quamdo ele | ysto
ouvio foy muy mais espamtado || **[95v]** que amte e emtão
começou muito [a] Cudar | e adona dise Rey ebalac que cudas |
se tu quyseres eu televarey ao lugar | do mumdo omde mais esde-
zeJado e se | tuu hy nom queres yr eu me vou e | tu fycaras com
muyta ma vemtura | e el Rey foy tam espamtado em seu | Cudar
que lhe nom pode Respomder | nada amtes asy forte memte que |
esteve como * fora deseu Jujzo quamdo ela | vio que lhe nom
Respomdia meteo se | em sua barca e depoys que ateue de | sem-
corada e semeteo ao camynho dise | tam baxo que cayse ha nam

ouvio elRey | ay nenhuã arvore nova nom toma tam | to fruto
Como quamdo he gram de | e estapalavra ouvio el Rey e ergeo |
a cabeça e vio que se ya Ja por ho mar | Com tam gramde tem-
pestade que lhe pa | reçia que sequerya abarca yr aos | abismos
e atromemta era muy gram | de abarca ya tam RiJa que nenhuũ |
vemto podia tamto Correr e elRey | estava vemdo aquela tem-
pestade e | maravilhavase Como por ela podia yr | CAP[ITULO].
LXIIIJ. DE COMO ELREI- | mordaim selembrou dos sabores |
domumdo e como perdeo ho ver | e o ouvir e do que mais pasou |
na pena || **[96r]** Muyto Cuydou el Rey na quela dona | e muyto
lhe pesou por que lhe nom pregum | tou quem era e como avia
nome e deque | terra era senhora e pezoulhe por yso por que |
Cuydava deJa anam poder mais ver | e maravilhouse do que lhe
dysera que | nom averya Ja mais alegrya em quam | to tyvese
aquela ley e emtam seco | meçou alembrar dos gramdes bycos *
e | das gramdes omrras que tyvera e das gram | des opresoes * e
trabalhos que sofrera | depois que Recebera bautismo e deses |
perou muyto e começou a cuydar que pode | rya fazer e vio na
pena ho camynho | e emtam começou asobir por os degraõs |
dele e foy acova e vioa muy negra e | muy escura que muito avia
que nymgem hy | emtrara e quamdo asy esteve hũ graõ | pedaço
dise que nom se terya sem ẽtrar | demtro emtam quys meter
oprymeiro pee | e Cayo em terra esmoreçido e semtio que | hũ
homem ho ergia por os cabelos e quam | do acordou vio ho portal
da porta asy | Çerado que nem hũ paaõ nam poderya | por ele
Caber e ysto foy por vomtadeda | quele que todo ho mumdo
tem em poder e | poderoso sobre seus amygos e quede | bom
Coraçam ho servem e depois que | asy esteve hũ pouquo vio
no mar ale | vamtarse huã gram tempestade que || **[96v]** pareçia
que ha pena sequerya deRib[a]r | e pareçialhe que as omdas
chegavam | ao çeo e a pena que debaxo dele se | hergia depois
veo huã tam gram escu | rydade que nom podia ver nada e |
estava asy como senam tyvese olhos | e quamdo vio que asy
perdera ho ver | ouve tam gramde medo que nom | ho poderya
nymgem dizer depois que | esteve asy gramde espaço na quelas |
trevas perdeo ho saber e amemorya | asy que de quamto vira
nom lhe lem | brou nada edesta maneyra esteve | el Rey toda
anoute e quamdo foy | dia claro elRey semtio aquemtura | do
soll e abryo os olhos como que ha | Cordava e ergeose e oulhou

derrador | desy e fez ho synall da Cruz e logo | Cobrou seu saber
e sua memoryaa | asy como ho nũca mylhor ouvera emtam |
Começou a fazer ora çam ad*eo*s emtall | guysa se*n*ho*r* d*eo*s ver-
dadeiro comfortador | e comselhador vos sejaes louvado e om |
Rado pera sempre Ja mais po*r* que me | guardastes dos gramdes
perygos e das | gramdes Coytas que me comvyera | so frer seavosa
myzerycordia nom | fose se*n*ho*r* eu sam vossa cryatura ha | quem
amostrastes gramdes cousas || **[97r]** Aquem acorrestes aora que
eu ouve myster | que amynha alma era Ja muy chegada ao |
ymferno quamdo vos po*r* avosa gramde pia | dade que nũca
faleçeo nem faleçera ha | lyvrastes se*n*ho*r* d*eo*s vos atornastes
ao voso | samto nome se*n*ho*r* omrrado sejades que ha | mynha
vomtade he aver avosa graça | que seha eu ou ver mais lygeyra-
memte | sofryrey todo trabalho se*n*ho*r* vedes me | aquy aparelhado
p*e*ra fazer todo voso | mamdado mas po*r* avosa gram piadade |
me guarday que nam seja po*r* temtaçam | do diabo Cujas obras
leyxey em gana | do asy esteve el Rey fazemdo sua ora | Çam
gram pedaço quamdo el Rey ouve | feita sua oraçam oulhou lomge
p*e*ra ho mar | deoryemte e vio vir a fermosa naõ da | p*a*rte que
Ja damtes avira e na q*u*ela nao | amdava ho fermoso homem
que com ele | falara e quamdo avio foy muy se | guro po*r* as
palavras que lhe dysera e | Começoude m*ui*to lhe pezar em seu
corãçam | da vomtade que depois tyvera e come | Çou apedir
ad*eo*s merçe e quamdo ha | barca chegou ele deçeo a Ribeyra
he | oulhou e vio na barca todos hos avom | damemtos de mam-
jares q*ue* homem pode | rya Cudar e quamdo vio aquele | com
quem Ja falara salvouho e elesa | yo fora e sobio com elena pena
e pre || **[97v]** gumtoulhe Como semamtyvera depois | que se dele
partira e ell Rey lhe dyse serto | nam ouve depois senam trabalho
emtam | lhe comtou todo como com amolher lhe | acomteçera e
das maravilhas q*ue* depois | so frera denoute e o senhor da naao |
lhe Respomdeo Rimdo ay homem depobre | fee pecado decobiça
emlamçamemto | de desesperamça nom te diveras dehaquey | xar
de nenhuã Cousa que teviese tam | to que hos so fryas po*r* teu
salvador que | aquele he aquele aque senom escomde | aqueles
que ho servem e noso se*n*ho*r* sem | pre he aparelhado p*e*ra acorrer
aqueles | que sam em seu serviço e nysto deves aver | Comfyamça
que se ho tuu acabada | memte creres tu averas quamto teu |
coraçam demamdar e se tu es Ja lya | do ou preso nom te deve

de pezar se tuu | de t[o]do Creres em deos e te aparelhas ha |
fazer toda sua vomtade que asy | diz david em o salteyro omde
se tra | balhou de louvar adeos que ele so fre | ho pecador e
goberna os orfaaos * | aquy podes emtemder que ho que per | de
avysta do Coraçam tamto quer dy | zer Como que perde ho
conheçimemto | de Jhesu cristo nom perde por em seu galar |
dam selogo seaRepemde que este nam | ho a Reçea nem ho
desempara que pera || **[98r]** Aquele he aparelhado de ho Reçeber
e jsto | he a vista do coraçam e nom deves tu cudar | que seacom-
teçe que hohomem pequa | que jsto he de natura mas he da
fraqueza | da Carne qua acousa que he mortall | nom pode espri-
tuall memte Cuydar e | asy deves tuu de emtemder que cousa | he
coraçam que nom he outra cousa que | Conheçimemto debem e
de mal e por que | conheça ho omem do hũ e do outro por | yso
deve ter Conheçimemto dalma ha | sy daa ho senhor deos avista
do coraçam ha | queles que sam cegos por os pecados mor | taes
quamdo querem demamdar suaa | merçe e seu comselho e ele
he aquele | que solta os presos e alomya os çegos | e verdade he
que quamdo ho homem he | em pecado mortall he preso do
diabo | e por acomfysam he dele apartado em | tal guysa solta
deos os presos e emde | remça os seus quamdo tem seus membros |
tolheytos e nom sepodem deles aJudar | e estes taes chamamse
comtrytos he | nom ha outros taes comtrytos como ha | queles
que perdem hos nomes da alma | que sam Riquezas do Coraçam
asy como | cystamd[a]de * e piadade e omyldade | e mesyrycordia
e obediemçia e paaz he | boa vomtade e estas vertudes sam no |
mes da alma e aquele que nom tem || **[98v]** Estas cousas sabe
que nom tem membro | em que seposa sofrer mas ta[m] azinha |
como ha alma seso fre nestas vertu | des tam azynha he emcamy-
nhada e a | sy ha sara aquele que he poderoso em | todas as Cousas
asy Castigou ho | senhor da barca ha el Rey mordaim he | Com-
fortouho muyto com suas pala | vras e nom avia Cousa no mumdo
que | el Rey tamto estymase Como ouvir | falar aquele ho omem
tamto aseu | prazer falaua emtam lhe pregumtou | el Rey que
quem era aquela dona que | Com ele viera falar e o senhor da |
barqua lhe dyse aquela dona que | tu vyste tam fermosa e bem
gysada | sabe por verdade que ela foy Ja em | mynha Casa e no
tempo que ela hy | foy era Çem tamto mais fermosa que | agora
quamdo avyste quamdo ela | tam fermosa e tam viçosa se vio em |

soberveçeo e quys ser se*nh*ora Como eu | era e que nom ouvese
poder sobre ela | e asy Cuydou ela que ho farya e | eu logo
Conheçy seu mao pemsamem | to que eu emtemdo logo os pemsa
mem | tos dos que os Cuydam emtam hadey | tey fora de mynha
Casa asy quee | numqua foy tam fermossa Como dam | tes e Ja
mais nom vio ela homẽm que me | bem quysese que ela nom
metese todo || **[99r]** seu trabalho p*er*a que me desame esabe |
que ela nom veo aquy senam p*er*a teha | partar deteu d*eos* ora
olha que te nom | posa nem p*or* dito nem p*or* feyt[o] fazer | por
que tedele aparte e que toda via | tenhas em teu Coraçam ad*eos*
noso senhor | asy falou ho homem bom da nao haa | elRey e
diselhe muytas Cousas pera | que fose bem firme na fee e el Rey |
ho escutava de boa vomtade e lhe per | gumtaua aserca do que
lhe dezia emtam | ho tomou ho sen*nh*or dabarca p*or* a mão dy |
reyta e nomeouho p*or* seu nome debautys | mo e dyselhe seavia
fame e el Rey | lhedyseque ja tam gramde lazeira nom | terya
que todo lhe nom esqueçese tam | to avia gram sabor do que lhe
dyzia * e | Ja mais nom dezeJarya de comer em memtes | Com
ele fose e emtam ho levou habarca e dyselhe Rey mordaim eu te
meto em | poder todos hos mamgares bos * que no | mumdo sam
e que boca dehomem posa | Comer quamdo el Rey tam gramdes |
maravilhas vio foy tam abastado q*ue* | nam ouve fame e dyse
serto senhor | eu sam tam avomdado somemte de | ver estas mara-
vilhas e seme asy | vay Ja mais nom Comerey mas p*or* d*eos* |
Ja que me acomselhastes mostrayme o q*ue* | farey qua pois Conhe-
çeis todos hos | Cudares bem sey que conheçereis os meus | e de
veisme de Comsolar segumdo ho || **[99v]** que eu Cuydo e ele lhe
dyse eu sey ora | bem o que tu agora cudaste que cuydas | em
naçeram de quem amolher tedise no | vas mas dysto nom aJas
Cuydado que | nom esqueçera aquele que tu viste | em tua visam
deçemder do Çeo e ba | nharse nos nove Rios omde huũ era |
mayor que todos hos outros quamdo | ho el Rey vio asy falar
maravilhou | se que nom Cuydou que homem mortal | pudese
sa[b]er os pemsamemtos dos ho | mes * mas bem Cudou que
nom era mor | tall mas nom lhe ousou nyso falar | quamdo asy
esteve diselhe se*nh*or p*or* d*eos* | se vos aprover fazeime emtemder |
esa visam esto nom saberas tu dise | ele ata que nom Corras ho
lobo da | pardety e emtam saberas p*or* que | te vinha tolher teus
boŝ mamjares | e depois saberas que quer seny fy | car toda atua

visam mas tamto | te castigo bem que de nenhuã cousa | que
vires te espamtes que por ver gram | des maravilhas podes ser
çedo ser | to deteu feyto e por esto dise | a voz quamdo tuu e nase-
ram Jaziades | desacordados aquy se Começam | hos pavores
tamto quer ysto dizer | mostrarvosha o verdadeyro croxofixo | o que
ele tyver por bem e taes Cousas | vos mostrara que pasaram todas
|| **[100r]** As maravilhas espamtosas e se tuu em | boa fee e fyrme
Coraçam te que | res ter Comtra todas as Cousas | que vires ga-
nharas tamto que as | maravilhas que vires nom te parecerão | ateu
dapno mas por com fomdir ho diabo | e por teesforçar na fee e
sete esqueçer | que alguũ homem ou molher tequyser | em ganar
ou por dom ou por promesas oulha | Como adam ho prymeyro
homem foy | em ganado por que se outorgou no que | lhe o diabo
dise por Comselho desua mo | lher eva edesto te lembra todo ho
dia | e logo podes emtemder quaẽs Comçelhos | tesam dados por
salvamemto ou perygo | da tua alma e por tamto sempre te tem
| avomtade de teu senhor e nom crẽas | Comselhos que seja comtra
sua vom | tade e sealgũ te prometer gram dom | hou promesa por
fazeres Cousa que | despleza ate u ° senhor guarte que ho | nom
Creas nesta forma falou ho | homem bom dabarca Com elRey e |
do que lhe dezia avia muyto Com forto | e por fim lhe pergumtou
senhor dizeyme quam | to morarey nesta pẽna e ele lhe | dise tuu
mõraras hy tamto ata que || **[100v]** ho diabo te ponha dy fora
por synes | tra maõ e Jamais dahy nom say | ras ata que te ele
tyr[e] emtam se | Calou elRey e cuydou muyto na | quylo que lhe
dysera que ho diabo | tyrarya por amaão esquerda e a | baxou ha
Cabeça comtra aterra he | Começou fera memte acuydar he | mem-
tes que ele Cuydava ho homem | bom emtrou na barca e foy
selogo | e depois que elRey ouve muyto cuy | dado oulhou derra-
dor desy e nom vio | barca nem ho senhor dela emtam so | bio
em Çima da pena e oulhou enom | apodever e maravilhouse que
Ja | asy lhe fizera outra vez emtam se | bemzeo a começou aCuydar
muyto | que homem era aquele que asy Conhe | çia os Cuydares
dos homẽs e achou | se mall por que lhe nom pregumtou | se era
deos senam mas asemtou que | seoutra vez Com ele falase que |
lho pergumtarya | CAP[ITULO] Lxv. DE COMO ELREI |
mordaim vio anao em que ha | dona que ha ele vyera amda | va
e do que com ela passou || **[101r]** Asy falaua elRey Comsygo mes-
mo | ate que vio as omdas do mar fazer gram a Roydo emtam se

ergeo e | oulhou comtraho oryemte e vio vir | ha nao da dona e foy
muy espam | tado que bem Cuydou que era de | maa parte e que
vynha por ho em gua | nar emtam se emcomemdou adeos e | Ro-
goulhe que ha alma lhe guardase | Como quer como quer * que ao
corpo | fose e que ho emderemçase Como | vise que era bem he nom
fizesecou | sa por omde fosedesviado do bom | Começo que come-
çara e despoys | que fez sua oraçam tornouse cõtra | horyemte
e fymcouse de giolhos | em terra e abaxouse debom coraçam | e
omra da gloryosa Çidade deJeru | lasem [sic] omde Jhesuu cristo
foy morto por | deytar fora seus amygos da per | duravell morte
do ymferno emtam | veyo ha nao tam fermosa e tam Ry | qua
Como damtes ha ele vira e a | dona aque damtes nela amdava
sayo * | logo fora mas el Rey nom asalvou | quamdo ela vio que
elRey nom lhe | dezia nada faloulhe prymeyro e | pregumtoulhe
Como lhe foraa || **[101v]** Depois que sedele partira e elRe y |
lhe dysedona que temdes vos hy | deadubar nom vos quero Res-
pom | der nada pois nom somdes de fee | deJhesu cristo Como eu
sam Rogo vos | que nom venhaes aquy mais quam | do ela ysto vio
começou a Ryr como | quem escarneçe e dyselhe Rey evalac |
agora sey eu bem que tuu sayste | deteu syso e de teu Recado que
| bem sabes tu que depois que Reçebeste | a fee deque tuu falas
nom te | veio senam mall e nom te queres | dela partir amtes hes
nela tam ha | biuado Como setodo bem e todaa | omrra dahy te
viese ora escuta que | eu te darey novas muy verdadeyras | eu
venho do teu Reyno eestyve em | sarrat sempredes que tu nom me
quy | seste e sabe que teu Cunhado sara | fes he morto nem Ja
mais nom veras | sargasymta tua molher quamdo * | elRey ysto
vio ouve gram pezar mas | nom ho creo asy tornou adona ha |
elRey por as palavras que lhedise | porem nam lhe pode ela tamto
dizer | nem fazer nem prometer que lhe | fizese que fose com ela e
quamdo || **[102r]** vio que ho nam podia da ly levar diselhe | que
fose ver a Riqueza que em sua | nao amdava e elRey foy ela foy |
muy asynha demtro e descobryo haa | não do negro pano deque
amdaua | cuberta e dyselhe ora olha Rey evalac o que haquy nesta
naao trago e ele ou | lhou e vio anaão chea de pedras pre | çiosas
e de nobres panos e lhe pare | Çeo que numca Cousa tam fermosa |
vira ela lhedise Rey nom Cudes | que eu sam de maa parte por
que eu nom | Creo nesa samdia fee e nom tepare | ça que esta Ri-
queza vem de maoo | lugar esta Riqueza e outra muita | sera tua

setu amym me creres m*ui*to | Cuy dou adona vemçer mordaim | por palavras e por promesas mas por | nenhuã Cousa que lhedyse nom ho | pode trazer a fazer sua vomtade | pero tornou m*ui*to ho Coraçam del Rey das | novas q*ue* lhe dysera da Rainha e de | naseraom e das outras Cousas q*ue* lhe | disera mas achouo taõ forte e tam | firme na fee deseud*eo*s que ho nom | pode em nenhuã Cousa mover he | quamdo ho ela choṁava ebalac nom | lhe querya Respomder por que leỹxara || **[102v]** ho nomedo diablo q*ue* tivera tam lom | gaṁemte e por yso lhe pezava deho cha | mar por haquele nome muyto durarã | as temtaçoes * amtre eles ambos por | q*ue* ela lhe Re ferya os gramdes bic*os* * | e as gramdes omrras q*ue* tivera he | dizialhe ele quam gramde alteza | ele Jmda * ave- rya no çeeo por asamta | fee deJh*esu*u cr*is*to eque aprezaba mais | da * que elesoia mamter ela lhedezia | que mais lhe valeyra as gramdes | Riquezas que ela lhe darya por que ele nom podia yr senam aperduravell | destroimemto equamdo ela vio q*ue*ho | nom podia mover do que começara | tornouse outra vez e tam presto q*ue* | ela se foy veio loguo huã tempestade | mais desesperada que damte elRey | ficou Cuydamdo quem poderya * ser | aquela dona q*ue* tam gramde Riq*ue*za | lhe mostrara e que tam azinha viera | desua terra que era daly dezasete | Jornadas quamdo el Rey vio atem | pestade tam gramde e tam feia ele | ouve muy gram pavor daly começou | a fazer muy gramdes trovois * he | Relampagos e Começou ha escu | reçer asy que nõm podia ver nada | senam aclarydade do mar e depois || **[103r]** q*ue* fez m*ui*tos Relampagos e m*ui*tos trovois * veio | hũ som detam alto que el Rey nom se | pode ter em pee e cayo no cham e caira | no mar sesenam tivera nos degraaos | da pena e quamdo se asy teve deu | hũ Corysquo e deu em huã p*ar*te da | pena e a femdeo e levou ao maar | el Rey ficou muy espamtado e Jazia esmoreçido asy Como se fose morto | e Jouve asy gram pedaço e quamdo | acordou era ja toda atem- pestade | pasada e abryo os olhos e vio omar | mamço e nom vio nada do que ãtes | vira e oulhou e vio apena todaa | q*ue*brada e ouve tall espamto que | por poucas nom Cayo no maar e fez | em- tam sobresy ho synall dacruz | Rogamdo ao piadoso Rey de me- zery | Cordia q*ue* lhe dese tall coraçam que | nam desesperase em tamtos peryg*os* | emtam seasemtou e ouve tam grã | de sono que ouvera demorrer e deytou | seao pee da pena sobrehũ pique no lu | gar que hy avia e quamdo acordou | teve tam gramde fame que verdadeira | memte bem Cuydou que nom escapa | rya demorte e vio emtam sobre ha || **[103v]** pena estar huũ pão muy negro deçevada | e quamdo ho vio foy muy ledo e corem | do foy tomar ho pam e depois que ho | tomou sequys tamto deter que | ho partise amtes asy ymteiro ho | meteo na boca e asy como ho quis | comer ouvio hũ tam gram Rogido | que lhe pareçeo que todas as aves do | mumdo eram sobre asua cabeça he | oulhou pera çima e vio comtra sy deçer | huã avee e era tam gramde e tam | desvaryada que numca tall avira | por que ela tinha acabeça negra como | ho pez e os olhos asy vermelhos como | ho fogo e os demtes outros taẽs ea | Cabeça era como aCabeça deserpe | e o pescoso como deagia eas asaas | asy bramcas Como deaçoo e asy ta | lhamtes por diamte como espada e por | detras por as espadoas outras asas | asy bramcas Como aneve e tam | depresa voaua como sarayva tall | era ha aue e esta aue nam voa senã | quamdo quer espamtar aqueles que | querem servir a deos e dizem os doctores | que quamdo esta aue que todas | as outras aves fugem damte ela | asy como as nevoas fogem diamte || **[104r]** do soll e no mumdo nom ha senam tres | e amay as ha sem aJumtam[e]mto de | macho e sam tam fryas que aJmda | ha may as nam pode sofrrer e vay bus | quar huã pedra ao vale que chamaõ | de ebrom ea quela pedra he tam | quemte de natura que ha toda cousa | aque ha homem chegar e atrouxer | de RiJo huã Comtra outra logo se | queimara mas sem atrazer asy Rigo | apoderam ter na mão sem sequeymar | e quamdo asy trazem Rijo tornaa | vermelha Como samge e porem ela | nam he naturall memte bramca | aquela ave toma aquela pedra | quamdo os filhos sam nos ouos em | gemdrados que ata ly pode elaso | bre el[e]s Jazer qua depois de emgem | drados sam tam fryos que os nam | pode so frer amay como Ja vos dise | asy por a força do boar da ave quam | do ha traz e do ar aqueçe apedra | e vay por ho ar queymamdo ha avee | asy que quamdo chega aos ovoos | nom ha em sy nenhũ poder e nõm se | lamça sobre os ovos por que os queyma | rya mas lamçase perto deles e ela | arde e desta quemtura aqueçem os || **[104v]** ouos e os filhos que estam demtro que | morrem de fryo aqueçem e quamdo | ha may hetoda queymada e feita | em poo por a força do fogo e deseu | tempo naturall que chega quebram | os ouos e emtam sayem os filhos | e tamto que tomam huã pouca de | força comem aquele poo que ficou | damay e ja mais nom comem outra |

cousa e os dous sam machos e huã fe | mea e quamdo sam gramdes matam | se os machos sobre a femea e fica | ha femea que ha nome serpehos e a | pedra ha nome piratiçẽs tall era ha | aue que sobre el Rey veio na pena | e quamdo ele quys meter ho paõ na | boca feryo da asa asy que ho fez | yr ao mar e depois alevamtouse | no ar e tornou muy RiJo aele e a | chouo Ja na Ribeira e feryo tam RiJo | que todos hos cabelos da cabeça e os | vestidos ata a carne lhe Rompeo | e foy se el Rey ficou esmoreçido | e asy Jouve ata amea noute e de | pois que acordou foy tam esuaeçy | do que nom pode ver nada e se am | testynha fame estava emtam tam | abastado Como se todos os boŝ mã ‖ **[105r]** Jares do mumdo Comẽra asy esteve elRej | ata por amenham e quamdo lhe lembrou | da fame e da ave começou muyto achorar | e asospirar e dise sennhor deos verdadeiro | que por ho teu preçioso samge me compras | te por me tyrares da perduravell des | truyçam eu te dou muitas graças por que | vy que te pesava do pecado que eu | quysera fazer que tamto comforto | me deste que nom [d]ivera dauer fame | e se eu fose bom e tivese perfeytaa | fee nom me viera amym ysto mas ha | gora poso eu bem emtemder que quem | me pos ho paõ ho nom pos por meu bem | mas por me comfomdir ha alma naa | pena perdurauel e por ysto que me senhor | fizeste emtemder eu nom comerey cousa | que em nenhũ lugar ache | CAP[ITULO]. lxvi DOS GRAMDES TRABALHOS | que mordaym na pena pasou edas | temtaçoes [sic] que ho diabo [lh]e fez | e do que lhedeos dise | Em esta maneyra foy elRey na pena | e cada dia ho omem bom da naao vinha | ha molher * ele e depois ha molher e o omem ‖ **[105v]** bom lhe dezia todas as palavras que ho | podiam comfortar e amolher lhe dezia | toda trayçam qua ela ho descomfor | taua em corpo e em alma e quamdo veo | aos setedias veo ho homem bom da nao | e diselhe que selhe achegava ho prazo deser lyvre sesesoubese guardar | e terse comtra ho diabo e el Rey lhe | dise senhor como me saberya eu bem guar | dar e ele lhe dise seteoJe toda via | poderes guardar de asanha[re]s teu senhor | tuu seras lyvre de todos os pauores | e de todas estas mas trevas que teram | de vir sete nom guardares decrer com | selho que seja comtra sua vomtade e | quamdo daquy pasares averas pasadas | as gramdes trebulaçoes * emtam se foy ho | senhor da barca e elRey ficou muy ledo e | pos bem em seu coraçam que Ja por cousa que | vise nom separtyse da pena asy esteue | ate que foy ora de noa emtam oulhou por | ho mar e vio vir huã muỹ gramde nao | e muy Rica mas nam vio hy homem nem | molher anao era muy fermosa eguar | nyda de muy fermosas cousas e veyo se | direyto apena e tamto que chegou come | çouseh[ũ] mao tempo e anao chegou apena | [o] tempo comecou * a fazer trovois * chuveiros || **[106r]** tam forte mēte que pareçia que a pena que | rya Cai[r] e nom ouvera homem que ho vise | que nom Cuydase que se vinha a fim | el Rey estaua na pena e a chuva ho | ferya de todas partes e nom sabia omde | se fose escomder que aparte da pena om | de a coua era cayra e atempestade ca | da vez era mayor os coryscos muy ame | ude cayam e tam desemparado era ell | Rey que nũca daquele perygo cuydou | escapar asy sofreo el Rey ho tromem | to do vemto e da chuva e dos coryscos | no corpo e na alma mas por yso nom se quys acolher anao nem leyxar apena | tamto so freo ata que otempo estiou | e o soll começou aesclareçer e emtam | foy muy ledo e emtam veio huã tam gram | de quemtura que pareçia que apena | querya arder e seamte el Rey sofreo | pena mjll tamto lhe foy esta vio am | te sy anao toda aparelhada de boas | Camaras omde sehy emtrase poderia | bem so frer a gramde quemtura mas ele | duvidou tamto asanha de seu senhor | que pos em seu coraçam deamte sofrer | morte que leỹxar apena com muyta | paçiēça so freo el Rey esta quemtura | ata que acabeça lhe esuaeçeo e nom se || **[106v]** pode ter e caio esmoreçido e quamdo ha | Cordou ergeo hũ pouco acabeça pera ver | seho tempo amamsara e quamdo vio | que era temperado asy como avia de | ser amte ora de nona e besporas foy | muy ledo emtam prouou sesepoderya | herguer com a cabeça que lhe esuaeçera | e quamdo se ouve de alevamtar nom | semtio mall nem dor e quamdo se ergeo | maravilhouse das gramdes avemtu | ras que lhe acomteçeram e so frer | tam gramdes trabalhos e nom hos | semtir e as vezes lhe pareçia que sonha | ra e tamto era ledo nysto Cuydou a | ta que foy bespora e oulhou e vio vir | huã naao muy Rica memte aparelha | da e vio muy Riga e quamdo se foy | chegamdo vio no Castelo davamte | hir dous escudos e conheçeo que huũ era | ho seu e o outro de seu cunhado naçeram | e maravilhouse e começou muyto ha | cuydar tamto que se esqueçeo e logo | ouvio Rimchar hũ cavalo e escarvar com as maõs tamto que pareçia que | brytaua anao ho que elRey ouvio muj | bem e pareçeo

lhe no Rimchar que ha | quele era ho seu caualo que ele gua |
nhara detolomer na batalha de orcauze || **[107r]** Muyto semara-
velhou elRey do caualo e | dos escudos que via em estranha terra |
e que avemtura poderya ser que aly | os trouxese e nesto anao
chegou | tamto que emcorou na pena e el Rey se | hergeo e vio
muy fermosa gemte emtam | vio h[ũ] homem fora que mais
pareçia cõ | hũ seu Jrmaõ que lhe mataram em huaã | batalha e
quamdo ho vio foy muy le | do comtra ele mas violhe fazer muy |
mao comtynemte em tamto que muyto | fez perder ha el Rey
desua alegrya | e toda via ho foy abraçar e pregũ | toulhe por que
fazia tam tryste gesto | e ele lhe dise senhor nam poso fazer me |
nos qua vos perdestes dous amygos | os mylhores que numca
tyvestes no mum | do eu e naçeram voso cunhado que vedelo |
aquy na nao em huã Cama quamdo ell | Rey ysto ou vio cayo
esmoreçido e quam | do acordou diselhe que lho mostrase e |
deu brados como homem samdeu e tor | nou outra vez a cair
esmorẽçido e ho | homem ho tomou por a maõ esquerda eo |
levou anao quamdo el Rey foy naa | nao vio hũ leyto e ergeo hũ
pano e | vio hũ corpo que bem Cuydou que era | naseraõ e caio
emtam esmoreçido desor | te que quem ho vira disera que nom
es | caparya e quamdo acordou quys || **[107v]** pregumtar ao
Caualeiro em que forma | naseram morrera e teve olho a pena e |
viose muy alomgado tamto que ha | penas a podia ver e quamdo
[y]sto vio | esmoreçido * e quamdo acordou bem | zeose e tam
azinha Como ouve fey | to ho synall da Cruz nam vio homem |
nem molher na nao nem no leyto e quã | do vio como ho negoçio
hia Começou | muy feramemte achorar e dise senhor | deos ora
me guardey mall comtravos | e agora sey quevos fize torto ese
| me mall vier bem ho mereçy e tam | asynha como ysto dise vio
na proaa | da nao aquele homem que ele via | na barca fermosa
da prata e que | toda asomana lhe disera as boas pala | vras e
tamto que ho vio dyselhe cho | ramdo ay senhor como me em
ganou ha | quele deque vos me mamdastes gardar | e ho omem
lhedise nom chores mas | guarte de fazeres pior e el Rey lhe |
pregumtou que poderya fazer e ele | lhe dise muitas estranhas
avemturas veras | que te acomteçeram mas Ja mais nom come |
ras nem beberas ata que nom aches | naseram teu Cunhado e vira
aty | como verdadeiro Crystram e quamdo | ho asy vires emtam
sabe que seras livre || **[108r]** e sabe bem queho anho que te eu

dise | omtem po*r* amenham e o lobo que tu vias | nesta nao ho
podes ver e este que te | dise como naseram era morto este he |
ho diabo que [s]empre he lobo comtra | as ovelhas de d*eo*s tamto
como comtraho | povo de d*eo*s e este he o [ll]obo que em tua |
visam te tolhya os bo͂s mamJares que | te ho amJo daua e aquele
cordeiro sa | beras tu muy bem que quer ser mas esto | nom sera
senam huã vez e emtam te sera | descuberta tua visam e o que
pode sene | ficar bem sabe que aquele diabo que te | meteo na
nao foy aquela molher que | aty vinha cada dia e te dezia as mas |
palavras ora te vay e olha como te | guardes comtra ela homylhor
que pu | deres e mylhor que ata quy te guardas | te que sete
nom souberes guardar muy | azinha veras cousa que te tornaram |
a morte perduravell emtam se calou | que lhe nom dise mais e
elRey oulhou | e nam ho vio e ficou soo na na * nao e o | vemto
deu na nao e toda a noute e dia | atrouxe de qua p*e*ra la e a
outro dia es | tamdo h[e]lRey * na cadeira domestre | oulhou
e vio lom ge da nao hũ homem | asy como ape e quamdo foy
perto vyolhe || [108v] debaxo dos pes duas aves que os sos |
tynham e o traziam tam lygeyra mēte | Como huã podia mais
boar e quamdo | veio anao emtrou e começou a fazer | ho synall
da cruz sobre ha nao e tomou | agoa dedemtro da nao e lavou
toda | ha nao de demtro com ambas as maos * | sem Cousa falar
el Rey oulhou e | m*ui*to semaravilhou que podia ysto ser | e po*r*
que ho omem deytaua ha agoa ha | sy po*r* anao e quamdo ho
omem Jsto teve | feito falou ha elRey e diselhe mor | daim elRey
semarauylhou muyto quã | do se vio nomear po*r* seu nome
debautis | mo elhe Respomdeo sen*ho*r eho omem bom | lhedise
sabes quem sam nam dise elRej | e o homem bom lhe dise sam
teu de femde | dor po*r* mamdado de J*hes*uu cr*ist*o eu sam |
[s]alustes * aquele em Cujo nome e em | Cuja omrra tu fizeste
a Rica ygreja | na Çidade desarrar e vymte comfor | tar e acom-
selhar e emviate dizer po*r* | mym ho anho aquele que em tua
visaõ | te daua os bõs mamjares que o lobo | te tolhya que tu
vemçe ste ho lobo e | ysto foy po*r* ho synall dacruz q*ue* tu fy |
zeste sobrety quamdo te viste ha | lomgado da pena e emtam te
leixou || [109r] ho lobo este foy ho diabo que amtes | te tolhia
os bos mamJares que ho cor | deiro tedaua estas sam as boas
pala | vras que ho omem bom da nave te dezia | aq*ue*le homem
bom era ho Cord*ei*ro * que em | tua visam te dava os bos

mamjares e | sabe que ho anho de deos que por ha terre | al lyna-
Jem foy sacry fycado que veio | tam mamso acruz Como ho anho
ha | morte e este he yhesuu cristo filho da vyr | gem [h]a * quele
que cada dia te vinha | Com fortar aquele me embiou aty | por
te de scobryr tua visam asy como te | ele mostrou pera que tu
saybas que quer | dizer tuu viste deteu sobrynho sair | hũ laguo
e dele saim nove Rios eos | oyto eram todos ygaes e o noveno
que | derradeiro naçera era tam fermoso etam | gramde como
todos os outros e o lago | era muy fermoso e muy gramde e tuu |
oulhaste e vyste sobre ty vir hũ omem | que tynha semelhamça
do verdadeiro | croxo fixo e quamdo deçeo emtrou | no lago e
lavou nele os pes e as per | nas e outro sy em todos os outros
oyto | Rios e no novo selavaua todo aquele | lago e teu sobrynho
em que Jhesu cristo | banhara seus pes e suas pernas tam | to
quer dizer que ele sera de tam boa || **[109v]** Vida que sera verda-
deyro nasamta fe | do quall sairam os [n]ove Rios estes ser[ã] |
nove homes que dele deçemderam e nom | seram todos seus filhos
amtes deçe mde | ram dehuũ e do outro por geraçam e todos |
oyto seram ygaẽs de bomdade e devida | pero ho oytauo nom sera
no começo detall | vida mas selo ha depois ho noveno sera |
demuy mayor alteza devida quetodos | e por que detodas bomda-
des vemçera os | outros por yso banhara Jhesu cristo nele todo |
seu corpo ysto nam vestido mas nuu queele | se espira amte ele
detall maneyra quelhe | mostrara todas as suas porydades queele
| nũqua haomem descobryo aquele seracõ | prydo de todas as bom-
dades que em cora | çam dehomẽm devadaver epasara de | armas
todos aqueles que amte ele forã | e seram aquele sera aquele de-
quem ho | amygo falou em sarrat quamdo feryo | Josefes com alam-
ça davymgamça quam | do dise que Jamais as maravilhas do | greall
nom seryam descubertas senam | ahũ homem soo aquele sera ho-
noveno | dos que deçemderam deteu sobrynho e | seratall Como
teeu digo mas ho gram | de mylagre e as gramdes vertudes que |
acomteçeram aly omde ho seu corpo Ja | zera nom seram sabidas
por que na quelle || **[110r]** tempo seram muỹ poucos que say
bam ver | dadeiros synaes desua sepulturaa | agora te faley Ja
detua visam orate | te * quero falar desta nao e por quedey | tey
por ela agoa que esta naao foy | do diabo que tu por ho synall
dacruz | deytaste e por que foy sua nom podia | ser que alguã vez
ha ela nom viese | senom fose lympa e agora selympaa | por aagoa

e por ho synal dacruz e por ho | ComJurameto dasamta trymdade asy que | nenhũ maao esprito nela emtrara que | eles nenhuã cousa tamto temem como ho | synall dacruz he bemzia no nome do padre | e do filho e do esprito samto e por estabem | çam fica lympa detoda sog[i]dade e em | quall quer lugar que ysto com boa fe fy | car Ja o diabo nam sera ousado que hy | vaa em tall maneyra faze e seras segu | ro que no lugar omde ho fizeres o diabo | nom tera poder de fazer mall ateu corpo | nem tua alma nom sera perdida emtam se | calou ho samto homem e partiose dele e elRey ficou na nao asy como ouvydes e | torna ha estorya anaserã queestaua em prysã | CAP[ITULO] Lxvii DE COMO O AMGO. | veio * anase[J]am * na prysam | domde estaua e das maravilhas | que se pasaram || [110v] Diz ha estorya que na maneyra que Ja | ouvistes foy naseram metido em prysaõ | e tomouho em guarda aquele caualeiro | descrydo que avia nome calafer que | tamto era desleall como nos ha estorya | Comtou e por ho comselho deste mais que | por ho dos outros foy naseram preso ele | ho tomou em guarda sobre sua terrra | e sobre sua vida e quamdo ho teue em | poder foy comtra ele muy bravo e deulhe | muy maa prysam e for metido em hũ | caçere negro e escuro e davalhe pouco | de comer e de beber e nom sepodia ajudar | denenhũ membro que tivese que os pẽs | e as maõs tynha metidas em fortes ca | deias e jazia vestido e calçado e por que | estaua em tall tr[e]bulaçam nom lhe pare | çia acalafer que era nada e fez tomar | hũ seu filho de naseram e meteo com | ele este menyno era de sete anos he | sete meses ho menyno era muy fermoso | e bem pareçia fidalgo e avia nome de | bautismo selydonys e por Rezam segum | do avida que depois [v]iueo * selydones quer dizer e senificar em latim homem | dado ao çeo que ele toda sua vida teue | coraçam em sua fe metida em seles | tiaes obras e soube tamto deestrologia | Como haquele que mais soube em boa em | temçam e podeis saber que na sua naçẽça [111r] Acomteçeo huã gram maravilha na çida | de de orberyque e esta maravilha nom soy | aqueçer na terra que ele[n]açeo nos gram | des dias das calmas aora demeio diaa | e foy ho segumdo dia depois das l[uai]ras de | Junho e o soll que devera deser em sua | gramde quemtura aquela ora pareçeo | tall Como quamdo por ha menham naçe | e alua e as estrelas pareçeram asy cla | ras como se fose noute e esta foy cou | sa serta e demostramça que serya o ver | dadeiro buscador e conheçedor das cou | sas selestias e por estes synaes foy ha na | Cemça domenyno demostrada e jsto foj | bem por Rezam que sua vida foy depois tal | como ho synall mostrou e as palauras que | depois ouvires vos faram saber averdad[e] | aquele menyno metio calafer com seu pay | naseram e naseram foy bem dezasete dias | na prysam e quamdo ha noute dos dezase | te ameia noute que estaua asemtado em | sua Cama que senom podia deytar ou | ve sono eadormeçeo e memtes que dor | mya semtio huã maõ que lhe tynha ha | sua no punho e ele era tam trabalhado | por dormyr que ha deytou desy e amão ho | tornou a tomar outra vez e ele ha tor | nou afastar desy e amaõ ho | tomou | a terceyra vez e ele outro sy afastou || **[111v]** e tornou adormyr como aquele que | deho fazer avia muy gram sabor e | semtio que a maõ ho tomaua por os ca | belos e mall aseu grado ho ergia he | quamdo ele ho semtio quis bradar mas | nom pode e marauylhouse que pode | rya ser e foy muy espamtado e quã | do foy em pee semtio os pes eas mãos | desatadas e quamdo quys dar ho | prymeyro paso semtio os ferros cair | no cham e foy muy ledo e quamdo foy em çima do caçere vio tam gram cla | rydade como se fose dedia e oulhou | pera çima e vio huã nuue vermelha e fora | dela huã maõ que ho tinha e era tam | bramca como ha neve e a mamga do | braço ata ho cotovelo que separeçia | era vermelha como o fogo asy lhe pa | reçeo amão que ho tynha por hos cabelos | e a mamga mas ho mais do corpo domde | ha maõ saya nom ho pode ver senam | asemelhamça dehomem morto que esta | em volto em lamçoll e senom vee bem | ho corpo em tall forma vio naseram | ho Corpo da maõ que ho tynha eo er | guya tamto que os pes nom chegavaõ | ao chaõ e naseram ouve tam graãm | pauor da quela maravilha que nom sou | be que fizese nem que disese asy h[o] || **[112r]** Ergeo a maõ em alto e por omde ho tynha | nom lhe fazia nenhuũ mall e quamdo | foy em çima daboveda do Carçele vio | que ha porta dele se abrya e quamdo pa | sou por a quela porta ha mão ho levou por | Cabo da cama omde calafer Jazia e | quamdo veio as portas dacasa vio que | selhe abryam e a nuue hya todavia | diamte e ele apos ela e quamdo forã | fora das gramdes portas ouvio huã voz | Como dehũ homem e tamto que foy | fora quamto hũ tiro depedra vio toda | a porta arder e o fogo foy muy gram | de e fez tam gramde volta que os da | Casa acodiram e começaram adar vozes | e quamdo calafer ouvio as vozes ergeo | se e tamto que vio as portas abertas sos | pirou e foy Corremdo aporta do ferro | e quamdo avio desemcadeada e aberta | foy tam espamtado que nom soube que | fizese nem quedisese e emtam fez com | muyta presa deçer huũ homem no cacere | e catou todo ho caçere e diselhe que nom | achaua nymgem e quamdo ele ysto ou | vio por poucas nam perdeo ho syso e come | cou * a fazer ho mayor pramto que omem | Ja mays fizera emtam sobio em seu caua | lo e tomou huã lamça e mamdou que to | dos os seus fosem apoŝ ele e emtrou || **[112v]** Em hũ atalho que hya ahuũ gram camynho | e o luar fazia muy claro e a noute muj | serena e quamdo amdou quamto meia | legoa quamto ho caualo ho podia le | var oulhou e vio naseram amte sy po | rem ouve graõ pauor da mão queto | da via ho tinha emtam se estemdeo | anuve toda sobre ele asy que ele | vio bem o corpo decuJa era amaõ e era | tam gramde que nynhuã lymgoa do | mumdo ho poderya dizer e era tam | claro que o soll quãdo he mais claro | no tempo do veram de duzemtas partes nem | tem huã da clarydade que o corpo ty | nha e por agram maravilha que cala | fer vio perdio ho semtido e nom sabia | omde estava e tam esmoreçido ficou que | nom vio nem ouvio nada e quamdo ha | Cordou e chegou au lugar omde am | te vira naçeram nom vio nada somemte | yr diamte sy por ho camynho anuue asy | como huã chama de fogo poderya yr | com a força do vemto mas quã do vio | anuue vermelha Como fogo espamtou | se muyto asy que senom pode ter nasela | e cayo em terra estemdido e aly veio por | sobre ele anuue e aquele que na nuue | amdaua poslhe amaõ so fre * a façe dy | reyta e o pe sobre ha esquerda asy Jou || **[113r]** ve calefer desacordado e o seu caualo | se tornou asua casa e os decasa quam | do ho viram tornar sem seu senhor ouveraõ | medo e fizeram gram pramto que bem | Cuydaram que era morto e por ha me | nham o foram buscar por aly por omde ho | viram yr em busqua de naseram e tam | to ho buscaram que ho acharam Jazer no | Campo asy Como morto e ergeram no | e oulharam lhe o Rosto e viram lhe na fa | Çee direyta ho synall da maõ e na es | querda ho do pee e o damaõ era ver melho | Como ho ferro quamdo say do fogo | e o do pee negro como ho pez e o negro | era asy fryo Como geada e o verme | lho quemte Como fogo e ele comtou | comolhe acomteçera e quamdo os que ho | acharam ho viram tam mall treyto que | nom tynha poder pera somemte falar ou | veram medo

e cuydaram que nom escapa | rya demorte e asy ho levarão pera
sua | Casa que numca mais abryo os olhos nẽ | moveo pee nem
maõ e deytaramno na sua | Cama e sua molher e os seus fizeram
muy | gramde pramto e quamdo foy ora de | nona deu hũ muy
gramde brrado e sua | molher foy ha ele e quamdo foy ha | ele
semtio tam mall cheyrar que por̃ | poucas nõm esmorẽçeo do gram
fedor que | dele saya e ele emtaõ abryo os olhos || **[113v]** e dise
que lhe desem dagoa pera matar | aquele fogo por que ardia
e deramlha | e deytoua por ho Rosto dehuã parte e dou | tra e
os que hy estavam lhe viram ha | façe direyta sem carne asy que os
osos | bramcos lhe pareçiam e viram na toda | chea devermeis e
tam mall cheyrar | que aduro ho podiam so frer etamto | que lhe
deytaram aagoa deu gramdes | brados e despois esmoreçeo em
maneira que todos ho tyueram por morto e depois | que ha cordou
começou achorar fera mẽte | e dise que sesemtia por morto e come
| çou deseasanhar por que asy morrya e | depois pregumtou por
naseram e dyse | ram lhe que nom sabiam dele nada e | ele ouve
dyso gram pezar e dyse que | lhe trouxesem selydones ho filho
de | naçeram e quamdo lho trouxeram | dise neste vymgarey eu ho
despeito | deseu pay e a morte que Reçebo emtaõ | ho mamdaua
matar e sua molher | lhe cayo aos pes e Rogoulhe que | ho nom
matase em tall maneyra | mas que de fame ho deyxase mo | Rer
na prysam que ho menyno nom | tynha Culpa no que seu pay fy |
zera mas aquele que mais tinha | debrabura e de aspereza dise que
querya || **[114r]** que nom vivese apos ele mas amtes ho | querya
ver amte seus olhos matar emtaõ | dise que asy como estaua ho
levasem | em çima dehuã torre e asylydones tãbem | e asy foy
feyto como ele mamdou e | quamdo ho menyno foy em Çima
mamdou | ho dela despenar que muyto dezejaua | ver sua morte
e deste feyto que mam | daua fazer aselydones aviam gram pe |
zar os que ho faziam e aviam gram doo | da morte do menyno
mas nom podiam all | fazer e asy ho deytaram da torre aba | xo
e quamdo omenyno veio ametade da | torre oulhou calafer e as
outras gẽtes | que com ele estavam e viram nove maõs | brãmcas
mãis que aneve que ho toma | ram e as duas ho tomaram por huã
mão | e as outras duas por aoutra e as duas | ho tomaram por
hũ pee e as outras duas | por ho outro pee e anovena ho tynha
por | ho queyxo e asy ho levaram lomgeda | torre quamdo calafer
ho vio asy | levar ouve tall pezãr que logo cayo | em terra e logo

veyo sobre atorre huã | tam gram escurydade que apenas | podia huã pesoa ver outra e os que | hy estavam ouviram huã voz que dise | quem aquy he amygo do verdadeyro || **[114v]** Cruxo fixo fuga que avymgamça de | seus ymy gos chega etamto que ysto | dise começou a fazer trovois * e Relam | pagos tam gramdes que pareçiam | q*ue* todas as cousas queryam destroyr | emtam fogiram os homẽs decalafer | e os outros que hy estauam e deyxa | ram no soo emtam deçeo fogo do çeo e | feryo na parte da torre domde cala | fer estaua asy que derrybou ameta | de datorre e calafer cayo tam brava | memte que amtes que chegase ha | terra foy todo desfeyto em piquen*os* | pedaços mas as outras gemtes davila | nom semtiram nenhũ mall a fora somẽte | ho medo qua noso s*en*h*or* os guardara to | dos p*er*aseu serviço que eram Crystaos * | e bautizados asy salvou ho verdad*ei*ro | croçofixo aqueles que eram tornados | asua samta fe e fez morrer Rebell | Comtra o seu gloryoso nome aquele a quem todos os mortaes poderes nam | sam nada asy como ouvides pasou | Calafer desta vida amorte perdura | vel e as novas desua morte foram | muy asynha soadas p*or* aterra e de | naseram como escapara e deseu filho | çelydones Como fora levado e quamdo | a Raynha sargaçimta o soube por || **[115r]** Verdade foy muy leda e m*uito* secom fortou | que serta memte creyo que avertude | do çeo os lyvrara e que omde quer q*ue* | fosem p*or* d*eos* eram e quamdohos Ricos | homes do Reyno p*or* cuJo comselho naserão | fora preso souberam que era solto ea | morte decala fer forãm em muyta | duvida que p*or* ha vymgamça que d*eos* p*or* | ele pusera em calafer e p*e*la gramd*e* | bomdade darmas que sabiam a naserã | por que era ho mais ardido darmas | sepodia achar temyam nom lhes viese | algũ mall emtam vyeram a Rainha | e pediramlhe merçe p*or* que comsemtirão | na prysam deseu Jrmão que todo fora | p*or* comselho decalafer ed*eos* dele tomara | tall vyngamça como ele mereçia e dyse | ram lhe s*en*h*o*ra mamday buscar a voso Irmão | tamto ata que ho achem e nos nosos | corpos e nosas terras nos meteremos em | vosa merçe p*er*a que ele denos faça toda | sua vomtade quamdo a Raynha os | ouvio asy falar ouve m*uito* p*r*azer e mam | dou logo çymco mesageyros muy bem | aparelhados e dyselhes que nom seçasem deho buscar ata que ho achasem e | p*or* serem mays crydos deulhes suas le | tras seladas deseu selo e os memsa | geyros foram ẽ tamto amdaram ata || **[115v]** q*ue* hacabaram sua demamda como ha esto | rya dira

adiamte | CAP[ITULO] Lxbiij COMO FRAGAMTINA | molher *
de naseram semtio | sua prysam e do que mais fez | Diz ha estorya
que quamdo naseram | foy preso e seu filho com ele e sua | terra
tomada e sua molher que era mo | ça dona de gram guysa como
aquela | que era filha del Rey demedea foy | deytada fora detoda
sua terra | adona era de tam grão beldade que todos | aqueles que
aviam atinham por ma | yor em beldade de todas as beldades |
que em corpo nem em Rosto em dona pode | se ser achada e com
todo esto de asy ser | tam fermosa era compryda de todas as |
bomdades e manhas boas qua era amjga | dedeos e aseu senhor
leall e casta e amavao | detam gram amor que nenhuã cousa nõ |
podia por alegrya em seu coraçam ata | que ela não soubese que
seu senhor era | sam e viçoso de tall guysa era adona | quall vos
ouvydes e avia nome fragẽ | tyna quamdo hadona soube que
| seu senhor era preso sabede que ela ouve | gram dor e gram
pezar e na mayor || [116r] Coyta que teue atomaram os Ricos
omẽs | e desa posaram na desua terra e dyserã | lhe que lha dera
seu marydo e ela na | quele tempo que lhe tyraram ho ducado
era | em orberyque e aela aprouve muito de cora | çam por que
Cuydou por hy aver aseu | senhor mas calafer lhe fez perder tudo
| como Ja ouvistes quamdo ela vio que nom podia aver seu senhor
nem a terraa | foy se acasa dehũ seu Im famçam ho | mem bom e
velho e sasudo e leall | e aquele fora amoo deseu filho | Çelydones
eadona ho amava muyto | e lhe fizera aele e asua molher muitas |
merçẽs e pareçeo lhe que na quele ha | charya ela mais amor e
lealdade | que em outrem por que o fizera de pobre | Riquo acasa
da quele Imfamção se | foy aduqueza fragamtina muy coy | tada
e ele a quem ela tinha feytas muitas | merçes e muitas omrras
Reçebeoha muy bem | e semylhor pudera my lhor a Reçebera |
muito foy ho Imfamçam ledo e alegre | com avimda desua senhora
mas nom | esteue aly muito quamdo lhe vyeram prem | der o
filho pera com seu pay ometerem na | prysam emtam foy adona
tão coita | da que todo ho pasado nom semtio || [116v] tamto e
fez emtam tam gramde pramto | que nam ha omem no mumdo
que a vise | que dysese que escaparya de morte e | cousa nenhuã
nam apodia comfortar | e a Raynha sargaçimta que por amor |
deseu Jrmão muito amava por as gramdes bom | dades que nela
avia ouvio novas do | gramde pramto que fazia e mamdoulhe |
dizer que se viese pera ela e comfortarse | yam ambas mas fra-

gemtina nũqua |hy quys yr amte dise que nom queriaa | nenhuã
companhya aseu pezar e querya | soo aver ho mall pois so ouvera
o bem quam | do a Raynha vio que por seu Recado nom que | rya
aela vir foy la e quamdo ambas se | viram foy o pramto tam
gramde quenum | qua Jamais sevio mayor eos pramtos e | cho[y]-
ros duraram muito mas a Rainha que | era dona muy sesuda
começou prymeira | memte a com fortar aduquesa e Rogou | lhe
que nom fizese tall pramto e depois | que lhe dixe muitas palauras
pera acomfor | tar Rogoulhe que fose com ela mas ha | duquesa
nũca quys amtes lhe dise senhora | eu huũ * dos homẽs do mumdo
em que mayor * | lealdade achey he hũ meu Jmfamçaõ e | sabede
bem que seu coracam * serya | muy tryste seho eu leyxase a tall
tem | po mas quamdo deos quyser || **[117r]** que eu sobre mynha
alegrya e mynha omrra emtão | eu virey pera vos qua em tall
trysteza cada huãa | denos que vyseha outra Renouarya nosa dor |
muyto se trabalhou a Raynha de levar sua | Cunhada com sygo
mas numca seela quys par | tir do Jmfamçam asy se tornou a
Raynha | Com gram pezar e aduquesa ficou que de seu | pramto
nada mymgoaua mas Cada dia seha | Cresemtaua asy viveo a
duquesa gram tempo | que nom pode ser comsolada ata que
naseraõ | e seu filho sayram da prysam e quamdo ela | ouvio as
verdadeyras novas comecouse * mais | a Comfortar do que soya
e de pois a seytyma | noute que naseram escapou Jazemdo dormym
| do como aquela que avia dias que com Repou | so nom dormyra
vio amte sy naseram que lhe | dezia Jrmaã seguydeme que eu me
vou asabro | sa terra de oçidemte que deos escolheo pera ho cre |
çemtamemto da mynha sememte e da vosa | quamdo ela pela
menham acordou lembrouse | do sonho que sonhara e maravilhou
se que po | derya ser e alevamtouse e foy se ay greja | fazer sua
oraçam e depois que ouvio suas | oras dise ao crelygo que Rogase
a deos por | ela e tornouse a sua pousada e emtam com | tou ao
Jmfamçam sua visam e o Jmfamçam | dise senhora esta visam nam
quer ser senam | bem dise ela emtam sy pero que queredes ||
[117v] Vos hy fazer o que vos quyserdes dise ele que | vedes me
aquy todo gysado e aparelhado pera | fazer voso mamdado e
quamdo vos mam |dar souberdes quamdo a dona vio o que | lhe
prometia tam decoraçam seu serviço | Começou achorar e dise
que querya que | fose com ela senhora dise o Jmfamçam eu | nom
sey o que vos queredes fazer mas ha | ora que quyserdes mover

dizedeo que vosa | hyda * e * toda aparelhada de bestas e d*in*h*ei*ro | e companhya serto dise ela companhyaa | nom quero eu senão avosa que eu me q*u*ero | yr tam Cuberta mẽte que nenhũ nam o sayba | a fora eu e vos s*en*hora dyse ele façase co | mo vos mamdardes mas se vos pareçer le | vemos com nosquo hũ meu filho o mayor | que nom sey nenhũ menyno mylhor servidor | que ele e sera muy neçeçaryo e nom cuides | q*ue* ho digo p*or* que eu nom seja aparelhado | p*er*a so frer todos os trabalhos que corpo | de homem de mynha ydade posa so frer | mas p*or* que huã dona tall como vos nom | sedeve de ter a serviço de hũ omem soo que | se eu e vos fosemos e amym sobrevyese | alguũ mall que serya de vos em terra | estranha e aJmda que meu filho va com | nosco nem p*or* yso serey Como caualeiro mas || **[118r]** Como servidor que todo trabalho que eu | p*or* vos puder so frrer nom me sera enoJoso ora | dizeyde vos vosa vomtade e quamdo q*u*eredes | mover emtam dyse adona que avia por | bem que fose com ele seu filho e a Rezão | deste camynho dise ela quero que o sayba | des verdade he que mynha vomtade e * tall | que eu nom se[r]ey * Ja mais leda ata que | veja meu s*en*hor este he o camynho que quero | fazer mas nom q*u*ero q*ue* ho nymgem saybaa | q*ue* taes o podiam saber que queryam yr comy | go do que me amỹ nam p*r*azerya s*en*hora dise | ele este he o camynho que eu de mylhor mẽte | farya bem sabede q*ue* tamto que ele sayo da | prysam logo volo quysera dizer senam q*ue* | mo temy que nom quyseses que fose com | vosquo mas pois asy he nam ha outra cou | sa senam p*or* amenham p*ar*tyremos emtam a | parelhou o Jm famçam muyto ouro e prata | q*ue* ha duquesa e naseram ho fizeram muy | Rico com amor do filho q*ue* lhes cryara e | quamdo quys amanheçer alevamtouse e | aduquesa foy aygreja asy como ho ty | nha de custume e o Jm famçam dise asuaa | molher que aduquesa querya yr ver aRa | ynha sua cunhada e ele fizera Ja selar | e aparelhar todo o que fazia myster e tamto || **[118v]** que hadona veio dajgreja cavalgou ela e | o Jmfamçam e seu filho ho mayor que ha | via nome elyco[r]s e o padre avia nome | Corçyfary[n]s emtam se espedio aduq*ue*sa | da molher do Imfamçam e ele e seu filho | e nom quys que sua molher soubese que | ya mais lomge que aCasa da Raynha | asy foram fora da vila e tomarão ho | Camynho desarrat e ysto fez o Jm famção | p*or* cudarem que ya acasa da Raynha este | Camynho tomaram ata que amdaram | mais de huã m*ei*a legoa emtaõ

dy seho ym | famçam a duquesa se*nho*ra aque p*ar*te que | reis
que vamos abuscar voso senhor que | eu Cuydo que vos nom sabeis
deserto em | que terra he e p*or* yso comvyr nosha que va | mos
avemtura p*or* d*e*os dyse ela verdade he | mas por que meu se*nh*or
me dyse em sonhos q*ue* | sequerya yr a terra deoçidemte p*or* yso
me | daa meu cora çam deyr comtra la mais q*ue* | ha outra terra
[e]terya p*or* bem q*ue* tomasem*os* | a mais direyta carreyra que
fose p*er*a la | e emtam tomaram ho camynho a mão esquer | da e
pasaram huã agoa que pasava por | orberyqu*e* e amdaraõ tamto
que ha bespora | foram fora de toda sua terra e amanheçe | ram
com hũ castelo que comarcava com ho | ducado e ao outro dia
pela menham caval || **[119r]** garam e depois que amdaram Çimq*uo*
legoas | emtraram em huã ter[r]a que dizem colonya he | muy
abomdad[a] decravo e de canela e balça | mo e amdaram tamto
que ao terçeyro dia | chegaram ahuã Çidade que avia nome lu
| Cança que he cabeça do Reyno de medea | mas ora leyxa ho
comto decomtar dela e | dos memsa geyros que a Rainha mamdou
| e torna a falar de naseram || CAP*[ITULO]* LXIX DO QUE A-
NASCIÃO acomteçeo | d[e]pois * quesayo da | prysam e damara-
vilhosa terra | domde foy posto | Ora diz aestorya que depois
que amaão | que era na nũue levou naseram e como ca la | fer foy
apos ele como Ja ouvystes e calafer | com medo da nuve vermelha
cayo esmoreçido | e lhe fez o synall do samge mortall depois |
levou anaseram ahũ muy estranho lu | gar quedeziam aymsola
tornamte que es | taua no mar aquella ymsola era no mar |
deoçidemte e estaua doze Jornadas domde | naseram estivera
em prysam e p*or* direyta | Rezam lhe chomavam os paganos
aymsola | tornamte mas chamarena [sic] asy p*or* que se volvia
|| **[119v]** Nom he prefeita syemçia e p*or* ysto he Rezão | que
esta estorya vos mostre a verdade que | serya huã cupilaçam de
palauras se ela de | todas as duvidas muy claramente nom mos |
trase a verdade asy como muytos afirmã | p*or* verdade m*ui*tas
cousas e nom as provam por | outra Rezão senam dizerem que as
ouvyraõ | mas esta estorya se escusa disto p*or* que ne | nhuã cousa
que nom posa provar p*or* verdade | nom comta e p*or* esto he este
lyvro chomado p*or* | verdade estorya de storeas e agora vos |
quero falar da maneyra da quela ymso | la tornamte verdade he
sabida que no | começo detodas as cousas quamdo o fazedor | do
m[u]mdo apartou os quatro elememtos | que todos eram Jumtos

em huã masa e ouve | feyto ho çeo que aescretura chơma fogo
sobio | os tres elememtos que he comprydo de todas | as clarydades
e de todas as lympidois * polo | fogo no mais alto lugar qua fez
dele cuber | tura e çeradura * aos outros tres e por que o fogo | e
o ar e a agoa e a terra eram em huã masa | por que todos eram
comtraryos os huŝ aos outros | nom podia ser que hũ nom fose
no outro emvol | to com desuayradas maneyras que em cada | hũ
ha que o fogo por natura he sequo e quem | te e muito leve e a
terra he frya e seca e muito pesa | da e aagoa frya e lemta e pesada
e o ar | he leve e quemte e menos leve que o fogo || [120r] e
por ysto pode Cada huũ conheçer que ho fogo he quẽ | te e seco
e muy leue eo ar que he quemte e | que em alguã gisa sesemte
da fryura da | terra e da lemtidam da agoa eaterra que he | muy
fria e pezada ea agoa quehe vmyda | frya e menos pezada e que
outro sy sesemte | da gram quemtura[a] e da gram levidam do
çeo | e daquemtura e da vmydade por que aterra | he sequa e
comtrayra aagoa naquemtura | por que a agoa he frya e mais na
levidam asy po | dedes emtemder os comtrayros dos huŝ e dos ou |
tros e oque se faziam e nom sepodiam so frer | e por que aterrahe
pesada esequa e frya e | quamdo deos padre fomte deto do saber
partio | hũ elememto deoutro e os apartou pos ho fo | go em sua
direyta lympidaõ que ho fez claro e | luzemte e comprydo de
toda quemtura e a | terra leyxou frya e pezada e fez dela huã
masa e deto das as Cousas pesadas e quam | do ouve o çẽo lympo
daterreall ferrugem eda | vmydade da agoa nom sepode aJumtar
com | a terra e com aagoa por que eram mais pesados | e a terra
como mais grave veo mais e aagoa | Como menos pesada ficou
mais alta e sam | ambos mais chegados por Rezam da fryeldade |
que tem e o fogo e o ar nom puderam tamto sobir | que fycasem
ygaes do çeo mas ficaraõ mais | baxos que ambos sam quemtes e
leves e [o]fogo que era mais leve sobio mais aCyma e o ar || [120v]
que era menos leve ficou mais abaixo e por que | sam ambos
leves ficaram vezynhos e o ar he | mais chegado aagoa que aterra
por que ho | ar em parte he lemto e agoa [sic] he lemta omde |
acomteçe que quamdo ho ar semove por a for | ça dos synaes do
fyrmamemto que mais | Rigo move aagoa que aterra asy separty |
ram os quatro ele memtos que quamdo erã | Jumtos eram com
trayros eo senhor detodas as cousas os partio asy por natureza
que nõ | tivese hũ deque sequeyxar do outro que os | dous que

eram mais leves foram aCyma e | os dous que eram mais pesados vieram ha | baxo mas a masa desta ymsola por que ysto | comta mos nom separtio de todo em todo da | lyuy daõ do fogo e do ar amtes deles ouve parte | qua nom foy deto do pesa da como aterra eco | mo aagoa qua fora como cadahuã delas mas | fycou nadamdo sobre aagoa por que era me nos | pesada nom era tam leve como o fogo por que | seho fora fora açīma como ele mas por que era | mais pesada que ele e que ho ar chegouse | a terra e aagoa que eram mais desua natura | e por esto fycou asy como ouvydes e foy verda | de que por avomtade e prazer daquele aquem todas as cousas obedeçem Cayo aquelaa | masa com ho mar e por aparte que tynhacom | [o]foguo e com ho ar que sam leves nom foy | ao fumdo e asy ficou no mar camdaua dehuũ ||
[121r] Cabo pera o outro asy como aagoa e o vemto ha | leuava tamto amdou asy ata que veo ao mar | do çidemte amtre aymsoa que chamam evago | e o porto que dizem porto das tres e em huã parte | da quele mar no fumdo dele ay muita copia de | pedras que os lapidayros chomam ay mamtes | e ja vos dise que naterra quamdo foy party | da dos outros elememtos ficou todo ho peso | e toda aterreall ferrũgem e nesta masa ouve | gram parte e esta masa quamdo foy apartada | dos quatro elememtos oue Ja * que de cada huũ | deles que na agoa nadou por que tynha da le | vidam do ar e do fogo por omde nadou daterra | teue ferrũgem por omde atomou aterra como vos | ora direy que ateue que nam amdou dequa pera | la como soya aquela pedra que chamam aymam | tem vertude dechamar o ferro perasy eo ama | mais que outra cousa e ysto seho ferro nom he | mais que apedra e quamdo amasa que vos | dise veyo aquele lugar omde ho ay mam Jazia | esteue queda por que a força da pedra a teue por | que na masa ya a ferrugem na terra asy como | ouvystes mas nom foy tamta a força dapedra | que a pudese levar debaxo da agoa nam por | que tyvese mais ferro do que apedra era mas | por que tynha da lyvidam do fogo e do ar que | atynham e a faziam Retyrar pera çima por força | e desta maneyra fycou aquela masa naa | quele lugar no mar e foy por os da terrã chamada || **[121v]** Jmsola por que todas as masas da terra que pa | reçem por ho mar sam chamadas deste nome e | por que tynha da natureza do fogo e do ar nũ | qua nela naçeo erva nem arvore nem besta | nem avee nem pode ay durar e aJmda tem | outra natureza que

Cada vez que ho fyrma | memto do çeo sebolve com suas estrelas |
a Jmsula se volve bem outro sy Como o çeo | em tal gisa se volve a
ymsula como ouvy | des e por yso sechama aymsula tornamte |
por que com o çeo se volve | CAP[ITULO]. LXX DA VISAŌ
QUE NASCIAŌ | vio naymsula tornamte edas | maravilhas que
nela lhe acōteçerão | A esta ymsula foy naseram levado por
amāo | que na nuue ya e foy esmoreçido como aquele | que por as
gramdes maravilhas que vyra perdera o semtido e senom tivera
seu Coraçam tam | to em jhesu cristo que em muytas guysas opro |
vara Jae querya ymda provar nom fy | cara em sua fee que todo
o trabalho lhe vyera | des que aReçebera e to do prazer selhe ha |
lomgara mas numca por todo se desuyou * | desua fee mas asy
Como Job que tamt[a]s | Riquezas tynha e as perdeo e filhos e
deboa || [122r] Vomtade e com muita paçiemçia so freo todo e |
numca abryo sua boca pera dizer comtra seu sal | vador nada
outro sy so freo naseram todas | suas Coytas e dezia que bem
mereçia todo | e quamdo seachou na ymsula nam vio se | nam
ho çeo e agoa e teuese por perdido que | nom soube como aly
viera e vio aymsula | esquyva esoo e muy quemte que anam
podia | so frer e viose soo e nom soube em que parte | do mar
era nem soube como escaparya nem de | seu filho Calydonys do
que tynha muy graō | pezar por que era acousa do mūmdo que
mais | amava e ele que era Camsado e quebramtado | e doyamlhe
os pees eas mãos e os llombos | e as costas deytouse em terra
como aquelle | que tynha gram sabor dedormȳr he deytouse |
em huā parte da ymsoa omde lhe pareçeo que | era mais frya
que esto era no noveno dia do | mesde Junho e por eso era aymsoa
mais quemte | e Ergeo amāo e bemzeose e Rogou a deos que | lhe
fose de femdedor comtrao dyabo e que | nom leyxase em gānar
aqueles e aquelas | que sam da fe deJhesuu cristo emtam ador-
meçeo ata o dia e comtra o dia vio huā visam e pare | cyalhe que
estaua em hū gramde cham omd[e] | avia muytas avīs bramcas e
que delas boa | vam daly muy alto e delas bayxo e delas | fycavam
aly que nom podiam boar e emtão | vynha amayor e a mays
f[e]rmosa delas e || [122v] Com suas unhas ho ergia muȳ alto
e dezia | boa naseram e ele seoulhaua logo e via que | tynha asas
muy fermosas e gramdes e lygey | ras e eram bramcas e voava
tam lygeyramēte | como outra avee depois vynha aquela ave
que | ho ymsynara avoar e dezialhe que lhedese | que comese que

morrya de fome e naseram | lhe dezia que queredes comẽr e eu
vos darya | oque quyserdes que eu posa aver e aavee lhe | dezia
serto nũca averey prazer seme nom das | teu coraçaõ e ele
tomaua logo seu coraçaõ | e davalho e aave[e] o levaua e fazia
gram | alegrya e dezia ora sam eu leda por que le | vo o que
quero e o que nymgem nam conhece | este he o coraçam piqueno
do gram̃ lyam sa | yra o que vemçera por força do corpo e dos
mem | bros todas as n[u]as bestas e quamdo [a]s | ouver vemçidas
todas e metidas sob seu po | der por alteza da vomdade e ouver to-
das as | forças terreãs deRybadas nom Cuydara cou | sa mais
que ver o que fazem no çeo emtaõ | lhe vyram huãs asas e come-
çara aprem | der a voar em sua velhyçe e voara por çima | das al-
tezas de todas as montañhas e pa | sara todas as espesuras das
nuves e em | trara no çeo por ha emtrada da gram porta | asy
lhe pareçia que agram̃ avee lhe dezia | e emtam fycou no seu
sonho e quãdo acor | dou semtio aJmsula volverse de baxo desy ||
[123r] Asy Como firmamemto do çeeõ sebolvia e ma | ravilhouse
muyto e ergeo se e oulhou derrador | desy e Rebolvemdose aymsoa
ouvia huã bata | lha e huã volta tam gramde que lhe pareçeo que |
aymsola sequerya afumdar e yr ao abys | mo e tall era avolta que
nam avia coraçã | no mumdo quetam esforcado * fose que naõ |
ouvese pavor que em toda aymsola de hũ | Cabo a outro nom avia
lugar que nom treme | se tam forte memte Como acana quamdo
faz | gramde vemto ysto era por força do aymaõ que | era no
fumdo do mar e o aymaõ era em baxo | e a terra que era sobre
ele que tynha a ferru | gem do ferro que era ajmda emcarrado *
na terra | e por que aquela terra era leve por vertude | da natu-
reza do fogo que tynha em sy nom | so frya que ho aymaõ o
levase abaxo de todo | em todo por o que ho aymaõ fazia todo
seu po | der e aterra era taõ leve por força da quemtu | ra do
fogo que tynha muito mais poder que ho ay | mão e por esto que
a força do fogo era mayor | que ada pedra nom apodia asy tyrar
e por | esto que aymsola tynha com o fogo por yso se | vyrava
com o çeo asy como seho soll vyraua | a mall deseu grado dapedra
e a mall de | seu grado do peso daterra por que era pesada | e
por apedra e agoa que asercava e a for | ça do fogo e do ar que
aterra em sy tynha | por yso era abatalha tam gramde amtre
aagoa || [123v] e a terra pero tall ora hy avia que aJmsola |
deçia por a agoa de maneyra que chegaua | aagoa por as Ribas

e esto era por a natureza | que tynha Com aagoa e fryura e por
a na | tureza que tynhado fogo vezes hy avia | que seleuamtava
pouco apouco de maneyra | que era casy toda sobre aagoa
quamdo | naseram ouvio e vio estas maravilhas | foy muy espam-
tado mas tamto nom pode | Cuy dar que podese emtemder que
era | emtam se ergeo e semtio to da aymsola | so sy tremer e as
vez[ẽ]s vir hũ dos cabos | mais alto que ho outro e com todo
haym | sola nam era piquena que era de lomgo mill | e duzẽmtos
e oytemta Corrydoyros e de | largo noveçemtos e doze e sabede
que hũ Corredouro tem dedezasete partes de huã | lego a huã
porque dezasete Corredouros | fazem huã legoa ymteyra asy po-
deis | emtemder que aymsola tynha decompry | do oytemta
degoas * e de largo çimcoem | ta e sete eajmda que mais nem
por yso | memte ha estorya que mylhor he dizer me | nos que
mais que por yso diz ha estoryaa | que nenhũ homem podera
saber as avem | turas do greall amte comvem trespasalas | muyto
mas an osa estorea que por abocade | Jhesu cristo foy na terra
em viada nom metera | em Joam vivas hũ pomto de falsydade e
a || [124r] queles sam degram ousadia que ousão deaJum | tar
memtira atam alta estorya como esta | verdadeyra e samta estorya
que ho verda deiro | Croxo fixo por asua boca mamdou escrever
e | por tamto he muy gramde abomdade dela ea | Jmda algũs
dizem que ele com asua mão ha | escreveo mas nom he asy que
nom achamos | que Jhesu cristo filho dedeos verdadeyro escre-
vese | com sua mão senam letras em dous lugares | o prymeyro
foy quãmdo escre veo o pater | noster que ho escreveo na pedra
com seudedo | quamdo emsynou aorar seus deçipolos e o | outro
foy quamdo os Judeus lhe levaram a | molher que foy presa em
adulteryo por ho | prouarem como ho Julgarya que ele come |
Çou ha escrever amtesy no poo e depois | que ho apresaram muito
que disese o que farya | dela ergeo acabeça Como ha aquele que
bem | sabia que ho nam faziam senão por ho prouarem | depois
dise cada hũ devos que he sem pe | Cado lheva deytar aprymeyra
pedra e | esto dezia ele por que os Judeus tynham por | Custume
que mo[u]ses posera que amolher que | achasem com outrem em
adulteryo que fo | se apedreJada Jhesu cristo que bem sabia
que ho | nom faziam por * ho prouarem diselhes o que ou |
vystes e emtam começou de escre ver no põo com | seudedo asy
ay terra por que es tuu tam || [124v] ousadas * que tu ousas

aCusar aterra taõ | to quer ysto dizer como ay omem que es
detera | vil cousa como lodo Como es tu tam mal | avisado que
aCusas a outro em memtira | e emcobres as tuas maldades nestes
dous | lugares achamos que Jhesu cristo filho dedeos es | Creveo
amte que tomase morte masdes | pois fez a hũ homem de muy
samta vida esprever | esta estorya muy alta do samto greal | pois
se eu quysese ajumtar memtira na | estorya eu serya samdeu pois
que ho filho | de deos amamdou por asua boca escrever depois |
desua morte e que aos Çeos sobio ede | mais frade que em
nenhuã guysa deue memtir | CAP[ITULO]. LXXj. COMO NAS-
CIÃO | estamdo naymsula tornamte vio | vir huã nao e das mara-
vilhas que | nela vio | A agora he Rezam que tornemos ha nosa |
estorya domde Ja quamdo nos partimos diz | ha estorea que
naseram estaua em huũ | cabo da Jmsula comtra o çide mte
e nom era | tam perto da Ribeira que nom fose sete | legoas e
meia e quamdo ho dia veo muito lhe ha | prouve com ele qua
muito dezeJaua saber | em que parte do mar era e tinha espe-
ramça | que por o dia poderya achar alguã avem || [125r] tura
por omde lhe viese algũ gasalhado ou | alguã companhya dalgũ
lugar emtam se | pōs naseram em giolhos Comtra oryemte e |
Rogou a noso senhor Jhesu cristo que por sua merçe asy | Como
ele Crya que ele erasoo deos e que ou | tro deos nom era em que
homem devese crer que lhe | emviase comselho por omde fose
comsolado | aomrra do corpo e salvamemto daalma e | depois que
fez sua oraçam ergeose e bemzeose | e aquela parte domde vio
ho mar mais chega | do e vio vir por ho mar huã cousa que se
vinha | achegamdo pera ele e naseram comecou * de | yr pera la
a pe asy como estaua e os peẽs | lhe doyam muyto da prysam
em que Jouvera | e por que nom avia em Custume deamdar ape |
e tamto amdou que devisou que aquela cousa | gramde que vira
no mar era huã nao muy fer | mosa e muy Riqua e foy muy ledo
e acoutou | se muito por que * amdar mais de presa e quamdo | a
muy gram trabalho chegou aRibeira com | os pẽs escalaurados e
queymados da quem | tura da Jmsola e quamdo chegou era mais |
deora de nona e vio anao tam Rica e tam | fermosa que se mara-
vilhou domde tal nao | poderya vir e depois que aoulhou maravy |
lhouse mais que damtes por que nom vio omem | nem molher e
pareçeolhe que fazia pouquo | se mais nom fizese e chegou pera
emtrar | demtro por ver se amdava hy algem e se era || [125v]

tam fermosa demtro Como fora e quamdo quis | emtrar oulhou
na popa da nao e vio na emtra | da do bordo letras douro em
Caldeo que deziã | huã muy espamtosa palaura pera aqueles |
que hy quysesem emtrar e a palavra eraa | tal ay tu que em mym
queres emtrar quem | quer quesejas bem te guarda que sejas |
Comprydo de fee que eu sam tall cousa | que nam ay em my
senam fe por tamto | te guarda bem que nom duvides nem em |
poco nem em muito que eu te farey em tal ma | neyra que nom
averas [de] mỹ que comas nem | outra ajuda amtes a fumdyrey
em tal | lugar omde te nũca acharam emtam | esteue naseram
quedo e cuydou muyto no | que as letras deziam e depois que
graõ | pedaço cuydou dise que nom emtrarya ne | la qua avia
gram pavor da quela palavra | e dise ay senhor deos estas letras
dizem que nes | ta naaõ nom ha senam fe e pois as letras sã |
taes sey eu bem sem falta que por vos veio aquj | e se por vos
veo nom me pode vir mal nenhũ | em nenhuã cousa que comtra-
rya seja avos | senhor gloryoso mas eu vos Rogo e creo decora |
çam ymteyro asy como eu apremdy por aboca | do voso servo
na fiamça do voso alto nome | emtrarey demtro que avosa fee
salva to | dos aqueles que nela tem com fiãça e em | vos crem de
quall quer perygo que seJa | emtam sebemzeo naseram com a
maõ direita || **[126r]** e fez ho synal da Cruz e emtam emtrou
na | nao e começou a [o]ulhar dehuã parte e da outra | e dise
em seu cora çam que nom cudava que No | mar e na terra homem
podese achar tam Riqua | nao nem taõ fermosa depois que ha
oulhou toda | bem foyse ao meo da nao e vio hũ pano bram |
quo gramde estemdido Como cortina sobrehũ | leyto e tomou ho
pano e ergeo e vio debaxo | dele ho mais fermos[o] leyto de que
nũca ouvyra | falar ho leyto era muy gramde e mu y Rico | e a
cabyçeyra dele tinha huã Coroa douro | e os pês huã espada
muy Rica e muy fermosa | e Jazia atravesada no leyto e era
fora | bem hũ palmo aquela espada era de desuayrada | feytura
que ha maçam era de huã pedra em que | avia todas as cores que
homem poderya no | mear e aJmda mais avia que em cada |
huã das cores tinha o comto devisara de | pois e diz ha estorya
que ho p[u]nho da espada | era de duas Costas e as costas eram
de | duas alymaryas ahuã era dehuã besta | a maneyra de serpe
e mora em calydonya | mais que em outra terra e ha nome papa |
gastes e h[e] tall vertude a que ha que quall | quer pesoa que

tiver asua costa ou seu osoo | nom avera medo d[e] semtir quemtu-
ra nem de | a ter lomga memte e esta vertude tinha ha | prymeyra
costa e a outra costa era de hũ pexe | e aquele pexe nam he muy
gramde e vive no Rio de eufrautes e asy suas costas tem tal |
vertude que se as homem tomar nom lhe || **[126v]** Vira em memtes
pesar nem prazer nem outra cou | sa senam estara naquele estado
em que es | taua quamdo ha tomar e tamto que ha | leyxar
tornara aseu estado tal força | e tall vertude aviam as duas costas |
do punho da espada e eram cubertas de | hũ pano vermelho muy
Riquo em que aviam | letras douro que deziam eu sam mara-
vilha | a ver e maravilha aconheçer que nũca ne | nhũ me podera
ter na maõ por gramde que | seja afora hũ so que pasara de
bomdade | todos os que amte sy foram e depos eles | seram asy
deziam as letras do punho e como | naseram as leo maravilhouse
muyto e de | pois oulhou o ferro da espada que vio fora | dabaynha
quãto ouvystes e vio nele le | tras vermelhas como samge e che-
gouse | hũ pouco e comecou * as aler e vio que deziã | que
nenhũ atirase semylhor e mais ardy | da memte que outro nom
ouvese de fazer | e se em outra maneyra atirase que ele | serya
o prymeyro que morrerya com ela por | que asy era prouado
quamdo naseram leo | as letras muyto semaravilhou que muito
de | zejaua tirar ha espada da baynha e ver que | tall era e as
maravilhas que as letras | deziam lhe faziam aymda ter mayor
sabor | e começou emtam a oulhar abaynha e | nũca tamto apode
oulhar que soubese de | que era mas via bem que era vermelha
como | a Rosa e avia em cyma muytas letras || **[127r]** douro e
dazull e as symtas nom deziam com ha | baynha por que eram
destopa e de canhamo e pa | reçia tam fraca que pareçia que
hũ * ora nom po | derya sofrer aespada que nom quebrase e |
as letras dabaynha deziam asy aquele | que me trazera deve ser
mylhor e mais ha | trevido que outro e se me trouxer asy co |
mo as letras da espada devisam ho corpo | a cujo la do eu for
sem gida memtes me | trouxer nom podera ser mall trato em
cam | po mas nenhũ nom seja tão ousado que esta | symta me
tire que farya tão gram mall | e tamta ma vemtura lhe vira que
nem ele | nem outrem nõ ho poderya ememdar nem he | outor-
gado anenhũ homem que hora seja nem | que aja de vir que a
tire amtes adeue | tirar molher filha de Rey e de Raynha e |
metera hy por ela tall cambo que fara ou | tra da cousa que tyver

que mais amara | e metelaha em lugar desta e aquela mo | lher chomara ha esta espada por seu direito nome | e amỹ por ho meu asy que aca dahuã denos | sabera o nome muito oulhou naseram abaynha | da espada dehũ cabo edo outro elhe pareçeo | que farya mall seha não oulhase como quer | que lhe dyso aviese e emtam atomou muy | mamso e vyroa * da outra parte mas nam ha | pode ele vyrar taõ mamso que todo o leyto | nom trem ese e quamdo ateue virada vio | que eratam vermelha Como samge e vio || [127v] hy letras como carvam que deziam aquele | que me mais tocar mais tera de culpa | na gram Coyta e aquele aquem eudevo | ser de mylhor sembramte aquele serey | mais brava e ysto nom acomteçera senõ | huã vez esto deziam asletras que daou | tra parte eram e depois tornou doutro ca | boe vioa mais negra que o pez e foy ma | ravilha do que numca pode saber de que | era que as vezes lhe pareçia decouro | mas nom sabia de que besta e o[r]a * cudaua | que era de ferro e ora de metall e num | qua teue cousa na maõ que tamanha fose | que tamto pesase asy esteue naseram cudam | do na baynha que nom sabia de que era | nem ha estorya nam o comta agora aquy | que nam he agora ymda tempo nem daes | pada como foy feyta nem abaynha nem | deqũall maneyra era ha espada nem as ma | ravilhas que depois acomteçeram todo oraha | estorya nom comta mas quamdo ha espada for | Conheçida e que achamaram por seu nome asy | como as letras deziam amtam seram manyfes | tadas as maravylhas dela e da baynha | CAP[ITULO]. lxxij da maneira do leito | que na naõ vinha | Agora vos quero tornar acomtar do leyto que | na nao vynha oquall tynha no meo dehuã | ylharga hũ pão metido e da outra em direito | da quele outro e por çima dãbos outro || [128r] destes tres paõs averya muito que comtar quem sua maneyra quysese dizer mas tamto diz ha | estorea que ho que estaua diamte era bramco | como a neve e o outro daoutra parte vermelho | como samge e de Riba verde como esmeralda | destas tres cores eram os paõs naturall memte | sem nenhuã pymtura mas ho por que asy eraõ | seryam os omẽs em duvida e se teryam por em | ganados selhes o comto deles nom falase | e por yso deyxa aestorya sua direyta carrey | ra e torna a falar deles e hehuã cousa | saborosa deou vir e no conheçimẽto destes paõs | Jaz todo conheçymemto da naao | CAP[ITULO]. lxxiij De como EUA | tirou o Ramo da

arvore da vida | do parayso terreall ecomo a * prãtou | Ora diz
aestorya que quamdo apecadora | deevaa [t]omou comselho com
ho mortall ene | mygo que des emtam se trabalhou de emganar
| ho terreall lynagem pera que nom fose aquele | lugar domde ele
fora deytado e fez com eva | que tomase da fruta que lhe deos
de femdera e | diz averdadeyra estorya que quamdo eva co |
lheo a fruta que brytou hũ piqueno Ramo asy como | muytas
vezes acomteçe que quamdo homem | quer colher alguã fruta
que com ela colhe | o Ramo e levouo logo aseu esposo e deulho
e | acomselhouo e apresouo que comese daquele | fruto emtam
adam tomou do pomo do Ramo e | comeo por nosa ma vemtura
e por asua eo Ramo || [128v] ficou na maõ da molher edepois
que comerão ho | fruto mortall que bem lhedeuemos chamar
mortall | pois por ele nos veio a morte e mudaramse de quaes |
eram que se viram em carnes e nus eamtes eraõ | esprituaes pero
corpos tynham mas nam diz ha | estorya que de todo eram espri-
tuaes que nam | podia cousa formada de tam vill materya | ser
esprituall mas chamalhe esprytuall por | que aviam sempre deviver
senom pecasem e | quamdo se acharam nus e cobryram os ver-
gonho | sos membros eva cobryo se daquele Ramo e cõ | suas
mãos e quamdo aquele que sabe todos os | coraçoes * dos homes
vio que pecaram veo aeles | e chamou adam que bem lhe pareçeo
que maiscul | pado era que amolher que era de tam cativa natu |
ra e tam fraca como ser feyta dacosta do omem e | era mais
djreito que ela fizese o mamdado do omem | que nam ho omem
dela e por yso chamou amtes | adam e diselhe huã brava palaura
e diselhe | tu comeras teu paõ em trabalho e nom quys que |
amolher escapase e diselhe em trysteza e em dor | faras tua
sememte e daly os deytou fora | do parayso que as creaturas
chamam pa | rayso devyço depois que foram fora ty | rou evaa
o Ramo domde adam comeraa | a fruyta e vio verde como quamdo
ho co | lhera e emtemdeo que aquela arvore fora | começo desua
perdyçam e de sua lazeyra | emtam dyse que em Relembramça
daquela | perda tam gramde guardaryaa || [129r] Aquele Ramo
2 memtes pode[s]e 2 por que amtã nõ | tinha 2m que ho guardar
meteo o direito na tera | 2 dise que ali o ueria * ameude 2 o
ramo tomou Raizes 2 foi depo | is de mui gramde Senificamça
quelo guo Significou gram alegria | aos que dela auiam de
deçemder por que hela 2ra aJmda dom[z]ela | 2 como Se achase

asim dizia adam nõ aJades pauor q̃ue se p*er* | demos nosa her-
dade nõ ap*er*deremos pera sempre vedes aqui | hos Sinais que
aJmda la 2m Traremos: quer pergumtar | a estoria por que ho
om̃e nom trazia horamo ffora m̃ais | que amolher que mais vall
ho om̃e que amolher aesto respõ | de a esteria * que nom comuinha
ao omem De atrazer mas | a ela que 2m o tiramdo amolher Seni-
fica que por amolher | hera a allma perdida 2 por molher Se-
ria cobrada 2 esto | seniffica que por agrorioza Samta maria seria
cobrada | ha Samta herdade que por heua fora p*er*dida ho ramo
cre | çeo tamto que foi muy gramde aruore 2̃ mui pouco tempo |
2 a aruore hera bramca * como Neue asim no toco como nos |
ramos como nas folhas de demtro 2 de fora 2 isto sinifi | ca vir-
gimdade que auirgimdade he huã v*er*tude que tem a | alma
bramca 2 o corpo limpo 2 por que Em todo 2m aque | la aaruo-
re bramca Sinifica que aquela que achamtara | que hera virgem que
naquela hora que ambos foram do | paraiso deitados ambos heram
virgemis 2 depois que o | ramo ffoi chamtado mamdou d*eo*s adam
que Jouuese cõ | sua molher depois que Esto acomteçeo a graõ
tẽpo a | comteceo que estauão ambos debaxo da quela aruore
2 | adam começou de a oulhar 2 começou de chorar Sua ma |
vemtura 2 Seu lamcamemto * do paraizo 2 comecaram * am | bos
achorar 2 eua dise que nom hera marauilha lembrar * | lhes seu
pesar Estamdo debaixo daquela aruore porq*ue* || **[129v]** A aruore
desua natura Tinha quenom podia [nim]gẽ | tam ledo so ela 2mtrar
que nom tornase triste 2 com direito | que aquela 2ra a aruore
da morte tamto que hela isto dise | 2 dise huã boz a ambos
catiuos nom vos Julguedes asim | nõm uos desem paredes mas
com ffortadeuos que mais | hi a deuida que de morte asim dise
auos aos dos [sic] catiuos | 2 fforam̃ com fortados 2 des Emtão cha-
mãro a aruore | aruore dauida por as boas * nouas quela houuiram
2 por | ho gram prazer que delo hou veram chamtaram dela |
muitas houtras 2 tam azinha que chamtauão ho ramo | loguo
premdia 2 tinha a mesmo * cor da aruore 2 aquela q*ue* | primeiro
ffoi posta creceo muito 2 muitas vezes hiã adam | 2 eua estar S[o]
ela 2 hum dia Semdo so ela que hua boz | por aboca de d[*eo*]s
dise adam que Jou vese com sua molher ou | veram tam gram
v*er*guonhaque hera marauilha pero no | m houzarom pa[s]ar *
ho mamdado de d*eo*s que o prime | iro mamdado que pasaram
os escarmemtara 2 uio 2mtão | noso S*en*hor sua v*er*gonha 2 houue

doo mas por que hele | queria que ho que hele quisese ffose *
comprido 2 o que | hele queria hera que da queles rambos *
saisem os que com | pri[s]em * a deçima ligiam dos amgos que
por Sua sober | ua do çeo cairam 2 por Esto lhes mamdou tam
gram com | forto 2 lhes Em cobrio Sua vergonha 2 lhes fes que
hũ | nom uia a outro pero forão heles marauilhados da | quela
escoridam que asim am tre heles viera 2 depois | que Jouuerão
2m hum hou verão Sua sememte 2 hou | veram hum ffilho que
chamarão abell o Justo aquele | primeiro fez Sacreficio anoso
senhor desua vomtade 2m | tall maneira ffor abell feito so a
aruore dauida 2m | em * dia de sesta feira aSim como ja hou
vistes 2 de || [130r] Pois que ambos Jouuerão partyose a * esco-
ridam que | quelhes * deos dera pera 2mcobrir Sua verguonha 2
vira | mse como amtes 2mtemderam que deos por iso ho fizera |
foram mui d * ledos 2 acomteçeo 2mtam huã gram mara | vilha
que ha aruore que hera bramca como neue tornou | tam verde
como herua 2 ffoy a aruore toda de bramca tor | nada 2m verde
2 as houtras que heles amte que hou uese co | pula dela chamta-
ram numca mudaram Sua cor bramca | que tinham 2 a verde deu
fruito que amtes nom daua 2 qua | mtos [R]amos despois cham-
taram da verde dauam fruto | 2 heram houtro Sim verdes naturall
memte 2 por que a | aruore perdeo a cor bramca foy por que a
que chamta | ra per dera Sua virgimdade 2 a frol 2 o fruito que
de | la Saio senifica abemta Sememte que So hela foy | feita que
ffoy verde põr que foy de bom pem̃sameto * com | comtra * seu
deos 2 ffoy casta 2 limpa 2 comprida de bom | dade 2 boas hobras
aSim foy a aruore verde desque adã | Jouue com heua ata que
abell ffoy gramde 2 abell foy de | bom pemsamemto * comtra
Seu deos 2 tamto ho amaua que | lhe daua Suas decimas 2 suas
permiciãs das milhores 2 | das mais fermosas * cousas que tinha
2 caim Seu Jr | mam nõ ho ffazia asim amtes tomaua as cousas
mais | vis 2 mais desprezauaes * que tinha 2 o ffereçias 2 deos da |
ua abel que lhe o fferecia as cousas boas fermos[o] ga | lardam 2
que ho fazia de bom coracão * 2 quamdo sobi | a ao houteyro *
homde Soia queimar Suas ho fremdas | a Sim como lhe noso
Senhor mamdara hia ho fumo de | Seu craciſicio * direitamemte
ao seo mas ho fumo de ca | im Seu Jrmao * nom hia a Sim mas
esprazia se por | hos chãos 2 hera muy ler do 2 muy ffeyo * 2
cheiraua muito mall || [130v] E o que saia do sacrafiçio da bell

hera bramco 2 | craro 2 de bom cheiro 2 quamdo cãi vio que | Seu
Jrmão abell hera milhor avemturado que hele 2 que | deos o
regraciaua mais pezou lhe muito 2 colheulhe ma | vomtade 2 co-
meçou a cuidar 2m seu coracam * como se uỹ | g[a]ria dele 2
dise que ho mataria que nom via houtra cou | sa 2m que se podese
vimgar | CAP[ITULO] lxxiiij COMO | caim matou abell 2 do
que | mais pasou | Esto trouxe caim Em seu cora sam logamemte *
2 nũ | ca fes Sem bramte pera que ho abell ho pudese ẽ 2 | temder
2 tamto trouxe Este desamor 2m cuberto que | a comteçeo que
hum dia foi abell a hum campo hum pe | daço de casa de seu pai
que a casa hera lomge da aruo | re dauida 2 as Suas houelhas am-
dauão amte a | quela aruore por que hera pastor aquemtura do
soll | hera muy gramde 2 nom pode So frer 2 foise * asemtar |
So a aruore 2 houue vomtade de dormir 2 adorme | çeo 2 Seu
Jrmão que lomga mẽte auia perseuera * | do 2m seu mao pem-
samemto 2 seguyo tamto que ho uio | dormir So aaruore 2 cuidou
deo matar ali amtes que | acordase * mas abell que pouco dormia
acordou a[s]i | nha * 2 uio vir acaim 2 quamdo vio que aquele |
era Seu Jrmão 2 her geose * com tra he le que muĩto || **[131r]**
De coracam * ho amaua 2 dise lhe Jrmão vos se Jais muy | bam *
vimdo 2 caim ho saluou 2 asemtouse 2 abell lhe di | xe que se
asemtase a par dele 2 quamdo caim ho uio estar | deulhe com
hum cutelo que trazia por So ateta he matou ho | he asim recebeo
a bell mor te por mam deseu Jrmao * desle | all na quele lugar
homde por leall * a Jumtamemto fora comcebido | 2 moreo Em
houtro talldia como naceo que foy Emses | ta * ffeira amorte que
abell naquele tempo recebo * por | traiçam que aJmda naheram *
senam tres na tera 2 sinifi | ca a morte do verdadeiro croxifiçio 2
por caim cinifica | Judas por que hele reçebeo morte 2 bem asim
como caim | saluou abell 2 depois ho matou bem asim Saluou Judas
| seu Senhor 2 buscoulhe amorte 2 asim com cordam Estas du | as
mortes nam porem na alteza mais na sinificamça 2a | sim como
caim ma tou abell Em sesta feira asim em sesta | feira Judas ma
tou noso S[enh]or nam por Suas maos * mas | por Sua lim guoa
muito Sini fica Judas ha caim | 2m duas cousas por que he le
nom pode auer * Em Jhesus cristo | nhua * Rezão por que ho
des amase mas tinha huã sem | direito que hera des amalo nam
por maldade que nele |numca vise mas por que nom via nele
senam bem 2 cu | stume e * dos maos que desamão os bõs que se

Judas que | hera hum desleall traidor vira 2m Jhesus cristo desle | al dade amarao por que hos maos nom hamaõ senam | houtros tais Semelhauais asim 2 da treição que fez | caim comtra a[b]ell fala noso Senhor por a boca de da | uid o bõ Rey que dise Sua muy braua palaura * 2 nom | sabia por quem ho dezia 2 falaua asim como sea | disese a caim tu pemsauas | 2 de[z]ias * brauuras comtra * || [131v] Teu Jrmao * 2 comtra ho ffilho de tua madre | 2 basteçias tais traiçois * quais fizeste tu 2 heu | me calei 2 por esto cuidaste ho que te semelha | ua 2 por que te nom fa[ll]aua * nom te leixarei por hiso | amtes trauarei Em ty he te castigarei muy duramẽte | esta ameaça Ja hera comprida amtes que dauid a dise | se * ali homde noso Senhoro * veio a caim 2 lhe dise domde | he teu Jrmão caim 2 hele dise asim como aquele | que se tinha por culpado da traicam * que fizera [h]e | cobrira Seu Jrmaõ das folhas da aruore pera que | nom podese ser achado Senhor nom sei como heu sam | guarda de meu Jrmão 2 noso Senhor lhe dise que he isto que | fizeste a boz do samgue de teu Jrmão que mataste se | queixou amte mim dela da tera homde ho deramaste | 2 por isto que fizeste Seras maldito sobre a tera he | a tera sera maldita 2 todas as obras que sobre hela fi | zeres por que recebeo ho Samgue de teu Jrmão 2a | sim maldise noso Senhor a tera mas nom maldise a aruo | re so que abell fora morto 2 nẽ * as houtras que dela sairã | mas de aquela so que abell moreo acomteceo grão maraui | lha que taõ asinha como abell so hela foi morto mudou | a cor 2 tor * nou vermelha * 2m todo 2sto foy z̃remẽ | bramça do samgue que so hela foy deramado 2 acõte | çeo que des 2mtaõ aquela aruore nom deu mais fruto | pero que creceo he fez [se] muy fermosa tamto que numqua | houtra tall Se uio 2 hesta cor he beldade durou | lomga memte aar uore 2 numca hẽuelheceo nem se cou nẽ | hempiorou de cousa saluo que nom deu mais froll nẽ | fruto de pois que ho Samgue dabell So hela foi de | ramado mas as houtras que dela chamtaram creçiam || [132r] E froreçỹa * e dauam fruto asim como ana | tureza das aruores comuẽ esto foi tãto | ata que omumdo foy * 2m muyto | criçimemto 2 aaruore tinha[m] * os her deiros dadam | 2m muita veneração 2 deziã 2 comtauã os hũs aos | houtros como sua primeira madre a chamtara | he 2m qual gisa 2 deziã asim como 2m te stemunho * | daidade 2 que aJmda tornariam abẽ 2a heramça | domde hos a

primeira madre eua a deitara 2 por a | esperamça que tinham de
cobrar aquele bemto | lugar domde os o Jmiguo deitara vinham
aquella |aruore quamdo tinham algua * tristeza hou pe | zar 2 hi
tomauão com forto 2 alegria domde | depois foy aaruore chamada
aruore deuida | 2 de com forto aquela aruore 2 todas as outras |
creceram 2 as de cor verde he bramca foram tam | fermosas sobre
todas as houtras que ho pouo | ho tinha amarauilha 2 duraram tam-
to na que | la belldade a te que noso Senhor mamdou ho deluuio *
| por homde ho pouo vill 2 mão pereçeo asim | que no mūdo nom
ficou homē nem molher afora | Somemte nohe 2 Sua companhia
que noso senhor | achou tais ātre hos outro * que quis que por |
hele foçe cobrado a perda do houtro pouo que | se perdera 2
quamdo acomteceo que as augas tor | naram aseu estado atera foy
tāto pe[y]orad[a] * que nūca | Depois deu seu fruto tambō nem
tam naturall || **[132v]** Nemtam perfeitas como como * amtes 2
todas | cousas des emtam tornarão a menos 2 as aruores muito |
foram tornadas 2 per deram o primeiro sabor de seu | fruto 2
simtiram amargura do deluuio que todo ho | mumdo cobrio mas
da aruore dauida 2 das que dela | sairam a comteceo tall marauilha
que nom foram tro | cadas em bell dade nem emsabor do fruito
nem em cor | amte ficaram como amtes por omde a queles que
isto | viram diseram que verdadeira mēte era aruore dauida | 2
nom da morte ca homde todas as aruores 2 outras | cousas pereçe-
ram nom houueram elas pauor demort[e] | amtes durarā aquelas
aruores tamto 2msua beldade | ata que salamaō Reynou de pois
deseu pay dauid aque | le salamam deu deos mais desaber do que
a natura de ho | m̃e com uinha aquele ffoy tam sabedor 2m todas
as | siemcias que foy marauilha 2 conheçia todas as vertu | des das
pedras priçiosas 2 as forças das her[u]as | 2 o uoll uer do firma-
mēto das estrelas que numca ho | mē tamto soube 2 pero por
abeldade damolher foy | emganado que tamtas cousas fes comtra
deos por he | la que lhe ueio mall amolher com quē hele estaua
punha | ua por o emganar o mais que podia * 2 ele amaua a tāto |
que numca cousa do mumdo tamto amou 2 guardaua | se o
mais que podia que ho nõ 2 ganase mas sua guar | da nõ lhe fazia
mister que hela lhe fazia tamta de | vela nia quada que * podia que
Ja nõ tinha mētes 2 sede | la guardar 2isto se nõ deue de ter por
marauilha que sē | falta de pois que amolher quer meter sua tēcão *
he seu | cora[ç]ão 2 emganar nhū ho mē se pode Jgualar a seu

saber * | 2 bem pareçe isto na nosa primeira madre quãdo sa ||
[133r] Lamão vio que senom podia guardar ao 2mgano | da molher
mareuilhouse muito domde isto poderia vir | foy mui asanhado 2
nõ ousou fazer nada 2 dise 2m hum | seu liro * que fes quẽ cha-
mao * as parauoas de salamã | heu fuy por todo omumdo 2 fui
por ho meio dele 2 | nom pude achar hũa boa molher esta palaura
dise | ele por que se nom pode guardar do 2mgano damo | lher
2 marauilhouse muito domde isto poderia vir | que a molher foçe
tam 2mganosa 2 tam sotill 2m | malldade 2 por 2sto comesou a
cuidar nela muito | 2 do 2stala * 2 dise que amolher no * hera
cousa espritualI | mas mortall Jmiguo 2 hua noute Jazemdo 2m seu
lei | to em seu gram cuidar dise homẽ catiuo 2 cheo demisquy |
mdade 2 cheo deuileza nõ te marauilhes se amolher * te | meteu
2m sanha 2 em tristeza que a nosa primeira ma | dre nom Seçou
ata que nõ se deitou do paraiso do | viço asim que ali homde
hela hera 2m toda boa vem |tura 2 todos Seus herdeiros hos fes
por fora 2̃ | ẽtrar Em toda ma vemtura asim que se Simti | ra 2m
maneira que aJmda oJe comẽ seu pão 2m | trabalho 2 em dor 2 em
camtiuidade * 2 mẽtes hele isto | dise respomdelhe hua vos Salamão
nõ tenhas tal | despeito da molher que se por amolher veio primeiro
| ao homẽ pesar 2m lugar daquela vira houtra que | trara ao homẽ
prazer maior do que foy por apri | meira de pesar asim coregera
molher ho que molher | erou aquela molher nasera de tua linhaJem
2 despois | que hele isto ouuio tiuese por mão por que doesta | ra
tamto amolher 2mtaõ comesou aoulhar as sagradas espritura * e
Samtas poridades segũdo || [133v] O hele pode saber 2 tamTo
amdou que conheceo por | sua muita siemçia avimda da bemta
virgem ma | ria que ho filho de deos comsebeo no seu bemto corpo
tamto | se trabalhou salamaõ 2m demamdar a verdade deste caso |
que verdadeira mẽte soube que por aquela virgem veria muito |
bem a tera asim como viera da ma uemtura * por a primei | ra
molher 2 dise que a * hũa se deuia chamar madre 2 aou | tra ma-
drasta 2m tão comesou a cuidar de dia 2mdia na | bemta virgem
por saber que seria * madre de deos 2 que seria * | de sua * lina
Jem 2 pemsaua Se poderia tamto viuer 2 tãto | cuidou que a boz *
lhe dise estamdo ele so 2m sua camara sa | lamão abemta virgem nõ
sera ffim de tua linaJem ãtes | sera fim dela hum caualeiro que pa-
sara de bomdade 2 de | uida e decaualeria todos aqueles que
amtes dele forã | 2 que depos hele virã que naquele tempo tomarẽ

armas | e asim como o sol pasa de claridade alua * 2 houtros sim
como | Josue pasa de bomdade dearmãs todos hos caualeiros | que
hora Sam 2 sabede que aquele Josue era 2m tão | ho milhor caua-
leiro do mumdo asim este pasara de bom | dade a todos que
forão 2 seram quamdo salamõ hou uio | que tall home seria ffim
de sua lina Jem foy muy ledo 2 | dise ay deos como sera ledo qũe
tall pesoa 2 cheia de tãtas | bomdades po[d]ese ver ay deos nom
o verey heu que muyto | lomguo tempo adeste ao que hele a de
vir serto se heu | podese saber quamto tẽpo auera serto desaguora
a sua | vimda heu ho faria mas heu nom ho ue Jo como posa |
ser que auera mais de dous mill a[n]os lomga mẽte cui | dou
Salamao * nisto tamto que a molher que hele mais | amaua o em
temdeo 2 teue mẽtes 2m seu cuidar nõ podia | 2m temder o * que
fose * 2 houue pauor nom fose pera lhe | mal fazer 2 huã noite
Jazemdo ambos Ja que hera | algum tamto mais ledo do que soia
2 ela ho uio tall | com Jurou por ho gramde amor que lhe tinha
que lhe || [134r] Disese nõ * que cuidaua 2 salamão que sabia
que ela era | mais sotill 2m mall 2 mais 2mganosa do que nhũ
homẽ | po deria ser cuidou que se cora ção mortal podese dar
comselho | no que ele cuidaua que ela ho daria 2 por que vio que
por lho dizer | lhe nom poderia vir nhũ mall lhe dise todo 2 quam-
do ho ela | houio respomdeo çerto s[enh]or por aguora heu nom
vos poderia | dar comselho * mas acabo de pouco tempo heu volo
darey quero | ver dise el rey de pois a terceira noite acomteçeo
que Jaziã ambos | ela lhe dise Senhor eu cuidey como caualeiro que
sera fim deuo | sa lina Jem conheçera que vos sabedes a verdade
de sua vĩda | muito folgaria com iso dise Salamão pois dise ela
por ama | nha * mamdai por quamtos carpimteiros a em voso
Reyno 2 | mamdai lhes que vos fação huã nao que por nhua * gui-
za | nẽ na tera nẽ no mar por mill anos nõ posa apodreçer 2 em |
quãto a fizerã eu guisarei minha fazemda asim como vos | veredes
Salamão a creo bem 2 ffes mamdar por hos car | pimteiros * 2 em
pouco tempo vierã muitos 2 mamdoulhes | Salamão que lhe fizese *
huã nao quall Ja hou vistes 2 heles | diseram que fariã niso Seu
poder 2 anao foy feita ẽ meio | ano 2mquamto anao Se hia fazemdo
sua molher de salamão | que a fizera comesar lhe dise senhor pois
que aquele de que me uos | falastes sera tal de uomdade * 2 de
caualeria que pasara todos os | que amte ele fforam 2 ao diamte
seraõ pare ser mehia cousa Ju | sta que algua * arma prezada

trouxese que vos lhe fasades | fazẽr pera que a ache por que a traga 2m vosa me moria | he a arma fose amais fermosa he mais marauilhosa que nas | armas se posa achar como hele sera marauilhoso sobre todos | hos outros caualeiros que arma pode esa ser dise salamaõ | que se eu vir que lhe comuira heu a farei eu vos direi dise | hela que arma sera boa vos fizestes pera El rey dauid | voso pay huã espada amais riqua 2 fermosa 2 a mais ta | lhadora que numca foy feita nem Caualeiro Çemgio to | made a * 2 ti[R]adelhe toda guarniçam̃ do punho 2 da ba | inha 2 vos que conheçedes as forças das pedras he ver || [134v] Tudes das heruas 2 todas as cousas fazedea mãçã * da Espada de pedras priçiozas Jumtas asim sutill mẽ | te que nim̃gem que de pos vos vier posa deuizar a huã | pedra da houtra amtes quẽ a vir cuide que he huã so pe | dra depois fazede o a dubo do punho 2 da bainha tã | fermosa que nhu * nom se Ja mais rico nẽ fermoso 2 depois | isto hou verdes feito heu metirey nela as Simtas he as | coreas quais me aprouver e salamão que hera mais sesudo | que houtro hem conhecer a vertude das pedras 2 a força das | heruas tomou do templo aespada que nele estaua como | Reliquias e depois fes asim como lhe Sua molher disera afo | ra somẽte amãçã * da espada que hera de huã so pedra mas | aquela hera de todas as cores que hom̃e poderia cuidar | he fes ho punho de huã parte de huã costa de huã serpe | 2 do outro da costa de hum pexe que tinha tall vertude como | a estoria Ja comtou depois lhe fes a bainha muy rica 2 | nom dis aestoria de que era quãdo aespada foy guarni | çida do punho 2 da bainha asim como hou vistes meteo | a espada na bainha 2 comesou de a houlhar he uio a guar | ni çam tam rica que lhe pareceo que numca tall caualeiro a | trouxera nẽ de tamta vertude depois dise que muito que[ri]a se podese | ser que Jamais homẽ a nam tirase fora da bainha que se diso mal | nom achase afora aquele caualeiro pera que fora asim guar | dada * 2 aesto lhe respomdeo a vos que houtra ves lhe fala | ra salamão nhũ a tirara que se depois nõ ache mall afo | ra aquele pera que asim aguarniseste quãdo hele esto | hou uio foy muy ledo 2 loguo espreueo com sua maõ as | letras como a estoria tẽ cõtado 2 depois disto ser feito quis | lhe meter huã simta semelhauell a todo seu saber quall a e | spada comuinha mas amolher nõ quis am[t]es trouxe huã | de canhamo tã pobre 2 tã fraca que parecia que a nõ po | deria sofrer quãdo isto vio salamão dise Esta simta que || [135r] Reis vos hi meter sim dise hela que

hem voso tempo nõ | auera outra mas sem falta aimda uira tempo
que huã dõ | zela lha tirara 2 metera hi outra por esta tã fermosa |
2 tã rica que sera marauilha asim podereis conher * em | Esta
espada as duas molheres de que me vos falastes | ca [B]em * asim
como a virgem que a de uir como vos me dixe | stes 2 a de coreger
ho que auosa primeira madre herou a | sim coregera aquela dom-
zela o ero que heu faço 2m esta | espada qua hela hi metera simta
fermosa 2 rica do que | trouxer que mais amara esto teue salamão
por muy fe | ra sotileza 2 por gram marauilha 2 que podia ser
como | Esto que hela dezia poderia vir 2 quamdo foy feita | he a
cabada anaõ fizerã fazer hum leito no meio da nao | mui rico 2
muy fermoso 2 meterã aespada aos peis 2 | pos el rei Sua coroa a ca
beçeira aquela que fora dell | rey dauid seu padre 2 dise que a
leixara pera o * caualeiro | por que vira que nõ podia ser milhor
Empregada qũato | todo esto foy feito dise hela aimda houtra
cousa fale | se da nao 2 tomou carpimteiros 2 foy aaruore dauida |
de baixo da quall morera abell 2 diselhes com vem que tome | des
desta ar uore vermelha 2 destas outras duas hũa brã | ca 2 houtra
verde tres paõs * hum vermelho 2 houtro bramco | 2 houtro verde
homde ho leito desta nao sera cercado 2 | heles diserã que duui-
dauã muito de cortarem a aruore | da uida por que numca virã nhũ
tam atreuido que lhe mal | housase fazer por que hela menos
valese 2 el[a] dise que se o | nõ fizesẽ que lhes faria fazer escarneo
eles meterã maõs | aos machados 2 comesaraõ de tatalhar * mas
forã muy | espãtados no começo qua viram sair da ar uore gotas |
de samgue asi Espeças como se fosem de homẽ a que talha ||
[135v] sẽ o braço 2 quiseram adeixar 2 muito se achauã | mall
por que a comesaram mas ela * os apresou asim | que ouuerã
de fazer seu mãdado leuarã[o] * os tres | paos anao feitos por
maneira que hela deuisou 2 eles | hos meterã nas costas do leito
da nao hum amtre houtro | da ou tra [parte e o] * terçeiro por
riba dos houtros ambos | esta cousa nõ ffoy sem grã sinificamça
como a estoria | adiamte dira quãdo asi foram metidos dise ela
asala | maõ vedes vos estes tres paos si * dise ele ora sabede |
dise ela que Jamais homẽ nõ os vera que se nõ lembre da | morte
da bell mẽtes que heles isto falauã destes tres | paos chegarã
nouas que erã çegos os que talharã aar | uore dauida 2 pesou mais
asalamao * que asua molher ẽtã | fes salamaõ huas letras em
tal guisa ouues t[u] caualei | ro bem avẽturado queseras fim de

minha linha Jem se | tu que seres viuer 2m pas 2 como homẽ se sudo sobre to | das as cousas do mũdo te guardaras demgano da mo | lher que nõ ha cousa dõde tamto mall te uenha como | de molher se atu creres nẽ saber nẽ riqueza nẽ de bomda | de de caualeria nõ te guardara que tu nõ seJas per de | ra deiro escarnido 2 esto te mãda dizer salamão 2m | [11]embramça dele 2 este foy ocomeço das letras quesala | maõ espreueo por sua maõ por o Caualeiro que depois | fez muy boa caualeria no Reino dos Reis 2 deu fim | as auemturas que por hi eram 2 por hos Reinos vezi | nhos 2 em houtras muytas partes por avertude 2 po | la força do samto greall asim como Es[t]a estoria | volo cõtara adiamte de pois Espreueo salamaõ a ver | dade da nao 2 como amolher lha fizera fazer 2 a riqueza da Espada 2 do leito 2 como hos paos || [136r] O hum era brãco 2 outro vermelho 2 outro verde | natural mẽte sem pimtura nhua * asim como das | ar uores os talhauã 2 depois que todo esto espreueo | 2m hua carta pola no leito de baixo da coroa 2 depo | is que a nao foy aparelhada fizeram na deitar ao | ma * 2mtão dise Salamaõ dona a nao he feita 2 todo | quãto vos mãdastes mas aimda heu nõ veJo como | ho caualeiro posa Saber como heu tin ha por certa sua | vimda muy sedo o sabereis dise ela hora fazede armar | duas temdas ẽ aquela ribeira * 2m que vos he eu 2 sertos de uosa manada | posamos estar ata que veJamos ho que nos auira desta. * | nao 2 hele mãdou loguo armar temdas 2 temdilhois * | que dise que queria ali folgar ata que vise al gũa a | vemtura sobre a demãda da nao 2 todo foy feito co | mo hele mãdou 2 comesarã[o] * na quele será a muy grão | sabor 2 grã alegria 2 quãdo foy ora de dormir dei | tarãse a dormir 2m suas tẽdas acõteceo aquela * noite que Ja | ziam todos dormimdo que salamão * vio vir hum homẽ des comtra | ho seo cõ gram companha de am Jos 2 traziam estor | mẽtos de muitas guisas 2 * suas maõs mas nã sabia ele | deuisar que Jamdos erã 2 vio que aquele que os am Jos | acõ panhauã deseo na nao 2 tomou da augua 2 deito * a | nela por todas as partes 2 dise esta he asinificã ça da minha noua casa 2 depois veio ao bordo da nao 2 | fez a hũ da sua companhia espreuer hi letras 2 depois | que fora Espritas dise muito sera samdeu que este mãdado | pasar salamao * que esto uia vio aquele homẽ taõ fermoso | que coraçaõ nõ ho poderia cuidar nẽ boca dizer 2 foy tã | to marauilhado que acordou 2 abrio os holhos

2 houlhou * | pera a nao 2 vio nela acordado aco panhia que
vira dormÿdo * || **[136v]** E quis chamar aos que cabo dele Jaziam
mas nõ teue | poder de falar nem sde se * mudar 2 ouvio * loguo
huã | voz que lhe dise salamão ho teu dese Jo he cõp*ri*do | por
que o caualeiro que sera ffim de tua lina Jem 2mtra | ra nesta
nao 2 sabera de ti a verdade 2 Jamais nela nõ | em trara nhũ
Se nõ for tall qual deue que se nõ ache | diso mal depois par
tiose a companhia da nao 2mtal | maneira que salamão nom soube
depois que fora deles | quãdo salamaõ se pode aleuamtar aleuã
touse 2cha | mou sua companhia 2 foy anao 2 quis 2mtrar 2 quã |
do quis 2mtrar diselhe a voz tirate afora q*ue* se em trares |
perderas mas leixa hir a nao asua vemtura hõde aela gui | ar *
2 sabe q̃ue sera aimda vista 2m muy estranha tera | 2mtao * se
fez Salamaõ afora 2 houlhou as letras do | bordo que dezia ho
que Ja hou vistes 2 bem conheceo q*ue* | nõ hera tal que nela hou
vese dem trar 2 emẽtes ele esta | ua nomeio das[u]a companha
asim como Espamtado | ferio ho vemto na nao asim que 2̃ pouco
de hora alo | mgou lomge daribeira 2 meteo no alto mar 2m
manei | ra q*ue* nẽ Salamão nẽ amolher que afez fazer Jamais |
auiram | CAP[*ITULO*]. lxxb DO QUE ACOM | teçeo a nas
çiã de pois que vio | as marauilhas da nao || **[137r]** Aguora diz
aestoria q*ue* muito olhou nas ciã̃o os | paos domde o leito era
pera v*er* se podia conhecer de que | erã asi corados q*ue* nom podia
cuidar que de natura ti | uese tal cor 2 dise huã palaura que
depois comprou | caramẽte por boa fe dise ele ou heu Saõ demao
ẽ | temdimẽto ou as marauilhas deste leito me 2̃ganã | que nõ
pode s[e]r * que estes paos nõ tem alguã cousa de | falsidade *
2 loguo que isto dise vio a nao que se mouia | em direito domde
hele estaua asim q*ue* ele se achou no | mar domde azinha podera
morer se nõ nadara hou | o d*e*os aJudara quãdo seuio 2 * tal
periguo foy espã | tado pero nõ ffoy perigiço[s]o * que nadou
ata q*ue* | chegou a ribeira da jmsola 2 sobio na tera 2 vio a |
naõ * 2 as letras do bordo que deziã que na nao nõ a | via Senão
fe * e q̃uado Esto uio conheceuse q*ue* | pe cara por mal crer 2 em
taõ Se comesou ades | denhar 2 a mal trazer 2 dise ay home de
pequena fe | 2 mal a vomdado 2 desiso 2 mỹ goado de * bem
por que te | moueste tam ligeira memte a mais asinha crer
mẽtira | que v*er*dade desta nao 2mtao * comesou achorar 2
fazer | gramde pramto 2 pedio merce anoso S*en*hor que lhe per |

doase o ero de sua pouca fe nascião* por que noso | Senhor
nomse asanhase Esteue todo aquele dia na Jm | Sola 2 depois
que anoite veio fes Sua horação | 2 depois lamsouse 2 dor mio
por amanha* aleuamtou | se 2 oulhou por a nao 2 nom auio 2
pesou lhe muyto que | se comfortaua 2m a ver 2 quamdo anõ
vio her geu amão | 2 bem[z]euse* 2 dise S[enh]or padre Jhesu
cristo que por a tua | piadade 2 por tua gramde mer[ç]e metiraste
das maõs | de calafermeu Jmiguo tereall nom sofras Senhor pois ||
[137v] Desua maõ sai que heu caia Em poder do imigo | mortall
mas se por seu mal auemturado 2mgano | me quiser cometer
pera me comfumdir guardame comtra ele | como aquele que se
por ti combate 2 de femde 2 faze senhor que | que* heu me
posa saluamẽte defemder dele 2 aquele tiz[o]uro que | me deste
aguardar que he amjnha alma 2u saõ senhor tam fraco | guardador
2 de taõ ma guarda que por mĩ so anom poso guar | dar Senhor
tu se* o guardador que me venhas guardar como tua | houelha
asi que ho perdurauell esculdrinhador 2 em gana | dor nõ me
ache fora de tua guarda ca heu Sei bem que se | me ele achar
alomgdado da tua samta higreiJa que liJeira | mẽte podera aquele
i miguo tam poderoso estoruar tã | fraca houelha como heu sam
mẽ tes que ele fazia sua oraçaõ | ou lhou o mar comtra horiemte
2 uio uir cõtra sim hũa pe | quena barca 2 nela hum home
degramde idade chegou ari | beira tamto como duas astias de
lamca* 2 abar queta he | ra tam rica 2 tam marauilhosa que nas
çiao* que a olhaua | cuidou que nem no mar nẽ na tera nẽ no
mumdo a podese | a ver tã rica que de fora era toda sercada de
pedras priçiozas | que herã tãtas que nas çião dise que nhũ
primçipe do | mũdo poderia ter ametade 2 aJmda de houtra
cousa | hera abarca riqua de que nas cião mais semarauilhou
que nos | bor dos da barca de hũ cabo 2 do houtro tinha doze
setas | e herã todas de prata afora as pomtas que herã do mais |
fino houro do mũdo 2 demais era marauilha do que poderia | ser
que as setas erã as mais agudas 2 as mais talhadoras que po |
dia* ser quãdo nascião vio o omẽ boõ perto desi por que cuidou |
que nõ seche gariamais 2r geuse 2 saluou ho dizẽdolhe que fose |
[bẽv]imdo 2 ele o tornouasaluar 2lhe pergũtou por sua fazẽ |
da 2 quẽ o tõrxera* a tamestranho lugar 2 alomgado deto | das
as Jemtes serto dise nas çião heu nõ sei qũe me aquy | trouxe*
afora que sei que vim aqui por Vomtade || [138r] De meu deos

ma[s] * sei bem * ẽ que maneyra * | e vayme aquj mjlhor què
na prisão de | Callafer que me ffez muyto mall de | calafer dise
o omẽ bom te não cates | Ja por que he morto e moreo Como
maõ aRe[n]egado cristão ay sennhor dise * nascião e como |
ho sabeis vos eu ho vy oJe morer dise | ho homẽ boõ senhor
dise nasciaõ pois se | verdade he o que Vos dizeis e que ho
vos | vistes e vos soĩs omẽ mortall * nõ sou | Eu tam Apartado *
de gemte como vos | disestes por que aymda Aguora he manhã |
e oJe nõ Podedes vos vir de llomge | senõ amdays mais de Presa
do que vos | Eu vy vir eu te diguo dise ho homẽ boo | que eu
ho vy morto * oJe neste dia e [s]abe que | es mais llomge de
tua tera do que tu nõ cuj | das e se tu de cousa mais duujdares
do | que te eu diser tu te acharas mall tamto | Ou mais como
quamdo na naõ diseste | a palaura por omde te achaste na augua |
quamdo naserão emtemdeo que lhe ha | lembrara apalaura que
disera e que | deos so a podia saber e outrem não cujdou | lloguo
que deos lhe descobrira aqujllo e | que lhe mamdaua aquelle omẽ
boõ pera | estar ẽ sua companhia e pera ho cõ | fortar e em-
taõ lhe dise s[e]n[h]or eu vos || **[138v]** creio de quamto me vos
dizeis mais | por d[eo]s me dizey da quella naõ que me | mostrastes
se sabeys pera omde se ffoy | Ou se avemtura atrara omde eu for |
asy que eu a veya de meu vagar como a | vy pouquo ha tu
averas dise o homẽ | bõo mjlhor guarnjda do que aviste que |
ella crese e corege ẽ si cada dia he | Crecera mẽtes o mũdo durar
crese | dise nasciaõ Como ade creçer de dia | Em dia se ella he
naõ como as outras | tu dizes verdade dise o omẽ boõ mais | ella
nõ he não que se mo lhe amtes he | huã das demostracoĩs * do
gramde mestre | da quelle que te aquj trouxe e mais se | deve
chamar senjficamça que naõ çerto * | dise nascião eu ho creio
muy bem | que vos dizeis verdade e por iso vos | Roguo por deos
e por me comfortardes | que me digais que senjfica eu volo |
peço ẽ nome decaridade eu to | direy dise ho homẽ boõ e hora
escuta | A naõ que tu viste taõ fermosa he tam | Riqua que
numca outra tall Viste | senifica a samta JgreJa que he amais |
sabrosa e fermossa Casa do mũdo | E asy como na não como
nas * letras de | mostrauaõ nõ a via se fee não outro | sy na
samta JgreJa nõ ha senão | ffee e verdade e destas duas cousas ||
[140r] * ffoy ella primeiro * fumdada e o sprito * que dezia |
nella naõ emtrase senaõ fose comprido * | de fee sinjfica asamta

espritura q*ue* defẽde | q*ue* nhũ não emtre na samta JgreJa se
prim*e*iro * não for limpo de seus pecados p*or* com | fiçam de
boca e p*or* sab*er* q*ue* erou em | mall seu coração e como q*uer*
q*ue* seja com | Prido de fee nẽ Se deve mudar nẽ [trocar] | asy
como o pemdaõ q*ue* com o vemto semu | da mais o cristao * deue
ser como a forte to | Re ede ficada sobr*e* forte alicerçe e bom |
fumdamẽto q*ue* nõ teme emgenho nẽ com | batimẽto denhũa
forca * asideue o cr*is*tão | ser posto sobr*e* as boas v*er*tudes da
samta | JgreJa por q*ue* seu mão vezinho q*ue* noite | e dia o des-
perta p*or* o deitar de boõs pẽ | samẽtos e boãs obras sechega
perto dele | E quamdo se chegar com vẽ q*ue* ho ache | forte e
fumdado e * boa pedra aquell[a] q*ue* | chamaõ Jhesu cristo
outro sy como ha | naõ ffoy Prim*e*ira mẽte p*er*a o homẽ | Passar
sẽ periguo sobr*e* ho mar [e] amdar | de tera ẽ tera ẽ salluo as[y]
foy ha | sagrada JgreJa feyta q*ue* sinjfica nes | te mumdo a augua
pera q*ue* o bom cr*is*tão nõ | perigue e memtes nesta tereall vida |
Amda abalado q*ue* he asas pobre ca | tiua e mesqujnha e cheia
de todas ‖ [140v] mesqujmdades as[y] q*ue* por anao deves em |
temder a samta Jgreya e por o mar ho | mumdo que asy como
anaõ sofre o homẽ | sobr * aagua e o tras sẽ periguo asy | tras
asamta Jgreya os seus seruos por | meyõ das malldades do
mumdo e dos | pecados q*ue* senão chegaõ a elles e a | samta
Jgreya faaz os seus s*e*ruos tam | bẽ pareçer sobr * os pecadores
asy como | o ouro Recoz[i]do sete vezes pareçe es | [curiado]
sobr * os outr*os* m[i]tais e asy co | mo o soll Pa[rece]craro sobre
todaas | As * estrellas q*ue* ora te declarey ho q*ue* | o leyto sinjfica
anão * aguora te de | clararey o q*ue* ho leyto senifica q*ue* es |
taua no meyõ danaõ o leyto sinifica | ho samto alltar domde o
filho de | d*eo*s he v*er* dad*e*ira mẽte cada dia com | sagrado e
o vinho Tornado ẽ samge | por a forca * das muj alltas e samtas |
palauras q*ue* sam ditas p*or* a boca bem | avemturada da pesoa
p*er* a eso ordenada | por o leyto deueis de ẽtemder asãta | cruz
domde o filho de d*eo*s p*or* sua | vomtade se deixou crocificar p*or* |
Remjr a perdurauell destroiçam da | vmanall linagem q*ue* por ho
mortall * | Pecado hia dedia ẽ dia has | tenebras do ymferno
por o leito deueis ‖ [141r] deemtemder q*ue* he sinall [DD]e
sabor e de foll | gamça que asy como * o homẽ depois decamsado |
se vay deitar na Cama por follgar | outro sy deueis deemtemder
q*ue* depos * | [d]o trabalho e cam[s]amço das gramdees | llazeiras

e penas do Jm ferno tomou a tereall | llinagem follgamça e sabor
no Riquo * | dom que o filho de deos ffeez desy mesmo | na
vera cruz aquelle dia que sofreo morte * | por to lher os pecadores
dateribell prisam * | ẽ que estauaõ aguora te mostrey ase | nefi-
camça danão e do leyto ora te direy | dos tres paõs que tu viste
que ho hũ era | bramco como neve e o outro vermelho | como
samge e outro verde como esme | rallda sabe que ho bramco
sinifica a | ver gimdade que Jmtigra e verdadeira mẽte | foy sem-
pre guardada naquella | Carne de que o filho de deos foy
cu | berto ẽ quamto viueo amtre nos co | mo omẽ mortall * e
guardada avergim | dade tam limpa mẽte quãdo ẽtrou | na bou-
ceta do vemtre verginall que nẽ ao emtrar nẽ ao sair não fose
aver | gim dade dasua bẽta madre corom | pida e asy emtrou
como por huã porta | çerada E outro sy asi sa[j]o || **[141v]** Como
por porta cerada por o pão que era | desua natura vermelho deves
deem | temder acaridade que tam gramde | E maravilhosa e
tam naturall foy no | filho de deos que tomou morte pera Remjr |
O omẽ daperduravell Cateujdade | ẽ que estaua gram craridade
foy na | quelle gram dom que elle ffez desy | mesmo quãdo
elle que era vida e ẽ | quẽ não avia morte * se cobrio decarne * |
e Reçebeo morte * por isto podes ẽtem | der que elle he fomte
de piedade | E decaridade por o outro paõ * que era | verde ẽ
semelhamca * de esmerallda | deues tu deemtemder Paçiemçia |
que por direito ẽ todo tempo he vertude | E asy como naquella
pedra ẽ toda | sazam a ver[d]u[r]a * asy apasiemçia | deue ser
verde e ẽ byua força em | maneira que nẽ ẽ trabalho nẽ fadiga |
senõ posa mudar depois que no cora | çam do cristão estiuer
aReigada | asy ganha coroa aqelle * que ẽ sy | Aposemta esta
vertude depaçiẽcia | Esabes tu bem que nõ sepode mjlhor |
vemçer o Jmjguo que como sofrer asy | que destas tres vertudes
vergimdade || **[142r]** Caridade e paçiemçia era o leyto cer |
quado e çerado por direito bem o devia | asi deser pois era sene-
ficamça | daquella bẽ dita cruz de que te eu fa | lley qua aquella
nõ no foy sẽ estas | tres cousas e sem fallta que guarnjdo * |
destas tres cousas o filho de deos vem | çeo a morte e deu vida
ao mũdo em | quamto o homẽ bõo comtaua anasção | asinifi-
camça danão e das cousas | que demtro erão tamto follgaua elle |
deas ouujr e tam sabrosas lhe erão | que adormeçeo atam gram
sabor que dormjdo | lhe parçia * que ho omẽ bõo lhe tornaua

ha | Comtar o que começara quãdo aquelle | que na barca amdaua o vio dormjr partise * | dally e allomgose * tamto que por que ele | Acordase nõ apodia ver quãdo seho | omẽ boṁ partyo daJmsolla e naserão | ficou dormjmdo sonhaua que via am | te sy huã gram serpe e maravy | lhouse e ella vinha a elle e feriao | na ylhargua direita e elle se de | femdia muj Riga mẽte mais | seu defemdimẽto não lhe aprovejtaua * | senão fora hũ bycho muito pequeno || **[142v]** E de peqena * força que lhe pareçia que | vinha pera o aJudar asi como ha | çerpe vio vir aquelle pequeno bycho | Em aJuda de naserão não no ousou | esperar amte se afastaua delle muj | llomge asy acomteçeo anaserão dor | mjmdo e foy tam coitado que se |ergeo e abrio os olhos asy como | secujdase que se combatia cõ ha | serpe e quamdo foy ẽ sj tornado | Elhe allembrou que hadormeçia em | quamto ho omẽ bom lhe comtaua | assabrosas palauras ouve gramde * | pesar e chamavase omẽ catiuo | e de catiuo sabr * que se allgũ bẽ nelle | ouuera que dormjr naõ lhe estrouara * | quamto ho omẽ bom lhe comesara ha | Comtar E aguora deixa aes | toria de falar de naserao * e torna ha | celidonis seu filho | CAPITULO.LXXVJ.DO QUE A | comteçeo a celidones depois que as | noue maõs bramcas o tomarão na | tore omde Calafer o mãdou deytar || **[143r]** EN ESTA PARTE DIZ A ISTORIA QUE. | quamdo as noue maos * levaram selidones | como Ja ouui stes ẽ muj Pou[q]uo espaço | de tempo o alomgaram nove Jornadaa[s] | dA tore e foy ally deixado asy como | Aprouue anoso senhor sobr * a Ribeira do | mar perto daymsola domde seu paay | era naõ porẽ naquella tera mays ẽ outra | quamdo elle asy se vio E era tam | menjno e se vio em taõ estrannho [sic] | llugar como quẽ estaua de huã parte | cerquado de gramde mato e daoutra | demar que naõ soia ver foy muy | espamtado amaraujlha e começou | d[e] fazer seu pramto asy como soube | e elle estamdo asy Começou ho | tempo dese mudar e escureçer e chover | E dar mujtos Relampãos e o tempo | foy tam forte que pareçia que se qeria * | vyr a fim e o menjno que via o tempo | tam forte e tã brauo e as omdas | do mar tam alltas e tã espamto | ssas que nhũ não podia hi estaar | que naõ tiuese pauor de morte e ho | menjno ouve medo que has omdas | que tam alltas e tã espamtosas eraõ | e tam braua mẽte ferião na tera não || **[143v]** ho alcamçasẽ e o leuasẽ Ao mar e por | iso se

fez a fora e foy se comtra | huuã pena que vio couada e metese *
| nella [t]am espamtado que nõ sabia | que fizese e oulhaua por o
mar ho | mais llo mge que po dia e avia | sabor de oulhar por
que via perto | desy duas naõs que ho vemto e ha | tormẽta trazĩã
mall tratadas | por omar eos que amdavaõ demtro | dauão brados
aos mestres aRiba | senaõ mortos somos e elles asy | bradamdo aveo
lhes tam bẽ que as | naos aportaram na Riba amtre ha | pena
domde celidonis estaua he | quamdo foram ẽ tera hũ omẽ velho |
marynheyro * que milhor conheçia hos | portos estranho[s] que os
outros dise | choramdo ay senhores que mall nos vay | por que
se nos escapamos dos gramdes | peri[g]os do mar ẽ muy mayores |
aportamos nesta tera por que aquj | ño ha senão liois * e serpes
e bestas | estranhas que tãto que nos virẽ nos | comerão todos
não vosespamtedes | dise huũ que Aquy estam dozẽtos || **[139r]** *
Caualeyros que se defemderam ahuã | gramde oste quãto mays
abestas e por | tamto nao * temades que se a nos vierẽ | nos nos
de femderemos ẽ quãto elles | ysto dezião saio celidonjs dapena
omde | estaua e foy comtra elles e cujdou | que eram cristaõs
como elle mais nõ o erã | amtes eraõ pagaõs e naturais de per |
çia e hiam ẽ o ste atera de sorea | sobr * ellRey samuell que
na quelle Anno | matara hũ jrmaõ dellRey deperçia | por que ho
a chara Jazer cõ sua molheer | EllRey de persia hia hy cõ elles
que ha | via nome labell era mamçebo e boõ | cauelleiro darmas
mays era brauo e es | qujuo e nhũ naõ desamava tamto | cristaõs
Como elle quãdo apor | taram os dellRey lambell mamdou elle |
que lhe armase * huã temda amte apena | domde era çelidonis
pera dormjr e a | sy ffoy feita e ẽ quãto das nãos | tiraũao o que
lhes faziã myster che | gou celidonjs aelles e salluouos e | per-
gumtoulhes que gẽ te erã e elles | que muj to se maraujlhauão
de ho ver | e quẽ era e domde podera ally vir || **[139v]** Res-
pomderão que eraõ depersia e to | maramno lloguo e leuaramno
ha | ellRey lambell quamdo ellRey o vio | tam fermoso e tã bẽ
vestido llo | guo cujdou que era omẽ de gram guj | sa e colheo
muy bẽ e asemtouho | amte sy por lhe per gumtar de | sua
fazemda que sabor auja deho | saber e emtã comecoulhe * de
pergũ | tar domde era e de que tera e ho | menyno que pera
desua jdade sabia | mais que outro [m]enjno podia saber | Com-
toulhe to da a verdade dasua | linagẽ e quẽ era seu pay e sua |
may e de que tera eraõ senhores | Ecomtoulhe como Reçeberã

anova | lley com toda ssua tera e eu mes | mo dise elle sam cristão e tenho | Reçebido bautis mo por mão dejosefes | o maior bispo dos cristaõs aquelle | [m]es * mo que noso senhor fez bispo por | s[u]a maõ quãdo ell Rey labell ouujo | estas novas ouve gram pesar | que bẽ conheçia ellRey e ballac e por | Rezam o deuja bẽ conheçer como a | quelle que o fizera por suas mãos ||
[144r] * caualeiro e emtam dise acelidonjs | menjno tempo ha que eu conheço tua | linagẽ e porẽ desas novas me pesa | e por que tu es tam fermoso menjno | E poderas ajmda vir agram omra | se malldade não te tolhe quero que | fiques comyguo e castigarteey por que | Allgũ deujdo tes * comjgo e tirarteey | deste pouco siso ẽ que comecas * dãdar | mais aguora me dize que vemtura te | trouxe amtre estas penas ẽ tera | estranha e tam allomgado detoda | gemte que nhũ nella mora afora hos | Catiuos que dos periguos do mar es | capam celidonjs lhe comtou lloguo | como seu padre Eelle foram | presos decalafer e como seu Padre | saira da prisã polla vertude e ha | Juda denoso senhor e depois que cala | fer vio que naserão seu padre esca | Para como o fizera lleuar as | amejas da tore perao deitar fora | pera que com gram crueza semdo | elle menino sem mall e sẽ noJo * | fose morto ao sair da tore mais Jhesu || [144v] cristo que não leixa os seus espereçer am | tes lhes aJuda cada * e quamdo lhe faz | mister me Acoreo e trouxeme ata esta |pena e nõ sey se estou lomge se perto | demjnha tera quamdo labell isto ouujo | sano se * mujto feramẽte e com mall talam | te e dise a todos por boa ffee sabe Ja | Este menjno mjmtir senhor dise hũ ca | valeiro que amte elle estaua tall he | O custume dos cristaõs que Ja mais não | achareis omẽ memtir como elles | e querẽ afirmar suas mẽtiras | como se fosẽ verdades provadas nõ | aJa mais dise ellRey labell este | faremos nos tornar do mao siso | ẽ que emtrou aquella nojte fy | cou ellRey e seus priuados naas | temdas que fizerão armar na Ribeira | e os outros Jouverão na não e muitos | se armaram por se guardar * asy e a | ellRey toda a nojte pera que se hacõ | tesecer * que has bestas feras vyesẽ | e saisẽ das matas que naõ podesẽ | fazer mall a ell Rey nẽ Aos que nas | temdas Jaziã ellRey fez homrar | e serujr celidonjs quãto elle pode || [145r] E fello deytar perto desy tam bẽ etã | homrado como se ẓose seu filho | quamdo vio que omenjno dormja cham[o]u | seus omẽs e pergumtou lhe * que fariã | daquelle me nyno que pois

diz que he cristão | Eu teria sabor de ho tornar Anosa lley | e deo casar com mjnha filha esa | beys por que ey tall sabor por que eu sey | bem que de todas partes vẽ de tais caua | leyros darmas que se natura não fa | lleeçe * nõ Pode ser que elle naõ seya | bom caualeiro e com esta esperamça ho | casaria Com mjnha filha e depois | demjnha morte lhe leyxaria meu Reyno | senhor diseram elles fara * quãto vos | qujzerdes quãdo ellRey foy deytado | e adormeçeo pareceo lhe que estaua ẽ | hum gram prado llargo e fermosso | e verde e naquelle prado avia huã | muj gramde panela de tera que era | nova e cheya de tera posta amomtes | e aquella panella era toda por fora | cerada e cerqua-[d]a de frolles que | della naserão asy como daruor[e] per | natura nacem Ramos e folhas | EellRey oulhou Apanella e maravy | lhouse mujto quamdo della vio || [145v] sair as frolles depois vio decabo | dapanella vir huã serpe deitãdo | foguo e chama e lloguo queymoua panella e as froles e quamto demtro | auja asy que ẽ pouca de ora torna | va todo em nada quamto ellRey ally | vira por Amanha * quamdo ellRey ha | Cordou vieram aelle os caualeiros | que de noite as temdas guardavaõ | E diseramlhe que tomarão alluz da manha * | huũ llião o maior que numqa * viram | quamdo ellRey o vio dise que ho leua | ria aquella tera omde queria hyr | Em tam ffez a cordar çelidonjs que ha | Jmda dormja que mujto vellara de | noute cuydamdo ẽ seu pay e quãdo | foy vestido fello ellRey vir amte sy | e elle asemtouse A seus peis e ell | Rey mamdou lloguo por os mais se | sudos omes * que tynha e quãdo forão | vimdos diselhes senhores esta nojte | vy huuã visam tam maraujlhosa | que Ja mais não serey ledo ata | que naõ saiba a verdade ẽ que se pode | solltar e por iso mãdey por vos | por que quero que me digais [o] que diso | me pode vir e ẽ tam lhees || [146r] Comtou seu sonho Como o sonhara | e elles cujdaram e depois que asy es | tiueram cujdamdo gramde pedaço | diseram que lhe naõ sabiam Respomder | nada em tam dise ellRey per deos que | me peza que bem sey que numca tall | visam foy sẽ gramde senjficãça | por boa ffee diseram elles naõ vos po | demos dizer nada por que naõ vos qe * | riamos dizer coussa que per verda de | nõ saibamos e elle dise que se calaria | Pois não podia saber mais | CAPITULO.LXXVIJ.COMO CELIDONES SOLTOU:— | o sonho aellrey labell. e das maraujlhas | que depois acomteçeram | QANDO * OMENINO QUE ESTAVA AOS:— |

peis dellRey ouujo o sonho q*ue* comtara aos | seus caualeyros e
vio q*ue* nhũ não lho | soub[e] dizer ergese * e dise a | [Ell]Rey
asy q*ue* todos o ouujram RRey labell | pois q*ue* nhũ te naõ sabe
comselhar | Eu te mostrarey teu sonho tu viste | hũ prado v*er*de
enelle estaua huã || **[146v]** Panella cerquada de frores e cheya
dẽt*ro* | demomtes de t*er*a depois viste huã s*er*pe | q*ue* muj asynha
queimaua todo eu te | direy o que he mays isto nõ o sey eu | p*or*
meu siso q*ue* sã tam menjno q*ue* p*or* | meu saber nõ poderia alcam-
çar nada | em de mais tã gramde cousa mais | sabe bem q*ue* ho
esprito * sãto que aos | amgos e aos seus seruos mostra grã | des
poridades p*or* asua grã piedade | me ẽsinou estas cousas e p*or* |
ysto to mostrarey bem se me qujseres | crer o prado q*ue* tu viste
verde he ho | mumdo ẽ q*ue* somos q*ue* asy como ha | verdura apraz
ao homẽ asy o mũdo | A praz aos q*ue* delle tem ssabor e mais |
aos pecadores q*ue* hy Jazẽ ẽ pequa | dos mortais q*ue* fazẽ [c]om
suas mas | vidas aestes apraaz [o] mũdo tã | to q*ue* lhes pareçe
q*ue* sempre ẽv*er*deçẽ | E com toda s[u]a força ẽ suas vidas | querẽ
comprir seus desejos mas | quẽ a v*er*dade bẽ oulhar vera q*ue* ho
| prado he pella manhã verde e cheio | de frolles ẽ anojte p*or*
aquẽtura | do soll he murcho e sequo he | morto asy Como o corpo
do homẽ || **[147r]** E quamdo se aLlma DElle aparta p*or* esta |
Rezam que te diguo podes emtẽder | q*ue* sinj fica o prado A guora
deves deẽ | temder que sinjfica apanella q*ue* he | cousa fraca e
quebram cosa * e catiua | q*ue* ata aaugua aquebra p*or* este ẽtẽde
| ho omẽ q*ue* aguora he e lloguo não | he e apanella [s]enifica aty
Rej lambel | mais das froles q*ue* hacerquavão e della | sajam podes
ẽtemder maraujlhaas | ora oulha da fazemda e da v*er*dade | da
froll tu numca viste nẽ outrem | vio froll que nõ des faleçese e
per | dese sua beldade eisto ẽ pouco tẽpo | a fora somẽte a froll
que he chamada a | vergẽ maria abelldade da quella froll | nũ
qua foy mall treyta nẽ pejorada | amtes acomteçeo q*ue* omde todas
as ou | tras fllores sam desfroradas e | corompidas esto he ẽ
comçeber e aver | filho asi sallvou aquella bẽ avẽturada | s*e*nhora
sua froll tã allta mẽte que | Ja mais abramqueJumbre de sua |
vergimdade nõ foy pejorada nẽ mall treita e esta froll sẽpre dura |
Em sua verdura e ẽ sua belda de nõ || **[147v]** Viste tu ẽ teu
sonh[o] estas frolles q*ue* | fallesẽ com huũ pouqo * devẽto e estas
| sam tres ahuuã anome beldade e ha | outra proeza e outra caua-
laria e | destas tes * tu allguas * q*ue* tu es fermoso | mais naõ

ad[eo]s mais ao diabo aquẽ | tu seruiste todos os dias da tua vida |
Ja te mostrey que senifica apanella | E as frores aguora te direy
que se | nifica os motes * da tera atera ha mõ | toada no [ç]esto
nõ senifica senão | os pecados mortais que ho omẽ mall | Avemtu-
rado so e feio amomtou em | sy asçerpe * que vias que quejmava
tudo | com foguo he amorte por cuia. | vimda tudo se fica como
senõ fose | mui espamtado ficou ellRey do que | [c]elidonjs lhe
disera asy pasou a | quelle dia que ell Rey não fez outra | cousa
se nao * cujdar ẽ sua visão | e como omenjno semdo detã pouca |
idade lhe disera tamtas mara | vilhas com Aquelle Cujdado se |
deyto[r] * ell Rey a dormjr anojte e Ja | zemdo na cama lhe
pareçia quees | taua ẽ huã gramde sera domde || **[148r]** Achaua
dous camjnhos o hũ era muy | llarguo e trilhado e o outro estreito |
e nõ llarguo avia mujtos lladrois * e | sallteadores e no cabo delle
avia | huã casa muy negra e escura eno | Outro camjnho estreito
via ellRey | mujtas arvores * de fruito e no meyo dele | hũ [t]am-
que daguoa omde hũ omẽ | muj fermoso estaua lavamdo seus |
Peis e ao cabo deste camjnho huã | gramde e fermosa çidade e
elrey | [e]queria * emtrar nella e o homẽ que amtes | vira na
fomte lhe dezia que por que | não llauara osseus peis na fomte |
nõ podia lla emtrar do que ellRey | ficaua muj triste | e tornava
acareira | largua e os ladrois * o tomauão e ho | queriaõ lleuar
acasa A quall era | tam Auorida e tã negra e tã feia | e tam cheya
de fedores e della | grimas e debrados que nõ aujã cora | çam no
mũdo por atreujdo que fose | que nao * ouuese pauor e os que
ho toma | ram o querião nella meter como | faziam aos * outros
mujtos e ouve | ellRey tamto medo que acordou || **[148v]** damdo
muj gramdes brados ay morto | sam e os seus caualeyros quamdo
| ouujram as bozes corerão a temda e ẽ | traram demtro e acharam-
no na | Cama fazemdo taõ gramde prãto | que foram maravilhados
e espam | taramse por que sempre soyam a ver | EllRey o mais
lledo eo mais aprazi | vell que outro omẽ e hũ que era | mais seu
priuado lhe dise senhor | que avedes ellRey lhe d[i]se isto me faz |
huũ sonho que sonhey muj espãtoso | e depois dise aquamtos hi
estavã | Eu vy ẽ meu sonho as major[e]s ma | raujlhas ameu cujdar
que Rey | mortall poderia ver e bẽ vos digo | que numqua serey
lledo ata que não saj | ba a verdade aguora me trazey ca | aceli-
donjs que me dise a Reposta | do outro sonho e se me deste faaz |
certo como do outro Ja mais me mã | dara cousa que eu nao *

faca * ẽtã | foram ao menjno que dormja na tẽda | e acordaramno
e diseramlhe que | fose a ellRey e elle foy logo e a | Jmda o achou
fazemdo seu pramto * || [149r] mais tamto que ellRey vio omenjno
com | fortouse mais que amtes e diselhe seruo | sesudo deJhesu
cristo acomselhame do que | te direy acomselha este catiuo Rey
acom | selhaesta pobre p[esso]a e fazeme certo * do que | te direy
Rei dise celidonys quãto te eu | acomselhar e diser debẽ nõ sera
por meu | saber mais por aquelle que me o allto mestre | descobrio
por sua boa vomtade e se tu | nõ me teres ẽ obras as palauras que
| elle te mamda dizer por mjm peqena * | pesoa tamto mais seras
escarnjdo he | mais comfomdido e aquelle mesmo | pro feta que
tu vias leuar A matar por | meio daçidade de Jherusalem no tempo
que tu | nõ avias mais deçimquo Annos e tu | mesmo quamdo o
viste diseste que nõ | mereçia morte e outro tamto dise | p[i]llatos
que teu paremte era aquelle | bom senhor aquelle piadoso Rey que
ha | nome Jhesu cristo me descobrio por | sua gramde piedade
tamtas desuas | poridades que eu sey bẽ quãto tu | viste na tua
visão e isto te mamda | por mjm dizer que se [t]u queres ẽtraar
|| [149v] Na gramde çidade que viste ẽ tua visão | com vẽ que
primeiro faças o que te eu ẽ si | narey e se o naõ fizeres elle te
pro | mete acasa escura e cheya de lagry | mas e dechoros quamdo
ellRey isto | ouujo leixouse cair ẽ Jiolhos amte | omenjno e diselhe
choramdo e muj es | pamtado seruo bom e leall ẽ tua me | njnise
aruore maraujlhosa guarnjda | de frores e de folhas e de fruito |
eu conheço por as maraujlhas * que me tu dizes | que tu es tall
de graça de Jhesu cristo | que eu quero fazer de todo ẽ todo
quã | to me tu diseres com tamto que somẽte | me faras çerto das
maraujlhas | que dormjmdo vy eu te farey çerto ce | llidonis e
perame mjlhor creres | Eu te direy o que sonhaste e nhũ | omẽ te
dira selho deos não descobrir | e tu aymda ho não diseste an͡jgẽ |
o gram Camjnho que tu viste muito | amdado senifica avelha lley | ẽ
que o gram pouo erou asy como | ouujste dizer que os mestres della
| numqa * gostaram do mjollo senão || [150r] da cortisa e por iso
sedeitaram A ffazer | todo mall domde acomteçeo que os diabos
ho * | llevavam byuos Ao Jmferno ẽ corpo e ẽ | allma estes
diabos de que te eu fallo | por soberba cairam do çeo e tinhão tall |
poder amte da paxam de Jhesu cristo que na | tera tomavaõ bos * e
maos e os llevauavão * | ao Jm ferno e estes senjficam os ladroys *
| e Roubadores que no cabo dacareira es | tauaõ esperamdo Pera

Roubar e premder | os que ahy fosem asy como tu viste em |
teu sonho por aquella gram Careyra | deues tu emtemder avelha
lley por hos | atalhos deues emtemder os Jnimjguoos | que toda
via setrabalham por emganar ho | omẽ pera o deitar da bemta
cidade domde | Elles foram deitados o homẽ que te pareçia | tam
fermoso e te fazia companhia | e que te tirou do camjnho espamtoso
este | he Jhesuu cristo que por que tu ouueste delle | piedade quã
do o leuaram acro[s]yficar | por iso o ouve elle piedade de ty e te
| guardou na perygosa careyra asy | em salluo que ho Jmjguo nõ
teue poder |demeter mão ẽ ty e isto como te dise por | que ouueste
piedade ajmda que ẽtaõ eras | tall que naõ sabias que era Piedade
|| [150v] asy te deu elle bẽ por bem que setu ẽ seu | trabalho
ouveste delle piedade elle te | oulhou sempre tam piadosa mẽte
que | numqua ẽ esta tam ma e lixosa * vida ẽ | que tu sempre
viueste te leixou ẽ poder | do Jmjguo amtes te guardou e te livrou
| sem creres das penas do ymferno ora | te mostrey quẽ foy aquelle
omẽ que te teue | companhia na gramde careira dos lla | drois *
aJmda te direy outra Rezam | daquella ma e velha Careira que
te eu | dise tu sabes bem que ho omẽ que emtra | na não sẽ mestre
e sẽ Remo e sem | guo vernalho tamto que he no meio do mar |
alomgado de tera da vo[z]es e não ha | outra salluaçam senão per-
dese se | noso s[enh]or lhe naõ aJuda asideves | deemtemder
acareira do pecador que tã | asinha como o cristão se parte deseu
| deos Rompeas cordas domde he liado | Enão acha quẽ o estroue
a faazer | sua vomtade e em pecar ẽ secreto | Eem pruujco e em-
tam tẽ aparelho | de faz[e]r toda sua ma vemtura por | que acha
sua careira llarga e nõ acha | quem lhe comtradigua sua ma | vem-
tura diz e deseja e quamto || [151r] lhe o diabo comselha pareçete
Rey labell | que nesta careyra estiueste grã tẽpo agora | te direy
que senjfica aoutra careyra | peqena * que era verde e avia mujtas
aruores * | com frujto esta careyra verde senjfica | a nova lley que
cada dia se esforça he | Ememda e he viua e crese mais e mais |
e he estreyta por que não ha mãdamẽto | de cada huũ amdar A sua
vomtade | amte se trabalhaõ que naõ saiam do | mamdamẽto da
samta Jgreya e sabes quaes | sam os seus mamdamẽtos elles sã
tais | que todo o que for filho dassamta JgreJa | nõ deve de erar
comtra deos nẽ pecar mor | tall mẽte nẽ aver ẽ sy bramqua nem |
cobiça nẽ ẽveja amte deve viuer segũ | do deos e verdade nẽ deue
ser em pecado | por desvayrados pẽ samẽtos amte deue | hir

direita careyra que lleua ho omẽ ha | companhia dos amgos e se
deue trazer | asy como aallma do direito e Verdade | o mamda as
aruores que vias que cer | Cauam o camjnho senjficam os ha | Pos-
tolos e os p[r]elados da samta | Jgreya que amdaõ por todo o
mumdo | pregamdo a verdade dos samtos ha || **[151v]** [v]amgelhos
e a boz que chamava as gẽtes | de todas as leis senjfica a gramde
me | sericordia deJhesu cristo e agram piedade | sua com que
chama os pecadores aos | bos e sabrosos mamJares por a fomte
que | viste na m[o]mtanha omde se comvinhao * llauar todos os
que ha festa hiam de | veys deemte[m]der a samta augua do bau |
tismo domde os omẽs e as molheres sã | limpas de todos seus peca-
dos mortais * | por a gramde mõtanha deves tu deẽtem | der Jhesuu
cristo o gram mestre o allto | sennhor que por bomdade devida e
por | os gramdes mjlagres e Jmẽsas vertudes | que fazia memtes
que foy amte nos | Em este mũdo como omẽ mortall parçeo * |
sobr[e] elles tam gramde e tam allto como | as mõtanhas pareçẽ
mais gramdes | e alltas que os valles por esta Rezão | asamta agua
sechama bautismo he | bautismo naõ pode ser sem Jhesu cristo | nẽ
Jhesu cristo sem elle viste tu amom | tanha e a fomte isto quer dizer
que | tu viste Jhesuu cristo na samta augua do | bautismo e a çida-
de Riqua fermosa | e visosa domde fazia tam gramde || **[152r]**
festa e tam gramde groria * que Tu vias | deues tu emtemder por
ella o paraiso | omde os amgos e os bẽ avemturados | seruos dey-
hesu cristo fazem festa ẽ groria | e llouuor seu que durara sem
fim | aquelle que te dise que naõ emtrarias hy | por que naõ te-
llauaras na fomte senifica | que naõ podes tu nũqa * ser seruo
deJhesu | cristo nem filho da samta Jgreya ate | que naõ sejas
llauado e limpo na sãta | aguoa do bautismo e allguã cou | sa disto
que te eu fallo viste tu não | ha gram tẽpo ẽ huũ teu sonho he |
direite quall foy por que mjlhor me | creias pareciate que ẽ hus *
campos chaõs | e desertos vias huã fomte grãde | amaraujlha e
huuã serpe muj gram | de e aserpe naõ via pero boaua tãto | ata
que chegaua Ao mar Vermelho | e quamdo chegou asemtouse mais
| ao sair tu que a oulhauas maraujlhavaste * | mujto por que viste
bẽ que se mudou | ẽ hum pompo * bramco e fermoso Rey | llabell
este sonnho viste tu muj bẽ | E numqua o qujseste descobrir a
|| **[152v]** A nhũ omẽ por que cujdaste que nhũ to po | deria solltar
majs eu to solltarej | asy todo como o allto m[e]stre mo dise | por
os chaos * e desertos deves tu de | Emtemder as mas obras e gram-

des | deslealldades ẽ que viueste des que | naceste por açerpe deves deemtemder | aty mes mo que sem fallta tu es direita | memte serpe e direytamẽte Jn[e]mjgo | que tu numqa fizeste sepoucas vezes | não cousa que aprouuese anoso sennhor | Jhesu cristo e a serpe que nao * via nada | senyfica tu mesmo que es ceguo que se | tu vises nõ estarias tã gram tẽpo | Em pecado mortall como estas ha | serpe que boaua ata o mar vermelho | senyfica tu que boaras e isto quer dizer | que boaras e emtraras na samta Agua | do baut[i]smo e seras erdeiro e filho | deJhesuu cristo asy como os outros | que ao bautismo vieram por omar ver | melho que noso senhor abrio aos filhos | de Jraell quãdo os tirou depoder | de faraoo * deues de ẽtemder que per ho | bautismo os filhos de deos sam limpos * || [153r] E tolhidos das mãos do emjgo perdurabell | asi como os filhos deJraell foram libres | de farão e e llamçados por o mar verme | lho por a vermjlhão deues deemtem | der o samge que saio daquelle samto pro | feta de que te eu fallo e bẽ asy como | elle guouernou . no deserto os filhos de | Jraell . damana . ata que viriam a tera de | Promjsão asy sam abomdados e mã | tidos dedia ẽ dia nesta vida que por | direito hechamada deserto dos seruos | de Jhesu cristo do samto mamJar que lhes | durara ata que venhão atera da promjsão * que sera na groria dos samtos sem fim | esta tera lhes heprometida e a ser | pe que se mudaua ẽ forma de pombo | senjfica o mudamẽto que hera feito ẽ ty | se tu vieres ao bautismo que na quelle | seras mudado deJmjgo ẽ amjguo de | Jhesu cristo e deseruo ẽ liure que por | iso seras sollto daprisam do mortall * | espreitador aguora Rey labell te de | visey teu sonnho que Tu não qujseste | descobrir anjgem * ora podes saber | seaquelle que me ysto Mostra | se sabe cousa de tua fazemda || [153v] Aguora temostrarey que senifica A casa | escura que tu viste ẽ o sonho daguora | aquella Casa escura cheia dechoros | E llagrimas e ma senjfica o Jmferno | domde os que nao * crerẽ serão atormẽta | dos e llamcados * no dia do Juizo e na | quella casa decu[j]o pauor te espamta | vas seras tu aposemtado e Metido na | quelle dia pauoroso de tua morte * se tu | não fizeres neste mumdo por que emtres | no paraiso emtam dise ellRey e sẽ | Receber bautismo podera allgẽ emtrar na | quella gramde çidade omde eu vy fazer | agram allegria certo dise celidonis nã | pois dise ellRey eu vy na cidade huã | mjnha Jrmã que fazia allegria cõ | os outros isto te direy eu bẽ dise | Celidonis sabe que tua yrmã moreo | cristã e Reçebeo bautismo da mão | de curuque hũ yrmjtaõ que biue ẽ huã | momtanha que dizem gonaba omde | soia aver mujtas serpes a maraujlha | que matauão as gemtes maìs Ja ha | çimquo Annos que naõ v[i]ue hi nigẽ * | e sab[e]s quamdo des que te combateste | com ellRey guolias ẽtam foy bau ‖ [154r] tizada por mao * da quelle omẽ certo dise | ellRey maraujlhosa mẽte me decraras | tes meu sonho maraujlhome domde | he o senhor que vosisto descobre çerto seelle | Em poder e ẽ saber não fose mais pode | roso que todos os outros senhores nõ poderia | isto descobrir. nẽ a njgẽ * por omde | Eu me me to daquj adiamte ẽ seu | poder e outro go * uos que façais todo | o que vos acomselhou ẽtam dise celidonis | eu te direy que faras eisto me dise o allto | mestre como vasallo eu sam que perto * | daquj no mais fumdo llugar desta | momtanha ha hũ ermjtaõ deboa vida | e creriguo demjsa vamos a elle e fa | zerteas bautiçar e llauar na sãta agoa | que te eu mostrarej asi que poderas hyr | llimpo agroriosa çidade do paraiso | CAPITULO.LXXVIIJ.COMO EL REY LABEL:— | foy bautizado por mão do samto ermjtanho | Emtam pergumtou ellRey Aos seus vasalos | que estauam de Redor delle Amjgos | que vos pareçe disto que este menjno diz sondes ‖ [154v] vos outros * ẽ fazerdes asy como eu | quero fazer por que sabede que não ha | verey prazer ata que naõ seja bautizado | pois que eu poso tamto ganhar por ho | bautismo elles diserao * | que naõ seda uão | por iso nada e que naõ leyxarião sua | lley que seus padres tiueraõ senhores | dise celidonjs pois ora ficade que se | por força o fazedes Jamais vos não | prestara e vos ficaredes asy como | gemtes dos Jmjguos e como gẽte pobre | e sem siso nẽ Recado e ellRey sera erdeiro | na cidade deJhesu cristo aguora poso eu | dizer que noso senhor por asua gramde me | sericordia tirou o cordeiro damtre os lobos | que o naõ estragaram nẽ comeraõ e elles | lhe pergumtaram quẽ eraõ os loboos | vos dise elle somdes os lobos e elle he | o cordeiro e emtã ffez celidonjs ha | despir todos seus guarnjmẽtos * | e fez lhe vestir pobres panos que naõ | queria que fose amte o sãto omẽ argulhosa | mẽte mais cõ sinall de vmjlldade e de | obediẽcia e ellRey fez asi como elle | mamdou emtã separtiraõ das tẽdas | e foramse as mõtanhas e cujdarão | deseapartar dos paganos que não ‖ [155r] soubesem parte delles Mais não ho po | deram fazer que os mylhores e mais Ricos | homes da oste se foram apos ellRey tã | to que o alcamçarão a

emtrada da mom | tamha e emtam todos ētrarā ē hũ vale | e tamto
amdaraõ que amte que fose * noite | por a graca * de noso senhor
que os gujaua ha | charam a ermjta domde o ermjta[õ] moraua |
e elles chamaraõ aporta e elle que não | dormja abrelhes * e
maraujlhouse que gēte | era ou que buscauão ē tam estranho |
llugar que mujtas vezes hi avia que pasauā | mujtos Anos que
naõ avia omē nē molher | quamdo elles ētraram demtro e o
omē | bom ouujo chamar Celidonis conheçeo | que era cristaõ
e teue tam gramde a | llegria que apnas * o podera omē com |
tar e abracouho * e beyjou o mujtas | vezes e diselhe filho que
aJmda seras vaso e esteyo da direyta ffee quē te | trouxe aquj e
elle lhe dise o por | que viera quādo elle ysto ouujo ouve muita |
Alegria e dise que aqujllo faria elle | deboa mēte como fose manhā
aquella | noute fallaram demujtas cousas | E o homē bom ē sinou
a ellRey mujto | da samta ffee e os mādamētos da | samta Jgreja
emtam ellRey lhedise || **[155v]** Padre por d[eo]s que me digais
huuā visão * | que vy nõ ha mujtos dias e o homē bom | lhe dise
dizey o que he que eu vos direy | o que noso senhor nella me
mostrar senhor dise | elle amj me pareçia que me chamavā | a
demāda amte huū Riquo omē | quādo eu queria hir a elle Rogaua |
ameus amjguos que me fosē ajudar | e todos me fogiam a fora
h[ū] que me | emprestaua hū māto com que fose | omrada mēte
e outro hia comjguo a | ta huuā casa que eu naõ conheço e |
lleyxauame demtro o terceiro hia co | mjguo amte ho Riquo omē
e amos | trauame huā carta p[o]r omde eu era lliure de todas as
cousas que o Riquo | homē me demādaua asy que a paz | se
fazia amte mj e elle eu te | direy dise o omē bom que quer ser |
esta visão omāto que te ēprestauão | senjfica aquella proue veste-
dura que | ho omē lleua quamdo o soterão este he | o deradeiro
mamto e deradeiro guar | njmēto de omē e mujtas vezes o dam |
mais por Renembramça do que qua fi | qua que naõ por amor
do que vay que soterā | Eo que te [l]euaua omde tu naõ conhe-
çias || **[156r]** senjfica alinagē do morto que vay com elle | ata
coua e o leixam debaixo da tera ha | Coua se deue chamar casa
não conheçida | que nos semdo biuos não sabemos nē [co]nhe |
çemos omde acharemos e o que te fazia | companhia no preyto
e te mostraua | acarta por omde eras qujte de quāto | te o Riquo
omē demādaua senjfica | as boās obras que o omē ffaaz ē quāto |
nesta vida esta que o bē que ho omē aquy | faaz o defemde

demall e trallo a boa | cimá asy como obom preito defẽde | bẽ
seu preyto asy defemde as boas obras | a quẽ as faaz estas obras
saõ as | que vam com ho omẽ que filhos e filhas | molher e
Amjguos todas o leyxam de | pois que o metẽ debaxo da tera
ora com | vem que o que more va amte o Riquo | omẽ e gramde
Juiz quẽ lhe fara | Companhia quẽ Respomdera por elle | dequãto
fez e soube neste mũdo çerto | não leuara senaõ huã carta e
naqella * carta a vera esprito quãto ffez debẽ e de | mall e se hy
ouuer mais debẽ que demall | o bẽ tera sua Rezam de quãto
lhe demã | darẽ e o mall se for mais que obẽ oleixara | na escura
cassa do ymferno Rey labell | aguora te mostrey teu sonho
aguora || [156v] Me dis que te parese se te dise verdade | çerto
dise ellRey naõ ha omẽ no mũdo | que mo mjlhor disese seho
aquelle nõ | emsinase que chamaõ Jhesu cristo naõ | ha omẽ no
mũdo que ho emtemda asy | Como ho eu temdo * e aguora sey bẽ
| que naõ ha d[eo]s afora aquelle que vos | credes que sey
bẽ que conheçe a verdade de | todas as cousas e ameu cujdar
não | ha outro que posa saber nada selho | elle naõ mostraar
certo dise ho homẽ | bom he a verdade mujto fallarão | aquella
noute todos tres nas cousas | que a samta Jgreja pertemçião e o
homẽ [sic] | bom toda anojte naõ sesou de amo estar * | aellRey
e delhe comtar avida dos sãtos | homẽs que por amor de Jhesu
cristo sofrerã | gramdes trabalhos e ellRey choraua | com sabor
do que lhe ouuja dizer por | amanha * tamto que ho omẽ bom dise
suas | matinas fez cauar huã pedra e ha | limpalla e metella demtro
ẽ sua | capella e fella ẽcher dagua e ha | ellRey desnudarse e
meter demtro | e bautisouo e fezlhes todas as | çerimonjas da
samta Jgreja as[y] | como comvinha mais o nome nã lhe || [157r]
Mudou por que lhe pareço * fermoso e quãdo | ellRey foy bauti-
zado ho omẽ bom chamou | os outros que foram com elle e diselhes
| sequeriao * faazer Como ellRey fizera | e elle[s] diserao * que
naõ trocarião sua lley | Eu me sofr[i]rey dise o omẽ bom e ẽtã
se | vestio ellRey de hus * pannos bramcos | que lhe deu o
ermjtaõ e depois que foy | vestido dise ellRey a celidonjs amigo |
que amorte * do corpo me tyrastes ora vos digo | que seja bem
vjmda quãdo quer que venha que | Eu conheco * que ẽmẽdey
ẽ mj tãto que omẽ | mortall naõ poderia dizer e pareçeme |
verdadeira mẽte que eu sam Ja na quella mesma | cidade omde
eu vy fazer agram festa | domde me de fẽderaõ que naõ ẽtrase

por | que me naõ ll[a]uara na fomte ẽtã dise | ellRey aos que
vierã cõ elle amjgos vos | que me fizestes companhia na mjnha |
ma vida pois que vos nesta ẽ que eu ora | sam | que he comprida *
detodo bẽ e de verdade | me não queredes fazer companhia |
Eu vos deixo pera sempre asy que nũca | vos terey por vasalos
nẽ por amjgos | jdevos daquj que Jamais nõ ẽtrarey omde | souber
que vos somdes elles isto ouujraõ | ouveram gram pesar e chora-
raõ e fizeraõ || [157v] gram pramto * e diserão que toda sua
fazẽda | era perdida quãdo seu senhor era tornado ha | ley dos
cristaos * e sairamse da casa e tomarã | comselho que poderião
fazer que ẽ tall gujsa | naõ querião lleyxar seu s[e]n[h]or amtre
aque | lles que o emganarão e ja elle diserao * eles | isto naõ
leyxara por cousa do mũdo mas | aquelle que lhe isto fez fazer
o comprara | crara mẽte ẽtaõ tornarão aermjda | e premderaõ
celidonjs amall grado delrey | e elle o defemdia a todo seu Poder
e mais | o defemdera mais elle lhe dise Rey | labell nõ tespamtes
do que me fazẽ mais | fica aquj com este omẽ bom que te dara
cõ | selho como vas a teu salluador e se teus | vasalos me llevão
nõ mespãto que aqele | ẽ cujo serujco * eu emtrey meguardara |
e defemdera delles e de todo perygo | ellRey ficou na ermjda por
cõselho de | celidonjs e por amanha * foy morto * e foise | aseu
deos e fez noso s[enh]or depois por elle | mujtos mjllagres do que
a estoria se | calla por que naõ pertemçe aella mays | pertemçe
aestoria dellRey de persia e dis | aestoria que depois que os
caualeiros dellRey | labell prẽderao * celidonjs o leuarão has |
temdas e tãto que os da companhia delrey | souberao * que era
cristaõ fizerão muy | gram prãto asj como se fose [m]orto he ||
[162r] * quamdo viram que all não podia fazer e que | a causa do
seu pramto tinhaõ ẽ poder di | seram que se vimgasẽ delle
ẽtam praticarão | mujtas maneiras de tromẽtos pera o matarẽ mais |
naõ sepodião todos Acordar ẽ huã cousa | tamto estiueraõ ate
que huũ parẽte dellRey | labell lhes dise eu vos emsinarey como |
vos vimgaredes delle sẽ por nelle mão mj | lhor que se amte vos
omatases tomade o e me | tedeo ẽ huã barqua * soo sẽ Remo
nẽ outra | cousa e leyxadeo hir por o mar e se com | ysto nõ
more ata manhã Jamais omẽ | cristão naõ podera morer e aymda
vos digo | mais como seremos mais seguros desua | morte mãdemos
dẽtro cõ elle aquelle | lliam que denoite tomamos por que tamto |
que tyuer fame llogo o comera todos ẽtã | seacordarã nysto ẽtam

meterão o lião | na barca * e o menino cõ elle quã do celidonis |
se vio meter cõ aqella besta tã gramde he | tam desemelhada
ffez sobre sy o synall | dacruz e ẽcomẽdouse anoso senhor e tor-
nose * aqelles que ho hi meterão e diselhes gẽte | maldita e
abesa amj cujdais vos matar | Em tall maneira eu escaparey se-
prouver | a meu saluador mais vos todos sereis per | didos tãto
que no mar ẽtrardes e esto sey | Eu bem e sede seguros tornaredes
ha || [162v] Persia domde vos tirou ellRey labell e o mar | omde
por me matar me metestes ese vos | soruera e nelle moreredes e
Jredes aoym | ferno e a tenebro sa casa domde ha toda dor |
e to da lazeira e na quella casa não em | trara ellRey labell que
[p]or asãta ffee se | tirou della amtes emtrara na samta | casa
que chamaõ paraiso e sabedes qãdo * | ysto sera amanha *
por que sabede ver | dadeira mẽte que amanha * sera morto |
CAPITULO.LXXIX DE COMO CILIDONES SẼDO:- | metido
nabarqua cõ o liam achou seu padre | e depois acharam ellRey
mordaỹ * e das grã | des cousas que pasarão e como naserão
foy | ferido por ho am[g]o * | Emtam deu o vẽto na barca * e
alomgoua tã | to da Ribeira que os outros nõ apoderã ver | asi
amdou tres dias que nũqa o lião ho to | cou nẽ lhe fez mall ou
por que era besta e | se espamtaua do mar ou por agraça do
senhor | deos e aesta nos teremos mais ao quarto * dia | acom-
teceo que achou no mejo do mar ha | fermosa naõ * domde o
leito e espada era * | mujto aoulhou celidonjs e acomteçeo | que
abarqua se chegou ao bordo danao | e o minjno que sabia ller
letras de muitas | maneiras vio as letras do bordo e ẽtemdeo | o
que deziam e emtrou na nao e leixou ho || [158r] * llyam na barqua
e quãdo elle vio o lleito | tam Riquo e a coroa e os paos espada
mara | vilhouse mujto e oulhou bẽ todo que nũqa | vira cousa
com que mais follgase e tãto | sabor auja de olhar que todo o dia
não lhe alẽ | brou outra cousa ata que veyo anojte ẽtã | veyo ao
bordo e nõ vio abarqua nẽ o llião e | pesoulhe muito que tynha
diso comforto e oulhou | per todo o mar que podia deujsar seavia
mais | naõ aujo e emtaõ se deytou a dormjr sobre | huã tavoa
bramca como aquelle que senão | ousaua deytar no leyto ea dor-
meçeo llogo | do trabalho e cãcação * dos dias pasados | toda
anoute o menjno dormjo por ha | manhã acordou e foyse ao
bordo da | nao e oulhou e vio que ha portara amte huã ymsolla
e na tera vio hũ omẽ que | [J]azia * dormjdo e deçeo da nao e foy

a | elle e oulhou bẽ e conheçeo que era seu | pay naserão e
ouve taõ gramde prazer | que ja de maior não se poderia comtaar
| e muj paso o acordou e elle a cordou | como espamtado e abrio
os os * olhos e | vio o menjno e erguese * asinha e deitolhe * | os
bracos * no pescoso comẽcou * deo beyJaar | choramdo cõ
mujta alegria e piedade | e diselhe fjlho quẽ te trouxe a esta
Jmsola | que tamto he llomge de gemte e de tera || [158v] Avi-
tada elle lhe Mostrou anao ẽ que | viera e naseraõ dise que Ja
outra ves vira | aquella nao gramde allegria teue o pay | com o
filho e o filho com o pay e naseraõ | lhe pergũtou como escapara
da prisão | de callafer e elle lhe dise todo e como fora | leixado
amte a pena domde ellrey lambell | aportara cõ sua gemte por
atormẽta do mar | que ho hi dejtara depois lhe comtou os sonhos |
dellRey lambell e suas senjficamças he | como ellRey labell Rece-
bera a ffee por o que | noso senhor ẽ sonhos lhe mostrara e
depois | lhe comtou por quãto pasara quãdo nase[r]ão | ysto
ouujo deu graças anoso s[enh]or que tam boa | fim daria Atodas
as cousas ẽtaõ separtirã | da Jmsolla e emtrarã nanao e quãdo |
foy ora de terça aleuãtouse o vẽto e ha | tormẽta muj gramde e
forte tãto que não | auja quẽ nõ ouvese delle pauor o vẽto | era
muj gramde e ferio nanao eha | llomgoua ẽ pouco espaço tãto
que hos | que eraõ na nao não vião aymsola nẽ tera | perto nẽ
llomge ẽtaõ deraõ graaças | anoso senhor por quãto lhes faziã
he | fizeram sua oraçam omjlhor que souberaõ | tres dias durou
a tormẽta tãto que forã | em pauor de morte e naõ tynhaõ olho ||
[159r] Senão quãdo anao se trestornaria o debaxo | pera sima ao
quarto dia acomteçeo que ho vẽto | sesou e o mar ficou mãço e
elles foram | muj alegres ẽ tam oulharaõ amte sy e | viram huã
ymsola pequena e na ymsola | estaua hũ castello que pareçia
fermoso | majs não poderão saber ẽ que tera aquella | Jmsola era
do que foram espamtados que ha | viam medo decairẽ ẽ mas
maõs elles | aportaram na ymsola e ouujrão demtro | soar huã
bozina senhor dise celidonjs aseu | padre gemte a aquj e elles
ẽtaõ virão | sajr do castello hũ gigãte o major e mais | desemelhado
de que nũqa ouujraõ fallar | E quãdo os vio deulhes bozes
ẽ mao põto | aportastes na mjnha ymsolla sẽ meu | mamdado e
por iso vos moreredes qãdo | nas[ci]ão vio vir o gigamte tã
gramde | E tam espãtoso não soube que fizese | que não tynha
armas com que sedefemde[se] * | e oulhou e tam coitado se vio

que não | poderia ser mais por que o gigãte traba | lhaua por emtrar na nao e quãdo naserão | vio que naõ tinha cõ que se defemder | com pauor da morte * foy tomar a Riqua | espada e tiroua da vaynha tã fermosa | e tam Riqua que numqa vira armaa ||
[159v] que tamto prezase e por aesperamça da | gramde bomdade que cujdou que nella | avia ergueoa e comẽcoua [sic] dea bramdir | mais ao bramdir não sey se foy por mall | dade daespada ou por sanha denoso senhor | comtra naserão quebrou aespada pello | meyo e ajmda mais comtra apomta asj | que apomta que quebrou cayo sobre o lejto | e o punho com o mais lhe ficou na | maõ quãdo naserão vio esta avẽtura | foy muj espamtado e dise por deos ha | quj ha amaior maraujlha que eu nũqa | vy emtã pos sobr[e] o lle[j]to o que | lhe ficou da espada e dise que | m]e]tia seu corpo e o deseu filho | so guarda dedeos Comtra aquella | fera besta que asy vinha abiuada cõtra | elles ẽtam deçeo danão e dise | senhor pa dre Jhesuu cristo sede | meu de femdedor Eajudador | comtra esta ma besta ẽtam | salltou na Ribeyra e oulhou | aseus peys e vyo huã espada | muj talhadora que por ha vem | tura os do Castello hy deixarã || **[160r]** E tomoua e foy com ella muj lledo e | foy comtra o gigamte e ferio o | por meyo das espalldas cõ tamta | força que a espa da saio da[o]utra | parte e quamdo o gigamte ffoy | asy ferido cayo morto em tera | damdo muj gramdes bradoõs | quamdo naserão vyo que naõ avia | mays que se guardaar não qujs jr | ao castello por que cujdou que nelle | Auja gemte maa e tornouse ha | nao e emtrou demtro e av[e]jolhe | tam bem que ho vemto ferio na nao | asy que ha pouca deora perdeo ha | Jmsolla de vista quãdo naserão | vio que escapara do Jaiam tornouse | aespada quebrada e comemçou ha | deoulhar e dise asy mesmo taõ | allto que ho ouujo celidonjs asy es | pada tu es ha cousa do mumdo | que eu mais prezey afora somẽte | o samto vazo que chamão o samto | greall e pareceme que peqey por | que me faleçeste quamdo me || **[160v]** Serias mays mjster eu me mara | vilho que pode [i]sto ser senhor | dise celidonjs sabede que ysto | não foy por mall da de daespada | mais por o gramde pecado ẽ que es | tais e foy por a vomtade denoso | senhor Em quamto falaram nesta | avemtura viram vir por ho mar | huã nao e dise celidonjs aseu | padre aquella nao vẽ anos agora | averemos novas deos mamde que sejã | boas asi seja dise naserão e ẽtã | to as naõs sechegaram

que bem sepodiam conhecer hũs aos outros | seJemtes que se
conheçerẽ viesẽ nelas | naserão veyo ao bordo danao | Eujo na
proa daoutra ellRey mordaim que estaua mujto cuy | damdo e
estaua esperamdo a | vemtura que lhe deos qujsese | dar quamdo
naserão o vio e ho | conheçeo deu bozes senhor deos bemto |
sejades vos ellRey leyxou decujdar | E ujo naserão e ouve tam
gramde || [161r] allegria que lhe não pode fallar | nada e ellRey
salltou na nao dena | serão que Ja sea costara asua he | lamçoulhe
os bracos * no pescoso e beijou o | mais deçem vezes e diselhe
senhor e ha | mjguo como vos foy depois que eu de | vos me
party ou quall a vẽtura vos | trouxe aquy naserão que muj lledo |
era deo achar lhe comtou os tra | balhos que so frera depois que
sedelle partira e como foj na prisão deca | lla fer e isto foy por
que os datera | me punhaõ que vos matara depois lhe | comtou
como avertude e piedade de | Jhesuu cristo o tirara dally e como
em | huã nuve foy leuado ahuã Jmsola | tam forte e espamtosa
que anaõ | vio omẽ tall mays que não sabia como | avia nome
e depois lhe comtou como | a nao viera a Ribeira domde elle es |
taua e como sobio nella e por huũã [sic] pallaura que dise sea
chara no mar * | E como o omẽ lhe sinjficara ase | njficamça da
nao depois lhe | comtou quamto lhe acomteçera depois || [161v]
que lhe teue todo comtado per gumtoulhe | ellRey quall lhe
pareçya maior | maraujlha de quamtas lhe acomte | çerao * çerto
dise naserão quebraar | esta espada que por maldade dela | não
quebrou mais foy allguã | senyficamça denoso senhor Jhesuu cristo
| çerto dise ellRey bem pode ser e em | tam foy ver a espada
e oulhou a | dise çerto espada vos sois mara | vilhosa de ver e
sabrosa deolhar | qua vos somdes mjlhor e mais fer | mosa que
outra espada e em tam | tomou ellRey o punho ẽ huã mão | Ea
pomta ẽ outra e aJumtou hũ | aço com outro e naquele aJumta |
memto acomteçeo tall maraujlha | e aventura que llogo se aJum-
tou hũ | com outro e teuese taõ firme mẽ | te como se nũqua
fora quebrada | quamdo isto vio naserão dise por | boa ffee mujto
hepoderosa e mara | vilhosa avertude deJhesuu cristo que | esta
espada que tam ligeyramẽte | quebrou tam ligeira mẽte fes
um || [163r] * Aguora podeis ver esta espada sã | E emtam a
meteo ellRey na bainha | domde a tirara naserão depois disto |
ouujram huũ som Como de trouão do | que foram espamtados e
lloguo | ouujram huã voz que lhes dise saide | daquy cristaos *

qua vos caistes ẽ pe | cado tamto que ellRey isto o[u]ujo saio | danao e emtrou nasua e celidonis | com elle naserão que foy huũ pouquo | mais prigisoso ficou na nao emtam | veyo huũa espada que pareçia que dey | taua chamas e ferio ẽ aespadoa direyta e ffez huũa gramde ferida | asy que cayo de foçinhos dẽtro | na outra nao e ouujrão huũa boz | que dise esta he a ujmgamça do torto | que fizeste ẽ tirar aespada que tu | naõ eras dino de tirar ora te | guarda outra vez deerares ateu | sennhor deos ellRey e naserão emtem | deram bem a voz mais naserão foy | tam duramemte chagado que | Caio no cham asy como morto * | Eho samge selhe hia mujto he || [163v] E * sobeja mẽte e ellRey foy aelle | e ergeo o e asemtouse apar delle fa | zemdo gramde pramto que mujto duujda | va desua vida cujdamdo que demorte | era ferido quamdo naserão tornou | Em sua força e pode fallar vjo | chorar ellRey e dise ay senhor que | fazedes nao * deuedes dechorar mais | ser lledo que hora podedes ssaber | que noso sennhor me preza e me ama | pois me castigua e me ffaaz co | nheçer meu pecado aguora ho deuo | eu amar e homrar e agra- deçer lho | Como apadre que eu vejo que elle | me castigua Como filho isto | ysto * dezia naserão he por que | Era ferido numqa ffez a mostra | que lhe pesaua mais Como omẽ | Com- prido depaçiemçia he de | vmjlldade so freo adoor da | chagua memtes lhe durou | Easy amdaram quatro diaas | mais aguora os leyxa aestoria | amdar na nao por o mar e torna | a fallar dos memsaJeyroos | que sargoçimta a Rainnha | mamdou embusca denaserão || [164r] CAP[ITULO] LXXX DO QUE ACÕTEÇEO:- | aos mem sa geyros * que a Raynha | sarguoçimta mamdou buscar | a seu Jrmmão nasçiam * | Aguora diz a estore * que depois que [o]s | memsageiros separtyram de sua senhora | a Raynha sarguoçimta pera bus | carem seu Jrmão nasçião como avedes | ouvydo que amdarão muytas teras | de hũu cabo pera outro asy como hos ha | vemtura querya llevar e por cada | lluguar por homde hyam pergumtauão | por nasçiam mas não achavam quem | lhes disese nada e fforam muy coy | tados que Ja amdaram muytas teras | estranhas asy de pagaõs como doutras | gemtes e deziam que pois não acha | vam nnada que de ballde sayram de | sua tera e cuydaram de nnumqua | acharem nnovas e acomteçeo que huũa | noytee se aposemtaram em casa | de huũ Jmfamção homem bõo e pyadoso | ao serão de pois quue

comerão pergum | toulhes ho Jmffamçam domde erão | e domde
vynham hou domde hyam | e elles lhe diserãa que eram de sarra[t]
| e amdavam buscam do seu sennhor | que havia nnome nasçião
que se perdeo || **[164v]** Por a mays maravylhosa avemtura | que
ouvystes dizer como dise o Jmfãção | soudes boõs cristãos sy
verdadeyramẽte | Elles como fostes taõ housados | que emtraste
amtre hos paganos | que vos desamam mortallmẽte e | soudes
comtrayros anosa lley | e annosa ffee sennhor dise hũu delles | a
penna de acharemos * o quue demã damos nos fez qua emtrar
que não | sabemos sehe amtre cristãaos | se amtre paganos e por
yso am | damos amtre huũs e amtre hos | outros pera sabermos
se deos nos lleva | ra homde ho achemos vyr des am | tre nos
dise ho hos pede ffoy ou | sadia e atrevymẽto e cuydo | que nnõ
vos achareis diso bem am | te que deam tre nos vos aparteys |
Elles diseram que nom sabyam que | ffizesem aquella noyte fforam
os | memsageyros muy bem pe[m]sados | e bem seruydos e ouve-
ram ẽ syma | dos mamJares quue comeram muitas espeçias |
que muyto eraa atera avomdada diso | e seme pergumtasem ẽ que
tera dyr | lheey que no egipto naçi da de de cõtha [sic] | da quella
çidade foy naturall | all pãa asamta dona aquella noyte | dormyrãa
ẽ boãs camas que lheho | hospede mamdou fazer ẽ huuũ | delles
que era mays moço vyo huũ | sonho o tall pareçia lhe que Josep
|| **[165r]** [a]barymatia lhe dezia que vas tu bus | camdo sennhor
dezia elle busco nasçiã | que se perdeo por muy maravylhosa ha |
vemtura e elle lhe dise cuydas tuu | de o achar senhor dise ele
nom sey | hom de ho posa achar nesta tera dise | elle nom hacharas
que nom he nella | mas erguate e vem comyguo que eu | to mos-
trarey ẽtaõ hya com elle ata | que sobyram a huuã gramde mõta
| nha que numqua tam allta a vio que era | tam allta que bem
podyam della | ver todas as teras homde gemtes | morasem e todos
hos mares por | homde barcas coresem Josep lhe | pergumtou que
ves tu senhor dise elle vejo todas as teras que sam | Pouoadas e
todas has aguoas que | podem Reçeber barcas e Josep | lhe mos-
trou lloguo huuã não que | Era no mar de greçia e diselhe | ves
tuu a quella não pois nella | ãda teu senhor em companhya | que
muyto ama em tão se partio | delle Josep que nom soube delle |
Parte por amanhãa quamdo acor | dou amtes que se dally partise
dy | se o mãçebo aos cõpanheyros | seu sonho asy como lhe acom |
teçera quamdo elles o ouvyrão | foram muy lledos e diseram que

Ja | naõ es que çeram * a noso senhor quamdo | Josep seu seruo lhes mostrara ‖ **[165v]** homde poderyam achar seu senhor e | que dizedes vos a esto dise ho mã | çebo não ha outra coussa diserã | elles senão hyrmos quamto pu | dermos comtra ho mar de greçia | e allu guaremos huũa não e amda | remos tamto por ho mar ate que | deos nos dee vemtura de acharmos | nosso senhor nysto seacordarã | todos çimquo e des p[e]dyramse | deseu ospede e elle lhes dise | amyguos eu vos avysso ea | comselho que não vos façades | conheçer que soudes cristãos homde | quer que fordes que eu vos di guo | verdadeyramẽte que se ho sabẽ | naõ escaparedes sem morte que esta hea tera homde mays mor | tall mẽte hos deshamãa e elles | diseram que se emcobreriam | ho mays que pudesem ẽ tall guys[a] | se partyram hos mem sa geyros | e cavallguarã a graã traba | lho por que era a quemtura tãta | que hos mays dos homẽes ãdavam | nus que era no[s] m[ẽ]s * da guosto | a quelle dia que partyram foy | a quemtura tam forte e taã | brava que moreo hũu dos çimquo | companheyros de quemtura | e de sede e trabalho e sotera | ram no na mylhor | çidade do | e[g]ipto que ha nome allexamdria ‖ **[166r]** A dous dyas se partiram desta | Çidade e amdaram tamto por suas | [J]ornadas que vyeram ao mar e a | charam huũã não na Ribeyra | delle que ha portara hy novamẽte | e Jaziam nella ata duzemtos | homẽs mortos e emtraram dem | tro por ver o que era mas na não ea | charam de bayxo dehuũa tauoa | huũa domzella que sehy escomdera | e tomaram na e tyraram na fora | e Roguaram lhe que lhes comta | se no vas das mortes da quelles | homeẽs por que moreram ou quem hos | matara seme vos segurardes | que não moura eu vos direy a ver | dade e elles diseram que naõ o | uvese medo que nõ lhe farião | Coussa com que lhe pezase sa | be de diseella queestes homẽes | mortos sam da çidade de babel | e eram homẽes dell Rey mellyão | que foy meu padre e acomteçeo que | ell Rey mellyão dise que querya | hyr a syrya ver huũ seu filho | que hy tinha e era senhor dehuuã | parte da quella tera e quãdo | foy no mar com gram poder de | gemte ellRey de tarsya que o | desamava mortall mẽte e | dellom guo tempo soubecomo | hya ao Reyno de syrya por | mar e mamdou ẽtam por seus ‖ **[166v]** Caualleyros e gemte quamta | pode e emtrou em nãos e foy | sobre meu padre que hya per amte | huũ seu castello que estaua sobre | ho mar ally seajumta ram as | naõs e a batalha foy começa da dos nossos

e dos de tarsya | asy que a pouco de ora foy a mor | te a tam
gramde que eu vy que de | huũa parte e da outra ẽ menos | de
huã ora do dia mais de myll | homẽs mortos e nõ avia hy tall | que
nom fose tido por muj bom ca | valleyro mas a quelles detar | sya
que eram mays vezados as | armas e sofrer trabalhos | e eram mays
feryram nos por | todas partes asy que ell Rey | meu padre foy
morto e todos | hos outros que nhuũ não escapou | e dey taram
ameu padre e todos | hos outros no mar e amỹ quyse | ram me
matar mas por que me vy | ram domzella deyxaram me | com
estoutros mortos agora | vos dise ver dade do que me per | gum-
tastes elles diseram | que a batalha não ffora descar | neo que bem
o vyam por verdade | por os mortos que eraõ na não | ẽ tam
tomaram comselho | que poderiam fazer que a quella | não a viam
elles myster eu vos || **[167r]** dyrey dise huũ delles que podemos |
fazer por que estes que aquy Ja | zem mortos sam ffeytos a nosa
| semelhamça ea nossa fegura | aJmda que naõ fosem cristãos
como | nos de vemos aver all guũa py | adade delles e não hos
lleyxe | mos comer as bestas feras mas | soteremollos e depois que a
não | for despejada buscaremos mes | tre pera a não e marynheyros
| que nos guyem homde nos deos quy | ser guyar todos se acor-
dará | nysto e o tiuerã por bem ẽ tam | buscaram por dare dor
gemte | e acharam na e prometeramlhes | premyo que os ajuda
sem e vyerã | a não eamtes que a noyte viese | foram todos sote-
rados e pose | ram homde os soteraram huuã | gramde pedra mar-
mor chãa | e fizerã nella por lletras que | deziam asy aquy jazem
os de | lla bell que hos de tarsya mata | ram e os fizeram soterar
por | que eram homẽs os memsa geyros | que buscavam nasçião
aquellas | lletras fizeram fazer os de sa | rra[c] ally homde fforam
sote | rados hos de babell [sic] pera que quã | tos por hy pasasem
saberem | como ffoy e de pois que ysto foy | ffeyto pergumtarã a
domzella || **[167v]** que ffaria não sey dise ella que saõ | ffora de
mynha tera e em tera | estranha homde me não conhe | çem nem
faram nada por mym | mas por deos e por mesura comse | lhademe
que ffaça que nõ sey de mj | Com selho tomar ẽ taõ come | çou
muy fer a mẽte achorar | quamdo a vyram chorar ou | veram della
pyadade e acom | selharamse e diseram quue | faryam bem dea
llevarem cõ | syguo ataa que hachasem | seu senhor e que affizesem
cristãa | aquelle comselho tyuerãa | por bom e diseram a domzella
| que hallevaryam comsyguo | se quysese em guysa que de pe |

sar nem de vyllanya se nõ te | mese delles nem de outrem | ẽ mẽtes que elles a podesem de ffemder quamdo ella jsto ou | vyo comechou de chorar e | deytouse aseus pẽes e dise que | se metia em sua mesu[r]a e eles | diseram que lhes faryam todo | bem que podesem ẽ taõ per | gumtaram na tera por homẽ | que soubese guyar ha naao e | nõ ho acharam do que ouverã | gram pesar a quella soo noyte | guarneçeram ha naao de quãto || **[168r]** Ouveram myster pera naveguar e | depois deytarã se na naao a quall | avyam avella estemdida que não | fora amaynada des que aportara | na praya e acomteçeo que ha mea | noyte deu o vemto na naao ẽ tall | maneyra que quamdo veyo por | amanham seacharam no allto | mar de maneyra que de nhuũa | parte vyam tera e ouveram | graõ pauor de hũa d[e] huũa parte | por que eram sem guyador e da | outra por que vyam as homdas do | mar muy gramdes que ho maar | não era mamso mas amtes era | brauo por o vemto que era muy | gramde e anãao coria por meio | das homdas como esmerilham | ffamỹto depos sua presa quãdo | se vyram ẽ tall peryguo que cui | daram que se por deos não poderiã | Escapar de morte fimcarã | hos g[y]lhos * na naao e pedyram | a deos m[ẽ]rçee que hos tirase daque | lle peryguo e os llevase com | sallvaçã a porto seguro em | tall pauor que numqua comerã | nem beberam fforam tres dias | tam to coreram aquelles tres | dias que se faziam muy allom | guados de tera e asy era na | verdade por que a naao coria taõ || **[168v]** velloz como se todos hos vemtos do | mũdo com ella ffosem ao quarto | dia a ora de prima acom teçe lhes | huũa gramde desdita que a naao | chegou a huuã Jm solla allta | e gramde e chea de penas | e anaao se deyxou hyr a ella | quamto o vemto a podia llevar | e com a vella chea feryo tam | Riguo na pena que foy britada | ẽ mais de çem partes e ally | seaffoguarã hos dous memsa | geyros e os outros dous esca | param e a domzella hia por as | homdas do mar e quamdo vyo | hos dous que escaparã pedio | lhes merçe por amor da quelle | [s]ennhor cuJa lley tinhã que ha | Judassem a sayr da quelle pe | ryguo huũ dos dous ouve grã | piedade della e ffoy nadamdo | a ella e por fforça a trouxea | pena e quamdo ffoy nella cõ | a domzella a gradeçeo muyto | a deos de todo seu coraçam que ha | sy o tyrara de peryguo de mor | te domde ffora tam perto ẽ tall | maneyra como ouvystes se per | deram hos tres memsageyros | que hyam ẽ busca de nasçiam e os | dous que ficaram com a domzella | ffilha dell Rey mellyã quamdo | vyram como seaviam perdido || **[169r]** fforam ẽ muy gram penna por quue | se viam ẽ llug[u]ar estranho e a | llom guado de gemte ẽ tall ma | neyra que aJmda que desem todo | ho ouro do mũdo nom achariã | cousa pera comerem e Jsto era | o que mays os apesaua e vyam | que emtam estranho lluguar | nom podiam escapar de nom se | rem mortos se nosso senhor lhes | nom acorese e pediram lhes | merçe com choros e com llagri | mas e muytas vezes deziã com | choros e com llagrymas senhor | por tua gram pyadade mete | mẽtes ẽ nos neste periguo ẽ | que somos vysyta nos e comfor | ta nos asy que não posamos [ca] | yr ẽ deses- peramça ca nem em | pecado mortall nẽ por emga | no nem por expreytamẽto do | Jmyguo e se nos senhor mamdares | tem taçã por nos ẽ synares | ou por nos provares por tua py | adade da nos poder e força | pera nos podermos sofrer de ma | neyra que por quallquer penaa | que hos corpos aquy soffram as | allmas naõ percã a perduravel | glloria pera que fforam cryadas | quamdo destes catiuos cor | pos partyrem estas oraçoes * | e estes Rogos ffaziam hos || **[169v]** Memsageyros Muyto ameude que | tinham por duvida de esqueçẽre | a nosso senhor e a quella avem | tura a domzella horaua mujto | e mall dezia sua vemtura | que asy atra- zia de mall em py | or e elles acomffortavam | muyto e deziam lhe que nom cho | rase nem seacoytase que nõ | esqueçeria anoso senhor Jhesuu | cristoo ẽ que elles eram amte nos | dara diseram elles comforto | mays çedo do que vos cuydades ẽ | tam lhes pergumtou ela a verda | de de sua cremça e elles lhe | diseram o que apremderam dela | por a boca de Josep e dos outros | prelados da samta Jgreya | [e] ffizeram lhe crer que a quelle | a quem elles cryam tinha tall | poder que sobre quall quer perigo | acore aquelles que sam seus ser | uos com tamto que ho syruuã * como | a samta esp[ri]tura mamda por | boã fee diseella pois que elle | tall he e tam poderosso como | voz dizedes eu lhe prometo de | coração que se me elle neste | peryguo acore asy que eu delle | escape sam e vyua que eu me tor | ne a sua lley e lleyxarey ha | mynha e cre- crerey * como me mã | darem seus preguadores dom | zella dise- ram elles ora pois || **[170r]** que Asy he crede verdadeyramẽte que | elle nos acorera mays azinha | do que ffizera selhe nom fize | reys esta promesa em tall | maneyra esperaram ata a ma | nhãa muy fracos como aquelles | que avya tres dias que nom comerã | e nom aviam douto de soffrer | tall trabalho quamdo se veio | chegamdo a noyte fforam cõ | tra a pena e vyrã huũ muro | velho e am tiguo dehuuã ca | sa q*ue* por gram or gulho ffora | hy ffeyta e era Jaa deRiba | da empero aJmda avia nela | lluguar p*er*a seacolherem çi | mquo ou seis homẽes e fforam | se p*er*a ella q*ue* diseram q*ue* my | lh or seagazalhariam nella | por amor do vemto que naa | Ribeyra homde todo o dia es | tiuerã e quãdo a casa chegarã era | Jaa noyte escura | CAP[ITULO].LXXXI DE COMO OS — | memsageiros darainha acharam na im | sola asepultura Deipocras | toda a noyte ally forã os memsagey | ros asaz desacomselhados | e muy Espamtados q*ue* haviã || **[170v]** Pauor de nosso se*n*hor hos desem | parar na q*ue*lla pena e na | q*ue*lla noyte dormyã elles | muy pouco Como aquelles que | não sesauão de cujdar que nõ | tinham domde aver socoro | selhes nom vyese da graça de | noso se*n*hor e muyto lhe Roga | ram q*ue* hos vyese comffortar | e vysytar por amanham tã | to que ffoy de dia de pois que | ffizeram suas horacoes * se | hergueram e diseram que | q*ue*ryam hyr ver q*ue* havia dem | tro tras aquelle muro e fo | ra * asyma com tra a penaa | e acharam huuã emtrada | por homde ẽtravam demtro | esta emtrada era de mar | mor vermelh[o] e era tam | Riqua e tam fermosa q*ue* ha | douro a poderya ora homem | ffazer tall nem de Riq*ue*za | nem de belldade e emtrãra demtro e oulharam dehuã | parte e daoutra e bem vy | ram q*ue* em allguũ tempo | houvera hy cassa tam | ffermossa e tam Riqua | Como seomays poderoso | homẽ do mũdo a fizera p*er*a || **[171r]** Asy que avia hy marmores labra | dos de obra maravilhosa deou | ro e de prata p*er* tall mestrya | como se ffose feyto por em | camta mẽto e em syma da | q*ue*lla casa de bajxo dehuũ arco | dabobada avia huũ lleyto omais | ffermosso q*ue* nũqua homẽ vio | por q*ue* todos hos quatro pees erã | hobrados de ou[r]o fino e pe | dras preçiosas muy sotillmẽte | obrados e todo o mais do llejto | q*ue* avia de ser de pão era demar | fill compasado e feyto por | gram sotilleza asy que muj tos | homẽs o poderiam ver que o teriã | por sonho e no lleyto avia huuã | sepolltura muy maravylhosa | mẽte obrada e comtra a cabeçej | ra tinha huãs lletras es |crytas em greguo q*ue* deziam ha | quy Jaz y pocras o mestre dos | ffisyquos que por em gano de | sua molher tomou morte e | trouxeo aquy amtonyo Rey de persya quamdo elles vyram as | lletras fallarã muito e diserã | muytas vezes ouujmos nos fallar | de ypocras e oulharam a casa | de huuã parte e da outra e | vyram tamtas Riquezas q*ue* Jaa | com o tempo eram des feytas || **[171v]** q*ue* dyseram q*ue* bem cuydavam q*ue* ha | lly ffora a mais Riquua cassa do | mũdo que a Riqueza que aJmda hy | Era naõ poderia nhuũ Rej senõ ffose muy Riquo compralla mas a | guora lleyxaa estorea de fallar | dos memsageyros por comtar | da cassa como ffoy Riquamẽte | ffeyta e quem a fez e como ca | yo verdade ffoy diz aestorea | q*ue* todos hos fillosofõs outor | guam e comfesam q*ue* hypocras | ffoy omayor e mais sesudo da | arte da fysyqua q*ue* outro quee | Em seu tempo ffose e nyso | se trabalhase e muyto tempo | viueo q*ue* nom ffoy nomeado | mas por huuã cousa q*ue* fez ẽ | Roma ffoy asy provado quue | sempre ffoy nomeado na all | ta nomeado * dos fillosofos | chamaram no o mayor mẽte * | dos ffisyquos e dirnos * ey | Como ysto acomteçeo | CAP*IT*ULO. LXXXIJ. COMO IPO | cras veyo a Roma e do | que nella lhe acomteçeo || **[172r]** Verdade ffoy quee no tempo de | aguosto çesar em pera dor vejo | ypocras a Roma e na quelle tem | po q*ue* naçidade emtrou vio em | Cada cassa fazer tam gram | de pramto como se todos tiue | sem seus ffilhos mortos di | amte sy e maravylhouse | e pergumtou a huũ menyno q*ue* | lhe disese por quue faziam tall | pramto çerto dise o menyno | Nos ho fazemos por hũu sobrj | nho do emperador q*ue* anoyte es | tava são e aguora he morto | e era tam bom e de tam boãas | manhas q*ue* toda Roma tem | tall pesar quall vos vedes he | homde Jaaz ho corpo dise hy | pocras no paço do emperador | dise ho menyno quamdo elle | ysto ouvio partise * delle e | Cuydou se poderia chegar | amtes q*ue* aallma separtise | delle e bem cuydou por seu | saber e mestria q*ue* ho ffaria | sam e emtão se ffoy com | tra ho paço e quamdo ffoy de | mtro ffoy empuxamdo hũus | e outros ataa q*ue* chegou || **[172v]** ao corpo e quamdo chegou | tocou ho ally domde emtemdeo | q*ue* mais asynha saberia a ver | dade de sua morte homde * sua | Vida e acomteçeo q*ue* tamto | q*ue* aelle chegou conheçeo v*er* | dad*e*iramẽte q*ue* aallma era | nelle e ẽ taõ lhe abrio ha | boca e lhe deytou demtro | Çumo de huũa herua de tã | gram vertude e fforça | e poder q*ue* se ergueo llo | guuo em pẽe hasy sam e | lledo como nũqua mylhor | ffora quamdo ho emperador | aquyllo vio Coreo pera | Jpocras e abracou * o e ffez | lhe tam gramde homra | Elle e todos hos gram | des de Roma q*ue* naõ po | deriam mayor fazer a ou | tra pesoa e o emperador | lhe deu ho primeyro dom | que lhe pedise se ffose co | ussa q*ue* elle podese e | devese dar ypocras lho | agradeçeo m*ui*to e dise que || **[173r]** Não queria por ho p*re*semte pedir | nada porem q*ue* elle ho pederia | quamdo vise tempo e ouvese | myster ho emperador lhe per | gumtou por seu nome elle lhe | dise que se chamava Jpocras | ypocras dise ho emperador eu | por esto quue fizestes conhe | ço q*ue* vos avedes poder de tor | nar homeĩs da morte a vyda e | quue vos soudes ho mais sesudo | ffisyquuo e mayor dos filo | soffos q*ue* numca emtrarã | em Roma e eu vos farey tall | homra por homde sempre fa | llaram emtão fez ho empera | dor ffazer huũa fegura de | houro tam gramde como hũu | homẽm e quue pareçese a ipocras | ho mais que o oryuẽz podese e | outra a forma de seu sobri | nho e ffellas por na mays allta | tore de Roma asy q*ue* por nhũa | parte sepodia na çidade em | trar q*ue* has não visem sobre | estas fez ffa zer huũ arco de | vollta com muy alltos piares | de marmor p*er*a que nõ chouese | por elles e o arquo por demtro || **[173v]** Era de ouro e de prata muy sotill | mẽte obrado e ffez mais esp*re*ver | lletras sobre ipocras quue de | ziam este he ipocras o muy major | da * fillosofos q*ue* por seu gram | saber fez tornar de morte a | vyda em Roma ho sobrinho | de çesar augusto cuJa ffigura | estaa a cabo delle ysto feyto | fez o emperador cortes e ffoy | nellas outorguado q*ue* num- qua | aquellas Jmãges dally se tira | sem asy foy ipocras ẽ Roma | muy homrado detodos dal[l]y | todos vinham a elle de maney | ra que nõ avia emfermo a que | nõ dese saude tamto fez em | pouco tempo por sua fisyqua | q*ue* hos pobres homẽs q*ue* nom sa | biam ho chamavam d*e*os e os mais | ẽ temdidos ho chamavã o mais | mayor dos fillosofose o mais | sesudo e por ho gramde saber | que nelle achaũa faziam Jmãges | a sua semelhamça a tam grã | homra como se ffose huuã fe | gura de seu d[*eo*]s e a fegura | da tore ffoy tida ẽ tamta | homra que nũqua dally ffoy ti | rada senaõ por huũa avemtu | ra e direi uos como na q*ue*lle | tempo q*ue* Jpocras era em Roma || **[174r]** E lhe faziam ha omra q*ue* a estorea | hos deuisa acomteçeo quue huũa do | na q*ue* era natural de gaulla ve | yo a Roma e ffoy de gaulla emvy | ada em Remda ao emperador ea | dona era tam fermosa que quem ha | vise a teria lloguo por filha | dallguo e por a mais fermosa | do mũdo e amdava tam bẽ e Ri | camẽte vestida como seo empe | rador a ouvese de tomar por mo | lher e quamdo ho emperador ha | vio tam fermossa e tam Riqua | memte vestida p*er*gumtou lhe | de quall llynagem era ella lhe | disse q*ue* era muy filha

dalguo | elle a mamdou lloguo meter em | sua camara e deu lhe
donnas | e domzellas que ha seruisem e | acompanhasem e a tiue-
sem a | sy viçosa como ella mamdase | depois que ally esteue
hũu mês e vio | as Jmageĩs sobre a tore pergum | tou por que as
puseram ally e di | seram lho quamdo ella ysto ou | vio começou
de se sorir e dise | haJmda he por naçer quem ha de | ffazer tornar
o homem de morte | a vida por homde eu diguo dise | Ella que
a quelles fforam sam | deus que fizeram esto em Renẽ | bramça
do que me vos disestes çerto || [174v] Como quer que vos tenha-
des hese mes | tre por sesudo eu vos diguo ver | dadeyramẽte que
por hũu so dia | que eu com elle este o ffarey ter | por muy necio
e paruo como elle | he e çerto de tall llouvor e pre | ço como se
elle tem quamdo dīz | que tornara hũu homẽm de morte | a vida
que nõ seja samdiçe não vo | llo outorguarey por cousa do mũ | do
ysto disea dona deipocras | e foy asy dito ao emperador e | Jpocras
o soube e teuese por | des denado e dise ao empera | dor que Ja
mais não seriaa lledo | ataa que nom vise aquella dona | que ho
des denara e o emperador | lhe dise que a veria senhor quamdo |
dise ipocras amanham a ora de | prima dise ho emperador aquella
| ora ffoy ipocras ao templlo de | mynerna * e hy [e]sperou tam-
to | que a dona vejo com gram compa | nhya de donas e dom
zellas | e quamdo ffoy ao alltar per | gumtou quall era ipocras e |
mostramlho e ella o começou | a oulhar mais que anhũu dos ou
| tros e elle era mamçebo e | asaz ffermoso e oulhou como ho
ella oulhaua e olhaua tão | bem e pareçeolhe muy fermosa | e
tamto a oulhou que a começou || [175r] de Amar Muy afimcada
memte do que | Elle se espamtava como homẽm que | nũqua
amara molher em tão se tor | nou comtra ella por a ver melhor |
e começou de a olhar e quamto mais | a hou lhava tamto mais
creçia ho | amor e tam forte mẽte meteo | seu amor nella que por
nhuã ma | neyra o pode estrouar quamdo | a dona separtio do
templo ypo | cras se ffoy a sua pousada e a | chouse muy atrebul-
lado e coita | do que nom sabia desy parte por que | não podia
ver a donna a sua vomta | de e nom housaua com ver guonha |
pedilla ao emperador e veio adoeçer | de tall maneyra que os ou-
tros mes | tres quue de fisyqua sabiam de | ziam que nõ escaparia
de morte | e pero quee naõ sabiam de que mall | moria ho empe-
rador e todos hos | alltos homẽs de Roma eas donnas | e as dom-
zellas o visytauã e a donna tambem ho vejo ver quã | do elle vio

que aquella que elle tã | to amava o vynha ver cuydou | delhe descobrir e em toda | maneyra lhe descobrira seua | mor e emtaõ fez affastar to | das as outras donnas e dom | zellas e ficou soo aquella que ele | tam to amava e diselhe quee | de tall amor a amaua que nom ha ‖ **[175v]** via nelle senão morte como via selhe | ella seu amor nom outorguava | quamdo ella ouvio o que lhe ipocras | dezia meteo memtes em o emguanar | se podese e por o meter em major | Coyta lhe Respomdeo serto se | tam gram saber como em vos ha | se perdese por huũa donna tall | quall eu sam seria asãz de maa | vemtura e a todo meu poder | nom ho queria nem ho sofreria e | sabede vos bem que se uos eu poder | por Remedio que eu o farey se | gumdo voso pareçer mas aJmda | que vos eu tamto amase como vos | deziades que ama[v]ẽs a mỹ nom pode | rya eu vir a nõs ⁎ tamto sam guar | dada e seo soubese ho empe | rador vyr uos hya mall e por | ysso nom sey que com selho vos | dey que bem vos diguo que faria | quamto quyseseis amte quue | morerdes por mym que sobeyo se | rya gram dano naõ tamto por | vos como por o pouo a quem socore | ys muitas vezes quamdo elle | vio que a dona dezia que faria | toda sua vomtade se podese | ter lu guar pera jso cuydou que o | dezia de bõa vom tade e deco | raçam mas nom era asy que ela | nom [h]o ffazia senão por ho | Emguanar e o meter em vergo ‖ **[176r]** nhaa quee ho vise todo ho pouo que vos di | rey que nom ha emguano no mumdo | nem malldade que molher nom cuyde | nem nũqua foy home tereall que a molher | nom em guanase sallamão o major | sabedor dos sabedores por ella foy | emguanado sam são outro sy por | ella ffoy morto ebsallom que ffoy o | mais fermoso homem do mumdo por | ella foy destroydo e jpocras que erã ⁎ tam sesudo ño se pode de ela guardar | CAP[ITULO]. LXXXIIJ. DECOMO ADO | na em ganou aypocras e o pos na | tore em hũu çesto | Aquelle dia mesmo que a donna fallou com | elle achou se tam comfortado e taõ | alynado de sua Jm fermydade que se | allevamtou e foy ao paço ver as | donas e as domzellas e quamdo elas | o viram vyr Reçeberam no muy alle | gremẽte mas muy mylhor que todas ho | Reçebeo a ffermosa donna e elle so | bio no eyra do da tore e vio perto | do pey toryll so as ameyas Jazer huũa | Corda gramde e fforte e llomgua | e o ca bo della a tado nas ameyas e co | mo a donna vio que Jpocras o via amte que | Elle ffalase cuydou huũ gram em | guano per que lhe pareçeo q*ue* escar[n]eria | ypocras emtam dise a ipocras mestre | vedes vos esta corda bem a vejo dise || **[176v]** Elle e sabedes vos dise ella pera | que he aquy nãa dise elle se mo vos não diserdes pois dise ella aqu y | nesta tore Jaz hũu preso filho del | Rey de babillonya e quamdo quer | Comer não lho trazem por a porta am | te lhe deytam esta corda com huũ | sesto e nela seu mamJar e ty | ram no por ella qua çima agora vos | direy por quue vollo dise se vos | temdes sabor q*ue* eu ffaça vosa | vomtade vos vyreis qua de noyte | soo e eu vos deytarey huũ dos ca | bos da corda e o outro estara | amarado nas ameyas como ora esta | e vos lyaredes o cabo ẽ hũu sesto | ho milhor q*ue* puder des e meter uos | eys demtro e eu e huũa mynhaa | Jrmãa vos allaremos muy bem ha | çima e asy poderemos am bos fa | llar soõs q*ue* nymguem nos nõ estro | vara e quamdo quyser vyr o dia | vos tor naremos a deçer q*ue* nymgem | nos emtemdera quamdo elle | ysto ou vio ouue tam gram pra | zer quall numca em sua vi da | teue e nom cuydou que lho dezia | por mall nem q*ue* se trabalhase po*r* | ho em ganar e Res pom deolhe s*en*h*o*ra | en guysado estou p*er*a fazeres | to q*ue* me mamda pois diseella | seja depois q*ue* emtemderdes q*ue* o | Emperador he dey tado e elle | dise q*ue* asy o faria e a partouse || **[177r]** della e foyse pera as outras donas e ẽ | comemdouas a d*e*os e fou * se p*er*a a pousada | mais lledo do que soia asy fez a dona ẽ | temder a ypocras q*ue* po*r* o çesto dauã de co | mer ao f*ilh*o dell Rey debabyllonya mas | mẽtia q*ue* acorda e o çesto era p*er*a outra | cou[s]a e dyruos ey p*er*a que quamdo Jull | gavam q*ue* allgũu homẽ morese por Justiça | metiam no naquele sesto e tiravam no | por a corda ata ho m*e*io daquela tore e | lleyxauã no hy estar huũ dia e huũa | noyte p*er*a que oviesẽ ver os de Roma e os | da tera da Redor depois deçiamno e | açoutaũa no por açidade e amata | vam no domde aquele çesto avia | nome sesto de Juizo e nõ metiam nele | outro hom̃e senão o q*ue* furtase ou fize | se outro aleyue por q*ue* devese morer | aq*ue*lle dia * comeo ipocras a mesa do empe | rador homde não comia nymguem | se não ffose muy allto hom̃e e foy | tam homrado e tam seruido como o | Emperador e quamdo foy noyte | quiseram no llevar p*er*a casa e ele | dise q*ue* se achava doemte e queria | aly ficar e fẽz fazer huũa cama | da outra parte da tore e de pois | q*ue* se deytou e outros q*ue* hy no paço | dormyam e elle vio q*ue* Jaa todos es | tavam soseguados e allevam | touse e abrio huũa Janela e ves |

tio se asynha e sayo fora e a | chou Ja a dona que estaua em çima |
da tore nas ameyas e que lhe tinha | Ja deytada acorda quamdo
elle || [177v] ysto vio foy muy lledo e tomou ha | corda e atoua
muy bem no çesto | e em trou nelle e fez synall ha | dona que
o tirase ella começou de | tyrar com huũa sua coermãa aqual |
descobrira sua poridade de como queria escarneçer ipocras quue |
se fazia fillosofo e quamdo ty | veram ipocras no sesto de çima
das | ameyãs adona atoua corda em | huũa arguolla de fero que
havia | na tore de maneyra que ho çesto | esteue quedo e quamdo
teue | asy ypocras quue nom podia | sobyr nem deçer diselhe
senhor | ipocras quue vos faziades sesu | do e fillo sofo agora
pareçera | aquy voso syso e vosa filoso | fia que se vos por ella
nam vos | deçedes ficaredes hy qua | mdo ypocras vio que a
donna | ho Em gua nara ouue tam | gram pesa[a]r que nom
poderia | maJor ser e se elle nom cuy | dara que a donna ho fazia
de | zom baria elle se deyxar[a] | llo guo cayr do çesto maas |
a donna e sua Com Jrmãaa se fforam deytar e de guisa | ho
ffizeram que nem ao yr nẽ | ao vyr as semtio nym guem || [178r]
Asy ESteue Jpocras toda anoyte | no çesto com gram pesar e com
grã | despeito por que a dona ho em guanara | asy e comtra
amanham amtes que fo | se a lluz acomteçeo que ho emperador |
se allevamtou pera hyr acaça asy | que amte que ffose de dia
foi na mõ | tamha por a manham quam do selle | vamtou a gemte
de Roma e sayrã | desuas cassas houlharam comtra | a tore e
vyram no çesto estaar | hũu homem Cuydaram que era dos |
mallfeytores e quue Jullgaram | que morese e deziam huũs comtra
| houtros quue ffez por que ho puse | ram a[ll]y e diseram se
maao fejto | ffez não ho ffizera e nom ho puse | ram ally Emtam
secheguarã | muytos a tore e pergumtavam lhe | que ffizera mas
elle com verguonha | nom hos ouzava ou lhar nem lhes | Res-
pomdia quamdo souberam que | era ipocras cuydaram que ho
| Emperador ho mamdara por | Juizo de sua corte ally por por |
allguũ gramde desaguisado | que lhe fizera que se Jsto nom |
Cuydarã azinha o tiraram | dally Em tall maneyra foy | ypocras
no çesto dos mall fey | tores todo ho dia e os de Ro | ma ho
vynham ver mais do quue | vieram se outrem hy estiuera || [178v]
A noite quamdo ho emperador veio | E vio estar ho homem no
çesto | pergumtou quem era diseramlhe | que era ipocras ho
fillosofo quue | vos tamto amauades e homrra | vades e que hero

fez diseho ẽ | perador nom sabemos Respõ | deram elles e quem
ho meteo | hy disc ho Emperador sennhor | diseram elles nom
sabemos | ide dise ho emperador hasy | nha tirajo e sabede
quem ho me | teo hi que quem quer que ho hi mete | ho aJmda que
lho mereçe muito | mall se achara pois hy ho | meteram sem
meu mãdado | llo guo aquelles que o emperador | mãdou fforam
lla e tirarã |no açima e pergumtaram | lhe quem ho pusera ally
mas | nũqua lhe poderã fazer dizer | nada depois ho trouxeram |
ao emperador e elle ouve muj | ta vergonha dese ver amte ele | e
ho emperador lhe pergumtou | quem ho posera ally mas elle |
lhe Respomdeo que nom ho | sabia nem por que guisa ally | viera
ter nam dise ho empe | rador e des quam[t]o estades | vos no
çesto senhor dise elle nom | sey e ho emperador nam sou || **[179r]**
Be quue hi disese e elle e todos llei | xaram de ffallar no casso
mas quã | do a dona vio que nom avia hi mays | Emcobrio muy
bẽ ella e sua coJrmãa | e Emtam ffez muy [s]ecretamẽte | Em
huũa tauoa pimtar duas donas | que tiravam a hũu homẽ açima
de | huũa tore ẽ huũ sesto e fez que o | pimtor fizesea fegura
do | homẽ a semelhamça deipocras | o mais que elle podese e
as seme | lhamças das donas outrosy quue | se pareçesem com
ellas a tauoa | ffoy muy Rica e muy fermosa | que ffoy muy
pimtada de ouro e | de prata e das mais finas timtas | que achou
quamdo a tauoa ffoy | pimtada a dona a ffez por de noy | te
amtre as outras ymagẽs quue | ho emperador fizera ffazer ha |
homra deipocras por a menham | quamdo o emperador sellevam |
tou e vio a tauoa pergumtou a | Jpocras que amte elle estaua
que | que * podia aquyllo ser senhor dise elle | vos podedes bem
ver mynha | deshomra o emperador dise | ora nom seja hy mais
a dona que | aquyllo ffizera fazer que diamte | estaua dise ser
to senhor se vos | quiserdes nom estara ella | ally mais mas direito
he que ahy || **[179v]** este e que a veJam hos de Roma e a |
guora sey eu bem que jpocras quue |vos temdes por fillosofo
nom po | de do morto fazer uivo mas bem | podera sa[r]ar em
fermos mas se | de todo ffor morto Ja por ipocras | não podera
ser torna do avida por | homde a quellas Jmageĩs nam ffo | ram
ally postas por Rezam ho | Emperador per gumtou ipocras | sea
dona dezia verdade senhor dise | elle ella fez tamto e dise |
tamto que se vos não fazedes | tirar as Imageĩs que ẽ minha |
homra fizestes ffazer eu | vos lleyxarej e me hyrey de | Roma

que Ja mais hy tornarey | ẽ tam fez ho emperador tyrar | a tauoa
e deRi bar as outras | Jmageĩs que Jamais não foram | de Ribadas
senão por emga | no de molher asy ficou ypocras | ẽ Roma gram
tempo e foy muj | homrado dos Romanos e do | Emperador
acomteçeo que na | quelle tempo que hipocras asy | estaua ẽ
Roma hũu cava | lleyro homẽ bom e conheçido | dos Romaaõs
vejo a Roma pera | ver ho emperador que conheçia | e o amava
ho emperador lhe || **[180r]** Pergumtou domde vinha elle | lhe
dise que de Jerusallem e que | estiuera em gallilea e que nouas |
nos trazeis della dise o empe | rador eu vollas tra guo dise | Elle
as mais marauilhosas de | que num qua ouvistes ffallar de | hũu
homem da tera e quue homẽ | era dise ho emperador se*nh*or
dise | elle hũu homem pobre mas elle | tem gram poder que a
duro o podia | crer seo nom vyra que elle faz | aos seguos ver
e aos surdos | ouvyr e os mamquos sãos e os | coxos amdar todo
jso dise y | pocras eu farey e que o veJam que | he ve*r*dade
aJmda dise ho ca | valleyro elle faz mais que | faz os mudos
ffallar e da Jm | temdimẽto aos que nom emtẽ | dem tudo Jso
eu ffarei dise | ypocras e aJmda me não dises | tes cousa que que *
eu não posa [ff]a | zer eu vos dyrey dise o caua | lleyro que eu
vy que vos não fa | redẽs ẽ nhũa maneyra que eu | lhe vy Resu-
çitar da morte a | vyda llazaro que jouvera ja a | via tres dias no
mumẽto e | hergueo se saõ e lledo tam | to que ho a quelle homẽ
cha | mou que nom ouve outra cousa || **[180v]** senam ha força
da sua pallavra | nome de deos dise jpocras seelle | yso faz mais
he que homẽ e mais | pode que de quamtos eu ouvy ffa | llar
pois eu lho vy fazer dise | ho caualleyro asy como vos eu | diguo
e como ho chamã dise | ho Emperador se*nh*or dise elle | Jhe*su*u
nazareno e tem no po*r* pro | ffeta e por se*nh*or dos outros pro |
fetas por boã ffee dise ipocras | pois esto he asy eu não queda | rey
ata que nom seJa em gualli | llea e que o ache e seelle ma | ys
souber que eu quero ser seu | seruo e seeu souber mais que |
Elle quero que seja meu por esta | Rezam se * partio ypocras
de Ro | ma por se prouar com aquelle que | era e he ffomte de
todo saber | e era Jhe*su*u c*ri*sto que na quelle tem | po era em
gallyllea e cada dia | amtre os Judeũs fazia muitos | e ffermosos
myllagres e fer | mosas ve*r*tudes e nom podia | ser que a nomeada
de tam allto | se*nh*or naõ ffose por todo o mumdo | CAP[*ITULO*].
LXXXIIIJ DO QUE ACŌTEÇEO | a jpocras depois que sayo

de | Roma e desua morte || **[181r]** quamdo ipocras se partio de
Roma | ffoy com elle muy gram gemte | e tamto amdou que
cheguou ao mar | e no porto achou amtonyo Rej de | persya
com gram cauallaria | e faziam tam gramde pramto | que era
maravilha por huū seu filho | que bem cuydava que era morto
e | ipocras pergumtou por que faziã | tall pramto diseram lhe
que o | faziam por dar da nides o filho | dell Rej e que a ese
dar danides | dise ypocras senhor dise huū homẽ | a dous dias
que he morto e tam | to ho ama que tem o corpo diamte | e nõ
ho emtrarã quãdo esto ou | vio ypocras deçeo de huū grã |
pallafrem ẽ que estaua e ffoy | lla e achou ellRej que fazia | seu
pram to elle e seus Ricos | homẽs tam gram de como se | tiuesem
todo ho mumdo perdi | do e ipocras quamdo hos vio | não ffoy
pera elles mas dyrei | ta mẽ te pera o corpo e tocou o | mas
nom achou nelle synall | de uida e cuy dou que era mor | to
mas por huū synall que lhe | vio no Rosto e nos bejços creo |
que ajmda era viuo e pe dio agoa | a huū seu homẽ e tomou
dela || **[181v]** huūa pouca e dey toulha por ho | Rosto domde
soube lloguo | a verdade mas ho ar que delle sa | ya erã* tam
ffraco que a duro nẽ | ao emtrar nem ao sayr nom se | podia
semtir e tamto quelhe | aaguoa ffoy deytada começou | de deytar
o ar mais Rigo ẽtam | conheçeo ipocras que aJmda alma | nom
era partida do corpo e to | mou de huũ lley toario que Em |
temdeo que lhe mais podia apro | veytar e a brio lhe a boca e |
deytoulho demtro e nom tardou | muy to que nom deu huũ
gramde | gemi do ẽ tam seerguerã to | dos a elle e ipocras disea
ell | Rej seme tu deres o primejro | dom que te eu pedir quallquer
que | seja eu te prometo que teu filho | seja sam da quy amanham
ãte | que seja noyte ellRey jurou por | to dos os seus deoses e
por | toda sua ffee que Ja cousa lhe | nom pederia que elle
podese a | ver que lha nom desecom tãto | que elle lhe dese
seu ffilho | sam e ipocras dise que asy o | ou tor guava em tam
curou | ypocras delle ẽ maneyra | que ao outro dia o deu sam
ha | sy que todo o pouo dise que o tor || **[182r]** Nara da morte
a vida e dezia ãtre | sy que jpocras nom avia dauer no[m]e |
de homẽ mas Jguall a deos asy se | conheçeo ipocras com ell
Rej de | persya e morou com elle huã so | mana e pos ell Rej
em vom tade | de hyr ver huã sua ffilha que | era cassada com
ell Rej de sur | aquelle Rej morava ẽ huũa Jm | solla do mar

que chamãa ajmso | lla do guayam que ffoy o major | e mais
maravilhoso do mumdo | que hercolles matou aquelle que era |
paremte de sam sam que primejra | mẽte com quyro troia por
a des | homra que lhe hy fizeram ell | Rey am tony o semeteo
no maar | Com sua companhia e llevou | comsyguo Jpocras e
quamdo | chegou a ymsolla do gayam que | durava symquo
Jorn[a]das ẽ llom | guo e em larguo quatro e nella | avia hũa bõa
çidade que avia no | me coriço e avia mui tos cas | tellos e ell
Rej de sur vejo a | ell Rej amtonyo e Reçebeo muj | bem e com
gram homra e | quamdo elle vio ipocras e ou | vio as maravilhas
que fazia p[r]o | meteolhe que lhe daria quam to | quysese com
tam to que fica | se com elle e jpocras ffoy || **[182v]** diso comtẽte
e ell Rey de sur | tinha huũa ffilha de dez annõs | a mais fermosa
criatura quue | de homẽ sabia ẽ nhuuã tera | ipocras quue muy
tas vezes a via | começou de a amar tamto que nõ | sabia que
ffizese ẽ tam vejo | a ellRej amtonyo e a ellRej de sur | e a
jumtouos ambos em huũa cama | ra e diselhes cada huũ de vos |
me deue de dar hũu dom quall | lhe eu pedyr e elles diseram |
pidide que nom pedireis cousa que vos | não de mos como quer
que o posamos | aver e jpocras dise em tam aa | ell Rej de sur
eu vos peço que me | dedes vosa ffilha por molher | e a vos
Rej amtonio peço que ma | ffaçades aver os Reis fforam | muy
espamtados desta demã | da e sayram se a huã parte | por se
acomselharem o que fa | ryam e dise ellRey de sur | por bõa fe
ja por minha ffilha | nom ffarei all do que promety | ell Rej amtonio
dise que muito | lho a gradeçia que selh a elle | nom dese por se
qu[i]tar do dom | quelhe prometera que elle por o | que lhe
tynha prometido lha | darya por esta maneira ouue | ypocras a
ffilha dell Rej de || **[183r]** sur e foras * as vodas com[e]çadas ⌐ e
fforam muy gramdes e Ri | quas e nom tenhades esto por | mara-
vilha que naquelle tempo | todos hos ffilloso ffos tinhã | molheres
e por seu saber eram tã | homrados que nhũu senhor de hũu
grã | Rej nom ho pe de ria * ser mas ipocras | mã dou por todos
seus paremtes | pobres e Riquuos e quamdo forã | vim dos per-
gumtou lhes seall | guũ sabia allguũ bom llu guuar | pera pauoar
e huũ seu paremte | que era marynheyro lhe emsynou | huũa
Jmsolla comtra hoçidemte | e diselhe que aquella era amy | lhor
que numqua vyra pera pouo | ar por que a tera hera sam e muj |
tem perada e jpocras tinnha | muy gramdes Riquezas e me | teose

em naaos com sua molher | e partio se dos Reīs e ouve tã | bom tempo que aportou ajmsolla | sem perder nada do seu e mã | dou buscar carpimtejros e py | dreiros e ffez na jmsolla er | guer huũ castello gramde e | ffermoso quamdo o castello | foy aca ba do fez pera sy fazer | huuã casa amais fermosa e | mais Riqua que numqua fora | feyta pera homẽ por que to das | as paredes e allpemdres arquos | de diamte eram llavrados a || [183v] ouro e a prata e de mujtas pedras | preçiosas Riquas e vertuosas e os | piares de demtro e de ffora de ca | sa eram de mar mor mas os marmo | res nã pareçiam que eram todos cu | bertos de ouro e de prata e o llej | to que elle fez ffazer pera Jazer nõ | vos poderia homem dizer suas ma | ravilhas por as muitas e vertuo | sas pedras que nelle eram met[y] | das que nom avia homẽ tam ẽ fer | mo que nelle ffose deitado que llo | guo nam fose saõ que vos direj de | ipocras que elle fẽz aquella casa | tam Riqua que nom ha hora homẽ | no mũdo que a podese fazer e por | que duvida[u]a que sua molher o podese | matar com peçonha fẽz fazer | huũa copa de tam gram vertude que nom avia no mumdo tam forte | peçonha que demtro Jouuese que | nom perdese sua força asy que | seguramẽte se podia por ella beber quall quer cousa que lhe | dej tasem ipocras fez najmso | lla tam fermosas casas e tam | boãs que ajmsolla tomou seu no | me que por o que nella fez foy cho | mada ajmsolla deipocras este | nome nõ per deo nem nũqua per dera | nem lhe sera tirado e sua mo | lher que era fermosa e por que era | de gram guisa pesaua lhe muito | por que se tinha por mall casada || [184r] delle e de bõa memte lheordena | rya a morte seella pudese e or | denoulhe peçonha daquellas cousas | que vio que eram mais peçonhemtas | e por que cuydou que aquella peçonha | nom o mataria pos hũua pouca ẽ pão | e deo a huũ cam o quall tamto que o | comeo moreo llo guo quamdo ella | vio que ha peçonha era de tamta | força cuydou que a daria aipocras | seu marido pera o matar e meteoa | na copa e polla sobre huã tauoa | pera lha dar de noite mas ẽ tamto | era ẽ ganada que nom sabia ha | vertude da copa quamdo ella | meteo a peçonha na copa ipocras | a bebeo mas nom lhe fez mall ela | foy muj espamtada ẽ tam tomou | a copa e começou dea olhar e y | pocras que disto não sabia na | da lhe pergumtou por que a oulha | va eu ao[l]ho dise ella por que me pa | rese muy boã e fermosa serto | dise elle vos dona apodedes |

bem oulhar por a mais fermosa | do mũdo e que nom ha cousa
que ha | pudese com parar por seu direito | preço que ella tem ẽ
sy tam grã | vertude que sea emcherdes de pe | çonha perdera
sua força que a | podedes toda beber sem vos | ffazer mall
quamdo ella ouvio | a ver tude da copa llo guo ẽtemdeo || **[184v]**
que por ella guareçera de morte e pe | soulhe mujto por que asy
escapa | ra e cuydou que mẽtes ouvese a | quella copa se nom
temeria della | e emtã quamdo elle foy fora | de casa tomou a copa
e deitoua | no mar ẽ tall ora que nũqua ipo | cras pode a ver outra
tall e quã | do achou menos ouve tam gram | pesar que nom
podia major ser e a | comteçeo que ipocras hordenou | huũ dia
de hir ver ell Rej de per | sya que era ho homẽ do mũdo que
| elle mais amava e fez ade | rem çar huũa naao ẽ companhia |
deallguẽs deseus homẽs que os | outros ficaram ẽ guardada | casa
e foy a ell Rej de persya que | estaua em huũ seu castello | que
avia nome masti[c] quamdo ell | Rej sou be que Jpocras vinha
saio | a Reçeber e teueo com syguo | gram tempo e amavao *
tamto | como se fose seu paremte | mui sercano e huũ dia estãdo |
[i]pocras ahuã Janella e sua mo | lher a cabo delle vyram diã |
te no cham huũa porqua e jpocras | a mostrou asua molher e dise |
lhe vedes vos aquella porca | senhor dise elle * vejo mas por
que | mo dize des eu vollo diguo dise | ella * por que quem agora
come[çe] | ãdamdo com aquelles porcos || **[185r]** moreria de
verdade dise ella verda | dejra mẽte asy o podeis crer dise | elle
quamdo ella aquyllo ouvio | llevamtouse e foyse a huũ | seu car-
neçeiro e diselhe vay | e mata me aquella porca e llo | guo a
mata por que a quero esta | noyte comer o homẽ fez seu mã |
dado e matou llogo aporca e | ffella ella cozer e aagoa ẽ que |
foy cozida fella de Ramar e a | çeya trouxerã da porca a mesa | e
jpocras a comeo tamto que a | comeo conheçeo lloguo sua mor |
te e dise dona esta carne me | ha morto senão beber do call | do
com que foy cozida ella fez | sem bramte que nom sabia nada |
e chamou ho cozinh[e]jro e dise | lhe dame qua da agoa ẽ que
cozes | te esta carne senhora dise elle ja | a vertemos ora me lleva
homde | a verteste dise jpocras quãdo | ipocras vio que nom
podia aver | aaguoa dise amolher vos | me matastes e verdadejra-
mẽte nhuũ se pudera guardar ao ẽ | gano da molher e dise aell |
Rej que hi estaua senhor eu vos Ro | guo que tamto que morer
me ffa | çais llevar ao meu castello | e ell Rej lho outorgou llo

go | ipocras moreo na maneira | que vos eu diguo e ell Rej
fez ‖ **[185v]** tomar o corpo e llevallo ally | homdc ello dise e foy
com ele | e soteraram no no paço que elle | ffizera e fez fazer
ho mumẽ | to que ouvystes e quamdo foy | soterado fez espre*v*er
as lle | tras que vos de[u]y sey e ell Rej | se ffoy e os paremtes
de ipo | cras ficaram e de geraçam ẽ | geraçam creçerã que a
tera era | sam e Riqua e fermosa mas | ell Rej de babillonia que
mortal | mẽte des amava ipocras vejo | sobre elles e destroy * os
todos | e despauoou a tera po*r* a man*e*ira | que vos comtei foy
a casa ede | ficada tam Riqua e tam fer | mosa como hos mẽsa-
gejros | acharam e asy destroida como vos eu diguo | CAP[*ITULO*].
LXXXB DO QUE OS MẽSAJEIROS * e a domzella pasarã na
ym | solla de jpocras e das temta[ço]is * que ho diabo | lhes
ffez | diz agora aestorea que quamdo | os dous memsageiros ea
domze | lla que com elles era gram peda | ço olharam o mumẽto
de ypo | cras e por as lletras conhe | çerã que po*r* molher Reçebe |
ra morte começaram ha fa | llar e diseram que muito fora ‖ **[186r]**
gram dano e que cousa emdiabra | da e duvidosa era a molher |
com tra cujo Em gano nom | po deria homẽ durar quãdo | elles
oulharã acasa de huũ | cabo e do outro e lhes pesou | de tam
fermoso lluguar ser | destroido sobiram no mais | allto llu guar
que hacharam | na pena e esto era a ora do | meyo dia e oulharã
po*r* o mar | p*e*ra verem se podiã ver allgũa | naao ou galle que
os posese da | lly fora mas nom a vyrã e fi | carã mais des comfor-
tados | que ãte ẽ tall manejra estiue | ram todo o dia ẽ çima da
pe | na tam coitados que nom po | deryã ser mais que de nhuã
p*a*rte | podiam aver comselho e quã | do a noyte veio muj escura
tor | narã se a casa de ipocras a | saz atre bullados como aquelles |
que nom tinhã nada p*e*ra comer | e cuidavã de ally morerem |
selhe d*e*os naõ acorese adom | zella que era mui menina e
nũqua | soubera que era lazejra quejxa | vase a elles e dezia
sen*h*ores que | Comselho averedes de mim que | pois nem ẽ vos
nẽ ẽ outrem a | cho comselho morerei por a | quelle d*e*os
ẽ que vos credes vos | Roguo que se poderdes po*r* em mĩ ‖ **[186v]**
Comselho e ẽ minha fame que | mo ponhaes que doutra manejra
| morerey amte vos que sem fallta | agora ey a maJor fame doque |
nũ qua ouue moller e nom vos | deueis de marauilhar que tres |
dias e tres noytes ha que nom | comy quamdo elles ysto ouuj
| ram nom souberam que lhe dise | sem mas Respomderam lhe |

domzella nõ vos aquexeis que nõ | vos vall nada mas debom
cora | çam chamai aquelle que em todas | as llazejras e ẽ todas
has tre | bullaçoes acore e aymda * aque | lles que ver dadeira
memte ho | chamã nom sey dise ella quã | do este acoro me vira
mas | não ha homẽ que nesta coyta | me acorese que eu por elle
nõ | fizese quam to elle quisese | e me mã dase que me veio ẽ
coy | ta de morte sem comselho | nẽ ajuda e por tamto o tomari |
a quer de deos quer doutrem ella | ysto dizemdo vyrã os mem |
sagejros vyr por o mar huũa | facha de foguo gramde ama | ravilha
e o mar era allevãta | do asy que a tem pestade era tã | gramde
que pareçia que todos hos | diabos do mũdo hi eram catade |
dise huũ delles que pareçe que por | aquelle mar arde tam
grãde || [187r] ffo guo e bem por elle se deos mam | dase dise
o outro que fose naao | e me parese que ho he e se vem | che
gamdo anos agora ouvy | remos novas disea domzella e | elles
Jsto dizem do vyram ha | chama chegada ao pee do mõte | de-
camos * dise a domzella e sa | beremos novas que sem fallta |
ysto he o de que toda esta noyte | fallamos e elles diserã * e
vierã | ao porto e não virã a chama mas | vyram huũ * gramde
e velha | naao e fea e sem aparelhos | e demtro vyrã huũ homẽ
grãde | de corpo muy feo e espamtoso | como a quelle que era
maior que homẽ | que elles nũqua visẽ e elle era | negro como
o pez e os olhos | lhe deitauã chamas quãdoele | vyo a domzella
e os outros sall | uoos e elles que vyrã que lhes ffa | llava salluarã
no mas muito | fforã espamtados de sua forma | que era muy fea
e pauorosa elle | lhes pergum tou senhores quem vos | trouxe
aqui tã llomge de gẽ | te e a domzella Respomdeo a | vemtura
maa e avesa nos trou | xe aquy des acomselhados de | todo bem
e domde moreremos | de fame senos allguẽ nom | dejta ffora por
boã fee diseele || [187v] Por Vos lly vrar e Vos dejtar | da quy
ffora vim eu a este lu | guar e vos porei llo guo fora | se me fizer
des me naJem que sejaes | meus quamdo elles ouvyrã que
os | queria por seus pergumtaram lhe | quem soudes vos que esto
demã | dades que nem a vos nẽ a outro | nom fariamos menagẽ
seo ãte | nam conheçesemos eu sam huũ | homẽ de huũ Rejno
lomge da | quy dise elle e no mar e na tera | e o meu senhorio
tam marauj | lhoso que as mais das gemtes me | seruem e
me tem por senhor e sam | poderoso de saber e de poder | mais
que homẽ teereall [sic] do mũ | do e nom fazer cousa no mũ

| do que tam azinha como he [feiçta] | eu a nom saiba llo guo
agora | ouvystes que poder tenho por boã | ffe diseram elles nom
sabemos | seysto he verdade e seho he nõ | ha no mũdo homẽ
tam pode | roso como noso senhor Jhesuu cristo | que aquelle nem
ẽ poder nem ẽ sa | ber nom se pode nymgẽ ygua | llar mas ora
nos dizede se vos | aprouver como avedes nome | pera vos con-
heçermos milh[o]r | por boã fe dise elle meu nome | vos direi
e nom vos memterej | eu ej nome aserpe sesuda || **[188r]** quãdo
elles ysto ouvirã disera | aquy ha maravilhoso nome ẽtã | dise ho
homẽ a domzela eu vim | aquy por vosa proll e por vos dey | tar
fora deste periguo se me | fizerdes menagẽ que seyades my | nha
e llevaruos ey a salluo ella | Respomdeo por bõa fee de que ou |
vy voso nome e vy voso gesto | ouve tam gram pauor ẽ meu co |
raçã que nom ha cousa no mũdo | por que fose ẽ vosa companh[j]a
| e aymda que estou nesta pena | ẽ periguo de morte pior me pa |
reçe que me vira de vosa com | panhia e por iso quero ficar | yde
uos pera homde quyserdes | que com vosqu[o] não emtrarej se
deos | quyser quamdo elle ouvio o | que lhe dezia Respomdeo lhe
como | Com sanha aj molher samdia | e sem saber e syso sem ẽtem
| deres que he bem nẽ mall que ha | chas quem te ponha ẽ sallou
e | te de o que ouveres mister e nõ | o queres por que es tam mall
avẽ | turada que queres ãtes teu mall | que teu bẽ verdadeyra-
memte que | hes molher avesa que buscas | teu destrojmẽto quam-
do aRe | çeas mynha companhia eu me | yrey e te lleyxarei nesta
pe | na hi moreras de fame e de lazeira || **[188v]** sem fallta nom
acharas quem | por ti aquy venha e aymda te a | charas mall por
que nom fizeste o que | eu quero e vos hos mãçebos que de | viades
de querer vosa proll a to | do voso poder e nom vos llejxar | asy
perder como esta catiua que | Eu vynha salluar que nom quer |
senam sua morte e se vos asy | perderdes as Riquezas e os sabo |
res deste mũdo no começo de | vosa mãçebia nom ha homẽ que
ho | saiba que nom vollo tenha a mall | vos somdes Em ora de
morerdes | ou de viuerdes se aquy ficardes | moreredes de fame e
nom sere | des soterados amte vos come | rã bestas e auẽs e se
vos co | myguo fordes viuredes e foll | garedes e daruos ey eu
todos os | viços do mũdo asy que nom sabe | redes de mãdar cou-
sa pera viço | de vosos corpos que a nom ajades | agora somdes ẽ
escolher destas | duas cousas quall vos quyserdes | homẽ bõo
diserã elles vos nom | prometestes tam gramdes cou | sas e se

verdade ffosem vos | fariades muito por nos nos cremos muj | bem que vos nom soudes podero | so nem Riquo nem nos podedes | dejtar deste periguo ẽ que so | mos e nom vyestes aquy por nosa proll e nosa vomtade nos diʒ ‖ **[189r]** que amte moramos nesta pena que | hiremos com vosquo que vosa vysta | nos fez tam gram espamto e tam | gram pauor que bem cuydamos que | Em vos não ha Raiz de bem amte | Verdadeiramẽte cremos que somdes | morte e destroymẽto de homẽs | e por ysto nom queremos hir com | vosquo e vos ydenos pera domde | quyserdes que nos queremos esperar | a merçẽe de nosso senhor Jhesuũ cristo | que nom desẽpara os seus seruos | amte os acore e aJmda quamdo ele | vio que nom podia delles nada | ganhar e que nom queriam fazer por | elle nada meteose ao mar que lhes | nom fallou mais e quamdo foy | huũ pouco a Redado da pena | aquelles que estauã na pena vy | ram da Redor da naao tam grã | de tempestade que era maravy | lha e a chama pareçia mui ma | yor que amte por que pareçia que to | do o mar ardia e ouvyrã uozes | feias e espamtosas como se | saisem do ymferno e ouverã | muy gramde espamto e medo | e mais ffora o espamto se | nom fizerã o synall da cruz | sobre sy que lhes deu mui grã | comforto de ajmda averem | allegria e depois que nam vy | ram a naao tornarã se a seu ‖ **[189v]** Lluguar e asemtaramse e come | çaram de fallar daquelle que hos | quysera por ffora da penna | CAP[ITULO]. lxxxbj DA ORAÇAM QUE | hos memsagejros fizerã | e como deos os vesytou | Por bõa fee dise a domzella nũ | qua vy homem de que tam gramde | medo ouvese que tam gramde pa | vor ouue delle que toda a fame me | esqueçeo e os outros deziam que bem | cryam que nom era homem mas era | o ymyguo que os queria emga | nar por os deitar da samta fe | de pois que Jsto diseram ador | meçeram camsados e nom acor | daram senã quamdo o soll que | ria sair e depois que acordarã | fizeram suas horaçoes * dizemdo | Rey dos Reïs vem nos comfor | tar neste periguo de morte | Em que estamos como ouverã feiçta sua oraçam vyram no porto | ao pee da pena huã barqua peque | na e huũ homẽ nella e diserã | se deos quiser averemos novaas | que nos comfortem e deçeram | a Ribeyra e vyram na barqua | huũ homem muy velho pero muy ‖ **[190r]** ffermosso que os salluou e diselhes | que faziam ally e quem os metera ẽ | tam estranho llugar e tam a | lomguado de gemtes elles diserã | que ma vemtura os metera ally mi | mguoados de todo bem e demã | timẽto

pera se mamterẽ e que nõ | Podiam escapar de morte se os | nosso
senhor não acorese e verdadei | ramẽte cryam que aquelle lhes |
poderya dar comselho pera que saõs | e lledos dally escapasem
quãdo | ho homem bõo ysto ouvio Respo | mdeo çerto se vos ffordes
sẽpre | ẽ tall saber e fee como me vos | devisades tall crer e tall espe
| ramça vos deitara dahy fora | e eu vos diguo que muy çedo vos |
deytara que nhuũ homem esqueçẽ * | que nelle mete sua esperam-
ça | senhor diseram elles vos podedes | esto dizer mas se sua aJm-
da * nos | tarda muj sedo nos comvira mo | rer que nom temos por
que soo huũ | dia posamos vyuer nom ajades | pauor dise ho homẽ
bom que uos | lhe nom esqueçedes se uos elle | nom esqueçe que
a elle nada | lhe esqueçe bom senhor dise huũ dos | mãçebos por
deos que façaes em | temder o que vos pergumtaremos | que dise
elle senhor esta noyte a ora | de mea noyte vejo a nos huũ | homẽ
Rogarnos que nos fosemos || **[190v]** Com elle desta penna e disenos
| que vinha a nos por nosa proll | e por nos salluar de periguo | de
morte e disenos que era tã | poderoso de poder e de saber | que
seu saber hya por todos os | mares e por todas as teras e que avia
nome a sesuda serpe nos | dise e era o mais feo homem | do
mumdo e por deos se o conheçe | des dizedenos quem he que
muito | trabalhou de nos ẽganar e aue | mos muyto sabor de saber
quẽ | he iso uos direi eu dise o homẽ | bõo sabede que he se he
aquelle | que a todo seu poder muyto ha que se trabalha de
emganar ho homẽ e deitallo da direita | careira e da direita ffee
e llevallo a perdiçã de corpo | e dallma e este ymigo veio | por
voz fazer perder os corpos | e as allmas e se com eles | Emtrara-
des matar uos hia | no mar aquyllo ẽ que ãda | va que vos pare-
çia naao nom ho | era amtes era outro demo | nyo em que
ãdaua e fazia | vollo ver em semelhamça | de barqua pera que hi
emtra | sedes mais seguros mas | seguros nom poderiades vos hi ser
que este he tam des || **[191r]** Lleall que tamto que vos sem
| tira demtro lleyxaruos no | mar e morerades hy e lleuar | vos
ao ymferno agora vos | dise quem era aquelle pera | que vos guar-
dedes delle se | outra vez a vos vier ay por deos | dise a
domzella senhor dizeme | o que vos pergumtar se o sou | berdes
de bõa mẽte dise ele | dizej o que quyserdes senhor saire | mos
nũqua desta pena sy | dise elle vos sajredes dahy | muj sedo se
vos acomteçer | que vos posaẽs defemder da | primeyra prim^{ra} *
batalha | que vos o Jmjguo ffara e se dela | nom falleçerdes

sajredes da | hy fora tamto que ayades vosa | esperamça ẽ aquelle cuja fe | temdes que aquelle vos tirara | se vos achar seus seruos boõs | e lleais e tamto que jsto dise | partiose delles tam presto | que nom souberā parte delle | nem de sua barqua e ficarā | asy como se em huũ pomto | se fora ao fumdo do mar | mas huũ tam gram sabor e | chejro ficou com elles que | lhes pareçia que todas has | boãs espeçias e odores do | mũdo hy erā e elles que ficauā || [191v] Na Ribeyra diserā por bõa fee | muito nos foy bom aquelle homẽ | e muito nos comfortou eu vos | Diguo dise a domzella que eu | sam de sua vymda mui comfor | tada e asy me tirou a fame como se todos os boõs māJa | res do mũdo comese e tam ha zinha como pus os olhos nele | toda fame ffoy de mym apar | tada e por yso creo verdadei | ra- mẽte que aquelle mesmo he | o que vos chamades yhesuu Cristo | ou allguũ dos seus mais che | guados vasallos elles dise | ram que nom sabiā que hi dise | sem fora tamto que cuidauā | que deos lho embiara por hos cõ | ffortar e diseram nũqua fomos | tam descomfortados por ho | houtro que nos quisera lleuar | que aguora nõ sejamos muito | mays comfortados por a vimda | deste e aveo nos bem que des | Pois gram medo tiuemos | gram comforto todo dia ha | te noyte fallarā desto e a noy | te fforamse pera a casa de ypocras | quamdo foy a mea noyte adorme | çeram os māçebos mas a domzela | não dormia que muito cui- daua | ẽ sua coyta como molher que de n | huã * parte se sabia dar comselho e | ella asy estādo ouvio hũ brado muj grāde e || [192r] espamtoso e ouue grãao pauor e pareç[e]lhe que | era muy perto dela E emtão se ergeo e | foy asyma a pena para ver o que hera e quoā | do foy em syma vyo ao pe da pena Em | Riba do mar hum grão lume e quoamdo | o vyo tornouse aos mamçebos e acordou os | dezemdolhe * novas vos traguuo ao pe da | pena ha gram claridade vamos ver que he | E eles se aleuamtarão e forão la | acharão huũa muy fremosa não toda çerqua | da de camdeos e estamdartes e no bordo | da não a emtrada estaua huũa domzela mais | fremosa E mais mamçeba que numca homem | vyo e amdaua tam bem vestida que sabor | averiades de a ver quoamdo a verão sallua | ramna e ela lhes pregumtou que fazião | ali e eles diserão que esperauão ate daly | sayrem por allguũa avemtura e a domzela | da não lhes dise yso podedes vos bem crer | que serya gram avemtura se vos

jamays | dahy saysedes sahos e viuos porque nīgē | vos vira
aquuy buscar nem creo que oje | no mumdo sabem domde
vos somdes e por | que somdes a semelhamça de homem me
to | ma tão gram piadade de vos que eu vos | tirarey daquuy
Comyguo e leuar vos | ey em saluo se quyzerdes fazer o que
vos || **[192v]** eu diser E sabede que nõ vos demamdarey | se-
naão o quee me outrem faz e eles dy | serão que farião quoam-
to ela quysese | tamto que fose cousa [c]om Razão eu vos | direy
o que vos eu quero mas amtes vos direy quem sam eu são de
greçia da çida | de de atenas e a çidade e toda a gemte | da-
Redor sam em mynha mão E meu | sen*nh*orio CoRe tamto por
todas has | terras que nõ ha no mumdo tão Riq[u]o | homem
como eu e mais nõ se faz no mũ | do cousa que despois q*ue*
he feita a eu | nom saiba por meu saber e se allgem he ledo
ou viçoso eu o sey bem e asy sey | quoamdo he ẽ trabalho E
quoamdo vejo | q*ue* ha jemte a myster ajuda lhe acoRo | loguuo
e tiros * de periguo tamto quue | se querem tornar a mim E
se me nõ que | rem fazer menajem leixo os logo ysto | vos dise
por que se vos me quizer des | fazer menajem Como os outros
levar | vos hey comyguo e a tal lugar homde | ajaes todos os
viços e sabores e ha | legryas deste mumdo quoamdo eles | ouvi-
rão esta promesa oulharão hum p*e*ra | ho outro E pregumta-
ramse que farião | por boa fee dise hum se fose de nosa || **[193r]**
ley e nom nos demamdase Menajem bem | o outorgaria de yre-
mos * com ela mas se ela | he de outra lei pera lhe fazermos
mena | jem leixaremos nosa fee esta he a cousa | do mumdo
Em que mais deuemos de ha | temtar e em que deuemos de
fazer | mayor fiuza emtão pregumtarão ha dom | zela da não
domzela dezede que ley tem | des E se nos nos tornaremos vos[o]s
que | vos emos de fazer esto vos direi eu b[e]m | sabedes que eu
sam pagam e a mais Riquua | e a mais poderoza que numca vistes
e tam | to que me fizerdes menajem leuar vos | ey Comyguo por
boa fee diserão | eles pois vos domzela nõ soes cr*ist*ãa nos nos |
leixaremos aquuy a vemtura amtes quue | termos Companhya com
omem nem com | molher que nõ seja da nosa ley Como | dise ela
leixaruos eis aquy moRer çer | to se me eu daquuy partir e nõ
vos | leuo comyguo jamais nõ acharedes | quem vos daquy tire que
muyto sois | alomgados de jemte e asỹ moReredes | aquy de fame
e eles diserão que ãtes | queryão morer de fame e de lazeira que |

fazerem cousa perque asanhasem o gram | mestre aquele cuja lei novamemte Reçeberão || **[193v]** ay catiua gemte e dezauemturada dise ela | ora vede por que fazeis tão gram força | em terdes ley de Cri*st*ãos vede que bem vos | numca veyo depois que leixastes vosa | primeira ley que numca mais ouuestes pra | zer nem alegrya mas sempre trysteza | e trabalho de trabalho dise hum deles | nom nos deue pezar que jh[es]u cri*st*o cuja ley | nos temos os pasou e esto nos mostrou | ele bem quoamdo veyo ẽ terra Como | omem mortall e nele trabalhou e em | trabalho vemçeo a morte e tornou vyda | ao mumdo por esto quem quer ser direito | seruo de jh[es]u cri*st*o nom trabalhara senaão | em sofrer trabalhos e lazeiras asỹ quue | po*r* trabalho neste mumdo venha no outro | ao prazer que durara sem fim e po*r* | esta Razaão folgamos nos mais Com | trabalho que com viço quoãmdo ela ysto | ouvyo Respomdeo muy sanhuda catiua | jemte pois mais vos pagaes de trabalhos | que de viços eu me yrey e vos ficaredes | nesta pena que jamais mem[t]res viverdos * | nom vos vera nimgem e moReredes hy | de fame e comer vos ham as hauos * e as bestas e foy se loguo que mais | lhes nom falou e eles aficarão || **[194r]** oulhamdo memtes a puderão ver quoamdo | de vista a perderão tornarão se a casa | de ypocras e deitarem * se hũus a cabo | dos outros E adormeçẽrao por amenham | a ora de prima quoamdo acordarão ale | vamtaramse E emcomemdaraõ se a noso | se*nh*or fĩcamdo os giolhos comtra oriemte | ferimdo seus peitos Rogarão ao gram | mestre que por sua piadade os vyese | acoRer E comfortar daquela coyta | ẽ que erão e que os nom esqueçese mais | mas amte Como pay que ajuda seuus | fi*lh*os os ajudase depois que fizerão | suua oraçaõ oulharaõ Comtra ocidemte | e virão por o mar vyr huũa cousa piquena | mas tamto hera lomge que nõ podiaão | conheçer o que era se mais se nõ chegase | mas a ora de terça foy tam perto quue | diserão q*ue* hera barquua e acomteçeo | que veyo aportar ao pe da pena domde | as houtras naaõs aportauão e eles | foram muy corremdo la por saberem quẽ | nela amdaua e viram demtro hum omẽ | velho que trazia Comsyguo hum | liaõ gramde e forte e este liaõ hera | aquele que meterão Com celidones e | e * aquela hera a mesma barqua quoamdo || **[194v]** eles virão Esta companha maravylharam | se mais que de cousa que numca vysem | e como o lião nom comya ho omem e o da bar | quua lhes pregumtou quem os lamçara em | tão estranho lugar e tão alomgados | de

toda gemte eles Respomderaõ quue | vymtura os lamçara aly e
que daly sa | yriaão quoamdo aprouuese a noso senhor jh[es]u |
cristo que nom vião Como doutra maneira | daly pudesem sayr
çerto dise ho omem | se vos quizerdes emtrar nesta barqua | com
este liaõ eu vos leixarey em meu | lugar por amor daquele que
vos chama | des por senhor e cuydo com ajuda de deos | que esta
barquua vos leuara domde ha | chedes naçiaõ E mordaym os
por que | leixastes vosa terra quoamdo Eles | ysto ouvirão ouuerão
tam gram prazer | que nom podia mayor ser e diserão hay | sen-
nhor pareçenos que conheçedes vos nosos senhores por deos d[e]-
zedenos quem soys e se | nosos senhores tem saude eu são hum |
omem dise ele cujo nome vos nom devedes | saber e digo vos por
verdade que ell | Rey mordaim e nação e celidones seu | filho sam
de sauude em huã nao no meyo | do mar Comtra ocidemte e se
quizerdes || **[195r]** a eles yr e velos com bem vos que emtredes |
nesta barquua que sem fallta vos le | vara mais azinha do que
cuydaes senhor dy | serão eles aComselhainos vos eu vo | lo acom-
selho dise ele ora pois Em | tremos diseraõ eles que ja por que
esa | besta seja gramde e fera nõ leixa | remos demtrarmos pare-
çenos que se | ficardes aquuy nesta pena so e nõ for | des com
nosquuo que serya gram ouzadia | que se nos nos partimos nimgem
nom | vira por vos eu quero dise ele que vos | ẽtredes na barquua
e me leixedes | na pena E nom vos maravylhedes | porque vos este
bem faço que jamais | fiz por ho omem ora ẽtrade Em meu | lugar
que eu ficarey por vos na pena CAP[ITULO]. lxxxbij De Como os
| mesageiros * e a domzella emtrarã na | barqua cõ o lião e como
a[c]haram | mordaim e nascião e forã a suas | teras | Emtão sayo
ele fora da barquua e | eles e a domzela Emtrarão e ho | omem
bom dise a domzela se tu perd[e]s || **[195v]** te Rey tereal que
hera teu padre o Rey | dos çeos que he Rey dos Reis toma tu Em |
lugar de pai e syrveo Ela dise que asym | o farya se a deos leuase
a porto Com | saude tamto que ysto dise deu hum | vemto na
barquua taõ forte e taaõ | Rigo que em pouco tempo nom viraõ
terra | de nenhuũa parte asym coReo a barquua | todo o dia e
toda a noute tão Riga | que nenhuũa ave poderia mais voar
e asỹ | o fez outro dia e outra noute e quoãdo | veyo ao terçeiro dia
a [o]ra de prima ou | lharão e virão a não Em que mordaym | E
naçĩao amdauão e tamto se chegarão | que os Conheçerão e ouue-
raõ muy grão | prazer e abarquua se achegou a não e eles | com

adomzela Emtrarão nela e ha | braçarão seuus sennhores a barqua
se tor | nou loguuo com seu lião taõ azinha | como se todos os vem-
tos do mumdo fosem | com ela asym que em pouquo de ora a nõ |
puderão ver mordaym e nação ouuerão | muyto prazer Com os
mamçebos e pre | gumtaramlhe como se partirão de sua | terra e
eles lhe comtarão quoamt[o] pa | sarão E como se perderão na
pena dom | de acharão asepulltura de ypocras || **[196r]** e sem
fallta que forão mortos se nõ fora | por hum omem que os fora ver
e que fica | ra na pena e os fizera emtrar na barqua | e disenos que
nom nos fazia tamto bem | que ja o nom fizera mayor por omem
e que | por yso nos nom maravylhasemos e dise | nos que nosos
senhores tinhaaõ saude e que | çedo os achariamos jumtos çerto
dise | nação muyto s[a]bia ese omem e bem ha | comteçeo a vos
e a nos que muytas vezes | fomos perdidos mas aquele que tem |
poder sobre todas as cousas nos ajum | tou aguora demos graças
a noso senhor que por suua morte nos giou e nos guoardou | em
todos os perigos Em que fomos | ẽ taõ começarão de pregumtar
a domzela | quem hera ou de que terra e como se hajum | tara
com os memsageiros ela lhe com | tou tudo Como acomteçeo e de
quue | linhajem era como a estoria tem cõtado | e des que a dom-
zela lhe teue todo Com | tado nasção pregumtou aos memsa |
geiros por nome de sua yr̃ma e de suua | molher eles lhe diserão
que as deixauaõ | saãs Em suuas terras mas que herão | muy
coutados porque nõ sabiam novas || **[196v]** deles ay deos dise ell
Rey Como serya ledo | se soubese em que parte do mar somos ou
se | somos perto ou lomje de nosa terra senhor dise | nasção nom
nos comuem aguora falar nyso | nos o saberemos quoamdo deos
lhe aprouuer e nos | yremos a nosas terras saos e ledos e todo |
seja na suua vomtade asym ajumtou noso sennhor os seus seruos
que tam maravylhosa | memte se havião partido e asym forão |
jumtos e a terceira noite sayo a lua clara | e fremosa E o mar hera
muy mamso e asỹ | ãdarão ate que virão hum castelo que | avya
nome brauo e era del Rey mordaym | e no Começo de sua de terra
da parte | do mar era muy avomdado de balsamo | e muytas
espéçias vertuosas quoamdo che | garão perto e conheçerão que
aquele hera | brauo o seu castelo derão graças * a noso | sennhor
que tão em saluo os tirara de tamtos | periguos e os trouxera a terra
que tamto | dezejauão e Eles ja muy achegados | ao porto que nõ
avya ahy senão Emtrarẽ | oulharão e virão vir comtra sỹ hum ho-

mem | vestido de hus * panos bramcos Como | cleriguo de misa e
vinha por syma do mar | Como por terra e vinha tão presto como
huã | ave podia voar e quoamdo chegou açerqua ‖ **[197r]** da
não tam perto Como emtemdeo que ho po | deryão ouvir saudo
os * d[a] parte do gram mes | tre E eles forão espamtados de como
| o virao * vir e salluaram no mas pero com grã | medo que aviam
temor nom fose ho diabo | que em tall abito os vinha ver por lhes
fazer | leixar suua caReira de verdade Ele lhes | dise nom ajades
medo que nom vim quua por | voso mall mas por voso bem Emtão
dise a na | ção nasção tu es ferydo por tua cullpa mas ho | gram
mestre me mamda a ty por te guoareçer | e chegate a mim e
guoareçer[a]s quoamdo nas | ção ysto ouvyo foy CoRemdo ao
bordo | da não e fimcou os giolhos diamte dele | E ele o ergeo por
amão e fez o synal da | cruz sobrele e diselhe leuamtate que es |
são e nação se ergeo e achouse tão sam | Como numca mylhor
fora quoamdo se vyo | sam tornou a fimcar os goelhos diamte | dele
e diselhe ay samto omem por deos de | zedeme quem sodes E
como podedes ãdar | por syma do mar nascião dise ho omem eu |
to direy sabe bem que eu são ermoines aquele | a cuja homrra tu
fizeste aygreja na milhor | çidade que tinhas e embioume a ty o
gram | mestre por te guoareçer e por te defemder | que outra vez
nom pases seu mamdado se tu ‖ **[197v]** quizeres aver seu amor
que te diguo de verdade | que em mais avemturas te meteras
daq[u]y | adiamte que ate quy te meteste e sabe outro | sym
verdadeira memte que asỹ Como eu pa | so sobre esta aguoa e
nom me afumdo | asỹ josepe abaramatia e josefes seu filho | com
huũa peça do outro povo de jh[es]u Cristo asỹ | como ora sam
jumtos pasarão o mar sem | não e direita memte aportarão em bre |
tanha que asym o quer o gram mestre e | lhe apraz que daquela
linhajem seja a terra povoada Emquoamto ho omem | bom lhes
Comtaua estas novas virão | por o meyo do mar vyr huũa barqua
tão | veloz Como se todos os vemtos nela | firisem e asym como
vinha Rija foy | feryr na graõ naõ asym que todos cuydarão |
que era espadaçada e demtro na barquua | nõ amdaua nimgem
e ho omen bõ dise ha | çilidones filho de nação filho emtra | nesa
barquua e vay homde te a vemtura giar | e esto te mamda o que
te livrou de poder | de calafer o minino quoamdo ouvyo o
que ho | bom omem lhe mamdara deçeo da ñao e em | trou na
barqua e emcomemdou a deos seu pay | e todos os outros e a

barqua se tornou || **[198r]** tão Rigo que presto a perderão de vista
e ho | omem bom que vyo nação muy coutado des | te feito
diselhe nação nom te pese nẽ | ajas medo pauor de teu filho e
sabe bem | çedo [o] veras sam̃ e ledo na terra que d*eos* | prometeo
a ti e a tua linhajem ora te vay | p*er*a tua terra E tamto que te
diserem | que te vas a pos teu f*i*lho nom sejas prigi | çoso mas
viuo e ligeiro pera yres que sabe | que por mamdado de d*e*os sera
dipois q*ue* ysto | lhes dise somise * que nõ souberã dele | parte e
eles haportarão so a pena do cas | telo taõ perto q*ue* hos de
demtro bem nos | podião ouuir se nom dormisem e mordaim |
começou a chamar os que a torre guoardavão | e os da torre forão
as ameas e pregumtarão quem era ell Rey falou tamto | q*ue* ho
conheçerão por seu s*en*n*h*or e deçe | rão loguuo com muytos
camdeos e Receberão | no muy bem tamto como se fose d*e*os
aquela | noute fizerão os do castelo ael Rey m*ui*ta | homrra E
muyto serviço que o amavão de | coração e amtes que fose dia
se partirão | muytos do castelo por a terra p*er*a fazerẽ | saber
nouas del Rey e de nasção quoamdo | os da terra souberão
que el Rey e nasção || **[198v]** Eram vimdos sãos e ledos forão
coRemdo | ao castelo e ouuerao gram prazer e alegria | com
seuus s*en*hores e aos oito dias chegou | hy a Rainha e nom vos
poderia comtar | o prazer que com seu s*en*h*o*r ouue E tamto que |
nascião ouvyo que sua molher o saira bus | car mamdou omes
por t[o]das partes q*ue* ha | fosem buscar e tamto a buscarão que |
acharam no Reino de meotida e quoamdo | ela soube novas de
seu marydo que era | ẽ suua terra são e ledo tornouse logo | e
achou seu s*en*h*o*r nasçiaõ Com el Rey mor | daym na çidade de
sarrat e foy com ele | muy leda E eles ha Reçeberao * com muy |
gram prazer mas quoamdo ela nõ vyo | celidones seu f*i*lho
perdeo muyta de sua | alegrya e por Roguuo del Rey e de | seu
s*en*h*o*r se comfortou tamto que | eles lhe comtar̃ao as maravylhas
quue | pasar̃ao aquele dia mesmo que fragam | tina chegou a
saraz foy cristãa a f*i*lha | del Rey babel e Reçebeo bautismo | por
mão de patronyo homem samto e pa | remte de josep abaramatia
e ouue nome | sargoçimta por amor da molher del Rey | mordaym e
foy depois muy boa dona || **[199r]** e muy samta cousa e foy
molher de çilidones | asym como joão biuas volo deuysara nes | ta
estorea e por esta linhajem a tirou | de framçes e a treladou Ruber
de bur | bom de latim ẽ que a primeiro e[s]tp*r*eveo | aqu*e*le

yrmitão a que noso senhor mostrou | muyto se maravylhaũao as
donas e muito | tinhaaõ por boa vemtura quoamdo lhe | seus
senhores Comtauão as temtaçoes * | por que tamtas vezes pasarão
e como | noso Senhor os livraua mas numca por yso | foraõ mais
argulhosos nem mais sober | bos mas mas * umyldozamemte E
mais | seuus Rostos por terra ãdauaõ q[u]e ãtes e dauão graças e
merçes a noso | senhor por que em todas suas trybulaçoes * | os
ajudara e hacoRera ẽtão muyto | a meudo mamdauão por todas as
partes | por saberem novas de josep abarimatia E de suua Com-
panha que bem cuydavão | que com eles era çilidones mas numca |
por homem que mamdasem poderã saber | nada E pesoulhes muyto
e allgũas vezes | que se ajumtavaõ deziam bem nos diver[i]a | de
vizitar josep ou ao menos nos mãdar | allguãs palauras de com-
forto pera que || **[199v]** fosemos mais ledos que eles Cuydavão |
e aguoardauão que deos lhe mamdase novas | dele ou de cilidones
mas porque nõ sabiaõ | nouas deles forão muy trystes noite e | dia
Emtão nasçiaõ se despidio del Rey | e de sua molher e foise com
sua Com | panhya e com fragamtina pera seu | ducado e forão
Com gram alegrya | Reçebidos que muyto os amauão e chegarão |
a hum seu castelo que chamãuao velic e | folgarão hy allgũs dias
mas nasçiaão | nom folgaua Como devya ãtes | hera tryste por
josep e por çilidones | asym que emtrou ẽ gram cuydado por |
homde perdeo o comer e o dormir asym | que em outra cousa
nom emtemdia senão | ẽ cuidar e Rogar a noso senhor que por
sua | gram miziricordia lhe mostrase homde | josep e celidones
herão e dezia asym | a meudo bemdito senhor eu vos Roguo |
que vos me nom leix[e]is morrer senaão | nquela * terra homde
eles ã de moRer e que | de minha symemte a de ser povoada | e
sua molher fragamtina lhe tinha | ja comtado seu sonho e como
son[h]ara que havia | de yr a terra que por sua semẽte serya
acreçẽtada || **[200r]** CAP[ITULO]. lxxxviij DE COMO HUMA |
boz dise anasçiaõ que emtrase na | não e do que mais lhe acomte-
ceo. | Este Roguuo fazia naciao de dia e | de noute e tamtas
vezes o fez que lhe | acomteçeo que no mes de janeiro jazemdo |
em sua cama vyo na casa huã g[r]am | claridade e ouuyo huũa
voz muy cla | ra e gramde e diselhe nasçiaõ leuamtate | e vay
direita memte ao mar e acharas ahy | huũa não e emtra demtro
e nõ ajas medo | de cousa que nela achares que sabe que ela |
te leuara domde aches novas disto quue | pedes asym dise a vos

a nasçiaõ e quoam | do se a claridade foy a voz leixou de | falar
ele se ergeo de sua cama e deu gra | ças a noso se*nh*or porque
aquilo lhe mamdara | dizer emtão se ergeo e se vystio e caval |
gou sobre hum cavalo muy bom e forte | e por sua mão selou
e emfreou e sayo | fora do castelo tam paso e tão escomdi |
damemte que nõ o symtio nimgem e tomou || [200v] seu caminho
comtra o mar o mais direito | caminho que soube naquela noute
que ele | sayo do castelo neuara e geara taõ for | tememte que toda
a terra hera cuberta | asym que se nom fora por a lua que
hera | clara nom vira por homde ya Em tall | maneira se partio
de sua terra e em tall | pomto que ja mais hy tornou e toda
anoute | ãdou por se alomgar de sua terra e chegar | ao mar pela
menham quoamdo a molher de | nasção acordou que não achou
seu marydo | apar de sym começou a fazer tão gramde prã | to *
que todos os do paço hy asomarão e quoã | do virao * que aviam
perdido seu se*nh*or ouuerão | tam gramde pezar que nom souberão
que fazer | e pero acomselharamse que ho fosem | buscar que
ajmda nom poderia ser muy lom | je e cavallgarão muytos deles
os mylho | res quaval*ei*ros que havya e diserao * que | hyrião
apos ele e jurarão que o trariaão | se o achasem que quizese quer
não e cada | hum tomou seu caminho quoall o sabia hum | deles
Como se apartou vyo diamte sym | Rasto de hum cavalo e loguo
cuydou | que por aly hya nasção e metese * a segir | o Rasto e
este caval*ei*ro avya nome nabor | e era caval*ei*ro muy esforçado
efora tẽpo || [201r] avya catiuo [sic] del Rey daJmdia enasçiano
por sua | boa fama e por que dezia que hera filho | de hum Riquo
omem o Resgatou empero ele | mimtia que nom hera senão *filho*
de hum vilaão | cativo de ma vemtura e este caval*ei*ro hera | ja de
ydade de sasemta ou satemta [año]s o mais | brabo e folaõ do
mumdo quoamd[o] asym Em | trou no Rasto amdou o mais
que poude po*r* ho | alcamçar ãte que vyese anoute e ele hya |
sobre hum cavalo forte e lijeiro [ẽ] que | o leuaua muy Rijo asym
que ãtes de duas | oras tinha amdad[a]s tres legoas e asym |
ãdou todo o dia que numca perdeo o Rasto | e aora de bespora
achou em huũa momtanha | hum omem taão velho que bem avya
mays | de cem años E emtẽdeo que nõ hera *cris*tão e | poriso o
nom saluou m[e]s pregumtoulhe se ha | chara yr hum caval*ei*ro
soo se*nh*or dise ho | outro ajmda oje nom vy yr nenhum omem
acavalo | a fora vos mas ali asyma so huũa oulyv*ei*ra | vy hum

omem nom sey se he cavaleiro se piaõ | combaterse com hum
fero jayam de terra | estranha quoamdo nabor ysto ouvyo logo |
cuydou que era naçiam e partise * do pagão e | foise comtra ha
momtanha quoamdo chegou | homde se aqueles Combatião em-
temdeo | que ha batalha fora braba e crua e nasçião | hera ja tam
camçado e tão fraquo que se || [201v] nom poude ter amtes
cayo de Rosto no chão | e o jayaão sobre ele que lh[e] nõ poude
fazer mais mall asym jazĩao hum | sobre outro sem se poderem
mais fazer | quoamdo nabor vyo jazer seu senhor debaxo | do
outro premdeo seu cavalo a huuã | ouliveira e com aespada na
mão foy | pera eles m[e]s quoamdo o jayão que ja hera | em seu
acordo o vyo vir com aespada nua | quizera se herger mes nom
poude porque nas | ciam que bem conheçeo nabor teueo com
toda | sua força e nabor firya o jayaaõ | por o meyo dacabeça
que tinha descuberta | ata os myolos o femdeo e ele se estem |
deo com couta de morte e nasçiaõ se ergeo | ledo e com prazer
porque deos lhe acoRera | a tão boa ora e quoamdo nabor vyo
que seu | sennhor hera ledo e pagado diselhe senhor vos | sodes
livre de morte a merçe de deos aguora | vos Roguo por deos e
por este serviço quue | vos eu fiz que vos vos tornedes a vosa |
casa que sabe de que doutra maneira vosas | jemtes não averão
prazer nem bem nem foll | gamça de mais nosa senhora vosa
molher faz | tall pramto que numca avera bem nem ha | legrya
ata que vos nõ veja e por esto | vos Roguuo bom sennhor que
vos tornedes que ẽ || [202r] outra maneira seryamos Co[r]tados
e mortos | nabor dise nasçiam sabede bem verdadeira | memte
que em nenh[u]ã giza me tornaria ate | que nom veja o porque
dela say e nom me Ro | gedes que Roguo nõ a hy mister mes
dise | nabor não vos tornaredes por mỹ nem por | vos nem por
outrem dise nasçião çerto dise | nabor quoamdo me eu parti de
meus companheiros | que vos amdaão buscamdo como eu jurey
| lhes que se vos achase que vos leuarya se | pudese e que nyso
farya todo o meu poder | e pois vos acho quero vos leuar quer
quey | raes quer não ay nabor dise nasçião tu nõ | teras tall
poder sym tirey dise ele que am | te me combatirey com vosquuo
que vos | nom faleuar * como dise nasçião tu hes | meu e quereste
combater comyguo ysto | nom pode ser por boa fee dise ele
Com | baterme comuem quenõ me quero perjurar | pera comprir
noso prazer a batalha dise nas | çiam nom sera yguoall que tu

es fresquuo | e folgado e eu trabalhado e camçado | e mais estas armado e eu dezarmado | e ajmda que eu quizese tunõ avias de querer | que es meu e eu teu sennhor fiste cavaleiro | por minha maaõ e por esto nom devyas por nenhũa | giza em mim meter mão o que quizerdes podeis | dezer dise nabor que ora sejaes armado ou não | a tornar vos comuem çerto dise naçiam yso ||
[202v] nõ farey eu por poder que tu ajas se ha deos aprouuer emtão se meteo aseu caminho e | começou de amdar comtra o mar e nabor se | lhepos adiamte e tomou por o braço e di | selhe que mais adiamte nom pasaria por | poder quue ouuese não dise nasçião asym | me tera[s] por força e tolheras que nom | veja acousa do mumdo que mais dezejo çerto | esto sera marav[i]lha emtão com todo seu | poder tirou o braço comtra sym mes hera | tam camçado da batalha do jayão que ho | nom poude tirar e aquele que hera desle | all e folão e de ma linhajem tirou asỹ | de Rijo porele que apoucos lho nõ tirou | e ho deRibou no chão homde se lhe esfolou | o Rosto e as narizes e o samge lhesayo | por aboca e foy tam estrogido que esmore | eçeo e aquele ẽ que nenhuũa piadade ouve | como em quem Jazia toda deslealldade dise | que ho mataria senão tornase nasçião foy muy | coutado destas duas cousas do mal quelhe | este querya fazer ou de setornar quue | se se tornaua nõ podia Comprir omadado | do grão mestre emtão lhe dise tu me p[o]des | matar se quizeres que desta vez ẽ ne[n]hũa | giza me tornarey como dise nabor he verda | de que vos nõ queredes tornar e nõ vos | does * do pezar de vosos vasalos e vosos | amiguuos que jamais nõ averaõ prazer
|| [203r] sem vos [te]r nom me ajude deos se vos nom matar | se vos Comiguo nom tornaes eu te perdoo | minha morte dise naçiaõ e nabor alçou aes | pada por o feryr por acabeça quoamdo | naçiam vyo vir a espada ouue pauor demorte | e estemdeo as mãos comtra o çeo e dise ay | padre jh[es]u cristo se * meu escudo e defemdedor | comtra este ymmiguo e tamto que ysto | dise cayo nabor morto asỹ como aamtes | tinha quoamdo nasçião ysto vyo foy | ledo e tryste ledo por que escapara trys | te por que aquele asym moRera que bem | cuydaua que tinha a allma perdida emtão | oulhou naçião comtra o mar e vyo vyr grã | jemte de cavalo e de pe pera homde ele | estaua e oulhou por deRador homde | se escomderia que muito avya gram medo | que se ho conheçesem que ho farião tornar | e quoamdo vyo que se nom

podia escomder esteve | quedo ate que achegarão aele e conheçeo | que erão seuus vasalos do castclodc Ra | bell e o sennhor do castelo vinha hy comeles | que pouco avya quepor amor de nasçiaõ se tor |narão cristãos quoamdo se virão aprouelhes | muyto que muyto se amauão de coraçaõ ho senhor de Rabel lhe pregumtou como aquele | homem mo[rr]era que ali jazia nasçiaõ o tirou | a huũa parte e lhe Comtou todo como fora | e como ho quizera matar mas noso senhor por | sua gram piadade nõ ho quizera sofrer || **[203v]** amte tomara tall vigamca * como ele [v]ya | pezame muyto sem fallta por que he | morto mas pois a noso senhor prouue nõ | [po]so eu mais fazer que bem busquey | a paãz mas ele nom a quis senhor dise | o senhor de Rabell esta vimgamça he boa | segumdo o torto que ele quis fazer | que numca mayor deslealldade fez | omem que erades seu senhor e quis vos ma | tar ele ysto dezemdo veyo huũa | voz que dise ay homem de Rabel meu | ymiguo e falso cristão e desleal | por que jullgas tu a outrem mayor des | lealldade que mayor que esta fizes | t[e] tu omtem que mataste teu padre | por te ficar sua terra e poriso tomara | de ty deos tall vigamça * que sempre dela | falarão tamto que ha voz acabou de falar | oulharão e virão o tempo trocado e es | curo tamto que hapenas se podião ver | e vey[o] hum som de trou[ão] [d]o çeo peram | te el[e]s tam espamtozo que todos ca | yrao * em terra esmoreçidos e asỹ jouve | rão como mortos gram p[e]daço e quoam | do acordarão acharão o senhor de Rabel | morto de hum corisquuo e foi todo | queimado e fedia tamto que marav[i]lha | hera o fedor que del[e] sahya quoamdo | eles ysto virão forão muy espamta | dos e nom souberão que fazer afora || **[204r]** que fazīao seu pramto e nisto sobreveyo | hum omem de ordem vestido de hus * panos | bramquos e quoamdo vyo nasçião que era | muy tryste desta avemtura por que ho | conheçeo mylhor quene nhum dos outros | foy se pera ele e pregumtoulhe que era | aquilo e ele lhe dise toda a verdade e ho | omem bom lhe dise que numca de mayor | maravylha ouvira falar agora lhes | aja deos merçe das allmas senhor dise nasciaão | por deos acomselhademe que faremos des | tes corpos se os soterrarre[m]os ẽ sagrado | ou domde eu vos direy que façades | diselhe vos bem vedes que esto he vym | gamça de noso senhor e bem deuemos de crer | que todo mumdo disto falase por tam | to t[i]rya por bem que os soterrasemos | aquuy e fazede ẽ seuus moymemtos escreuer letras que comtem em que maneira | morrerão pera que seja Remembramça | [ao] mumdo pera sempre e este he o mylhor | comselho que eu vejo e asym o façamos | se vos haprouuer nasção lhe dise que asỹ | se farya e chamou os outros e dy | selhes senhores eu nom poso aquy mais estar | por que vou a outro cabo e pareceme que | ja tardey muyto soterrade estes corpos | hum de huũa parte do caminho e outro | do outro e ho jayaão em meyo e depois | que forem soterrados yde a bilic meu ‖ [204v] castelo e dezede a fragamtina a duquesa | que venha qua e faça fazer tres tores | sobre cada muymemto asua e fara escre | uer nel[a]s Em que giza foy amorte de ca | da hum deles asym que todos os que hera * | sam e am de vir o saibaão e eles diserao | que ho fariaão degrado e soterrarão | nos com muitos choros e muytas lagry | mas e vozes e jouuerão ali toda aquela | noute nasçiao tamto que vyo a noute | sobio sobre hum cavalo o mylhor quue | achou na companhya e partise deles | pero amte lhes divisou toda a verdade | do jayaão que ora aestorea nõ declara | depois que cavalgou partise pera | a montanha quoamto o cavalo o pou | de leuar e tamto se acoitou por am | dar * que por amenhaão chegou ha Ri | bera do mar e achou aquela mesma | não em que ele e ell Rey virão a Rica | espada e ho Riquuo leito homde hos | tres maravylhosos paos erão e na Em | trada na praya estaua huũa domzela | a mais fremoza nem amylhor guar[ny] | da que vira peça avya E quoamdo | ela vyo vir nasção hergese comtra | ele e dise bem venhades bom seruo | de jh[es]u cristo o mylhor cavaleiro damtre | cristaõs e dipois diselhe ay omem bom | eu te Roguuo por aquela fe que tu ‖ [205r] tes * ao deos cuja lei tes * que me outorges hũ dõ | que nada te custara de grado dise ele se | o eu poso fazer tu o podes fazer dise | ela se es tall cavaleiro quoall eu cuido | ora dizede dise ele eu te Roguo dise ela | que tu me metas nesta naõ homde tu | queres emtrar que nõ poso amdar a meu pra | zer que saõ camsada de trabalho quue | tenho de amdar ele lhe dise que se ho | pudese o faria de grado e tomouha | ẽ seuus bracos * e quoamdo cuydou de ẽ | trar na não nom poude que anão se halom | gaua quoamto se ele mais chegaua quõa | do ele ysto vyo posha domzela ẽ terra | maravylhouse muyto e ergeo amão | e bemzese * quoamdo ele se bemzeo vyo | a domzela tornada em figura de diabo | como aquele que verdadeiramemte

o hera | quoamdo ele ysto vyo ameudo se bemzia | e diselhe ay
traydor mortal ymmigo | marauylhoza memtes me cuidas dem-
ganar | que em forma de molher vyeste a mym | mas teu emgano
nomhera mister nem | te vall nada que d*eos* quer que me nom |
posas tirar da caReira da sãta y | greja Emtaaõ se emcomemdou |
a jh[*es*]u c*ri*sto e emtrou logo na não e oulhou | a Ribeira e nom
vyo nimgem senão seu | cavalo mas ouuio deRedor dele tão feyas
e | tam espamtosas vozes como se saysem || **[205v]** das bocas dos
servidores do ymferno e | sem falta asym era quoamdo ele hou |
vyo aquelas vozes soube bem que herão | dos ymmiguos que
amdauão por ho hem | ganar e emcomemdouse aseu saluador |
e fez suua oração quoall soube depois | dormyo que muito lhe
fazia mister | como homem quetodo o dia e toda anoute) tra-
balhara e tamto q*ue* hadormeçeo so | nhou que via hum omem
vestido de hum | pano vermelho que o acomselhaua bem e ho |
castigaua nasçião lhe pregumtaua quem | hera e ele lhe dezia
que hera hum omẽ | que sabia quoamto os omes fazião e | todo
o que avya de vir e ele lhe pregum | taua se sabia homde eraseu
f*ilh*o | e ele lhe dezia que era na terra que lhe d*e*os | prometera
e nasçião lhe dezia se*n*h*o*r quem | he ẽ suua Companhya e ele
lhe dezia | que gram gemte que lhe fazião gram | homrra e o
tinhaaõ por se*n*n*h*or | CAP[*ITULO*]. lxxxix Do que nasção |
pregumtou ao homẽ boõ de Josep | e Josefes seu f*ilh*o e como
soube os | q*ue* de sua linagẽ decemderiam | Diz aestoria que
nasçĩao pregumtaua | ao homem bom por Josep e por Josefes |
e por os outros de saraz e ho omem | bom lhes * dezia que
pasarão o mar sem naão || **[206r]** e sam na terra que he prometida
a seus yrde*i*ros | e a os vosos se*n*h*o*r dezia nasçião pois que vos |
sabedes todas as cousas que am de vir vos | me podedes bem
dezer se vos aprouue[r] se | ja mais tornarey aminha t*e*rra e ele
lhe dezia * | tu ja mais aela tornaras se em sonhos não | nem
esta não outrosym nom tornara qua | mais amte[s] ficara naquela
terra que | te eu diguuo ata aquele tempo e ho | derrade*i*ro omem
de tua linhajem ẽtre | demtro nela por asevir asaraz Com | aquele
samto vazo que chamão o samto | gryall e atequele tempo nom
se par | tira esta não daquela terra e daquy ha | quele tempo
nom sera tampouquo que nõ | sejão bem trezemtos años ou mais
ay | se*n*h*o*r dise nasçião e quem sera o derradeiro | omem de
minha linhajem esto dise | ele saberas tu muy çedo Emtaõ se |

partio ho omẽm bom dele e ele dormyo | e folgou gram peça que
muyto tra | balhara e depois que ho omem bom se | partia dele
pareeçialhe que tornaua ha | ele e lhe metia na mão huã carta
[que] lhe | dezia ves aquuy os Ramos e allteza da | aruore de
tua linhajem não da que tu de | çemdeste mas ha que de ty
decemdera | e emtaõ se partia dele e vinha [aele] | celidones
com noue pesoas de homes quue | todos herão a maneira de Reis
coroados || **[206v]** a fora o outauo e celidones dezia a nasçĩao
senhor | eu vos dou esto e depos esto mudauam | se todos aquelas
noue pesoas em lioes a | fora somemte o oitauo aquele se mudaua |
em forma de cam̃ çujo e mão e era tãao | fadigado e tam trabalha-
dor que nõ | podia ser mais e o cão hera tam fraquo | que se mara-
vilhaua Como podia estar | o primeiro se leïxaua cayr asỹ como |
morto aos peis de cilidones e desym ho | segumdo e terçeiro e
quoarto e quimto | e seisto e setimo e acomteçia que ho | o *
oitauo estaua asỹ tamto que por dia | a forma de cam e tornaua
ẽ f[i]gura | de liaõ mas quoamdo o noveno morrya pa | Reçia a
cilidones e a nasçião que todo | o mumdo se ajumtaua aRedor
dele | e o chorauão e fazĩa muy gram do este | sonho sonhou
nasçĩao e quoamdo acordou | aora de nona achou acarta que lhe
o omem | deu na mão e emtaõ teue que o sonho que | sonhara que
fora allgũa direita | vizaão e foy tãao ledo que nõ p[o]dia | ser
mais e agrade[çeeo] muito anoso sennhor | o quelhe m[o]strara
quebem soube quue | quoamto vira fora por mamdado e võ | tade
denoso sennhor e emtaõ abrio acarta | e achou letras todas ver-
melhas quue | as huuãs herão escrytas Em ebraico e as outras em
latim e dezião dos caval[e]iros || **[207r]** seruos de jh[es]u cristo o
primeiro nacião e outro çe | lidones e o primeiro que de celidones
sayr | sera bom e Riquuo e muy amigo de deos e bõ | cavaleiro
darmas e avera nome narpos e o | segumdo nasçião e o terçeiro
elaym o groso | sera bom omem e samto e Rey coroado ho | quoarto
avera nome y[h]aiis o quymto avera | nome jonão e sera bom cava-
leiro darmas | e exaltara a samta ygreja o sexto avera | nome lamça-
rote e sera coroado na terra | e nos çe[os] que nele avera caridade
e piada | de o setimo se chamara lam e o que del[e] | deçemder
sera o oitauo da linhajem e a | vera nome lamçarote este sera o
que so | fer[e]ra mais coitas e trabalhos que nenhum | dos damtes
dele nem depos ele aquele sera | Reto ate perto de sua fim daquele
saira | o nouveno que sera Rio turuo e espeso como | lama nome

meyo * e na fim sera limpo * | mes no começo cem vezes mais claro
e mais | fremoso e taõ saboroso de beber que ha duro | se poderia
dele nimgem abomdar naquele | me lauarey todo aquele sera
Rey coroa | do e avera nome galaz aquele pasara | de bomdade e
caval*ei*ros todos hos caval*ei*ros que amte dele forão nem hem | seu
tempo serão aquele dara fim has | avemturas que virao * na terra
homde has | avera quoamdo nasçiaõ ouue lida acarta | e vyo asyma
de sua linhajem soube que galāz || **[207v]** serya toda a bomdade
e çima de toda cavalaria | e começou de chorar com prazer e
agradeçeo | muito a noso *sen*hor que asỹ lh[o] mostrara e tam |
to lhe aprazia que todo o dia oulhou nascião | as letras e nom se
podia avomdar de has | oulhar e se lhe todo o mumdo desem nõ |
serya mais ledo que daquela profeçia | que bem crya que todo
asym serya Como | achauua no escryto quoamdo por amor da |
noite que era escura nom poude ler ha carta | meteoa no seyo e
começou de dizer seus | Roguuos e suuas oraçoes * anoso *sen*hor
que | por asua samta piadade o mamtiuese em | seu *ser*viço e o
guoardase asỹ como | pay deue guoardar a filho que nõ say | se
da direita caReira e direita fee quoã | do ouue feita sua oração
acostouse | no bordo da nao e oulhamdo no mar começou | de cuy-
dar e se maravylhar por que aq*ue*le | que serya o oitauo de sua
linhajem tinha | forma de cão e os houtros forma de | lião e por que
o noueno que vira ẽ forma | de lião tinha escrito que serya Rio
| toruado neste cuydado cuydou tãto | toda a noute que numca
dormio nem | folgou amte jouue asỹ no bordo ate | p*e*la menham
e quoamdo foi dia estem | deo suuas maos * comtra ho çeo e
dise *sen*hor | padre jh[es]u cr*is*to por a tua piadade me faze
| çerto disto que tamto deze[j]o saber || **[208r]** E mostrame
por que aquele tom[a] forma de cão | e outro de lião e de Rio
toruado *sen*hor numca | cousa tamto dezejey saber por tua mizi-
ricordia | mo faz emtemder e doutra maneira nũca | serey ledo
depois que esta oração fez | tomou acarta e começou de a oulhar e
tã | to lhe aprazia d[o] que nela achaua que nõ | tynha vomtade
de comer nem de beber e quõ | ãdo * veyo comtra aora de noa
oulhou pera | o oriemte e vyo vyr huũa não muy RiJa e quo | ãdo
foy jumto co[m] assua lamcouse * so | bre o bordo p*er*a ver que
amdaua demtro hou | lhou por toda a não e nom vyo nada mes
por | que cuydou que amdaua allgem demtro sa | yse da suua e
emtrou na que veyo e amdou | ha toda ata que acabo do gover-

nalho | achou hum velho muy amtiguuo que lhe | pareçeo que dormia e achegouse a ele | e acordou e ele abrio os olhos e pregum | toulhe quelhe querya se*nh*or dise nasçião que | rya saber se dormiades eu nom dormya dise | ho omem bom mes o meu dormir ouue la | a ty que te faz e nom[h]e este o primeiro | pezar que me tu fizeste pero eu te perdoo | este se*nh*or dise nasçião homde fiz eu ese | pezar que çerto cuido que numca vos pezar | fiz e se ho eu fiz quero volo coReger | a vosa vomtade e segumdo eu puder || **[208v]** e ho omem lhe dise que se havia daquilo | por muy pagado e felo asemtar | apar de sym e pregumtoulhe por suua | fazemda e ele lhe dise toda a ver | dade e depois que lha dise nasçião lhe | pregumtou quem hera e de que terra | e o omem lhe dise eu são de huũa terra | domde numca foste nem yras mem | tr[e]s que neste mumdo viueres e por iso | ta não diguuo mes que fazes desa car | ta que tes * na mão oulhoa muy de coração | dise nasçião que somemte de oulhar | me vem tão gramde sabor e hum | tão gram prazer que me nom lembra de | comer nem de beber mes muyto mais me | aprazeria se soubese outras cousas | que aquuy estaão Emtão lhe dise | quoaes e que era *por* as saber emtãao grã | de cuydado que nom podia diso tirar | seu coração e ho omem bom o oulhou e | lhe dise nasçião gramde neçeçidade [sic] he |omem fazerse mais priuado de seu | se*nh*or do que e aquele he mais neçio q*ue* | quer saber as poridades de noso se*nh*or que | nom deue se*nh*or dise nasçião v*er*dadeira | memte ele he muy neçio por boa fe dise | ho omem bom eu o diguo por ty que hes | muy neçio por que noso se*nh*or por sua boa võ | tade te quis mostrar huũa parte das | **[209r]** cousas que am de vir e o cabo de tua linhajem | e tu es ajmda tão samdeu que te nõ comtem | tas com ysto e queres ajmda saber mais | e pregumtas cousas que nenhum coração | mortall poderya nem saberya descobrir | se tas a graça do esprito samto nõ mostrase e noso se*nnh*or te mostra cousas que | ne hum omem do mumdo as poderya saber | e ajmda pregumtas por mais cuydas q*ue* | to deue d*e*os oulha que numca te acomteça | pregumtares por cousa que nõ devas que | sabe que por ysto podera d*e*os de ty aver | sanha quoamdo nasçião ouvyo o que lhe | o omem dezia vyo que lhe dezia v*er*dade | teuese por muy cullpado e dise çerto | se*n*hor nom se deuerya nimgem de maravy | lhar de o pregumtar que sam mizero peca | dor e nõ sey nada nem sabia o que fa | zya que vos bem sabedes que ho peca-

dor | mais deita a fazer sua vomtade q*ue* | a de d*eos* ẽtão lhe dise
ho omẽm tu q[*u*]eres | saber que quer synifar * o oitauo de tua |
linhajem que te pareçia ẽ forma de | cão e que senyfica o novo
que te pareçia | ẽ lião e em Rio torvado sen*h*or dise | nasyão se
eu yso soubese eu cuydo q*ue* | quoamto eu no mumdo dezejo todo
averya | Comprido eu to direy dise ho omem bom || **[209v]** e ora
me escuta * aqueles que te pareçião Em | forma de lioes * serão
fortes e esforcados * | e cheos da graça de noso sen*n*hor e serão
omes | boõs e leaes e fumdamemtos e este[o]s | da samta ygreja
e por que eles querão * de | tam allta vyda te pareçer[o]m ẽ forma
| de lioes * e com Razãao q*ue* hasym como | os lioes * se asenho-
reaõ de todas as aly | ma[r]yas e as mete sou seu poder asỹ sam |
os omes boõs comtra hos pecadores q*ue* ho | omem ẽ tall giza
he forte que ly | geiramemte nom cay no pecado mortal | se por
allgũa ma vemtura nele nõ cay | e por que tem suua esperamça ẽ
jh[*es*]u c*risto* | e no amor de d*eos* se erge mais forte e mais seguro
que amtes mas o q*ue* he peca | dor nom o faz asym amte se leixa |
cada dia cair mais e mais em pecado e | tamto se nele leixa
estar que ẽ ne | nhuũa giza se pode erger o oitauo quue | em
forma de cão te pareçia senefica | que o outauo da tua linhajem
sera pecador | e lixoso e vyll e por direito por ysto | te pareçeo em
forma de cão que hasỹ | como o cão quoamdo he famimto vay |
coRemdo aseu mamjar e comeo tão azinha | q*ue* ho nom mastiga
asym faz o pecador | q*ue* he famimto de mas obras e nom | oulha
nada que se ele ẽtemdese ha | margura que demtro jaz bem ho
oulharia || **[210r]** e somemte nom prouaria mais pecar por que
co | nhecerya o mall e a dor que lhe podia vir por | pecar mortall
memte pois por esto que este | outauo sera pecador apareçeo ẽ
forma | de cam quoamdo os outros apareçerão | Em forma de
lioes aguora te direy por quue | o noueno te pareçeo Rio turuo
no começo e | claro no meyo e em fim por que h[e]ra turvo | no
começo synifiqua que sera feito | em pecado mortall e gerado do
outavo | que sera luxoso e suua nacemça sera has | comdida que
nom sera feito em molher | lidima nem segumdo asamta ygreja |
mamda mas sera feito vyllmemte | como em forniço e em pecado
mortall | e por esto apareçeo em Rio toruado e es | peso mas no
meyo de suua ydade e no | fim sera muy claro e limpo claro que |
sera asym Rijo e asym viuo e sera Com | prido de tam gram
cavalaria e bom | dade de armas que pasara toda sua ly | nhajem

de toda bom dade limpo sera | que ele sera virgem todos os dias de sua | vyda e por fim te diguo que sera | tam bom cavaleiro que cavaleiro quue | seja nom o semelhara Em seu tempo que | sera de mylhor doairo e graça e vyda | que nenhum omem e pero morrerra primeiro | que seu pay aguora te dise quoamto de | zejauas e tamto que ysto lhe dise || [210v] ho omem bom somise * que nasçião nom soube | parte dele e quoamdo ysto vyo agradeçeo | muyto a deos que lhe ẽsynara o que ele tam | to dezejaua mas aguora leixa aestorea | e tornar * acomtar o que fez aduqueza | molher de nasção depois que ele dela | se partio na forma que ja ouvystes | CAP[ITULO] 1R. Do que fez a duquesa | fragamtina de pois da ida denas | cião | A guora dĩz aestorea que quoamdo | nasçiao * se partio de belic Como | vos ja dise que framgamtina | sua molher nom poude aver novas | dele foy muy coitada como molher quue | mais amaua seu marydo que houtra molher | pero naquela gram paxaão que sofrya num | ca se queixou a deos aymda quelhe vinhão | muytas temtaçoes * e maravylh[o]sas | porem como molher mamsa e de bom | coração as sofreo todas com boa paçem | çia e agradeçia a noso senhor quer lhe fizese | pesar quer praz[er] e Rogaualhe toda | vya com choros e com lagrymas que | por sua gram piadade guoardase nas ção ẽ tall maneira que fose saõ | do corpo e da allma homde quer quue | fose e sempre adona foy ẽ coita || [211r] e em pezar por nom saber dele e quoamdo | foi noite vyo que os mais que o foraão | buscar se tornarão e nom lhe trazião novas | dele emtaõ foi mais gastada que ã | tes e pero asym so frya seu pezar que ho | nom emtemdia nimgem e asym esteue | ate pela menham e quoamdo veyo ho dia | amtes que fose ahuũa ygreja que nasção | naquele castelo mamdara fazer ahomra | da madre de deos vieraão amtela omes de | babel quelhe diseraõ senhor[a] o duque nasção | noso senhor e voso vos sauda e diseramlhe | quoamto nasção lhe mamdaua dezer e ho | que ha viera diamte deles ao senhor de babel | e a nabor e ao jayaõ de porto estranho | e quoamdo ela ouvyo o quelhe seu sennhor | mamdaua dezer diguo fazer o mais azinha | que poude tomou ouro e prata e foy | se ha momtanha com ofiçiaes e fez come | car * has torres Como nasção lho mamdara | asym que amtes de tres meses foraaõ | acabadas taõ gramdes e taõ alltas | que sempre durarão e sobre cada cova | deles fez fazer mumemto muy Riquo | e muy fremoso e escreuer sobre cada | hum como morrerra e depois que todo fez | pos has torres nomes que numca jamays | memtres que jemte[s] ouuerem no mumdo | os perderão e chamoulhes as torres da || **[211v]** vimgamça e saão estas torres amtre valechym | e Rabell direita memte na emtrada do egito | comtra ho Reino de babilonya e quoamdo | forão as torres hacabadas tornouse ha | valechim e dise que ali esperarya | seu se*n*hor ate que tornase ou sobese novas | çertas domde era pera se hyr p*er*a ele | asym ficou adona em valiche [sic] ate | apas quuoa e el Rey mordaim e sua molher | sargaçimta a hyaão ver muytas vezes | e a quizerão leuar comsyguuo se quuy | zese mas ela dise que dali se nom | parterya ate que nom vyese seu se*n*hor | ou seu çerto mamdado mas aguora |leixa aestoria de falar da dona | e demordaim e nasçião e torna a falar | de josep e de josefes seu filho | e dos outros que de sarrat comele se par | tirão de que aestorea ate guora se | calou| CAP[ITULO] 1Ri. Do que acomteçeo | a Josep e a seu filho Josefes | de pois q*ue* se p*ar*tirã de sarrat e | como pasarã o mar sẽ barca | Diz aestoria que quoamdo Josefes | se partio com sua companhya e | [s]eu padre da çidade de sarrat ham | daraom tamto que pasarão o Rio de eu || **[212r]** frates e outras muitas terras e acharão muy | tas porque herão cri*st*ãos trauarão neles | mas numca forão [e]m lugar presos q*ue* os | noso se*nn*hor nom lyvrase huuã noute n[o] ym | verno . jazião Em hum mato em collchas | que fizerão e comerão muy bem aq*ue*la | noute e jazia josepe com sua molher boa | dona a d*e*os e ao mumdo e muyto amauã | e alouuauão quoamtos aconheção e eles | asym jazemdo dise huũa boz ajosepe mã | date dezer o gram mestre por cujo mãdado | vieste aesta terra que jazeras esta noyte | com tua molher asym como omem cõ molher | deue jazer que ele quer que ajas sememte | per que a terra que te tem prometida seja | guoardada e mamtida e ho que sayr | sera fi*l*ho e por lhe as nome galaz ysto | te mamda ho ordenador de todas as cou | sas aysto Respomdeo josep vedes ha | quuy o seruo de jh[*es*]u cri*st*o aparelhado p*er*a | fa[z]er suua vomtade mas eu são ja taaõ | ve[l]ho e fraquuo e camsado que nom | sey como ysto posa fazer nom te mara | vylhes dise a voz por que asỹ a de ser | emtaõ se calou e josep aquela noute | que jouue com suua molher e ouue hum fi*l*ho | que se chamou galaz que depois foy tão | bom omem e taõ bom caval*ei*ro darmas || **[212v]** que bem deuemos falar em seus feitos | ãte os alltos om̃es e amte outros pera | que os mãos se sofrão de seuus

maos | feitos e malldade e os bos qu[e] tẽ | hordem de cavalaria
se coRegaõ e se | mamtenhaão bem com deos depois que ysto |
dise a voz a josep ele e * josefes he | toda suua companh[y]a
hyaaõ cada dia | diamte o samto vazo amte que comesem | fazer
suuas oraçoes * que noso senhor hos | leuase a terra que lhe *
prometera tam | to amdaraõ asym ate que chegaraão | ao mar
e esto foy a hum sabado hao | serão e quoamdo hy chegarão nem
ha | charão não nem outra barqua allgũa | ẽ que da houtra parte
pudesem pasar | [e] forão muy trystes que teuerão du | vida de
ficarem ali domde estauão | e começarão de chorar e pidir anoso |
sennhor merçe quelhes [a]coRese aquela | trysteza que numca
taão myster | lhes fora suua ajuda [d]esque sairão | de suuas terras
ẽ taaõ forão ha | josefes seu bispo e choramdo lhe | diserão
senhor que faremos pera pa | saremos * que no mar nom ha [n]ão
nem | gale que daoutra parte nos pase por | deos dezedenos se
pasaremos ou se fi || [213r] caremos ou se he esta a terra que nos
deos pro | meteo a nos e a nosos yrdeiros aquela omde | [a]vemos
de acabar nosas vidas em serviço de | noso sennhor quoamdo
josefes ysto ouvyo | teue em seu coraçaõ gram dor porque herão |
fora de suuas terras e leixaraõ suas Riquezas | e [mai]s o mais
deles herão seuus paremtes | ẽ tão dise amigos e boas donas nõ
vos | descomfortedes muyto ata que nõ veja | des porque eu vos
diguo que aquele que nos | aquuy trouxe nos leuara alem se sua
võ | tade for dela yremos mas eu vos digo | que nõ vos leuara
todos la e diruoshey | por quue quoamdo vos partistes de vosas |
terras e leixastes o viço do mumdo por ser | vir deos jh[es]u cristo
vos lhe prometestes que ho | servyriades Como filhos deuem
servyr | a padre tamto quer ysto dezer como quue | vos guoar-
dari[a]des dali adiamte de pecar | como quer que hate li tinh[e]s
feito e ele | vos prometeo que vos daria quoamto | vosos coraçoes *
soubesem cuydar e que | vos livraria de quoamtos vos quizesem |
mall fazer e o que ele vos prometeo | o teue muy bem que numca
depois lhe pidis | tes cousa que vos ele nom dese e muytas | vezes
de muitos primçipes da terra fostes | presos e ele vos livrou asym
vos teue ele || [213v] suua promesa mas vos tiuestes muy mall |
o que lhe prometestes por que amtrada * | da momtanha das
atalayas quoamdo | ele com vosquuo falou cada hum | de vos lhe
prometeo castidade e quue | todos vos teries limpamemte ate | que
vos ele mamdase que chegaseis | a vosas molheres esta promesa

lhe fi | zestes vos e sabedelo muy bem ora hou | lhay como acompristes que os mais de | vos caystes ẽ luxuria ma e lixosa | e os outros sam ja fryos de fazer | bem mas o * que verdadeiramemte sempre | tiuerão suuas vomtades e seus coraçoes * | ẽ Jh[es]u cristo e sam aymda quemtes e feruemtes do foguuo do esprito sãto | e da quemtura da caridade asỹ como | herão no começo e que guoardaraõ | seuus corpos limpamemte e tiverão | castidade como prometeraõ estes pasa | rão sem barquua e sem não e o mar hos | sofrera porque nõ ha neles peso de pecado | nem de malldade estes pasaraõ porque | suua fee os pasara alem e ha gram | limpeza que tiuerao e os que asỹ se nõ guoardaraõ e viuerão em pecado averão | naos e gales e segir nos haõ e sabedes | por que noso senhor quer que vos nõ apartedes || [214r] de nos e porque Em nenhũua maneira ele quuer | a morte do pecador mas quer que viua pera quue | venha acaReira da verdade esto vos ei dito | pera conheçerdes voso pecado [e] quoamdo quer | que for manyfesto este erro que fizes | tes comtra voso deos nom vos dezespereis pois | que amtes o fizestes quoamdo aqueles | que se semtĩao cullpados naqueles herros | de que os acusaua Josefes ysto ouuiraão | fizeramse afora e começarao * hum taaõ | gramde pramto que numca ho omem vyo | mayor e chamauamse catiuos mallhavẽ | turados e se[r]yam quoatroçemtos e sa | semta e os outros que nom heraõ ẽ esta | cullpa chegaraõose aJosefes e fimcaraõ | os Joelhos diamte dele e diserão senhor como | pode ser que nos pasemos ele lhe * dise | ysto mereçedes vos muy çedo e estes | seriaão çemto e çimquoemta por todos | e herão os parẽmtes de josefes aquela no[u]te | hera mamsa e crara e o mar mamso e chaão | [e] sem tempestade e a lua muy clara e fazia | muy bom tempo ysto hera em abryll hũm | sabado hum dia amte da Resurreiçaõ de | jhesu cristo que era bespora de pascoa e josefes | vyo a seu padre e beijoou * e diselhe pa | dre segideme e despois beijou os hou | tros todos que acabo dele estaũao hum | a hum e diselhes como dezia aseu padre || [214v] e foy pera emtrar no mar mas huũa voz lhe | dise josefes nom emtres nom emtres hy | asym [mas] mete os que guoardão vaso | e depois despe atua camiza e dize ateu | padre que ponha os peis sobre a aba dela | e despois chama os outros que beijaste | e façaõ asym e se eles tiuerão o que pro | meterão * ao salluador poderão estar sobre | a aba da camiza e bem os tera todos mas | aqueles que nõ guoar-

darão sua promesa | não poderaõ nela estar e a estes lhes |
serão necesari[o]s naõs e gales e vos | pasaredes este mar amt[e]
que seja dia asỹ | como a voz mamdou asỹ o fez josefes que |
ele chamou os que guoardauão o samto | vazo e fezlhes emtrar
no mar e diselhes | yde seguros que ha vertude daqueste | pri-
çioso vazo vos guoardara e g[i]ara | e eles se meterão loguuo
no mar sẽ pa | vor e sem duvida e começarão yr p[o]r | syma
dele asym como se fora terra | cham e leuarão comsyguo ho samto
| vazo que chamão o samto gryall quoãdo | josefes vyo que hera
ja ẽ tall maneira | tomarão seu caminho espio a sua camiza | e
vistio outros panos e dise aseu padre | que pusese os peis sobre
aaba daquela | camiza e josefes estaua Ja sobre ho mar || **[215r]**
e estemdera acamiza sobre a aguoa asym | como sobre aterra e
seu padre se pos sobre | a camiza e chamou hum seu paremte
quue | a vya nome bru que era casado com huũa | suua *filha* de
que tinha doze *filhos* gramdes | e fremosos e metese * demtro
nacamiza | como josepe fizera depois chamou | josefes todos hos
outros çemto e çimquoẽ | ta huus *depos hos outros e felos
ẽtrar | hum e hum na ba dacamiza e acamiza se | estemdeo por
o prazer de *deos* que todos | os hy acolheo afora sos * doũus
quenão | herão taes como devyão e hum era padre | do outro e
o pay se chamaua symion | e [o] *filho* mois quoamdo aqueles dous
quy | zerão emtrar na aba ligeiramemte forão | ao fumdo asỹ como
pedaços de chumbo | e josefes que bem nos conheçia quoamdo |
os vyo asym afumdar dise mall fi | zestes que vos asym emga-
nastes | bem pareçe quoamta fe em vos ha e os | que se forão
ao fumdo com pauor | da morte danarão digo nadarão ate terra | e
os outros que ficarao * os forão ha | judar atirar josefes que diamte
hya | começou de tirar por as mamgas da | camiza por syma da
aguoa e eles | se ẽcomemdarão todos a noso *senh*or e me || **[215v]**
terão sua esperamça nele e acomteçe lhes asỹ | que amte que fose
dia forão na gram | bretanha e virão que aterra hera toda po |
voada depaganos | CAP[*ITULO*]. lRii De Como Josep | aportou
na grã bretanha terra | que lhe *deos* prometera Quamdo forão em-
terra e josefes | vistio suua camiza fimcarão | todos os goelhos
emterra e ha | gradeçerão muyto anoso *senn*hor mos | trarlhe
tão graõ synall damor e de piada | de josefes que se apartou deles
hum pou | quuo começou a Rogar anoso *senh*or por hos | outros
que da outra parte ficarão que ele | por a suua piadade os trouxese

ali domde | eles herão em salluo depois que te[u]e fey | ta sua oração dise lhe huũa voz josefes | o que pidiste eu to outorguo que eles | serão comtiguo muy azinha e sabe | que esta terra domde tu hes he p[e]ra ha | creçemtar de jemte que seja a mais servy | ço de deos que esta que nela he e cata | que daquuy adiamte sejas muy forte | e aviuado ẽ pregar o samto nome de jhesu cristo || **[216r]** e a verdade do avamgelho ẽ cada lu | gar homde fores e nom çeses emquoamto | puderes que bem sabe que ja tamto te nom | trabalharas que amte que esta terra seja | tornado * de cristaos muyto nom tra balhes | ora te aleuamta e faze o que te dise quoã | do jose fes ysto ouvyo aleuamtouse | e oulhou comtra o çeo e dise sennhor vedes | aquuy o voso seruo gizado de fazer quõa | to mamdardes emtão se tornou comtra | seu pay e suua gemte e diselhes senhores | novas vos traguuo boas e com que vos | aprazera sabede que esta he a teRa | que nos he prometida e a nosos yrdeiros | comuem que seja chamtada dearvores | novas que asỹ como nela amão * ley he fir | mememte tida asym comuem que a fe de | jh[es]u cristo que he anova e direita caReira | e perdurauell vida nela seja chamtada | e aReigada e a ma dezaReigada e co | lheita todos diserão sennhor vedes aquy | nosos coraçoes * e corpos aparelhados | pera fazermos quoamto mamdardes | e aparelhados pera morrer e viuer por | a ley do verdadeiro croçofixo mamdai | nos que ha todo noso poder faremos quo | ãto mamdardes e ele lhes dise que lhes nom mamdaria nada ate nõ saberẽ || **[216v]** novas de seuus companheiros que daoutra | parte ficarão mas aguora leixa aesto | rya de falar deles e torna a nasçião e aos | outros que daoutra parte do mar ficarão | CAP[ITULO]. lRiii Do que acomteceo a | nascião depois que ho homẽ boõ se partio delle. | Diz aestorea que depois que o mẽm | bom que falara com nasçião e lhe fizera emtemder o que ele tamto | dezeJaua se partio dele ẽ maneira | que nasçiao ficou ledo do que dezeJaua sa | ber e asym ledo sayo ao bordo da não | domde saira homde hera ha Riqua espada | nom a vyo lomge nem perto e ouue diso | grão pezar que muyto com forto tomava | com os tres paos do leito por a senificaçã | que deles lhe disera ho omem bom da bar | qua e quoamdo vyo que nom podia mais | fazer comfortouse com suuas letras | e quoamdo foy noite deitouse no meyo | da não e adormeçeo e dormimdo lhe | pareçeo que ho omem bom que lhe a carta | dera vinha a ele e lhe tomaua ha carta | da mão e dezialhe Jamais esta carta || **[217r]** veras ememtes fores neste mumdo nem | desta não sayras ate o dia da ResuRei | ção e emtão aportarãs [sic] na terra homde ha | charas celidones teu filho e comty | guuo aportarão os pecadores que por seus | pecados nom poderão por o mar ter com | panhya e Josefes pela manham acordou e começou de catar a carta e nõ a pode achar e emtemdeo que aqueles * que em | sonhos lha tomara que ha tomara de ver | dade emtaão fora muy asanhado | se lhe nom pareçera que a deos lhe pezara | mas por que vyo que ho negoçio amdava | por a vomtade de deos n[o]m se asanhou ha | quele dia mesmo acomteçeo que achou | huũa não que partira de huã çidade | que chamão lomdres em que hya humo all | myramte ẽ gram companhya de prim | çepes e de cavaleiros bem guoarnidos | darmas e hyão sobre yll Rey de sall | mamdra e quoamdo v[i]rão nasçião so na | quela não forão maravylhados e por | que hera omem feito a sua forma bem | o tirarão e leuarão comsyguo mas ele | nom quis e quoamdo virao * que nõ queria | tiuerão no por samdeu e diserão que | numca v[i]rão tam samdia cousa e leixa || **[217v]** ram no e o allm[i]ramte por sua mizura | lhe mamdou dar tamta vyamda quue | bem o poderia [a]bastar meyo año e em | taõ se partirão dele e o allmiramte | dise que numca vira amdar omem asy | [s]o e sem giador e que amdaua ẽ gramde | a vemtura que ño virão por quẽ pudese | ser giado nasçião que ficou amdou | por o mar asy como o a vemtura levaua | huũa ora pera hum cabo outra pera outro | e acomteçelhe que muytas vezes apor | tou a terras estranhas muyto alom | guuadas de gemtes e deles muyto | povoadas e foy muitas vezes preso de omes que nom cryão e pero numca tam | tas vezes foy preso que ho noso sennhor | nom livrase asym amdou nasçião todo | o ymverno por o mar tamto que ha ora | de meya noute aportou ẽ hum porto | e quoamdo aportou dormia tam bem | que ho nom semthyo e se allgũ ouve | se sabor de me pregumtar que porto | hera eu lhe Respomderey que aestorea | devysa que hera domde hos companhey | ros de josefes ficarão que ho nõ | puderão pelo seus * pecado segir e por | yso esperarão hy gram tempo e quoãdo || **[218r]** a não chegou tamto a Ribeira que bem podiãao | nela emtrar dise lhes huũa voz emtray na não pecadores que ele vos leuara a terra | que vos he prometida mais guoardai vos | de

pecard[e]s daquuy adiamte e coRegey | vos em vosas vidas senom
queredes | ser destroydos ẽ corpos e em allmas | quoamdo eles
ouuirão a voz Respomderão | senhor nos seremos taes daquy por
diamte | e faremos em tall giza que nõ pasa | remos teu mamdado
e emtão ẽtrarao | na não e estemderão a vela que nõ hera |
estemdida e quoamdo o vemto que hera | bom firio nela alomga-
ramse ẽ pouco | de ora tamto que nom virão nem porto | nem
lomge teRa emtão se emcomemdarão | a noso senhor e comecaram *
lhe a Roguar | que por suua piadade os leuase haly | homdeseuus
companheiros eram e quoã | to * estiuerão nestas oraçoes * tiuerão
| memtes e virão nasçião que dormia tão | fortememte que numca
por sua ẽtrada | poude acordar e quoamdo o virão aso | maramse
todos sobrele por ho acorda | rem e lhe pregumtarem quem hera |
e hum lhe pos a mão na cabeça e puxou | hum pouquo e nasçião
acordou mas muito || [218v] se maravilhou quoamdo vyo tamta
gẽte | comsyguuo e ergese * e lhes pregum | tou de que terra
herão e quem os metera | ali com ele eles diserão que hũs herão |
de Jerusalem e outros de galilea e | doutras terras e que se parti-
rão delas | por mamdado do Rey dos Reis que hera yhesu cristo
por yrem a outra terra que nõ | s[a]biam homde era que lhes
hera prome | tida asym e a suua linhaJem ẽ quoam | to eles esto
comtauão oulhou ãtre hos | outros e vyo hum cavaleiro que lhe
pareçeo que Ja outra vez vira e depois | que ho teue bem oulhado
conheçeo que | hera clamaçides aquele cavaleiro | que sarou
do braço que tinha corta | do quoamdo se chegou acrus do escu | do
que trouxe el Rey mordaim na ba | talha suua e del Rey tolomer |
quoamdo nasçião conheçeo que era aquele nom | se pode mais
emcobryr e chamou o por seu | nome e diselhe clamaçides nom
sodes vos | o que de mim soyades a ter terra quoãdo | clamaçides
se ouvyo chamar por seu nome | oulhou nasçião e conheçeo e
que hera seu | sennhor leixouse yr a ele e nasçião outrosy | com
os braços abertos e abracaram * se || [219r] e beiJaramse e nasçião
com prazer chorou e di | selhe amiguuo que vemtura vos trouxe
tão | lomge de vosa terra por deos dezedemo que muy | to me
maravilho quem vos comiguo meteo | e aquestes outros çerto dise
clamaçides quo | amdo Josep e Josefes se partirão de sarrat |
leixey quoamto tinha e minha casa e | meus filhos e segios asym
que chega | mos a este mar homde por nosos pecados | ouuemos
de fazer todos quoamtos | aquy vedes e que fez Josep e seu

filho | Josefes dise nasçião senhor dise ele pasa | raõ alem por syma do mar e [e]mtaõ lhe | comtou como milagrosamemte pasarão | e nos ficamos dise ele esperamdo que | deos nos hacoRese ẽ allgũa maneira e | aveyo nos tam bem que esta não chegou | e metemos nos demtro que nõ dezeJauamos | mais que pasar alem depos nosa companh[y]a ora me dezede dise nasçião se todos os que estão nesta não se sam da companhya | de meu senhor Josefes sym dise ele mas por | noso pecado nom podemos com ele pasar | ora vos dise a verdade de minha fazẽda | aguora se vos prouuer me dezede da vosa | e como vos acomteçeo despois que vos | leixamos em sarrat ele lhe dise ysto || [219v] vos direi eu bem como chegaremos a luguar | homde vo lo deua de dizer e nõ sera senão | depois que eu chegar a companhya de jose | fes gram prazer ouuerão todos aquela noute | e por amenham todos postos ẽ goelhos e em cotouelos Rogarão ano so sennhor que nom | oulhase seuus pecados mas por sua mizi | ricordia e gram piadade hos giase | homde Josefes com os outros servos | de jh[es]u cristo herão asym estiuerão nesta | oração des o começo da luz ate hora de prima Emtão se bemzẽrao * e ergeram | se e emcomemdaramse a deos e oulharão diamte sym e virão muy perto terra do que | ouuerão muy gram prazer que nom poderya | mayor ser e derão graças a jh[es]u cristo e virão | na terra estar jemte e quoamdo a naão | se foy chegamdo a Ribeira e forão | perto conheçeraõ que herão seus compa | nheiros e ouuerão muy mayor prazer que ã | tes e os da terra que hos conheçerão ha | gramdes vozes dezião sejades mũy bem | vimdos quoamdo forão ẽ terra abra | caramse * e beijaramse e huus cõ outros | chorauão com prazer e piadade quoamdo | nasçião vyo amtre os outros estar Josefes | foy se ha ele e fez lhe conheçer quoamdo || [220r] o ele conheçeo acolheo maravilhozamemte | que muyto o amaua muito lhe pregumtou | como lhe fora depois que se dele party | ra nem el Rey mordaim nom lhe esqueçeo | e nasçião lhe dise todas has avemturas | porque noso senhor [o]s fizera pasar e todos | o tiuerão por gram maravylha e vertude de noso senhor que os asỹ aJumtara em hum tão | em salluo aquele dia nom quizerão comer a fora que Reçeberã o corpo do senhor na mesa | do samto gryall | CAP[ITULO]. lkiiij De como noso senhor aba | stou toda a companha de Josefes cõ | doze pais e como aportarã no castelo | de g[a]le forte omde acharã celidones. | Ao outro dia pela menham comerão do que | tinhaão e ao outro dia tambem nesta | maneira estiucraõ ali quoatro dias | na Ribeira que tiuerao todo o que | lhes fazia mister ao quimto dia moverão | dali e emtrarão em huũa momtanha que | lhes dorou todo o dia e nom acharão que co | mesem nem que bebesem e ouuerão gram | pezar por am[e] nhaaõ lhes acomteçeeo huũa | muy maravilhoza avemtura que bem deve || [220v] ser ouvida que depois que amdarão ate ora de | meyo dia trabalhados e camçados e moRẽ | do de fame acharão em huuã pobre casa | huũa velha que cozia seu paõ e os paes * herão | doze os quoaes loguo lhe comprarão e de | pois que hos tiuerão aleuamtouse ãtreles | huũa tam gram batalha que hera maravilha | que nom se podião acordar como cada hum | ouuese sua parte que os pais * nõ herão mais | de doze e eles herão mais de quinhẽtos | aqueles que heraõ mayores do pouo vierão | a josefes e diseramlhe que o povo se querya matar sobre hum pouquo de pão se | ele hy Remedio nom pusese certo dise | josefes yso nõ he por pão mas por seus | pecados e pelo diabo de cujo poder ajmda | nõ sam fora emtão quue josefes gram pezar que bem emtemdeo que todo hera | pelo diabo e foy aeles e felos asem | tar e por mamteis depois fez que lhe | trouxesem os doze paes * e fez partir | cada paão ẽ tres pedaços e depois fez | trazer o samto vazo aquele que chamão | o sãto griall per diamte das mezas | e noso sennhor per a vertude daquele sãto | vazo mostrou hy tall synall que aqueles doze paes * avomdarão a todos que heraaõ | mais de quinhemtos ẽ maneira que cada hum || [221r] comeo quoamto quis e bem lhes pareçeo que majs | ficara de pedaços do que os doze paes * erão | tall milagre mostrou noso senhor aqueles que | herão com josefes e nasçião ẽ pecado mor | tall este milagre acomteçeeo na grã | bretanha ameya jornada de gale forte | aquele dia foy o pouo muy viçoso depois | que comerão começou Josefes delhes pregar | as palauras do samto avamgelho e dise | lhes que aquela fame lhes viera por seus | pecados e pelo diabo de cujo poder aJmda | nõ sayrão nem herão fora e sabede bem | dezia josefes que se quizerdes amdar por | meu comselho ja nõ demamdaredes cousa | que nõ ajades asỹ Como ham estes outros | que me segirão por o mar quoamdo vos | ficastes aqueles am quoamto querem por | que seruem seu salluador a seu prazer e vos | o servides tam mall que vos nõ agradeçe quoã | to por ele fazedes ysto lhes dezia muy | ameudo josefes e os castigaua bem mas | eles nõ o fizerão de todo em todo quue | tinhaão os coraçoes * ajmda ẽ volto cõ ho | diabo quelhes nõ lexaua bem fazer | aquela noute jouue o povo em huũa momtanha | e por ame nham alevamtouse e fizeraõ | oração ãte o samto vazo e tomarão seu | caminho e aora de meyo dia chegarão ahuẽ || [221v] castelo que chamauão gale forte e quoamdo | chegarã[o] a porta virão hy huũa cruz vermelha | pimtada e maravilharamse muyto quue | cuydauão que ẽ toda a terra nõ avya | senão pagaos quoamdo josefes vyo | a cruz no portall dise este castelo esta | asynado de tam bom synall que todo | o mumdo divera nela ẽtrar seguramemte | ẽtrão emtraraõ * demtro e virão o castelo | muy fremoso com muitas e Riquas ca | sas nele mas nom virão omem nem molher | e marauylharam se muyto e diserã quue | cuidauão que deos fizera aquele castelo | pera se acolherem nele asym ãdaraaõ | ate que chegarão ao allcaçar e emtrarão | demtro e nam acharão nele nimgem che | garamse ẽtaão a huũa gramde | toRe e pareçe lhes que avya gemte demtro | e emtrarão e acharão em hum prado ãte | a toRe o povo do castelo e todos os sesudos | omẽs da terra que mylhor ẽtemdião a ley | pagam e o senhor do castelo outrosỹ que ha | jumtara aquela jemte comtra cilidones | e o sennhor do castelo avya nome agaanor | e prometera a çilidones que por gram avem | tura ali viera aportar que se pudese | prouar que ha ley dos cristãos hera mylhor || [222r] e valia mais que a dos pagaos que loguo Reçeberya | bautismo e serya cristão e celidones avya esto | de prouar e todos os saçerdo[t]es da terra herão | comtra ele pero celidones lhes mostrara ja tam | bem a fee que nom sabião eles como lhe Respõ | der amtes se pregumtauão huũs aos outros | o que fariaaõ. e pedião prazo pera Respõderẽ | celidones lhes dezia que ja por ele nõ averyão | nenhum prazo mas que loguo lhe Respoomdesẽ | asym como lhe prometeraão e pero por Roguuo | do sennhor do castelo lhes deu prazo ata ho ou | tro dia com tall que todos se hy asomasem asỹ | como herão e se sylidones nom prouase o quue | dezia que fizesem dele justiça e dos | outros outro sym senõ prouasem sua ley | e queryão se ja partir quoamdo chegou jo | sefes e suua companha muy mall vesty | dos e descallços quoamdo os que se que | ryão yr virão os houtros que emtraũao des | callços e mall vestidos maravylharam | se que jemte podia ser e quoamdo nasçiãao | vyo seu filho çelidones conheçeo e

ouue | ẽ seu coração o mayor prazer que omem poderya | comtar
e com os braços abertos coRco | pera ele e foy o abraçar e beijar e
cõ prazer | choraua comele e todos os outros outro sym | fizerão
outro tamto quoamdo o duque ganor | vyo o bom Reçebimemto
que se fazião ma || **[222v]** rauilhouse que poderya ser e amtes
quue | lhes falase os esteuue hum grão peda | ço oulhamdo e
emtaão lhes dise que se | afastasem hum pouquuo de çilidones |
e lhes pregumtou que gemtes sam estes | de que has tam gram
prazer eu conheço bẽ | ẽ ty que hos nam amas pouquuo sennhor
dise | çilidones este he meu padre e mostrou | lhe nasção e este
he o mestre e pregoeiro | da samta ygreja e bispo de nosa ley | e
mostroulhe josefes e josep seu pa | dre tambem lhe mostrou e di-
selhe todos | estes saão cristãos e todos ys * outros quue | vedes
descallços e ajmda que os vedes | pobres e mall vestidos e des-
callços | ja forão muy Riquuos e viçosos mes todo | leixarão por
amor de jh[es]u cristo que hasym | apareçeo pobre no mumdo e
memtes viueo | amtre nos aguora sejam seguros hos | vosos saçor-
dotes que ha vosa falsa | ley defemdem que serão amenham |
ãte vos vemçidos que amte a allta pessoa | de josefes nom seraão
taão houzados | que digaão memtira ç[e]lidones dise ga | anor
pois tu tanto os amas mamdelhes | que vaão a meu paço que eu
os farey | servyr ẽ quuoall maneira ho tu mam | dares e amen-
haaõ traze os com tyguuo || **[223r]** ao porto que a mĩm me apraz
que sejaõ em tuua | ajuda e emteu comselho e eu te prometo | que
se omestre da nosa ley nom se pode cõ | tra ty defemder que eu
dele farey | tall justiça que delo sempre falaraão | e emtão
mamdou a seuus servydores quue | tomasem celidones e os crys-
taos e os | leuasem a seu paço e os servysem ẽ tal | giza como
celidones mamdase os servos | fizeraõ quoamto lhes foy mamdado
| asym forão Reçebydos e servidos hos | de josefes por ho conhe-
çimemto de çeli | dones aquela noute pregumtou a celidones |
seu padre nasção como vyera hali e | ele lhe dise que a barqueta
ẽ que ele | emtrara quoamdo da não partira ao cas | telo de
brauo o trouxera aly aquela | terra e quoamto ha dise nescião
bem | ha quoatro mezes e mais e homde moras | tes morey dise
çilidones ẽ huã mom | tanha com hum yrmitaão omem bõ e de
sã | ta vyda que me de[t]eue comsyguo como | por força e
avera tres dias que ache | gey a este castelo e o duque gaanor |
me fez ficar comsyguuo com graão | sabor de ouvir falar na ley

de Jhesu Cristo comtra os mestres de sua ley muy | to falaraõ
nasçião e josep e jo || [223v] sefes e todos os outros com çelidones
| aquela noute e muyto lhe pregumtarão | como lhe fora depois
que da não partira | CAP[ITULO]. lKv DO SONHO QUE
SONHOU | o duque gaanor e das marauilhas | que aComtecerã
amtre çelidones e | Josefes e os sacerdotes da lei pagam. | Diz
aestorea que depois que ho duque | foy deitado Em seu leito
come | çou muyto acuydar nas maravilhas | que ouuira dizer
açelidones aquele | dia e o dia damtes e neste cuydar ha | dor-
meçeo e sonhou que vinha a huã agoa | muy fremosa que numca
vira e estam | do a oulhamdo vyo sayr cem pom bos mais |
bramquos que a neue e hyão todos por | hum caminho mas
nom sabia por quuoall | mas tamto vyo bem que sobreles de |
çia huũa nuue que hos tornava negros | e emtrauão em hum vale
negro e muy | escuro e huus * premdia * hy e outros | pasauão
alem sem embarguo ysto | vyo o duque em seu sonho e ouue |
tall espamto que hacordou ẽ maneira || [224r] que nom poude
dormir o que ficaua da | noute e cuidou muito em seu sonho
por amenhã | como se leuamtou fez peramte sym vir quo | amtos
saçerdotes avya no castelo e quoamdo | forão amteele diselhes
seu sonho e eles | diserão que nom sabiam nada mes pregum |
tadeo aos cristãos dise hum e creo que volo | dirão se homem
do mumdo o puder dezer | e o duque mamdou loguuo poreles e
vierão | muy omildozamemte e deboa vomtade e ha | semtaramse
ẽ terra o duque lhes cõtou | seu sonho e Rogoulhes que lhe dise-
sem | o que hy emtid[y]ão * emtão se ergeo josefez | e dise
que todos ho ouvirão gaanor eu | te direy esto que nos pregum-
taste | dizede di[s]e o duque que eu volo ouvyrey | de boa memte
que muyto ho dezejo saber | ẽ tão se volueo pera seus com-
panheiros | e diselhes senhores esta vizão que ho duquue | vyo
nos deue ser ẽxempro e castiguo | que anos faz mais que haoutrem
e dir vos | ey como aguoa que ho duque vya ẽ sonhos | senifica
o bautismo domde todos saistes | limpos e purgados de todo
pecado tão | azinha como vos hy lauastes que numca ãte | do
bautismo fizestes pecado de que nõ fica || [224v] seis * limpos
por aquela samta aguoa mas | depois que fomos bautizados e
saimos | de nosas terras por viremos * aesta que nos | noso
sennhor prometeo cayo sobre nos ha | nu[v]e que nos tornou
negros tamto quer | dezer como demtro ẽ nosos coraçoes * ẽtrou |

o ēmiguuo que nos fez pecar mortal | memte asym que ha bramquedumbɪe | das nosas boas obras nos foi tirada | asym que ficastes negros como cays | tes em pecados mortaes e bem parçeo * | ao pasar do mar homde os mais de vos | ouueres de ficar o vale que o duqe vio | homde huũa parte de pombos ficauão | e os outros pasauão alem desto deue | cada hum aver pauor de ficar naquele | escuro e fumdo vale e cheo de cho | ro casa escura e tenebrosa que he ho | ymferno vale tão fumdo que quem | nele ẽtra nom podele dele * mais sayr | os que nele ficarão sam os pecadores | e os que halem pasarão sam os bos * e di | reitos depois que ysto dixe oulhou | pera gaanor e diselhe cuydas que te dise | verdade de teu sonho çerto dise o duqe | eu cuydo que sym e de quoamto me dises | tes ora seja verdade ora memtyra || [225r] eu sam muy comfortado mais que de cousa que | vise tempo ha emtão dise aos mestres da | suua ley amiguos vos deueis de prouar ha | çilidones que daquela que os cristãos chamã | a virgem maria madre de Jh[es]u Cristo nom pode | naçer homem em maneira que ela ficase | domzela amtes e depois aguora parçera * como | o prouardes que o deuedes de prouar ẽ maneira | que os cristãos nõ ajam que Respomder comtra | vos tamto que ele ysto dise hergese | hum dos mestres da ley omais sabydo que | na terra avya e por seu grão saber lhe cha | mauão lucão o filosofo e depois quue | se ergeo boluese pera josefes pera falar | · e josefes primeiro lhe dise es tu lucão | guoarte de dezeres mimtira comtra ha bem | dita madre de deos que sabe se ha dixeres | que hamtes que te daquy partas te ha | charas mall eu dise ele nom direy cousa | que nom saiba que he verdade que nõ duvide | nimgem que numca molher trouxe filho | no seu vemtre que nom perdese sua vyr | gimdade ao comçebir e Reçebese grãao | dor ao parir malldizedes dise josefes | e loguuo no começo memtiste aguora Ro | guo eu a gloriosa senhora comtra quem tu | queres por taes memtiras por verdade || [225v] que se ela foy virgem no comçebir e fazer | seu filho que ela te nom leixe jamais fa | lar comtra sym do que ja diseste e tam | azinha como josefes ysto dise comecou * lu | cão a ulhar asỹ como touro e acabou cõ | a mais forte fim do mumdo e tomou ha | sua limguoa com ambas as mãos e tira | ua fora da boquua quoamto mays | podia e Ranhaua com as vnhas depois | que ysto teue feito grão pedaco * | cayo ẽ terra morto quoamdo o duquue | ysto vyo foy muy espam-

tado amara | vylha e mamdou o deitar fora deam | te sym e dise
a josefes mestre da sam | ta ygreja nom sey que diga afora | tamto
que me mostres como aquela | virgem pode comçeber ficamdo
virgem | ãtes e depois e no p[a]rto e se mysto fy | zeres emtemder
nõ hacousa que depois | nom faça porteu comselho certo dise |
josefes ysto te mostrarey eu bem e | quero te mostrar por huũa
cousa que tu | viste quoamdo heras menino e nõ hera | eu ajmda
nado nem o fuy dahy a tempo | quoamdo esto acomte[çeeo] e tu
num | qua ho descobriste a nimgem que ẽtão | ouueste mayor
pavor que numca ouveste || **[226r]** em lugar que foses e aJmda
aguora talem | bra como se te acomteçera omtem quoamdo | ysto
ouvyo o duque começou a Rir josefes | lhe pregumtou por que Ria
eu Rio dise ho | duque por que vos falaes ãte mim tão | ouzada-
memte como se eu nom fose ho | mem em que dise josefes nysto
que vos | dezedes dise ele que nom herades ajmda | nado quoamdo
este pauor me acomteçeo | e vos sabe delo tambem aguora vos
pregum | to que me digades como pode esto ser por boa | fe dise
josefes esto nom he maravylha se | o eu sey que aquele que todo
sabe mo desco | bryo e façote saber que se ele todo | nom soubese
nom mo poderya descobryr | e veras que tu a nenhum omẽm o
diseste | mas eu to quero dezer asỹ como te hacom | teçeo verdade
he que tu foste natural | de galilea filho de hum omem pobre |
vaqueiro que te fez guoardar suas va | quuas tamto que foste
de quoatro anõs | e em hum tempo te acomte[çeeo] e foy no |
mes de mayo que guoardauas ẽ hum | campo tuas vaquuas e outro
gado e o | campo se chama o campo de tarxis e aora | de meyo
dia te asemtaste a sombra | de hum Rosall por aquemtura que
fazia | e estamdo ali viste huũa froll de liryo || **[226v]** allta a ma-
ravylha apar de ty e depois que | a muyto oulhaste pareçiate
que aquele | Rosall saya daquele lirio asỹ Como | huũa aruore
pode sayr doutra e no Ro | sall avya muytas Rosas mas nõ herão
| muy fremosas e tu cuidaste porquue | herão taaõ feas e viste que o
liryo | o fazya que do liryo saya huũa | aguuoa vermelha e espesa e
Regaua | todo o Rosall e era de tall natura | que a Rozas * cahyaõ
no chaõ todas turvas | e sequuas quoamdo as tu vyste cayr que |
nenhuũa não ficaua viste sayr huũa | tam fremoza e tão vermelha
que numca | ãtẽ taõ fremoza viras asỹ foy ha | quela Roza no
Rozall noue dias e cada | dia creçia e era mayor e mais fremoza |
e por maravylha e por a maravylha * quue | aly viste e por que

numca tal Roza | viras hyas cada dia ao Rozall e oulha | uas ha
Roza o mais que podias e guoar | davala que vista nem outra
cousa ha | colhese e bem sabes tu que ha Roza | numca se abryo
amtes hera asỹ çerada | e jumta como huũa pedra preçioza Re |
domda o podia ser e desto era o que te | mais espamtaua que
viras todas has hou | tras abryr e esta que hera ja muy gramde
|| **[227r]** numca se abryra ao noueno dia Jazias cabo do | Rosall
ferydo de [h]uũa feryda em huũa | coxa que te fizera hum por-
quo momtes e | heras dela tam mall treito que te nõ podias |
mouer de hum lugar senão com grande pena | e quoamdo veyo
aora de meyo dia começas | te a oulhar a Roza e viste que hera
mays | vermelha cem tamto que nenhuũa das outras | e mais groça
e mayor que se cemto fosem | jumtas em huũa e tamto a oulhauas e
tã | to de coraçaaõ que nom sabias se velavas | se dormias e ou-
lhamdo viste que da Roza | saya huũa cousa que nom sabayas *
que era | mas toda vya tinha forma de homem e | sabes tu bem que
ha Roza nom se abryo | por cousa que dela sayse amtes
ficou | çerrada e jumta amte e depois quoãdo | a fegura que dela
sayo amdou hum | pouco peramte ty sayo huũa serpe | que
a quus * comer mas ẽ pero tamto se | combateo com ela que a
çerpe ficou mor | ta e foy lo guuo ao liryo e cõ has | folhas que
cayraão do Rosall tomou has | e livouhas comsyguuo quoamdo
tu viste | ysto foste tam espamtado que te | nom alembrou nada
da tuua chaga amtes | te aleuamtaste e diseste que nõ sabias | se
era verdade se memtira o que viste || **[227v]** e cuidaste de veres
o que Jazia na Roza | e foste ao Rozall e tomaste dele ha | Roza
e comecaste * ha de beijar por ho pe | e tamto que a beijaste sem-
tiste te sam | da feryda e com taão gram sabor | te achaste como se
nom foses omem | mortall e quoamdo quyseste abryr ha | Roza
de comtra o çẽo deçeo hum homem | asym como foguo e veyo a
ty mais ha | zinha do que tu podias cuydar e tomoute | a Roza
e disete leixa que hasynify | cação da vyrgem nom a deues tu de
aver | comtyguuo pois nõ hes da suua fee e desta | palaura ouueste
tu·gram temor tamto | que numca ho ouueste taão gramde des |
que foste nado e este he o pavor de que | te eu faley aguora te
ei dito como | te acomteçeo quoamdo heras guoardador | de
guuado e que heras de pouqua ydade | quoamdo o duque ysto
ouvyo leixo se * | cayr a seuus peis de josefes da cadey | ra domde
estaua e dise lhe ay servo | de jh[es]uu cristo aguora conheeço

eu bem por | esto que me lembraste que tu hes | o mais sesudo omem do mumdo e por | aquele que tu eres dime que se pode | por aquuylo mostrar que por boa fee | numca por cousa que vyse nem hou vise || [228r] omem * ouue tão gram pauor diguo sabor e por | deos dime delo a verdade se a sabes ay du | que gaanor dise josefes eu ta direy mas | se o que te eu direy nom puseres por obra | sabe que te acharas por elo pyor que por | cousa que fizeres aguora escuta que | quer mostrar o liryo e a Roza o liryo | que tu vyste no Rozall domde a Rosa | saya senefica eua nosa primeyra | madre que foy começamemto e Raiz | de nosa linhajem aquela foy começo e Raiz deste mumdo e a agoa verme | lha que caya per que has Rozas do | Rozall se perdiaõ senefica o pecado | que eua fez por que toda umanall ly | nhajem he ẽ l dor * e misquim-dade e | a tem asym como por herdamemto e | por direito se mos-tra a nosa primeira ma | dre em forma de liryo que hajmda | ela hera virgem e limpa quoamdo | cayo ẽ pecado per siua * desoby-diemçia | por as Rozas podes tu ẽtemder hos | profe[t]as e outros omẽs bos * que fo | rã emviados amte a paxaão de jh[es]u cristo | que comprou o pecado de nosa primeira | madre forão porem deitados no | ymferno em poder do diabo asỹ como | se foraõ os mais traydores do mũdo || [228v] por ho Rozall deues de em-temder do mũ | do que asym como o Rosall espinha ha | quem se a [e]le acheguua asym o mumdo | espinha ata o coração aqueles que ha ele | se chegaão e nom tem sabor em al se | não em suuas cousas bem e com Razão | sam aqueles asym espinhados que tam | to emtemdem no sabor do mumdo que | lhes esqueçe a herdade e glorya do | çeo bem saão emlaçados e liados | dos laços do ymmiguuo e çegos do | ymtemdimemto os que nõ querẽ ha | Riqua pedra preçiosa e se trabalhaão | de quererem os viços e foçamemtos | dos porquuos asym que por has Rozas | que cayaão do Rosall e secauão e tor | navão a nada deues tu de emtemder hos | que te dise que forão mamdados | amte a paxaão de cristo que tão caramem | te comprou o pecado de nosa primeira | madre e forão porem deitados | no ymferno em poder do diabo e tãto | la morarão ata que ha verdadeira | Roza froll das flores veyo no Rozall | tamto quer dezer como ata que nosa senhora | a virgem maria que foy fremosa sobre | todas as molheres e sobre todas | as fremosas e domzelas sobre to || [229r] das as domzelas e boa sobre todas has boas veyo ao mumdo e pela sua gram | bomdade veyo o filho de deos ẽ ela | emcarnar em maneira que a suua virgim | dade nom foy mall treita nem piora | da amte asym mamsa memte ẽtrou | ẽ ela quenom foy coRuta em haver | seu filho ẽ o comçeber mas | asym foy çerrada amte e depois e | em o aver bem asỹ como a Roza que tu viste quoamdo foy nado aquele que | foy Rey dos Reis murou ẽ terra ves | tydo de carne mortall trymta e dous | anõs e mais taão pobre que numca ho | diabo o pode conheçer amtes cuydou | que hera omem mortall como outro e pro | vou ho ẽ tres maneiras mas achauaaõ | tam forte comtra sym que ho nõ pode | ẽganar por derradeiro o fez por na | cruz e sofrer morte e aquylo que hera | mortall de parte de sua madre asofreo | mas na quylo que hera de deos não amte | Recuçitou * ao temporçeiro * dia e foise | ao ymferno e tirou dele os que ha | torto hy foraõ metidos e emvy os * | a suua glorya este foy aquela fegu | ra que tu vyste sayr da Roza quue | se combatia com aserpe por quem tu || **[229v]** deues emtemder o ymmiguuo [c]omque se | combateo e tam bem podes por açerpe | ẽtemder amorte comque se com bateo | e tambem podes * nacrus quoamdo nela | veyo moRer que mo Remdo sem fall | ta vemçeo amorte e deu vyda hao | mumdo asym como te diguuo trouxe | a bem a vemturada virgem o filho | de deos ẽ tall giza que foy virgem | ãte e no parto e depois e ficou asỹ | jumta e çerrada como aquela Roza | que tu viste e porte fazer ajmda | mais çerto te dise a voz esta [h]e asyny | ficamça da virgem que tu nõ deues | aver comtyguuo por que nõ es limpo | nem lauado no samto Ryo nem na sam | ta aguuoa do bautism[o] duque gaanor | aguora te dise asynificamça do que | viste pareçete que [t]e dise verdade | çerto dise o duque vos mo disestes | e ymsynastes tamto que eu vejo | conheçida memte que estes clerygos | que aq[uu]y saão ajumtados que são mes | tres da nosa ley e nos chamamos filo | sofos defemdem falsydade | e memtira e vos me fizestes tão le | do ẽ meu coraçaõ de que me fizestes | saber a cousa do mumdo que eu mays || **[230r]** dezejaua que eu nom vos poderya comtar | minha alegrya tamanha e emtão se tor | nou comtra os cleriguos da suua ley e dy | selhes vos quereis des dezer aquela dom | zela que chamaõ marya que trouxe ho sam | to profeeta que chamaõ jh[es]u cristo | que nom pode aver filho ficamdo amte | e depois virgem senhor diseraõ eles | nos nom ouzaremos a desdezer por eheso | que vos taão conheçidamemte vystes | e esto nos es força e faz cristãos ẽ ma | neira que ho cremos bem e a vosa

palaura | e a de josefes tornaõ nosos coraçoes * | o que nom no cuy-
dauamos aguora nos ley | x[e]mos da ley pagam e tor[n]emos ha |
de jh[es]u cristo aguora podedes fazer | o que vos aprouuer que por
morte nẽ por | vyda nom creremos ja numqua senaõ hum | so deos
aquele mesmo que chamaõ jh[es]u cristo | CAP[ITULO] lkvi De
Como o Duque | gaanor e os seus se tornaram. | cristãos e Do que
mais pasou. | Emtão se lamçarão aos peis de josefes | e pidiram lhe
bautismo quoamdo hos | ele asỹ ouvyo falar comechou | de chorar
com piadade e ergeos * e outorgou | lhes o que pidiaõ com muyto
prazer e emtaõ ‖ [230v] falou com o duque e diselhe duque gua-
nor | queres tu fazer esto que os mestre[s] da | tua ley querem
fazer senhor dise o duque | ajmda que eles nom queirão quero eu
que | nõ me he myster de me giar por eles mes | por mỹ e de
coração vos peço crystamdade | e se os meus vasalos o nom qui-
zerem fazer | eu lho farey fazer ẽ quoamto ẽ mỹ | for emtaõ se
aleuamtarão hus gram | des brados e volta por acasa e todos | os
mais pidirão bautismo quoamdo ysto | ouvyo josefes ouue muy
grão prazer | e fez fazer huũa gram cova chea de | aguuoa e
bemzeo a e bautizou o duquue | e todos hos outros que bautismo
pidirão | asym que hate ora de nona forão bau | tizados mais d[e]
myll e todos hos hou | tros que se nõ qu[i]zerão bautizar mãdou
| os ho duque lamçar fora de seu paço | e porem amtre os do
castelo e de casa | nõ ficarão senom çemto e cimquoẽta | que se
nõ bautizarão o duque nõ quis cam | bar o seu nome porque lhe
pareçeo fermoso | e porque seu padre se chamara asỹ e dise | aos
que se nom quizera[õ] bautizar | que se saisem da sua terra e
eles diserão | que ho fariao * e forão se direitamẽte ha | hũ Rio
que cercava o castelo e esto | foi hum pouquuo amte que anoute-
çese ‖ [231r] e emtrarão em huũa não e comcertaŕao | com hos
marinheiros que os leuasẽ | aoutra terra quoamdo a naõ foy |
hum pouquuo alomgada da Ri | beira levamtouse hum vemto |
taaõ forte e taaõ desmezurado | que tornou o fumdo da não per
asy | ma asym se ha fogarão todos | asỹ os que nom quizerão
Reçeber | bautismo como os marynheiros | que hos leuauão aquela
noute fizerão | os do castelo gram festa e gram | alegrya e muyto
falarão nos | quue nom quizerão Reçeber bautismo | e o duque
pregumtaua a josefes | senhor que cuydades vos que podera ser |
daqueles que se hali perderão | eu vos diguo dise josefes que eles
|amanham tornarão aquy a Vosa | terra ẽ maneira que o que

veredes | vos sera graaõ comforto e fir | meza da fee e numca vistes | taão gram maravylha Como | vereis disto foy o duquue | muy espamtado e pregūtara a josefes || [231v] que maravylha serya se nom cuydara | de o anojar e por esto o deixou de pre | gumtar quoamdo foy noute | lamcaramse * mais alegres do que | soyaão por amenham o duque se hale | vamtou hum pouco amte ora de prima * | e veyo a ele huũa domzella * | todo como espamtado que lhe dise | sennhor so esta torre naquela Riba | jazem mortos os que se homtem aquy | perderaõ que nom quiseraõ ser cristãos | o duque foy a Riba por ver se era | verdade e achou la todos os do cas | telo que hy se vieraõ por verem | aquela maravylha e quoamdo eles | viraõ o duque Receberaõ no como | sennhor e mostraramlhe os homes * | que jaziaõ mortos na Ribeira e | quoamdo os ho duquue olhou pre | gumtou quoamtos podiaõ ser hos | quue dele se partirão e nõ qu[i]zerão | crer e hum cavaleiro lhe dise | que houvira dezer que foraõ | cemto e cimquoemta ẽ taaõ | os fez comtar e acharaõ q[u]ue || [232r] eraão tamtos e mais hum marynheiro | que ajmda tinha hum Remo nas maõs | ẽ taaõ mamdou o duque que por * josefes | que vyese ver aquela maravylha | e ele mesmo foy por ele comosutros * | e quoamdo chegarão ao lugar homde | jazião os mortos pregumtarão ha | josefes que podia aquylo ser que | dise ele he como deue que ja nõ vere | des a pecador aver mylhor galardão | de seu pecado que de quoamto peca | toda suua vyda quoamdo cuyda ha | ver fim de seu viço ẽ tão o faz | o [i]mmyguuo moRer ẽ pecado mor | tall asỹ que he perdido ẽ corpo | e em allma ysto podedes bẽ ver | por estes que nom quizerão lexar | suua falsa fe do di[e]bo e o diebo | os fez moRer e os fez perder | ẽ corpos e nas allmas senhor dise ho | duquue e que queredes vos que fa | ção destes corpos esto vos | direy eu bem dise josefes fa | las heys soterrar neste chaaõ || [232v] ẽ Riba desta terra na Ribeira do Rio | e faredes fazer sobreles huã torre | gramde e forte asym que fiquem todos soterrados demtro da toRe | e depois que for feita avera | nome a torre das maravylhas e sabeis | porquue esta terra he chamada a grã[m] bretanha e nela avera hum Rey tẽpo | vira que avera nome artur e sera taão | bom cavaleiro darmas e tão ardido que | sera maravylha e naquele tẽpo avera | nesta terra por golpe de lamça tão | gramdes avemturas e taão maravy | l[h]osas que has gemtes que depois | o ouvirem falar o terão por maravy |lha e terão que nom podiaõ estas | maravylhas ser e estas havemturas |durarão vimte dous anõs que nõ averã | fim senaão por o derradeiro cavaleiro | da linhage de nasçiaõ e emquoãto | estas maravylhas omde vos eu falo | durarem sera esta torre taão maravy | lhosa e taõ avemturoza que ja nenhum | cavaleiro da corte daquele artur nem doutra corte aquuy vira que nom | ache justa ou batalha de taõ bom || [233r] cavaleiro como sy nem ja tamtos cava | leiros nom viraõ de fora que outros tam | tos nõ sejaão de demtro e nom soberaõ | domde viraõ ate que nom venha aquuy | o que a de dar çima as avemturas e por | esta Razão sera chamada a torre das | marauylhas aguora os fazede soterrar | como vos ja dise e fazer a torre e verda | deiramemte vos diguuo que todo asym | avira como dise e o duque os fez loguo | soterrar e fazer sobreles ha torre e quoã | do foy acabada foy chamada ha torre | das maravylhas e numca dispois perdeo | seu nome ate que lamcarote * a britou | e emquõato fazião a torre fez o duque | fazer huũa ygreja ẽ meyo do castelo | ẽ homrra de samta marya | e amtes que fose acabada veyo tẽpo da molher | de josep parir seu filho e ouue o e todos forão | muy ledos e por que naçeo naquele castelo que | avia nome gale forte quõado foy gramde | chamaraõ no as gemtes gaalat o forte ẽ | lugar de gale forte | CAP[ITULO] lkvij Do que fez ElRei | Deturbelamda depois que soube que | gaanor era cristão || [233v] Quoãdo os vizinhos do duque souberão que era | cristão | tiueram no por gram maravylha e os | mais o começarão a gerrear e mamdarã lhe | dezer que lhe nõ leixarião hum pallmo de | terra e ele mãdou dizer aos que asỹ ho | mamdaraõ ameçar * que defemderya com | ajuda de deos suua terra o mylhor que pudese | e que a suua ley em nenhuũa giza tornarya | aymda que por elo o matasem quoãdo | ysto ouviraõ seus vizinhos fizerão no | saber aelRey de nohurbelamda cujo va | salo hele era e de quem tinha terra | e os alltos omes diserão a ell Rey que | o duquue mereçia perder a terra e o corpo | porque leixara a ley pagam e tomara | a cristãa quoamdo el Rey de nourbelamda | ysto ouvyo foy muy sanhudo que bem | sabia que o duque gaanor hera bõ cavaleiro | e o mais duuidado por armas que havya | na gram bretanha e tomou comselho | cõ os seus altos omes que faria e eles | lhe diserão que mamdase chamalo e se vy | ese e nõ quizese fazer o que lhe ele | mãdase que o matase e que se nõ vyese | que fose sobrele e lhe tomase a terra | e matase a ele e a todos os cristãos por | cujo comselho o fizera em giza | que a crystamdade por nenhuã maneira pudese || **[234r]** Sera aReiguada na terra El-Rey fez asy | Como lhe aconselharam E ma[n]dou ao | duque como a seu vasallo que vie | se com elle falar e que all nõ | fizese por que soubese que se a elle | nom viese que serja escarnjdo e com | fomdido qua[n]do ho duque ouvio este | mandado pesoulhe muyto que sabia | que ellRey era muyto poderoso dar | mas e vasallos e acomselhouse com | Josefes que farja que muyto Era | Em gram perjguo Eu vos direy dise | josefes que hy facades * ma[n]day lhe cham | memte dizer que vos nom somdes seu | vasalo que vos partistes de todo seu | poder e senhorjo e que somdes soomẽ | te do senhorjo de jhesu cristo de quẽ | fazedes padre e senhor e de quem tem | des vosa terra daquy p[o]r diamte e doutrẽ nã | e se ele ouver tam folaõ conselho de vir sobre | vos nõ ajades diso nenhũ pauor que bẽ e verda || **[234v]** deiramẽte sabede que noso senhor vos ajudara e dara | sobre elle vitorja por mais poder que elle de descrj | dos tragua e se de morer ouvesedes mais vos | valerja morrer ẽ de fendimẽto da ley de jhesu cristo | que morer com elles este he o mjlhor conselho | que podedes aver e asy o faredes se quere | des ser erdejro de jhesu cristo e filho da | samta ygreja e se ho doutra maneira fa | zedes maao caualejro e maao seruo a | vera jhesu cristo Recebido em vos senhor | dise ho duque Eu farey quãto me vos | diserdes que jaa hy all nom avera | Emtã tornou ho duque aos mãdadeiros | del Rey e dise lhes vos podedes dizer a voso | Rey que nom yrey a elle e se elle | Comiguo quer falar venha quaa | que nom farey por elle nada em quã | to elle tiuer a ley que tem como di | seram os mesageiros * vos temdes dele terra e nõ fazedes o que vos manda eu | nom tenho delle nada dise ho duque nẽ | doutro homẽ afora de jhesu cristo cuja a | terra he daquele tenho Eu a terra E || **[235r]** quãto tenho e por omra daquele leixo todo | outro senhorjo por booa fee se llaa nom hi | des vos veredes amte este castelo dez mjl | Cubertos de ferro que todos vos ser[ã] jm | miguos deos me sera amjguo dise o duque | Eu nom duujdo sua forca * nem seu poder | emtam se partirã os mesageiros do duque | E comtaram a seu senhor quamto acharam | nelle EllRey foy muy asanhado e mandou | loguo por toda sua terra que viesem a ele | aparelhados darmas e caualos e viesem a | hũa cidade que era no meyo de seu Rey | no que avia nome escolça todos vie | ram aquele luguar que lhe foy asinado | e ellRey se partio loguo com cinquo mjl | omẽs de pee e de cauallo e amdou tanto | que chegou a ombre e pasou alẽ e fez pou | sar sua oste em hũ chão a emtrada de gale forte aquele dia que ho castello foy | Cercado nom era nelle josefes nẽ | hũa pesoa de sua companha mas erã | ydos a hũ castello que chamã cale meya || [235v] jornada daly ho duque vio que EllRey oçer | caua e pesoulhe e mais por que ajmda nom | fora nũca cercado em castello de que nõ | podese sair que ele era e fora o mjlhor | caualeiro do mũdo e mais atreujdo e mais | sem pauor o castelo era bom e forte | garnjdo de booa jemte os cristãos que erã | por aRedor por a terra como souberã que | ellRey tinha o castello cercado acolherã | se a ele que cujdarã que ally todos jum | tos se comfortarjam mjlhor que ẽ outra | parte e fizeram trazer todas as cousas | que pera fornecimẽto do castello lhes | pareçeo que eram necesarjas e desta vim | da aprouue mujto ao duque quando | ElRey veyo ao castello comecaram * | todos os seus a fimcar temdas e fazer | chocas * Como homẽs que cujdauam que | os de demtro nom ousauam sair fora | o duque se asomou a hũa janela que | Caya sobre o campo e comecou * mujto a | cujdar e depois que grã pedaço cujdou || [236r] vio amte sy nasciã de que * ouvira dizer | mujto bem asy de caualarja como de todas ou | tras Cousas por omde o amaua e prezaua | mujto e diselhe senhor que faremos que vemos | tam perto de nos achegar esta jemte mal | aventurado * e Jmjgos de cristo certo dise nas | ciã se vos prouuer nõ se chegarã asy se | me vos aconselhais dise ho duque eu farey | armar toda mjnha jemte e yremos a elles am | te que se acabem daposemtar E demais | que os acharemos desarmados por que cujdã | que nom ousaremos sayr fora certo pois vos | a vos praz eu vos acõselho que ho facamos * E sayamos fora no nome de jhesu cristo que | nos guarde e nos de femda contra seus | ymjgos e com esta confiamça neste lug[a]r | o deuemos fazer mjlhor que se por avẽtura | aquy moremos ẽ esta batalha nos serja sal | uamẽto das almas pois ẽ defendimẽto da ley de | jhesu cristo Recebemos marterio e se viueremos | ser nos ha homrra Amte jhesu cristo || [236v] CA- P[ITULO] LKVIIJ. De Como Ho | duque gaanor e nasçiam foram | ferjr nos da oste delRey de nur | belanda | Quamdo o duque ysto ouujo foy mais le | do que numqua fora e mamdou aos | seus que se armasem e armaramse | loguo e trouxe- ram ao duque e a nasciam | muy boas armas e depois que

foram arma | dos sobirã em seus Caualos e forã | se a porta
do castello e mandou ho du | que que a porta fose aberta ataa
| que todos saisem mais elle e nasçiã | foram os prjmeiros e depois
que forã | fora e que podiam hir pera om | de quisesem foram
comtra seus ym | mjguos que nom emtẽdiam se nam em | fimcar
temdas e fazer choças e comecarã * || **[237r]** Nos de ferjr e de-
Ribar tam mortalmẽte | que apouco de ora ficaram de mortos e
ferjdos | mais de duzemtos na oste os brados e a volta | foy tam
gramde na oste asy dos que moriã | Como dos ferjdos e doutros
que aviam | medo que ajmda que todos os trouões do | mũdo
soasem nom foram hy ouvidos | E os que podiam tomar armas se
arma | vam EllRey se armou o mjlhor que pode | e os outros
outro sy que nom avia hy tam | ardido que nom ouvese pauor de
morte | depois que se ajumtaram dise elRey a | queles de que
mais comfiaua gardademe | que se me Eu acho com gaanor nom
aguar | dara o seu deos dos cristaãos que ho Eu | nõ mate como
ho achar depois que ysto | dise foy ferjr aly omde vio a mayor
presa | dos cristaãos E comecou * dar muy grandes | golpes e a
fazer lhes mall com todo seu | poder amdamdo ElRey de hum
cabo pera | houtro por a batalha vio diamte sy nasçiam || **[237v]**
que taes maraujlhas darmas fazia que se | espantou que adestro
e a sestro deRibaua | quãtos achaua e nõ avia hy tall que soo |
de ho ver nom ouuese pauor e nom acha | va paguãos por mujtos
que fosem que se | nom lamcase * no meyo deles e com seus |
golpes hos punha Em espãto e nom sey | se ysto era per sua
força se pella ver | tude de jhesu cristo que nom achaua elmo |
tam Rijo nem lorjgua tam espesa nẽ | tam grosa que com sua
espada nom des | pedacase * e taes maraujlhas fazia que | quẽ
ho via nom lhe ousaua esperar gol | pe senom fose mais samdeu
que outro | quando EllRey vio que nasçiam fazia | tais maraujlhas
dise que nom era omẽ | mortal amtes era o diabo e nasciam |
que amdaua coremdo as azes de huã parte | pera outra e nom
a Receaua caualeiro | que pera elle viese e tamto amdou de tal |
manejra que topou com ellRey e conheçeo || **[238r]** Muy bem nas
armas que eram muy Ricas e | quamdo ho vio nom ho Receou
amtes ederem | Cou * a cabeça do Cauallo pera elle he | alcou *
ha espada por ho ferir quamdo elRey | que bem vio os golpes
que daua lhe vio alcar * a espada nom teue atreujmẽto de |
Esperar ho golpe amtes [s]e leixou | cair em terra o mais asinha

que pode | E nasciam que nom pode Reter o golpe | alcamçou ho cauallo asy que ho talhou | por as espadoas e cayo emcima dellRey | que sayo com mujta presteza delle he | nasciam ho vio E foy a elle e deulhe | hum golpe tam gramde sobre ho elmo que | ho deRibou todo estorgido asy que ca | yo muy mall treito e nom se pode erger | nasciã emtam meteo ha espada na | bainha e deceo do cauallo amtre seus jmigos | E tomou elRey por o elmo e puxou tam | Rijo que lhe quebrou as coreas e lho tirou | da cabeça quamdo elRey semtyo sua ca | beça desarmada e se vio tam mal tratado || **[238v]** Em mão de tal omem que ho matarja | se lhe nom pedise merce nom sabia que | fizese nasciam lhe dezia que se outor | gase por preso se nam que ho matarja ma | ta dise ellRey que certo amtes quero | morrer pagaão que cristaão quamdo nasciã | ysto ouvio nom teue com elle mais prej | to amtes tirou a espada da bainha e deu | lhe hum golpe tall que lhe deitou ha | Cabeca * lomge emtam tornou a seu | cauallo e sobio nele a mal de grado de to | dos seus ymmjgos e comecou * de ferir e | deRibar e fazer tam bem que todo ho | dia o nom fizera mjlhor emtam se come | Cou * ha batalha muy gramde he muy braba | E mais de mjl avia de mortos e ferjdos E | asy podera a batalha durar por que os | de fora eram mais mujto que os de dẽtro | mais tamto que souberam que seu Rey era | morto e que estauam sem senhor na batalha | e viram as maraujlhas que nasciam e gaa |nor faziam perderam os coracões * que nõ | teueram mais força nem poder pera || **[239r]** se defemderem E comecaram * a fogir e me | teramse ao Rio donbre e mujtos hy morerã | E os que alem pasarã que foram muy pou | cos esp* escaparã e os de gale forte lhe hiã | nas espadoas e deRibauã na agoa quãtos | podiam achar mais sabede que jaa taes ma | raujlhas nom fizerã se nom fora agra | Ca * de noso senhor que lhes deu coracões * | E esforço muy mais do que eles soiam | a ter quamdo os de gale forte ouuerã | vemcidos seus jmigos fizeram por foguo | a todas as cousas asy as temdas como cho | cas * como aver que quiseram que todo ar | dese e nom quiseram que nimguẽ dello Re | Cebese prouejto asy ouueram os cristaõs | homra e vitorja comtra os paguaõs da | prjmejra batalha que fizeram na gram | bretanha e quamdo viram que semdo tam | poucos cristãos vemcerã tamtos pagãos | diseram e afirmaram amtre sy que esta | homra nom ganharã eles mas por a ver |

tude de jhesu cristo que os ajudara e foy lhes || **[239v]** Ysto
muy gram firmamēto da fee e vio ho | pouo que ho poder de
jhesu cristo Era grande | E maraujlhoso e foram por yso todos |
muy vmjldosos comtra noso senhor e agrade | ceramlhe mujto
quamto lhes fizera | CAP[ITULO]. lKviiij De Como El Rei |
cludes de norgales meteo em prisam | josefes e sua companhia
e como deos | mandou aelRey mordaim que hos | fose vimgar |
Diz a estorja que depois que josefes com sua | companhia se
partio de galeforte que | serjam com elle cemto e cinquemta
por | que os outros com celidones e nasciam fica | ram em guarda
da molher de josep e quam | do se partirã leuaram comsiguo o
samto | vaso e tamto amdaram de hũ cab[o] pera outro | que
chegaram ao Reino de norgales he nele || **[240r]** Emtam Reinaua
Ell Rey cludes o mais bra | uo e traidor pagão que avia em toda
atera | E quamdo ouujo dizer que em sua tera | viera noua gemte
que nõ era de sua ley | mas cristãos e que traziam comsiguo
hum | vaso comprido de tamta graça que lhes da | va quāto aviam
mister teue o por mētira | E bulra e dise que eram algũs traido |
res ou algũs ladrões que por suas pala | vras amdaram comfom-
dimdo o mundo | E emganamdo a gemte e mandou algũs | seus
que coremdo fosem por eles e lhos | trouxesem e eles foram e
trouxerā lhos | quamdo os elRey vio tam pobremēte ves | tidos
e descalcos * muy poucas cousas lhes | pregumtou e soomemte
os nom oulhou he | dise que nom era jemte cõ quem nenhũ
omē | boõ diuese falar e mandou os deitar em huā | Cacere e
defemdeo a todos que ataa dez | dias lhe nõ dese de comer qua
eu quero | dise ele que elles viuā de graça de seu deos | ou do
seu vaso em quamto forem em minha | prisā que asy fazē aqueles
malditos || **[240v]** Emtēder as Jemtes que nom viuē dall a | gora
sera mister que aquela graça lhes valha | que polo deos em que
Eu creo outro manjar | nõ comerā mētes forem em meu poder
a | sy lhes mamdou fazer aquele desleall | pagaaõ que bem cujdou
por este Restringi | memto que Renegarjam a ley dos cristaãos |
e tornarjam a sua mas nõ ho fizeram que | aquela prjmeira noite
que foram na caçe | re noso senhor veyo a elles e comfortouos |
e segurouos que nom ouuesē medo que bem | e verdadeiramemte
soubesē que se todos nele | tiuesem sua comfiamça de todos seus
co | racões * que nom desejarjam cousa que nom | tiuesem em
abomdamēto e que ele lhes | embiarja çedo tereall vingador que

os | vimgase que comfundirja no corpo aquele | que ally os metera e eu comfundirey dise ele | nas almas todos os que vos mall fizerem | ysto lhes dise noso senhor e foram muy alegres | E aquela mesma noite acomteceo que el Rey | mordaim que era ẽ sarrat se deitara em | sua cama com sua molher e começou mujto || [241r] A cuidar e maraujlharse de que nom sabia ne | nhuãs nouas de josefes nem de nasciam nem | de sua companha E mujto lhe pesou que de | grado o quisera saber que era delles em | Esto adormeçeo e pareceo lhe que via amte sy | jhesu cristo asy como quamdo fora posto na | Cruz e tinha pregos chamtados nas maaõs | e nos pees E quamdo EllRey o vio amtesy | ergueose da cama e finquou os giolhos ante | elle e dise lhe ay senhor quem vos fez ysto esto | me fez dezia elle ell Rey clud[i]eis o senhor de | norgales e nom abo[n]dou huã vez que fuy | asy chaguado mas agora de nouo me tornou | a chagar leuanta te e toma tua gemte e tua | molher e a molher de nasciam e a filha delRey | babel e vaite ao maare pasa o e vay aportar | na gram bretanha e vimga me delRey cludieus | que me asy chagou elRey lhe dezia esto farej | Eu muy degrado por a manham quamdo | elRey acordou e lhe lenbrou seu sonho foy | muy ledo que bem vio e conheçeo que noso | senhor querja que elle fose vingador da sua | sanha emtam foy ajgreja e ouvio matinas | e misa e depois dise ao capellão sua visão || [241v] E elle lhe dise senhor nom temdes por que tardar | ajumtay vosa oste e yde vingar o pesar de jhesu | cristo e sabede que mais fermosa nem verda | deira visão nom podiades ver EllRey creo | bem o que lhe dezia o omẽ bom e mamdou logo | por a molher de nasçiam e por a filha delRey de | babel e depois mandou por todos seus vasa | los que viesem muy bem gujsados pera | batalhas e eles ho fizeram muy bem tam | Asinha que viram seu mandado que vieram | a cidade de sarrat asy gujsados como elle mã | dou quando a molher de nasçiam veyo elRey | a tirou a de parte E diselhe toda sua vi | sam e por esto dise elle quero que vades | Comiguo pois a noso senhor apraz e mouere | mos amanham que as nosas naaos está | bem guisadas e garnidas de quamto am mis | ter e leuaremos com nos quo a Rainha e | A filha dellRey de babel e a mjnha terra e vo | sa ficara a meu maiordomo que he o mj | lhor Caualeiro que agora sey em esta | terra e se pola vemtura nos caa nõ | tornaremos nem nosos herdeiros que seja || [242r] A

terra sua que elle he o mais chegado paremte | que nos temos e
se pola vemtura tornare | mos que seja e que nos ajamos nosa
terra como | agora a temos a duquesa dise que farja to | do
quamto elle mamdase ellRey o fez asy to | do que fez jurar
a todos os que aviam de | ficar sobre os samtos avanjelhos e
fazer me | nagem que Ememtes elle fose fora de sua | terra
tiuesem seu mordomo por senhor e que ho | ajudasem Comtra
todos aqueles que com | tra elle viesem e que se por a vemtura |
Ell Rey nom viese e ficase por senhor da | terra omde hia que elle
ficase por senhor de toda | que nom sabia elle homẽ que
tamto valese | tall juramẽto fizerã os do Reino de mordaim | E
os do ducado de nasciam ao mordomo dell | Rey por a manham
quamdo el Rey teue adere | Cadas * todas as cousas o mjlhor que
po | de partio se de sarrat com qujnhemtos | Caualejros de
linhagem e mujtos escudej | ros e homẽs de pee e de que foram
alomga | dos da Çidade dise Ell Rey que avia | feito muy maao
esqueçimemto de que dise || **[242v]** seu mordomo que me esqueçeo
o meu escu | do com que fuy muy bem amdamte na | batalha
de tolomer E nom ha Cousa | por que ho leixase e nom ha cousa
por que | sofrese de o nom leuar * ver cada dia em | Remem-
bramça da quella Cruz omde Eu vy | ho croxofixo que me tamto
Valeo na ba | talha emtam mamdou hum escudeiro por | ho
escudo e elle se acortou tamto por andar | que quamdo ellRey
chegou ao porto chegou | Elle com ho escudo E ellRey tomou
ho | escudo e foy lhe com elle muy gram bem | e felo meter na
naao na Camara omde | avia de hir e depois emtrou nella e |
a Rainha e duquesa e a filha dellRey de babel | e os outros que
de emtrar aviam ao embar | quar foram os choros e os pramtos
muy | gramdes e quamdo ell Rey emtrou na naao | chegou hum
ermjtão que lhe pedio que ho | leuase comsiguo E ell Rey ho
fez muy de gra | do quamdo as naaos que Eram tres des | ferjram
as velas e os marjnheiros estiuerã | aos gouernalhos e os outros
foram serujr || **[243r]** No que fazia mester ho vemto deu nas
vellas | e foy tall que em pouquo tempo os fez | alomgar gram
peça asy que nom viam tera | E quamdo foram no alto maar
leuãtouse | hum vemto tam forte e tam gramde que nõ | ouue
hy tam atreujdo que nom tiuese paa | vor de morte a tempestade
era tam forte e | tam espamtosa que era maraujlha elles | Come-
caram * a chorar e pedir a deos mjserjcor | dia e deziam com

alltas vozes senhor nom | nos leixes aquy morrer mas danos
espaço e | tempo de coregeremos * nosos erros e erores que |
temos feitos comtra ty nese mundo senhor por | tua piedade nos
vem a corer e tiranos esta | tormemta asy que posamos yr saãos
ao | luguar que nos prometeste em quamto eles | Estes Roguos
faziam a deos e a samta maria | veyo huã vooz que lhes dise
tolhede ho | Jmigo damte vos senam todos somdes mor | tos
quamdo Ell Rey ouujo ysto em | temdeo que ho diabo era amtre
elles mas | por que ho nom poderjam tam asinha conheçer ||
[243v] tomou da agoa bemta e deitou a por toda a nao | e
deitamdo a asy ouujo diamte na proa da naao | em hũa camara
hum braado tam gramde e | feo e espamtoso que nom ouue omẽ
na naao | que nom ouuese medo E depois disto | A hum pouquo
viram por o meyo da porta | da camara sair hum diabo em figura
de | domzella que leuaua hum omẽ viuo as cos | tas e dezia em
manejra que todos ho ou | viram este he meu E por yso ho leuo
| E loguo deu no maar com elle e comsy | guo asy que a pouquo
nom viram nada des | ta maraujlha foram todos os da naao es |
pamtados e chamou ell Rey hum seu capellão | e diselhe que
emtrase na camara omde a | quelle diabo saira e verja que avia
na cama | ra em tam tomou ho capelão sua estolla | e agoa
bemta e emtrou demtro na camara | e el Rey apos elle e pareceo
lhes que hos corações | se lhes partia de maao fedor e deitou
o capa | laão agoa bemta de hũa e outra parte mas | nom acharam
nada emtam pregũtou Ell Rey || [244r] Se avia caualeiro menos
da sua companhia | ou outro omem elles oulharam e acharam
menos | ho alcaide della coina se deos me valha dise | Ell Rey
aquelle he o que o diabo leuaua e | memtes elles nisto falauã
dise huã dona | aell Rey senhor maraujlhas podeis ver que ho
omẽ | bom hermitaão que vos trouxestes que se | deitou a dormir
amte ho gouernalho da naao he | nũca por tromemta que fizese
aCordou | E sabede que tamto que ho diabo foy fora | da naao
foy a tromẽta cesada el Rey foy aly | domde ho omem boom
dormja e achouo dormỹdo | Amtre ho gouernalho e dormyndo
choraua tam | Rijo como omem acordado poderja chorar el Re[y]
| que ho vio dormir e chorar maraujlhouse e fez | sinall a todos
que se calasem e calaramse | e ouujrã que ho omẽ boom dezia
ay desleal | Cousa por que f[e]zeste ora tam grã trai | cam *
que ho traiste e emganaste e com ysto fa | zia tam gram pram-

to que era maraujlha grã | pedaço esteue ell Rey esperamdo que ho
omẽ bõo | Acordase e quamdo elle acordou e abrjo os o | lhos
e vio el Rey e os outros que ho oulhauam nõ || **[244v]** foy pouquo
espamtado e ergeo se loguo e alim | pou os olhos que ajmda
tinha cheos de lagrjmas | E dise a ell Rey ay se*n*hor e que fazedes
vos aq*u*i | certo dise el Rey nos vos olhamos mujto por | q*u*e vos
viamos dormir e chorar e nũca acordas | tes ajmda que ouue-
mos tam gram tempesta | de que fomos ẽ perjgo de morte e
deziades | tais cousas dormjmdo que nos nos maraujlha | v̇am[o]s
que podia ser certo dise ele a el Rey nõ | he maraujlha se eu
choraua que eu via ẽ | meu sonho cousa de que mujto me pesaua
po | deloiamos saber dise el Rey sy se*n*hor dise elle | q*u*e eu sey
verdad*eir*amemte que asy como eu | vy asy acomteçeo aveyo
asy que ho alcaide | da coina amou gramdememte a molher de |
nasçiam mas numca por cousa que fazer po | dese pode dela
nada ganhar tanto amou | e tamto se trabalhou de a ẽganar que
ho di | abo lhe apareçeo oje faz tres dias na cidade | de sarrat
ẽ figura de clerjgo e dise lhe q*u*e se | se quisese fazer seu que
lha farja aver A | toda sua vomtade ele se tomou loguo seu | e
a Renegou jhe*s*u cri*st*o e sua ley e oje a o[r]a de meyo | dia quamdo
me deitey a dormir acõteçeo q*u*e ho diabo || **[245r]** lhe apareçeo
naquela Camara ẽ semelhamça | da molher de nasciam e ho
alcaide que cousa nõ desejaua tamto como tella a seu prazer cõ |
prjo com ella sua vomtade por omde a tempes | tade se comecou *
asy como vistes quamdo ho | Catiuo ouue comprido sua vomtade
mostrou | lhe logo o diabo sua mesma figura e dise lhe | q*u*e ho
leuarja como seu e elle ouue tam grã | pauor quamdo ho vio tam
espamtoso que se | nõ lembrou de d*eo*s nem de sua madre amtes
saio | de sy tamto ouue grã pauor e o diabo o tomou | as costas
e o leuou asy como vistes e eu que | dormja aquy vy todo asy
como prazia a d*eo*s e | quamdo Eu vy que ho diabo leuaua aq*ue*le
peca | dor comecey a chorar e fazer meu doo asy | Como vistes
ataa que acordey e ajmda dura | e se eu nom choro pesame
quamto me pode | pesar por que por tam maa ventura he |
perdido ẽ corpo e Em alma esta he a | Razam por que eu dormja
memtes que durou | ha tormẽta e por que em dormjndo choraua |
por booa fe dise ell Rey aquy ha gram marauj | lha e tod[o] asy
aveio como vos disestes d*eo*s | lhe aja merçe dalma se lhe aprouuer
esta avẽtura || **[245v]** souberam todos os das outr*a*s naaos e foy

hũa gram cousa e de gram facanha* e pera se terem de | pecar
e se emmẽdarem comtra seu saluador | tamto amdaram por o
maar que ho vemto o[s] leuou | a gram bretanha segumdo os
marjnheiros os leuauam | e aportarã ha hum castelo que chamã
calafer [e] era | perto do Reino de londres e quando aly aportaram
| tiraram das naaos suas temdas e caualos e armas | e o que lhes
foy mister e el Rey oulhou comtra huã | montanha e vio vir dous
caualeiros armados | el Rey estaua sobre seu cauallo armado de
todas | armas a fora de lamça e quamdo os vio vir foy | Comtra
elles e preguntou lhes quẽ eram eles | diseram que eram cristãos
e vos quem somdes di | seram elles el Rey lhe dise que tambem
era cristão | e avia nome de bautismo mordiam e sam Rey de |
sarrat quamdo elles estas nouas ouujram A | prouuelhes mujto
e foram os bracos* temdidos | Comtra elle e diseram vos sejades
o bem | vimdo nos vos amdamos buscamdo A mym | dise el Rey
e quem somdes senhor diseram elles | nos somos caualeiros de
nasciam que vos vem | Receber a mim vem Reçeber dise el Rey
e quem | lhe dise que vinha eu por deos diseram elles nõ | ho
sabemos mas tamto vos diremos que pasados sã | seis dias que
nos dise que aviades de vir a esta terra || [246r] E que aviades
de aportar neste porto oje ou de manhã | e quem somdes vos
dise el Rey tirade os ellmos e | conheceruos ey eles os tiraram e
el Rey vio que | hum era Clamacides de quem jaa a estorja vos |
falou e o outro avia nome naa[r]o e era filho | de Rey e de
Rainha e era muy bom caualeiro darmas | e ardido quamdo os
ell Rey conheçeo ouue tam | gramde alegria como se fosem seus
filhos quã | do os caualeiros que estauam na Ribeira virã | Alegria
que el Rey cõ aqueles que achara fazia | foram coremdo por
verem quem eram e quamdo | os conheceram foy alegria maior
que amte e | quamdo fragantina ouujo dizer que aqueles erã |
Caualeiros de nasciã ouue tam grã alegrja | que em coracam*
de molher nõ poderja aver maais | E correo llaa abracallos* e
preguntoulhes se sabiã | nouas de celidones certo dona diserã
eles voso | filho e voso senhor poderedes ver ajmda oje se | a
deos aprouuer saãos e ledos que pouco ha que | os leixamos com
gram companha que vos vem | Receber o mais asinha que podem
que bem lhes | diseram que oje ou de manham serjades aquy e
jaa | polos ver nõ temdes por que vos mouer que ver | dadeira
memte agora seram aquy destas nouas | foram todos muy ledos

ell Rey mamdou aos seus || **[246v]** q*ue* armasem temdas e temdilhoēs em que se acolhese | nasciam c sua companha quamdo viesem [e]les fi | zeram seu mamdado tam de boa memte e tam pres | to que pareçia que com alegria voaūa e ajmda | nõ aparelharam o que lhes ell Rey mamdou quam | do viram sair de huā momtanha nasciam e ho du | que gaanor com muyta e fermosa companhia | CAP[ITULO]. CĒTO. Do Reçibimemto e alegria | com que nasciam e o duque gaan[o]r | Receberam el Rey mordaim e sua cõ | panha e do que mais pasou | Quamdo el Rey os vio acolheo se a seu caua | lo e seus caualejros com elle outro sy | e foram comtra eles quamto os caualos | os podiam leuar e tamto que chegaŕa comecarã * | se abracar * e chorar tam Rijo hūs com out*r*os | q*ue* maraujlha vos pareceria mas as lagrimas q*ue* | a duquesa choraua quamdo vio seu marjdo e seu | filho nom ouueram paar e tamto prazer ouue | que bem dez vezes esmoreceram asy que todos || **[247r]** deziam que maraujlha era como com praz*er* | nom m[o]rera aquelle dia foy mujto o prazer e | festa que se os hūs aos outros fizeram q*ue* | mujto a via que senom viram e depois que | Comeram tam altamemte como comujnha A | tam alta gemte el Rey pregumtou a nasçiam | Como achara celidones e em q*ue* te*r*a elle lhe | dise que ho achara em gale forte desputam | do com os mestres da ley pagam mas nom | sey como hy veyo ter nem por que o duq*ue* | gaanor o amaua tamto Ell Rey pregumtou | logo a celidones como hy viera celidones lhe | dise s*e*n*ho*r se vos praz Eu volo direy ver | dade foy que quamdo eu emtrey na barqua | omde me mandou emtrar o omem boom e vos | ficastes na naao amdey por o maar gram tēpo | sem companhia tereall afora somemte de | hūa aue que me trazia que comese em | tall maneira como vos comto amdey tã | to ataa que aprouue a noso s*e*n*ho*r que ha | vemtura me trouxe ao Castelo de gale | forte mas amte morey gram tempo no maar | e quamdo a barqueta veyo ter a Ribeira que | bem me podera sair se quisera veyo a mỹ || **[247v]** hum omem bom que Eu nom conheço e dise me | que saise fora e que ho seguise e eu fiz | o q*ue* me elle mamdou por que me pareçeo omē | boom e fuime com elle comtra o castelo | e quamdo fomos a porta fez elle sobre | ella hūa Cruz e tamto que ha fez tor | nou vermelha e elle me oulhou e dise | sabes que senjfiqua ysto que eu | fiz aquy e eu lhe dise que nāa ora sa | be dise elle que eu asiney este caste | llo em sinall de samta ygreja por q*ue* | nele sera a

ygreja alcada * e homrada | e louuada mais asinha que em luguar
des | ta terra e sabe que esta Cruz que | Eu aquy fiz valera tamto
neste | castello que quamto ella aquy estiuer | nenhũ cristaão que
aquy neste castelo morar | morera maa morte nem o senhor do
Castelo | Caira em poder de seus Jmigos asy me | dise o omem
bõo que ha cruz fez sobre ha | porta . depois tomou me por a
maão he | leuou me por meyo da villa ataa o alcaçar | E emtra-
mos em hũa orta gramde e fermosa || [248r] que estaa ao pee
da tore em que estaa hũa fom | te e achamos ao duque
gaanor em que em | trara ho diabo e tinha lhe jaa priuado o
siso a | sy que hum filho piqueno que tinha o querja lam-
car * demtro da fomte e quamdo ho omẽ | bom com que * Eu
hia o vio tirou lho das mãos | E soprou ao duque no Rosto e
o duque tor | nou loguo em seu siso e ho omem boom fez | logo o
sinall da cruz sobre ha fomte e me | teo nela o minino depois que
todo foy | molhado e dise em tam ao duque gaanor | agora sabe
que este minino he fora do | poder do diabo que jaa Recebeo cris-
tamda | de des aquy adiamte guarda a celidones e sa | be que
Eu to nom leixo senã por te ẽsi | nar como metas tua fee e teu
corpo no | Criador de todas as cousas e de todas as | criaturas asy
foy o minino bautizado por | maão da quele que fez a cruz . sobre
a por | ta e me leixou a gaanor que sem falta | des emtam me foy
tam boom e de tam boom | talhe que nom hia a nenhum Cabo
sem | mỹ eu de coracam * de dia e de noite lhe começey | A mos-
trar a verdade da nosa ley e do avamjelho || [248v] Asy como
apremdy dos prelados da samta Igreja | ele dise que jamais nom
folgarja ataa que | nom soubese por direita Razam quall ley |
deuja omem mamter ou A dos cristaãos ou | a dos pagaãos emtam
fez asomar todos | os mestres da sua ley comtra mỹ pera | ouuir
o que elles diziam comtra a ley | dos cristaãos esto foy mujtas
vezes tam | to que hum dia a Comteçeo que esta | vamos jumtos
em esta desputa e nos | Acharam hy josefes e algũs que aquy |
estam agora vos Comtey como me a | Comteçeo depois que de
me de vos * party | Agora pode cada hum de vos Comtar
su | as avemturas se lhe aprouuer . el Rey | pregumtou a
nasciam como lhe aviera de | pois que se partira de sua
terra . senhor dise | ele saluo vosa graça nom volo direy ora | que
mujtas cousas mea comteceram q[u]e nõ | direy senã em comfi-
sam . Ao menos dise | el Rey dizedenos a verdade do jayam que

acha | ram morto na momtanha omde vos mãdas | tes fazer as
torres yso vos direy Eu | bem dise nasçiam verdade foy que
qu*a*mdo || **[249r]** Me eu party de beli[c] eu amdey tamto que |
chegey aquela momtanha e vy ho jayam soo | hũa aruore e est[e]
jayam tinha por costume | De hir cada dia a hum porto de maar e
sua mo | rada era na quela momtanha e daly ata | layaua a terra
e mataua os q*ue* pasauã e os | que nom querja matar leuaua os e
metia os | Em prisam e tamto que elle me vio sayo | A mỹ e co-
mecamos ° eu e elle nosa batalha que | durou mujto mas Eu
ch[a]gado e estamdo ẽ | a vemtura de morte chegou nab[o]r hum
meu ca | valejro que me amdaua buscamdo e matou | ho jayam mas
depois quisera me matar . por q*ue* me nõ tornaua com elle
mas noso se*n*h*o*r | nom o quis sōfrer e pos hi tam prest[o] | Com-
selho que ho fez cair em terra mor | to amte mỹ depois lhe comtou
como ho co | risquo matara o se*n*h*o*r de carabel . mas doutra |
avemtura que lhe aviese nom ha quis cōtar | pero bem a comtara
mas nom ousaua que | nom querja que todos soubesem as Cousas |
que aviam de vir amte que viesem. aquela | noite falaram amtre
sy de mujtas cousas e | Comfortaram se muyto de que noso se*n*h*o*r
os par || **[249v]** tira hũs tam lomge dos outros e os ajumta | ra
tambem el Rey pregumtou por josefes nas | ciam lhe comtou todo
como ho tinha preso | [C]ludeis e el Rey mordaim dise que por
a manhã | morerja ° sobre elle e o destroirja se lhe nom quj | sese
dar os presos e nesto se acordaram | todos hos que hy eram | CAP-
[ITULO]. Cẽto I DE COMO EL REI. |mordaim foy sobre el Rey
Clu | deis e lhe pedio Josefes e os ou | tros presos e da batalha
q*ue* ouuerã | Ao outro dia por a manham moueo el Rey cõ | toda
sua gemte e foise a norgales e | mamdou dizer a el Rey Cludeis
que lhe | dese os c*ri*s*t*aãos que tinha presos senam que | soubese
por verdade que lhe tomarja a terra | e o meterja em tall lugar
domde numca sa | irja quamdo elle ouujo este mamdado teue
o | por samdi[ce] e por orgulho e mandou lhe dizer | que nom
farja nada mas que loguo lhe saise || **[250r]** de sua terra El Rey
mordaim q[*ue*] vio que nom | lhe valia Razam começou a quejmar
e Roubar | A terra quamdo ysto soube el Rey de norgalles | mam-
dou por toda sua jemte asy que gram po | vo foy ajumtado em
hũa cidade que chamã le | ge[t]one e des que foram jumtos com-
taram se e | acharam que eram cinquo mjl caualeiros e piaïs | A
ora de prima Caualgaram comtra os c*ri*s*t*ãos | e quamdo foram

alomgados da cidade veyo | a eles hum pagaão que dise a el Rey
senhor nom | vos faleçe mais de vos armardes por que aquy sam
com vos quo os cristaõs que vem sobre | vos e amte que deste
outeiro decades * podedes | ver mais de cem cristaõs aquela ora
que el Rey | Cludeis de norgales ouujo estas nouas pode | rja ser
ora de prima e quamdo ele ouujo dizer | que vinham sobre elle
cristaõs preguntou se | era gram pouo e o pagaão lhe dise que
eram | muitos emtam fez el Rey Cludeis armar sua | gemte Em
dez batalhas e deu cada hũa A | tall gujador quall vio que era
mister | E amtes que as azes fosem partidas co | mo aviam de
estar viram os cristaõs sair to | dos armados de hũa momtanha os
elmos todos || [250v] Emlazados e nascĩa vinha diamte a quem |
el Rey mordaim dera a primeira batalha quam | do a batalha dos
cristaãos foy jumta con a dos | pagaaõs nom ouujriades senam graã
quebrar | de lamcas * e gram volta de jemte e poderja | des ver
muytos caualejros por terra que | nom tinham poder de se aleuam-
tar . nas | Ciam comecou * a fazer tais maraujlhas | darmas que
quamtos ho viam deziam que | Era o milhor caualeiro de todo o
campo | e asy ho fazia o duque gaanor que | taes maraujlhas em
armas fazia que | quamtos ho viam o tinham por hum dos | boõs
caualejros que hy estauam dally | se ajumtaram todas as batalhas
hũas | Com outras aly poderjades ver hos omẽs | matar e deRibar
outros tamto que el Rey | mordaim que era muy boom caualejro
veyo | A peleja Comecou * com hũa talhamte | espada a daar
golpes por omde alcamcaua * E fazer o dano que podia e acom-
teçeo | que ho vio el Rey Cludeis e que lhe amdaua | matamdo
sua gemte e começou a dar vozes | aos seus tomade me este e
catade como nõ esca | pe e matade o quamdo elles ouujram ho
mãdado || [251r] De seu senhor leixaram se Correr a el Rey
mordiam * e fe | rirano * hũs das lamças e outros das espadas e
fize | ram lhe tamtas ferjdas que maraujlha foy | Como o nom
mataram pero elle se defem | dia tam maraujlhosamemte que
nenhũ da | sua ydade que no campo fose o poderja fa | zer tambem
nem a metade e pero sem fal | ta elle fora morto amtre elles
senom fo | ra o duque gaanor que vemtura o trouxe | por aquelle
lugar e quamdo elle vio ell Rey mor | diam * e como seus ymigos
o tinham em terra | e amte os pees de seus caualos leixou se a |
elles correr tamto quãto ho caualo ho | podia leuar e foi se a el
Rey de norgales | sua espada aleuamtada e ferjo por ci | ma do

elmo tam dura memte que harma | dura que trouxe . nom lhe
pode aprouejtar | que lhe nom fizese hũa mortal chaga asy | que
ell Rey nom se pode ter na sella e | caio em terra esmoreçido
que nũca cuj | dou aver morte se emtã nam quãdo | el Rey caio do
golpe do duque emtam che| gou hy nasçiam e meteo se amtre
aquelles | que feriram a el Rey mordaim e começou de | dar muy
gramdes golpes e asy os espalhou || [251v] Como o lobo espalha
as ovelhas quamdo os | de norgales viram seu senhor jazer em
terra | tam maal ferjdo que se nom podia erger | foram tam
descomfortados que desemtã | nom curaram de se mais de femder
Amte | tornaram as espadoas e comecarã * de fu | gir o mais que
puderam asy foram os | de norgales desbaratados e quamdo nas-
çiã | vio que fogiam dise aos seus ora a eles | e oulhade que nom
escape nenhũ seguide os | Ataa a cidade e metede uos com elles
dem | tro bem asy como nasciam dise asy o | fizeram os seus que
segujram os de nor | gales ataa a cidade e emtraram de volta |
demtro com elles asy que por as Ruas foy | a morte dos pagaãos
tam gramde que nom | poderjades ver cousa que nom fose cu |
berta de samgue e durou ha batalha ataa | ora de bespora e tamto
fizeram os cristãos | que demtro na cidade nom fiquou pagão vi |
vo que elles achar pudesem quamdo el Rey | mordiam * foy dem-
tro no castello os da casa | Em quem se mais fiaua lhe diserã
senhor | nunqua jaamais homem da vosa ydade fez || [252r] taes
maraujlhas darmas como vos fizestes elle | Respomdeo sabede que
eu nom fiz nada mas a | quele em quem toda força e bomdade
he o fez | e se vos cujdaseis que eu por mỹ o fazia | serja necidade
emtam o desarmarã e acharam | lhe tamtas ferjdas de que outro
omem podera | morer e foram muy descomfortados e pregum |
taramlhe como se semtia elle dise que nom | se semtia de ferjda
que teuese emtam fez | tirar Josep e josefes e toda sua companha |
da prisam e quamdo vieram amte elle e ele | vio josefes foy o
abraçar e foy com elle muy | ledo que muyto o amaua Josefes lhe
pre | gumtou quẽ ho trouxera ally ell Rey o tirou | a huã parte
e lhe comtou o que vira Em | sonhos e que esta fora a Razam por
que | hy viera.omde he el Rey Cludeis que nos prẽ | deo dise
josefes senhor dise el Rey mordaim ele | foy oje morto na batalha
emtam lhe comtou | Como com elle ouueram sua batalha E | ma-
taram os pagaãos . quamdo josefes ouuio | Estas nouas foy muy
ledo e dise a ell Rey que | bem mostrara deos aly seus milagres

e poder | quãdo tam piqueno pouo como o dos cristaãos | Era vemceram Ell Rey de norgalles na batalha || **[252v]** Aquella noyte foram muy ledos e muy viçosos | os cristaãos na Çidade de legatone | CAP[ITULO] Cẽto ij.DE COMO EL REI. | mordaim quis ver as maraujlhas | do samto vaso e como cegou | e lhe dise hu[ã] Voz que viujria a | taa que vise ho caualeiro galaz | E como el Rey leixou o mũdo e se | meteo ẽ huã ermjda.casamdo pri | meiro celidones cõ ha filha del Rey mili | aom de babel | Por a manham acomteçeo que foram a me | sa amte o samto greall por Remderẽ | graças a noso senhor por [a] gramde bem que | lhes fezerã comtra ell Rey de norgales e co | mecaram * diamte o samto vaso a fazer suas | orações e em quãto Josefes mestre da sua | ley se Reuestio pera diamte do samto vaso | dizer suas oras como avia em costume ell | Rey mordaim que da prjmeira ora que ho samto | vaso vira desejaua se podese ser ver * o que || **[253r]** Amdaua demtro e com este deseJo se chegou mais | do que deuja e huã voz lhe dise Rey nom te | cheges mais do que deues e el Rey eraJaa tam | perto que chegou ao vaso e vio tamtas ma | raujlhas que limgoa mortal al nom poderja | dizer nem coraçã gerall * terreall cuidar e | foy tam desejoso de ver mais que se chegou | ajmda mais e logo deceo amte elle huã nuue | que lhe tirou o lume dos olhos e o poder do cor | po por chagas em manejra que nom via nada | nem tinha senã muy pouca força e quãdo | elle vio que noso senhor a via tomado grã | vimgamça por que pasara seu mamdado dise | que ho ouujo todo o pouo senhor deos jhesu cristo que | ora me mostrastes que necidade he pasar | homẽ voso mamdado e asy verdadeiramemte | me apraz com elle pera o sofrer de boa vom | tade asy senhor me outorgade e me dade em | galardam de meus serujços que eu nõ moura | ataa que veja o bom caualeiro ho noueno | da linhajem de nasçiam aquele que deue ver | todas as maraujlhas do samto greall e ele | veja a mỹ asy que ho posa eu abraçar e beijar quã | do ell Rey ouue feita sua oraçam a noso senhor || **[253v]** Respomde lhe a voz e dise Rey nom te descom | fortes que noso senhor ouue a tua oraçam e tua | vomtade he de todo comprida desto que tu | pediste que tu viujras ataa aquella ora | que aquele caualeiro te vira ver e no tempo | que for a ty cobraras tua vista asy que ho veras muy bem emtam serã tuas chagas | saãs que ataa aly nom seram ceradas ysto | dise a. voz a ell Rey mordaim e prometeo lhe | que verja aquelle caualejro que tamto | desejaua ver ysto que

ha samta voz di | se nom ho ouujram senam quatro josefes | e
nasçiam e josep e el Rey a quem se dezia de | pois que as oras
foram ditas e o samto | vaso bem guardado tomaram pera seu pa |
Co* e pregumtaram a ell Rey como se semtia | elle dise que sem
falta avia perdido o lume | dos olhos e a força dos braços por o
erro que | fizera que quis ver o que nom deuja esta | he a vim-
gamça que noso senhor tomou. mas | Eu vos digo em verdade
que nũca me cousa | veyo de que me tamto aprouuese como esta
| que agora vejo eu.bem que noso senhor me tem | por seu filho
quamdo tam asinha me fez conheçer | meu pecado emtam come-
çaram a chorar todos || **[254r]** quamtos hy estauam por que ho
viram doer de seu pecado por a vimgamça que noso senhor toma
| ra e diseram lhe que querja que lhe fizesẽ | ele dise que querja
que ho leuasẽ a gale forte | pera fazer hy as vodas de celidones
e da filha | del Rey de babel que asy querja noso senhor que |
fose eles diseram que farjam todo seu mã | dado quamdo a molher
del Rey mordaim soube | que seu senhor que ella tamto amaua
perdera | a vista e a força fez hum tam gramde prã | to que
nenhũa molher o poderja mayor fazer | e outro sy os Riquos omẽs
e donas que sempre | ho amaram muyto e muy gramde pramto
fez nas | ciam e muy gramde o duque gaanor e todos hos | outros
outro sy e choramdo fizeram sobir el | Rey em hum cauallo mas
quãdo viram que nelle | se nam podia ter como omẽ que perdera
a força | de todo o corpo fizerã fazer amdas fermo | sas e deitarã
nelas muytos panos Riquos e fer | mosos quaes comujnham a
Rey e deitarã no hy e | leuaram no. ao castello de galeforte e hy
ho | deitarã aquelle dia deu nasciã seu filho a çeli | dones a
filha del Rey melião e de babel e el Rey | mordaim mamdou
a nascião e ao duque gaanor | que hos emtregasẽ do Reino de
norgales e as vodas | foram feitas [a]o oytauo dia e ouue hy
grã alegrja || **[254v]** A marauilha e fora muy mayor se ell Rey
fora saõ | Como soia e depois que ambos foram casados | prouue
a noso senhor que ouuerã hum filho que | valeo mujto e foy de
grã poder e foy Rey da terra | e Reino de foraiã | e ouue nome
nascião como | ele achou no esprito da carta. que lhe ho homẽ
bõo | deu asy como vos a estorja comtou quãdo | as vodas foram
acabadas el Rey mordaim dise | aos seus vasalos que nõ querja
mais viuer | amtre elles e nascião lhe dise senhor que queredes |
que facamos* josefes dise el Rey nos sabera | dar comselho e

foram por josefes e elle veyo | loguo e dise a el Rey que querja
senhor dise el | Rey eu querja que vos me acomselhasedes que |
Eu querja hum lugar apartado omde fose e | memtes viuese fora
desta gemte que mais ētem | derã os sabores do mũdo que eu e
nõ me farã | mais que estoruar me senhor dise josefes a esto |
vos darey eu ligeiramemte comselho aquy per | to a hũa mom-
tanha omde nouamemte veyo mo | rar hum ermitão homē boõ e
de samta vida | Cuja companhia vos sera booa [e] prouejtosa
quã | do el Rey esto ouujo foy muy ledo em gramde maneira |
e dise a josefes senhor tu es meu padre e meu guar | dador e
me deues giar Como tua ouelha || [255r] gia me aquelle lugar
que me prometeste omde eu | viujrey e seruirey a meu padre
dos Ceos de todo | meu poder e esto sera dalimgoa que todo o
outro | poder do corpo minha samdiçe mo tirou e | elle mo dara
quamdo lhe aprouuer . mas esto | sera daquy a tempo Esto sey
Eu bem [m]ujto | falou ell Rey aquelle dia com seus Riquos |
homēs e despedio se delles e dise que por ama | nham se yrja e
os leixarja e Rogou lhes muito | que fizesem bem * sua fazemda
e dise lhes | que pregasem esta sua façanha e sobre to | das as
cousas do mumdo se guardasem de sa nharem noso senhor e se
vos ysto fizerdes di | se elle sabede verdadeiramemte que numqua
ē | traredes em companhia nem yredes a lugar om | de nom
ajades omrra e vitorja e se vos vier | pirjgo elle vos liurara que elle
nũca ley | xou trazer mall nem mall Reç[e]ber aqueles | que
se a elle chamã amte os guarda e gia co | mo seus filhos e Rogo-
uos que olhedes por | A Rainha sargaçimta que he tam booa
dona | que vos a guardedes e syruades e homredes | Como senhora
tereall e amedes como deueis e * por || [255v] vosas menagēes
somdes A yso teudos e vos nas | çiam bom amjgo que eu amo sobre
todos os | Caualeiros do mumdo e com gram direito | Rogo uos
por a mjnha molher e vosa jrmãa | que vos amedes e homredes
asy como tam boa | Dona deue ser homrada e amada e se me vos |
nunqua amastes Rogo uos que por homra | de mỹ aguardedes .
aquelle escudo que Eu | trouxe na batalha de tolomer aquelle |
vos dou Eu Em guarda como darja o meu | Coraçam e sabede
bem que tem tall força | que nenhum omem boom o trara em
batalha | que nom aja homrra e vitorja e por esto vollo | dou
meu bom amjgo nasçião e guardade este | bom escudo e çerto
ajmda vos aviram mujtas | maraujlhas aquy e em outra parte asy

leixou | Ell Rey mordaim sua molher e seu escudo | em guarda
a nasçiam e por a manham se meteo | na Irmida com ho omem
boom que lhe disera | josefes e por amor del Rey creçeo aquelle
lu | gar tamto que Em pouco de tempo e | amtes que fose o ano
pasado ouue hy hũa | Abadia de momges bramcos gramde e muy
fer | mosa e tamto que hy Ell Rey emtrou come || **[256r]** Caram *
hy emtrar muytos de seus Riquos | homẽs e dos mjlhores Caua-
leiros que elle | tinha asy foy aquella abadia feita por | amor
dell Rey mordiam * q*ue* depois hy morou grã | tempo asy cegou
el Rey mordiam * e viueo na | Ermjda e galaz o noueno da
linhagẽ de nas | ção que sobejo foy boom caualejro ho veyo |
hy ver e cobrou emtã sua vista [C]omo | a estorja do samto
greall vollo deujsara | e depola morte de nasçiam viueo dozemtos
| Anos e a mais asy ficou ell Rey na abadia | e nasciam em galeforte
com gaanor e tiue | ram comsiguo grã companhia de c*ri*st*a*ãos
e de | outros homẽs bõs q*ue* avemturarã hos corpos | A morte
por defemderẽ a ley de jh*e*su c*ri*sto comtra os pa | gaaõs quamdo
vio josefes q*ue* el Rey era na abadia | E q*ue* nascião fica[u]a ẽ
galeforte cõ ho duque | *pa*rtio se e leuo cõsiguo seus paremtes
pera pre | gar e mostrar a verdade do samto evamgelho | E
quãdo se partio de galeforte depois que se despe | dio da Rainha
e nascião e do duque e dos mais | Caualejros amdou tamto por
estranhos lugares | ataa que achegou a hũa çidade q*ue* chamã
gama | lot aquella Cidade era A mais Riqua q*ue* avia || **[256v]**
Na grã bretanha e era de tam grã senhorjo que | nella se ajumtauam
os Reis pagaaõs e nella | Era a ley pagãa mais esforcada * que
ẽ out*ra* parte || CAP[ITULO]. Cẽto iij DO QUE. | El Rey
egrestes fez a josefes e | seus Companheiros | . Na quelle tempo
q*ue* hos c*ri*stãos hy vieram era della | senhor hum Rey que era
o mais bra[u]o e jmdiabrado | do mumdo e avia nome agrestes
e quamdo josefes | Emtrou na quella villa começou a pregar o
no | me do alto s*enho*r em aquelle tempo nom avia na | Cidade
nem em seu termo senã descrjdos E | acomteçeo q*ue* por a graça
de noso s*enho*r com ha pa | laura de josefes se tornarã a ley de
jh*e*su c*ri*sto mjl e | Cinquẽta xpaãos * pagaãos e quamdo ell
Rey | egrestes vio que sua jemte asy se volueo ouue | muy grã
pesar q*ue* elle era o mais desleal ho | mẽ que podia ser e cuidou
emtã huã gram | traiçam e dise asy mesmo se eu quisese agora |
tornar este pouo a mjnha ley nõ poderja por qu[e] | sam mujtos

e cada vez vam creçẽdo e por tamto quero || **[257r]** fazer semelhamça que me quero comuerter e depois que | josefes se partir daquy ou por Rogos ou ameaças ou por pauor da morte os farey tornar a nosa prjmejra | ley asy como elle o cuidou asỹ ho fez e por amanhã | Recebeo bautismo em destruimemto dalma como o | mẽ que nom emtemdia senã ẽ deslealdade e ẽ fazer | Crueza emtã foy ho pouo muy ledo que bem cuj | dauã que el Rey direitamemte era cristão mas nom | ho Era que numca canbou nem mudou de sua ley am | tes foy sempre falso cristão como aquele que |demtro tinha o coração do diabo que lhe nõ leixa | ua fazer booas hobras nem ho pouo nõ cuidaua | que elle desimulaua Emganos emtã todos os | da terra asy pobres como Riquos se tornaram | cristaaõs e depois que josefes morou na Cidade oy | to dias partio se e leixou hy doze de seus parẽtes | por lhes mostrarem o que aviam de fazer e pera lhes | pregarem por que elle sabia A fraqueza dos homẽs | E que ho diabo meterja seu poder por os ẽga | nar e por yso leixou hy de seus paremtes os mais se | sudos que achou e quamdo elle he os seus se par | tiram foram se a escoçia e el Rey agrestes se | aleuamtou hũa sesta feira por amanham e mã | dou por landon que era ho mais alto omẽ que | Ele tinha e era tamto seu prjuado que bẽ || **[257v]** Emtemdeo que era falso cristão como elle emtam | lhe descobrjo o que cuyda[R]a e dise lhe landon Eu | quero que vos me ajudedes ao que Eu comecey senhor | dise elle eu vos ajudarey sem falta agora vos | direy dise el Rey o que quero fazer eu quero | que toda nosa jemte venha a nosa prjmejra ley | que desta que Eu Receby nom me pago amtes | a desamo mais que a cousa do mumdo e por que | Eu sey que nom poderey tomar meu pouo senã | por força eu emujarey por todos os altos omẽs que venham a mỹ e farey por de hũa par | te o noso deos e da outra a cruz dos cristaãos | per que dizem que seram saluos e aqueles que | se achegarẽ a cruz matalos emos eu e vos e os que | se tiuerem aos nosos deoses seram quites e depo | is tomaremos deles menajem que nos ajudem a fazer | o que quiseremos [sic] emtã dise landon senhor muy bem | Cuidastes e muyto me outorgo neste comselho ẽtã | mamdaram por os altos omẽs da terra asi como | ho falaram e aqueles que nom quiserã crer seus | deoses perderam as cabeças e mataram asy muitos | mas outros por que eram ajmda nouos na fee tor | narã a sua primejra

ley por pauor que ouveram | Da morte asy que todo ho pouo tornou co | mo por força a crronca que tinham damtes de ||
[258r] Pois que el Rey esto teue feito fez premder os doze | companheiros de josefes e dise lhes que adorasem | seus deoses se nam que hos matarja eles diserã | que ho nom farjam por poder que elle ouuese e quãdo ell | Rey esto ouujo felos despir nus e felos aRastar | polla çidade e depois felos leuar a hũa gramde | Cruz de pedra que josefes fez erguer a emtrada da | momtanha e fez liar huũa * a ella e depois mãdou | lhe dar com hum malho na cabeça asy que hos my | olos cairã por a cruz Em tall manejra fez | matar todos e a cruz ficou chea de samgue e | vermelha emtã se foy ell Rey que bem se vingou | Como elle cuidaua e leixou os corpos amte ha | cruz e quamdo emtrou na çidade achou em çi | ma no cimjterjo huã cruz de paao e mamdou a quej | mar mas que prjmejro fose aRastada por todas | As Ruas da cidade e tam asinha que ysto mandou | foy tam samdeu que comecou * a comer suas propias | maãos e elle himdo asy achou hũ seu filho pi | quinjno e tomou ho e afogou ho e outro tanto | fez a sua molher e a hũ seu jrmaão e emtã foy | Comtra a cidade bradamdo e achou na mayor | Rua della hum forno ardemdo pera cozer pão | e meteo se demtro e hy foy loguo morto desto ||
[258v] foram os da terra tam espantados que nom souberã | que fazer e bem emtemderam que todo aquele | mall lhes viera por o pecado que fizerã e | que deos se asanhara e emtam mamdarã hum | mesageiro * a chamar josefes e mandaran lhe dizer | todo como aviera que se tornase o mais pres | to que podese que mujto lhes era mister sua vim | da . quamdo Josefes ho soube ouue muy gram | pesar e foy laa e fez tomar os corpos dos | doze marteres que amtre a cruz Jazjã e felos | soterrar em hũa capella e mandou lauar ha | Cruz do samgue mas nesto mostrou deos tal | milagre que ha pedra que estaua em cruz | nunqua mais cobrou sua Coor amtes foy | sempre negra Em Renenbramça Do | samgue que por ella caio e por esta Ra | zam foy sempre chamada a cruz negra | este nome lhe durou tamto ataa que | Reinou ell Rey artur e tambem depois que | as avemturas ouuerã fim por o boom ca | valeiro que de lamcarote * sayo quamdo os | marteres foram soterados Josep fez deRi | baar os templos dos paganos e quejmar | hos ydolos e fez no meyo da çidade edeficar ||
[259r] hũa ygreja a omrra do samto oçiano martere e de | pois

se partio da Cidade des que vio que ha terra | era amamsada e tornada a ley de jhesu cristo e quamdo | foy alomgado da terra perto de duas Jornadas | sobio com sua companhia em hũ outeiro | alto e gramde que chamão o outeiro do jayam | E esto foy hun dia de sesta feira e estando | aly asemtados viram a cabo da samta mesa | asemtado a josefes mas amtre ambos sem falta | avia tamto espaço vazio em que houtro omẽ | bem podia ser e hum paremte de josefes quãdo | vio aquelle lugar vazio dise a josefes senhor | por que nom chamais voos algũ destes homeẽs | boõs que a esta mesa estam tam apartados | que se asemte a cabo de vos por que folgaram | que estar o lugar vazio nom me semelha | prol amigo meu dise Iosefes este lugar he | asy vazio por tall Razam que nenhum nom seja | nelle se nom for milhor que os outros e nom | he asy vazio de balde mas por gramde siny ficamça que bem sabede que este mesmo lugar | he o em que judas esteue ho dia da çea a samta | mesa quamdo jhesu cristo Comeo com hos | seus dicipollos asy he Este luguar | vazio por ha gram traiçaão que || [259v] Iudas fez E nom sera cheo senaam por homem muy boom asy como ho outro | foy maao Esta palaura tinham os que | Estaũa a mesa por escarneo e mayor mẽ | te aquelles que jaziam em pecado mortall | E tais hy ouue que depois que comeram | diseram que aquillo nom era senã trufa | e que josefes fazia emtemder memtira e que | sem fallta ligeiramemte poderjam estar | Ally asemtados em aquelle lugar Como | Em outro e sem mais perjgo hy aver e os | que esto diseram foram vimte e quatro todos | naturaes de Ierusalẽ e os dous dos que | mais falarã | aviam nome o hũ symẽo e | ho outro maiis e aquelles dous diseram | aos outros senhores que vos pareçe esto que nos ho | noso bispo diz do lugar vazio pareçe nos dise | ram elles que se for verdade que nenhũ hy se Asemtara que nom fizese ousadia he que se | nõ deue nella asemtar senãm aquelle que | noso senhor hy ẽujara çerto diserã elles nos cuj | dauamos que ysto he memtira e nã Verdade || [260r] mas não que nos Respomdamos a Cousa que elle | digua nem lhe Comtradigamos e por iso queriamos | que algũ aly se asemtase por que Emtão sa | Beriamos se he verdade o que ele dise se vos quiser | des dise moiis Rogade por mim que me leixe hy | asemtar que eu me asemtarey E meter me ey em a | vemtura que Eu.bem Cuido que Eu servi tãbem | noso senhor des que me parti de minha teRa que nom | tenho

de que me temer de me aly asemtar por | boã fee diserão os
outros nos lho Rogaremos | de boã memte se nos promcteis que
uos asemtares * | ele o prometeo Loguo Emtão vierão a josefes |
E diserom lhe senhor na nosa mesa a hũu [l]uguar | Vazio de
que muito nos maravilhamos E nos acha | mos hũu omem bom
E de samta vida que bem mereçe | de ser hi E Roguamos uos
por deos e por nosas | homRas que ho lleixeis hi ser muito pre-
gumtou | josefes quem Era Aquele homem bom que avia | de
ser Asemtado omde ele nõ ousaua de ser eles | lhe diserão senhor
he mois noso paremte e voso mois | dise josefes como pode ser
que ele e seu padre ficarão ao pasar do mar E nom nos pode-
ram | seguir e ficarão com aqueles que ERarom || [260v] [A]seu
saluador E aguora amDa dizemdo que he tal | que quer ser no
luguar vazio çerto isto nõ creria | eu tão ligeira memte saluo
que [n]oso senhor asy nã | faz.do pecador Justo senhor diserão
eles que nos | dizedes que nos bem sabemos que ele h[e] tal |
que deue estar nelle por esto vos Rogamos que | ho sofrades por
sabermos se deos lhe quer dar | homRa ele Respomdeo Eu bem
queria quue | ele fose tal que prouuese a noso senhor dele | hy
estar mas nom creio que estara e porem | sofreloey pois que ho
vos por bem temdes eles | agradeçerom lho muyto e tornarão
A mais * | e diserom lhe que outorgado lhe Era o lugar | e ele
Dise que se Asemtaria nele | Capit[u]lo Cẽto iiijº de como mois
se asemtou | na sylha perigosa e como os diabos | ho levarão da
mesa e o estranho llu | guar omde foy posto e do que mais |
pasou || [261r] Asy ficarão aquele Dia que mais hy nõ fallarõ |
a outro dia a ora de meio dia asemtarom se ha | mesa do samto
greal e diserão a mois agora | hivos * a semtar omde vos pro-
metestes que outor | guado vos he ele dise que o faria e foi se
cõtra | omde josefos estava fazemdo tã[o] gramde synal | de
vllmidade e piadade e Cristamdade que A | maravilha vos pare-
çeria homem bom E quamdo | Josefos o vio vir dise lhe mois nõ
te asemtes aquy | se nõ es tal como deues que tu te acharas diso
mal | isto sabe verdadeiramemte E nom Cuides que este | llugar
esta vazio pera pecador hi estar que este | llugar he Em sỹnifi-
camça de judas e deos ho | tem guardado pera omem bom e por
iso nõ te asẽ | tes hi se nõ es de milhor vida que todos nos
outros | que bem sabe que se tal nõ es que sera destroimẽto |
de teu corpo e de perdurauel vida da tua allma | quamdo mois

isto ouujo foi muy Espamtado | e porem Dise senhor Eu bem
Cuido e sey bem que | saõ tal que deuo de ser * [e]star ahi
E que noso senhor | nõ se asanhara aguora nem adiamte se
tu tal | es como dizes dise Josefos bem ho veremos || **[261v]** lloguo
amtão se asemtou mois amtre Josefos e nõ | esteue hi llomgua-
memte que os que A mesa estauã | virão vir ata sete maos * todas
ardemdo Em | chamas mas dos Corpos omde as maos * saião |
nom virão que deitauão | chamas de foguo sobre mois asy que
elle co | meçou todo arder tão claramemte como se fose boã
lenha seca e virão que quamdo foi | bem açeso e deitaua chamas
as maõs ho to | marõ dally e o ergerão e o llevarão a hũa muy |
Allta momtanha que perto dos çeos era quamdo | aqueles que
a mesa estauão virão esta marauy | lha forão muy espamtados
e fallarão muito | nella e diserão a josefos senhor agora podemos |
nos ver que vos nos deziades verdade desta | cadeira gram pecado
e gram ma vemtura | fizerão aqueles que a Comselharaõ a mois |
que comtra vosa defesa nella se asemtase | por deos dizede nos
se sabeis homde ho leuarão | e se he saluo ou perdido esto dise
josefos sa | beredes vos muy çedo que Eu vos mostrarey || **[262r]**
ho lluguar Omde o meteraõ asy que ho poderedes | muy bem
ver Emtão saberedes se he viçoso | se Lazerado e depois vos farey
saber se he | saluo se perdido depois que josefos isto lhe | dixe
todos se callarão que muy marauilhados |estavão do que virão
E depois que Comeram | brou dise a josefos senhor A Comselhade
me | no que vos diser dizede dise josefos que eu | vos acomselharey
a meu poder senhor dise brou | eu ey doze filhos vosos paremtes
chegados | eu vos Roguo que vos mamdedes por eles | e sabede
delles como querem viuer E se quẽrem casar ou não Esto farey
Eu de grado dise | Josefos E mamdou lloguo por eles e vie | raõ
josefos os tirou a hũa parte lomge | dos outros e pregumtou
lhes Como queriaõ | viuer e se querião casar ou não | e os omze |
diserão que se querião Casar e o dozeno nõ se outorgou nyso
amtes dise que seria | virgem todos os dias de sua vida e serveria |
ao samto greal memtres viuese esto esco | lheo o dozeno dos
filhos de brou aguarda || **[262v]** de su[a] virguimdade e ser
servo do samto vaso e os | outros escolherão de cada hũu aver
molher quã | do Josefos vio que aquele prometera virgim | dade
e de servir ao samto vaso ho começou A | braçar e a fazer com
ele a maior allegria | do mumdo e dise aos homze que querião

mo | lheres vos averedes o que quiserdes que Eu | vo[s] averey
casamemtos como homeis * bõs vos | dise ao outro queredes duas
cousas guardar | virgimdade e ser seruo do samto greal e hũa | vos
outorguo eu e deos vos outorgue A outra | que vos sejades todavia
virguem de vomtade | em obra em tal maneira que vosa carne
nom | seja mal treita nem Com fomdida por ho pe | cado de
luxuria asy o queira deos ay amiguo | e de serdes seruo do samto
greal vos outorgo | eu de muy bõa vomtade por que escolhestes |
em averdes Em vos tão alta Cousa como | he a virgimdade Eu
vos outorguo que depois | de minha morte ajades Emtregua e o
senhorio | da guarda do samto vaso que vos demãdastes || **[263r]**
asy que vos hy sejades o guardador depois de minha | morte e o
deis quamdo vos falleçerdes e aquele | a quem ho derdes seja
seu e de seus herdeiros que | apos ele virão os que a guarda do
samto vaso | ouuerem Ja sua teRa nõ sera mal deserta quue |
eles nom sejaõ Comuertidos E compridamemte avomdados da
sua graça memtes delle a em | trega tiverem este dom vos dou
amigou por | o alto dom que escolhestes e ele fimcou os gio | lhos
amte ele choramdo E agradeçeo lhe muito | e josefos ho emtregou
do samto vaso depois de | sua morte Depois fez aos outros Jrmãos
o que lhes | prometeo que os Casou todos tão altamemte que |
foi maravilha E omde eles quiserão afora so | memte dous que
huũ chamavaõ perõ que depois | por sy casou E outro chamavão
sador que se nõ | quis casar se não a sua vomtade deste sador |
saio Apollo ho bem avemturado de chelida | filho * de el Rey
de babilonia que achou prenhada | e casou com ela e deste apollo
por linagem de | herdeiro Em herdeiro saio el Rey felix e deste |
felix saio el Rey metilamdes E de metilãdeus || **[263v]** E de
ellible abel yrmã de el Rey m[a]res saio tristão | o namorado e
fermoso e bom caualeiro asy co | mo a gram estorea o devisara
que se aquela isto | rea for a esta ajumtada sera noso llivro | muy
gramde E quamdo for llugar falare | mos nele que depois foi
Companheiro da tauola | Redomda des que josefos asy Curou
dos filhos | de brou Começou de amdar polla gram breta | nha
com sua Companha asy Como a vemtura | o llevaua E nom avia
dia que sua Companhia | nom Creçese quamdo vimte quamdo
trimta ho | mes que todos ho seguião descalços e mal ves | tidos
e leixauão suas Riquezas e herdades | por lhe fazerem Companhia
E nõ chegaua a | lugar omde nõ Comuertese gram pouo e tãto |

[e]raõ suas pallavras de gram vertude por A | graça do esprito samto que ja tão duros coraço | es * nom terião as gemtes que se o quisesem | ouuir se nõ Comvertesem e por esto creçia | sua companhia de dia Em dia e acomteçeo lhes | que hũu dia chegarõ a hũa teRa deserta || [264r] Omde nõ acharão tão asynha que Comesem e nom | Cuidedes que todos os que na Companhia amdauão | se mamtinhão da graça do samto vaso por que os | que della bebião erão boõs e samtos omẽs mas | os outros que estavaõ Em pecado mortal e se | nõ querião Ememdar por Roguo nem por pre | gação amtes bebião do que achavão ou lhe dauão | na quele tempo que eles Emtrarõ na quela teRa | deserta a Comteçeo que cheguarõ a hũu vallee | muy gramde E muy fumdo E quamdo forão | no meio delle acharão hũa gramde alagoa | e na alagoa estava hũa barqueta com hũa Rede | e quamdo chegarão alagoa Asemtarõ se por fol | guarem e taes hi ouue que se despirão de seus | panos por que fazia gramde quemtura Emtão | tirarão ho samto greal e josefos com seus cle | riguos começarõ suas oras asy Como soião | e os outros que nõ sabião ler se ARedarão | hũu pouco e fizerão suas oraçoes * que noso | senhor por sua gramde piadade lhes mamtivese | os corpos E as almas aquele dia Rezarão as | oras amte ho samto vaso muy vmildosamemte || [264v] E quamdo ouuerão feito o que devião sairom se | por os prados e começarõ a por sobre as eruas | os huũs vasos e os outros mamteis Como omes * | que querião jamtar que outra mesa nom tiverão | se nõ a erva omde estemderão os mamteis e de | pois que s[e] aparelharão pera Comerem hũ parẽ | te de josefos tomou o samto vaso e leuou o | peramte as mesas E asy a Comteçeo que as | mesas por vertude do samto vaso forõ Com | pridas de todos os bõs mamjares que Coração | de omem poderia Cuidar E sabede quaes mesas | aquellas Em que os bõs omẽs estauão e os | outros nõ tiverão que Comer E depois que hos | justos jamtarão os pecadores vierão a josefos | e diserom lhe ay senhor que podemos nos fazer | se vos nõ nos pomdes comselho perdidos somos | que a graça Do samto vaso nom nos faz como | soia por omde Comvem que vos pemsedes de nos | se nõ queredes que moiramos de fome e josefos lhes | Respomdeo senhores pesa me que aguora | apareçe vosa fee vos leixastes deos e deos || [265r] leixou a vos que Ememtes vos fostes seus filhos | foi vos ele padre que Em quamto ho vos seruistes

leal | memte vos foi ele agualardoador que vos deu quãto | Vos
pemsauades aguora ho Começaes a seruir | como a emteado ele
vos da a Comer Como padra | sto aguora podedes ver que de *
ho leixardes nõ vos | vem nenhũu bem que se vos aimda vos
tiveses a | ele ajmda vos daria quamto vosos coraçoes [sic] deze |
jasem e porem A esta lazeira que por vosos pe | cados vos veio
Eu porey hy o milhor Comse | lho que poder Emtão chamcu ho
deRadeiro filho deebrou aquele que escolhera de ser seruo do |
samto greal E aquele menino avia nome alaim | o groso mas nõ
Cuidedes que aquele foi ho que | decemdeo da linagem de çeli-
dones que este alaim | numca foy Rey mas ho outro foy Rey E
teue | bom Reino e Riquo quamdo este allam veyo | amte josefos
lhe dise amte quamtos | ahi estavaõ alaim tu seras hũu dos cõ-
pridos | homes de graça de nosa llinagem asy Como Eu | tenho
vay aquele llaguo E emtra na quella | barqueta e deita a Rede
que hi acharas e toma || [265v] pescado domde esta gemte posa
Comer allaim | fez. o que lhe Josefos mamdou E quamdo | tira-
rão a Rede Em teRa nom acharão hi se | não hũu so pexe E era
gramde Emtaõ lhe | diseraõ que deitase a Rede outra vez que
nõ | poderia aquele bastar a deçima parte daqueles | a que falle-
çera o Comer e josefos dise | que a nõ deitaria mais e fez Cozer
o pexe | e mamdou que os que nom Comeraõ * [s]eha * semtasẽ |
e eles se asemtarõ que muito lhes fazia my | ster E josefos dixe
a elaim filha aquele | pexe e faze delle tres pedaços e poem | os
dous nos Cabos das mesas e o outro | no meio e Roga a noso
senhor que por a sua | piadade e não por noso louuor mas por |
sua graça vejamos Como he de ty comtemte | pois es emtregue
do samto greal emtão | começou elaim a chorar mujto e foi se
diãte | o samto greal e depois que Ouue feita sua | oração fez
do pexe o que lhe mamdou Jo | sefos e pollo Em tres llugares
E || [266r] tamto que ho teue fe[i]to mostrou noso senhor tão |
fermoso millagre que Em homRa do menyno e | seneficamça da
bomdade que nele avia de ser | acreçemtou ho pexe tamto que
todos aqueles | que gramde vomtade tinhão de Comer forão |
tão abomdados como se todos os mamgares | do mumdo fosem
hi postos muy avomdadamẽte | e mais foi ho que sobejou depois
que Comerão | do que todo o peixe foi e por o gramde avo |
mdamemto que teuerão pelo peixe que alaim | pescou lhe puserão
hũu nome que numca depois | perdeo que lhe chamarão Rico

pescador e des | ally foy por este mais chamado que por ho | seu e Em omRa delle e daquele pescador fo | rão todos os outros chamados os Riquos pes | cadores que forão emtregados do samto greal | e sem fallta os outros que dele forão Em | tregados ouuerão mais do bem do mumdo que | ele que forão Reis mas ele não E em Renembrãça | desto foi aquella alagoa chamada alagoa | dellaim E aqueles a que esto a Comteçeo | ouverão taõ gram prazer que nõ poderia maior | ser || **[266v]** Capit[u]lo Cẽto v. de Como joseP se | partio de josefos seu filho e | de [S]ua companhia e das ma | rauilhas que lhe a Comteçerão | Em quamto fallauaõ nesta avemtura dise | josep ha josefos seu filho o coraç[a]õ me | daa que me parta de vos e que me va domde | a vemtura me lleuar E disto ey tal dezejo e sabor | que cuido que allgũu bem me a de vir E sabede que | o mais asynha que poder me tornarey a vos que | muito se me fara tarde depois que de vos me | partir vos tornar a ver Emtaõ se partio de sua | companha soo | e amdou tamto por suas Jorna | das que huũ dia de sesta feira lhe acomte- çeo | que chegou amontanha debritilamd[re] eesto for [sic] | aora de prima e ele imdo por huũ estreito ca | minho o alcamçou hũu pagão armado de todas | armas sobre huũ gram cauallo E quamdo ho | alcamçou Iosep ho saluou e ele o tornou a || **[267r]** Saluar E depois que ambos jumtos amdarão huũ | pouco pre- gumtou ho pagano a Josep domde era | natural ele lhe dise que era natural de barima | tia de baramatia dise o pagano E quem te trouxe | ca aquele me trouxe ca que sabe todas as | CaReiras da verdade E que trouxe o pouo de | isRael por meio Do mar vermelho quamdo el Rey f[a]raõ hia apos eles por os matar | aquele mesmo me trouxe aquy E que mister | as tu dise o pagão Eu sou solorgiaõ dise Jo | sep Como dise o pagano sabes tu gare- çer chagas sy dise ele pois quero que vas com[i]guo | a hũ meu Castelo que he ca diamte que hũ meu | yrmão he ferido a mais de hũu ano na cabeça | e [nu]mca pode achar quem o sarase no nome de | deos dise Josep se me ele quiser crer Eu o sararey | com ajuda de deos Com ajuda de qual d[eo]s dise | o pagão que nos avemos quatro deoses satur | no Jupiter mercurio e apollo E nom a tal | deles que o queira sairar e por qual destes deo | ses es tu taõ poderoso que o sararas por qual | dise Josep por nhũ deses nõ o sararey nem ho a | Judarey que sua a [Jud]a lhe nõ pode aproueitar || **[267v]** E se tu cu[i]das que eles te

posaõ ajudar tu | es escar[n]ydo E emganado Emganado dise |
ho pagano çerto nom saõ que nõ sereis Emga | nado por cre[r]
firmememte que eles me | podem ajudar que eles são Reis pode-
rosos | e Reinaraõ ememtes o mumdo durar quamdo | josep esto
ouuio foi muy sanhudo e tornou ver | molho * E Respomdeo muy
Asynha dizedes que | a ymagem que ho omem faz cõ sua mão
he de*o*s e | q*ue* ele a maior poder sobre ty que tu sobre ele sy |
dise o pagão mas verdad*ei*ramem*te* as ymages nõ | tem por sy
poder mas por aqueles a Cuja seme | lhamça se fazem estes saõ
os deoses em cuja | semelhamça saõ feitas E em cuja omRa as
nos | omRamos Esto sey eu bem que as ymages nõ | podem por
sy mas por a graça daqueles a Cuja | semelhamça cada hũa se
faz a ymagem de satur | no pode por ele E asy cada huũa por
seu de*o*s | nome de de*o*s dixe Josep se me tu llevas a teu cas |
tello Eu te farey aymda oje conheçer que nẽ | por sy nem por
outrem nõ podem e cada * | que as cres es Emganado Eu vos
lleuarey lla | dise o pagano mas por minha Cabeça se me ||
[268r] Dizedes memtira nom podedes viuo Escapar nisto | amda-
rão toda a m[e]nham ata ora de terça que chega | rom ao castello
que estava Em hũa momtanha | e o castelo avia nome a pena
Er[a] de bom muro e | gram Caua çercado e Era abomdado de
todas | as Cousas que a bom Castelo Comvinha e quã | do Josep
Emtrou demtro e o pagão topara * Com | hũu liaõ que vinha
por meio da villa sem cadeias | e tamto que vio o pagão armado
saltou nele e de | Ribou o do caualo e matou o E as gemtes do |
Castelo que vinhão apos ho lião quamdo o virão | morto fizerão
muy gramde pramto que Era seu | sen*h*or natural e tomarão
Josep e atorom lhe | as mãos E tamto que o leuarão ao alca | çar
tirou hũu que Era mordomo A espada e fe | ryo josep de pomta
por meio da coxa asy | que lha meteo toda ata o punho E ao
tyrar | quebrou a espada por O meio asy que a metade | lhe
ficou na Coxa Emtão ho lle[u]arão a hũa | toRe E quamdo veio
a Emtrada dise Joseph | sen*h*ores por que me llevades asy por
que nos | queremos diserom eles nom a outra Rezaão | dise Josep
não diserão eles E omde me leuades | dise ele nos te meteremos
Em lugar domde | numqua sairas ay sen*h*ores dixe Josep amte ||
[268v] que me hi metades trazede me todos os Emfermo*s* | da
villa E [p*er*a] que diserão eles por que os quero | sairar dise
Josep.Como diserom eles sondes | vos mestre sy dise ele tal que

aymda oje os | sararey se me quiserem crer çerto diserom eles |
ysto queremos nos ver Emtaõ lhe trouxerõ pri | meiramemte ao
yrmão do senhor do castelo quue | tinha hũa chaga na Cabeça
tal que o nõ podiaa | nhuũ sairar e josep lhe pregumtou de
quamdo | era chagado mais ha de huũ ano dise ele E numca |
mais pude guareçer se vos soubesedes tamto que | me soubeseis
sarar Eu vos farei Riquo para | sempre Emtaõ se Começou Josep
a soRir e dise lhe | como me podes tu fazer Riquo que tu es
tão | pobre que nõ podes aver nada nem ho tes * sy ey | dise
ele que tenho ouro e prata e pedras preçy | osas e panos de seda
tamtos que nõ quero Eu | mais nom he esa gram Riqueza dise
Josep am | tes he probeza e bem no podes ver por ty ora | me
dize tu se teu ouro e tua prata e tuãs pe | dras priçiosas tiueses
amte ty e huũ homem | Viese que te podese dar saude dar lhe
yas to | do teu tysouro por que te dese saude verdadeira | memte
sy dise ele pois ora podes tu ver dise josep | que es pobre quamdo
es taõ Doemte que por || [269r] hũa Cousa darias quamto tes *
que ouro nem prata | nem pedras priçiosas nõ fazem o homem
tão Riquo co | mo saude E quamdo tu a nõ podes aver por tua
Ryque | za Comvem te que A busques por outra Cousa pera a |
veres verdade he dise ele e se eu soubese como a poderia | aver
nõ a cousa que por ela nõ fizese no nome de deos | dise Josep
Eu to guysarei bem como dise ele se tu | quiseres crer Em deos
dise Josep Eu te darey são | em deos dixe o pagano Creio Eu
bem e não Em hũu | mas Em quatro Em quatro dixe Josep sy
dise ele | em saturno e jupiter e mercurio e apollo em cada |
hũ destes creio eu bem por tamto es tu mais escar | nido dixe
josep que eses que tu dizes nõ podem asy | ajudar nem a outrem
est[o] podes tu ligeiramẽte prouar | como dise ele Eu to direy
dise Josep aguora faze | tomar aquele que o lião matou e fa lo
leuãtar | diamte os teus deoses E se o Resuçitarem Emtao * | po-
des tu bem crer que são deoses poderosos e que | Resoçitaõ os
mortos da morte a vida E se o nom | Resoçitarem Emtão deues
tu de crer que es escar | nido E emganado por creres nelles por
boã fee dise | ho pagano de Resoçitar omem nõ he cousa ligeira
| que numca Eu ouuy falar de deos que omẽ Resoçy tase e pero
quero ho prouar pois que o vos mam | dades emtão fez o mordo-
mo desliar a josep e nhũ | nõ sabia da chaga que trazia na coxa
emtaõ | se forão ao templo e fez hy leuar seu yrmão || [269v] E

deitou o amte os deoses e todos os paga[n]os fim | carão os giolhos
amte eles e Rogarom lhes que | ouvesem piadade daquele morto
E asy estiverão | hũa gram peça fazemdo suas orações e josep os |
estaua oulhamdo e dise lhes vedes ahi gemte | emganada e mal-
lavemturada por que sondes | de taõ cativo saber que Credes estas
ymages | que vos nõ podem ajudar nem valer E demais | vedes
bem que nõ podem amdar nem falar nẽ | Respomder nem Em-
temder e ja vedes como aquele | morto he Resoçitado por eles
Emtão fimcou os giolhos e dise ay padre piadoso senhor qu[e] me
a | esta teRa trouxeste por pregar o teu samto no | me senhor eu te
Roguo que não por mim nem por meu | Roguo mas por erger
e acreçemtar a tua samta | fee que tu mostres aguora aquy logo
que veja | este cativo pouo Como he Emganado em omRar | estas
ymages emtão beijou a teRa e ergeo se | e dise senhores aguora
podedes ver o poder de | vosos deoses e depois que isto dise veio
huũ | torvão muy gramde e gramdes Relampaos | e a teRa Come-
çou a tremer e o ar a escureçer | asy que todos cuidarão que erão
mortos e em | taõ deçeo do * huũ Corysco nas ymages e quei |
mo as todas e saio delas hũ fumo de taõ | maõ cheiro que parecia
a quamtos hi estavã || [270r] que ho coração lhes partião e
cairão todos esmoreçidos | a cabo de hũu pedaço quamdo forão
ja sem medo e tor | nados em seu acordo dise josep senhores agora
poded[e]s | ver como os vosos deoses são poderosos sabede bem |
que asy como hũu nõ pode ajudar o outro menos pode | ajudar a
vos e tão bem vos digo que aquele que | os asy queimou vos
destruyra se vos nõ Co[rr]eger | des vosas vidas e mudades *
vosa fee a esto Res | pomdeo malçegrão o yrmão do morto senhor
dizede me ho | voso nome eu ey nome josep abarimatia e nõ
soudes | vos pagano não por boã fee dise ele amtes são cristão | e
creyo no padre e no filho e no esprito samto que são | hũu deos
aquele he tão poderoso que pode dos mortos | fazer viuos e de
mão fazer bom e do desleal leal | e ja nõ sera taõ pecador que se
a ele vier que lhe nom | faça aver todo prazer e bem mostrou ora
aqui ãte | todos vos outros que he deos poderoso sobre todos | os
outros que ao seu poder nõ se ygualla nhũ poder | e bem no
deues ver por estas ymages que vos chamades | deos que ele
queimou çerto dise malçegrão Eu bem vejo | que ele he mais
poderoso do que Eu Cuido e se ele | meu yrmão Resoçitase Eu
nõ Creria Em outro | deos quamdo Josep ysto ouujo fimcou

os giolhos | em teRa E dise d*eo*s que fizeste a llua e o soll | e os
quatro elememtos E quiseste naçer da virgem | e foste posto na
samta Cruz E que sofreste || **[270v]** que os falsos Judeus te cos-
pisem e te premdesem | e que te açoutasem E quiseste mo[rr]er
por t[y]rar ho | teu pouo das coitas do ymferno se*nho*r asy como
ver | dadeira memte tu Resoçitaste da morte asy faze teu | milla-
gre neste morto que todos estes o vejão emtão | se ergeo Josep E
a cabo de huũ pouco se ergeo o morto | saõ e ledo e CoReo *
p*er*a omde estava Josep e bey | jou lhe os pees e dise a todos vedes
aqui o samto | omem que deçeo o filho de d*eo*s da cruz e d*eo*s o
emviou | a vos p*er*a que vos bautizasedes que doutra maneira |
nõ podedes escapar da perdurauel morte e do im | ferno quamdo
Josep vio o morto Resoçitado chorou | com prazer e agradeçeo a
noso se*nho*r e dise s[e]n[h]ores a | gora podedes ver que aquele
de que Eu vos eu falei | que he d*eo*s poderoso sobre todos os
outros çerto dise | malçegrão esto he verdade e jamais nõ crerey
em | outro d*eo*s e bem sey des que ele meu yrmão argõ | Resoçitou
que he d*eo*s poderoso e sem par emtaõ | se leixarão todos os que
no lugar estauaõ cair a | os pẽes de josep e diserom nos nos me-
temos Em | voso poder e se por mimgoa de fee eRamos todos |
queremos Co[rr]eger como vos mamdardes nem jamais | faremos
cousa que Comtra vosa vomtade seja e em | synainos qual lei
emos de ter e em que maneira | emtaõ foraõ os do castelo bautiza-
dos e com || **[271r]** Vertidos quamdo o maiordomo que ferio Josep
por a coxa | vio que erão cr*ist*ãos comfesou amte todos que ferira
| Josep E como a espada Era britada E aimda dise ele cuido | eu
que acharedes a outra metade na sua coxa emtão lhe ca | taraõ
a coxa e lha acharaõ e todos foraõ maravilhados | quamdo isto
viraõ E dise mallçegrão se*nho*r como podere | des vos gareçer
bem dise Josep mas amte seredes vos | são emtaõ fez o sinal da
cruz sobre a chaga de mall | çegrão e logo foi são E depois
tyrou o pedaço da es | pada da coxa e todos se maravilharão que
a viraõ sair | e nõ viraõ que lhe saia gota de samgue E a espada
fy | cou limpa como se numca Emtrase em Carne emtao * pidio |
a outra metade da espada e depois que As teue ambas dise | ay
espada jamais seras soldada ata que te Cimga | com sua maõ aquele
que as gramdes avemturas do sãto | greal dara Çima mas taõ
azinha te soldaras com aq*ue*la | parte que emtrou Em minha
carne como Aquele te çemgir | asy dise Josep da espada e foraõ

todos cr*ist*ãos [a]rgom | Viueo depois oito dias E os do castelo tyuerão aquela | espada guardada muy OmRadamem*te* e jos*e*p se partio | deles e foise asy são como viera comtra omde lhe parçeo * | que mais asynha acharia sua Companhia e tãto ãdou | que a vemtura ho leuou a momtanha darnamtes e chegou | a hũa agoa que chamauão çeliça era gramde e fumda | de sair e achou seus companh*eiro*s que Emtao hi chegarom | e amdaũao catamdo por omde pasasem e nõ achauão | e nõ ousauão hi emtrar por q*ue* virão Rio muy brauo | e quamdo virão Josep forão Comtra ele e Reçeberam no || **[271v]** muy bem E diserão a josep sen*h*or que faremos a esta agoa p*er*a | pasar que nom temos barca e se hi emtrarmos he tão fumda | e forte que nos perderemos eu vos direy dise josep fimcade | todos os giolhos e Rogade ao grã mestre por Cujo mãdado | viemos a esta teRa que por sua piadade vos mostre por omde | deuades pasar | Capit[*ul*]o Cẽto vj. de como hũ ceruo brãco cõ quatro liões mostrarõ | ao pouo como avião de pasar a agoa e como acharõ mois | ao foguo | Asy como ele dise o fizerão eles que logo fimcarão os | giolhos comtra oriemte E começarõ a Rogar a noso sen*h*or | que por sua piadade lhes mamdase algũ synal ou des | mostramça * por q*ue* podesem pasar aquela agoa tão forte e de | pois que esteverão nesta oração de ora de p*r*ima ata m*ei*o dia como | omes que esperauaõ q*ue* d*e*os lhes mãdase alguũ synal virão de hũ mato pequeno que era perto deles sair huũ çervo mais brã | co que neve com huã cadeia douro no pescoço e com ele vinhã quatro | lioes * hũ diamte e outro detras e os dous de senhos lados e guy | aram no e aguardavã no como madre poderia guardar seu | filho E quamdo o çeruo chegou a eles pasou p*er* amte eles e os lioes * | outro sy que nhũ mal lhe nõ fizerão e o çeruo e os liões forão | se a agoa e emtrarão em ella E começarõ a pasar e quamdo | Iosep vio isto dise ao pouo seguide me e sede seguros de pa | sardes esta agoa sem perigo q*ue* este synal nos emviou noso | sen*h*or emtaõ se meteo nagoa Depos as bestas e foi asy por | sobre ela como poderia hir por sobre hũa pena como a | quele que toda sua esperamça avia metido Em | d*e*os E emtaõ ho pouo Emtrou na Aguoa || **[272r]** E noso Sen*h*or lhes ffoy de tam bom tallamte | q*ue* acharam terra de baixo dos pees quamto seria | dous couodos soo a aguoa asy que se molharão | muy Pouco e asy lhes ffoy aquella tera | como huã pomte ao pasar daquella Aguoa | q*ue* era tam duujdosa e todos pasaram a | ffora huũ so q*ue* avia nome

canam aquelle | canam hera naturall de Jerusallem E | tinha doze
Irmãos de padre e de madre | E todos ally herão e pasarão todos
| A aguoa cõ Josep E quamdo os omze Jrmãos | fforão da outra
parte E viram que canaõ | nõ pasara ouveram diso gram pesar
E dy | seram a Josep Sennhor por deos dinos que foy jsto | que
noso jrmão fficou E os outros pasaram | Josep lhes dise por
que os outros descarregua | ram seus pecados E elle não e por yso
| fficou que se se na Aguoa metese o ffexe que tem o llevaria ao
fumdo | E morreria E por que elle se semtia culpa | do fficou que
bem em temdeo que se perderia se | se na Aguoa metese Em
tam começaram os | omze jrmãos a chorar muy fferamẽte e dise-
rão | ay Josep ay senhor e asy fficara E asy ho | lleixaremos Soo e
fora da sua tera e jrnos he | mos sem Elle que he noso jrmão mais
velho | que como senhor ho avemos de homrrar Senhor por deos
|| **[272v]** ffazede tamto se vos aprouver que ho aJamos | qua que
de pesar moReriamos se nos sem Elle | ffosemos em tam se deita-
ram aos peis de | Josep e choraram diamte delle tamto que | ouve
delles piedade que elles eram bons | Caualeiros e ardidos e ama-
dos de deos e dos | homeys eu ffarey dise em tam Josep que ele
| venha mas eu vos diguo que mayor mall vos | vira da sua com-
panhia que de fficar Elles | lhe Roguaram que todavia ho ffizese
vyr | Elle dise que faria pois que tamto pesar a | viã e emtrou
na aguoa e pasou asy como | damtes e quamdo chegou a canão
dise lhe | aguora pareçe tua ffee que se tu servises | teu deos como
teus jrmaõs nõ ficaras qua | Em tam ho tomou por A mão e dise
lhe | vem te apos mỹ e quamdo ho trouxe a Ribeira | E elle vio
A aguoa negra e fumda dise | senhor do mumdo segurade me
vos e dise | a Josep por cousa do mumdo eu não pasarey | esta
aguoa sem barqua çerto dise Josep | se tu tamto não com ffias em
teu deos | nõ se maravilha que tu sabes bem que ha tẽpo | que
por elle nõ ffizeste nada por homde delle | deves aver guallardam
hora ffiqua aquy | que eu me jrey a teus jrmãos e nõ ayas pauor |
que por aquy viram pescadores que te llevem | allem emtam se
tornou Josep E elle | fficou quamdo os Jrmaõs viram que nõ
pasava | comesaram a fazer seu pramto muy gramde || **[273r]** mas
não lhe durou muito que acabo de huũ pedaco * que yosep pasou
cheguaram pescadores ẽ | huã barqua que ho pasaram que canão
os Rogou | que ho pasasem e eles asy ho fizerão mas | numqua
vistes tam gram allegria como | seus jrmaõs com ele ffizerão que

mais ho | amavaõ do que Jrmaõs podiam amar Jrmãos | quamdo
josep vio canam comsyguo dise lhe | sabes que guanharam os que
te pasaram o fexe | dos teus pecados e tall gualardam ave | ram
por que te pasaram que loguo vemdo os | tuu loguo serã mortos
e por ysto saberas | o que lhes acomteçera por que fizerão o que
des | prazia a noso senhor por que a ele lhe aprazia | que da quy
adiamte nõ foses em nosa compa | nhia e por esto te leixava lla e
por esto | estes que te pasaram come los a a aguoa | gramde
que diamte nos esta aguora olha | e veras se he verdade tamto que
Josep isto | dise comesou a fazer huũ gramde vemto | que moveo
toda aguoa da huã parte ata | outra e as amdas * foraõ tam altas
e tam | gramdes que pareçia que toda a tera queriam co | brir
depois veio huũ torvaõ muy gramde | mesturado com vemto e deu
no barquo que | ho fumdou asy que nõ virão nenhuũ deles | E asy
se perderam como dise Josep depois | que ysto asy acomteçeo
diserão a Josefes senhor | que faremos ficaremos aquy ou amda-
remos | Emtremos nesta mõtanha dise ele mos | trar vos hey o
que outro dia vos promety || [273v] de mous ay Sennhor diseram
Eles e ve lo he | mos nos sy dise ele eu vo lo mostrarey em | tam
se partiram dally e foram comtra | a momtanha darnamtes e josep
e alam | o groso se vieram a Josefes e diseram | lhe por deos senhor
dize nos que se fez do çervo | e dos liois senhores dise ele esta
he huã | seneficamça do alto mestre que asy escuramẽte | se mostra
aos seus servos e por tamto | se vos nõ sodes em pecado mortall
ligeira | mẽte ho podedes emtemder e que se mostra | em seme-
lhamça de servo dir vos hey | por quall Rezão bem sabedes vos
que o çervo | quamdo he velho se torna mãçebo leixamdo | seu
couro e seu cabello que tudo muda e | torna de velhyçe em mam-
çebia asy como | de morte a vida asy tornou Jhesuu cristoo | da
morte a vida quamdo pasou por ho traba | lho da cruz homde
mudou ho couro tamto | quer dizer como que apurou a carne
mortal | que tomara da virjem e por que aquelle bemto | senhor
foy sem maguoa de pecado por yso | vos apareçeo em fegura de
çervo todo | bramco por a bramcura deveis de emtemder | a ver-
Jimdade que tam altamẽte nelle foy | que numqua pode homẽ ver
nelle synall | que de castidade nõ fose polla cadeya | que ao pes-
coso trazia deveis de emtemder | humilldade por os quatro liois *
que ho a | companhavam deveis de emtemder os || [274r] quatro
aVamjelistas os bemditos quatro apostolos | que estpreveram parte

das hobras de cristo a | sy podedes emtemder por ho çervo
Jhesu cristo | por ha bramcura vergimdade por a cadeya |
humildade por os quatro liois os quatro a | vamjelistas e por
aquy emtemdereis que por | guiar vos dos periguos do mumdo veyo
noso | Senhor Jhesuu cristo vestido de synall de vergim | dade e
vmildade por omde vos deveis ser muy | lledos que ouvestes tall
guiador pera pasar | des tall periguo e ajmda vos diguo outra |
cousa de mayor maravilha de que vos deveis | ffazer muy alegres
que bem asy como por nosa | boã vemtura nos apareçeo Jhesuu
cristo em tall | forma.asy por sua ma vemtura apareçera em tal |
forma aos cativos em tempo que ho Rey desta | tera sera chamado
artur e avera nome dos | cativos o senhor lamçarote e o outro
mordeque * | e ata aquelle tempo se mostrara noso senhor | Jhesuu
cristo em tall semelhamça mas emtam | sem falta se mostrara ele
como agora | muitas vezes tamto falaram em tal maneira | que
acheguaram a mõtanha darnamtes e depois | que foram demtro e
que amdaram bem duas lle | guoas por meyo da mõtanha domde
as arvores | erão mais espẽsas * e altas e amtiguas Jo | sefes que
hia diamte sayo do caminho e os outros | o seguiram e em traram
por huũ grão valle | E virão huã grão casa e forte e muy bem |
ffeita pero não muito pera defemder e quamdo || [274v] Vierã a
porta Acharam na Aberta e em | traram demtro e naõ acharam
quem lhes | disese nada e a casa demtro era muy | ffermosa se
nõ fora huũ pouquo velha | E descaida e jose * Era a cabo de
huũ | prado E emtraram demtro e viram no | meyo do paço huũ
muy gramde foguo | e maravilharam se E ardia tam forte | mẽte
em chamas como se toda a lenha do | mumdo hi fose posta quamdo
eles a | quelle foguo viram diseram a Josefes | que podia aquillo
ser E em lho pergumtã | do dise huã voz muy alta ay josefes |
muy samto homẽ e muy samta cousa [e] * | comprido de graça
do Estprito samto | e creatura bem avemturada Rogua por | mỹ
ao grão mestre que tu serves noite e dia | que elle desta pena tam
gramde que eu | sofro que coraçam mortall nõ poderja | pemsar
quamta he que ma faça mais | lleve e mais mamça que eu bem
mereçy | minha pena aquella voz que esto dise | sem falta sayo do
foguo e josefes | Respomdeo a voz eu Roguarja por ty | a noso
senhor se eu soubese que se nõ a | sanhase a voz lhe dise ay toda
via | Eu te rroguo que lho Rogues por tall | que minha pena seya
menor ora nos di | dise Josefes que he de ty ou se achares |

merçes diamte noso senhor eu nõ herrey | tamto dise ele que não
aJa perdão || **[275r]** Asy oomo Eu Creyo que a misericordia *
do muy | alto senhor he tam gramde comtra os peca | dores que
acham perdam se fazem penytem | çia Eu muito herrey quamdo
me asemtey | Em luguar que nõ hera outorguado a mỹ | nem a
nenhuũ pecador de mais conheçy | damẽte cadeira espretual e
porem de | gramde herro que eu hy fiz de me asem | tar em tall
luguar semdo pecador | cativo e seguo tomou ele de mỹ tal | vim-
guamça que me tomarão os diabos de | diamte vos e me levavam
direjtamẽte | ao Jmferno e me hiam deitamdo [de] | huũ ao outro
e outro a outro ata que | vieram a este luguar e eles pasamdo |
por esta momtanha tam Riyo como ho | sopro do vemto acomteçeo
que aquella | hora que me levavam huũ homẽ boõ e de | samta
vida que fora Jrmitaõ nesta mom | tanha trimta e dous anõs pasa-
va | por aquy e quamdo vio os que me levavam | asy e que
cuidavam de em toda maneira me a | ver comJurou os E eles
estiveram e puseram me ẽ tera neste luguar omde | hora sam e
o omẽ bom veyo loguo a | Elles e dise lhes leixade o que nõ he |
voso nem temdes nele direito que nõ he | Rou tamto que asy deva
ser perdido ã | te achara .misericordia. e perdam mas ho erro
que fez | lazeraloa em tal maneira que estara em foguo | ardemte
por que foy luxoso   ata aquele || **[275v]** tempo que ho bom
caualeiro Aquelle que | a de dar Cima as avemturas de grão bre-
tanha ho vira ver pera saber a verdade deste feito mas emtam sem
falta por que não avera nelle foguo de luxurya | nem comfomdi-
mẽto de carne faleçera | emtam ho foguo que ata emtam durara |
e achara emtam .misericordia. e perdam de seu | herro por a
vimda daquelle samto cavaleiro asy dise o homẽ bõo de mỹ e da
pena | que avia de sofrer e quamdo os diabos | ysto viram leixaram
me e foram se | mas primeiro mataram muitos paganos que | aquy
moravam E eu fiquey em tall | coyta de foguo quall vos ajmda
nõ | vedes emtam dise laim o groso A | quelle que asy falava dy
ay tu cousa | que asy falas quem es que muito deseyo co | nheçer-
te ay alaim dise a voz eu sam | teu paremte cheguado que por ho
erro | que fiz da cadeira sam asy metido em sa | nha de deos eu te
Roguo que tu Rogues | por mỹ ao gram mestre que ele me alliue
al | guũ pouquo esta pena ẽ que estou e eu bem | sey se ho tu
Roguares que ele te ouvira | que de boa mẽte ouve ele o Roguo
do Justo | e quamdo semyom que a par de josefes | estava ouuio

que aquele era seu ffilho | deu muy gramdes vozes ay filho e vos |
sodes este que tam gramdes dores || **[276r]** Sofredes padre dise
Elle eu sam e sabede | verdadeiramẽte que ajmda pior me fora
se me | llevaram ao Jmferno Ell[a] fora llevado | se nõ fora o Roguo
do Jrmitão que me tirou | das mãos dos diabos padre asy me a
com | teçeo por meu pecado que eu fora danado pera | sempre
senõ fora a sua horação e diguo vos | e a canam e vos guardedes
daquy por dy | amte mais do que ata quy vos guardastes | E bem
sabede que por pecardes comtra voso | deos podedes cair em mayor
cuita do quue | numqua fostes ffilho mous dise symeom co | mo
me poderia eu guardar que eu nõ queria | Cair nesta coita em
nenhuã guisa padre | symeon dise mous vos temdes com vosquo |
mestre que vos guardara de pecado mor | tall se ho crerdes vos
avedes o mestre de jhesu | cristo aquelle gramde bispo comselhade
vos | com Elle e se vos fizerdes o que ele vos | dira eu vos diguo
que nõ saberedes que he coy | ta em quamto Elles ysto falauão
pa | dre e ffilho Josefes fimcou os Jiolhos | em tera e laim o Riquo
pescador pera fazerem | oraçam por mous que por sua gramde
piedade | se lhe pareçese cousa que devese fazer que | alivase sua
coyta Eles esta oração fa | zemdo começou de cair do çeo huã
aguoa | a semelhamça de chuiua e cayo na chama | asy que o foguo
foy menos ametade do que era || **[276v]** E depois que esto acom-
teçeo mo[u]s bradou tam al[t]o que todos o ouujram Josefes Ja
| guora vos podedes tirar de vosa oraçam | quamdo quiserdes que
bem aliuastes de minha | dor a metade deos vos trouxe por aquuy
| por meu bem que eu sofria todas as coy[t]as | e dores que cora-
çam mortal nõ poderia so | frer nem cuidar mas merçe a deos vay
me | tambem que me pareçe que nenhuã pena fa | lleçe por ho
graõ bem e alliuamẽto que me | por vos veyo Josefes Respomdeo
que da | quillo lhe aprazia muito e agradeçia muito | a deos que
lhe dera alguã folguamça de sua | coyta Em tam começou symeo*
de falar | a mous filho mous pois que ya este foguo | he menos
durara muito padre symeo* | dise elle durara mas naõ tamto
como | Eu mereçy que se Jhesuu cristo olhase ao | meu error dura-
ra pera sempre mas por | sua mesyricordia e piedade ordenou ele
| que esta dor a de acabar e este foguo | a de ffeneçer aquelle tempo
que avem | tura aquy trara gualaz o bõo cavaleiro | que dara çima
as avemturas do samto greall na gramde bretanha | CAP[ITULO]
Cẽto vii De como | Simeon e canã se acomselha | ram que mata-

sem seus paremtes e canam matou seus Jrmãos | E de como os
diabos leva | ram symeon e do que mais pasou || [277r] Naquelle
tempo meu padre dise mous | ffalleçera minha dor e acharey a ela
ffoll | guamça e vos senhor Josefes nõ estedes a | quy muito mas
Jde por toda esta tera pre | guamdo o nome de Jhesuu cristo que
muito he my | ster que esta tera naõ he se naõ de desa | ridos * E
os mais deslleais do mumdo | ide vos na guarda de Jhesuu cristo
que vos | guie por homde fordes e eu ficarey a | quy ata que
aquelle venha por cuia vim | da este foguo sera morto cõ ysto se |
partiu Josefes e sua companhia daly | e lleixaram mous no foguo e
amdaram | todo aquelle dia e ao outro dia say | ram da froresta
darnamtes e emtra | ram no Reino descois não por que aquelle
| Reino seya descoçia mas por que ho Rey | daquelle Reino avia
asy nome aquella | noite pousaram em huũ chaõ e gramde e | lom-
guo e acomteçeo que quamdo se asemtarão | açeia que todos
tiveram avomdamẽto de to | dos os mamjares que coraçam de
homẽ podia | cuidar a fora somẽte dous symão e canã | aquelles
não ouveram cousa da grasa | do samto vaso amtes dous dias ymtey
| ros ouveram gram fame e quamdo viram | que todos os outros
eram abastados e se | viram Em tall llazeira ouveram gram | pesar
e sairam se ambos a parte e dy | seram este mal que nos vem nõ
nos vem por | nos nem por nosos feitos ãtes sem falta | vem por
nosa llynhayem que fazem seme || [277v] lhamça de temer a
deos e nõ ho temem e por | yso deos se asanha a nos mais asynha
que | somos velhos que a eles que sam mamçebos por | boã fee
dise symeon Eu sey bem que perom | meu coirmão e de josefes
que faz tam | gram semelhamça de servir seu deos nõ to | mou
tam gram trabalho nesta tera como eu | nem deu tamto por deos
e cuido que ho pecado | delle se torna sobre mỹ e bem creyo | e
bem sey que por meu herro não se asanhou | deos a mym mas
por o seu çerto dise canam | bem ho outorguo e outro tall vos
diguo de meus jrmãos que sam tam desleais que | nõ deveram
seguir companhia do noso bispo | verdadeiramẽte por a sua des-
lialldade sey | que noso senhor me desama aguora me dizey | que
farey çerto dise semyon nõ sey mas | de perõ meu coirmão me
vimguarey | eu amte que seya a luz que falaram aquy | e em
outro luguar e eu dise canã se de | meus jrmaõs nõ fizer out[r]o
tamto no * | quero que a graça do samto greal me de | que coma
asy cairam aquelles em deses | peramça por que noso senhor lhes

nõ dava q*ue* | comer asy como soyam domde despois | fizeram tam gramde desleallldade | q*ue* todo ho mumdo soube e q*ue* nela falarã | e falaram ememtes o mumdo durar e | bem devisa a estoria qual he q[u]ã gram | de e em qual man*ei*ra foy a deslealdade | a noite despois q*ue* se deitaram em huã | Ribejra gramde e ffermosa e canã || **[278r]** Em cuio coracão * o diabo emtrou não lhesqueçeo * a traição q*ue* cuidou e to | m[o]u huã espada q*ue* hera boã e talhadora | e foy a seu * homze jrmaõs *que* dormyão e | muy de coraçam ho amauam e conheçe os | por q*ue* fazia luar e quamdo os vio ferio | huũ tam duramẽte q*ue* lhe lamçou a cabeça | lomje e asy fez aos outros todos e de | pois q*ue* hos matou todos foise semyoñ | e comtou lhe o q*ue* tinha feito semion lhe | dise todo fizestes a minha vomtade | e eu vos prometo q*ue* asy faça eu a perom | meu comjrmão ora me esperay de baixo | daquella arvor[e] q*ue* eu o quero yr fazer | e mostrou lhe huã figueira q*ue* estava no | chaõ e canam se foy a ela por folguar | e semyon foy p*er*a omde Jazia Josep q*ue* | bem cuidou q*ue* ally acharia perom e nõ hia | com as maõs vazias ãtes llevava huũ | gram cutello agudo q*ue* bem teria no | fferro huũ pallmo e m*ei*o e o cutello hera | muy douidoso por duas cousas por q*ue* hera | em peçonhado e talhava milhor q*ue* outro | quamdo semeom cheguou a perom homde | dormia conheçeo e cuidou de ho ferir | por hos peitos e acomteçeo ou por saluamẽto | de perom ou por q*ue* nõ quis d*e*os ou por que | semiom ouve pauor q*ue* ho herrou dos pey | tos mas ferio por huã espadoa q*ue* chamto * | o cutelo ata o punho quamdo perom se | semtio chaguado deu vozes ay d*e*os | morto sam e os outros se espamtaram | E huũ lhe p*er*gumtou quem ho chagara || **[278v]** E elle dise symeom me chagou e premde | ram loguo semyom e levaram no diamte | Josefes e diseram lhe q*ue* faremos deste | bomem * q*ue* matou a perom e eles ysto dy | zemdo ouviram gramdes vozes e pramt*os* | maravilhosos dos q*ue* acharam mortos e | os omze jrmãos de canam e brou veio | amte josefes e dise lhe ay s*e*nhor e vimde | ver o mayor dano q*ue* numqua vistes do[s] | homze jrmaõs de canam q*ue* mataram e não | sabemos quem nem como quamdo Josefes | ysto ouvio foy muy espamtado e foy lla | e quamdo os vio asy jazer dise ay he | nemiguo maõ como saõ teus feitos brab*os* | e tais emguanos maravilhosos ay d*e*os | e como fiz mão guarda dos q*ue* me deste | a guardar em tam fez trazer diamte | sy a semiom e pergumtou ho asy semiom | sabes tu quem estes Jrmãos matou | e semiom não lhe quis neguar nada e dy | se lhe senhor canam seu Jrmão os matou | e homde estava dise Josefes so aquela | figueira me espera dise ele emtam | mãdou Josefes que ho fosem premder e | foram no tomar e trouxeram no e quamdo | o vio pergumtou lhe choramdo ay canam | por que fizeste tam gram traiçam que mataste | teus jrmaõs amiguos de deos e bons ca | valeiros no mumdo E ele Respomdeo | que se os matara que folgaua e nõ lhes * | pezaua nem mingualha e que aquelle com | selho lhe dera semiom por que te veio esta || [279r] Vomtade Dise Josefes por que deos dise Elle | por que os vy mais bem avemturados que eu | por que cada huũ hera avomdado de graça do | samto vaso E eu moRia de fame como | dise josefes noso senhor os amava mais | que a ty e lhes mostraua mayor synall de | amor por yso os desamavas tuu numqua | homem mayor traiçam fe[z] e porem Roguo | a noso senhor que nos mostre alguũ synall por | que saibamos se por este herro devemos de | ty tomar vimguamça ou se emtemdere | mos que deos a tomara de ty emtam ouvy | ram huã voz que lhes dise tomade os que ha | vimguamça de ambos aparelhada esta | quamdo eles Jsto ouviram tiueram no por | gram boã vemtura por que noso senhor queria | que morresem por que mereçeram ao outro dia | por a manhã quamdo ho soll foy saido e | claro dise josefes aos de sua companhia | fazey destes dous homes o que virdes que | deveis fazer que me pareçe que bem ho me | çeram * Eles diseram senhor vos o sabedes | milhor por tamto nõ faremos senão ho que | vos nos mamdardes Ja de julguar naõ | me trabalharey dise josefes mas | vos que somdes caualeiros boñs e sesudos | e que sabedes muito das cousas do mumdo | e que sodes caualeiros de jhesu cristo Julgua | de este Juizo a maneira do mumdo quamdo | eles viram que de fazer lhes comvinha | sairam se a huã parte e começaram se a | pergumtar que lhes pareçia e falaram | em muitas formas seus juizõs e em || [279v] muitas maneiras de mortes tamto praticarã | nisto que se acordaram que hos metesem | vivos de baixo da tera e que os fizesem | ally moRer emtam tornaram a josefes | e diseram lhe o que Julguaram e Josefes | lhe dise fazede o que julguastes que ya | por mỹ nõ sera estorvado e eles os to | maram loguo e ataram lhe as mãos a | tras e mamdaram fazer duas covas | gramdes em que os metesem e estamdo | asy fazemdo as oulharam pera oriemte | e viram vir por o ar hũs homẽs tam ly | Jeiramẽte como aves e eram açesos | em foguo bem asy como lenha bem açesa | e tomaram semion e ergueram no da | tera e levaram no pera homde deviam | mas aquy nõ comta aguora a estoria | pera homde ho levaram mas a seu lugar | ho comtara quamdo semeom foy lle | vado asy como vos deuisey forão | todos muy maravilhados e oulharão | pera omde hia mas a pouco espaço nõ ho | viram em tam tornaram a cova de canã | e fizeram na tam alta que bem podiam | hy escomder huũ homẽ e meteram | demtro canam cõ as maos * atadas | atras e deitaram tamta tera derrador | delle que lhe chegou as espadoas e aos | peitos quamdo canam vio que hera em hora | de morte doeu se de sy e começou de fazer | muy gramde pramto e achorar tam | fortemẽte que hera maravilha e volveo ho Rosto pera homde ovio Josefes || [280r] E dise lhe choramdo ay samta cousa Josefes | eu pequey mais que divera mas por que não ha | pecado de que ho pecador não hay * perdam em seu | saluador se lhe pede mesericordia. de bom coraçam por | yso Roguo eu a Jh[es]u cristo meu saluador que asy | verdadeiramẽte como ele he naturallmẽte direita | piedade e direita mesericordia asy por seu bom | talamte aya de mỹ tal piedade que nõ olhe | a minha traiçam tam gramde mas como o | padre lijeiramẽte perdoa seu filho perdohe ele | a mỹ que sam sua criatura.em tal guisa que não | perqua a alma e a mỹ meteo este Roguo faço eu | aquelle senhor que he Raiz de toda piedade e de | toda mesericordia e tu josefes que conhec[y] | por tall homẽ e por tam samta cousa que eu sey | verdadeiramẽte que tua horaçam me pode aju | dar Roga lho por mỹ e eu te Roguo que | lho Rogues que se numqua ouve mesericordia. de pe | cador que a aya de mỹ em tal maneira que nõ | seya perdido perduravellmẽte e qual quer | coita que ele quiser me faça sofrer por esta | gram traiçam mas toda via me seya de | tam bom talamte e tam piadoso que amte ho | dia do gram Juizo me aja perdoado este grão | herro asy que eu nõ seya perdido com aqueles | que ao jmferno am de jr depois que esto dise | aos que estavam a cabo delle Roguou que lhe | desatasem as mãos asy que as posa estem | der comtra meu salvador amte que moura | e por deos fazede tamto por meu Roguo que | meus jrmaos * que eu matey a gram torto | seyam todos soterrados derrador de || [280v] mỹ e vedes por que volo Roguo pera que todos a | quelles que apos vos vierem e

virem os moy | mẽtos de meus jrmãos acordaram aos da tera | a
gram traiçam que cu fiz c Roguaram por mỹ | a noso senhor asy
como cada huũ cristão deve Ro | guar pera que por sua piedade
e gram mese | ricordia nõ seya pera sempre perdido e a vos |
todos outro sy Roguo como meus Jrmãos | que vos todos Roguedes
a deos por mỹ que ao dia | do joizo me seya este gram pecado
perdoado | depois que esto dise todos quamtos hy es | tauã
ouveram delle gram piedade e fize | ram o que ele lhes Rogou
que lhe desatarã | as maõs e soterraram seus jrmãos a Re | dor
delle cada huũ em seu moimẽto e mete | ram senhas pedras
altas as cabiçeiras | tais quaes puderam achar na tera e sabede
que | foram de marmor fermosas e Ricas | CAP[ITULO]. Cẽto
viij - das | Sepolturas de canam e | seus jrmãos e como as es |
padas foram postas nos mo | ymẽtos | E das pedras tomaram
loguo huã e puseram na | a cabo de canam que hera ajmda vivo
e daly sobre | cada huũ de seus jrmãos a sua e na pedra de ca |
nam estpreveram aquy Jaz canam natural de | Jerusalem que por
emveia matou seus jrmãos e de | pois que ysto fizeram pergumtaram
a josefes se | se mudariam daquelle lugar e josefes lhes || **[281r]**
dise que não aquy vos comvem ficar e eu vos direy o | que faredes
que vos comvem fazer que vos esqueçeo estes | foram caualeiros
boñs e ardidos esto sabedes vos | bem e por tamto pomde sobre
eles synal que mostre | que sam caualeiros e eles pergumtaram
que synal lhes poria | e ele lhes dise pomde sobre ho moimẽto
de cada huũ | sua espada e eu cuido que nenhũ nõ vira que as
posa | tirar [E] eles fizeram todo asy como ele mãdou e | eles
estiveram aly omde aqueles jrmãos foram so | terrados todo ho
dia e oulharam a ferida de perom | e diseram que poderia sarar
e puseram lhe na feri | da aquilo que viram que lhe era mister
mas forã em | guanados por que nõ sabiam que a chagua hera
peçonhosa | e por yso lhe puseram cousas que ajudauam a peçonha
| e perom foy tam coitado que cuidou de morrer e dise | a yosefes
senhor sabede que eu saõ mais coitado que ãtes | e estas curas
nõ me fazem se morte não e dise a | miguo perom nõ vos des-
comfortedes que se a deos prou | ver sedo avereis saude asy com-
fortou Josefes | a perom todo aquelle dia e noite estiveram aly |
e trabalharam se de fazerem milhores moimẽtos que dam | tes
por a menhã quamdo acordaram se espamtaram | mais que de
cousa que numca visem que viram sobre |cada huũ moimẽto as

espadas alevamtadas as põ | tas pera çima e os punhos pera baixo
e nõ viam quẽ | estivese e sobre ho moimẽto de canam viram
ou | tra marauilha que estaua todo asy como llenha | muy çequa
quamdo tem gram foguo emtam pergum | taram a Josefes quamdo
virã aquela avemtura senhor | cuidades vos que este foguo dure
muito ou este aquy pera | sempre eu vos diguo dise Josefes que
nõ durara | sempre mas ata que o caualeiro pecador e loxorioso |
pasara por aquy e por sua vimda morrera este fogo | mas não por
sua vomtade mas por mosta * de sua boã | caualaria aquele caua-
leiro avera nome lãçarote e dele | saira ho bom caualeiro ffeiçto
em pecado a quem | noso senhor dara tamta boã vemtura e da
sua graça || [281v] que em gualardam de sua boã vida acabara
todas as | boas vemturas da grã bretanha e as maraujlhas | omde
os outros faleçeram e por que aquelle que | vos eu diguo que
sera chomado galar por nome de | bautismo sera liure mous e
semion da gram | vita * em que estam asy seram todos tres liures
canã | por lãçarote e mous e seu padre por gualaz e todas |
estas cousas acomteçeram no tẽpo dell rrey artur | asy dise josefes
a sua companha algũas cousas | das que aviam de vir asy com[o]
lhas noso senhor mos | trara aquele dia que esto dise ficou aly
huũ | dos seus companheiros que avia nome f[a]rras e | era cre-
liguo de miça e dise que queria aly ficar | todos os dias da sua
vida e que com aJuda de deos | faria aly huã capela omde camtaria
misa | cada dia e Roguaria cada dia a noso senhor por | canam
e todo esto fazia por que vi[r]a que canam | se dohera do seu
pecado amte que moRese asy | ficou farras por Roguar por canam
e começou | aly fazer huã capela e o comde balam que era |
senhor daquela tera acabou e foy ho comde | comvertido a ffee
de Jhesuu cristo por pre | guaçam daquelle farras e por a menhã
se par | tiram dally Josefes e sua companha afora | farras que
ficou e perom que era ferido em maneira | que nõ podia Jr com
os outros quamdo ãbos Jumtos | ficaram perom que era ferido
pior do que homẽ cuidava | começou a empiorar muito por que
a peçonha que a | chegua * trazia a Jmchou tão feiamẽte naqueles
| tres dias quue nenhuũ que ho amtes | vise nõ ho conheçeria se
a duro | nam aquelle ffarras sabia muito | de chaguas mas não
foy tam sabedor | quue naquella chagua || [282r] podese conhecer
a peçonha que nella Jazia do que era | muy maravylhado que a
chaga nom fazia senã | pyorar de dya ẽ dia quamdo perõ que

coytado ha | morte era vyo que nom achava Remed[i]o nem | comsclho c̃ farras começou a chorar por que vyo | que por falecymẽto de mestre morria e dyse ay farras | amygo bem vejo que me nom sarays por que | nõ apraz a deos e por que cuydo que algũu bem | se farya que se nom fara se eu agora morrese | eu vos Rogo que vos me leveys ao maar que ha | saz he perto daquy e eu vos dygo que acharemos | ahy algũu comsclho mylhor que ca que vos bem ve | des que eu cada vez pejoro | CAP[ITULO]. Cẽto ix de como farras Levou | perrõ ao mar e ho meteo soo ẽ huũa | barca e de como aportou na ymsolla | del Rey orcauz e do que mays lhe acõte | ceo | Quamdo farras vyo ho que perõ lhe Rogaua dy | [se] que farya hy todo seu poder e amdou buscãdo | ẽ que ho levase e achou hũu asno e pollo nele | e levou o at[e] ho mar e nã acharão na praya | senã hũa barca sẽ nhũa companha que tynha | ha vella estemdyda como se logo ouvesse de | partyr quãdo perõ vyo a barca deu graças || [282v] a nosso sennhor que bem ẽtemdeo que por deos vyera a | ly ẽtão dyse a farras amygo metede me na | quela barca e se deos quyser eu hyrey a lugar | homde acharey saude a mynha dor ẽtão come | çou farras de chorar e dyser amygo asy vos | quereys hyr soo E tão ẽfermo como somdes | e por a vemtura numca vos verey Rogo vos | que me leyxeys hyr com vosquo e perõ lhe dy | se metede me na barca E emtão vos dyrey ha | mynha vomtade farras ho tomou e ho meteo | na barca e depoys que ho hy meteo ho mays | mãsso que pode dyse perõ amygo farras yde vos | que eu quero aquy ficar soo e vos yredes a vosa | capella homde Rogaredes a deos por mỹ que me | leve a lugar homde ache saude de mynha chaga | e se vos prymeiro achardes Josefes que eu saudade | mo e dyzede lhe que ysto fiz por que cuydey que ẽ | outra guysa nõ poderia aver Saude e por que cuy | dey que deos me leva[r]ia a lugar homde achasse | meyzinha ẽ tão se say[o] farras da barca | chorãdo muito por que avya grão payxão delle | por que hia asy soo e tã malavyado e hũ ao | outro se ẽcomẽdarão a deos e que se tyvesem ã | bos ẽ mem[o]rya ẽ suas orações que bem sabia | huũ do outro que hera amygo de deos tamto que | farras sayo da barca deu hũu vẽto na | vella ẽ maneyra que ẽ pouquo de hora nõ | vyo farras barca nẽ perõ ẽ tão cavalgou || [283r] ẽ seu asno e tornou se a sua capela e diz ha | estorya que quãdo a barca de perõ se alomgou da | Ribeyra que a vemtura

ho levou tã RyJo como | hũa ave podia voar e asy amdou quatro
dias que | nõ comeo nẽ bebeo se pouco nã e aos cymco dias | a
ora da pryma adormeçeo e dormỹdo aportou | cõ elle a barca ẽ
huũa ymsola ẽ que avya hũu | castello Riquo e fermoso e ho
castelo hera de | pagãos e era dele senhor hũ Rey que avya
nome | orcauz huũ dos boõs cavaleiros do mũdo da | quele tẽpo
daqueles que ẽ deos [n]om criã aquella | hora que perõ aRibou
ao castelo acomteceo que | huũa filha del Rey orcauz domzela
fermosa | e bela sobre todas has da terra foy folgar | a Ribeyra
do mar cõ suas domzelas que heram | muitas e amdãdo asy acharã
a barca e perom | demtro nela e fazia quẽtura e por Rezão |
dela tyrara de sobre sy ho sayo e a camysa | quãdo a domzela
ho achou dormỹdo começou de | ho oulhar que lhe pareceo que
hera muy mal treyto | e quãdo lhe vyo a chaga tã grãde e tã
pe | rygosa dyse a suas domzelas sabedes por que | este homẽ
he tã mal tratado esta chaga ho ffaz que he perygosa queme
maravylho como nom | he morto e muito seria grã dano por que
me parece | que tem corpo de homẽ bõo quãdo era são e por
tãto | queria se podesse ser que aquelle cristão que meu pay ||
[283v] tẽ preso que tamto sabe de chagas sarar que | bem creyo
que se homẽ do mũdo ho pode sarar | que ele ho fara ella ysto
dyzemdo acordou perõ | e quãdo vyo ha domzela tã Riquamẽte
vesty | da e as outras domzelas cõ ela maravy | lhou se muito
e ella lhe pergumtou quẽ era e de | que terra elle dysse que hera
natural de gerusalem | e que hera cristão e que avya myster
quẽ lhe | desse comsselho pera que sarasse por que morrya | por
mỹgoa de mestre que ho guarecesse como dyse | ela cristão
somdes vos sy dyse perõ cristão sem | falta e somdes vos cava-
leyro dyse ela sy | por bõa fe dyse ele cavaleyro sam poys | vos
cristão somdes dyse ela nõ aportastes ha bom lugar que nesta
ymsola domde vos por | tastes nõ ha senã pagãos que muy asynha
| vos matarão se sabem que somdes cristão mas | por que amdays
[vos] e vos vejo doemte e pyor | treyto do que numca vy homẽ
trabalharey | por homde guareçades mas tã ẽcubertamẽte | que
ho nõ sayba el Rey domzela dyse elle cuy | dades vos que possa
aver comselho por vos | ou por outrem por bõa fee dyse ela meu
padre | tẽ ẽ prysão huũ cristão muy boõ homẽ e sa | be de chagas
e eu sey por certo que se ele de vos || [284r] Curar que vos
guarecera se por saber de homẽ | mortal aveys de ser são certo

dyse ela queria | Ja que fosedes ẽ huũa camara e que nhũ ho |
nom soubese senã mynhas domzelas e aỹda | oJe vos poria com-
selho se eu aquele homẽ bõo | podese aver ay domzela dyse
elle por deos e | por mesura tomay vos de mỹ pyedade e faze |
de me falar cõ esse homẽ quãdo ela vyo que | ho Rogaua tã de
coração oulhou suas domze | las e dyse lhes que faremos a este
cristão certo | bem p[a]rece que seria grã homrra de quẽ ho pode
| se sarar que bem parece homẽ que seria bõ cavaleiro | se podese
aver saude senhora dyserã as outras se vos | tamto queredes
[como mostrades] nõ lhe falecera | saude que lygeiramẽte ho
podemos bẽ meter ẽ [a] vosa | camara e dyr vos hemos como
leva lo hemos por esta | Ribeyra que he lugar escuso e soo ata ho
cabo da | vossa horta e des que for na orta ho may escom | dida-
mẽte que podermos ho meteremos na Vosa ca | mara e depoys
que hy for logo podedes aver ho | preso que fale com elecerto
dyse ella esto te[n]ho | eu por bem que ho façamos asy e tomarã
llogo | perõ pellos braços e por as espadoas ho mays | mãsso
que poderã e levarã no por omde dyseram | a camara da domzela
e deytarã no ẽ huã cama | por que folgasse mas esto nõ podia
ser por que ele || [284v] avya tã grã dor que nom podia que nõ
podya * | com ela folgar cõ ha chaga que tynha ela | lhe per-
gumtou como lhe hya e ele dyse que | verdadeyramẽte morrerya
se a merce de deos lhe | nõ acorresse e que nom cuydava que
chegarya | ata outro dya quãdo ela ysto ouuyo teve dele | mayor
dor que damtes e dyse lhe nõ vos descom | fortedes que cedo
averedes comselho se eu pu | der ẽtão foy ao cacere e tamto se
trabalhou | que tyrou dele ho preso e ele dyse domzela que |
me queredes fazer certo ẽ mynha morte vos | n[õ] ganharedes
nada ysto dezia ele por que | cuydava que ho queriã fazer matar
ella | lhe dyse nõ aJays pauor mas vymde atras | mỹ a mynha
camara e eu vos mostrarey | por que vos tyrey de prysão ẽtão
se foy ha | domzela e ho preso cõ ela e quãdo foram | na camara
mostrou lhe ela perõ tã coytado | que nom avya homẽ de tam
duro coração que | nom ouvesse dele pyedade e dyse lhe vedes |
aquy hũu cristão que achamos na Ribeyra do | mar guarecede o
se poderdes e eu vos tyrarey | da prysão se ho sarardes e vos
mãdarey | ambos pera homde quyserdes tã Riquamẽte | como
vos puderdes pemssar sabedes por que ho | faço nã por outra
cousa senã por que hey grã || [285r] doo do pesar e da dor que

passa quādo ele ou[u]jo | que perrõ era cristão ouue grã prazer e dyse ha | domzela que daquyllo se trabalharya elle de | bõa vomtade de huūa parte por que ela lho Roga | va e da outra por que era elle da sua lley ētā | pergumtou a perõ que quamto avya que fora ferido | ele lhe dyse que bem avya quỹze dias e que sem | pre peJorara e que numca achara mestre que ho pode | se sarar ētão dyse ho preso a domzela fa |zede o levar aquele prado pera que mylhor lhe | veja a chaga e ela ho fez la levar ele ao | soll lhe catou a ferida e conheceo que tinha | peçonha e por yso ho nõ poderia sarar tam | asynha ētão dyse a perõ amygo vos somdes | muy mal ēpeçonhado e por yso nõ saravades | mas eu vos faço segur[o] que daquy a hū mes | vos sararey com aJuda de deos ētam tomou | ervas e ho que vyo que hera bõo pera a peconha * e | pos lho na chaga tamtas vezes que amte que | fose ho mes saydo ho deu são e a domzela dy | se a perõ que hera hūu dos fermosos homēs do | mūdo e certo que des que ele se partyra de geru | salem nūca fora tā fermoso como ētão |
CAP[ITULO] CX. DE COMO MARAM REY | de yrlamda desafiou a el Rey orca | uz por a morte de seu filho || **[285v]** Naquele tempo acomteceo que el Rey de yrlã | da que avya nome maram veyo ter * el Rey | orcauz que era seu paremte e trouxe cõsygo | hūu seu filho novel cavaleyro que por da * sua | ydade era tydo por muyto bõo aquele dia foy | no castelo grão alegria mas a noute por hū | traydor seruydor da copa del Rey orcauz foy | ho filho del Rey dyrlamda asy ēpeçonhētado | que morreo na messa homde comya quãdo el Rey | de yrlamda vyo que seu filho era morto cuydou | verdadeyramēte que f[or]a por mādado e cõsēty | mēto del Rey orcauz e foy se logo dyrey to | a el Rey da grão bretanha que avya nome luces | que el Rey dyrlamda e el Rey orcauz erã ābos | seus vassalos que tynhā dele terra quādo ma | rão veyo amte el Rey luces e lhe fez seu | queyxume del Rey orcauz que seu filho fizera | matar mamdou logo luces por orcauz e veyo | logo a lomdres omde el Rey luces era e hy | se pagava mays estar que ē outra parte | ētão veyo marão āte el Rey e Retou | orcauz que matara seu filho ē sua casa | e orcauz deu logo seu gage por se defēder | deste torto por sy ou por outrem e marão | deu ho seu e sabede que naquela terra ha custu | me que ho Retado da a luua e ho Retador || **[286r]** estemde a aba da luryga ou outra cousa ē lugar | de penhor da batalha e ysto feyto depoys nõ se |

pode fazer afora e a este penhor chamã gage | este gage deu
orcauz por sy mas nã por que ele ouue | se demtrar na batalha com-
tra marão que bem | sabya verdadeyramẽte que marão era hũu
dos mjlho | res caualeiros e mays duuydado do mũdo que paga | no
fose mas queria hy por sy meter hũu seu Jrmão | que hera muy
bõo cavaleiro darmas asy foy ha bata | lha ordenada da hũa parte
e da outra per seus | gages e quãdo ho dia foy posto el Rey
orcauz | se tornou a seu castello e Rogou a seu Jrmão | que to-
masse por elle a batalha comtra marão quã | do seu Jrmão ouuyo
falar ẽ marão Respõdeo | certo senhor disto que me vos Rogades
que ẽtre | ẽ batalha comtra marão ysto nõ me acõselha | rya
nỹguem se morte nõ quysese que bem sabe | des vos que a bom-
dade darmas de marão nõ se | chega bomdade de homẽ que nos
saybamos nesta | terra por ho que eu por nhũa maneyra nẽ por
morte | nẽ por vyda nõ ẽtrarey ẽ batalha cõ elle | quamdo el Rey
orcauz ouuyo ho que seu Jrmaão lhe dyzia foy muy descom-
fortado e poys seu | Jrmão lhe falecya nõ sabya a quẽ se
socorresse | e elle vyra Ja marão muitas vezes ẽ batalhas | e
sabya ssua bomdade e por tamto nõ ousaua | ẽtrar cõ elle ẽ ba-
talha ẽtão mamdow por | doze cavaleiros hos que ẽtemdeo que
herã hos my | lhores de ssua terra e cuydou como poderia || **[286v]**
conhecer qual deles fosse ho mylhor e fez se doẽte | e lamçou
sse ẽ ssua cama e quãdo eles vyerã | pergumtarã lhe que avya elle
lhes dyse que Jazia | doemte com pesar de hũas novas que lhe
vyeram e que | novas disserão eles ẽuyou me el Rey marão hũ |
seu cavaleyro que se louua que Ribara de Justa | hos mylhores
doze cavalheyros de mynha terra | e por prouar esto a de vyr
amanhã a ora da prima | ao pynheyro Redomdo agora vede ho
que lhe fa | redes que nom mãdey por vos senã pera lhe brytar
| des seu argulho que nom queria que se lo[au]asse | ẽ sua terra
esta mẽtyra lhes pos el Rey por | hos prouar eles dyserã senhor
sabedes vos bem | que ha ho cavaleiro de vyr amanhã ao pynhey-
ro | Redomdo sy sẽ falta dyse el Rey poys dy | serã elles nos yremos
lla e Justaremos | cõ elle ẽtão se partyrã hos doze cavaleyros | e
forã se pera [s]uas pousadas quãdo foy noute | chamou el Rey
seu mordomo e depoys que lhe | tomou Jurametõ dyse lhe trazey
me hũas armas | que nỹguẽ vo las veja e cobride ho meu cavalo |
ẽ maneyra que se não conheça que me quero hyr da | quy muy
ẽcubertamẽte e vyrey amanhã a noute | e amanhã hos que per-

gumtarẽ por mỹ dizey lhe | que sam doemte e nõ leyxedes ẽtrar nỹguem | na camara aymda que seJa muito meu pryvado || **[287r]** asy como el Rey dyse asy ho fez ho mordomo e | huũ pouco amte que amanhecesse armousse el Rey | e sobyo ẽ seu cavalo e fez Jurar ao mordomo | que ho nõ descobryria ẽtam se partyo daly e pa | ssou a pomte e foy se ao pynheyro Redomdo e | esperou ata hora da pryma ẽtão vyerã hos | doze cavaleiros e nhũ deles nõ trazia lamça por | que a todo tẽpo de noute e de dia estava aquele | pynheyro cercado de lamças por que todos hos cava | leyros da terra vynhã muytas vezes a ele provar | se hos hũs com hos outros quãdo hos doze cava | leyros vyrã ho que estava soo so ho pynheyro cada | huu tomou sua lamça como lhe a mão veyo e | el Rey outrosy e leyxou se correr ao prymeyro | e ferio tã RiJo que lhe fez na coxa hũa grão | chaga e deRibou o tã bravamẽte que se no pode | levamtar tamto foy da cayda quebrãtado quãdo | el Rey vyo aquele ẽ terra leyxou se correr ao | outro e deRibou o como fez ao prymeiro afora | que ho ferio pyor depoys deRibou ao terceyro ẽ | tal guysa como hos outros asy deRibou todos | hos doze cavaleyros e como ho Ribava toma lhe | ho cavallo e daua lho depoys que todos doze Ry | bou e eles sobyrã ẽ seus cavallos dyse lhes | el Rey amygos vos sabedes bem por custume | desta terra somdes meus presos ẽ maneyra que | eu posso de vos fazer ho que me aprouuer saluo | vossas vidas eles dyserã que hera verdade pois ora || **[287v]** vos mamdo dyse elle que vades a el Rey orcauz | e vos lhe Remdades por presos da mynha | parte elles lhe pergumtarão como avya nome | ele lhes dyse de meu nome nõ vos dyrey nada | mas yde vos Remder por presos aquele que vos | eu mãdo e eu cuydo bem que quãdo ele ouuyr | falar desta pressa que ele me conhecera que Ja | fui muitas vezes ẽ tays lug[a]res cõ ele e elles | dyserã que est[o] faryão de grado mas eles avyão | grão dor e pesar por que forão asy deRibados | de huũ soo cavaleiro ẽtão se partyrã hos doze | cavaleiros delle e tornarã sse as suas pousadas | e el Rey se foy meter ẽ hũa mata ca nõ que | rya que nymguẽ soubesse delle parte aly Jouue | todo ho dia e quãdo foy noute foy se a hũa | horta do cabo do seu alcaçer homde ho seu mor | domo ho esperava e deceo e deu lhe ho cavallo | e as armas e foy [s]e a ssua camara e sayo se | da camara e foy se ao paço fazemdo mostra | que hera doemte quãdo hos do paço ho vyram | aprouue lhes e acolherã no muy bem e pergũta | rã lhe como lhe

hya e ele lhes dyse que bem | Cuydava sarar ao outro dia a ora
da prima | vyerã amte ele hos doze cavaleiros que ele Ryba | ra e
deram se lhe por presos de parte daquelle | cavaleiro que hos
Ribara que eles nõ conhecyã e | comtarão lhe como cõ elle lhes
acõtecera e que || **[288r]** nhũ ho nom podera mover da sella
agora sey | dyse el Rey orcauz quem he ho cavaleiro mal ho |
fizestes que vos escapou e mostrou que fazia grão | pesar e
mamdou por toda ssua terra apregoar | que quẽ viesse Justar cõ
ho cavaleiro do pynheyro | e ho Ribasse que el Rey lhe darya
qual quer dom que | lhe pedyse se fosse dom que lhe devesse
dar e se | caysse seria degradado hũu annõ e hũ dia quã | do hos ca-
valeyros da terra ysto ouuyrã e sou | berão a verdade dos doze
cavaleyros que forã Riba | dos ouuerã lhes pouca ẽveja que duvy-
davam | de perderem ho que tynhã se fosẽ deRibados | CAP[ITU-
LO] CXJ. DE COMO PERÕ PEDIO | armas e cavallo a domzela
e da bata | lha que ouue cõ el Rey que guardava ho | pynheyro |
Quamdo perõ que hera com ha filha del Rey Ja | bem são e ledo
ouuyo esto começou de cuy | dar e a domzela lhe pergumtou por
que cuydaua | mays do que soya parece me que nom somdes ledo
| como soyades dizede me que avedes e eu vos fa | rey ledo se
poder domzela dyse elle lygeyramẽte | ho podedes fazer e poys me
prometestes de ho | fazer vo lo dyrey sabede que ha proeza daque-
le | cavaleiro por que vosso padre fez dar pregão me || **[288v]** faz
ẽtrar neste cuydar e eu sey tempo nõ | ha ymda cymco annõs
que se tal cavaleyro fose | ẽ nossa terra e tão prezado darmas que
eu | por hũu Reyno nõ leyxarya de Justar cõ ele e | asy ho farya
nesta terra aymda que he estranha | se tyvesse armas e cavallo
e nysto cuydava | e por ysto era triste quãdo a domzela lhe ouuyo |
ysto cuydou que se se ele nõ tyvesse por de tã grã | de bomdade
darmas que se nõ ẽtremeteria a come | çar tã grãde feyto como
de Justar cõ ho cavaleiro | a que nhũu nõ poderia durar ẽtam dyse
perõ Ja | por desfalecymẽto de cavalo e armas nõ seJades vos |
triste que desto todo vos guarnecerey eu ãtes | que a noute seJa
e tam Ricamẽte como se fosedes | filho de hũ Rey mas certo por
meu comselho | vos nom yredes com ele Justar ca eu nõ cuydo |
que comtra ele podesedes durar domzela dyse elle | fazede me
dar ho que me prometestes e nõ vos pese | que eu bem cuydo
que ele nõ me fara leyxar ha sela | quãdo ho ela ouuyo falar tã
atrevydamẽte foy | mays leda que damtes e quãdo foy noute deu

lhe | boõas armas e bõo cavalo efoy cõ ele ata a [o]rta | e daly lhe
ẽsynou homde acharya ho pynhey | ro e tamto que se partyo da
domzela amdou tãto | que chegou ao pynheyro e foy se a mata por
folgar | ata por a manhã e deceo sse do cavalo e tyrou lhe | ho
freyo e a sela pera que comesse e ele tyrou ho elmo | e ho escudo
e dormyo ata que ho dia foy fermoso e | claro ẽtão se ergueo e
selou e ẽfreou seu cavallo || **[289r]** e ẽlazou ho elmo e tomou seu
escudo e caval | gou e tamto que sayo da mata vyo ho cavaleiro
que | vyera Ja pera ver se avia quẽ quysesse Justar | e quãdo perõ
vyo que ho cavaleiro estava Ja ally | deceo por ver se a suas armas
ou a seu cavalo | faltava algũa cousa e quãdo vyo que todo estava
| bem cavalgou e foy se ao pynheyro e saluou | ho cavaleiro e
tomou hũa lamça e dyse lhe que de | Justar lhe comvynha e ele
dyse que lhe prazia | muito e leyxarã hyr comtra sy os cavalos
a grão | correr bem asy como ho ceruo quãdo foge diãte | dos
cães e ferirã se de tã grãdes golpes que hos | escudos nẽ as armas
nom guardarã que hos fe | rros agudos e talhadores nõ ẽtrassẽ
nas car | nes asy que se fizerã gramdes chagas e el Rey | fez sua
lamça ẽ pedaços mas perõ ho ferio | asy bravamẽte que por cyma
das armas do cavalo | ho pos ẽ terra tã mal treyto que a duro se
podia | erguer quãdo perõ ho vyo ẽ terra deceo e tyrou | a espada
e el Rey se ergueo e perõ lhe dyse senhor | cavaleiro vos perdestes
a Justa das lamças agora | provay se vos aprouver ho que podedes
ganhar | na batalha das espadas ẽtão ergueo sua | espada e ho
escudo sobre ha cabeça quãdo el | Rey vyo que de combater se
comvynha guysou sse | de mostrar seu poder e tyrou outrosy a
espada | e cobrio se de seu escudo ho mylhor que pode por que |
era tã mal ferido que mays lhe era myster || **[289v]** folgar que
trabalhar ẽtão se começou a bata | lha amtre ambos tã crua e tã
perigosa que nõ | avya hy tal deles a que nom sayse ho samgue
por | muytos lugares e herã de mays de dez chagas | feridos e
achou hũu ao outro comprydo de tam | grão ardymẽto e bomdade
darmas que se maravy | lhauão el Rey nõ podia cuydar que homẽ
era | aquele e perõ cuydava que naqueles dous Reynos | nõ avya
tã bõo cavaleyro e porẽ a fym nom | pode el Rey durar tamto
era perõ forte e ardydo e tal parou el Rey que se nõ pode ter | e
cayo ẽ terra de focynhos diamte perõ tam | mal treyto que nom ha
homẽ que ho vyse que dele | nom tyvesse doo e perõ que nom
cuydava que a | quele fose el Rey tomou ho por ho elmo e tyrou |

lho por força e dyse que ho matarya se se nom | outorgasse por
vemcydo el Rey ẽtão abrio hos | olhos e oulhou perõ e dyse lhe
matar me podes | se te apras que teu he ora ho poder por deos
disse | perõ vos somdes morto se vos nõ outorgades | por vemcydo
eu amte quero morrer dyse el Rey | e mays me apraz que de fazer
ho que me pedes | que seria cousa muy * vergonhosa de dizer e
seria vergo | nha de todos hos Reys terreays e por ysto queria |
amtes morrer cem vezes se tamtas pudesse morrer | que dizer tal
palavra quãdo perõ ẽtemdeo | que aquele que ele cuydava que
hera cavaleiro de | hũa lamça e hũu escudo era Rey dyse lhe
|| [290r] senhor dizey me quem sois que me parece ẽ vossas pa |
lavras que sois Rey certo cavaleyro dyse el Rey eu | sam Rey e hey
nome orcauz e perõ ho conheceo | logo e ouue tã grão pesar de
que lhe fizera tã | to mall que nom soube que fizesse a fora que
lhe | estemdeo ha espada e dise lhe ay por deos senhor per | doay
me ho torto que vos hey feyto ca por boã fee | nõ vos conhecya
vedes aquy mynha espada | eu volla dou e meto meu corpo ẽ
voso poder | pera fazerdes dele ho que quyserrdes * por vymgãça |
do torto que vos fiz quãdo el Rey ouuyo ho que lhe | dezia dyse
lhe quẽ es tu que desta batalha as | ho mylhor e pedes me merce
numca tal mara | vylha vy que ho vemcedor demãde merce ao
vẽcy | do senhor dyse perõ eu sam homẽ natural de | lomgas
terras da cydade de Jerusalem e hey | nome perõ e são cristão e a
vemtura me trou | xe a esta terra aymda nõ ha grão tẽpo cha | gado
de hũa ferida peçonhemta e mortal mas | merce a deos e a vossa
filha e ao saber de hũu cristão | que vos temdes ẽ prysão sou são
daquela fe | rida de que sem falta cuydey morrer e quãdo | ouuy
ho pregão que vos mãdastes dar pedy a | vossa filha armas e
cavallo e ela me deu | todo e vym ca mas crede ẽ verdade que
se eu | cuydara que vos erades que nom ha cousa no | mũdo por
que ca vyera por que vos leyxara por que | erades Rey e por que
ẽ vosso castelo me fizerão || [290v] muyto bem que me fez vosa
filha mas eu | vos Rogo e peço merce por ho pesar que vos fiz |
por nom conhecer que vos me perdoedes el Rey lhe | perdoou muy
de grado e por preyto que ẽtrasse | com marão ẽ campo por ele
perõ lhe dyse que | por aver seu amor ẽtrarya ẽ aventura omde |
ele quysesse e el Rey lhe dyse que depois da ba | talha lhe darya
qual quer cousa que ele quysese | aymda que todo seu Reyno
lhe pedyse mas cõ | vyr nos ha dyse el Rey que ata ly nos ẽcubra |

mos tã bem que nhũ nom possa saber de vos e | sabedes por que
volo dygo que se marão soube | sse que herades cristão nõ ẽtrarya
cõ vosquo ẽ | batalha e por dyreyto que nom somdes de sua ley |
e por tamto nõ se devya cõ vosquo combater e perõ lhe dysse e
prometeo que se ẽcubryria ho | mylhor que podesse e ẽtão meterã
suas espa | das nas baynhas e forã se asemtar so ho | pynheyro
por folgarẽ e estyuerã hy ata noute | escura asy mal feridos como
estauã a noute | sobyrã sobre seus cavalos e tornarã se pera ho |
castelo tã ẽcubertamẽte que nymguẽ ho sẽtyo | a fora ho mordomo
que esperava el Rey na | orta e el Rey levou comsygo perõ e ho
mor | domo hos deceo ambos e depoys que forã ẽ sua | camara
el Rey mãdou por ssua filha e mostrou | lhe perõ e dyse lhe con-
hecedes vos este cavaleiro || [291r] ela ouue pauor e quysera
se ẽcubryr ele lhe | dyse filha nom ha myster ẽ cubryrdevos que | se
lhe bem fizestes agora lhe fazey cem tãto | que este he ho mylhor
cavaleyro do mũdo este | me vemceo oJe e de mays prometeo me
que se | combateria por mỹ com marão a domzela foy muy leda
com esta avemtura e dyse que ho seruy | rya como podesse e de-
poys mamdarão por ho | cristão que curara perõ e depois que lhes
oulhou as | feridas dyse lhes que nom ouvessem pavor que hos |
darya saõs amte de quỹze dias asy se conhe | ceo perão com el
Rey e foy serujdo e homrrado | ho mays que ele podia CAP[ITU-
LO] Cẽto XIJ. COMO PERÕ FEZ A BA | talha ẽ lomdres com
el Rey marão e | ho vemceo e matou e do que mays lhe | acom-
teceo | Quamdo ho dia da batalha chegou el Rey or | cauz se foy
a lomdres e levou cõsygo perõ | cõ outra muyta * companha e
quãdo forão amte | el Rey luces acharão Ja hy marão que querya |
seu preyto leuar ao cabo como ho começara e | quãdo luces vyo
orcauz dyse lhe se ẽtraria | na batalha ele ou outrẽ por ele e
perõ que hera | muy fermoso cavaleiro e parecya muy bem estẽ |
deo seu gage por orcauz e marão por sy el Rey || [291v] hos
Recebeo ambos ẽtão começarão a pergũ | tar hos do paço quẽ
era aquele que se queria | cõbater cõ marão mas nõ poderão majs
sa | ber que ser cavaleyro de orcauz por boa fe dy | serã eles que
perõ tẽ samdeu ardymẽto que marão | cõ quẽ quer lydyar he ho
mjlhor cavaleiro do mũdo | e mays valeria quytarse da batalha asy
| falauã hos que nom ho conhecyão mas quãdo | ambos forão no
campo sua batalha foy muy | forte e muy crua e muy maravylhosa
de ver | que ambos os cavaleyros erã comprydos de grã | bomdade

e durou ha batalha des hora da | pryma ata hora da nona e marão
sobcJo se | defemdia bem quãdo conheceo ha grã bõdade | que
avya ẽ perõ mas nõ lhe valeo nada que perõ | ho matou e talhou
lhe a cabeça e levou a ha | el Rey luces e dyse lhe senhor tenho
tãto feyto per | que el Rey orcauz deva de ser lyvre do aleyve |
de que este ho Retava certo amygo dyse el Rey | vos somdes bem
quyte tamto avedes feyto | amte mỹ e amte mynha cõpanha que
eu vos | dou por ho mylhor cavaleiro que eu nũca vy e por | tamto
deseJo se vos aprouuer que fosedes | meu morador e perõ dyse
que seu amygo e seu morador | queria ele ser mas que aquela
sazão nõ podia hy | ficar depoys que el Rey luces vyo que pẽro
nom | queria ficar com ele tyrou a parte el Rey orcauz | e dyse
lhe fazey de maneyra como de oJe ẽ oyto | dias vos ache ẽ vosso
castelo e este cavaleiro || **[292r]** este ahy cõ vosquo que quero cõ
ele falar que | desejo muito saber quem he e aver seu amor e | el
Rey dyse que asy ho farya e ẽtão se party | rão de lomdres muy
ledos e cõ grão prazer | e forã se pera ho castelo e numca vyo
nỹguem | mayor homrra da que faziã a perõ e deziã bem | venha
ho mylhor dos boõs cavaleyros ao terceyro | dia quãdo todos forão
folgados dyse el Rey | orcauz a perõ vos me seruystes tamto que
eu nõ | volo poderia galardoar pero pedy ho que quyserrdes | e dar
uolo hey asy como volo promety senhor dyse | perõ eu nõ vejo de
vosso cousa que quysesse afora | somẽte hũa se ma quyseseys dar
e sabede | que mayor homrra e mayor prol dyso averedes | do que
vos cuydad[e]s el Rey dyse que Ja cousa lhe | nõ deria *
que nom fizesse poys peço dyse perõ | que vos façades cristão e
deyxeys esta ẽganosa | fee que ata quy tyvestes e ẽtão lhe mos-
trou | ẽ que sua ley era maa depoys lhe mostrou ho | avamgelho
e tamto dysse a el Rey e assua gemte | que se outorgarão a ser
cristãos e foy ẽtão perõ | a hũa mõtanha por huũ hermytão que
hos bautyzou | todos e el Rey orcauz ouue nome lamec e sua |
filha camjlha e por sua homrra por que amte ouue | rã nome orcauz
fizerã do castelo boo * cydade e Riqua e des emtão ouue nome
organya ẽ Re | nẽbramça de orcauz depoys que todos forão
cristãos | e os da terra el Rey lamec dyse a perõ amjgo || **[292v]**
eu fiz hũu pouco do que vos quysestes agora | vos Rogo eu que
façades huũa peça do que vos eu | Rogar perõ dyse que ho farya
muy de grado se | ho podesse fazer agora vos Rogo dyse lamec |
que tomedes mynha filha por molher e dar vos | hey cõ ela toda

mynha terra e se ysto fizer | des numca vy cousa de que mays
aprouuese | Senhor dyse perõ vos fazeys por mỹ a cousa do |
mũdo que eu mays deseJaua e quero fazer esto | que queredes
elle lho agradeceo muito e mamdou | por camylla e perõ a Rece-
beo logo por molher | e ao dia de ssuas vodas chegou hy el
Rey | luces e maravylhou se muito quãdo os * achou cristãos | e
porẽ tamta * deseJaua conhecer a perõ que por | ysto nõ leyxou
de falar cõ ele na cydade de | organya forão Jumtas gramdes
vodas e esteve | hy el Rey luces oyto dias por fazer cõpanhia |
a perõ que ho prezava por sua cavalarya sobre | quãtos nũca
vyra e na queles oyto dias que el Rey | luces esteve ẽ organya
lhe dyse e pregou pe | rõ tamto que se tornou cristão por preyto
que | mẽtes perõ fosse vyvo que fose seu cõpanheyro | ẽ armas
e perõ lho prometeo de grado e de | poys lhe teve muy bem a
promessa que sempre | ho amou e vyueo cõ ele asy foy el Rey
luces | cristão e todos seus homẽs por a pregacão * de | perõ e eu
vos dygo que mestre baqua que traladou | a estorea de brutos ẽ
framces de latỹ nõ se || [293r] acordou hy desto e ysto foy por
que nom sabya na | da da estorea do samto greal e por yso nom |
foy maravylha nõ nomear ẽ seu lyvro perõ | e escusou se por
outrẽ e disse que asy ho deziam | algũs perõ vyueo lomgamẽte
ẽ grão poder | e fez hũu filho que ouue nome ellam que foy |
cavaleyro bom e ardydo e quãdo ouue de | morrer perõ mãdou
se deytar ẽ organya em | huũa JgreJa que ele fizera fazer a
homrra de são | phelypo e depoys que morreo fycou ha terra
a seu | filho ellam que depoys foy Rey coroado e homẽ | muy bõo
e muy amygo de deos e ouue por molher | a filha del Rey dyr-
lamda ẽ que fez hũu filho | que foy Rey como elle e ouue nome
melyas ca | valeyro bõo e ardydo e daquele melyas sayo | outro
filho que ouue nome artur que foy sobe | Jo sesudo e ouue por
molher hũa domzela filha | dalgo de samsonha e na quela domzela
ouue | hũu filho que foy Rey que ouue nome edor e foy | hũu
dos bõos cavaleiros que ouue ẽ organya e | ouue por molher a
filha del Rey nargoles e ne | la ouue odor lot de organya que foy
Rey e | ouue por molher a Jrmãa del Rey artur dona fer | mosa
e ouue nela quatro filhos huũ ouue nome | galuaõ bõo cavaleyro
darmas e outro ouue | nome agran[a]ym aquele nõ foy bõo cava-
leyro | que foy muy argulhoso e outro ouue nome ga | riet
aquele foy muy bõo cavaleiro ardido e leal || [293v] que sem

falta foy mylhor que todos seus Jrmãos | e nõ valeo menos de galuão ho outro ouue | nome gerez a quele foy muy fermoso cavaleiro | e ardydo e bõo cavaleyro darmas e sofreo | nelas muito trabalho mētes vyveo mas de | poys ho matou looiz de gauinez coirmão de | lamçarote quãdo quyserā queymar a Ray | nha gynebra e sabede todos que mordoc que | todos cuydaũa que era filho del Rey lot nõ ho | foy ātes sem falta foy filho del Rey artur | feyto ē hũa sua Jrmãa hũa noute que cuydou | que Jazia cõ hũa fermosa domzela dyrlamda | e quãdo depoys ho soube pesou a ambos muito | 2 esto foy amtes que el Rey artur tomase por | molher a Raynha gynebra asy podedes ler | por dyreyta geração que galuão de quē ha esto | rea muito falara sayo da lynhagē de Josep aba | ramatya mas muitos nõ ho cuydavão asy mas | agora leyxa aestorea de falar daquela lynha | gem e torna a Josefes que se ho que co meçou nom | comtasse bem quē a estorea escutasse ho teria | por maal CAP[ITULO]. CXIIJ DE COMO JOSEFES | depoys que separ tyo deperõ tornou ave | sytar nascyão e como galat oforte seu | Jrmão foy coroado por Rey deocheliec e de | sua morte || [294r] Nesta parte diz a estorea que quãdo Josefes separ | tyo de perõ e daquele ē que ho deyxou ē guar | da amdou muyto ele e sua companha que nom | achaũa senão mõtanhas e veados que naquele | tempo nõ era ha grão bretanha muy bē pa | voada mormēte comtra escocia e yrlamda | mas quãdo achava paganos pregava lhe ha | fee de Jhesu cristo e tamto obrou e fez por graça | de nosso senhor que a qual quer terra que chegava todos | comvertya ē tal guysa amdou Josefes por | terras estranhas e esteve ē yrlamda e | escocia e ē ochelic e partyo seus paremtes | e seus clerigos por as terras pera pregarē a | lley de Jhesu cristo e depoys que esto ouue feyto | veyo lhe ao coração de se tornar a gale forte | por ver nascyão e seus amygos que hy leyxara | e quãdo ētrou por ho castelo vyo hy muitas ma | ys bem feytorias do que leyxara e esto nom | era maravylha que ele amdara por a terra bem | quỹze annõs ou mays e Ja derredor do castello | avya muitas abadias e muytas ygreJas e muitos | mosteyros que fizerā hos homēs bõos depoys | que ele daly se partyra quãdo ele ētrou | ē gale forte achou nouas de sua madre | que era morta e que | Jazia ē huũa abadia perto | do castelo e galat seu Jrmão que ele leyxara | pequeno achouo Ja homē e bõo cavaleiro darmas | e Recebera Ja hordem de cavalarya por maão || **[294v]** de nascyão e maravylhou se muito de que asy crecera | gramde foy alegria e festa que fizerã cõ Jose | fes e com sua companha no castelo mas nũca | vystes tã grão alegria como gaanor fazia | cõ ele que muito lhe pesaua por que morara tamto | tempo fora de ssua terra quãdo Josefes | folgou pergumtou por as manhas de galat seu | Jrmão e gaanor e nascyão lhe dyserã que era | ho mylhor cavaleiro de toda a terra e de mjlho | res manhas e Josefes foy dysto muy ledo e | amouo daly mays que se outra cousa dele a | chase e no prymeiro mes Josefes chegou agale | forte chegarão novas dos do Reyno de oche | lic que depoys foy chamado gales e lhe mãda | rão dizer que erã sem senhor que el Rey era morto | que lhes mãdasse senhor qual ele ẽtemdesse que devya | de ser Rey e devesse mãter a terra e que ho fize | sse asynha senã que toda a terra se perderia | quãdo elle este mãdado ouuyo acõselhouse | cõ nascyão e gaanor e dyselhes que sẽ fal | ta a terra se perderia se cedo nõ ouuese senhor | por ho que lhes Rogava por deos e por saluamẽto | das suas almas que lhe dessem comsselho de | qual homẽ hy pederia [sic] ẽvyar que devesse da | ver tã grão terra como he ade ochelyec ẽ | tão dyserã eles que seacomselharyã e por a | manhã lhe daryão Recado ao outro dia vyerã || **[295r]** a Josefes e dyseramlhe senhor nos vos dizemos | so nossas almas e detoda a fee que temos de | deos que nos nõ sabemos ẽ esta nẽ em outra | homẽ tão aparelhado pera merecer hũu grão | Reyno como vosso Jrmão galat agora fa | zede ho que vos aprouuer que nos nõ ho dizemos | tamto por amor dele como por amor de deos a | gora vos calade dyse Josefes que quero pre | gumtar aoutrẽ ẽtão fez mamdar por doze | homẽs hos mylhores e mays sesudos que avya | na terra e dyselhes ho que dysera a nascyão | e gaanor e eles dyserã que ao outro dia lhe | daryão Reposta por a manhã quãdo vyerão | ãte Josefes dyseram lhe como os outros ãbos | lhe tynhã dyto quãdo ele ysto ouuyo fez per | amte sy vyr galat e dyse lhe eu vos ẽtre | go do Reyno do cheliec por comselho dos homẽs | boõs da terra e sem falta nõ ho fizera por | serdes meu Jrmão mas por que sey que valedes | tamto que bem mereceys cayr ẽ tão gramde | homrra como esta e ẽ mayor ẽ tão fymcou | gallat os gyolhos amte ele e Recebeo ho | dom ao terceyro dia se partyrã de gale for | te Josefes e nascyão e gaanor e gallat | cõ grão companha de cavaleiros e forãse ao | chelyec e forão muy bem Recebydos e dia | de pemtecoste foy galat coroado por Rey || **[295v]** e sagrado e vmgido por mão de Josefes seu | Jrmão ẽ hũa cydade que chamavão palagra | que era cabeça d[o] Reyno depoys que ha festa do | coroamẽto durou tamto quãto lhe a prouue ga | llat ficou na terra e foy depoys tã bom | homẽ e tã amado de todo seu pouo que por | amor dele tyrarão ho nome ao Reyno e foy | por homrra de galat chamado gales e nũca este nome depoys lhe foy tyrado nẽ sera | e este galat tomou por molher a filha del | Rey das lomgas ymsolas e fez nela hũ | filho que ouue nome alavor que foy Rey de | pos galat daquele alavor sayo depoys por | dyreyta geração de hũ ẽ outro el Rey vryão | e deste Rey vryão sayo Juão aquele que | tamtas proezas fez no tempo del Rey artur | e foy companheyro da mesa Redomda e mo | rreo nos chaos * de serabares na grão batalha | que foy amtre mordec e el Rey artur e hy | foy chagado a morte e hũ dia cavalgava | el Rey galat a caça e asy amdou todo o dia | e cõtra a noute perdeo seus homẽs e seus | caẽs asy que ficou so ẽ hũa mõtanha e | começou lhe descurecer e perdeo ho camynho | e atravessou por huũ chão despouoado e quã | do foy a ora da meya noute achou hũa grão | cova homde vyo huũ grãde fogo como se muita || **[296r]** lenha acesa hy fosse e chegousse ao fogo que muito se | maravylhou que podia ser e ele oulhamdo ouuyo | hũa voz que lhe dyse ay gallat meu chegado parẽte | vyste nũca corpo de homẽ sofer * tã grão coyta | como eu sofro quãdo gallat ouuyo que ho chama | va paremte maravylhousse e dyselhe tu que me | falas dy me quẽ hes e por que as tã grão tromẽto | e coyta de fogo que muito desejo saber eu sã dise ele | aquele symẽo de que Ja muytas vezes ouuyste fa | lar ysto sey eu bem e sam neste tromẽto por laze | rar este pecado que fiz ha tempo de perõ huũ noso | parẽte e por que sey que Ja ouuyste todo como foy nõ | te Repytirey mas por deos tamto faze por mỹ pera | me alyvares desta pena que neste lugar faças | fazer hũa ygreJa ou mosteyro homde Roguẽ a | deos por mỹ que por a ssua gramde pyedade aJa merce | de mỹ ẽ algũa maneyra symẽo disse gallat | verdadeyramẽte muitas vezes ouuy de ty falar mas | agora me dize se esta coyta te falecera nũca | eu to dyrey dyse semẽo se me prometes ho que | te dyse eu to outorgo dyse gallat e aymda fa | rey mays por ty por que hes meu paremte que depoys | que mãdar aquy fazer huũa abadia a mays Ry | ca do que tu cuydas homde Roguẽ a Jhesu cristo por | tua alma e mãdarey que depoys de mynha morte | me soterrẽ nella por que sey que se eu nela for sote | rrado yra pera mylhor symẽo lho agradeceo muito ‖ [296v] e dysselhe gallat sabe que este tromẽto me nõ durara | sempre mas tã asynha como hũu cavaleiro muy | bõo que avera nome gallaz me vyer ver logo fale | cera e tamto que ẽtrar nesta cova ho fogo que | ves morrera e esto sera por bomdade de ssua vyda | que nõ avera nele fogo de luxurya nẽ de maldade | nẽ de pecado mortal e na quele | tẽpo falecerã as | avemturas que nesta terra avyrão por os mylagres | do samto greal ẽtão leyxou symẽo de falar | e nõ dysse mays e gallat ho pergũtou muito mas | nõ lhe pode depoys tyrar palavra e quãdo | el Rey ysto vyo meteo se a seu camynho e ãdou | tamto que por a manhã tornou ao lugar domde | sayra e quãdo hy chegou achou toda sua gẽ | te descomfortada que avyão pavor que ẽ algũa | parte se perdesse mas quãdo ho vyrão forã muy | alegres por a manhã fez el Rey mãdar por pedrey | ros e carpymteyros e fez fazer homde symẽo | era hũa abadia ẽ homrra da samta trĩdade | e depoys que lhe deu herdamẽto e Remdas ẽ que vio | que bem poderia vyver sasemta frades mete os | ahy tays quaes ẽtemdeo que heram homẽs sofyciẽtes | pera Rogar por a alma do pecador e mẽtes el Rey | vyveo foy abadia pera bem e quãdo morreo mã | dou se hy deytar e seus vassalos ho vestyram | de loryga e brafoneyras e depoys que ho myrarã | e ẽbalssemarão ẽ maneyra que ẽ dozẽtos annõos ‖[297r] nõ podia apodrecer e emtão ho meterã ẽ hũa arca | douro e poserã a cabo dele seu elmo e sua espa | da e a cabeceyra lhe poserã ssua coroa e depois | meterã a arca ẽ hũu muymẽto muy Rico e fermoso | e ẽ cyma poserã hũa campa muy Ricamẽte la | vrada ẽ tal maneyra que por ẽgenho nẽ por for | ça de home nõ podia ser alçada e sem falta | asy foy que numca homẽ que hy vyesse a pode | erguer a fora lamçarote do lago que a grã tra | balho a ergueo | CAP[ITULO]. CXIIIJ. DE COMO JOSEFES. | tornou a gale forte e achou que seu | padre Josep era falecydo e do que passou | cõ el Rey mordãy e da morte de Josefes | Agora diz a estorea que quãdo Josefes ouue co | roado gallat tornou sse a gale forte e tamto | que hy chegou achou novas de mordaỹ que ho fosse | ver que sobeJo avya grão sabor de ho ver e fa | lar cõ ele e achou que Josep seu padre era morto | e soterrã* no ẽ hũa abadia ẽ escocia e quãdo Josefes ouuyo novas que seu padre era morto pe | sou lhe muito que sobeJamẽte ho amava e Josefes Ja era | muy fraco de JeJuãr e orar e era como ẽfermo | e asy foy ver el Rey mordaỹ ele que cousa nam || [297v] deseJaua mays que ho ver dyselhe senhor vos sejades | ho bem vymdo que muyto ha que deseJo falar com | vosco e por a grão tardamça que avedes feyto | fora desta terra queria saber como vos vay | Josefes lhe Respomdeo mylhor me vay agora | do que soya e tempo ha que nom tyve tã gram | alegria nẽ tã grão prazer como agora e de | que senhor dyse el Rey podelo hia eu saber muy bem | dyse Josefes eu volo dyrey sabede que eu passa | rey deste mũdo amanhã a ora da pryma que asy | mo mãdou dizer ho gramde mestre quãdo el Rey | ysto ouuyo começou a chorar muy feramẽte e dyse | lhe ay Josefes poys que me vos asy leyxays | ficarey nesta terra como soo e por amor de vos | e pelos bẽs que eu ẽ vos achava leyxey hos | sabores da mynha terra e de meus amygos por | deos e poys asy he que vos cõvem partir tã asynha | deste mũdo Rogo vos que me leyxeys algũu | synal ẽ Remẽbramça de vos cõ que me cõforte | e Josefes dyse que de muy bõamẽte ho farya ẽtao | começou a cuydar que synal lhe leyxarya e de | poys que grão pedaço esteve cuydamdo dyselhe | Rey fazede me trazer ho vosso escudo aquele que vos | eu dey que trouxessedes na batalha de tolomer e | el Rey mãdou logo por ho escudo aquela hora que | ho trouxerã hya se ho samgue dos narizes a | Josefes ẽ tal maneyra que lho nã podia estãcar || [298r] e ele tomou ho escudo e fez hũa cruz da quele | samgue que lhe saya e dyse a mordaỹ eys aquy | a Renẽbramça que vos de my leyxo que senhor eu | fyz neste escudo huũa cruz do meu samgue | e Jamays nõ ho veredes que vos nõ lembredes | de mỹ e a cruz que eu ahy fiz sera sempre asy | vermelha e fresca como agora e mẽtes ho es | cudo durar e ho escudo nõ durara pouco e Ja | mays cavaleiro ho no deytara ao collo que se nom | ache mall ata que gallaz ho bõo cavaleyro | ho derradeyro da lynhagem de nascyão ho deytara | a seu collo e por esto nõ seJa nhũ tã ousado | que ho tome senã aquele a quẽ ho deos ha outor | gado e ha pera ysto muy bõoa Rezão que asy como | neste escudo hão vymdas as mayores maravy | lhas que ẽ escudo se vyrão asy verão ẽ galaz | as mayores maravylhas e bomdades darmas | que ẽ outro cavaleyro ẽtão tomou el Rey | ho escudo e começou ho de beyJar muy humyldosa | mẽte e dyse

choramdo ay deos bemto seJades | vos que me tyrastes ho poder
de ver esta cruz | ẽtam dyse a Josefes senhor poys me leyxays
tã | bõo synal damor e de Renẽbramça dizede | me se vos
aprouuer homde guardarey este escu | do que eu queria que fosse
posto ẽ tal lugar | homde ho achasse ho bõo cavaleiro eu vo lo
dyrey | dyse Josefes aly homde souberdes que nascyão || **[298v]**
se fara ẽterrar depoys de ssua morte ally | poreys ho escudo que
aly vyra ho bõo cavaleiro | a cabo dos cymquoẽta dias que Receber
ordẽ | de cavalarya E el Rey dyse que ho farya asy | e fez guardar
ho escudo homde soia por ha | manhã foy morto Josefes como ho
amtes dy | sera e foy soterrado na quela mesma abadia | mas
despoys vyerã hos de escocia e levarã | no daly por hũa gramde
fam[e] que avya na | terra ysto foy grão verdade e as ãtygas |
estoreas de escocia ho testemunhã que por ha | vymda daquele
samto corpo veyo hũu tam | gramde avomdamẽto de bem e tã
grão boõa | vemtura de todas has cousas que todos dyse | rão
que verdadeyramẽte nosso senhor fizera esto | por mylagre e por
homrra daquele corpo que la levarão e foy ho corpo soterrado
na abadia | de galãy e diz a estorea que quãdo Josefes | ouue
de falecer que nom pode estar que nom | pagasse a mortal dyvida
oulhou e vyo | ãte sy a elãy que muito de noute e de dia por ele |
chorava e pesou lhe e dyse a elaim por que | choras senhor dyse
ele eu choro como hovelha | que fica sem pastor que lygeyramẽte
a pode ho | lobo comer todo esto senhor eu digo por vos | que
somdes meu pastor e eu vosa ovelha que vos | vos partydes de
mỹ e leyxades me soo senhor quẽ || **[299r]** sera agora meu pastor
senhor quẽ sera meu guar | dador aquele vos guardara dyse
Josefes e | sera vosso pastor bõo e leal e nam pastor | que leyxa
ssuas ovelhas ao lobo mas aquele ver | dadeyro pastor que por
tyrar ssuas ovelhas de | coyta quys tomar Morte aquele gardador
a | mygo vos guardara do lobo sabeys de qual | do diabo se
vos quyserrdes ser ssua ovelha a | quele guardador vos ẽcomẽdo
eu que vos guar | de que ho ymygo ẽ vos nõ meta mão ẽtão
fez | trazer ho ssamto vaso e dyse a elaim eu vos ẽtreguo deste
dom asy como ho Jhesu cristo ẽ | tregou a meu padre Josep e
quãdo vos passar | des deste mũdo podede lo vos ẽtregar a quem |
quyserrdes e ele com gramde alegria Recebeo ha | ẽtrega dele |
CAP[*ITULO*]. CXb.DE COMO ELAIM DE | poys da morte de
Josefes se partyo de | gale forte com seus Jrmãos e das ma |

ravylh[o]ssas cousas que lhe acotecerã | Quamdo Josefes foy morto elaim se partyo | logo de gale forte e levou comsygo seus Jr | mãos que erã casados afora hũ soo que ẽ se ca | sar nõ outorgou que avya nome. Josues aquele nõ | tynha aymda molher e era hũ dos bõs cava | leyros || **[299v]** do mũdo e ho que mays amava elaim de todos seus | Jrmãos e quãdo elaim se partyo de gale forte | seus paremtes ho pergumtarão homde queria hir | e ele dyse que nom sabya senã omde deos e a | vemtura ho levasse ẽtão se foy e levou | comsygo seus Jrmãos e bem cemto dos outros | seus paremtes e dyse que da quela gemte queria | ele pauoar algũa terra erma se achase e | farya hy todo seu poder por serujr e homrrar Jhesu | cristo tamto amdou que ha vemtura ho levou a | hũu Reyno estranho omde avya grão pouo de | gemte necya que nom sabya mays que lavrar | suas terras e aquela terra avya nome ha terra | foreyra e era ho Rey daquela terra tã grão | gafo que a duro avya pessoa que ho quysesse ver nẽ | ter companhia e este Rey avya nome ga | lymfres e morava ẽ hũa cydade que avya no | me malta e el Rey e todas as gemtes da terra | erã pagãos elaym chegou aquela cyda | de e maravylharã se os pagãos da quela gẽ | te amdar asy descalços e mal vestidos e | quãdo galymfres ouue novas da quela gemte | e que era ẽ sua terra mãdou por eles e vỹdos | lhe começou de pergumtar por sua fazemda e | eles dyseram que erã cristãos e naturays de | gerusalem e ele pergumtou por ho senhor delles | e eles lhe mostrarã elaim ele lhe dyse saber | medes || **[300r]** vos dar comselho a mynha ẽfermydade senhor | dyse ele se vos fizerdes ho que vos eu dysser | eu vos darey são dela amtes de terceyro dia | poderia ser dysse el Rey que eu ẽ algũa maneira | Ja mais fose são senhor dyse elle se vos crerdes | meu comselho eu vos seguro e digo verdadeyra | mẽte que vos sararedes pois promete * vos eu dy | se galymfres como Rey que Ja mays nõ me mã | daredes fazer cousa que eu nõ faça como vos | crerey dyse elaim seguramẽte me podedes crer disse | el Rey que nom ha cousa que nom fizesse por aver | saude poys hora vos direy dyse elaim ho que vos| cõvyra fazer e se ho nõ fizerdes sabey que Ja ma | ys seredes são agora ho dizede dysse el Rey que eu | ho farey ẽtão dysse elaym a el Rey se tu queres | ser são prymeyramẽte te cõvyra leyxares a ley | pagam e que faças deRibar hos ydolos que ata | quy homrraste e depois que Renegares de todo | ẽ todo ho diabo como vassalo tã lomgamẽte foste | ẽtão Receberas a ley de Jhesu cristo e seras bau | tizado que doutra maneyra nõ podes ser verdadey | ro cristão e depois que fores verdadeyramẽte cristão eu | te mostrarey hũu vaso que tã somẽte de ho veres | seras são de toda gafidade tã bem que nõ pa | recera que foste gafo e se esto fizeres que te | digo eu quero que tu faças talhar as cabeças | a mỹ e a meus companheyros se logo nõ fores são ‖ **[300v]** el Rey que muito desejaua sarar quãdo vyo a pro | messa tã segura dyse lhe eu farey ho que me | acomsselhas mas sabe verdadeyramẽte que se asy | nõ for como me tu prometes eu farey de ty grã | Justiça que sempre falaram agora te guarda | de começares cousa que nom acabes Rey dysse | elaym faze de mỹ ho que quyseres senõ fores | são aquele mesmo dia que fores cristão ẽtão fez | el Rey Ribar hos templos homde hos deoses erã | homrrados e brytar hos ydolos e queymar | aquelas cousas que erã synays da ley pagam | e depoys que teve todo esto feyto pergumtou | a elaym tenho mays pera fazer sy dyse elaym comvem que seJas cristão ẽtão fez ẽcher | huũa tyna de agoa e depois que foy bemta | asy como devya de ser el Rey galymfres ẽ | trou demtro e Recebeo bautysmo por mãao | de hũu clerigo de myssa que avya nome arfa | são coyrmão de elaym homẽ bõo e samta | cousa e poserã nome a el Rey arfasão por amor | da quele homẽ bõo que ho bautyzara e quamdo | el Rey sayo dagoa elaym lhe trouxe ho | samto vaso e descobryo e tamto que ho el Rey | vyo aveyo lhe logo tã fermosa avemtura | que polla vomtade de nosso senhor foy são e lỹpo | de sua ẽfermydade tã bem e tã lympamẽte ‖ **[301r]** que parecya que numca fora gafo e quãdo elle | vio que tamto bem lhe avyera qual ele nũca | cuyd[ou] que podia ser dyse que verdadeyramete | aquele vaso era muy samto e muy bemto e | que esto era de vertude de noss[o] senhor e por este | mylagre foy tã bõo e tam cremte que fez | matar todos hos da ssua terra que nõ quy | serã ser cristãos e por este mylagre foy ãtes | de hũa somana toda a terra tornada a deos | quãdo ho Reyno foy asy comvertydo el Rey | arfasão dyse a elaym amygo eu vos Rogo | por deos que por mỹ façades hũa cousa do que vos | quero Rogar senhor dyse elaym dyzedema e eu vos prometo que ha faça se a eu poder fazer | elaym amygo esto he ho que eu quero Rogar uos | que este samto vaso de que vos somdes ẽtregado | que de todo ẽ todo fique ẽ esta terra e sabede | que se vos praz de fficar aquy

que eu farey | por amor dele hũu castelo forte e bom asẽta | do ẽ
ho majs Rico de toda esta terra e aỹda | farey mays por amor de
vos que se vos tornaria | ẽ gramde homrra eu darey a Josues vosso
Ir | mão mynha filha por molher e ẽtrega lo hey | de toda mynha
terra e dela ho farey Rey cõ tal | que este vaso fique aquy e elaym
lhe Respõdeo | que bem queria que ho samto vaso aly ficasse |
e que logo ho pesera * ẽ seu coração e que ẽ ssua || **[301v]** morte
ho ẽtregasse a Josues seu Irmão ẽ | tão fez el Rey trazer sua filha
e ẽtregoa * | a Josues cõ toda ssua terra depoys que esto | ouue
feyto fez sobre hũa agua gramde e | forte e RyJa hũu castelo Rico
e forte e | bem asemtado e fez demtro fazer gramdes | paços e fermosas casas e tã Rica morada | que aduro ẽ nhũa parte se poderia
achar tã | fermosa nẽ tam Rica depoys que ho castello | foy feyto
e acabado de quã Rica obra avya | myster acharão ẽ duas partes
letras ver | melhas novamẽte postas que dezião este | castelo deve
de ser chamado orberique e as | letras erã espritas ẽ caldeo e orberique tã | to quer dizer na quela lymguagẽ como lugar | do muy
sãto Vaso quãdo eles vyram ho | nome esprito dysẽrã que a nosso
senhor aprazia | que nom ouuesse outro nome e desẽtão ho cha | marão orberique e fizerã no pavoar de gẽte | e depoys que foy pavoado fizerã meter no alto | ho sãto vaso ẽ hua camara a cabo do mayor
paco * | CAP[ITULO] Cẽto xbj DE COMO ELL RREY. | arfasaõ Jouue no paço omde ouuyo | cãtar os amJos e da sua morte e
de | elaym ho Rico pescador || **[302r]** No dia de domymgo depois
que ho samto vaso foy | metydo na camara mãdou el Rey arfasão que as vodas del Rey Josues e da ssua filha fosẽ feytas | e emtregou ho de toda a ssua terra a fora de huũa | cydade asy foy
aquele dia Josues Rey e casado | no castelo de orberique e nosso
senhor por a sua gra | ça fez asy que todos forão avomdados da
graça | do samto vaso asy que nom ouue ahy tal que nõ | ouuesse
amte sy todos hos mãJares que soubesẽ | devysar e a noute Josues
Jouue cõ sua molher | ẽ sua camara e fez nela amunadob que foy
Rey | da terra apos Josues aquela noute fez el Rey ar | fa são
seu leyto no meyo do paço mayor muy Ry | co e muy fermoso e
deytou se hy adormyr e quã | do foy meya noute acordou vyo
diamte sy ho sãto | vasso que estava sobre huũa mesa de prata e
esta | va diamte dele hũu homẽ que nom conhecya que pa | recya
clerigo de myssa e camtava ssua myssa e | por aRedor ouuyo
muytas vozes que lhe parecyam | mays de myl homẽs e todas

aquelas vozes da | vã graças a nosso senhor mas sem falta ele
via | hos corpos domde as vozes sayão pero ouuyo | deRedor de
sy hũu Rogido dasas e ho ferir de | las e era tã gramde ho Rogido
como se todas | as aves do mũdo hy fosem depoys que aqueles cã
| tos forão acabados e ho samto vaso levado a | camara domde
sayra veyo hũu homẽ como cha | ma de fogo a el Rey arfasão
aly homde Jazia || **[302v]** e dyselhe Rey neste paço nõ deves tu
nẽ outrẽ | Jazer que a duro poderia ser nymguẽ que tamto vale |
sse por bomdade de vyda que se deytase ẽ lugar | homde fose ho
samto vaso tã homrrado como | tu vyste e tu fizeste gramde atre-
vymẽto e por | tamto nosso senhor quer tomar de ty vymgãça ẽ |
tão leyxou correr hũa lamça que tynha na mão | e ferio por ambas
as coxas asy que passou da outra | parte e depoys dyse agora se
guardem hos ou | tros de Jazerẽ no paço avemturoso que ben *
say | bam todos os que hy Jouuesẽ que nhũ nom escapa | ra que
nom seJa morto ou se parta [e]mde mal se | sobeJo nõ for bõo
cavaleiro ẽtão tyrou ha | lamça e foy se e el Rey ficou esmorecydo
da | grão coyta que semtyo e Jouue toda a noute tã | coytado que
bem cuydava aly morrer ãtes que ho | dia vyesse por amanhã quã-
do vyerã seus homẽs | e ho acharão chagado nõ forão pouco
espãta | dos e pergũtarã lhe como lhe acõteçera ay por deos | dysse
ele nõ me detenhays lomgamẽte ẽ pala | vras mas RyJamẽte me
tyrade deste paço que ho | lugar he tã samto e tã bemto por que
ho samto | vaso he hy que sem falta nhũ cavaleyro no deve | hy
Jazer ao menos de noute e sabede que ho | paço tem ho mays
alto e verdadeyro nome que nũca vyo elles lhe pergumtarão que
nome ele || **[303r]** dyse que se chamava ho paço avemturoso e
cõ direito | por as maravylhas e avemturas que nele avyrã |
serã mayores que ẽ lugar do mũdo asy ẽ sy | nou el Rey ho nome
do paço aos que ho nõ sabyão | e daly por diamte foy sempre
asy chamado | e por aquela avemtura que aly acomteçeo ael Rey |
arfasão vyerã aly depoys muitos cavaleiros prova | rẽ pera Jazerẽ
hy de noute mas sem duvyda nõ | ficou nhũ que por a manhã ho
nõ achasem morto | ata que dom galuão ho sobrynho del Rey artur
| hy veyo e aquele nom morreo e pero tãto ouue | hy de mal que
nom ho quysera por ho Reyno de | lomdres el Rey arfasão vyveo
depoys dez annos | que nũca depoys pode sarar ãtes foy sempre
| tolheyto e ele e elaym morrerão ambos ẽ | hũu dia e forão sote-
rrados ẽ orberique ẽ hũa | ygreJa de samta maria ambos apar asy

ficou ho | samto vaso no castelo de orberique el Rey Josues | teve
ha terra muy vyvamẽte e depos ele Rey | nou seu filho amynadab
que foy casado com ha | filha de luces Rey da grão bretenha * e
de a | mynadab e daquela domzela sayo carto lujs | ho bõo
cavaleyro ardydo e amygo de deos e ha | mado no mumdo e
daquele quarto lujs | sayo el Rey manuel e daquele Rey manuel |
sayo lambor todos foram Reys e chama | dos Ricos pescadores ysto
foy por homrra de || **[303v]** de * elaym que trouxe hy ho samto
vaso que era | chamado Rico pescador aquele lambor foy ca |
valeyro muy bõo e tamto amou deos que em | toda agrã bretenha
asy ẽ ord[ey]s * como ẽ | outro lugar nõ avya mylhor homẽ que
ele e | tynha hũu vezynho que comarcava cõ ele que a | vya Nome
el Rey vrlam Rico homẽ e pode | roso e fora pagano mas era Ja
cristão no | vamẽte e guerreavam se ambos de todo seu | poder
hũu dia acomteceo que elRey lambor | e vrlam se aJumtarão e
ouuerão sua bata | lha gramde e forte sobre ha Ribeyra do | mar
mas vrlam foy vemcydo e seus homẽs | mortos e ele fogio so e
quamdo chegou ha | Rybeyra do mar achou hũa naao e era
tã | fermosa e tam Rica que numca a elle tal | vyra e se me alguem
pergumtar que naao | era aquela eu lhe dyrey que era aquela
que | nascyão vyo na ymsola tornamte | tamto que vrlam vyo ha
[na]ao ha | colheo se a ella e quamdo vyo ha es | pada tyrou ha da
baynha e tor | noh[o]u * por domde vyera e topou com || **[304r]** E
el * Rei lambor e quamdo [o] vio ferio sobre o elmo e a | espada
era tal e tão talhadora que [os] femdeo a Elle | e ao Caualo ata
teRa tal foi o primeiro golpe | que Com aquela Espada foy dado
n[a] gram bretanha | e veio depois gram persecução A ambos hos
Reinos | que do Reino e os da terra fogião ao Reino | de gualaz por
Vimgamça del Rei lambor que deos A | mava tamto que gram
tempo perderão os laura | dores nas teRas seus trabalhos que nõ
Crecia | 'hi triguo nem al nem as arvores dauão fruto nem | nas
aguoas achauão peixes se pouquos não e | por esto foi depois a teRa
damtrambos os Reinos | chamada a teRa Erma que por Aquele
doloroso | golpe foy despouoada | Capit[ul]o Cẽto xvii da geração *
domde | saio galaz da parte de sua madre | Quamdo El Rey Vrlão
vio que A espada talha | va tão bem Cuidou de tornar por a bainha
| e tornou por ela e meteo a espada na bainha || **[304v]** E tamto
que ha sy meteo Caio loguo morto Amte | o leito E diserom os que
depois o souberao * quue | f[o]ra morto por o pecado da espada

por que a tirara | e tamto Jouue Ally el Rey ata que hũa domze | lla o tyrou que nõ avia hi omem tão ousado que | demtro ousase emtrar por as letras do bordo que | o defemdião tão Rigamemte Como A estorea o tem comtado por esta avemtura que vos Eu | dise forão os Reinos ambos Ermos que Jazião | a par depo[z] el Rey lambor Reinou depos ele seu | filho que foi tolheito de ambas as Coxas de | hũa lamçada que lhe deu O Caualeiro das duas es | padas com a lamça vimgador por omde as avemtu | ras vierão Em lomdres asy Como depois Esta | estorea vos Comtara e por aquele tolhimemto | foy depois chamado tolheito e chamarõ no tolheito | por que depois numqua pode sairar da quella cha | ga Ata que o muy bom Caualeiro galaz o filho | de lamçarote o veio ver mas Emtão sem falta | gareçeo E depois dele saio huũ Rey que avia nome | pelles muy fermoso e muy bom Caualeiro darmas | E ardido E aquele ouue hũa filha que pasou de | bomdade todas as donas que forão na gram | bretanha a fora somemte A Rainha ginebra || **[305r]** molher de el Rey artur E ouue nome amida e naquela | domzella fez lamça[ro]te galaz Aquele bem avem | turado caualeiro que deu Çima as avemturas da | gram bretanha e por que Aquelle guallaz foi feito | em pecado nom oulhou deos Aquilo Amtes oulhou | os altos Ramos dos bõs omẽs domde ele deçeo | e a boã vida que fez E o bom Coração que ty | nha pera fazer bem e por yso lhe deu deos tã | ta de graça que deu fim as avemturas omde | os outros muy bõs Caualeiros faleção E que nom | po dião dar cabo E aguora se calla A estorea de | falar na llinagem de elaim que bem dise o quue | avia de dizer e torna a falar de nasção | e çelidones | Capit[ul]o Cẽto xviiiº de como nasção e fragam | tina sua molher E a Rainha sagraçimta | faleçerão e o que çelidones fez depois de suas | mortes E como moReo | Aguora diz A estorea que quamdo Josefos foy | morto nasção e çelidones seu filho o forão || **[305v]** Ver Estiuerão a seu pasamemto quamdo Josefos foi | soteRado nasção ficou Com el Rey mor daim por | lhe fazer companhia Depois a Comteçeo que ele e | sua mo lher E a mo lher del Rey mordaim pa sa ra õ | todos tres Em hũu dia deste mumdo ambas as do | nas forão so teRadas na Abadia domde elRey | estava mas nasção nõ quis hy ser so teRado ãtes | sefez emteRar muy llomge dally Em outra A | badia e elRey fez com ele lleuar O escudo e po | serom no sobre ele omde depois muitos bos * caualeiros | vierão ally perao leuarem

mas numca homem o deitou | a seu collo que se nom ......ase mal
que hũs moRião | l[o]guo no llugar tamto que o deitauão e outros
quã | do ho levauão nõ hião muy lomge que nom fosem | tolheitos
ou por Avemtura ou por Outros Caua | lleiros asy tornava todavia
o escudo abadia ata | que veio galaz. o bom Caualeiro que o lam-
çou A | seu Collo Em paaz E [D]iz aystorea que quamdo | çelido-
nes se partio De seu padre E se foi ele e seu | filho a teRa que
elRey mordaim lhe dera.fez. seu | filho narpos Caualeiro E viueo
doze anos E teue sua | terra Em paaz E nom ouue vezinho
que ho ousase | gerrear Eele amava deos e o douydaua mais | que
vezinho que tyvese deRedor desy E era tam || **[306r]** gram esmo-
llador e tão debõamemte dava por deos que por | amor dele
daria todo ho mumdo se seu fose e Elle | sabia das estrellas e
destronomya tamto que Era | maravilha E por isto podia Conheçer
parte da as* | Cousas que avião de vir Omde lhe a Comteceo
hũa | A vemtura muy mar auy lho sa que hũu dia oulhã | do a *
estrellas vio que na gram bretanha avia devir | hua gramde fome
tão gramde que muytas Jemtes | moRerião e no outro dia chamou
seu mordomo e diselhe | tomade todos meus tysouros Omde quer
que os A | cha[r]des E comprade todos Em pãao senhor dise o
mordo | mo vos temdes mais pãao A metade do que aveys | mister
pera este año no * he yso nada dise elRey fa | zede o que vos
Diguo que a mim apraz Elle o fez | asy e fez Comprar quamto
pão achou llomge | e perto e felo bem guardar disto que Ell
Rey mã | dou fazer se Rirão muito os da sua Companha | E
dezião amtresy Este Rey Cuida mo Rer de fome | mas depois se
tyuerão por sam deus E a ele por se | sudo que amtes queho
ano pasase foy por toda | a gram bretanha hũa tão gram fome que
apenas | hos oões nõ se Comião hũs os outros e foy a fome asy
depãao Como detodas as outras | cousas com que oshoões podião
guareçer e foy || **[306v]** hũa Cousa gramde E esquyva Ena quele
tempo | avia Em samsonha hũa tal fome e tal falleçy | memto
de todos hos beẽs do mumdo que bem morreo | A metade dos
abitadores da teRa E huũ homem | lhes dise se vos outros quiser-
des yr a um Reino | da gram bretanha de que he Rey Çelidones
achareis | avomdamemto depão E de todo bem e eles se a | com-
selharão tamto que a Cordarão E diserão | que mamdarião Aquele
Reino E por força de | homẽs E de armas destoiriã a teRa e trarião
| a sua ho pão E quamto bem hy achasem emtão | se meterão muy

bem aparelhados no mar e A | quela mesma noite olhava çelidones nas estrelas | e vio que vinhão sobre el[e]s E mamdou por to | dos seus caualeiros e toda sua gemte que | a terçeiro dia fo sem com ele Em huũ Castelo | omde soube que eles aportarião E eles forão | marauilhados que Coita avia EllRey E apre | saromse tamto que A quele dia que lhes elRey | pos forão no Castelo E acharão Ja hy elrrey | quamdo forão todos ajumtados dise lhes | elRey Amigos Eu mamdey por vos a tão | gram presa por que os de samsonha aportarão || [307r] aquy esta noite ao primeiro so[u]o * Com gram poder que | se sairem Em teRa Em pouco tempo sera nosa teRa | estragada E perdida que bem ão eles quatro homes | pera cada huũ denos Aguora Oulhade que pode | remos fazer que Estamos Em ora deperdermos | quamto temos quamdo narpos que aymda nada sabia | desto Ouuyo asy falar a seu padre dise sobre esto | averemos lloguo Comselho Aquy diamte o porto * | a hũa gramde momtanha E espesa daruores Omde | Emtraremos todos armados tamto que a noite | vier E esperaremos tamto Ata que todos saião | fora das naos E como as nãos forem alomgadas | Ja tamto do porto nos sairemos por duas partes | os huũs per amtre ho mar E eles pera que se nom | posão tornar as naõs E os outros sairão da parte * | da momtanha E os que ficarem a quy no castelo | sobre virão Emtão Os veredes taõ Espamtados | e taõ perdidos que somemte senom defemderão | e asy os poderemos ligeiramemte desbaratar A | Este Comselho se tyuerão todos E quamdo foy | uoite * armaromse muy bem E forãose esc[o]mder | O maisperto da Ribeira que poderão E deixarão | no Castelo hũa peça de Caualeiros E dehomeis | de pee E hũu pouco de amtes * pois do primeyro | sono aportarão Os de samsona so O castelo e || [307v] diserão a seus seruos que lhes tirasem suas | ar mas E seus Cauallos E quamdo Os ser | vidores se tornarão as nãos pera fazerem | O mamdado deseus senhores Os que na momtanha | Jazião que nõ aguardauão Outra Cousa virão | O tempo guisado E deixaromse a eles CoRer bra | damdo de todas as partes E feryrão nos das | llamças E das Espadas tão mortal memte que | muytos mortos e feridos deRibarão por teRa | E quamdo se qui serão tornar As naos nõ poderõ | que acharão Os outros diamte amtresy e o mar | que lhes derão gramdes golpes dellamças E de | Espadas que muytos matarõ quamdo os outros | ysto virão forão Comtra ho Castelo por Em | trarem demtro que Cuidauão que todos Erão

| fora E quamdo forão perto da porta toparom | com os outros que de demtro saião muy bem | armados E alua fazia clara per que se Co | nheçião Emtão forão os desamsonha mortos | que nom ficou nhuũ dos que A teRa sayrão | asy foy a teRa guardada E çelidones faleçeo | e foy so teRado Em Camalot narpos teue | a teRa depois de seu padre E foy Coroado | E ouue hũu filho que Ouue nome nasçião || [308r] Como seu bi sauo Em a quelle nasçião que ficou de | pos seu padre se alluergou noso senhor tão maravilho | samemte que Em seu tempo nõ soube ho mem em A | quela teRa nem no mumdo hom em de mais samta | vida da quele uascião * deçemdeo Outro Rey que ouue | nome Elaim o groso E se seu padre foi muito Amigo | de deos aymda Elle foy mais que amtes queria | ser ta lhado por peças que fazer nada Comtra | seu saluador Outro Rey que daquele saio ouue nome | ysais e foy muy bom omem E douydou seu saluador | sobre todas as Cousas do mumdo A quele numca Asa | nhou seu Senhor Çelestial O quimto Rey que daquele | ysais saio Ouu[e] nome Joanas bom Caualeiro E ar | dido mais que nhũu outro homem que no mumdo fose | aquele exaltou a samta ygreja E acreçemtou atodo | seu poder aquele se partio Da gramde bretanha | e deu ahũu seuyrmão sua teRa E veose aguaulla | e tomou a filha de EllRey maurouer por molher | por Omde Ouue ateRa degaulla aquele viueo llo | mgamemte Eouue hũu filho que ouue nome lam çarote | que se partyo degaula E tornouse agram bretanha | e tomou por molher A filha de EllRey deyrlamda | e ouue A teRa que foy de seu padre Aquele Rey lam | çaro te teue dous filhos E ambos forão Reis o primeiro | ouue nome bam E o outro borzelaõ foy Rey debenais | E teue dous filhos ho hũu de molher lidima e o outro || [308v] Demamçeba O da lidima ouue nome llamçarote e o | outro estor e b[a]m que foy Rey degaunes ouue | Outros dous filhos hũu ouue nome Lionel E | ho outro eboor mas Aquele llamçarote que ffoy | padre delRey bam lhe a Comteçeo huã marauilha | que nom he pera esqueçer mas deuea homem comtar | E dyrvos ey qual | Capit[ul]o cẽto xix. de Como Odu que mat[o]u | el Rey Lamçarote E davimgamça | que deos delle tomou E como oslioẽs | guardarão sua sepolltura ata quue | os matou llamçarote do llago . Verdade foy que EllRey llamçarote foy tão | amigo de deos E tão bom homem que Em todo | seu Reino nõ avia outro que tamto o fose | e apar dehũa Çidade domde Elle moraua estaua | hũu castelo que

se chamaua datalaia e nelle | estaua huũa doua * que Era mo
lher dehuũ seu || **[309r]** Coirmão E quella doua * Era a mais
fermosa mo | lher que avia na gram bretanha E com todo Esto
era | tão boa dona E de tão samta vida que asy como | alume da
Camdea posta sobre ho Camdieyro | nõ po de Escomder que a
homem nom Veja asy | acomteçeo da bomdade daquella dona
que senom | pode llomga memte Emcobrir que aqueles quue |
avião seu Coração Em Jhesuu cristo a nom Conheçe | sem por
esto a Conheçeo Ell Rey Lamçarote e por | esto a hia ver muy
A meudo que muỹto Amaua | por o gram bem que nella semtia
muyto amou elRey | adoua * E ella a ellRey e tamtas vezes se vião
que as gemtes profaçadoras diserão que por mall | avia tamtas
vezes EllRey E que Amau a | de Roim amor tamto fallarão nesto
que o marido | da dona que Coyrmão Era de elRey o ouuyo falar
| que lhedise huũ seu yr mão senhor mão * somdes que | so frades
que Ell Rey llamçarote vos desomRa | devo sa molher çer to se
Eu fose Em voso llu | gar Eu me vimgaria por boã fee dise O
duqu[e] | Eu me maravilho muyto por que E llRei busca minha
vergonha asy Como me dizem E se Eu | Cuidase que Era verdade
nom ha Cousa por que | me lleixase devimgar pois aguora V os
podedes | Vimgar dise Oyrmão que Eu vos diguo verdadeira ||
[309v] memte que asy he Eu vos diguo dise Oduque | que Eu me
vimgarey O mais asynha que poder | asy ficou o preito E [y]sto
Era Em coresma | E era Ja perto da pascoa E elRey hia ver | cada
dia a do[n]a E quamdo a no hia ver hia | Ellaver a elle asy avião
Amtresy sabor | no seruiço dejhesuũ cristo E na quele dia que A |
Cruz e orada a Comteçeo que EllRey em | trou na momtanha pery
gosa des calço Com | dous Compa nheiros e hia ahũa Ermida |
por Ouuir os o fiçios dejhesuu cristo quamdo | E elRey foy a ermi-
da Oduque ho seguio todo | armado com dous Caualeiros como
homem que | dezejaua de sevimgar E quamdo a Comteçeo que
Ell Rey Esteue Com ho yrmitão E ouuyo as | oras do dia saio fora
e ouue sabor debeber e foyse | a huã fomte e o duque Veio por
detras Comtra | suas Espaduas a Espada tyrada e feryo | el Rey
tão Rigo que lhe fez cair acabeça na | fomte E quamdo vio a
Cabeça na augoa pare | çeo lhe que nom Era aymda Vimgado
selhe nom | fizese da Cabeça E do Corpo tamtos pedaços | que os
que ho visem O nõ po desem Conheçer emtão | meteo as maos
na fomte por tyrar a cabeça || **[310r]** dela E acomteçeo tal milagre

Emtão que a a goa come | çou de feruer agramdes Omdas E
tornou tão quête | que Amte que ho duque tirase as mãos as ouue
to | das queima das E quamdo vio Aquela marauilha | conheçeo
que fizera mal E soube que no so senhor | se lhe asanhara por
o bom homem que matara E | dise aos que hi Estauão so teRade
Este Corpo | que se sabem que O Eu matei nõ a Cousa que me |
po sa Escapar demorte quamdo eles isto ouuirão | so teRarõno
diamte da Ermida E forão se aseu | castelo E quamdo forão perto
virão vir hũ menyno | fogimdo E dise ao duque senhor no vas vos
trago | maravilhosas que tão gramdes Escuridades vy | erõ sobre
Voso castelo que nhuũ nõ pode hy ver | nada Eesto era aora
demeio dia quamdo ho | duque ysto Ouuyo dise verdadeira
memte mão * feito | fiz senhor diserõ os seus Caualeiros vamos
aoutro | llugar çerto dise o duque Eu yrey lla por saber | se
heverdade Esto que dizem Emtão se foy aseu | castelo e quamdo
quis Emtrar vio ha Escurida[de] | que demtro era E tamto que
foy so aporta Caio | sobre ele gramde parte do castelo e sobre
Os outros | que forão Com ele a morte deel Rey Lamçarote asy |
Vimgou noso senhor A ElRe y llamçarote do duque || **[310v]** que
ho matou por sua traição E ferueo a quella fom | te em que foi
morto gram tempo E durou sua | quemtura Ata que O filho
delamçarote do lago | hy veio E aymda hi a Comteçeo Outra
marauilha | que nõ foy menos fermosa que depois | que o so
teRarão Em huũ mu memto Cada dia A | quela ora Em que
foi morto saio do mumemto | gotas desamgue que avião tão gram
vertude que | ja Caualeiro nõ seria tão mortal memte ferido |
que se Ouuese lugar de aly cheguar e se vmtar | do samge que
do mumemto saia suas chagas que | logo nom fose são e esta
marauy lha foi dita | por toda ateRa Eos caualeiros tão Asinha
co | mo Erão feridos vinhão hy E sarauão loguo e | hũu dia a
Comteçeo quepasaua hũu lião por diamte | ho mumento depos
hũu ser uo E matouo naquelle | lugar E ele queremdo Comer veio
hy outro lliaõ | famimto evio que o outro queria Comer do Çeruo
| e quis lho tolher por agram fome que Avia mas | o outro Lião
que O matara nom lho quis leixar | E asy se Começou gram
peleja Amtre eles edurou | muyto E tamto se ferirão Com os
demtes e com | as vnhas que nom avia hital que nõ tyuesem |
mais de dez chagas e tamto pellejarão quue || **[311r]** Camsarão
E chegouse hũu d[o] slioẽs a[o] mumemto eA | quela ora sairão

as gotas do samge asy como soiam | sair ao meio dia e tamto que se hi chegou Começou | alamber ho samge e pollo por suas chagas etam | to que o pos foi são E quamdo o outro lião lhe | Vio isto fazer foi lla e fez outro tamto e foy | loguo são Emtão fizerão os lioes * Amtresy tal | paãz * que numca Ouue Amtre Eles geRa nem peleJa | e lamçouse hũu Acabiçeira E outro aospẽes * e guar | dauão asy Omumemto Como se Ouuesem pauor | que algem lho quisese leuar e muitas vezes A | comteçeo que Os Caualeiros que por sarar hy | vinhaõ nom se Ousauão chegar ao mumemto com | medo doslioes * que ho guardauão Ese algũu se | queria hy chegar por força matauam no logo | e sempre Jamais ho mumemto Era guardado de | hũu deles ese algũu deles hia buscar decomer | Ooutro ficaua hi Eisto foy por millagre denoso | senhor que a mostrou por el Rey Lamçarote edurou | esta maravilha dos lioes * Ata que llamçarote | do lago hy veio que os matou Ambos asy Co | mo a estorea Em outro llugar Comtara e agora | se cala a estorea de todas estas linãges que de | çelidones sairão e torna Aos Outros Ramos || [311v] que chama estorea demerlim que Comvem por toda | ma neyra Jumtar Com a estorea do greal por | que he dos Ramos e lhe pertemç[e] E saibaõ | todos A queles que esta Estorea Ouuyrem que | esta Estorea Era jumtada Com A demerlim na | qual he Comemça me mto da mesa Redomda E | A naçem ça de ar tur E com em ça m em to das | avemturas mas por noso liuro uom * ser muy grã | de Repartimo lo Cada hũu Em sua parte por | que cada hũu por sy serão milhores de trazer | A quy se A caba este liuro O nome de deos | sejalouuado pera sempre Ja mais Edeixe deos bem | b em * viuer e bem o brar A quele que o mamdou | fazer | Este liuro [m]amdou fazer João samches mestre | esco lla dastorga no quimto ano que o est[u]do de | coimbra foy feito e no tempo do papa clememte | que destroio aordem del temple e fez O comçilio | geral Em viana e posho emtredito Em castela | e neste ano se finou a Rainha doua * Costamça | em são fagumdo Ecasou o y m famte dom felipe | com a filha de dom afomso ano de 13lij Anos

XVI. PALEOGRAPHICAL NOTES

PALEOGRAPHICAL NOTES

f. 1r	naçois	read *naçõis*
f. 1v	em	superposed cross; in margin a cross & the words: *Hé hu = / ma Fre- / guezia*
	cargos	superposed *e* between *r* & *g* deleted
	inēteligiueis	*ē* superposed in lighter ink & in different hand
	eliga	*a* superposed
f. 2r	[o]bra	this word is deleted
f. 2v	beis	read *beĩs*
	huã	superposed
	huã	formed by deletion of *d* and *s* of original word *duas*, superimposition of *h* upon *d* and addition of til
f. 3r	aaguaa	last *a* deleted
f. 4r	amanha	read *amanhã*
f. 4v	2 isnos	read *eisnos*
f. 5r	oulheo	i.e., *oulheio*
f. 5v	que	deleted
f. 6r	[margaua]	MS.: *mar gaua*. read *margaua*, i.e., *amargava*, *tornava amarga*
	c[ĩ]to	with doubtful til
f. 6v	d	deleted
f. 8r	adverssidade	first *d* superposed over first *a*
	lhe	i.e., *lhes*
f. 8v	pedilhe	i.e., *pediolhe*
f. 9r	jnteiro	*j* superimposed upon an *e*
	carece	i.e., *cacere*
f. 10r	estarja	*j* superimposed upon an *i*
	o	superposed between *por* & *amor*
f. 11r	ouuesses	i.e., *ouuesseis*
	pregois	read *pregõis*
f. 11v	enprhensa	*r* superposed
	l[i]ao	an *e* was partially erased to form *i*
f. 12r	aJndea	read *aJudea*
f. 14v	seu	i.e., *sei*
	veJo	*J* superimposed upon *y*
f. 15r	havia hũu anno	*via hũu* superposed between *ha* & *anno*
f. 16r	tralaedes	*l* superimposed upon *e*
	to que	i.e., *toque*
f. 17r	partiose	*ar* superposed
	Çidadoes	read *Çidadões*
	tinhano	i.e., *tinham-no*
	aviahũ	read *aviahũs*

f. 17r	eue [llac]	*llac* superimposed upon erasure
f. 17v	bes	read *bēs*
f. 18r	Joseph	final *h* deleted
	balac	final *r* corrected to *c*
	[j]migos	initial *a* corrected to *j*
f. 18v	joseph	final *h* deleted
	joseph	final *h* deleted
f. 19r	joseph	final *h* deleted
	joseph	final *h* deleted
f. 20r	c° xl^a iiij°	entered in lighter ink
	sou be	erasure after *be*
f. 20v	emtrar	superposed in lighter ink
f. 21r	Joseph	final *h* deleted
f. 21v	mom	i.e., *nom*
	em / Carnacão	read *em / Carnação*
	joseph	final *h* deleted
f. 22r	sem homem	enclosed within diagonal lines; delete
	Joseph	final *h* deleted
f. 22v	coraçoes	read *corações*
f. 23r	tao	read *tão*
f. 23v	merçe	read *merçe*
	Capitulo xxxb	in the enumeration of the chapters the scribe leaps from XXXIIJ to xxxb
f. 24v	hu	read *hũ*
f. 25v	chamous	read *chamouse*
	ladroes	read *ladrões*
f. 26r	deixaremos	*re* superposed
f. 26v	egipto	*to* superposed
	homes	read *homēs*
f. 27v	outro*s*	the abbreviation 9 = *os* is superposed
f. 28r-28v	tão // tão	scribal repetition
f. 29r	Acupado	read *ocupado*
f. 29v	saise	read *saiose*
f. 30r	lioes	read *liões*
	ouuyste	erasure between *ouuyste* & *asy*
f. 30v	d[ē]s	original *dš* corrected by changing *s* to *e* and adding another *s;* read *des*
	oraçoes	read *orações*
	oraçoes	read *orações*
f. 32r	era[ã]	final *o* of or original *eraõ* is changed to *a* but til remains; read *era a*
	padre	i.e., *padre diz*
f. 32v	se / era	defective sense; scribal omission?
	coraçoes	read *corações*
	ho	superposed
f. 33r	mao	read *mão*
	[ar]ca	*ar* corrects original *çl;* cedilla remains
	maos	read *mãos*
f. 33v	mao	read *mão*
	maos	read *mãos*
f. 34r	de // deRedor	scribal repetition of *de*
	tinhas	read *tinhão*
	maos	read *mãos*
	demostraçoes	read *demostrações*
f. 34v	v[e]r	read *vee* or *vio*
	capatos	read *çapatos*
	maaos	read *maãos*
	ma[o]s	read *mãos*
	mao	read *mão*

f. 35r	tinhão	read *tinha*
f. 35v	amgos	formed by deletion of *i* of *amigos*
	senao	read *senão*
	quela	deletion of letter between *que* & *la*
	A / mgo	formed by altering *mi* of *amigo* to form *m*
	este ho sinal	read *este he ho sinal*
f. 36r	amgos	letters *i* and *u* of *amiguo* deleted
f. 37r	amgos	formed by deletion of *iguos* of *amiguos*, adding *g* with *os* superposed
f. 37v	trazer	deleted
	mostrao	read *mostrão*
f. 38r	todas has beis	*beis* formed by changing *l* of *leis* to *b;* scribe allows *todas has* to stand unchanged; read *beĩs*
	vergimdade nõ	*ca* deleted between these two words
	mereço	with superfluous superior sign
	nõ	superposed between *o* & *deue*
f. 39r	trebullaçoes	read *trebullações*
f. 39v	curuudo	in lighter ink & different hand; read *cornudo?*
	e por erost°	in lighter ink & in different hand; read *e por esto?* It may be interesting to test the work of the translator at this point against the same passage in Sommers, *op. cit.*, I, p. 39: Apres tu dois sauoir que cis capias cornus senefie confession (*Now you are to know that the horned hat signifies confession;* Ora deues saber que sene fica ho capelo curuudo com fisaõ) & por ce est il blans (*and for that reason it is white;* e por erost° e bramco)
	com fisao	read *com fisão*
f. 40r	doÇidoes	read *doÇidões;* initial *do* superposed
f. 40v	ergoa	read *ergeoa*
	maos	read *mãos*
f. 41r	joseph	final *h* deleted
f. 41v	vos	formed from *boos* by deletion of *b* and changing of first *o* to *v*
	vemçeredes	formed from *vemçe dares* by deletion of *dares* and superposing *redes*
	ãte	superposed between *graça* & *asgemtes*
f. 42r	Cristaos	read *Cristãos*
f. 43v	tes	read *tẽs*
	bem	i.e., *vem*
f. 44r	[vll]ava	a letter *b* deleted before *v; v* is superimposed upon *e, ll* upon illegible letter (*R*?): was the original word *beRava*?
f. 44v	mao	read *mão*
	jofes	read *josefes*
	[e]lle	MS: *vlle*
f. 45r	coraçoes	read *corações*
	ymaje	read *ymajẽ*
	jgagẽ	read *ymagẽ*
	mais	read *maris*
f. 45v	ymages	read *ymagẽs*
f. 47r	Ao	*o* superposed
f. 47v	tes	read *tẽs*
	ymages	read *ymagẽs*
f. 50r	as	deleted
f. 50v	homes	read *homẽs*

f. 50v	maravilho	read *maravilhou*
f. 51r	mĕrçe	read *merçe*
	mĕrçe	read *merçe*
	saise	read *saiose*
f. 51v	ardimememte	read *ardidamemte*
	avamtajado*s*	formed from *avamtajada* m^{te} by deletion of m^{te} and alteration of final *a* to $9 = os$
f. 52r	huũ	i.e., *huũ paso;* cf. 53r
	hua	read *hũa*
	homes	read *homẽs*
f. 52v	que dos	i.e., *quedos*
f. 53r	part[i]o	formed by deletion of *yr* of *partyra*, and alteration of final *a* to *o*
	homes	read *homẽs*
f. 53v	tao	read *tão*
f. 54r	bos	read *bõs*
	escutar	read *escutae*
	maos	read *mãos*
f. 54v	maos	read *mãos*
	oraçoes	read *orações*
f. 55r		The lower half of 55r and all of 55v are blank. At the bottom of 55r appear the words *bramca por erro*
f. 58v	mäter	*mauter?;* cf. *mauter* 58v
	x̄x̄	i.e., 20,000
	o femdeo	in lighter ink & in different hand
f. 59r	outros	final *o* is superposed
f. 59v	ydenotadamẽte	is the initial *y* a scribal repetition of the *y* of the preceding *asy?*
	bardã	in lighter ink & in different hand
f. 62r	gramde	superposed over *vooz*
f. 62v	d[e] tollomer	superimposed upon *do q̃ agemte*
	nabor	King Evalac's seneschal; cf. note to 63v
	sarafes	read *a sarafes*
f. 63v	que	superposed
	nabor	King Tholomer's seneschal; cf. note to 62v
f. 64r	muytos	*tos* superposed
f. 65v	ada	i.e., *a dá*
	coracão	read *coração*
	cristo	MS.: x^o
f. 66r	mynha	*y* superimposed upon *a*
f. 67r	dise	superposed
f. 67v	que Jamda	i.e., *quejanda*
f. 68v	nos	i.e., *vos*
f. 74v	lamca	read *lamça*
	amanha	read *amanhã*
f. 75r	lamcaria	read *lamçaria*
	se	superposed
f. 77r	vy[r]rã	*r* superimposed upon *e*
	se vera	read *se vira*
f. 77v	ma[s] ẽtemdy	*s* superimposed upon *y*; *ẽ* superimposed upon *s*
	do	followed by blank for *sõr = senhor?*
	bõo	read *bõa*
f. 78r	fumdamẽto	add *da religião?*
f. 79r	q*ue*	blurred but legible
f. 79v	ho	deleted
	dia dia	scribal repetition
f. 80r	aqueles	read *aquelas*
	aquele	read *aquela*

f. 80r	ho prymeiro	read *ha prymeira*
f. 81r	t[e]ra	til missing
f. 82r	companh[y]a	*y* superimposed upon *a*
f. 82v	Agnho	in lighter ink & in different hand; read *Anho*
	[s]e	superposed over *h*
f. 83r	começo çento	in lighter ink & in different hand
	ẽpeçer	in lighter ink & in different hand
	levou	read *lavou*
f. 84r	comecou	read *começou*
	foy	note lack of agreement
f. 84v	Janelas	*J* superimposed upon *g*
	camara	*ra* deleted; read *cama*
f. 86v	brauura o	in lighter ink & in different hand
	sotauã	read *soltauã*
f. 87r	e do q̃ / nela a Comteceo a pompeio	in lighter ink & in different hand
f. 89r	ladroes	read *ladrões*
	ladroes	read *ladrões*
f. 89v	ladroes	read *ladrões*
	viram	add *tomaram*
	ladroes	read *ladrões*
	ladroes	read *ladrões*
f. 90r	pycoes	read *pyções*
f. 90v	abracouho	read *abraçouho*
	desem[l]azaram- lhe	*l* superimposed upon *z*
	asy amarelo	initial *a* of *amarelo* superposed between *asy* and *marelo*
	ladroes	read *ladrões*
f. 91r	ladroes	read *ladrões*
f. 91v	ladroes	read *ladrões*
f. 92r	[Comçelhos]	MS.:Çvos; cf. *comçẽlhos* 100r
f. 93r	nenenhũa	scribal repetition; read *nenhuã*
	ficarse	*se* superposed
f. 94v	bos	read *bõs*
f. 95r	avya	formed from *avaly* by deletion of *aly*, superimposing *y* upon *a* of *aly*, and superposing *a* over the new *y*
f. 95v	como	superposed in lighter ink & in different hand
f. 96r	bycos	read *byços*
	opresoes	read *opresões*
f. 97v	orfaaos	read *orfãaos*
f. 98r	crystamdade	second *a* superimposed upon *e*
f. 99r	dyzia	*zi* superimposed upon *sy*
	bos	read *bõs*
f. 99v	homes	read *homẽs*
f. 100r	ate u	i.e., *a teu*
f. 101r	como quer como quer	scribal repetition
	sayo	*o* superposed
f. 101v	quamdo	an initial *g* deleted
f. 102v	temtaçoes	read *temtações*
	bicos	read *biços*, i.e., *viços*
	Jmda	read *aJmda*
	da	read *do*
	poderya	*er* superimposed upon *ia*
	trovois	read *trovõis*
f. 103r	trovois	read *trovõis*

f. 105r	molher	deleted
f. 105v	trebulaçoes	read *trebulações*
f. 106r	comecou	read *começou*
	trovois	read *trovõis*
f. 107v	esmoreçido	i.e., *caio esmoreçido*
f. 108r	na na	scribal repetition
	h[e]lRey	*e* superimposed upon *y*
f. 108v	maos	read *mãos*
	[s]alustes	*s* superimposed upon *l*
f. 109r	Cord*ei*ro	MS.: *Cordrro* with superfluous *r*
	[h]a quele	*h* superimposed upon *m*
f. 110r	te / te	scribal repetition
	veio	preceding *veio* deletion of *Amygo* (?)
	anase [J]am	*J* superimposed upon *r*
	[v]iueo	*v* superimposed upon *t*
f. 112r	come / cou	read *come / çou*
f. 112v	so fre	read *so bre*
f. 114v	trovois	read *trovõis*
	Crystaos	read *Crystãos*
f. 115v	molher	preceding *molher* deletion of illegible word
f. 116v	eu huũ	defective sense; scribal omission?
	mayor	*or* superposed
	coracam	read *coraçam*
f. 117r	comecouse	read *começouse*
f. 117v	hyda	initial *s* is deleted; *h* superimposed upon *a*; original word: *sayda*
	e	i.e., *é*
f. 118r	e	i.e., *é*
	se[r]ev	*r* superimposed upon *y*
f. 119r	d[e]pois	preceding this word *A nasciao* is deleted
f. 119v	lympidois	read *lympidõis*
	çeradura	medial *ra* superposed
f. 121r	oue Ja ... agoa nadou	defective sense; scribal garble?
f. 121v	desuyou	i.e., *desviou*
f. 123r	esforcado	read *esforçado*
	emcarrado	read *emçarrado*
f. 123v	degoas	read *legoas*
f. 124r	nom faziam por	i.e., *nom faziam senão por*
f. 124v	ousadas	final *s* deleted
f. 125r	comecou	read *começou*
	que	deleted
f. 126v	comecou	read *começou*
f. 127r	hũ	read *hũa*
	vyroa	read *vyroua*
f. 127v	o[r]a	*r* superimposed upon *h*
f. 128r	a	read *o*
f. 128v	coraçoes	read *corações*
f. 129r	ueria	*i* superposed
	esteria	read *estoria*
	bramca	*r* superposed
	lamcamemto	read *lamçamemto*
	comecaram	read *começaram*
	lembrar	final *r* superposed
f. 129v	boas	*a* superposed
	mesmo	read *mesma*
	pa[s]ar	*s* superimposed upon *ç*
	ffose	*s* superimposed upon *ç*
	rambos	*ambos?*

PALEOGRAPHICAL NOTES 389

f. 129v	compri[s]em	*s* superimposed upon *ç*
	2m / em	scribal repetition
f. 130r	partyose a	*y* superimposed upon *ç*; *se* superposed between *o* and *a*
	que / que	scribal repetition
	d	deleted
	pem̃sameto	*s* superimposed upon *ç*
	com / comtra	scribal repetition
	pemsamemto	*s* superimposed upon *ç*
	fermosas	*s* superimposed upon *z*
	desprezauaes	second *a* deleted
	coracão	read *coração*
	houteyro	formed from *houtro* by superimposing *ey* upon *ro* and superposing *ro* over *ey*
	cracifiçio	read *sacrificio*
	Jrmao	read *Jrmão*
	ffeyo	*o* superposed
f. 130v	coracam	read *coraçam*
	logamemte	read *lõgamemte*
	foise	*s* superimposed upon *ç*
	perseuera	*s* superimposed upon *ç*
	acordase	*s* superimposed upon *ç*
	a[s]inha	*s* superimposed upon *z*
	her geose	*o* superposed
f. 131r	coracam	read *coraçam*
	bam	read *bem*
	Jrmao	read *Jrmão*
	por leall	superposed
	sesta	initial *s* superimposed upon *ç*
	recebo	read *recebeo*
	naheram	read *nãheram*, i.e., *não eram*
	maos	read *mãos*
	auer	superposed
	nhua	read *nhũa*
	e	an initial *s* is deleted
	palaura	*u* superposed
	de[z]ias	*z* superimposed upon *s*
	comtra	*tra* superposed
f. 131v	Jrmao	read *Jrmão*
	traiçois	read *traiçõis*
	fa[li]aua	initial *a* superposed over *f*
	dise / se	first *s* superimposed upon *ç*
	Sen*h*oro	superfluous final *o*
	traicam	read *traiçam*
	nẽ	superposed over *as*
	tor	preceding these letters deletion of *tor*
	vermelha	*r* superposed
f. 132r	froreçỹa	*çy* superimposed upon erasure; a superfluous superposed vertical mark between *ç* & *y*
	foy	following *foy* deletion of *tamto* enclosed within vertical lines
	tinham	*m* appears superimposed upon *s*
	te stemunho	*o* superposed
	algua	read *algũa*
	deluuio	*o* superposed
	outro	read *outros*
	pe[y]orad[a]	*y* superimposed upon illegible letter; *r* superposed over *y*; final *a* obscure
f. 132v	como como	scribal repetition

f. 132v	podia	*r* superposed
	quada que	i.e., *quada vez que*
	tēcão	read *tēção*
	saber	*r* superposed
f. 133r	liro	read *liuro*
	chamao	read *chamão*
	do 2stala	i.e., *doestá-la*
	no	read *nõ*
	molher	*r* superposed between *h* & *e*
	camtiuidade	*m* deleted; *ui* superposed over *d*
	as sagradas es- pritura	final *s* of *sagradas* deleted; read *as sagradas esprituras*
f. 133v	uemtura	an initial *q* is deleted
	a	superposed
	seria	*i* superposed
	seria	*i* superposed
	sua	*u* superimposed upon *e*; *a* superposed
	boz	*z* superimposed upon illegible letter
	alua	superposed
	Salamao	read *Salamão*
	o	superposed
	fose	*s* superimposed upon *ç*
f. 134r	nõ	read *no*
	comselho	*s* superimposed upon *ç*
	ama / nha	read *ama / nhã*
	nhua	read *nhũa*
	car / pimteiros	superposed superfluous *r* (?) over *a*
	fizese	read *fizesē*
	uomdade	first *d* superimposed upon *t*
	algua	read *algũa*
	a	superposed
f. 134v	mãçã	read *maçã*; cf. *macam* 126r
	nhu	read *nhũ*
	mãçã	read *maçã*
	guar / dada	*r* superposed over *u*
f. 135r	conher	read *conhecer*
	[B]em	B formed from original *v*
	o	superposed
	paõs	superfluous til
	tatalhar	scribal repetition; read *talhar*
f. 135v	ela	a final *s* deleted; *a* superimposed upon *e*
	leuarā[o]	a final *o* is partially erased
	[parte e o]	superimposed upon an erasure
	si	i.e., *sim*
	salamao	read *salamão*
f. 136r	nhua	read *nhũa*
	ma	read *mar*
	ē aquela ribeira	superposed
	desta	*t* superposed over *a*
	temdilhois	read *temdilhõis*
	comesarā[o]	*sa* deleted; final *o* partially erased; read *comerão*
	aquela	superposed
	q*ue* salamão	superposed
	2	read 2̃
	deito	read *deitou*
	salamao	read *salamão*
	houlhou	final *u* superposed over preceding *o*
	dormͫydo	final *do* superposed over *y*

f. 136v	sde se	read *nem de se;* *d* superimposed upon *e*
	ouvio	*u* superposed over initial *o*
	gui / ar	*i* superposed over *u*
	2mtao	read *2mtão*
f. 137r	s[e]r	illegible letter deleted before *e*
	falsidade	*s* superimposed upon *ç*
	2	read *2̄*
	perigiço[s]o	*s* superimposed upon *z*
	naõ	superfluous til; read *nao*
	fe	followed by deletion of two illegible letters
	de	superposed
	2mtao	read *2mtão*, i.e., *emtão*
	nascião	*cião* superposed partially over deleted *cynão*
	amanha	read *amanhã*
	bem[z]euse	*z* superimposed upon *s*
f. 137v	que / que	scribal repetition
	se	i.e., *es;* cf. 144r
	lamca	read *lamça*
	nas çiao	read *nas ção*
	po / dia	read *po / diam*
	nasciaõ	*s* superposed
	tõrxera	superfluous til
	trouxe	*r* superposed between *t* & *o*
f. 138r	mas	formed from *mais* by deletion of final *s* and superimposition of *s* upon *i*
	sei bem	superposed over deleted *saybam*
	maneyra	*ra* superposed
	dise	superposed
	mortall	*r* superposed
	Apartado	*r* superposed
	morto	*r* superposed
f. 138v	demostracoĩs	read *demostraçõis*
	çerto	*r* superposed
	nas	*n* deleted
f. 140r		For the change in folio sequence, cf. fn. 31
	prim*e*iro	first *r* superposed
	sprito	*ri* superposed
	comprido	*r* superposed
	prim*e*iro	first *r* superposed
	cristao	read *cristão*
	forca	read *força*
	e	read *ĕ*
f. 140v	sobr	read *sobre*
	sobr	read *sobre*
	sobr	read *sobre*
	todaas / As	scribal repetition
	ora ... anão	scribal self-correction; he had just described the meaning of the ship not the bed
	forca	read *forçã*
	mortall	*r* superposed
f. 141r	como	superposed
	depos	formed from *depois* by deletion of *s* and superimposing *s* upon preceding *i*
	no Riquo	in lighter ink & in different hand
	morte	*r* superposed
	prisam	*ri* superposed
	mortall	*r* superposed
f. 141v	morte	*r* superposed
	carne	*r* superposed

f. 141v	morte	*r* superposed
	paõ	superfluous til; read *pao*
	semelhamca	read *semelhamça*
	a ver[d]u[r]a	*verdura* formed from *vertude* by changing *t* to *d* and superimposing *r* upon partially deleted *d* and *a* upon final *e;* read *a verdura*, i.e., *há verdura*
	aqelle	read *aquelle*
f. 142r	guarnjdo	*r* superposed
	parçia	read *pareçia*
	partise	read *partiose*
	allomgose	read *allomgouse*
	aprovejtaua	*ro* superposed
f. 142v	peqena	read *pequena*
	gramde	*r* superposed
	sabr	read *saber*
	estrouara	second *r* superposed
	naserao	read *naserão*
f. 143r	maos	read *mãos*
	sobr	read *sobre*
	qeria	read *queria*
f. 143v	metese	read *meteose*
	marynheyro	*ro* superposed
	liois	read *liõis*
f. 139r		For the change in folio sequence, cf. fn. 31
	nao	read *não*
	sobr	read *sobre*
	armase	*r* superposed; read *armasẽ*
f. 139v	comecoulhe	read *começoulhe*
	[m]es	deletion of letter before *m*
f. 144r		For the change in folio sequence, cf. fn. 31
	tes	read *tẽs*
	comecas	read *começas*
	noJo	deletion of letter before *n*
f. 144v	cada	i.e., *cada vez*
	sano se	i.e., *assanhou-se*
	guardar	first *r* superposed
	hacõ / tesecer	read *hacõ / teçer*
f. 145r	lhe	i.e., *lhes*
	fa / lleeçe	*fa / lleçer* ?
	fara	i.e., *ele fara*
f. 145v	Amanha	read *Amanhã*
	manha	read *manhã*
	numqa	i.e., *numca*
	omes	read *omẽs*
f. 146r	qe / riamos	read *que / riamos*
	QANDO	read *QUANDO*
	ergese	read *ergeose*
f. 146v	esprito	*r* superposed
f. 147r	quebram cosa	i.e., *quebram çosa*
f. 147v	pouqo	i.e., *pouco*
	tes	read *tẽs*
	allguas	read *allgũas*
	motes	read *mõtes*
	asçerpe	i.e., *a sçerpe*
	nao	read *não*
	deyto[r]	read *deytou*
f. 148r	lladrois	read *lladrõis*
	arvores	first *r* superposed

PALEOGRAPHICAL NOTES 393

f. 148r	[e]queria	read *queria*
	ladrois	read *ladrõis*
	nao	read *não*
	aos	*os* deleted
f. 148v	nao	read *não*
	faca	read *faça*
	pramto	*r* & *to* superposed
f. 149r	certo	*r* superposed
	peqena	read *pequena*
f. 149v	maraujlhas	*lhas* superposed
	numqa	i.e., *numca*
f. 150r	ho	read *hos*
	bos	read *bõs*
	llevauavão	i.e., *llevavão*
	ladroys	read *ladrõys*
f. 150v	lixosa	cf. *lixoso* 209v
	lla / drois	read *lla / drõis*
f. 151r	peqena	read *pequena*
	aruores	first *r* superposed
f. 151v	comvinhao	read *comvinhão*
	mortais	*r* superposed
	parçeo	read *pareçeo*
f. 152r	groria	*a* superposed over *r*
	nũqa	i.e., *numca*
	hus	read *hũs*
	maraujlhavaste	*va* superposed
	pompo	read *pombo* cf. 153r
f. 152v	os chaos e desertos	superposed *os* between *chaos* & *e*; read *os chãos e os desertos*
	nao	read *não*
	faraoo	read *farãoo;* cf. 153r
	limpos	*s* superposed
f. 153r	promjsão	*ro* superposed
	mortall	*r* superposed
	njgem	read *njgem*
f. 153v	nao	read *não*
	llamcados	read *llamçados*
	morte	*r* superposed
	nigẽ	read *nigẽ*
f. 154r	mao	read *mão*
	njgẽ	read *njgẽ*
	outro / go	read *outor / go*
	perto	*r* superposed
f. 154v	outros	*ro* superposed
	diserao	read *diserão*
	guarnjmẽtos	*r* superposed
f. 155r	fose	til over *e* deleted
	graca	read *graça*
	abrelhes	note tense change
	apnas	read *apenas*
	abracouho	read *abraçouho*
f. 155v	visão	*s* superimposed upon *o*
f. 156r	naqella	read *naquella*
f. 156v	temdo	read *emtemdo*
	estar	*r* superposed
	amanha	read *amanhã*
f. 157r	pareço	*r* superposed; read *pareçeo*
	queriao	read *querião*
	diserao	read *diserão*

f. 157r	hus	read *hŭs*
	morte	*r* superposed
	conheco	read *conheço*
	comprida	*r* superposed
f. 157v	pramto	*r* superposed
	cristaos	read *cristãos*
	diserao	read *diserão*
	serujco	read *serujço*
	amanha	read *amanhã*
	morto	*r* superposed
	prĕderao	read *prĕderão*
	souberao	read *souberão*
f. 162r		For the change in folio sequence, cf fn. 31
	barqua	*r* superposed
	barca	*r* superposed
	tornose	read *tornouse*
f. 162v	qãdo	i.e., *quãdo*
	amanha	read *amanhã*
	amanha	read *amanhã*
	mordaȳ	*r* superposed
	am[g]o	*g* superimposed upon *J*
	barca	*r* superposed
	quarto	*r* superposed
	naõ	superfluous til; read *nao*
	era	note lack of agreement
f. 158r		For the change in folio sequence, cf. fn. 31
	cãcaçio	read *cãçaçio*
	[J]azia	deletion of letter before *J*
	os os	scribal repetition
	erguese	read *ergueose*
	deitolhe	read *deitoulhe*
	bracos	read *braços*
	comĕcou	read *comĕçou;* cf. *comemçou* 160r
f. 159r	defemde[se]	*s* superimposed upon *r*
	morte	*r* superposed
f. 161r	bracos	read *braços*
	mar	*r* superposed
f. 161v	acomte / çerao	read *acomte / çerão*
f. 163r		For this final change in folio sequence, cf. fn. 31
	cristaos	read *cristãos*
	morto	*r* superposed
f. 163v	he // E	scribal repetition
	nao	read *não*
	isto / ysto	scribal repetition
f. 164r	mem sa geyros	*ros* superposed
	nasçiam	deletion of letter before *n*
	estore	read *estoria*
f. 164v	acharemos	i. e., *acharmos*
f. 165r	es que çeram	read *esqueçeram*
f. 165v	no[s] m[ĕ]s	read *no mes*
f. 168r	g[y]lhos	read *g[y]olhos*
f. 169r	oraçoes	read *orações*
f. 169v	syruuã	read *syruã*
	crecrerey	read *crerey*
f. 170v	horacoes	read *horações*
	fo / ra	read *fo / rã*
f. 171v	nomeado	read *nomeada*
	mĕte	*mestre?*

f. 171v	dirnos	read *diruos*
f. 172r	partise	read *partiose*
f. 172v	homde	read *ho[u]de*, i.e., *ou de?*
	abracou	read *abraçou*
f. 173v	da	read *dos*
f. 174v	mynerna	read *mynerua*
f. 175v	nõs	read *uõs*
f. 176r	erã	read *era*
f. 177r	fou	i.e., *foi*
	dia	*a* superposed
f. 179r	que / que	scribal repetition
f. 180r	que que	scribal repetition
f. 180v	se	deletion of letter before *s*
f. 181v	erã	read *era*
f. 183r	foras	read *foram*
	pe de ria	read *po de ria*
f. 184v	amavao	i.e., *amava-o*
	elle	read *ella*
	ella	read *elle*
f. 185v	destroy	read *destroyo*
	MẼSAJEIROS	R9 superposed
	e das temta[ço]is	superposed; read *temta[çõ]is*
f. 186v	aymda	read *ajuda*
f. 187r	decamos	read *deçamos*
	diserã	i.e., *descerã*
	huũ	read *hũa*
f. 189v	horaçoes	read *horações*
f. 190r	esqueçẽ	read *esqueçe*
	aJmda	i.e., *aJuda*
f. 191r	primeyra prim^ra	scribal repetition
f. 191v	de n / huã	i.e., *de nhuã*
f. 192r	dezemdolhe	read *dezemdolhes*
f. 192v	tiros	read *tiroos*
f. 193r	yremos	read *yrmos*
f. 193v	viverdos	read *viverdes*
	hauos	read *haues*, i.e., *aves*
f. 194r	deitarem	read *deitaram*
	e / e	scribal repetition
f. 195r	mesageiros	read *mẽsageiros*
f. 196v	gracas	read *graças*
	hus	read *hũs*
f. 197r	saudo os	read *saudou os*
	virao	read *virão*
f. 198r	somise	read *somiose*, i.e., *sumiu-se*
f. 198v	Reçeberao	read *Reçeberão*
f. 199r	temtaçoes	read *temtações*
	mas mas	scribal repetition
	trybulaçoes	read *trybulações*
f. 199v	nquela	i.e., *naquela*
f. 200v	prã / to	*rã* superposed
	virao	read *virão*
	diserao	read *diserão*
	metese	read *meteose*
f. 201r	partise	read *partiose*
f. 202r	faleuar	*fa* deleted
f. 202v	does	i.e., *doeis*
f. 203r	se	i.e., *sê*
f. 203v	vigamca	read *vĩgamça*
	vigamça	read *vĩgamça*

f. 203r	ca / yrao	read *ca / yrão*
f. 204r	hus	read *hũs*
f. 204v	hera	read *herā*
	am / dar	deletion of illegible letter after *m*
f. 205r	tes	read *tēs*
	tes	read *tēs*
	bracos	read *braços*
	bemzese	read *bemzeose*
f. 205v	lhes	read *lhe*
f. 206r	dezia	*a* superposed
f. 206v	ho / o	scribal repetition
f. 207r	nome meyo	scribal repetition; read *no meyo*
	limpo	illegible letter after *o*
	virao	read *virão*
f. 207v	oraçoes	read *orações*
	maos	read *mãos*
f. 208r	quõ / ãdo	read *quo / ãdo*
	lamcouse	read *lamçouse*
f. 208v	tes	read *tēs*
f. 209r	synifar	read *synificar*
f. 209v	escuta	deletion of letters after this word
	lioes	read *liões*
	esforcados	read *esforçados*
	querão	i.e., *que erão;* Sandhi
	lioes	read *liões*
	lioes	read *liões*
f. 210v	somise	read *somiose.* i.e., *sumiu-se*
	tornar	read *torna*
	nasçiao	read *nasçião*
	temtaçoes	read *temtações*
f. 211r	come / car	read *come / çar*
f. 212v	e	deletion of *so* after this letter
	oraçoes	read *orações*
	lhe	read *lhes*
	pa / saremos	read *pasarmos*
f. 213r	coraçoes	read *corações*
f. 213v	amtrada	i.e., *à emtrada*
	o	read *os*
	coraçoes	read *corações*
f. 214r	começarao	read *começarão*
	lhe	read *lhes*
	beijoou	read *beijouo*
f. 214v	pro / meterão	*ro* superposed
f. 215r	metese	i.e., *meteose*
	huus	read *hũus*
	sos	i.e., *só*
	ficarao	read *ficarão*
f. 216r	tornado	read *tornada*
	mão	*o* deleted
	coraçoes	read *corações*
f. 217r	aqueles	read *aquele*
	virao	read *virão*
f. 217v	seus	read *seu*
f. 218r	comecaram	read *começaram*
	quoã / to	read *quoã / do*
	oraçoes	read *orações*
f. 218v	ergese	i.e., *ergeose*
	abracaramse	read *abraçaramse*
f. 219v	bemzẽrao	read *bemzerão*

f. 219r	abra / caramse	read *abra / çaramse*
f. 220v	paes	read *pães*
	pais	read *pãis*
	paes	read *pães*
	paes	read *pães*
f. 221r	paes	read *pães*
	coraçoes	read *corações*
f. 221v	ẽtrão emtrarão	scribal tense correction
f. 222v	ys	read *os*
f. 223v	huus	read *hũus*
	premdia	read *premdiam*
f. 224r	emtid[y]ão	read *emtĩd[y]ão*
f. 224r-224v	fica // seis	deletion of two letters after *fica*
f. 224v	viremos	read *virmos*
	coraçoes	read *corações*
	parçeo	read *pareçeo*
	podele dele	scribal repetition; read *pode dele*
	bos	read *bõs*
f. 225r	parçera	read *pareçera*
f. 225v	comecou	read *começou*
	pedaco	read *pedaço*
f. 226v	a Rozas	read *as Rozas*
	e por maravylha e por a maravylha	scribal correction; read *e por a maravylha*
f. 227r	sabayas	read *sabyas*
	quus	i.e., *quis*
f. 227v	comecaste	read *começaste*
	leixo se	read *leixou se*
f. 228r	omem	deleted
	ẽ l dor	read *ẽ dor*
	siua	read *sua*
	bos	read *bõs*
f. 229r	Recuçitou	read *Reçuçitou*
	temporçeiro	*mpo* deleted; read *terçeiro*
	emvy os	read *emvyou os*
f. 229v	e tambem podes	repetitious & superfluous; delete
f. 230r	coraçoes	read *corações*
	ergeos	read *ergeoos*
f. 230v	fariao	read *farião*
f. 231v	lamcaramse	read *lamçaramse*
	prima	*r* superposed
	huũa domzella	*a* of *huũa* & *la* of *domzella* deleted
	homes	read *homẽs*
f. 232r	que por	*que* deleted; *por* superposed above it
	comosutros	read *com os outros;* Sandhi
f. 233r	lamcarote	read *lamçarote*
f. 233v	ameçar	read *ameaçar*
f. 234r	facades	read *façades*
f. 234v	mesageiros	read *mẽsageiros*
f. 235r	forca	read *força*
f. 235v	comecaram	read *começaram*
	chocas	read *choças*
	comecou	read *começou*
f. 236r	que	i.e., *quẽ*
	aventurado	read *aventurada*
	facamos	read *façamos*
f. 236v	comecarã	read *começarã*
f. 237r	comecou	read *começou*

f. 237v	lamcase	read *lamçase*
	des / pedacase	read *des / pedaçase*
f. 238r	ederem / Cou	read *ederem / Çou*
f. 238r	alcou	read *alçou*
	alcar	read *alçar*
f. 238v	Cabeca	read *Cabeça*
	comecou	read *começou*
	come / Cou	read *come / Çou*
	coracões	read *corações*
f. 239r	comecaram	read *começaram*
	esp	deleted
	agra / Ca	read *agra / Ça*
	coracoes	read *corações*
	cho / cas	read *cho / ças*
f. 240r	descalcos	read *descalços*
f. 240v	co /racões	read *co / rações*
f. 242r	adere / Cadas	read *adere / Çadas*
f. 242v	leuar	deleted
f. 243r	Comecaram	read *Começaram*
	de coregeremos	read *de coregermos*
f. 244r	trai / cam	read *trai / çam*
f. 245r	comecou	read *começou*
f. 245v	facanha	read *façanha*
	bracos	read *braços*
f. 246r	coracam	read *coraçam*
	abracallos	read *abraçallos*
f. 246v	comecarã	read *começarã*
	abracar	read *abraçar*
f. 247v	alcada	read *alçada*
f. 248r	lamcar	read *lamçar*
	que	i.e., *quẽ*
	coracam	read *coraçam*
f. 248v	de me de vos	scribal repetition; read *me de vos*
f. 249r	comecamos	read *começamos*
f. 249v	morerja	read *mouerja*, i.e., *moveria*
f. 250r	decades	read *deçades*
f. 250v	lamcas	read *lamças*
	Comecou	read *Começou*
	alcamcaua	read *alcamçaua*
f. 251r	mordiam	i.e., *mordaim*
	fe / rirano	i.e., *feriram-no*
	mor / diam	i.e., *mordaim* or *mordram*
f. 251v	comecarã	read *começarã*
	mordiam	read *mordaim*
f. 252v	co / mecaram	read *co / meçaram*
	se podese ser ver	scribal correction; read *se podese ver*
f. 253r	gerall	deleted
f. 253v	pa / Co	read *pa / Ço*
f. 254v	facamos	read *façamos*
f. 255r	bem	*b* superimposed upon *s*
	e	superposed
f. 255v-256r	come // Ca- ram	read *come / Çaram*
f. 256r	mordiam	read *mordaim*
	mordiam	read *mordaim*
f. 256v	esforcada	read *esforçada*
	xpaãos	deleted
f. 258r	huũa	read *huũ*
	comecou	read *começou*

f. 258v	mesageiro	read mẽsageiro
	lamcarote	read lamçarote
f. 260r	asemtares	read asemtareis
f. 260v	mais	i.e., mois
f. 261r	hi vos	i.e., hide vos
	ser	deleted
f. 261v	maos	read mãos
	maos	read mãos
f. 262v	homeis	read homẽis
f. 263r	filho	read filha
f. 263v	coraço / es	read coraçõ / es
f. 264r	oraçoes	read orações
f. 264v	omes	read omẽs
f. 265r	de	superposed
f. 265v	Comeraõ	raõ superposed
	seha	s superimposed upon o
f. 267v	ver / molho	read ver / melho
	cada	i.e., cada vez
f. 268r	topara	read toparam; i.e., quã / do Josep e o pagão Emtraram demtro toparam Com / hũu liaõ
f. 268v	tes	read tẽs
f. 269r	tes	read tẽs
	Emtao	read Emtão
f. 269v	do	read do çeo
f. 270r	mudades	i.e., mudardes
f. 270v	e CoReo	erasure between these words
f. 271r	emtao	read emtão
	parçeo	read pareçeo
f. 271v	des / mostramça	s of des deleted; read de/mostramça
	lioes	read liões
	lioes	read liões
f. 273r	pedaco	read pedaço
	amdas	read omdas
f. 273v	liois	read liõis
f. 274r	mordeque	MS.: mordeqᵉ or mordeqˡ; read mordeque or mordequel?
	esp̃esas	superfluous til
f. 274v	jose	read josefes; from jose to prado the sense is defective
	[e]	superimposed upon q̃l
f. 275r	misericordia	or merce? MS.: .m.
f. 276v	symeo	i.e., symeõ
	symeo	i.e., symeõ
f. 277r	desa / ridos	read desc / ridos
f. 277v	no	read nõ
f. 278r	coracão	read coração
	lhesqueçeo	lh deleted
	seu	read seus
	chamto	read chamtou
f. 278v	bomem	i.e., homem
	lhes	s deleted
f. 279r	me / çeram	read me / reçeram
f. 279v	maos	read mãos
f. 280r	hay	read haya, i.e., haja
	jrmaos	read jrmãos
f. 281r	mosta	read mostra
f. 281v	vita	i.e., coita
	chegua	read chagua

f. 284v	que nom podia	scribal repetition
	que nõ podya	
f. 285r	peconha	read *peçonha*
f. 285v	ter	i.e., *ter com*
	por da	i.e., *por causa da*
f. 289v	muy	superposed
f. 290r	quyserrdes	read *quyserdes*
f. 291r	muyta	*ta* superposed
f. 292r	deria	i.e., *diria*
	boo	i.e., *boa;* read *boa cydade e Riqua*
f. 292v	os	superposed
	tamta	read *tamto*
	pregacão	read *pregação*
f. 295v	chaos	read *chãos*
f. 296r	sofer	read *sofrer*
f. 297r	soterrã	read *soterrarã*
f. 300r	promete	sead *prometo*
f. 301r	pesera	i.e., *pesará?*
f. 301v	ẽtregoa	read *ẽtregoua*
	paco	read *paço*
f. 302v	ben	i.e., *bem*
f. 303r	bretenha	i.e., *bretanha*
f. 303r-303v	de // de	scribal repetition
f. 303v	ord[ey]s	read *ordẽys,* i.e., *ordens*
	tor / noh[o]u	deletion of *h* and two letters between *h* and *u;* read *tor / nou*
f. 303v-304r	com // E el Rei	scribal repetition; read *com // El Rei*
	geracão	read *geração*
f. 304v	souberao	read *souberão*
f. 305v	bos	read *bõs*
f. 306r	da as	i.e., *das*
	a	read *as*
	no	read *nõ*
f. 307r	so[u]o	read *sono*
	porto	*or* superposed
	parte	*ar* superposed
	uoite	read *noite*
	amtes	deleted
f. 308r	uascião	read *nascião*
f. 308v	doua	read *dona*
f. 309r	doua	read *dona*
	doua	read *dona*
	mão	superfluous til
f. 310r	mão	superfluous til
f. 311r	lioes	read *liões*
	paãz	superfluous til
	pẽes	superfluous til
	lioes	read *liões*
	lioes	read *liões*
f. 311v	uom	read *nom*
	bem / b em	scribal repetition
	doua	read *dona*

XVII. *PLATES*

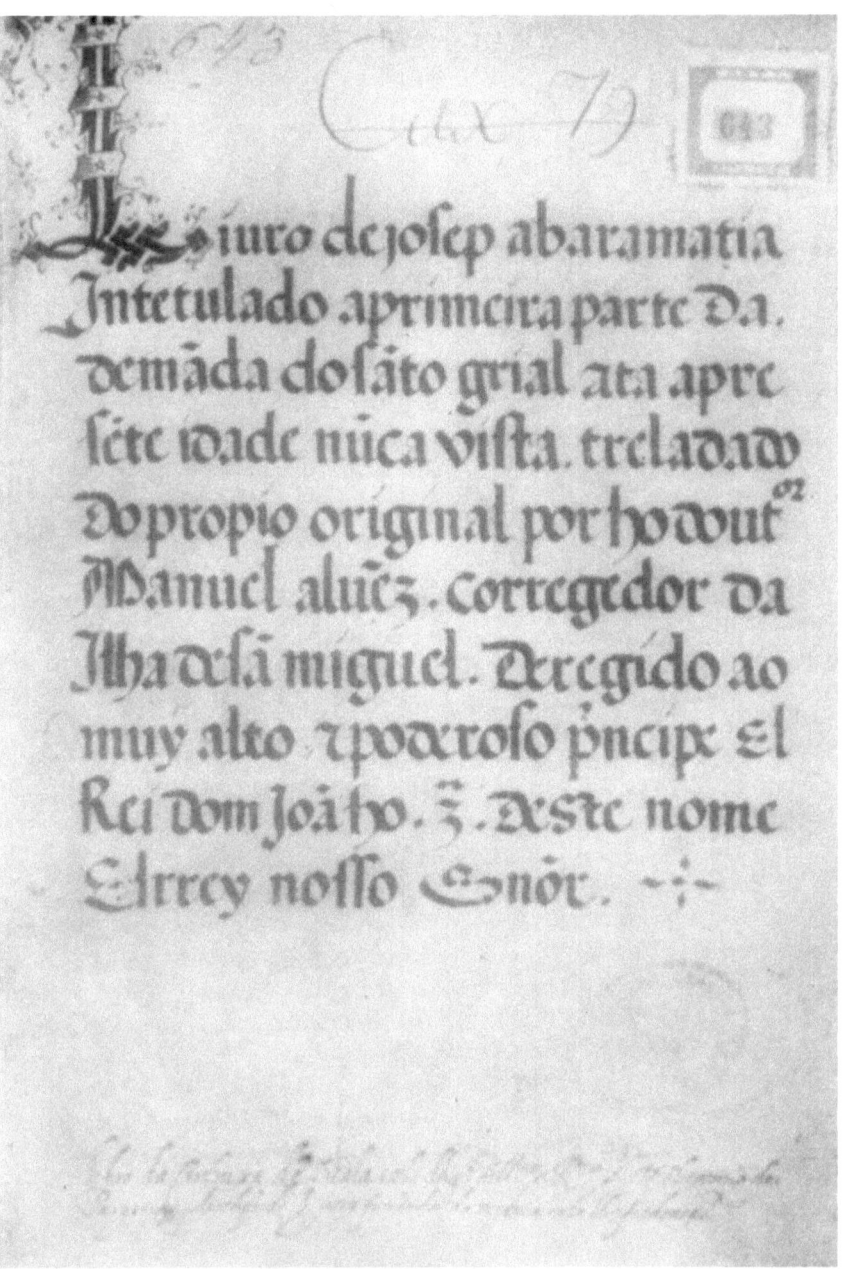

1. **Title Page**

T. do T. 643: Rall I

Se segue a estes vossos Regnos ꝫ a vossos vassallos a mesma cousa per si ho mostra por honde tambem se colige a particular inclinação que V. a. tem a esta arte militar dos letrados. ho que por mim conssiderado fora muy estranha cousa ꝫ por certo dina de grande castigo ser ho presente liuro em vossos Reinos achado ꝫ dar sse a principe estranho. E a)nda que nõ menos de estranhar parecia em mim esta ousadia de emprender a tresladação da presente obra. A beninidade ꝫ clemēcia de vossa Real ꝫ clemētissima p.ª que perdoara aos muytos erros de minha nuda sa lingoa me faz perder ho temor. E doutras Reprenssões estranhas nõ ter Reçeo. E com esta ousadia comecey a tresladação do presente liuro que a V. a. ho fereço. O qual eu achey +Ke hūa em Riba Dam coa em poder de hūa velha de muy antiga idade ma Fe. No tempo que meu paay Cor de vossa corte seruia V. a. de Cor gueria d'antre Douro ꝫ minho. O qual liuro segundo por elle parece he s.pto em porgaminho ꝫ iluminado. Encai sse de dozentos annos que foi s.pto trata muitas antiguidades ꝫ materias boas ꝫ sabrosas como V. a. por elle veraa. E com oferecer a V. a. ho propio me qui sera tirar de trabalho ꝫ da Repressão que me de ve daar. de com isto descuidar dos cargos que encarregados me tem. E porem por a letra cõ a muyta antiguidade nõ ser tam legivel ꝫ a si por muitos bocabulos irem na antiguidade daquelle tēpo que agora intelligiueis nos parece. tomei disto por escudo vossa muita clemēcia ꝫ beninidade que deste temor me defenderaõ E do que tenho de algūs dizerē esta minha ousadia ser temeraria. Receba V. a. este pequeno seruiço ꝫ elig.ª p.ª que ho emēde ꝫ ponha em milhor estillo porque como dise delle nõ mudei senã hos vocabulos intelligiueis. que hos que se podem ētender na antiguidade daquelle tempo os leixei hir. E nõ premita V. a. que este autor estee mais tempo em treuas do que esteue ꝫ a)a

T. do T. 643: Roll I

fol 2

por bem que nos gloriosos dias de. V. a. as antiguidades ẽ sabro
sas materias que tem sejam trazidas aluz ẽ a todos manifestus
pera que ho autor tenha fama neste mũdo ẽ como se cre gloria
no outro que he sem fim.

Capitolo. primeiro. ẽ introito da obra.

Aquelle que se tem ẽ nomea por menor ẽ por mais pecador Em
começo desta istoria encomendo saude a todos aquelles que crem
ẽ tem fee na santa trindade. no padre ẽ no filho ẽ no spũ to
Santo. No padre por quem todas as cousas sam postas ẽ partidas
ẽ por quem todos hos homeis Recebem começo da vida. E no fi
lho por quem sam liures das penas do inferno ẽ p̃ que vam a
alegria que dura sem fim. E no spũ to Santo p quem sam apar
tados do maao sprito ẽ compridos de gloria por a lumiamẽto
do verdadeiro alumiador ẽ confortador dos pecadores.

Cap. ij. Como se nõ quer nomear ho que es
ta obra estoria fez em latim.

Ho nome daquelle que esta estoria espuco em latim nõ he nome
ado no começo mas por palauras que depois dira podereis con
hecer seu nome ẽ a tria donde he ẽ grã parte de sua linagẽ. mas
nõ se curou de ho espreuer ẽ a Rezam porque. primeiramẽte se
se elle nomasse ẽ disesse seu nome nom ousaria descobrir tã alta
estoria como a do greal. que ho de todas as estorias a mais alta
ẽ amelhor. hos profacadores ẽ os enuejosos ho averiam ẽ teriã
em pouco E a outra Rezão que tal poderia ouuir seu nome que sa
bido por elles teriam em muy menos a estoria porque tal espũe
ra ẽ nõ averia culpa em que se espreuese na estoria algũa cou
sa que nã deuese ou que se nom entendese Ou fosse mal posta de hũ

lugar em outro ⁊ toda culpa se poria sobre aquelle que a escreuera
⁊ mais agora em nosso tempo que a mais De bocas que dizem mal
que bem. E mais quero nõ ser culpado De hũ mal que louuado
Decem beis. por isto nõ ousou logo descobrir seu nome. Mas por
mais que elle queira encobrirse nõ podera. mas elle ho dira que
todos ho entendam. E esta estoria que elle fez foi feita saber
a todos por a paixão De i hũ xpõ ℭ

Cap. iij. Como ouuio hũa voz.

Estando eu ho mais pecador Dos pecadores hũa noite Estaua
em lugar muy hermo ⁊ muy alongado De gentes que me nõ que
ria fazer conhecer a ninguẽ E ho lugar era muy sabroso ⁊ muito
a meu prazer. caao homẽ em todo bem posto todas as cousas
Seculares lhe sam cõtrairas. Aquella noite que eu asi estaua
foi antre quinta feira ⁊ sesta feira mayor ⁊ a via ja feito aos
o ficio que chamã treuas. tomou me sono ⁊ dei te i ne a dormir
Jouue muito que hũa voz me chamou tres vezes ⁊ disseme acorda
⁊ entendi De hũa cousa tres ⁊ de tres ⁊ ou tres tanto po de a hũa
como a outra. Ent ão acordei me ⁊ vi tam grande claridade que
nũca vi tal ⁊ da hi vi ante my hũ homẽ ho mais fermoso que se po
deria ⁊ quando o vi fui tam espantado que nõ soube que fizese nẽ que
Dissese ⁊ Disseme entendes a palaura que te disse ⁊ eu lhe Respõdi
todo tremẽdo. Sõr ajnda nõ sam bem certo ⁊ elle me disse esta he
a conhecença Da trindade ⁊ Disse por que cuidaua que Duuidaua s
que na trindade a via tres pessoas ⁊ nõ avia hi senão hũa. soo Dei
dade ⁊ hũ soo poder ⁊ eu lhe Dise que nõ Douidei ⁊ senão em a q
lle soo ponto. Depois disseme podes conhecer quẽ sam ⁊ eu lhe di
Se meus olhos sam mortaes ⁊ nõ podem ver tam grã claridade nẽ
eu nõ poso dizer no que todas as lingoas mortais seriã nada falar
⁊ elle se chegou entã pera mim mui perto ⁊ pareceome q vi os olhos
claros cento tanto como ante E senti na minha boca hũas grãdes

/T. 20 T. 643: Roll I

fol 6

Entrou na pmeira carreira que achou amão direita ⁊ andamos ata bespora ⁊ então entrou por hũ spesso mõte ⁊ eu depos ella ⁊ andamos tanto ata que foi noite ⁊ então saimos fora do monte ⁊ entramos em hũ valle fundo ⁊ espesso de aruores ⁊ quãdo eu fui no fundo do valle vi hũa choça ⁊ então fui muy lledo ⁊ vi hũ homẽ que vestia panos derdem. Etanto que me vio tirou ho capello ⁊ fincou hos giolhos ante mj̃ ⁊ dissem que ho benzese ⁊ eu abaixei a cabeça contra elle ⁊ disselhe que era pecador como elle ⁊ nõ lhe podia daar benção. Que vos direi nõ se quis mais aleuãtar ata que lhe ouue de dar abenção e depois leuou me a sua choça ⁊ disse comamos ⁊ depois pergũtoume muito de minha fazenda que bem cuidaua elle que mais avia de bem em mj̃ do que avia. por amenhã rogoume que cantasse mi sa ⁊ eu ho fiz ⁊ depois tomei meu caminho ⁊ achei minha besta que nõ vira desque vi ho homẽ bom ⁊ elle foi comigo hũ pouquo ⁊ ao partir que nos partimos rogoume que rogase a ds por elle ⁊ eu outro si a elle. Asi partiose de mj̃ ⁊ eu fui apos a besta por amõtanha. Etanto que entramos em hũ chaão muy fermoso ⁊ era saber de dia ⁊ tanto andei que vi Ihũ muy fermoso prado no qual avia a mais fermosa fonte do mũdo em aqll fonte avia hũa mancha asi como vermelha. ⁊ asi ardia como fogo mas aagoa era asi fria como geada ⁊ tres vezes mu daua sua cor ⁊ sabor ⁊ tornaua verde ⁊ mathaua asi como agua do maar. Etanto que fui naquelle prado deitousse pbes tu ⁊ eu tiue milles ⁊ vi vir hũ mõco dem hũ cauallo muy Ri Jo ⁊ quando chegou ante de co ⁊ fincou os giolhos ⁊ tirou hũas toalhas ⁊ dissem sõr minha snora vos manda saudar aqsta que ho cauallo do cto d ouro recebeo hodia que a grã marauilha foi soada daquelle que vos sabeis ⁊ mandauos que comais ⁊ eu tomey as toalhas ⁊ achei hũa muy boa empada ⁊ destina

T. do Tombo 64 3

Jazes em prisaão mas ora eu seu Jaa bem ho que fizes Entaão fez
aparelhar huũ batel ħ fez hi meter caifas ħ fello bem alongar
por homaar ħ que fosse honde aventura ho levasse. Asy
vingou vespesiano Jhuũ xpō por elle ħ isto foi por mostrar
enxemplo aos judeus ħ por isso ho sarou da detam vil enfer=
midade eaquelles que elle chamaua enteados tais hi avia
que lhe faziam mais honrra que aquelles que elle chamaua
filhos. Estes foram hos Judeus que ho puseram na cruz hos
pagaãos ho vingaram asi como ouuistes.

Cap̃. xxvj. Como huã voz disse
a Joseph que fosse preguar.

A noite ante aquella que vespesiano se queria hir aconteceo
que Joseph Dormia ħ ouuyo huũa voz que lhe disse Joseph ora
vejo que tu iras preguar ħ mostrar o meu nome ħ yras em
estranhas teeras ħ leixaras todas as tuas Riquezas ħ leua=
ras contiguo de teus parentes aquelles que crerem o meu
nome ħ leuaras ho teu filho Jose fes ħ nõ se fara disto fora
antes me guardara sua virgindade toda via. E outra disse
a voz que amenhã te faras bautizar ħ depois sairas de Jhrlm
tu ħ teu filho ħ Jamais hi nom tornaros ante seras noite he
Dia em meu seruico ħ vos vos partireis sem ouro ħ sem prata
ħ sem capatos ħ todos aquelles que com tiguo ỹ eram do ouer
Do mundo nõ leuaram nada sonaão tu que leuaras a minha
escudella E em tua companhia Receberas todos aquelles que
contiguo quiserem hir ħ Receber bautismo ħ nom quero que
com vosquo leueys cousa algũa por que todos aquelles que
contiguo yram ħ que lealmente me seruyrem como filhos

6. 14v

T. do Tombo 64

Joseph ju Emtraras na vjlla e pregaras o mj no
me e bautizaras todos a quiserē que qui*m*o° crer
no meu nome e bautizalos as as no pome do
padre e do fjlho e do espuritu santo e Jo
seph eu de dios ey mjor e como ees trabaseria
eu e dos Cruz e eu dios nom te sepamdes
jamais por que nō a el fazer ouvir ouvsa e
nao te ecar com abora Seu de mostrarey gram pas
des mjngas palabras que jamais nō arharas om
tao o ujdo que poua emtemder o que direes
eu e farey dizer e nō desepamdes que emte
guardarey emtodo depois que a boz isto dia pa
tivo das Joseph com do da sua companhia e
emtraraō na bila e quamdo us cidadores os biraō
maraujgaraō se muido e Joseph jeu a amdar ata
que regelou ao amplo que ay era o mais fremoso
clugar de toda a bilea e tinhano os sabati nos
muyto fomtado e na emtrada do amplo abiaga
depemdeces muy ditos e fizerā nos e por
que ujnhao e os snores e us homes bos dandaa
terras de mamdas e dar os Juizos ou do mar os
com ees os em este tpo bitabas o fim dos que
dzjao eue e onde comgerdo por que no tnha
e era natural e a snor da quela terra Palς
no quele cenyaas tnes a nobre smꝛ̄ a l mamda

7. 17r

T. do Tombo 64 3

Ecomo a sa recçyua pesonzaue quemo asa fim qua
do reçeo E balar o omiyo aeg fala ou cosu
mo E dizeg ese quo quem esstu quemepremete de
gutar meno ymignos E me daras aeeigña quue
no dm fim E Joseph ege Respondeo Entendo dique
que eu britares dens ymignos mas digo a quees quier
roz em meu como ego que aberao fun E oun por aga
Da quilo que sepo dreso E Rey ege dio sabom seconsa
getae consa ouur mas porem tae cnsa por briaa
cinga q ne no ouro mi bm por todo so ouro do ui
do Joseph ege dio isto ma somfa deten corpo
E salua mem do detua Aeama E Rescyna emfim
por boa fe dio Rey saboro se Consas ouao
otros ya ouur E isto se Consa que e cu mu
bem rentares E nem quero Oum como ego e
nados du qual me da quignes dar Em tao ege
dio Joseph ora verua E Entende como tu pose
ras a ber como ego E com bu a E primeramente
ceeyar Juas ymages que tu dizes E eies que
sã deus deoses E demamdas ege como ego E
ajuda mas nos ao pode dasudar nem dea um e
gar E sabe bem que quiios que ante do forem
que por ys sao perdidos ya sempre E nensu
somem neles no eue por sua crensa que bem
des tu que são hua pedaço depao furo em for

8. 18v

Rall 2

fol 19

ma de gomem no ͞lº podẽ Jdz nem tirar Couſa ꝯa
guarecer ſecual aty nem aou trem mas de qu[?]s d͞rs
omcordçomtha que ꝯ rheas cuytademorte na cruz
por a bomtade pa ſeluar o mundo do traba[?]
do ẽ ſeno Como d͞rs rellos poes dizem meta q̃
aquell me pode saluar Depois de minga morte ⸺ po
denado o ͞gomes matar muyto me marabiego qm e͞s po
de outrẽ ajudar quem aßy no pode ajudar ⸺ Em
tão Reſpomdeu Joſeph a d͞ra Rey C balar Eo
ſaluador do mum̃ de ꝑeebeo das priſto mora
pon coßg͞e couberaõ cos bianos Judeus ẽ ꝑ a Ci
ſtão amte pilatos por que dizia que era ou Rei
pilatos q̃ o pregumtou & era berdade Cres creellon ꞇ

Cap· xxxi Como Elrei
e joſep deſputarã sobre a fe

A toto Reſpomdeo o Rey v͞ra me de amiguo repoſe
se eu por que ꝯ fico morte no dio Joſeph mas
por que amte to das as Couſas era ſe nem ſa
ouſado no pẽtẽ ſin que nel no oure comecu nem

9. 19r

Rall 2

…a deues cabo que que fira fe ra pro animo
com figao oposecos Ebramo ra a min ficao e
um as bram eu cun ca que asa omaisbimpa
que nen gũ omem era … pois ese deo
os que um tagras E de bio d am te los
seus menyus E Chamdo solno es se sa
memte fos oram dado que no omer
que fiz es … ero que se raleu e com trou
muy do arvoras Caus opiar que a by a
mun grão pauor B…

Cap. xxxiiij como De
…

Emtão eu deo no so ssõr por fre ura
om bem de lo pedarei so que dire aos
pa sa fo fe to pa de C se … Es opon
…

T. do Tombo 64 3

fol 4º

que meu criação nom podia ver fez dependurar
[...] fermosa criatura e nos ouvi [...] dias
[...] fazer mui mamdados nem abrir
para na minha jornada e tres dos meus e
fiz o corpo e pois acabada vi a paixão como
como o foi causar agora. E pois [...]
Espirando mui devagar duas partes do corpo dão a força, como houve feito comecou-
-sse fazer o me [...] duvidos amigos que e
em ho [...] declarar em toda a m[...]
o altar em [...] do braço e em giolhos deitado
quem nos não creria pois os debates fazer
do pescoço visto que se amte dis que vito fi-
cou criador. E foi fez muy azinha sintou
os giolhos e fez superior. E quando pedro a se mete de pusseradas e quando o ro-
gou no bico amtes que acamsa e nam fui
pedaço de pão tomou a igroa em [...]
deu graças a Dios pelo criador. Apois abaixou
a boca e quando a quis meter dentro vio
o corpo em todo e quis tomar fora mas
nom podi amtre que pareceu. Tomei do em-
ho na boca amte que ho quisera e [...]
pareceu que dedal a[...] e do cu do munho

12. 119r

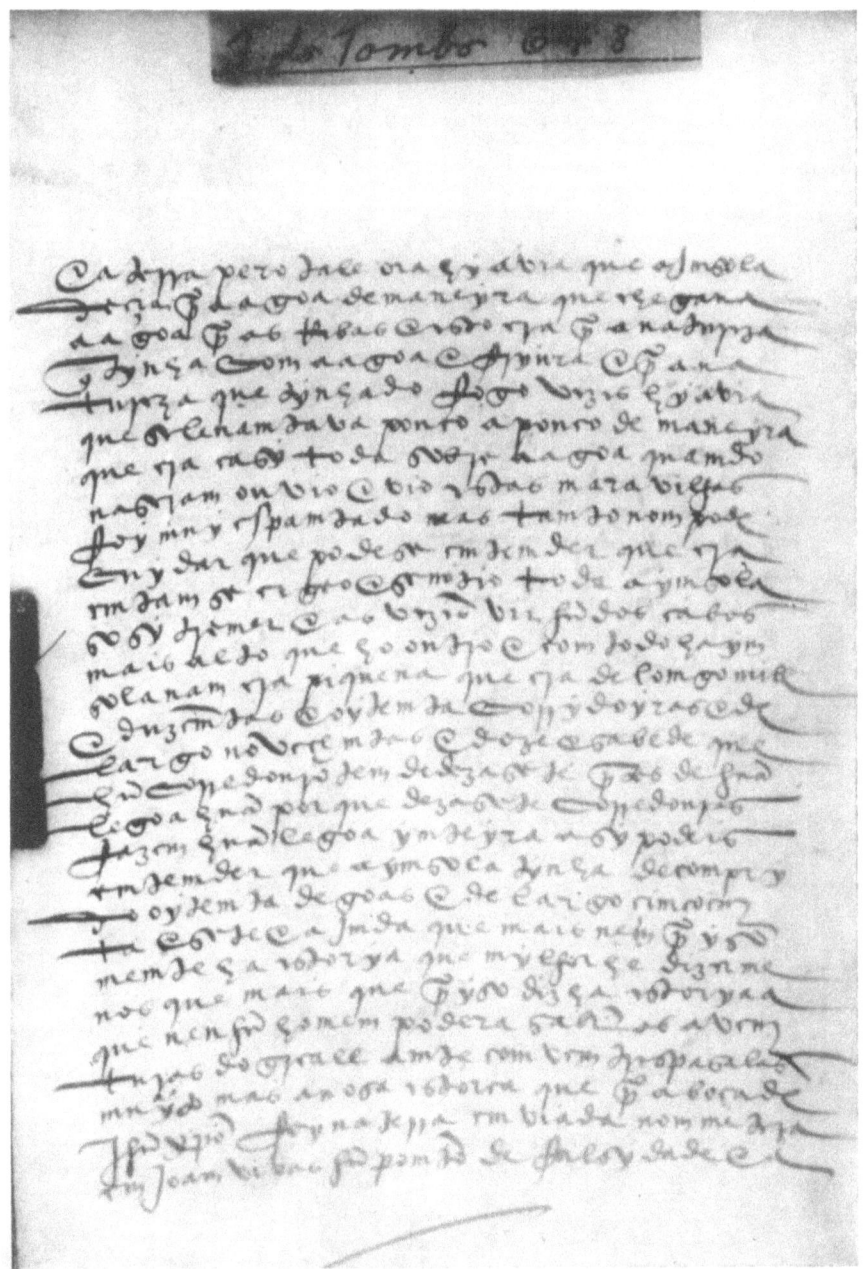

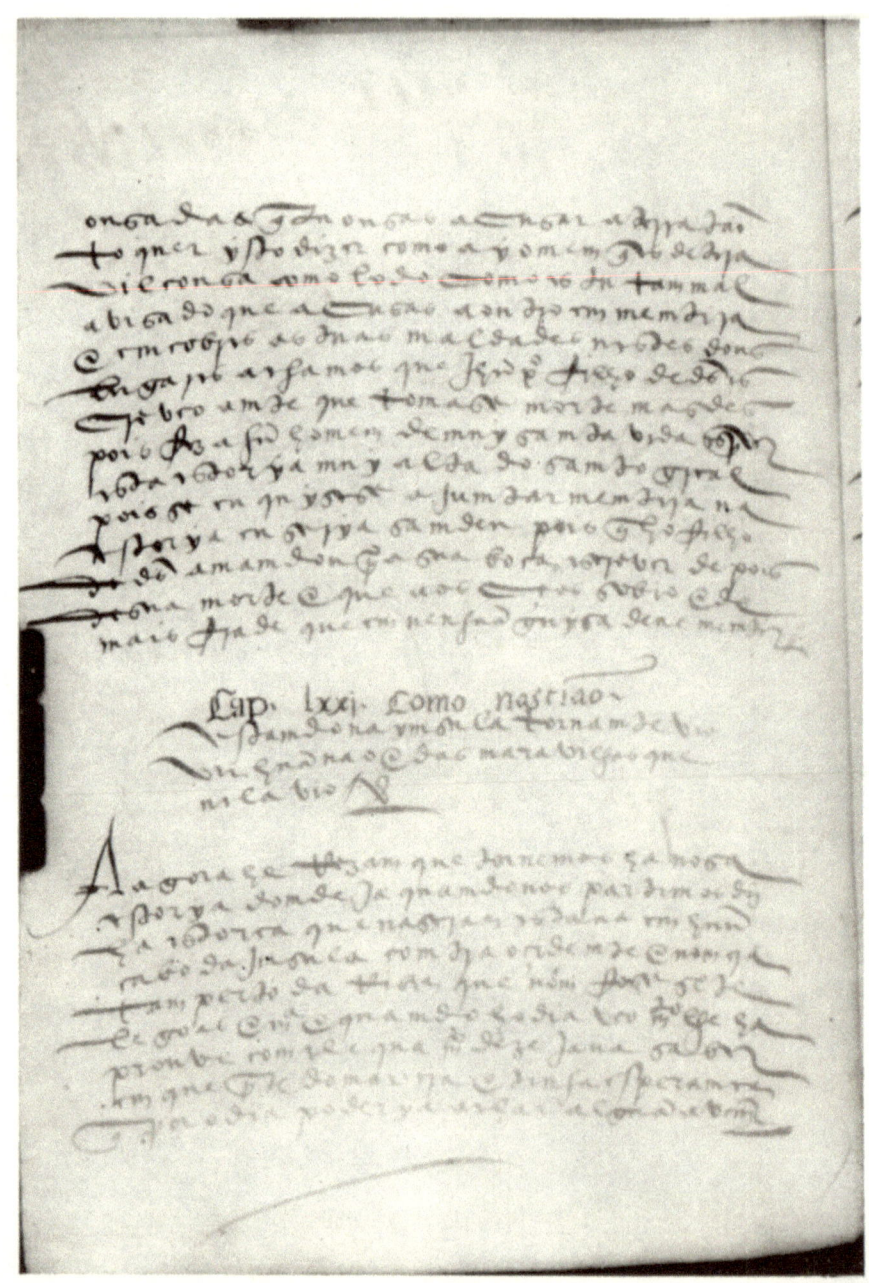

14. **124v**

T. do Tombo 64 3

fol. 131

De oracam boa m ana e disselhe Irmão vos seiais muy
bem vindo e caim lho galnou e asemtou se e abell lhedeu lhe com hum catelo que trazia por So ateta bem a tolhe
he asim recebeo abell morte por mãm de seu Irmão deste
all na quele lugar homde a ajuntamemto fora comcebido
e moreo Em houtro tall dia como naceo que foy Emjes
ta ffeira a morte que abell na quele tempo recebo por
traiçam que ajmda na hera m senam tres na tera e sinifi
ca a morte do Vbadeiro cruxifiçio e por caim cim fica
Judas por que hele recebeo morte e bem asim como caim
salnou abell e depois hõ matou bem asim Salnou Judas
seu Sõr e busou lhe a morte e a sim caim cordam Estas du
as mortes nam porem na alteza mais na sinificamça ca
sim como caim matou abell Em sesta feira asim em sesta
feira Judas matou noso Sõr nam por Suas maos mas
por Sua limguoa muito Sinifica Judas ha caim
em duas cousas por que he le nem pode Em Jhus xpõ
nhua rezão por que ho desamase mas tinha hua sem
direito que hera desamalo nam por maldade que nele
numca ujse mas por que nom via nele senam bem e cu
stume se dos maos que desamão os bõs que se Judas que
hera hum desleall traidor viua em Jus xpõ deste
al ha de amarao por que hos maos nom ham ag senam
houtros tais Semelhauais asim e da treiçao que fez
caim contra abell fala noso Sõr por a boca de da
uid o bõ Rei que dise Sua muy braua palaura e nom
sabia por quem ho dezia e a falaua asim como sea
disese a caim tu por jamais dezias bra uuras com
tra

bele pode saber e tamto amdou que conheceo por
sua muita siemcia avumda dabemta virgem ma
ria que ho filho de dõs comsebeo no seu bemto corpo tanto
se trabalhou salamaõ em demamdar a ydade deste caso
que ydade iá mete soube que por aquela virgem veria
bemta tra asim como yera de ma que mtura por a primei
ra molher e dise que hũa se devia chamar madre/ a ou
tra madrasta emtão comesou a cuidar de dia em diana
bemta virgem por saber que sera madre de dõs e que sera
desualina Jem e pemsaua se poderia tanto viuer e ta lo
cuidou que a boz lhe dise estamdo ele so em sua camara sa
lamaõ a bemta virgem nõ sera fim de tua linajem ates
sera fim dela hum caualeiro que pasara de bomdade e de
uida e de caualeria todos aqueles que amtes dele forã
e que depois bele virã que naquele tempo tomare armas
e asim como o sol pasa declaridade e hou tros sim como
Josue pasa de bomdade de armas todos hos caualeiros
que hora sam e sabede que aquele Josue era em tão
bom lhor caualeiro do mumdo asim este pasara de bom
dade a todos que forão e serã quamdo salamõ hou mo
que tall home seria fim desua linajem foy muy ledo e
dise ay dõs como sera ledo que tall pesoa e cheia de tã tas
bomdades pose se ver ay dõs nom queres ben que muyto
lomguo tempo adeste ao que bele a de vir se to se beu
podese saber quanto tempo auera se to desagora a sua
vimda ben ho faria mas beu nõ bou e do como posa
ser que a uera mais de dous mill anos lomga mete cui
dou Salamaõ mjsto tamto que a molher que bele mais
amaua oem tem de o e teue meses em seu cuidar nõ podia
em tem der que fose e houue pauor nom fose peta lhe
mal fazer e hũa noite Jazemdo ambos Ja que bera
algum tanto mais ledo do que sera e ela ho uio tall
com Jurou por ho grande amor que lhe tinha que lhe

fol. 134

Disse no que cuidaua Salamão que sabia que ela era
mais sotill em mall e mais enganosa do que nhũ home
poderia e em dõ que se oura cão mortal podese dar conselho
no que ele cuidaua que ela podaria e por que vio q por lhe dizer
lhe nom poderia vir nhũ mall lhe dise todo e quando bo ela
o mo respondeo certo Sor por agoita ben nom vos poderei
dar consello mas acabo de pouco tempo ben volo darey quero
q dise elrey depois a terceira noite aconteceo que Jazia ainda
ela lhe dise Sor eu cuidey como canaleiro que sera fim deuo
Salina Sem conhecera que vos sabedes a bõdade de sua vida
muito folgaria comigo dise Salamão pois dise ela por amor
nha mandai por quantos carpinteiros a em vosso Reyno e
mandai lhes que vos façom hũa nao que por nhũa guisa
nẽ materia nẽ nomar por mill anos nõ posa apodrecer e em
quãto a fizerã eu guisarei minha fazenda asim como vos
veredes Salamão a creo bem e Ffes mandar por hos car
pinteiros e em pouco tempo vierã muitos e mandou lhes
Salamão que lhe fizese hũa nao qual Jabou uistes a eles
diseram que fariã mas seu poder e a não fou feita em meio
ano em quanto a não se hia fazendo sua molher de Salamão
que a fizera começar lhe dise Sor pois que aquele de quem meu
falastes sera tal de nomrado e de caualeria que pasara todos os
que ante ele forani tao diante serão pareçe me hua cousa ja
que d'algũa arma preçada trouxese que vos lhe fizades
fazer pera que a uche por que a traga em vosa memoria
hea arma fose amais formosa he mais marauilhosa sobre todas
armas se posa achar como hele sera marauilhoso sobre todos
hos outros caualeiros que arma pode chaf dise Salamão
que se eu vir que lhe convinha ben a farei eu vos direi dise
ela que a uma sera boa vos fareis em pera Elrey Dauid
voso padre hũa espada mais riqua e fermosa ia mais fi
... Canaleiro çengido
...do punho e Saba
... pedras pre.

fol. 136

hum era braco e outro y melho e outro y de
natural mete sem pintura nhũa asim como das
arvores os talhaua e depois que todo esto espreueo
em hũa carta pola no leito debaixo da coroa e depo
is que ãnao foy aparelhada fizeram na deitarão
ma em tão dise Salamão dona anao he feita e todo
quãto vos mãdastes mas ainda heu nõ vejo como
ho caualeiro posa Saber como hentinha por certa sua
vinda muy Sedo osabereis dise ela hora fazede armar
duas tendas em que va he eu e sertos de nosa manada
posamos estar ata que vejamos ho que nos auira de sã
nao e bele mãdou loguo armar tendas e tendilheis
que dise que queria ali folgar ata que vise algũa a
ventura sobre a demãda da nao e todo foy feito co
mo bele mãdou e comeserão naquele ser a muy grão
sabor e grã alegria e quãdo foy ora de dormir dei
tarãse a dormir em sũas tedas acõteceo noite que ja
ziam todos dormindo vio vir hum home desamtta
ho seo e Namarin panha de amjos e traziam estor
mentos demuitas guisas e suas mãos mas nã sabia ele
pemsar que Jã dos era e vio que aquele que os amjos
acõpanhauã desceo na nao e tomou da augua e deitoa
nela por todas as partes e dise esta he asim fica ca
da minha noua casa e depois veio abordo da nao e
fez a hũ dasua companhia espreuer hi letras e depois
que forã Espritas dise muito sera sam deu que este mãdado
pasar salamão que esto uia vio aquele home tão fermoso
que coracaõ nõ ho poderia cuidar ne boca dizer e foy hũ
to marauilhado que acordou e abrio os olhos e houue
pera anao e vio nela acordados acõ panhia que uira dormi

fol. 137

Agora diz aestoria q̃ mui to olhou nas cicatrizes dos
paos domde o leito era pera q̃ se podia conheçer de que
era asi cortados q̃ nom podia cuidar que de natura ti
uese tal cor e dise hũa palaura que depois comprou
carameẽte por boa fe dise ele ou heu são demão é
tendimẽto ou as marauilhas deste leito me ẽgana
que nõ pode ser que estes paos nõ tem algũa cousa de
falsidade e logo que isto dise vio a nao que se movia
em direito domde he le estaua asim q̃ ele se achou no
mar domde a zinha podera morer senõ na vara bon
o bõ a Iu dara quã do seu ro etal perigno fore spã
tado pero nõ ffoy perigoso que nadou ataq̃
chegou a ribeira da Insola e sobio na tera e vio a
nao tas letras do bordo que dezia que na nao nõ a
via Senão fe r̃ quãdo Esto u o conheçe use q̃
pecara por mal crer e em tão Se comesou a des
enhar e a mal trazer e dise ay home de pequena fe
e mal acomdado e desiso e muy goado bem porque te
moueste tam ligeira mente amais asinha crer mētira
que verdade desta nao em tão comesou achorar e fazer
grande pranto e pedio merçe ano so sor que lhe per
doase o toto de sua pouca fe nas cousas por que no so
sor nom se asanha se Esteue todo aquele dia na In
sola e de pois que anoite veio fes sua horaçaõ
e de pois lam sou se e dormio por amanha a leuantou
se e olhou por a nao e nom a vio e pesou lhe muy to q̃
se comfortaua e mais e quando ano vio her geu amão
e bem sen se e dise Sor padre Ihū xp̃o q̃ por a tua
piadade e por tua grande merçe metitaste das maos
de calafomen Jungno tereall nom so fras Sor pois

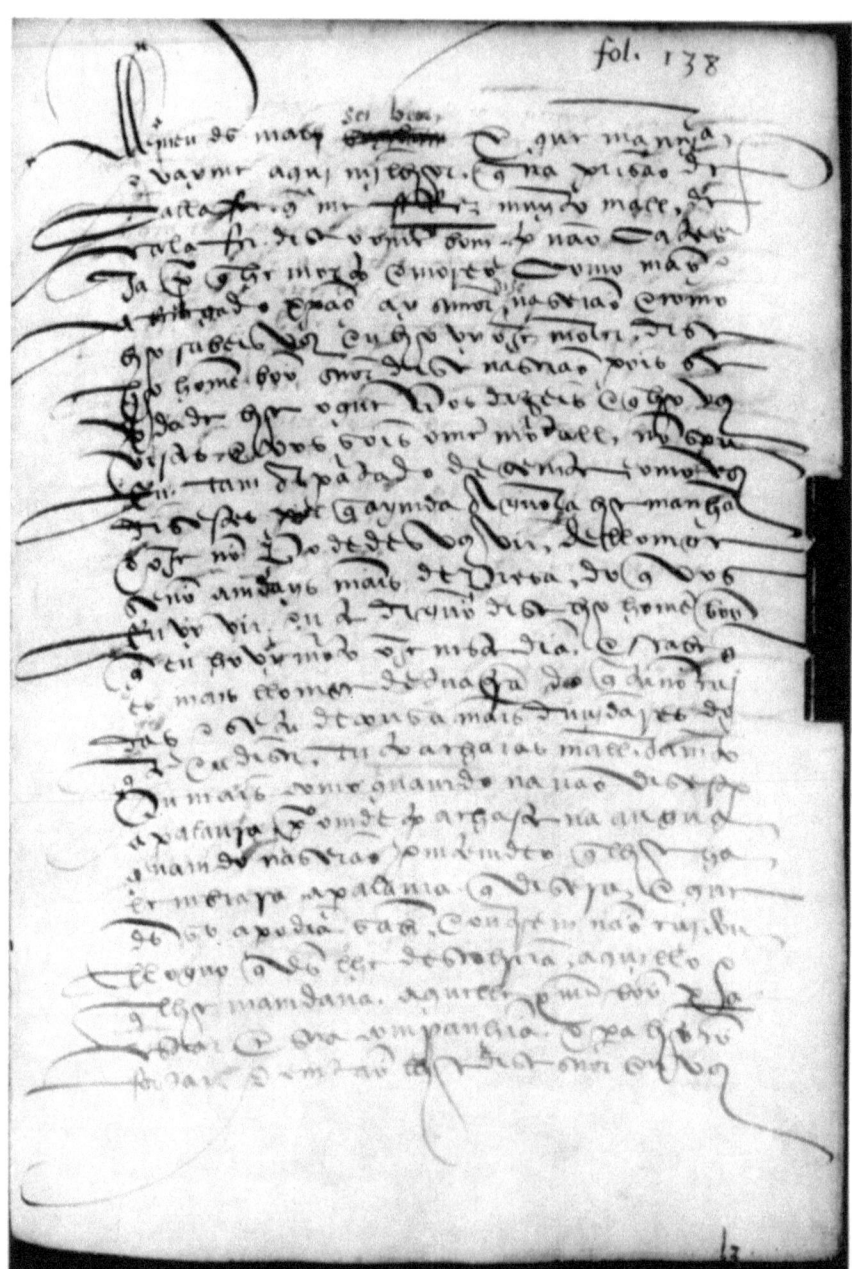

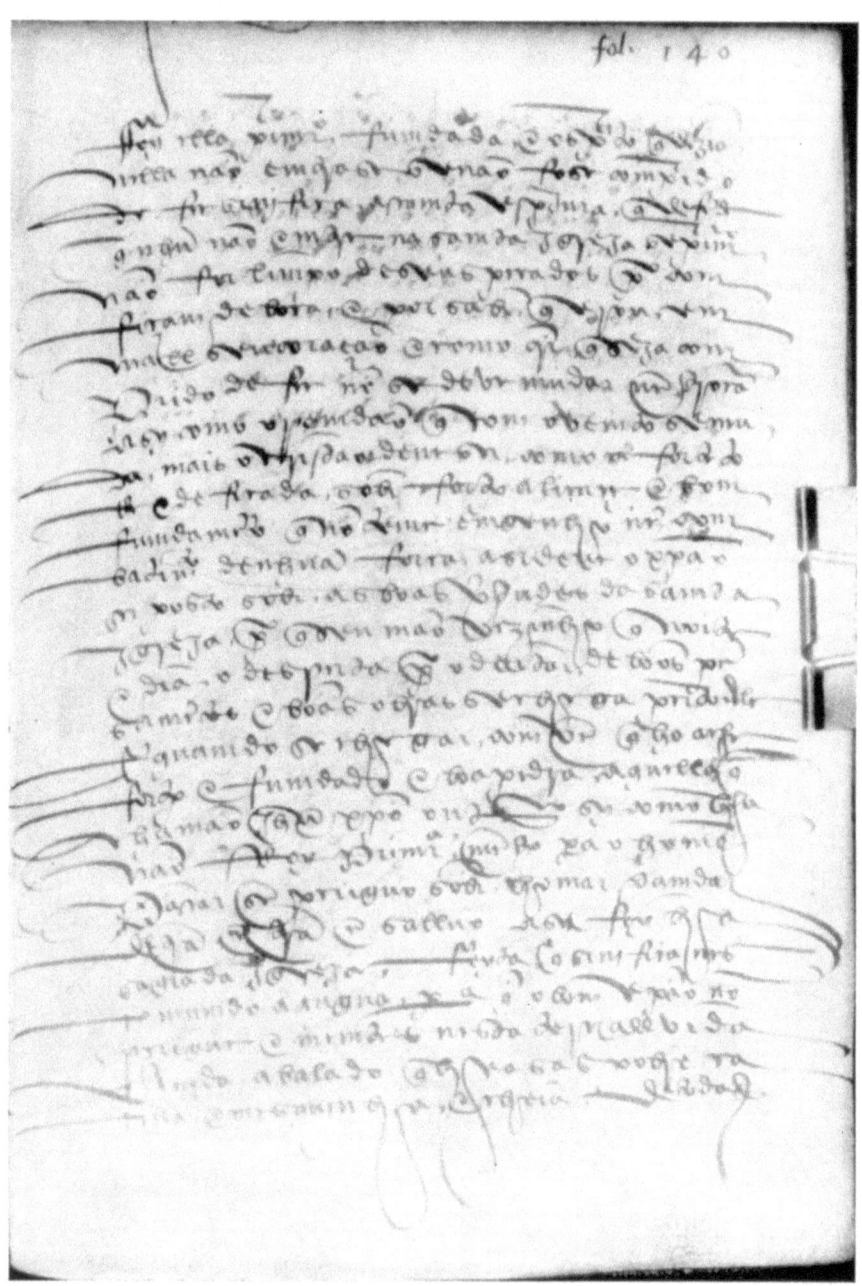

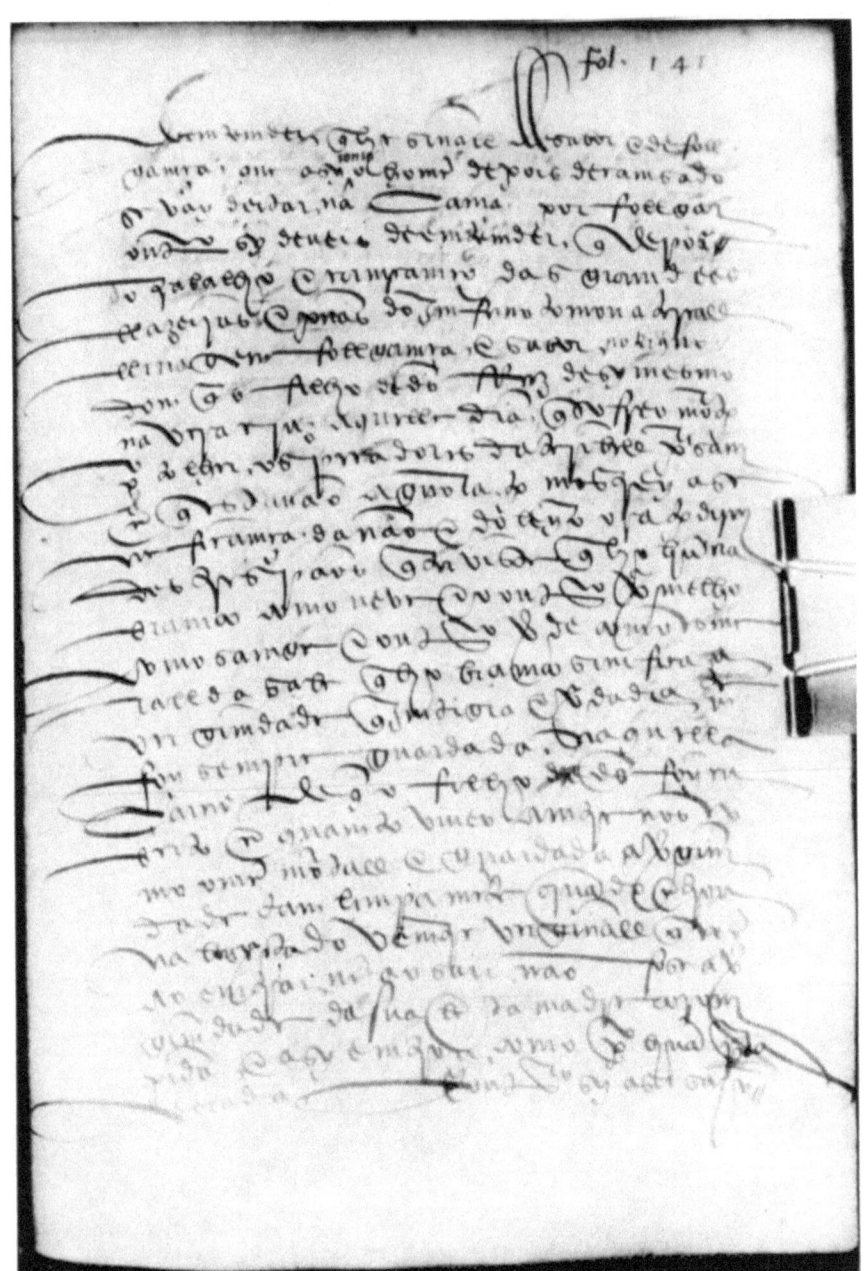

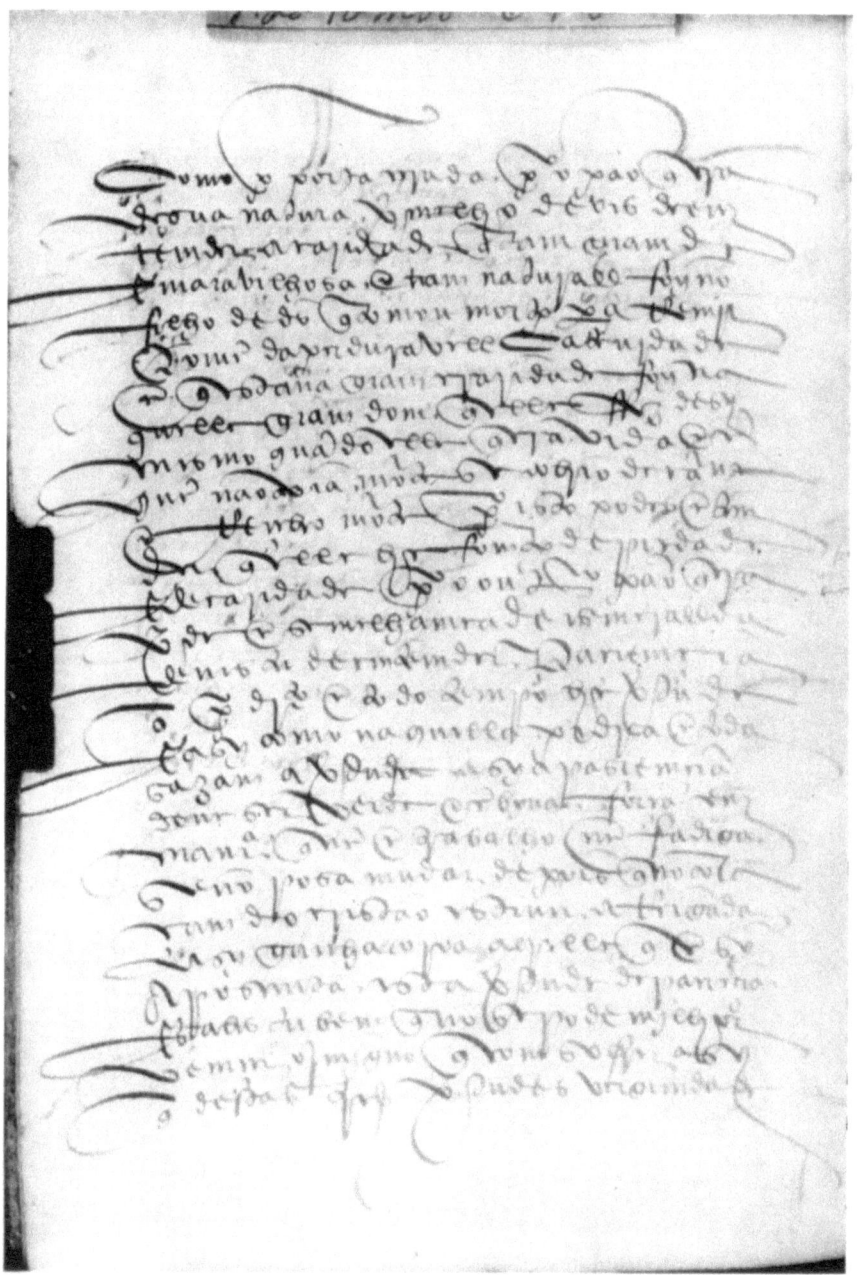

24. 158r

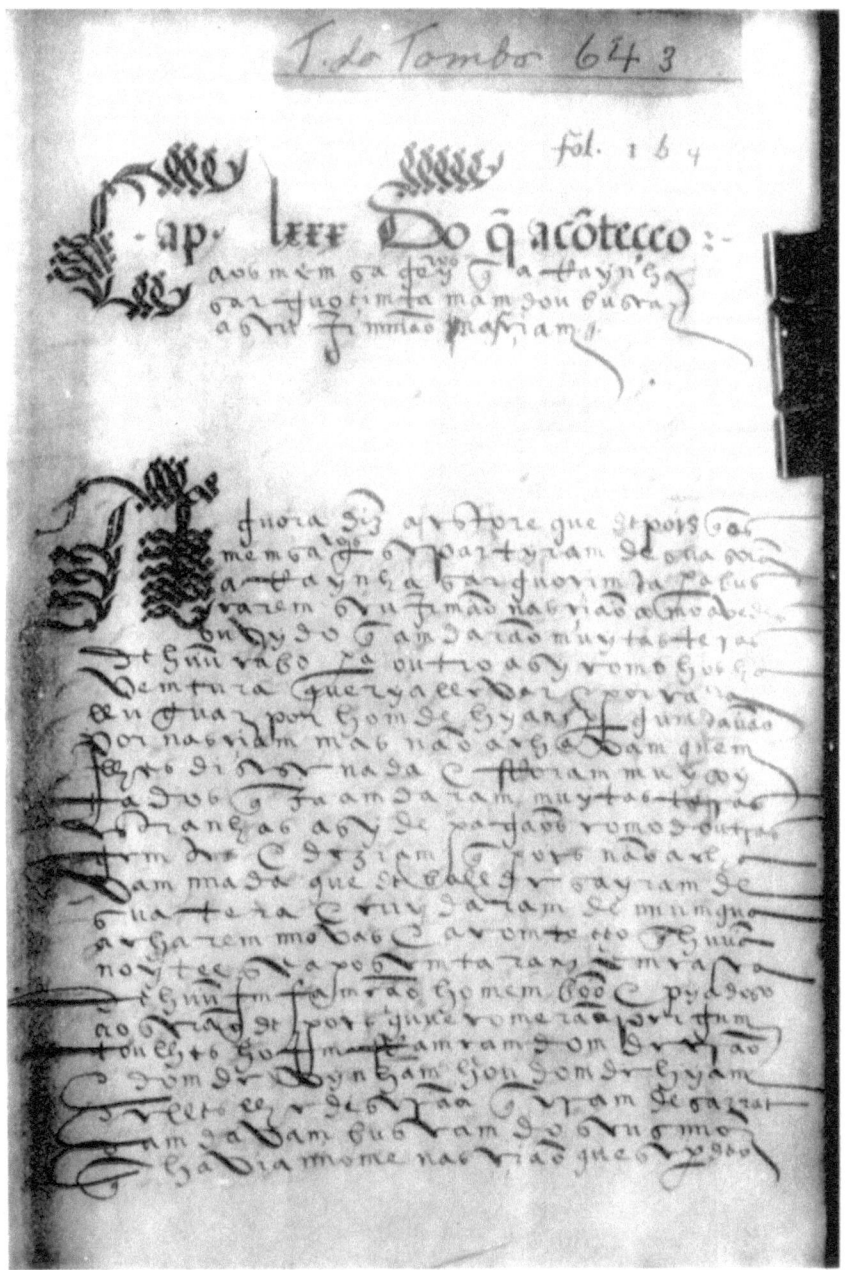

25. **164r**

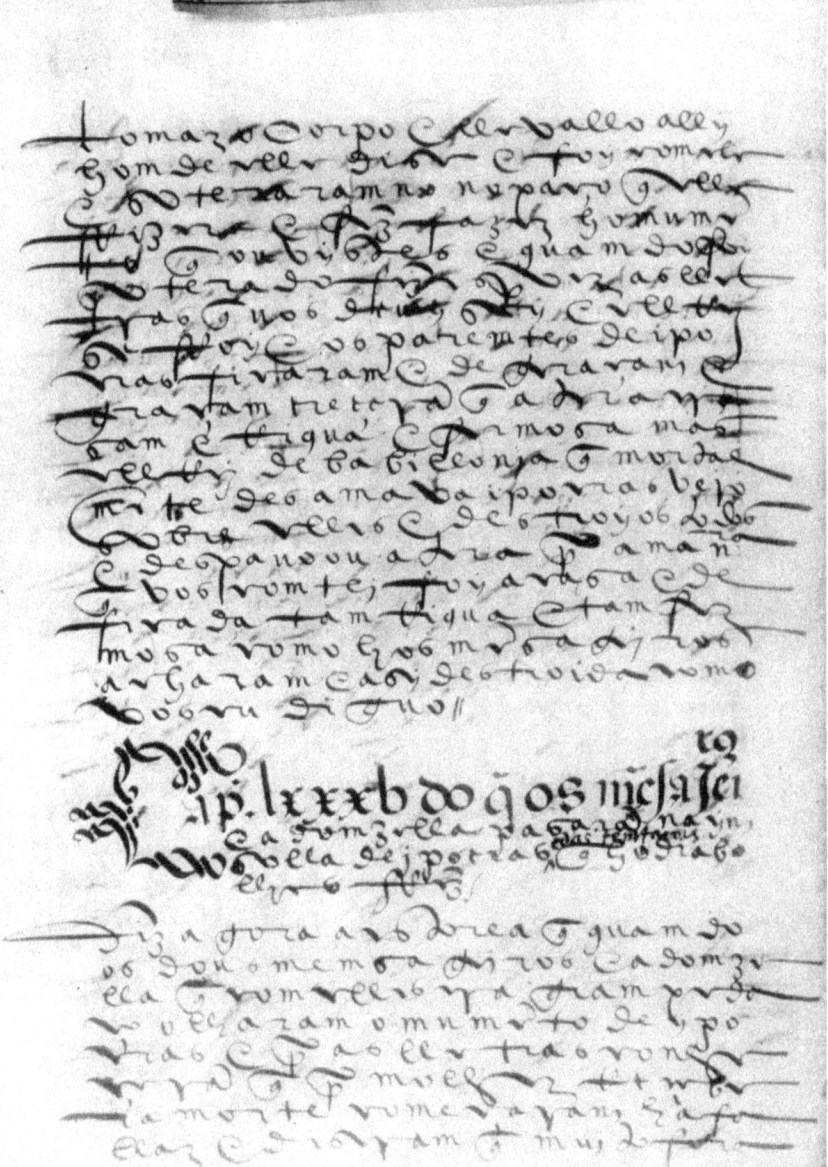

27. **185v**

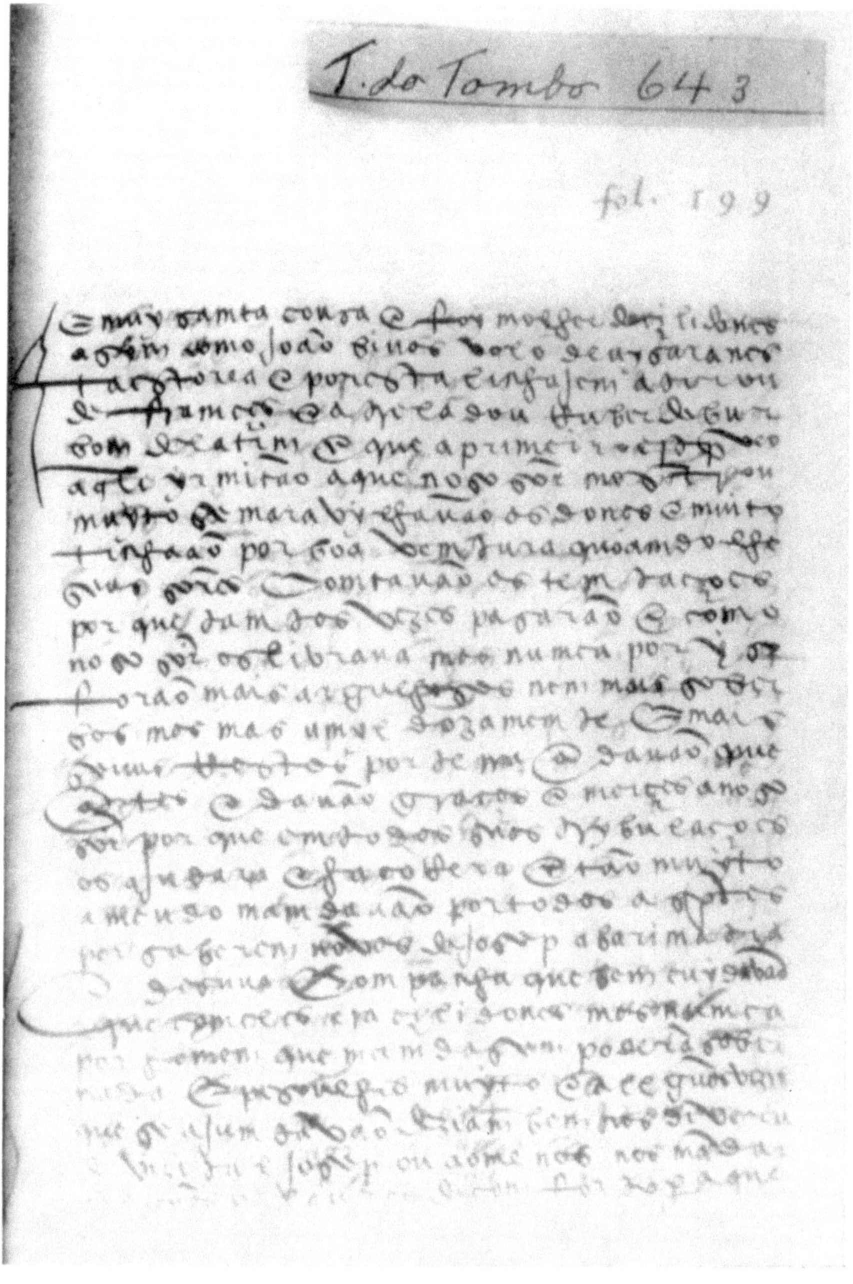
T. do Tombo 64 3
fol. 199

29. **199r**

T. do Tombo 643

T. do Tombo 64 3

fol. 234

Sera chegada na terra elRey fez asy
como ele a contehajam e mandou ao
duque como a seu vasallo que viese com ele falar e que ali lhe
fizesse por que soubese por ele
[...] viera que seja vindo e com
fondido quando ho duque ouvir este
mandado pesouelhe muyto que sabia
que elRey era muyto poderoso de
mais e vasallos e com seforço com
[...] que faza que muyto [...]
em gram perjuso [...] dizey [...]
[...] que eu saudar mandayse syn-
[...] dizer que vos non sondes [...]
vasalo que vos partistes de b do seu
poder e senhorjo e que sondes vo o me-
[...] do senhorjo de Jhesu xpo de que
fazedes padre e [...] e de quem tem-
[...] [...] [...] [...] [...] [...]
[...] rec ouvir tom falao con [...] de [...] [...]
[...] aJades [...] [...] [...] [...]

mas nao que nos opedamos a cousa que vos
digua nem que contradigamos e por iso que nom
que algu aja o uentaje por que emtao co
beuamos a beberda aguoa que os deos a vos quiser
des des morer voja k por mim que me cube ẽ o
uemtar que eu me uentem hoje e meter me ey em a
uemtura que eu bem euido que eu m bi tabem
noso snor des que me parti lminga tetra que nom
tinga deque me temer ẽmi alo uemtar por
boa fee disirao os outros nos eu voyajemos
e boa mem te e nos prometero que nos uemtares
ele o prometeo e oyno emtao birão a su or sua
e disirom eu snor na no somesa ugim aguar
uazio deque muito nos mar abies mos e nob arça
mos e uu omem bom e desamtati da que bem metter
des si e voyamo e nos por ж e por nosas
somas que so escolheis ser muito pregumtou
os fes quem era aquele jomem bom que abia
ben agemjado om ele no ousaua son les
respõdirao snor fee mois no se parente e no como mois
des pois foe como po son que ele copado
ficarão ao padar do mar enom nos podiam
aver ficarao com a quiles que eram

32. 260r

T. do Tombo 64 3

E o escallabrã hiu ma abril xbij morõ (?) ...(?) ...
o namorado ... ... e bom cavaleiro, a q(ue) o
no agiam ... o obispo (?) que ... a q(ue)l isto
... foi a ... e sumta da ma... cerebro
muy grande E quamdo ... foi cõ que falare
mos nele que pors ... foi Compãnhia da tavola
... deos que so ... ... Eu hou dos ...
... Comecou a ... do cea gram breta
... ... Companhia ... Cõmo a bemtura
o rechava E no mais dea que ora Companhia
nom ... quamdo bimte quamdo trimta e
mes que todos se ... cavaleiros e mais bro
tidos e Levavao mais Riquezas e ... ...
por ... fazerẽ Companhia E no começava a
... ou ... no Commetiesẽ gram pouco e todo
... ... pallabras agiam beito de por ...
graça do c(on)p(ri)d... quanto que se dão duros corar
... nom ... as gemtes (?) que o qui ...
... e no Combatiosem e por bom credia
... companhia de dia em dia e a commettio que
que su... deos ... cyavo a sua ... de mãda

T. do Tombo 64 3

fol. 265

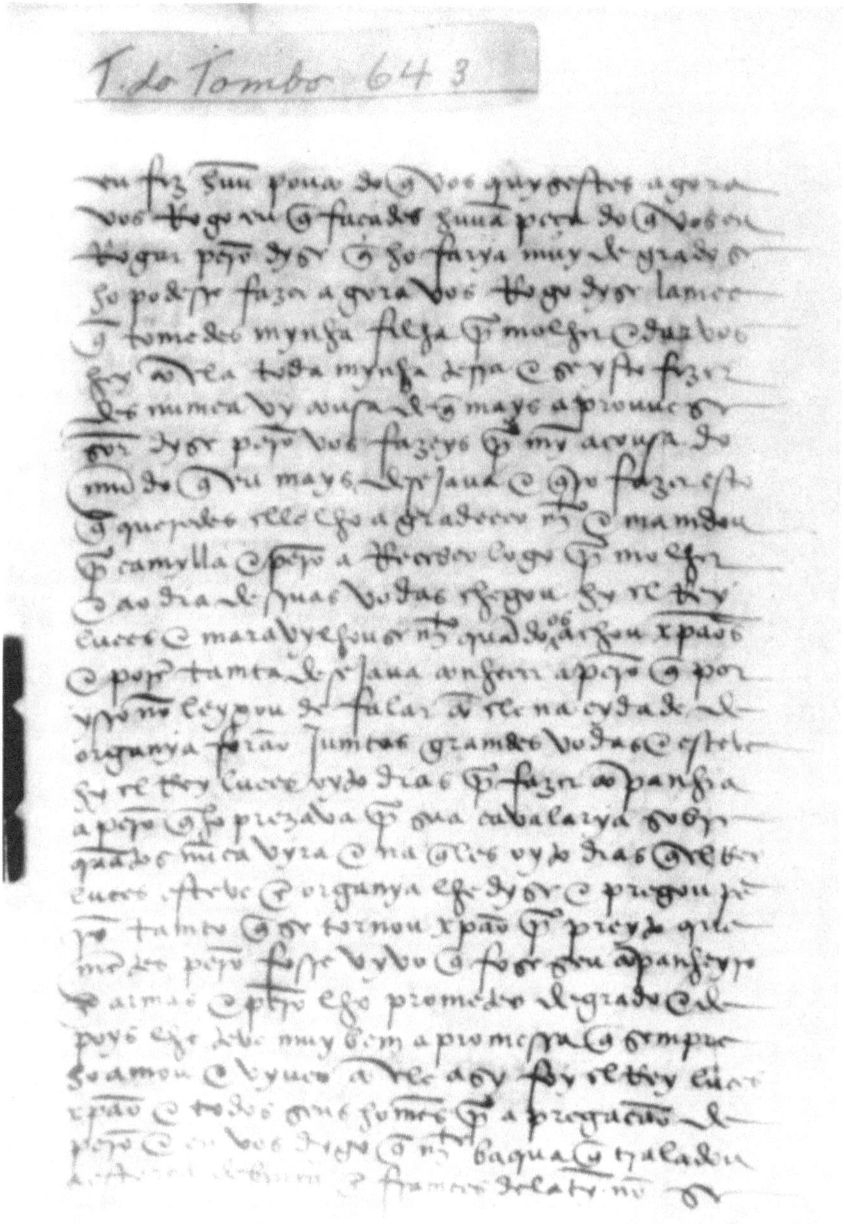

T. do Tombo 64 3

[T. do T. 643.] Repos t. Roll. 16

fol. 307

Aquj esta noite ao primeiro sono com gram poder q'
saírom em tella empouco dampno fiz nossa villa
estragada e perdida que bem ho vemos qual somos
pera cada huũ deles. Agora uos digo que pois
temos q fazer que estamos em ola de fendermos
quamto damos quamdo nos pos que suja dada eseja
esto ouuyo Rey falar e seu padre dise sobre isto
aberemos eso huu com esso. Aquj diamte o p[rimei]ro
sehá grande momtanha e d pees darvores oude
emtraremos todos armados tamto que anoite
vier esperaremos tamto uista que todos sairam
fora das naos e como as naos forem alomgadas
hũa tamto do p[or]to nos sairemos por duas partes
os hũus pera amtre colhar eles pera que se nom
posam tornar as naos e os outros sairam da d[it]a pa[rte]
da momtanha e os que ficarem aqui no ca[m]p[o] pelo
sobre vivão em tão soberbos dão espamtados
e tão perdidos que nom terão ánimo d fenderse
e asi os poderemos ligeiramente desbaratar. A
esto com os doutros dise e quamdo for
noite armarom muy bem. E fossos eurondes
em outra p[arte] da tribeja que postrão e lixarão
ao cabo e ũa peça de cavaleiros e o gomes
de pee e em pouco de amtes pois do primeiro
sono a partirão de lemouna, o cabelos

T. do Tombo 643

fol. 311

T. do Tombo 64 3

XVIII. *GLOSSARY*

GLOSSARY

Only words that are old in form, spelling and meaning are included. The modern Portuguese equivalent follows in each case.

A

abaxou 100v abaixou
abesa 162r avessa
abiuada 159v avivada
abomdados 266r abundados
abomdamēto 240v abundância
abondou 241r abundou
aceitre 34v balde
acheguua 228v achega
açoutado 25v açoitado
acoutou se 125r açoitou-se
acquerir 1r adquirir
adereCadas (i.e., adereÇadas) 242r encaminhadas, cf. ederemCou 238r
agia 103v águia
agualardoador 265r dador de galardão
aguuoa 226v água
ajades 255r hajais
alagoa 264r lagoa
alemētos 3r alimentos
aliuarã 12r aliviaram
aliuastes 276v aliviastes
alivase 276r aliviase
all 44r outra cousa; cf. ho — 77r
alliuamēto 276v aliviamento, alívio
alliue 275v alivie
allpemderes 17r alpendre
alomya 98r alumia
alymaryas 126r animálias
alyvares 296r aliviares
ameçar 233v ameaçar
amenagē 61v: ē — homenagem, juramento de fidelidade
amenhã 5r amanhã
amgo 19v anjo
amoestamdo 55r admoestando
amoestar 39r admoestar

amtã 129r então
amte 229r antes
amtre 60r entre
ante 7r antes
antre 1r entre
ão 307r hão
Aprouue 245v aprouve (aprazer)
aprouuer 230r aprouver (aprazer)
aprouuese 253v aprouvesse (aprazer)
aquecer 111r acontecer
A quelo 43r aquilo
ardidememte 51v ardidamente
a Receaua 237v arreceava, receava
argulho 286v orgulho
argulhosamẽte 154v orgulhosamente
argulhoso 293r orgulhoso
arqua 15v arca
aRoydo 101r arruido, reboliço
asemdido 89v acendido
asy 257v assim
asyma 231r acima
ata 7r até
atalayaua 249r atalaiava
atequele 206r até aquelle
augas 132r águas; cf. augua 136r
auorida 148r aborrecida, sombria, repugnante; cf. *avor[r]ida, Cantigas de Santa Maria*, 222, 5 (ed. Walter Mettmann, Coimbra, 1961, II, p. 306 & fn 29): E *auorida* (mão posterior acrescentou um segundo *r*).
avamgelho 65v evangelho
aVamjelistas 274r evangelistas
avanjelhos 242r evangelhos
ave 38r impera. há
aviltaçam 12r aviltação
Avitada 158v habitada
avomdadamẽte 266r com abundância
avomdamemto 266r abundância
avomdarão 220v abundaram
aymam 121r ímã
ay mamtes 121r ímãs
azinha 224r de pressa

B

barboras 1r, bárbaras
bardã 59v barda
baxo 89v baixo; cf. habaxo 120v
beẽ 67v bem; cf. beem 81r, beis 38r
bespora 6r véspera
besta 52v balesta, balestra
boar 108v voar
bouceta 141r boceta, ventre
boõ 15r bom; cf. boõs 53r

bolve 121v volve
boquua 225v boca
boz 133v voz
bramquedumbre 224v brancura
bramqueJumbre 147r brancura
britar 8r partir
bulra 240r burla
bycos 96r viços

C

caçere 9r cárcere
caçereiro 9v carcereiro
carçele 112r cárcere
carece 9r cárcere
caeẽs 91v cães
cahyaõ 226v caiam
cãbada 84r cambiada
cambar 230v cambiar
cambo 127r câmbio
canbou 257r cambiou
camsacyo 82v cansaço; cf. cãcaçio 158r
caise 1v quase
case 60r quase
castigar 144r admoestar, corrigir
catredraes 42r catedrais
cayaão 228v caiam
cayraão 227r cairam
cayse 95v quase
celestrial 70r celestial
çequa 281r sêca
çerpe 227r serpente
cham 111v chão; cf. chaão 6r
chamtada 216r plantada; cf. chamtado 129r, chamtados 241r, chamto 278r
    chamtara 129r, prãtou 128r
chea 73r cheia; cf. cheya 78v
chegado 72r chagado
chegua 281v chaga
cheo 224v cheio
choma 119v chama; cf. chomado 35r, chomam 121r, choñado 119v, choñava
    102r, chomavam 119r
chuiua 276r chuva
Cimga 271r cinja (cingir)
cimjterjo 258r cemitério
cobertoira 33v cobertura
çoça 16r choza
começamemto 228r comêço
comechou 167v, 230r começou
comemçou 160r começou
compeçarão 27r começaram
comprydo 79r cheio, dotado; cf. cõprydo 73r
comtrairo 55r contrário; cf. comtrayros 120v

comqujrio 54r conquistou; cf. conquirindo 1r, com quyro 182r
cõtino 1r de —: constantemente
coor 258v cor
coraçaaõ 227r coração
coreas 238r correias
coremdo 237v correndo
coremta 21r quarenta
couodos 272r côvados
cousela 35r coisinha, caixinha
craridade 141v claridade, i.e., caridade
creliguo 281v clérigo; cf. crelygo 117r
creo 8r creu
cresem 7v cressem
criçimemto 132r crecimemto
croçeficar 33v crucificar
croçofixo 114v crucifxo
croxofixo 242v crucifixo; cf. cruxo fixo 114v
cruxifiçio 32r crucifixo
crystram 107v cristão
Cudado 89v cuidado; cf. cudar 93r, cudarem 118v, cudava 93v
çujas 8r sujas

D

dezia 101r dizia
deziades 244v dizíeis
di 277v dize
dicipollos 259r discípulos
diebo 232r diabo
diguuo 229v digo
dipois 5r depois
diser 262r disser
diserã 187r deceram
dispois 233r depois
diueras 43v deverás; cf. diveras 44r
diuese 240r devesse
divera 53v deverá; cf. dyvera 83v
dixe 3r disse (3d sg.); cf. dixe 4v (1st sg.)
dizima 23r décima
doairo 210r donaire; cf. doayro 92r
doÇidoes 40r (i.e., doÇidões) doçuras
doestaste 44r desonraste
doës 8v dons
doo 8r dó
dorou 220r durou
dos 129v dois
douto 170r aptidão, experiência, jeito
doutre 7v de outrem; cf. aoutrẽ 9v
douydou 308r receiou; cf. duuidou 7v
duque 224v duque
duujdo 235r duvido
dyse 230r disse

E

ederemCou 238r (i.e., ẽderemÇou) endireitou, dirigiu
eheso 230r esso
embiarja 240v enviaria
emburilhou 11v embrulhou; cf. desemborilhei 11v
emçeso 35r incenso
Emçemçairo 34r incensário
emcorou 107r ancorou; cf. desemcorada 95v
ememtadas 23r rememoradas
ẽmiguuo 224v inimigo
ẽpeçonhẽtado 285v envenenado
ẽpemcer 69r empecer
empero 94r porém, contudo, embora
emquoãto 232v enquanto
ẽtã 257v então; cf. ẽtaaõ 7r
emujarey 257v enviarei
emxalçado 30v exaltar
emxaltar 30v exaltar
engue 90r machado
ennoutecer 15v anoitecer
enojoso 118r nojoso, aborrecido
enprhensa 11v imprensa
epistolla 1r epístola
erão 232r eram
eRamos 270v erramos
erger 238r erguer; cf. herguer 106v
ergerão 261v ergueram
error 276v êrro; cf. herro 277v; erros e erores 243r
escarnjdo 234r escarnecido
escoridam 129v escuridão
escreturas 25r escrituras
escryta 92r escrita; cf. escryto 207v
esculdrinhador 137v quem esquadrinha
esmar 9r imaginar, julgar
espeças 135r espêssas
espedio 118v despediu
espereçer 144v perecer
espio 214v despiu
espira 109v despira
espretuais 34r espirituais; cf. espretual 275r
espreueo 134v escreveu; cf. escreveo 124r
esprito 73v, 301v escrito; cf. escritas 33v
espritura 133r escritura
espriuão 7v escrivão
estaa 248r está
estam 259r estão
este 64r, 179v esteja
estedes 277r estejais
estemdimemto 38v abstinência
esteos 209v hastes, pilares

esto 40r isto; cf. ysto 40r
estorgido 238r estonteado; cf. estrogido
estormẽtos 136r instrumentos
estpreveo 199r escreveu
estpreveram 274r, 280v escreveram
estprito 274v espiritu
estrobarya 91v estorvaria; cf. estrovava 60v
estrogido 202v estonteado; cf. estorgido
estroido 14r destruído, doido
estrologia 110v astrologia
estrouar 175r estorvar; cf. estrouara 142v
estroue 150v estorve
estrouou 64r estorvou
estrovava 60v estorvava
exalçar 74r exaltar

F

fame 5r fome
fea 92v feia; cf. feo 92v
fee 227v fé
fegura 11v figura
fello 12r fêz + lo; cf. felos 220v; fez los 91r
ffexe 272r feixe
fim 207r morte
finquou 241r fincou
foçamemtos 228v ato de fossar; desarraigamentos
foçe 132r fosse
fogir 239r fugir; cf. foguir 55r
foraão 231v foram
foraiã 254v forânea
foreyra 299v cf. foraiã
fou 177r foi
frol 92v flor; cf. froll 226r, frolles 145r
frores 146v flores
froresta 277r floresta
fruyta 128v fruta
fugem 103v fogem

G

gafidade 300r gafa
gafo 10v leproso
gage 285v penhor
galardam 253r galardão; cf. guallardam 272v
gareçer 267r curar; cf. guareçer 268v
garnidas 241v guarnecidas
gayam 182r gigante; guayam 182r
geReauão 17v guerreavam
gia 255r guia
giado 217v guiado

GLOSSARY

gião 45v guiam
giar 230v guiar
giase 219v guiasse
giolhos 263r joelhos; cf. goelhos 219v
giza 223r guisa
gizado 216r guisado, arranjado
goelhos 219v joelhos
gouernalho 242v leme
grã 246r grande; cf. graão 225r
gram 229r grande
grasa 277r graça
groria 34r glória; cf. grorioza 129r, groryoso 77v
gryall 206r Graal; cf. greal 261r, greall 252v, griall 220v
guafo 10r leproso
gualaz 276v Galaaz, Galahad; cf. gaalat 233r, galar 281v
guareçer 268v curar
guarnyda 204v guarnecida
guarte 100r, 107v guarda-te; cf. bem te guarda 125v, guoarte de dezeres mimtira 225r
guayam 182r gigante; cf. gayam 182r
guoardar 226r guardar; cf. guoardador 227v
guoarnidos 217r guarnecidos
guuado 227v gado
gynebra 293v Ginevra, Genièvre, Guinevere

H

habiuado 101v avivado
hasynha 178v de pressa
hate 230v até
henemiguo 278v inimigo
heraaõ 220v eram
herades 226r éreis
heraõ 226v eram
herdamemto 228r herdade
hermitaão 244r ermitão; cf. hirmytão 66r
hero 178v êrro; cf. herro 277v
herrey 274v errei
hi 261r ide
homeĩs 173r homens; cf. homeis 262v, homeys 272v
homẽs 242r homens; cf. hoẽs 1r
hun 259r um; cf. hũs 230 v
huũa 258r uma

I

immyguuo 232r inimigo
istola 38v estola
istorea 263v história

J

jaamais 251v jamais
Jaiam 160r gigante; cf. gigamte 160r
jayam 201r gigante; cf. jayaão 201v, jayão 201v
jemte 235v gente
jiolhos 29v joelhos
jmdiabrado 256v endiabrado
jmigos 238r inimigos; cf. jmmiguos 235r, Jmjguo 150r
Jmsola 121v ínsula
Jngaraterra 8r Inglaterra
Jnimjguoos 150r inimigos
Joãho [Title Page] João
joizo 280v juizo
josafes 8r Josephes; cf. josefez 224r, josefos 10r
Joseph 7v José
jrmãa 255v irmã
Juão 295v João

L

laa 5v lá; cf. llaa 235r
lamçoll 111v lençol
lazere 39r chore, pranteie; cf. lazerem 16r
lazerou 75v lastimou; cf. lazeraras 44r
leo 11r leio
lexar 232r leixar
linagem 263r linhagem; cf. linhajem 228r
livou 227r levou
lixosa 150v, 213v suja; cf. lixoso 209v
lley toario 181v preparado farmacêutico
lliam 162r lião
lorjgua 237v loriga
louuor 265v louvor
loxorioso 281r luxurioso
luairas 111r cf. Viterbo, s. v. LUAIRO: "Kalenda, ou Martirologio, em que todos os dias se declara quantos são de lua. Doc. de Lamego".
luua 285v luva
luxiryosos 31r luxuriosos
lyam 122v lião
lydyar 291v lidar
lymguoagẽs 74r linguagens
lympidaõ 120r ornato, aceio, limpeza; cf. lympidois 119v
lynhajem 228r linhagem
lyuydaõ 120v levidão, levidade; cf. levidam 121r, lyvidam 121r

M

maa 63r má
maay 66r, 66v mãe; cf. may 10r, mai 68r, madre 66v, 67r, 228r

GLOSSARY 453

maais 246r mais
maal 293v mal
maao 10v mau
maaõs 241r mãos
maçam 126r maçanêta
maiordomo 56v mordomo
mall treito 227r ferido, maltratado
mam 131r mão
mamgares 266r manjares
mãçã 134v maçã da espada
mãsso 282v manso
mamteuda 42v mantida; cf. mãteudo 42v
marmor 280v mármore
marteiros 25v martírios, torturas
memtes: tiueraõ — 218r prestaram atenção; cf. ẽ — 75v enquanto
menhaaõ 220r manhã; cf. menham 219v
memtres 262r enquanto
menagem 242r homenagem; cf. amenagẽ 61v, menajem 187v, menagẽes 255v
meo 3v meio; cf. mea 61r
merçẽ 70v compaixão, misericórdia ; cf. merçes 274v
mes 201r, 201v etc. mas
miça 281v missa
milagro 21r milagre
milhor 259r melhor; cf. milhores 5v
mimgoa 270v míngua
mimtira 225r mentira
minino 39v menino
misquimdade 228r mesquinhez
miziricordia 219v misericórdia
moimẽto 8v monumento sepulcral; cf. mumento 12r, munymẽto 20v
moiramos 264v morramos
mortymdade 63v mortandade, matança
moura 253r morra
murou 229r morou
musteyro 84r mosteiro
muy 225v muito
myster 265v mister
mysto 225v me isto

N

na ba 215r na aba
naão 216v nau (frequently); cf. não 216v
nã 3v não; cf. nãa 247v, nam 221v
nesto 7v nisto
nhũ 3r nenhum; cf. nen huũ 13v
nhũa 3r nenhuma; cf. nenhũa 10r, nynhuã 112v
nimgem 225r ninguém; cf. njgem 153r, nymguẽ 69v
noa 105v nona, nones; cf. nona 4r
numqua 230r nunca; cf. nunqua 251v
nuues 69v nuves

O

osoo 126r osso
oulhade 251v olhai
oulyveira 201r oliveira; cf. ouliveira 201v

P

paao 258r pau
pão 220v pão
paar 246v par
paavor 243r pavor
paay 15r pai; cf. padre 74r, 254v
pagam 230r pagã
pao 20v pau
pauoar 183r povoar; cf. despauoou 185v, pauoado 15v, pavoada 294r
paxaão 228r paixão
pee 248r pé; cf. peis 145v
pella 10v por + la
pera 8r para
pero 87r contudo
perderaão 231r perderam
permicĩas 130r primícias
pertiga 35r cetro; cf. Span. pértiga
pexe 265v peixe
piadade 7r piedade
piar 9r pilar; cf. piares 173r, 183v
piaĩs 250r piões
pidiaõ 230r pediam; cf. pidiram 230r, pidiraõ 230v
pigoramemto 24r pioramento
pinytemçia 39r penitência
piqueno 248r pequeno; cf. piquinjno 258r
pitição 54r petição
poçaes 94v possais
podese 244v pudesse
pogemos 54r pusemos
pola 241v por = a; cf. polla 46v
polo 31r por + lo; cf. pollo 282r
pomdes 264v pondes
poras 54r porretes
porgaminho 33v pergaminho
porquuos 228v porcos
porydades 109v segrêdos; cf. poridades 3r
pouqua 227v pouca; cf. pouquuo 230v
posa 253r possa; cf. posamos 243r, posaõ 267v
prãtou 128r plantou; cf. chamtada 216r
prefeição 1r perfeição
prefeita 119v perfeita; cf. prefeito 3r
prhofetas 72r profetas; cf. profeeta 230r
priçiosas 268v preciosas
prizava 36v prezava

probeza 268v pobreza
profaçadoras 309r difamadoras, mexeriqueiras
proginitores 1r progenitores
propias 258r próprias; cf. propio [Title Page]
proue 155v pobre
prouue 4r, 203v, 254v aprouve (aprazer)
pruujco 150v público
pulo 7r pus + lo

Q

qua 9v que, pois; cf. quaa 234v cá
quada 132v cada
quavaleiros 200v cavaleiros
quebram cosa 147r (i.e., quebram çosa) quebradiça, frágil
que Jamda 67v qual; cf. que Jamdos 136r
quuoall 223v qual
quus 227r quis

R

Rainnha 163v rainha
Ranhaua 225v arranhava
Razam 248v razão
Razioiros 43r falazes, enganosos, argumentadores?
Rebell 114v rebelde
Reção 7r ração
Redimemto 35v rendimento
Refregereo 85v refrigério, alívio
Relampaos 269v relâmpagos; cf. Relãpados 84v
Renenbramça 258v relembrança
Reposta 295r resposta
Resoçitaõ 269r ressuscitão; cf. Resoçitarem 269r
Respoomdesẽ 222r respondessem
Rezaão 268r razão; cf. Rezam 2r, Rezões 1r
Ribas 123v ribeiras
Ribara 286v derribara; cf. Ribava 287r, Rybara 287v, Rybou 287r, deRibou 287r
Ribera 204v ribeira
Rigo 104r forte; cf. RiJo 6r, RyJamẽte 74r
Riqua 228v rica
Roim 309r ruim
Rosar 35v deitar água, rociar

S

sã 61v são (ser)
sãa 66r sã (adj.); cf. saão 10v, saãos 246r, saom 11r, sahos 192r
sacrafiçio 130v sacrifício
sairar 267r, 304v sarar

sam 225r sou
sam 3v são (ser)
sam 66r sã (adj.)
samge 310v sangue
sanose 144v assanhou-se
sarrat 64v Sarras; cf. sarrar 108v
sasemta 87v sessenta
sasudo 116r sisudo; cf. sesudo 227v
saya 227r saia (sair)
sayo 227r saiu
sçerpe 147v serpente; cf. serpe 227r
se 137v és
se 203r sê
seçasem 115r cessassem; cf. seçou 133r
seda 77r sede, assento
sede 12r sêde (ser)
sedo 281r çedo
segi 219r segui
sembramte 127v semblante
seguo 275r cego
sem gida 127r cingida
semthyo 217v sentiu
senaam 259v senão
senhos 271v cada um o seu, um por um
seo 130r céu
sequo 119v sêco; cf. sequuas 226v, çequa 281r
serpe 227r serpente; cf. çerpe 227r
serto 93r certo
seruo 310v cervo
sesudo 227v sisudo; cf. sasudo 116r
seuus 216v seus
seya 145r seja
seytyma 117r sétima
synestra 100v esquerda
so 84v sob; cf. soo 272r
sobejo 256r demasiado, supérfluo, nímio; cf. sobejamemte 51v
sobejou 266r sobrou
sodes 3r, 83v, etc. sois; cf. somdes 70v, soudes 164v
sogidade 110r sujidade
solorgiaõ 267r cirurgião
somana 182r semana
somdes 70v, 161v etc. sois; cf. sodes 3r
sondes 268v sois
sonnho 152r sonho
soo 272r sob; cf. so 84v
soo 10v só; cf. soomemte 240r sòmente
sopitanea 3r súbita, imprevista; cf. sopitanya 45v
sorea 139r Síria
soudes 164v sois; cf. sodes 3r, somdes 70v
soyaão 231v soiam
spesso 6r espêsso
spirito 4r espíritu

GLOSSARY

spreto 3v escrito
spretura 3v escritura
spreuer 7v escrever; cf. spreueras 7v
sprito 4v espíritu
syemçia 119v ciência
syma 207r cima
syso 57r siso

T

tallamte 272r talante
tella 245r tê-la
temdilhoẽs 246v tendas
tes 208v tens
teudos 255v tidos
teuerão 266r tiveram
tinnha 183r tinha
tisouro 8v tesouro
torvado 94v turbado
torvam 4v trovão
torvão 28v trovão; cf. toruão 82v
tŏrxera 137v trouxera
traguuo 216r trago (trazer)
traiçaão 259r traição
tralaedes 16r trá-la-eis
trallo 156r traz + lo
trebullaçoes 30r tribulações
tromemta 95v tormenta
tromemto 106r tormento
trouões 237r trovões; cf. trouães 84v
trufa 259v mentira, lorota, pêta

U

ulhar 225v urrar

V

vam 256v vão (ir)
vaquuas 226r vacas
vegada 53v vez
velania 132v vilania
vella 282r vela
vermolho 267v vermelho
venablo 91r venábulo
veo 12r, 92v veio
veram 112v verão
vereficar 1r verificar
verJimdade 273v virgindade

vermeis 113v vermes
veya 138v veja
víes 32v víeis
virgemis 129r virgens
virguem 262v virgem
virguimdade 262v virgindade
vistimemta 36r vestimenta
vllmidade 261r humildade
vmyda 120r úmida
vmgido 295v ungido
vmjldosos 239v humildes; cf. vmildosamemte 264r
vnhas llv unhas
vodas 183r bodas
volo 12r vos + lo; cf. volla 290r, vollo 255v
volta 9r reboliço, tumulto; cf. de - 251v misturados
voos 259r vós
vooz 62r voz
vos 133r voz

X

xamete 34v sameto

Y

ydenotadamēte 59v denodadamente
ygaes 109r iguais
ygualla 270r iguala
ymajem 45v imagem; cf. ymages 267v, ymajes 45r
ymda 127v ainda
ymgrateRa 31r Inglaterra
ymigo 68r inimigo; cf. ymiguos 52v
ymmiguuo 228v inimigo
ymsoa 121r ínsula; cf. ymsula 121v
yosefes 281r Josephes
yosep 273r José
yrmitaão 223r ermitão
yso 243v isso
ysto 40r isto; cf. esto 40r

XIX. *A SELECTIVE BIBLIOGRAPHY*

A SELECTIVE BIBLIOGRAPHY

Abraham, Richard D. *A Portuguese Version of the Life of Barlaam and Josaphat. Paleographical Edition & Linguistic Study.* Philadelphia, 1938.
Adolf, Helen. *Visio Pacis. Holy City and Grail. An Attempt at an Inner History of the Grail Legend.* Pennsylvania State University Press, 1960.
Allen, Jr., J. H. D. *Two Old Portuguese Versions of THE LIFE OF SAINT ALEXIS - Codices Alcobacenses 36 & 266.* Urbana, Ill., 1953.
Almeida Torres, Artur de. *Textos Antigos.* Niteroi, 1947.
Baist, G. "Der portugiesische Josef von Arimathia," *Zeitschrift für rom. Phil.,* XXXI (1907), 605-7.
Barber, R. W. *Arthur of Albion.* London, 1961.
Bell, Aubrey F. G. *Portuguese Literature.* Oxford, 1922.
Bennett, J. A. W., ed. *Essays on Malory.* Oxford, 1963.
Birch-Hirschfeld, Adolf. *Die Sage vom Gral.* Leipzig, 1887.
Bogdanow, Fanni. *The Romance of the Grail.* New York, 1966.
Bohigas Balaguer, P. *Los textos españoles y gallego-portugueses de la Demanda del Santo Grial.* Madrid, 1925.
Bonilla y San Martín, Adolfo, ed. *Libro del esforçado cauallero D. Tristán de Leonís.* Madrid, 1912.
Brinkley, R. F. *Arthurian Legend in the Seventeenth Century.* Baltimore, 1932.
Bruce, J. D. *Evolution of Arthurian Romance from the Beginnings down to the Year 1300.* 2 vols. Baltimore, Göttingen, 1928.
Burnam, John M. *Palaeographia Iberica (Fac-Similés de Manuscrits Espagnols et Portugais avec Notices et Transcriptions).* 3 vols. Paris, 1912-1925.
Cardim, Luis. *Estudos de Literatura e Lingüística.* Oporto, 1929.
Carter, Henry Hare. *Paleographical Edition and Study of the Language of a Portion of Codex Alcobacensis 200.* Philadelphia, 1938.
————. "Paleographical Edition of an Old Portuguese Version of the Rule of Saint Bernard (Codex Alcobacensis 200)," *Publications of the Modern Language Association of America,* LV (1940), 360-395.
————. *Cancioneiro da Ajuda. A Diplomatic Edition.* New York, London, 1941.
————. "A Fourteenth-Century Latin-Old Portuguese Verb Dictionary," *Romance Philology,* VI (Nov. 52-Feb. 53), 71-103.
Chambers, E. K. *Arthur of Britain.* London, 1927.
Comfort, W. W. *Arthurian Romances by Chrétien de Troyes.* Everyman's Library, 1914.
Crescini, Vincenzo & Tedesco, Venanzio. *La Versione catalana della Inchiesta del San Graal.* Barcelona, 1917.

Entwistle, William J. *The Arthurian Legend in the Literatures of the Spanish Peninsula.* New York, 1925.

―――――. *The Spanish Language (together with Portuguese, Catalan and Basque).* London, 1936.

Evans, S. *The High History of the Holy Grail.* Everyman's Library, 1912.

Figueiredo, Fidelino de. *Textos Portugueses Medievaes (Subsídio para um Inventário Bibliográfico).* Madrid, 1934.

Frappier, J. *Perceval ou le Conte du Graal.* Paris, 1953.

―――――. *Chrétien de Troyes, L'Homme et L'Œuvre.* Paris, 1957.

Griscom, A., ed. *The Historia Regnum Britanniae of Geoffrey of Monmouth.* New York, 1929.

Gröber's *Grundriss der romanischen Philologie* (2d ed.). 2 vols. Strassburg, 1897-1914.

Ham, Edward B. *Perceval Marginalia.* California State College Publications, 1964.

Heinzel, Richard. *Über die französischen Gralromane.* Vienna, 1891.

Hilka, A. "Die Jugendgeschichte Percevals im Prosa-Lancelot und im Prosa-Tristan," *Zeitschrift für rom. Phil.,* LII (1932), 513-36.

―――――., ed. *Der Percevalroman (Li Contes del Graal).* Halle, 1932.

Holmes, Urban Tigner. *History of Old French Literature.* Chapel Hill, 1937.

―――――, and Klenke, Sister M. Amelia, O. P. *Chrétien, Troyes, and the Grail.* Chapel Hill, 1959.

Huber, Joseph. *Altportugiesisches Elementarbuch.* Heidelberg, 1933.

Hucher, Eugène. *Le Saint Graal.* 3 vols. Le Mans, 1874-78.

Klob, Otto. "Dois episódios da Demanda do Santo Graal," *Revista Lusitana,* VI (1900-1), 332-346.

―――――. "Beiträge zur Kenntnis der spanischen und portugiesischen Gral-Litteratur," *Zeitschrift für rom. Phil.,* XXVI (1902), 169-205.

Lang, H. R. "Textverbesserungen zur Demanda do Santo Graal," *Zeitschrift für rom. Phil.,* XVI (1892), 217-222.

Lapa, Rodrigues. "A 'Demanda do Santo Graal'; prioridade do texto português," *A Língua Portuguesa,* I (1929-30), 266-279, 305-316.

―――――. "Em torno da 'Demanda do Santo Graal'," *A Língua Portuguesa,* II (1930-31), 109-116.

―――――. *Lições de literatura portuguesa.* Lisbon, 1934.

―――――. *Crestomatia Arcaica* (2d ed.). Lisbon, 1947.

Legge, M. D. *Le Roman de Balain.* Manchester, 1942.

Lewis, L. S. *St. Joseph of Arimathea at Glastonbury.* Wells, 1937.

Lindsay, J. *Arthur and his Times.* London, 1958.

Loomis, R. S. *Arthurian Tradition and Chrétien de Troyes.* New York, 1949.

―――――. *Wales and the Arthurian Legend.* University of Wales, 1956.

―――――., ed. *Arthurian Literature in the Middle Ages.* Oxford, 1959.

―――――. *The Grail. From Celtic Myth to Christian Symbol.* New York, 1963.

Lot, Ferdinand. *Étude sur le Lancelot en prose.* Paris, 1918.

Magne, Augusto, ed. *Ludolfo Cartusiano, O LIVRO DE VITA CHRISTI em Lingoagem Português (Edição Fac-Similar e Crítica do Incunábulo de 1495 Cotejado com os Apógrafos),* I, Rio de Janeiro, 1957.

―――――. *A Demanda do Santo Graal.* 3 vols. Rio de Janeiro, 1944.

Martins, Mário. "O Livro de José de Arimateia da Torre do Tombo," *Brotéria,* LV, Fasc. iv (1952), 289-298.

―――――. *Estudos de literatura medieval.* Braga, 1956.

Menéndez Pidal, Ramón. *Manual de gramática histórica española* (10th ed.). Madrid, 1958.
Mettmann, Walter, ed. *Alfonso X, O Sábio: CANTIGAS DE SANTA MARIA*, II, Coimbra, 1961.
Meyer-Lübke, W. *Romanisches Etymologisches Wörterbuch* (3d ed.). Heidelberg, 1935.
Nitze, W. A. *Roman de l'Estoire dou Graal*. Paris, 1927.
―――――. *Le Haut Livre du Graal, Perlesvaus*. Chicago, 1932-7.
Nunes, J. J. "Uma Amostra do Livro de Josep Ab Arimatia," *Revista Lusitana*, XI (1908), 229-237.
―――――. *Crestomatia Arcaica* (3d ed.). Lisbon, 1943.
―――――. *Compêndio de Gramática Histórica Portuguesa*. (3d ed.). Lisbon, 1945.
Nutt, A. *Studies on the Legend of the Holy Grail*. London, 1888.
Pauphilet, A., ed. *Queste del Saint Graal*. Paris, 1949.
Piel, Joseph M. "Anotações críticas ao texto da 'Demanda do Graal'," *Biblos*, XXI (1945), 175-206.
Pietsch, Karl. *Spanish Grail Fragments*. 2 vols. Chicago, 1924.
Poole, Reginald L. *Medieval Reckonings of Time*. London, New York, 1935.
Portugaliae Monumenta Historica (a saeculo octavo post Christum usque ad quintum decimum, iussu Academiae scientiarum olisiponensis edita. Lisbon, 1856-1917.
Reid, M. J. C. *The Arthurian Legend: A Comparison of Treatment in Modern and Medieval Literature*. Edinburgh, 1937: rptd 1960.
Reinhardstoettner, Karl von. *A Historia dos Cavalleiros da Mesa Redonda e da Demanda do Santo Graal*. Berlin, 1887.
Remédios, Mendes dos. *História da Literatura Portuguesa* (6th ed.). Coimbra, 1930.
Rhŷs, J. & Evans, G. *Text of the Mabingion and Other Welsh Tales from the Red Book of Hergest*. Oxford, 1887.
―――――. *Studies in the Arthurian Legend*. Oxford, 1891.
Roach, William, ed. *Continuations of the Old French 'Perceval'*. Philadelphia, 1949, 1950, 1952.
―――――. *Didot Perceval*. Philadelphia, 1941.
―――――. "The Modena Text of the Prose Joseph d'Arimathie," *Romance Philology*, IX (1956), 313-342.
―――――. *Le Roman de Perceval ou Le Conte du Graal* (2d ed.). Geneva, Paris, 1959.
Roberts, Kimberley S. *Orthography, Phonology and Word Study of the LEAL CONSELHEIRO*. Philadelphia, 1940.
―――――. *An Anthology of Old Portuguese*. Lisbon, no date.
Russo, Harold J. *Morphology and Syntax of the LEAL CONSELHEIRO*. Philadelphia, 1941.
Sacks, Norman P. *The Latinity of Dated Documents in the Portuguese Territory*. Philadelphia, 1941.
Santa Rosa de Viterbo, Fr. Joaquim de. *Elucidario das palavras, termos e frases que em Portugal antigamente se usaram e que hoje regularmente se ignoram* (2d ed.). Lisbon, 1865.
Silva Neto, Serafim da. *Textos Medievais Portugueses e seus Problemas*. Rio de Janeiro, 1956.
Sommer, H. Oskar. *The Vulgate Version of the Arthurian Romances*, I (*Lestoire del Saint Graal*). Washington, 1909.

Starr, Nathan. *King Arthur Today: The Arthurian Legend in English and American Literature*, 1901-1953. Gainesville, Fla., 1954.

Tatlock, J. S. P. *The Legendary History of Britain*. Berkeley, California, 1950.

Thomas, Henry. *Spanish and Portuguese Romances of Chivalry*. Cambridge, 1920.

Thompson, Albert W. *The Elucidation. A Prologue to the Conte del Graal*. New York, 1931.

Vinaver, E., ed. *The Works of Thomas Malory*. 3 vols. Oxford, 1947.

Voretzsch, K. *Introduction to the Study of Old French Literature*, trans. F. M. Dumont. New York, 1931.

Waite, A. E. *The Holy Grail. The Galahad Quest in the Arthurian Literature*. New Hyde Park, N. Y., 1961.

Wechssler, Eduard. *Über die verschiedenen Redaktionen des Robert von Borron zugeschriebenen Graal-Lancelot-Cyklus*. Halle, 1895.

———. *Die Sage vom heiligen Gral*. Halle, 1898.

Weston, Jessie L. *From Ritual to Romance*. New York, 1957.

Williams, Edwin B. *From Latin to Portuguese. Historical Phonology and Morphology of the Portuguese Language* (2d ed.). Philadelphia, 1962.

Wolf, Ferdinand J. *Studien zur Geschichte der spanischen und portugiesischen Nationalliteratur*. Berlin, 1859. Trans. M. de Unamuno with notes by M. Menéndez y Pelayo in *La España Moderna*, LXX-XCIV, 1894-6.

www.ingramcontent.com/pod-product-compliance
Lightning Source LLC
Chambersburg PA
CBHW030600230426
43661CB00053B/1788